本书编委会

主　　　任　李家成　张　永

副 主 任（以姓氏拼音为序）

　　　　　　郭　芳　陆燕琴　束　彦　谢晓东　袁文娟

编委会成员（以姓氏拼音为序）

　　　　　　白　露　蔡　颖　陈　静　陈　玲　陈晓红　高兴蕾　戈雯婧
　　　　　　龚雪婷　顾　俐　顾燕华　郭玉琴　胡韵雯　华　艳　嵇文佳
　　　　　　姜丽霞　李　隽　李晓玲　林小燕　陆　敏　唐　红　王　蕙
　　　　　　王　珏　王　奕　韦云成　吴周云　谢　晖　徐　晨　薛　娴
　　　　　　叶　喜　尤兆蕾　赵　霞　朱卉婷

李家成 张 永 | 总主编

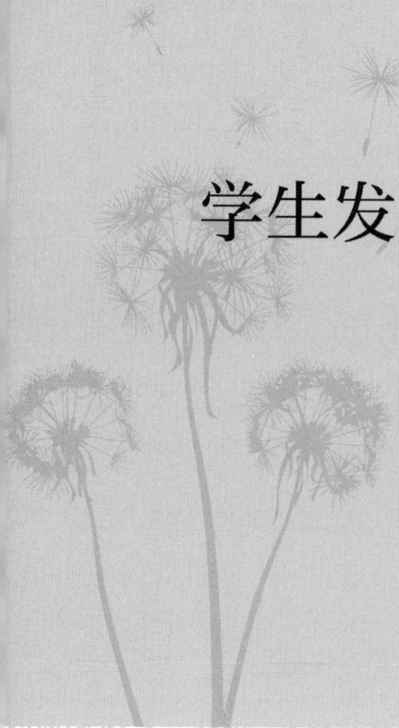

"新基础教育"
学生发展与班主任工作指导纲要
（一年级）

郭 芳 / 等著

"New Basic Education"
Guidelines of Student
Development and Banzhuren Work

图书在版编目(CIP)数据

"新基础教育"学生发展与班主任工作指导纲要 / 李家成，张永主编. —北京：北京大学出版社，2019.5

ISBN 978-7-301-30421-1

Ⅰ.①新… Ⅱ.①李…②张… Ⅲ.①小学–班主任工作 Ⅳ.①G625.1

中国版本图书馆CIP数据核字(2019)第059748号

书　　名	"新基础教育"学生发展与班主任工作指导纲要
	"XIN JICHU JIAOYU" XUESHENG FAZHAN YU BANZHUREN GONGZUO ZHIDAO GANGYAO
著作责任者	李家成　张　永　主编
责任编辑	杨丽明
标准书号	ISBN 978-7-301-30421-1
出版发行	北京大学出版社
地　　址	北京市海淀区成府路205号　100871
网　　址	http://www.pup.cn　新浪微博：@北京大学出版社
电子信箱	lanting371@163.com
电　　话	邮购部 010-62752015　发行部 010-62750672　编辑部 021-62071998
印 刷 者	天津中印联印务有限公司
经 销 者	新华书店
	720毫米×1020毫米　16开本　44印张　858千字
	2019年5月第1版　2020年12月第2次印刷
定　　价	198.00元

未经许可，不得以任何方式复制或抄袭本书之部分或全部内容。
版权所有，侵权必究
举报电话：010-62752024　电子信箱：fd@pup.pku.edu.cn
图书如有印装质量问题，请与出版部联系，电话：010-62756370

作者简介

李家成,教育学博士,教授,博士生导师,上海终身教育研究院执行副院长,华东师范大学"生命·实践"教育学研究院副院长,教育部人文社科重点研究基地华东师范大学基础教育改革与发展研究所研究员。

张永,华东师范大学教育学部副研究员,上海终身教育研究院兼职研究员,"生命·实践"教育学研究院研究员。研究领域为学生工作、家校社合作、社区教育。

总　序

　　班主任工作到底该做些什么？该怎样做？如何评价班主任工作的质量？对于有着几百万中小学班主任的中国而言，这样的问题是必须要回答的。当前，中国班主任研究领域依然处于弱势状态，各类专业支持体系相当不健全，专业标准缺位。这就迫切需要更多学者和中小学班主任投入改革与发展之中，创生有价值的实践，发展有生命力的理论。

　　"新基础教育"就在这一领域持续努力着。

　　2009年，我们在广西师范大学出版社出版了《"新基础教育"学生发展与教育指导纲要》一书，主要汇总了2004—2009年班主任、学生工作负责人和高校教师在该领域的理论思考和实践创造。该书经过8次印刷，市场上一书难求。2016年，该书在福建教育出版社再版，很快就进行第二次、第三次、第四次印刷。这让我们不断感受到实践发展的需求，更感受到研究深化的重要性。

　　自2009年以来，"新基础教育"不仅继续在上海、常州、淮安等地深入发展，而且开始在青岛、深圳、厦门、宁波、淄博、郑州、北京等地展开新探索，参与研究的班主任、年级组长、学生工作负责人越来越多，各类创新成果不断出现。在此背景下，汇总、整理、深化本领域的研究成果，我们责无旁贷。

　　本书的编写，不是简单汇总各类案例，而是呈现更能反映研究质量的主题、结构和思想。经过2016年的长时研讨，在"新基础教育"之下提出"班主任工作的专业标准"，突显"班级建设的中国个性与世界贡献"，强化"研究性变革实践"的基础上，我们邀请郭芳、袁文娟、谢晓东、陆燕琴、束彦以及其他"新基础教育"的实践研究者，共同编写了本书。

　　本书所有的活动设计，都是"新基础教育"研究中班主任和学生工作负责人实践的结晶，都是基于研究并经过实践检验的。我们希望通过本书全面呈现"新基础教育"在小学班级建设领域的实践与思考。

　　本书也更强调整体结构性，强调对案例的分析，强调实践改革思路与策略的清晰化。我们期待本书不是成为被简单模仿的对象，而是成为对话的对象，成为激发思考和再创造的资源。

"新基础教育"学生发展与班主任工作指导纲要

感谢所有参与本书编写的"新基础教育"研究者们！愿更多的中国班主任享受专业生活的快乐，愿更多的孩子享受高品质的班级生活！

本书为上海市哲学社会科学规划教育学课题"学生在班级生活中是如何学习的"（编号为 A1306）、华东师范大学"生命·实践"教育学研究院资助课题"班主任工作的专业标准研究"、中央高校基本科研业务费项目华东师范大学重大预研究项目"建国以来中小学班级建设的中国个性与世界贡献研究"的成果。

李家成　张　永

2018 年 10 月 20 日

总目录

一年级目录

第一章　概述 ·· **1**
　一、认识一年级学生的发展环境 ··· 1
　二、理解一年级学生的发展潜能 ··· 3
　三、明晰一年级学生的发展目标 ··· 5

第二章　岗位工作与组织建设 ······································· **10**
　一、如何开展一年级的岗位建设 ··· 10
　二、如何指导一年级学生进行岗位实践 ······························· 17
　三、如何在一年级岗位启蒙阶段进行岗位评价 ··················· 25
　四、如何指导一年级学生进行岗位轮换 ······························· 33

第三章　班级文化建设 ·· **38**
　一、如何组建新的班集体 ··· 39
　二、如何组织一年级学生共同参与班级环境的布置 ··········· 43
　三、如何与一年级学生共同制定和遵守班级规则 ··············· 47
　四、如何借助仪式庆典培育一年级学生的集体意识 ··········· 51

第四章　班级建设与学科教学整合 ······························· **56**
　一、如何借助学科教师资源，使学生养成良好的行为习惯 ··· 56
　二、如何通过班队活动激发学生的学习兴趣 ······················· 64
　三、如何运用学科学习成果反哺班级建设 ··························· 71

第五章　学校活动参与 ······ 79
一、如何以入学典礼为契机，引导一年级学生尽快适应小学生活 ······ 79
二、如何组织学生开展第一次秋季社会实践活动 ······ 84
三、如何通过参与入团仪式增强一年级学生的集体意识 ······ 88
四、如何指导学生在寒暑假中开展快乐假期体验活动 ······ 92

第六章　自然性与社会性资源开发 ······ 98
一、如何通过校际合作提高幼小衔接的有效性 ······ 98
二、如何利用家长资源提升班级凝聚力 ······ 105
三、开发自然资源，引导学生理解自然与人类的关系 ······ 108

本册后记 ······ 115

二年级目录

第一章　概述 ······ 1
一、认识二年级学生的发展环境 ······ 1
二、理解二年级学生的发展潜能 ······ 8
三、明晰二年级学生的发展目标 ······ 13

第二章　岗位工作与组织建设 ······ 17
一、如何指导学生组建小队 ······ 17
二、如何培养小队长 ······ 25
三、如何以小队建设促进岗位工作发展 ······ 36

第三章　班级文化建设 ······ 48
一、如何形成班级发展的共同愿景 ······ 48
二、如何在小队活动中发展课间文化 ······ 59
三、如何通过小队活动培养学生的合作精神 ······ 68

第四章　班级建设与学科教学整合 ································ 76
一、如何促进学生在感受学科活动的独特性的同时发展想象力 ········· 76
二、如何利用学科资源丰富小队活动 ································ 88
三、如何通过多学科整合促进小队评价 ······························ 95

第五章　学校活动参与 ··· 104
一、如何在校园活动中提升小队合作能力 ···························· 104
二、如何在校园活动中培养学生的规则意识 ·························· 113
三、如何在校园活动中发展学生的自主意识 ·························· 120

第六章　自然性与社会性资源开发 ···································· 130
一、如何利用自然性资源丰富班级生活 ······························ 130
二、如何依托家长资源开展小队活动 ································ 138
三、如何利用社会性资源引导学生关注"弱势群体" ················ 147

本册后记 ·· 156

三年级目录

第一章　概述 ·· 1
一、认识三年级学生的发展环境 ······································ 1
二、理解三年级学生的发展潜能 ······································ 7
三、明晰三年级学生的发展目标 ······································ 10

第二章　岗位工作与组织建设 ·· 13
一、如何实现岗位与班委的转变 ······································ 13
二、如何组织班委开展班级活动 ······································ 22
三、如何进行校级岗位的尝试 ·· 30

"新基础教育"学生发展与班主任工作指导纲要

第三章　班级文化建设 …………………………………………… 38
　一、如何在小队活动中培养学生的自主精神 …………………… 38
　二、如何创造班级的新文化环境 ………………………………… 45
　三、如何通过"十岁生日"实现"我"与群体的共同发展 …… 53

第四章　学科资源整合 …………………………………………… 63
　一、如何对学生进行新增学科的学习指导 ……………………… 63
　二、如何在活动中提升已有学科的学习内涵 …………………… 72
　三、如何运用学科资源培养学生的德行 ………………………… 78

第五章　学校活动参与 …………………………………………… 87
　一、学校活动如何在班级中有效落实 …………………………… 87
　二、如何让学生在校园生活中有所担当 ………………………… 93
　三、如何让学生在学校活动中有所贡献 ………………………… 99

第六章　自然性与社会性资源开发 ……………………………… 106
　一、如何实现校园自然环境与班级生活的整合 ………………… 106
　二、如何借助养殖活动丰富班级生活 …………………………… 113
　三、如何依托社区资源开展班级活动 …………………………… 118
　四、如何走出校园开展小公民行动 ……………………………… 125

本册后记 ……………………………………………………………… 134

四年级目录

第一章　概述 ……………………………………………………… 1
　一、认识四年级学生的发展环境 ………………………………… 1
　二、理解四年级学生的发展潜能 ………………………………… 6
　三、明晰四年级学生的发展目标 ………………………………… 9

总目录

第二章　班级岗位工作与组织建设 ································ 13
- 一、如何建设双班委制度 ·· 13
- 二、如何建设班级学生社团 ·· 19
- 三、如何实现校园值周岗位的升级 ·· 24
- 四、如何启动并开展"大手牵小手"活动 ································ 30

第三章　班级文化建设 ·· 35
- 一、如何建设个性化的班级文化标识并予以实践转化 ·············· 35
- 二、如何建设民主、平等、悦纳、共生的班级人际氛围 ·········· 42
- 三、如何设计并实施班级个性化评价制度 ································ 48
- 四、如何引导学生建设班级特色文化活动 ································ 55

第四章　班级建设与学科教学整合 ··· 63
- 一、如何关注学生学习效率的提升 ·· 63
- 二、如何将学科活动拓展与延伸到班级主题活动之中 ·············· 68
- 三、如何建设班级学科特色活动 ·· 75

第五章　学校活动参与 ·· 81
- 一、如何指导学生参与学校的重大仪式庆典活动 ···················· 81
- 二、如何指导学生主动参与学校少代会 ··································· 87
- 三、如何以班级为单位创造性参与学校大型主题活动 ·············· 92
- 四、如何引导学生关注校园常规建设的更新 ··························· 96

第六章　自然性与社会性资源开发 ··· 103
- 一、如何运用自然性资源开发班级主题活动 ·························· 103
- 二、如何开发传统节日资源的育人价值 ································· 109
- 三、如何运用家长资源对学生进行职业启蒙教育 ··················· 115
- 四、如何在走进学校周边地区的活动中帮助学生了解社会 ····· 119
- 五、如何通过社区实践活动提升学生的问题解决能力 ············ 124

本册后记 ·· 131

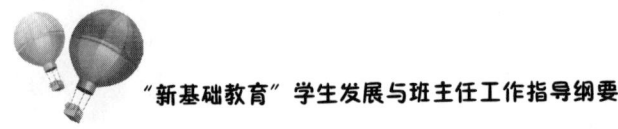

五、六年级目录

第一章 概述 1
  一、认识五、六年级学生的发展环境 2
  二、理解五、六年级学生的发展潜能 6
  三、明晰五、六年级学生的发展目标 8

第二章 岗位工作与组织建设 13
  一、如何让高年级学生保持岗位体验的热情 13
  二、如何让组织建设与学习活动互促并进 21
  三、如何拓展组织建设的岗位空间 26
  四、如何在组织建设中多方兼顾，体现"教育公平" 33

第三章 班级文化建设 41
  一、如何实现班级文化与社会文化的健康互动 41
  二、如何实现男女生之间的沟通互动 53
  三、如何创造性地开展活动以实现班级精神的升华 60

第四章 班级建设与学科教学整合 73
  一、如何激发学生的学习潜能 73
  二、如何培养学生学科学习的意志品质 83
  三、如何培养学生综合运用学科资源解决问题的能力 90

第五章 学校活动参与 97
  一、如何丰富岗位体验活动 97
  二、如何丰富校园节日活动 101
  三、如何创新校园节日活动 105
  四、如何组织校级主题活动 109

第六章 自然性与社会性资源开发 114

一、如何利用地方文化资源提升班级文化建设的品位 ················ 114
二、如何通过社会人力资源提升社团建设的品质 ·················· 120
三、如何在参与解决学校与社区问题的过程中提升学生的综合能力 ···· 124
四、如何利用家长等社会资源改善亲子关系 ······················ 129

本册后记 ·· **136**

对班主任工作专业标准研制的建议 ································ **138**

第一章 概述

学生是在自己的生命实践中成长起来的，对学生生活的关注、研究与重建，尤其是重建一种能够促进学生主动健康成长的生活，是开展学生工作的核心所在。

一年级，对于每一个人来说，都是十分重要的阶段：既是人生中富有绚丽色彩的一段时期，又是一个人走向社会的第一个"黄金驿站"。本书将通过一个个鲜活的案例，具体阐述如何基于一年级学生的成长需求，努力为他们创造体验成长的良好氛围，形成丰富的一年级学生系列活动。这些案例主要聚焦于一年级学生的健康人格、自我意识以及成长需求，在丰富的班级建设中，以精心设计的活动促进学生成为主动健康发展的个体，从而实现对学生社会性和个性的有效培养；同时，也为一年级班主任建构和完善学生工作内容与方法结构提供参考与指导，并进一步提升一年级学生、家长、教师的学生发展意识和研究自觉。

一、认识一年级学生的发展环境

（一）了解一年级学生的社会、家庭环境

学生是发展中的人，他们的生活也在不断变化。入学前，无论是学校还是家庭，都会积极创设活动、搭建平台，努力引导孩子尽快适应校园集体生活。

学校常常会开展"幼小衔接""小学生活一日体验"等活动，旨在让学龄期小朋友对小学的环境有一个感性认识，进而了解小学丰富的学习生活，激发他们对小学生活的向往，为之后的小学生活打下良好的基础。此外，幼儿园还会请资深的小学班主任入园为大班孩子的家长做现场辅导。

在家庭方面，家长也和孩子一样憧憬着小学生活。很多家长会借助网络了解学校概况，并和孩子一起浏览校园活动，让孩子熟悉并喜欢上自己的学校。在家里，为了营造良好的学习氛围，帮助孩子进入学习状态，大多数家长会给孩子提供一张独立的书桌、一个安静的学习空间。可见，如今家长们都非常重视孩子的教育，大多数家长都在为孩子尽快适应小学生活尽可能地创设良好的学习条件。

（二）分析一年级学生的学校环境

小学生与幼儿在身心发展方面存在着阶段性差异，因而其教育目的、教育内容、教育实施和教育评价等也存在着较大的差异。同时，小学属于义务教育阶段，幼儿园是非义务教育阶段，学段性质的不同也导致其学习方式的差异。其中，幼儿的学习主要通过日常生活、游戏和教学活动进行，其学习方式主要是在活动中完成的直接经验学习，目标要求并不高，是一种全面和谐的启蒙教育。儿童进入小学之后，课堂知识学习成为其学习的主要途径，主要通过间接经验学习来完成。这时，学习要求也明显提高，他们不仅需要掌握一定的基础知识和基本能力，还需要完成学校规定的学习任务。各种差异，将导致部分幼儿在进入小学之后出现学习适应不良等问题，直接影响其在小学的学习与生活质量。

小学一年级，是整个学校教育的起点，也是培养学生学习行为、习惯以及态度的关键时期。是否具有正确的学习态度和浓厚的学习兴趣，是否掌握相应的学习方法与策略，是否积极愉快地适应学校的学习要求，是否养成良好的学习习惯，对儿童以后的学习生活影响较大。

每一个人都是一个独特的生命世界。学校教育是众多生命世界的汇聚，而且是取之不尽、用之不竭的资源。对于班主任来说，需要以"长程"的视野关注每一阶段学生的发展质量，力求实现每一阶段学生的发展潜能。

儿童走进小学，成为小学生，首先面临的是由生活空间的变化、个人身份的变化以及随之而来的生活任务的变化带来的一系列问题。对于小学生来说，学习成为最重要的活动之一。① 同时，各所小学都对学生提出了严格的学习要求，并制定了一些规章制度，如按时上学，不迟到，不早退，不随意请假，课前准备好学习用品，上课注意听讲，大胆发言，不交头接耳，不做小动作，学会独立收拾自己的学习用品，不乱丢放，按时独立完成作业，读写姿势要端正，努力达到"眼睛离书本一尺，手指离笔尖一寸，胸离桌沿一拳"的要求，除了午餐以外（部分学校不提供午餐）不准吃任何东西等。

学校除了指导学生系统地学习和掌握知识技能、接受良好行为规范的教育以外，还要安排学生参加各种集体活动。特别是在当前小学生中绝大多数是独生子女的情况下，为保持小学生的心理平衡，促使其情绪适应，班主任和家长往往会

---

① 李家成，王晓丽，李晓文．"新基础教育"学生发展与教育指导纲要[M]．桂林：广西师范大学出版社，2009：125．

有意识地唤起他们的自我意识，努力满足他们情感上的需要，包括归属的需要、独立的需要、社会称许的需要和自尊的需要等。这是缓解学生的紧张情绪，促进他们情绪适应的不可忽视的部分。班主任和家长应积极创造条件，尽量满足初入学学生的心理需要，使他们积极体验学校生活的温暖和乐趣，防止自卑、恐惧、退缩、郁闷等不良情绪的滋生。

（三）解读一年级学生的班级人际环境

在"新基础教育"的班级建设概念中，班级不只是作为课堂教学的基本组织形式，而且是学校各项教育活动的基本单位。更重要的是，它在学校教育中相对独立，且有目标明确的实践领域。对于一年级刚入学的孩子来说，他们几乎没有班级的概念，所接触的老师和同学，很多是以前不熟悉的。他们要学会如何与同学交往，尽快归属于新的集体。

据相关调查，在一年级的学生群体中，91%的同学希望自己能结交更多的好朋友；41%的同学希望交到的好朋友能在学习、生活中给予自己帮助；23%的同学希望交到的好朋友与自己有共同爱好和话题。100%的家长支持孩子与班级里的小朋友多来往，向同学学习，关心同学，与新朋友建立友谊，鼓励孩子在群体中健康成长。从数据中我们不难发现：孩子和家长都希望自己能结交更多的好朋友，尽快融入新的班集体。

如果说共同生活在同一个空间提供了直接的前提，那么中国文化中对于群体生活的关注，对于班级作为学生成长之家的理解，尤其是教师的教育介入，促成了这一同学关系的真正建立、发展与深化。[①]

经过一段时间的适应，一年级学生渐渐地对学校、班级、老师产生敬畏感，也在慢慢融入这个新集体，交上了新朋友，开始喜欢学校，喜欢班级，更喜欢身边的老师和新伙伴们。同时，他们还在努力遵守一系列的学校规则，并形成良好的行为习惯和学习习惯。

二、理解一年级学生的发展潜能

（一）一年级学生发展的积极倾向性

从儿童的角度来看，入学是他们生活中的一个重大转折。新的环境是儿童自

---

① 李家成. 班级日常生活重建中的学生发展[M]. 福州：福建教育出版社，2015：72.

我观念面临的挑战，他们可能既充满好奇，又有些紧张。同时，一年级学生在对小学生这一新角色有了认同后会产生一种自豪感。[1] 在上学的路上，一旦遇到上幼儿园的弟弟、妹妹时，他们便会自豪地挺起胸来，仿佛在炫耀自己已经是小学生了。加上家人、亲朋好友的祝贺和鼓励，自豪感会不断增强，孩子开始感到家人对自己的期待，也期望自己的言行能得到他们的肯定。

一年级是建立师生间信任关系的关键时期，老师对学生的影响非常大。在学生眼里，老师是"无所不知、无所不会"的全才师傅；老师的一言一行都能成为自己学习的榜样；老师有着比父母高出很多倍的权威力量……

渐渐地，老师成为学生生活中新的重要的人，他们迫切需要在老师面前建立积极的自我形象，非常渴望得到老师的表扬和认可，主观上非常愿意做一个好学生。一年级的老师尤其是班主任要特别注意为人师表：努力做到慈爱可亲，"不是父母，胜似父母"，公平正直，一言一行都使学生感到可信可敬。

（二）一年级学生发展的问题

1. 注意力很难长时间集中

虽然一节课只有 35 分钟，但是大部分学生的注意力在后半节课开始分散。在做课堂作业时，有的学生边做边玩，不够专心。少数学生必须有老师督促才能完成任务。

2. 不会倾听、思考

许多学生不善于听取同伴的发言、听清老师的提问，往往不假思索地举手要求发表自己的见解，喜欢喊"老师，我来回答"，恨不得把手举到老师的面前或者干脆直接抢答。但是被叫到后，有的孩子站起来却不知道说什么；有的孩子站起来，支支吾吾，声音很轻；有的孩子表达的内容与题目的要求完全无关。

3. 喜欢打闹

这种情况尤其集中在男孩子身上。一年级的男生在交往上存在很大的困难，他们崇拜动画片里"善打斗"的主人公，比如奥特曼等，所以往往课间、午间就会和同学推来打去，还认为这是在玩游戏。

---

[1] 李家成，王晓丽，李晓文．"新基础教育"学生发展与教育指导纲要 [M]．桂林：广西师范大学出版社，2009：125．

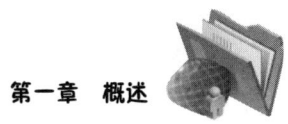

4. 时间观念淡薄

很多学生对自己没有约束力，不知道什么时间该干什么。他们有时一玩起来连上课铃声都听不见，等想起来已经晚了。回家做作业也是这样，如果父母下班回来晚而无人提醒，他们就不能自觉做作业，等家长回来再做就很晚了。这样会使他们第二天上课一点精神也没有，注意力不集中，打哈欠……

5. 粗心大意，丢三落四

一年级教室的讲台上常常会出现大把大把无人认领的铅笔、橡皮，地面上也随处可见掉落的书本、学习用品等。

除此以外，由于一年级学生处在身心发展比较迅速的时期，他们一只脚迈进童年，另一只脚还在幼年，身体进了学校，心里还依恋着幼儿时自由自在的玩耍生活，因而导致他们起初对学校的规章制度可能会有些不适应。我们时常看到：一年级学生上课时随便说话，坐不了一会儿便左右摇晃，甚至来不及举手报告便跑出去上厕所了……据调查，一年级上学期，很多孩子的体重不但没有增加，反而减轻了。有的孩子很容易感冒或患其他疾病；有的孩子放学无心去玩，没精打采，食欲不振；也有的孩子异常兴奋，好闹，夜里难以入睡，说梦话；个别的孩子还爱哭。这些往往都是由于环境变化带来精神紧张所致。还有不少学生受外部控制的影响，对于学校的规则很难内化，一段时间的新鲜感消失后，各种各样的问题开始浮现出来：注意力不集中，自我控制能力差，生活自理能力差，甚至有的学生不能独立吃饭，不会整理书包，依赖心理较强。遇到问题时，他们倾向于寻求家长帮助，而不是尝试独立解决。大多数学生以自我为中心的意识较强，不会关心别人，人际交往能力较弱，缺少合作的意识和能力等。

三、明晰一年级学生的发展目标

针对一年级学生的发展潜能，我们提出在该年段学生所要达到的三类目标：一是熟悉并基本养成小学生应有的学习习惯，二是参与并体验学校的相关活动，三是做好小岗位的启蒙工作。

（一）明确一年级学生应养成的学习习惯

1. 课前准备的习惯

学生在课间应摆放好上课所需的学习用品，将书本放在课桌的右上角，便于取放；听到铃声要立即安静坐好，双脚、双手放平，集中精神，等待上课。

参考：

儿歌

　　铃声响，进课堂，
　　课本铅笔放得好，
　　静等老师来上课，
　　比比哪个坐得好。

2. 上课的习惯

学生上课时要专心听（包括听老师讲课、听同学发言），要大胆说（包括回答老师的问题、评价他人的发言和参加小组讨论）。上课发言要先举手，发言时体态端正、声音洪亮、吐字清晰、完整有序、说普通话。

参考：

儿歌

　　铃声响，进课堂；
　　小小脚，并并拢；
　　小小手，自然放；
　　小眼睛，看老师；
　　小耳朵，认真听；
　　勤动脑，多提问。

3. 写作业的习惯

学生写作业时注意力要集中，不边写边玩，不看别人的作业。

4. 读书、写字姿势的规范

学生的读书、写字姿势要端正，双手拿书或将书平放在桌上，书本与眼睛的距离大约一尺，胸部距离桌沿一拳。

参考：

握笔姿势儿歌

　　小朋友，写字了，
　　身坐正，脚放平，
　　细细铅笔手中拿，
　　拇指食指捏住它，
　　笔杆靠在指骨上，

一拳一尺一寸记心上。

5. 整理文具的习惯

学生要学会整理文具,保持桌面及书箱的整洁、书包内物件的整齐。

6. 阅读的习惯

学生要养成认真阅读的习惯,每天借助拼音绘本进行阅读。家长和老师要注意所选择读物的广泛性,童话、科普读物皆可,为学生以后在阅读的广度上和深度上作准备,使其逐步养成"不可一日不读书"的好习惯。

(二)为学生创设参与并体验学校相关活动的机会

学校为了让小朋友尽快转变角色——成为光荣的小学生,会策划一个个主题教育活动:学习准备期活动、入学典礼、"品秋季"社会实践活动、科技节活动、儿童团入团仪式等。

学习准备期活动参考:

入学准备期儿歌 1

  下课铃响两件事,
  一要做好课前事,
  二要立即上厕所。
  时间足够不用跑,
  游戏玩耍不走远,
  团结友爱守秩序,
  课间安全牢记心,
  铃声一响进教室。

入学准备期儿歌 2

  教室里,轻轻走;
  走廊上,慢慢走;
  转弯口,减速走;
  上下楼,靠右走。

入学典礼上,学校可以为一年级新入学的每个学生发一粒成长豆。伴随着豆子的慢慢长大,学生们记录下观察过程中的点点滴滴,和豆子共同体验成长,听到成长的拔节声。

（三）发挥班级岗位工作的教育作用

当前，大多数孩子在家庭教育中处于绝对的"中心"位置，未曾以个体的身份进入更丰富的社会生活中。所以，入学后，大部分学生不懂得什么叫"岗位"，什么叫"服务"，什么叫"责任"。在一年级的岗位启蒙阶段，班主任可以先设定部分岗位，一般从最简单的劳动岗位做起，比如黑板美容师、讲台清洁员、作业收发员、护绿小天使、桌椅小排兵、节电小卫士、地面清洁员、报纸分发员等，由学生来认领。当然，如果多人认领同一个岗位，也可以采用竞争上岗的形式。一段时间后，班主任再鼓励学生自己发现和设置小岗位，要明晰：可以增设哪些小岗位？岗位的职责是什么？岗位的竞聘要求有哪些？……在老师的引导下，岗位设置会逐步变成一年级学生的主动建构性行为。值得一提的是，一年级的小岗位建设中，不仅有劳动型的小岗位，还包括管理型的小岗位，比如课代表、值日班长、领操员、领读员等。如果学生能有意识地提议增设这样的小岗位，则需要鼓励其创新型思维方式，通过岗位实践培养学生的服务意识、合作意识、责任意识等。

一年级是岗位工作的启蒙阶段，班主任在整个学年都要帮助学生认识并了解岗位，指导学生开展岗位工作，使学生明确所要承担的岗位职责，体验岗位锻炼的快乐。随着岗位工作步入正轨，班主任要对班级岗位教育目标进行整体设计，形成能级要求，然后根据一年级学生的年龄特点和成长需求，明确一年级岗位评价的内容、形式和要求，制定出相应的岗位工作评价表。岗位工作评价表分为自评、互评、老师评、家长评等，评价方式可以是多种多样的，如积分银行、星星榜、成长树、小小船儿要起航等，重在评价学生对于岗位工作的认真态度。这样的评价能够缩小学生在岗位锻炼中的差距，提升其综合实践能力。

班主任除了要帮助一年级学生达到以上三类目标外，还可以关注以下两点：

1. 交往关系的拓展

一年级学生的依恋心理比较重，对老师的信任几乎是无条件的，他们常挂在嘴边的话是："我们老师说……"他们对老师的信任超过了对家长的信任，老师说的话、提出的要求犹如"圣旨"。他们开始评价自己和别人，在评价自己时，往往只看优点；而评价别人时，容易发现问题，也常常受成人左右。他们很少能顾及客观世界与自我的关系，通常以自我为中心，按自己的目的去行动。他们在活动中容易受到同学的影响，见到喜欢的同学玩游戏，就愿意和他们一起玩；见到别人有新的文具或课外读物，自己也要有。因此，一年级学生的好朋友换得很

快，不能持久地和某一个同学做朋友；在活动中也很容易产生冲突，除了老师以外，其他人很难调解。一个学期之后，同学之间熟悉了，将不断学会让步，听取对方的意见，开始自我调节，社会性得到发展，慢慢地就适应学校生活了。

2. 自我意识的增强

自我意识的发展过程是个体不断社会化的过程，也是个性特征形成的过程。对于每一个人来说，自我意识的形成、发展与成熟是一个长期的过程。就一年级学生而言，应努力做到以下三方面：

（1）正确认识自我

在班级评价中，尽管评价方式各不相同，但评价的维度是一样的：既有纵向比较，又有横向比较。一年级学生在评价过程中可以将现实的自己与过去的自己作对照，看到自己的进步或退步；同时，还可以与超过自己的、与自己相似的、比自己稍差的人作比较，以获得较为客观的评价。

（2）积极悦纳自我

从学生入校的第一天起，一些家长就会为自己的孩子做一块"名牌"，正面是中文名，反面是英文名，以方便同学和老师认识。黑板报上有每一个学生的自我介绍，包括为什么会取这个名字，自己的兴趣爱好、特长等。每个班级都会召开"认识你，认识我"的主题班队活动。这一系列活动都是在告诉孩子："世上没有两片一样的叶子"，每个人都是独特的个体，不同的优点和缺点的排列成为你的个性，不同的经历组合成就你的人生，这些都是个人的独特性。因此，我们需要接受看似普通实则独一无二的自己。在自我悦纳的基础上，到了中高年级，学生再培养"自立""自强""自主"的心理品质，从而发展自我、更新自我。

（3）有效控制自我

有效控制自我是学生健全自我意识、完善自我的根本途径。当前，入学的孩子绝大多数是独生子女，即使有兄弟姐妹，往往也互不相让，十分任性，难以控制自我。例如，课堂上，别人在发言，一些学生还会举手喊"老师"，要求发言。他们想独占老师和其他一切，很难控制自己的言行。课间，一些学生（男孩居多）喜欢与同学打闹，不肯吃亏，被老师制止时还振振有词。这就需要老师和家长共同关注，多加引导、教育。

第二章 岗位工作与组织建设

一、如何开展一年级的岗位建设

班级岗位建设是"新基础教育"班级建设的重要抓手，它在沟通班级的组织建设、制度建设和文化建设，促进学生主动、健康发展的过程中，发挥着独特的作用。

所谓岗位，就是学生在学习生活中承担的责任。这个定义丰富了岗位的内涵和外延。"新基础教育"之班级岗位建设的运作过程一般包括五个环节：岗位设置→岗位竞聘→岗位实践→岗位评价→岗位轮换，具有整体螺旋式上升趋势。岗位设置作为岗位建设的第一个环节，无疑具有举足轻重的作用。一年级是岗位启蒙的重要阶段，岗位设置怎么进行、设置什么岗位等，都需要老师和学生一起进行整体的设计和策划。

一年级岗位设置要经历从无到有的过程，可以随着学生校园生活的展开而逐步丰富。岗位设置要尽可能涵盖班级的各方面，需要师生共同发现岗位，共同讨论岗位的职责。这些不同的岗位组成班级学生自主管理的网络，每个岗位就是网络上的一个节点。学生从一年级起在这些节点上任职多个岗位，扮演多种角色，拥有多份体验，对学生的社会性发展和综合能力的提高有着不可估量的现实意义。

案例

岗位我知道 & 我有一个小岗位（岗位主题系列活动）
常州市第二实验小学

一年级学生入学不久，处在适应新环境的过程中，对什么都好奇，对什么都感兴趣，什么都想尝试。他们有为班级服务的热情，具体表现为：（1）乐意为班级做事，如常常在课间抢着擦黑板、拿教具、发本子……在交流中，他们也时常会

第二章 岗位工作与组织建设

流露出想要当组长、班长的强烈愿望，觉得这样更像一个神气的小学生。（2）期待有岗位锻炼。一年级学生的自我认知能力很弱，他们未必了解岗位的具体职责，但大都期待有一个展现自己的平台，让自己在岗位实践中有所成长。

基于一年级学生的年龄特点和成长需求，我们通过"4+1"，即每周四次十分钟晨会、一次班队活动，让学生对岗位有一个整体的认知，在初步了解岗位的分类后，寻找适合自己的小岗位。以下是我们开展的系列活动：

系列1：岗位我知道（4+1）
晨会一：认识学习类小岗位
晨会二：认识知识类小岗位
晨会三：认识服务类小岗位
晨会四：认识行为规范类小岗位
班队活动：岗位我知道

系列2：我有一个小岗位（4+1）
晨会一：寻找学习类小岗位
晨会二：寻找知识类小岗位
晨会三：寻找服务类小岗位
晨会四：寻找行为规范类小岗位
班队活动：我有一个小岗位

班队活动1 岗位我知道

活动目标：
1. 通过知识竞赛的形式，让学生进一步巩固对学习类、知识类、服务类、行为规范类四类岗位的认识
2. 通过班队活动，让学生对岗位有一个整体的认识，初步培养学生的服务意识

活动环节	教师活动	学生活动	设计意图
开放式导入	提问：通过晨会学习，你掌握了哪些知识？	交流	巩固所学知识
了解规则	1.宣布竞赛规则：以小队为单位参与竞赛，试题分必答题和抢答题两类，综合两类题目的得分，高者为胜 2.指导学生分小队	1.了解规则 2.组成小队，准备参加竞赛	了解规则，为参与知识竞赛作好准备

（续表）

活动环节	教师活动	学生活动	设计意图
知识竞赛	1. 必答题部分，如我们一共接触到了哪几类岗位？这些岗位的职责是什么？ 2. 抢答题部分，如"课间小巡警""语文小组长""图书管理员""小小气象员"各属于哪一类岗位？	1. 参与必答题的竞赛 2. 参与抢答	通过竞赛的形式，巩固对岗位的认识
活动总结	1. 宣布竞赛结果 2. 对下一周的岗位学习提出希望	1. 感受小组成员的共同努力 2. 准备寻找适合自己的岗位	为下周的晨会活动打下基础

班队活动 2　我有一个小岗位

活动目标：
1. 整合本周的教育资源，让学生准备参加岗位应聘
2. 通过竞聘活动，让学生知道自己所要承担的岗位职责

活动环节	教师活动	学生活动	设计意图
开放式导入	帮助学生回忆四类岗位	交流	更清晰地了解岗位
了解规则	1. 公布四类岗位具体的岗位名称和岗位个数 2. 宣布竞聘规则： （1）自我推荐 （2）老师推荐 （3）民主评议	1. 再次明确具体的岗位名称和岗位个数 2. 明确竞聘规则	让队员作好竞聘的准备
自我推荐	1. 指导学生进行演讲 2. 组织队员进行演讲	1. 参与或倾听演讲 2. 队员参与评价活动	通过倾听、评价，让每个队员有正确的自我定位
确定岗位	1. 对于比较集中的岗位进行调整，对于空缺的岗位进行推荐 2. 组织队员进行评价互动	1. 根据班级岗位情况自我调整 2. 队员进行评价互动	通过评价、交流，最终确定岗位
总结提升	1. 通过今天的活动，我们每个队员都有了属于自己的岗位 2. 布置后续岗位评价活动	说说自己的收获	总结、反思，激发学生的岗位责任心

第二章 岗位工作与组织建设

解读

"新基础教育"的岗位建设从一年级就开始了。一年级的小岗位设置同样遵循"需要"的原则，立足于班级建设的需求，关注学生的成长需求，引导学生观察、寻找、发现班级需要哪些岗位，自己可以承担哪些岗位。在此过程中，学生的岗位意识初步形成，岗位启蒙教育逐步落实。常州市第二实验小学一直致力于岗位建设的研究，从学生一年级入学起，就开展主题式、系列化的岗位建设。从这个案例我们不难发现，常州市第二实验小学的一年级岗位建设是非常扎实有效地推进的。

1. 岗位设置的可能性

岗位设置为学生岗位实践、岗位轮换提供了可能。通过岗位设置，把班级的管理权还给学生，每个学生都有参与班级管理、为班级服务的机会，从而降低了班级管理重心，丰富了班级管理角色，为每个学生的社会意识和能力的发展提供了实践的舞台。在传统观念里，人们会认为一年级学生太小了，家里人都是宠着惯着的，在学校里能做的事情不多，但是，事实上，如果我们能站在学生的立场，把学生看成发展中的、有潜力的人，一切皆有可能。常州市第二实验小学的老师根据多年的"新基础教育"研究，基于一年级学生的年段特点，整合晨会和班队活动，有序地带领学生从认识每一个岗位到认识每一类岗位，让学生觉得岗位工作并没有想象中的那么难，那么高不可攀，岗位就在自己身边，就是做自己力所能及的事。

2. 岗位设置的系列性

"新基础教育"的岗位建设研究不是机械的、割裂的，而是基于对学生的研究和学生成长的需求，依据学生个体或群体的发展状况展开。常州市第二实验小学的岗位建设已经非常成熟，有一个完整的、系统的内部结构。在岗位设置部分，有两个教育主题："岗位我知道"和"我有一个小岗位"。其中，第一个主题通过四次晨会和一次班队活动，让学生了解学习类岗位、知识类岗位、服务类岗位、行为规范类岗位。第二个主题也是通过四次晨会和一次班队活动，让大部分学生找到适合自己的小岗位。从这样的教育路径中，我们深深感受到学校是真正从学生的实际出发，读懂学生，从而开发研究出这样具体的、有递进性的教育主题，细化到对每一个岗位的指导，关注每一个学生的需求。

3. 岗位设置的有机性

常州市第二实验小学不仅有整个小学阶段岗位建设的系列主题教育活动，还

通过专题统领的方式,把长程的设计和短期的实施有机结合。岗位设置是岗位建设的第一个环节,是否按"需"设岗,是否进行整合和分类,都直接影响到岗位实践和评价的质量和效果。所以,我们必须把岗位设置看成岗位建设的重要部分,在实施过程中切不可操之过急,具体可以通过将晨会、午会、班队活动等有机整合,把岗位教育落实到位。例如,常州市第二实验小学的一次晨会上,老师就带领学生一起认识了行为规范类岗位,具体内容如下:(1)明确职责:引导学生明确这类岗位可以规范学生的日常行为。(2)举例交流:引导学生认识这类岗位,如节能员——当同学离开教室去做早操、上音乐课时,要及时关灯,杜绝浪费;课间小巡警——及时劝阻同学不正确的游戏方式,带领大家做文明游戏。(3)寻找其他行为规范类岗位。这样的一个教育流程非常容易操作且有效,老师就是这样把每个活动目标落实到位,把岗位建设融合到班级建设中,融通到班级生活中,让学生在真实的生活场景中看到自己的变化和成长。

建议

1. 班级岗位设置的原则

"事事有人做,人人有事做"是岗位建设中"成事"目标的体现之一。班级岗位设置的原则是按需设岗。这里的"需",一是班级建设之需,班级岗位的设置是为了班级生活的稳定和发展;二是学生发展之需,可以通过岗位教育,培养学生的责任意识、合作意识、规则意识等,这是岗位建设对学生成长的独特价值。

2. 一年级岗位设置的策略

(1)分门别类,各取其名

一年级的班集体建设是一个从无到有的过程,岗位设置也是随之逐步完成的。岗位设置在第一学期可以由老师提出,告诉学生班级需要哪几类岗位,分别要做什么。经过一段时间的梳理,岗位设置就会涉及班级生活的方方面面,从类别上讲,一般有以下五类:①学习类:各学科课代表、学习小组长、领读员等;②知识类:气象记录员、小报童等;③活动类:主持人、活动策划员、联络员等;④服务类:黑板美容师、桌椅小排长、门窗小卫士等;⑤行为规范类:护眼使者、节能小哨兵等。每个班级可以根据自己的实际情况和岗位建设的需要调整分类。

岗位命名也有学问。岗位的名称不求统一,可以由老师和学生一同进行个性化命名,只要岗位的名称与岗位的内容相符合即可。淮阴师范学院第一附属小学(以下简称"淮师一附小")的岗位命名就很有意思,如空气通风员,职责是保

证教室经常通风，保持空气的清新。此外，还有爱心小医生、护花大使、护绿使者、娃娃班主任、窗帘管理员、课程提醒员、小玩具（小零食）观察员、信息早知道、健康小贴士、课前小喇叭、班级清道夫、金牌领操员、小白鸽、礼仪监督员、好书推荐员、天气预报员等。不难想到，学生在给岗位命名的同时，也了解了岗位的设置和职责，这就是很好的岗位启蒙教育。

（2）岗位竞聘，明确职责

一年级的岗位竞聘要最大限度地尊重学生的愿望，让学生自主选择有兴趣且能胜任的岗位；教师可以适度指导，但不能代替学生选择，更不能直接分配。岗位竞聘一般分以下几步进行：

①动员准备。基本上，开学一个月后，老师和学生共同协商公布岗位职责和人数，以供学生对照选择。基于一年级学生的认知特点，老师可以把岗位设置列成表格或制作成简单的图示，以便于学生理解和明确岗位的职责。以下是上海市明强小学唐红老师所带班级的服务类岗位的设置表格：

岗位类别	岗位名称	岗位职责	岗位人数	岗位人员
服务类岗位	桌椅小排长	督促同学排齐桌椅	2	
	窗户小卫士	擦窗户，开窗通风	2	
	书柜小管家	擦书柜	1	
	午餐管理员	管理饭盒，检查剩饭	2	
	地面保洁员	打扫地面	4	
	垃圾清倒员	套好垃圾袋，倒净垃圾	1	
	饮水机保洁员	开、关、擦饮水机	1	
	小园丁	定时给花草浇水、施肥	2	
	讲台保洁员	整理讲台，保持讲台干净	1	
	电脑管理员	开关电脑，保持电脑干净	1	
	卫生检查员	检查杯子、手帕、指甲	2	
	抽屉检查员	督促同学把抽屉整理干净	2	
	黑板美容师	擦黑板，准备好粉笔	2	
	小小报童	及时分发各类报刊	1	

②竞聘演讲。对一年级学生演讲的要求不能太高，只要在演讲中表达清楚三个方面的内容即可：一是"我想竞聘什么岗位"；二是"我在这个岗位上能为班

级做哪些事";三是"希望得到大家的支持"。这样一个带有仪式感的竞聘演讲，虽然对一年级学生来说有挑战性，但更多的是带给他们一种责任感和荣誉感，这对岗位启蒙是非常重要的。

③协商表决。如果一个岗位的人数超过了限定人数，老师可以引导学生通过协商来调整岗位。对于落岗的学生，不能打击他们的自信心，应该帮助他们重新选岗，直到找到适合他们的岗位。最后，将确定的岗位安排表张榜公布，让每个学生做到心中有数，对照要求做好自己的岗位工作。

（3）动态调整，逐步完善

班级岗位的设置不是一成不变的，可以根据需要进行动态调整，逐步完善。例如，上文所述唐红老师所带班级原先的行为规范类岗位只有四个。随着学生交往的日益频繁，她发现一部分男孩子经常与同学发生冲突。这时，她适时地引导孩子思考需要增设哪些岗位以及怎样命名。经过讨论，"礼仪大使""文明小天使""劝架员"等岗位就应运而生了。这些岗位的增设让班级的实际问题得以解决，也使学生在岗位体验中朝更积极的方向发展。

行为规范类岗位	校服检查员	检查同学校服穿戴到位
	护眼小使者	督促同学做好眼保健操
	节能小哨兵	及时开关电灯，督促同学不浪费
	出操口令员	整队快、静、齐，管理好队伍
	文明小天使（增）	劝阻同学不打闹，开展好课间微社团活动

淮师一附小蔡老师所带班级的动态岗位设置也值得我们借鉴。运动会一直都是学生们很感兴趣的一个活动。但是，通常这个时候，老师都会感到特别累，既要组织好运动员参加比赛，又要维持好看台秩序，保证安全。"新基础教育"之班级岗位设置的原则是按需设岗，那么能否在运动会期间设置一些"阶段性岗位"，让学生从管理到服务、从运动员到服务人员全程参与呢？蔡老师在带领学生熟悉了运动会的流程后，决定和学生一起当策划师，专门为运动会增设一些岗位，然后通过一次班队活动让学生明确岗位职责，清楚自己的任务。

活动环节	教师活动	学生活动	设计意图
谈话导入	带领学生回顾前面的活动,自然过渡到今天的主题:岗位大练兵	回顾前面的活动	进入主题
岗位组自我介绍	请每个岗位组和大家打个招呼	组长介绍本岗位组名称和职责	让大家对各个岗位组有初步认识
细化分工,明确到人	1.让每个岗位组发一张岗位职责表 2.让每人选择一个自己喜欢的岗位,然后向组长申报	1.小组内讨论、交流 2.组内确定名单 3.组内交流每个组员的具体做法	进一步明确岗位职责
模拟运动会	设置运动会场景,视情况考察每个岗位的具体做法	情景演示	模拟运动会,让每个学生进入运动会现场状态,在模拟演练中得到锻炼,感受到岗位体验的快乐
制作岗位牌	让每人拿出自己的工具,准备制作岗位牌	岗位牌上写上岗位名称,要体现岗位职责	充分发挥学生的自主意识,通过组员间的交流、合作,完善自己的设计
总结提升	总结本次班队活动	倾听	使学生对本次活动有进一步的理解,并为后续活动作好准备

这样的动态岗位设置为运动会的顺利开展做好了"岗前培训"工作,通过进一步细化岗位,让学生明确自己所要承担的岗位职责;通过模拟演练,使每个学生在即将到来的运动会上都能胜任自己的岗位工作。

二、如何指导一年级学生进行岗位实践

岗位实践是"新基础教育"之岗位建设的重要组成部分。通过岗位实践,可以有效地提高学生的服务意识、合作意识和责任意识。许多学生成长中的问题通过岗位实践得到重视和解决。岗位实践也是学生发展、变化、成长的过程。我们

十分珍视岗位实践对学生发展所具有的养成性价值、教育性价值、发展性价值。岗位实践丰富了学生的角色体验、人际关系、班级生活，唤醒了学生的自我意识，有效改善了学生的成长生态，同时让班级呈现出丰富、立体、动态的发展状态。

案例

小小岗位本领大
上海市闵行区实验小学（春城校区） 韦 娜

岗位建设是我校的一项特色活动，我们希望通过岗位建设让学生在不同岗位的参与中，提高自己的岗位技能，发掘自己的潜能，提升班级生活质量。尤其是对刚刚进入一年级的小学生而言，他们对学校的各项生活充满好奇和兴趣，喜欢用自己的大眼睛去寻找岗位，并对岗位工作充满热情。可是，由于他们年龄小，很多岗位该怎么做、如何做好对于他们而言是有困难的，还需要时间去实践体验。经过两个多月小岗位的实践，他们有了认真做好小岗位工作的意识，并通过日常评价，初步掌握了做好小岗位工作的方法和窍门。本次主题教育活动就是希望通过他们的展示和交流，让更多的学生了解不同小岗位的技能，为接下来的岗位轮换作好准备；同时，也希望他们在岗位实践的互动和参与中，初步感受到在小岗位上也是需要合作互助的，从而增强班集体的凝聚力。整个学期，我们开展了以下系列活动：

第一阶段：小小岗位我来找；

第二阶段：小小岗位我来做；

第三阶段：小小岗位我来评；

第四阶段：小小岗位大家轮。

本次主题教育活动为第二阶段，希望通过这次班队活动达到两个目标：（1）通过岗位本领的展示和交流，让学生感受到自己在小岗位上的成长，并为轮岗作好准备。（2）通过本次主题教育活动，初步明白在小岗位上合作的重要性，提高班集体的凝聚力。

具体活动过程如下:

活动环节	教师活动	学生活动	设计意图
热身	播放音乐	听音乐	通过听音乐,调动气氛,感受劳动的光荣
岗位名称猜一猜	1. 提问:你能用一两句话或做动作让小伙伴们猜一猜你的小岗位吗? 2. 提升:其实,在我们的集体中,每个同学都有自己的小岗位,瞧——(出示小岗位照片) 3. 揭题:小小岗位本领大	1. 说岗位、猜岗位 2. 看照片	猜一猜的形式符合一年级学生的特点,也能激发学生参与的兴趣
岗位途径说一说	1. 采访:你的小岗位是什么?以前做过吗?现在是怎么做的? 2. 总结	学生介绍	通过采访,引导学生感受处处都可以学到做好小岗位工作的方法
岗位本领学一学	1. 引入:今天我们来摆一个大擂台,请大家来露一手。(出示垃圾桶和垃圾袋)你们知道"小小垃圾袋"是怎么更换垃圾袋的吗?请他们来露一手。其他小朋友边看边想:他们是怎么把垃圾袋套好的? 2. 采访:他俩谁套得好?好在哪里? 3. 提问:你们学会了吗?想不想也来套一下垃圾袋呢?各小组派一个同学上来比一比,看看哪个小朋友学得快、套得好!	1. "小小垃圾袋"套垃圾袋,其他同学观察 2. 指名回答 3. 各小组代表参加比赛,其他同学观察	通过先学后比的形式,让学生更清楚套垃圾袋的小窍门,然后通过比赛,在练习的同时激发学生今后做好小岗位工作的兴趣

（续表）

活动环节	教师活动	学生活动	设计意图
岗位技能秀一秀	1. 引入：还有一个小岗位也很辛苦，他们一听到上课铃声就要带领大家背一背、读一读，他们的岗位是—— 2. 邀请"小小领读员"展示岗位本领 3. 采访"小小领读员"	1. 生齐答 2. "小小领读员"带领大家背儿歌、读词语 3. "小小领读员"回答	在这个环节中，不仅让学生进行岗位展示，也希望通过采访，让学生初步感受到做好小岗位工作也是需要大家一起合作的
岗位合作赛一赛	1. 提问：还有哪些小岗位也是需要大家一起合作才能做好的？ 2. 提问：每天早上做操的铃声一响，哪些小岗位要开始工作？ 3. 那就请他们来帮老师收一下作业 4. 采访"小小作业本" 5. 采访作业本传得好的小组 6. 提问：你们能再传一次本子让小伙伴们学一学吗？ 7. 提问：你们学会了吗？让我们再来比一比吧！	1. 指名回答 2. 生齐答 3. "小小作业本"喊口令收本子 4. 示范传本子 5. 比赛传本子	通过采访"小小作业本"，让学生知道做好这个小岗位工作的要领；通过采访作业本传得好的小组，让学生明白合作把本子传好的方法和注意事项；通过比赛传本子，让学生再次明白合作完成小岗位工作的重要性
总结	总结并提希望	倾听	通过对小岗位工作方法、过程的总结，让学生清晰知道今后如何做好小岗位工作；通过提希望，激发他们在小岗位上奋斗的热情

第二章 岗位工作与组织建设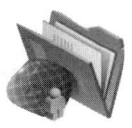

解读

1. 岗位实践对于学生的养成性价值

当前的学生大多是独生子女,他们在家庭教育中处于绝对的"中心"位置,很少有机会以个体的身份进入丰富的社会生活中。在一年级入学后,大部分学生在班级生活中不懂得什么叫"岗位",什么叫"服务",什么叫"责任"。因此,在一年级的岗位启蒙阶段,通过岗位实践来培养学生的服务意识、合作意识、责任意识等,有着举足轻重的作用。

韦老师的这次班队活动,通过说一两句话或做动作,让小伙伴们猜一猜自己的小岗位,由此导入主题;然后,通过采访学生来了解一年级学生岗位的起始点及发展趋势;接着,通过"摆擂台"的方式,让学生参与到套垃圾袋的活动中。经过这样比一比、学一学、练一练的过程,不仅承担这个岗位工作的学生掌握了套垃圾袋的小窍门,其他学生也熟知了这项技能。套垃圾袋是这样,其他岗位也是这样,学生在岗位实践中学到了知识,习得了本领。我们希望学生在岗位实践中,不仅养成参与岗位工作的习惯,更通过自身的服务、劳动与创造,为自己和他人提供发展的空间。

2. 岗位实践对于学生的教育性价值

岗位是教育学生、促进学生成长的大舞台。一年级学生往往以个人为中心,很难在岗位工作中顾及他人,为他人的成长提供帮助。所以,老师要尽可能地为学生创设成长的机会,促使学生在岗位工作中不断改变自我。韦老师在活动设计中邀请"小小领读员"展示岗位本领,带领大家背儿歌、读词语,就是要告诉孩子们:这个岗位很重要,如果没有这个岗位,就乱套了。但是,要做好这个岗位工作不能光靠领读员,每个人都要服从安排,积极配合。如果在岗位实践中经常有这样适时的教育,学生的合作意识、责任意识就会在心中萌芽、生根。

3. 岗位实践对于学生的发展性价值

丰富的岗位设置、岗位价值的开发,使学生获得了更多的成长资源。在这次班队活动中,韦老师关注到每一个具体岗位对学生的成长价值。"套垃圾袋"属于服务类岗位,它需要学生学会劳动的本领,并能在周而复始的工作中开动脑筋,把看似简单的工作做得更有智慧、更有成就感。"小小领读员""小小作业本"属于学习类岗位,这类岗位往往需要得到他人的支持和协助,对于承担岗位工作的学生来说,难度更高,更富挑战性,同时也带给其更大的发展空间。在岗位实

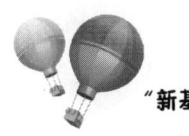

践中，学生在变化、在发展、在成长；同时，不同方面的问题也呈现出来，经过老师的积极引导，这些问题又转化为学生成长的教育资源。

建议

1. 班级岗位实践的原则

班级岗位实践的原则是：注重过程，让每个学生亲自经历，使他们在岗位实践中产生属于自己的独特体验。我们力图让每个学生都经历"做了→会做→做好"这样一个岗位实践的过程，这对学生的成长具有积极的、深远的意义。

2. 一年级班级岗位实践的策略

（1）督促鼓励，激发热情

一年级学生往往一开始对岗位工作热情高涨，他们觉得为老师和班级做事是特别光荣的，能赢得老师的赞赏和同学的羡慕。所以，在岗位实践中，我们要特别珍视和保护学生的这种岗位积极性，将之转化为做好岗位工作的原动力。但是，在岗位工作中，一年级学生会遇到很多问题。比如，当对岗位工作的新鲜感逐渐消失时，他们会因为贪玩而忘记自己的工作职责；有的学生虽然工作积极性很高，但总是做不好，等等。所以，班主任要时刻意识到岗位实践对于学生而言独特的成长价值。当学生在岗位工作中遇到问题时，班主任要及时地帮助、指导他；当学生产生懈怠时，班主任要鼓励、支持他；当学生取得点滴进步时，班主任要及时肯定、表扬他。比如，有的学生上学爱迟到，老师多次提醒也不见效，这时可以尝试推荐他做早读小班长，鼓励他早到十分钟，带领同学读儿歌。如果学生能坚持一星期，就大大地表扬他；如果学生有反复，要调动家长的力量，一起督促他做好这个岗位工作。在岗位实践中，相关问题得到重视后，学生的岗位工作热情就会被激发，在各自的岗位工作中就会成长得更快。

（2）尊重差异，重在指导

一年级学生个体差异很大，在岗位工作中更是因为能力、个性和岗位的差异而呈现出不同的状态，有的适应得快一些，有的适应得慢一些；有的工作能力强一些，有的几乎什么都不会做。所以，除了耐心等待学生在实践中体验与感悟外，班主任还要及时地给予帮助、指导，尤其要利用班队活动、晨会、午会等进行总结、做榜样示范等。例如，上海市闵行区中心小学陆芹老师在"我是智慧聪明豆"活动中的岗位指导就很值得借鉴。

①我会劳动——"我是智慧聪明豆"主题活动之一

通过必选小岗位活动的进行，引导学生认真完成自己的岗位工作，做好书包、

第二章 岗位工作与组织建设

课桌、椅子以及自己范围内地板的清洁工作,让学生在此过程中获得劳动的成长体验,并完善自我服务的意识,在劳动中学习劳动的方法。

②我有好办法——"我是智慧聪明豆"主题活动之二

在主题活动一的基础上,不断巩固劳动的方法,尝试设置新的班级岗位,发现新的问题,并想出聪明的办法予以解决,让学生主动参与其中,认识到"班级是我家,我爱我的家"。

③我们的办法真好——"我是智慧聪明豆"主题活动之三

在上述两个主题活动中,学生能不断发现问题,主动找到解决问题的方法。大家的能力不同,解决问题的方法也各有千秋,可通过相互比较,看看谁的办法更好,更能有效解决问题。如套垃圾袋,有的学生想到用外面买的罩子,有的用夹子夹,有的则觉得橡皮筋更方便,这样在实际操作中通过比较便能发现最好的方法。大家比一比,看谁的方法更有可操作性、更有效。

"我有好办法"主题班队活动具体推进过程如下:

活动环节	教师活动	学生活动	设计意图
热身	组织观看这段时间小岗位工作完成情况的照片	观看照片	
揭示活动主题	出示主题:"我有好方法"		
汇报与互动	1. 组织回顾上次活动中在劳动岗位上使用的好办法 2. 组织交流这段时间大家遇到的困难	1. 汇报 2. 对话交流	激发学生智慧解决问题的积极性
感悟与提升	1. 谁是最棒豆——拧抹布比赛 (1)组织比赛 (2)组织齐读自编儿歌《拧抹布歌》(边拧抹布边齐读) (3)组织全班小朋友照着样子拧抹布 2. 谁是亮眼睛——学习关窗 (1)组织学生看视频,发现问题 (2)组织学生交流解决问题的方法 (3)组织学生学习动手关窗	1. 比赛 2. 朗诵 3. 跟着做一做 4. 发现问题 5. 交流学习的方法	通过赛一赛、学一学、议一议,鼓励学生善于学习,初步培养他们发现并尝试解决问题的能力

（续表）

教学环节	教师活动	学生活动	设计意图
总结与延伸	组织学生再次寻找班级中的问题，并尝试通过合作一起想出好办法	1. 寻找问题 2. 想出好办法	进一步培养学生发现并解决问题的能力

（3）榜样引领，鼓励创造

在岗位实践中，我们发现一些学生由于自身能力强、悟性高，能很快胜任岗位工作。比如，一些学生经过老师手把手的指导，很快掌握了扫地的技巧，通过不断的岗位实践，他们做得又快又好。而对于另一些学生来说，上学前从未拿过扫帚，更不知道怎么把地扫干净。这时，老师就要敏锐地注意到这一点，可以用商量的口吻对扫得好的学生说："你可不可以教一下那位同学，让他跟你扫得一样干净？"这个学生一定会欣然答应。当他认真在教时，不管教得怎么样，老师都应给予表扬。其实，这也是在潜移默化中培养岗位组成员间合作互助的能力。另外，老师也可以利用一年级学生活泼好动、喜欢动脑筋的特点，在岗位工作中经常抛出一些问题，引导学生进行思考和创新，使原本乏味的岗位工作变得丰富起来。例如，班级图书角的书丢失了，怎么办？老师可启发学生：是不是可以给图书编个号或者借阅时登记一下？……在老师的引领下，学生可以不断用行动丰富岗位实践的内涵，让自己成长得更快。

淮师一附小康泉老师从平时的观察和三次问卷调查中发现，虽然学生们在岗位实践中遇到了这样或那样的困难或烦恼，但大部分学生对小岗位的体验是快乐的、成功的。因此，在一次名为"我是岗位智多星"的班队活动中，她引导学生交流小岗位工作中优秀的经验和有效的窍门——"点亮优点、点亮独特、点亮价值"，从而"树立榜样"，让每个学生都学会智慧履行岗位职责。

活动环节	教师活动	学生活动	设计意图
开放式导入	组织学生回顾以前的活动过程，揭题：我是岗位智多星	回忆以前的岗位执行情况	激发学生的自豪感，营造轻松的氛围，导入本次活动
服务组交流：服务小秘诀	随机点拨、指导，解决可能出现的临时性问题	1. 组长介绍本组岗位、职责、获奖名单 2. 小代表通过图片介绍"服务组岗位智多星"的工作情况	1. 通过讨论、交流，让学生学习倾听和清晰地表达自己的观点 2. 通过"点亮优点、点亮独特、点亮价值"，从而"树立榜样"，让每个学生都学会智慧履行岗位职责

第二章 岗位工作与组织建设

（续表）

活动环节	教师活动	学生活动	设计意图
卫生组交流：清洁小妙招	通过小小采访，随机点评、提升	1. 组长介绍本组岗位、职责、获奖名单 2. 小代表介绍"卫生小白鸽"们是如何智慧开展岗位工作的	"卫生小白鸽"是全班人人都担当的岗位，使学生在尽职尽责做岗位工作的同时，开动脑筋
学习组交流：快乐小帮手	适时点评，随机点拨	1. 组长介绍本组岗位、职责、获奖名单 2. 请本班数学老师介绍课代表的工作方法，称赞他们是好帮手 3. 课代表介绍组长是如何开动脑筋收齐作业本的	1. 为下学期小组长、课代表的轮岗作好准备 2. 培养每个孩子的自信心——我掌握了方法，我也可以做得很好
行为规范组交流：娃娃班主任	引导观察、讨论、交流，解决岗位锻炼中可能出现的问题	1. 组长介绍本组岗位、职责、获奖名单 2. 观看视频，小组讨论，全班交流 3. 共同商量解决问题的办法	1. 引导学生从正面展开评价，促进小朋友之间相互学习 2. "小小班主任"岗位设置明显可以增强学生的自信心，其一言一行都是榜样
颁奖	分类别颁发"岗位智多星"奖	领奖并发表感言	聚焦学生在活动中的"成长点"，激发学生追求自我发展的内在动力，为以后更好地智慧履行岗位职责奠定良好的心理基础
总结提升	总结本次活动的意义	倾听	让学生了解本次活动的意义，并对后续活动有所了解和准备

三、如何在一年级岗位启蒙阶段进行岗位评价

岗位评价是岗位建设不可或缺的一部分。通过多元评价，可使学生学会更全面、客观地评价自己和同学的岗位工作，获得更丰富的岗位实践体验。一年级学生刚刚入学，还处在适应环境的过程中，在岗位启蒙阶段，如果没有适时和及时的岗位评价，就不能激发他们对岗位工作的积极性，岗位锻炼的热情也会日趋消

减。所以，一年级的岗位评价不可忽视，需要老师和学生充分认识岗位评价的必要性和重要性，积极研究岗位评价的形式、内容和要求。在一年级岗位评价的起始阶段，主要以老师对个体的纵向评价为主，老师通过观察学生在岗位实践中的表现，发现学生个体间的差异，树立榜样，解决问题。之后，老师要逐步引导学生自主开展评价，通过个体和群体间的横向比较，引导学生发现伙伴间的差异，发现自己与他人的不同，挖掘同伴身上的闪光点，学习他人的好方法。老师也可以通过岗位评价，让在岗位工作中表现优异的学生得到展现的机会，得到更多人的认可，这对提高学生的积极性有极大的促进作用。

案例

岗位之花朵朵开
上海市明强小学　唐　红

　　一年级学生经过一段时间的班级生活，渐渐融入集体，交上了新朋友，喜欢上了学校。他们喜欢争着为班级做事，常常抢着擦黑板、发本子、扫地等。但是，往往有的事情大家抢着做，有的事情没人做。一年级学生没有明确的岗位意识，不知道岗位的具体职责，所以需要老师对他们进行岗位的启蒙教育。在一年级第一学期，我根据每个学生的意愿，让他们自主选择有兴趣的岗位，在实践中逐渐明确岗位的职责。通过班级岗位的设立，孩子们渐渐懂得了如何关心集体、帮助别人，如何为班级做事。但是，在一个学期的岗位工作中，也出现了这样或那样的问题：有的学生的岗位意识还很淡薄，有的学生经常忘记做岗位工作，有的学生没有坚持做好岗位工作……这就让我意识到，对一年级岗位工作，学生从"想做""会做"到"做好"需要经历一个长期的过程。在这个过程中，老师需要通过岗位评价，让学生不断地强化自己的岗位要做什么，做的时候应该注意什么，以及怎样做得更好。

　　到了第二学期，进行岗位轮换后，大部分学生的岗位都和上学期不一样了，因此他们需要重新适应。在这个过程中，有两类学生引起了我的关注：第一类是对岗位工作热情高涨的学生。他们很快就能适应新的岗位工作，并做得得心应手。但是，时间一长，没有更具挑战性的任务或者要求后，他们就会懈怠、懒散。第二类是能力较弱的学生。他们在轮岗后往往感到有困难，需要老师和同伴的及时帮助和指导。一年级学生年龄小，工作能力较弱，出现这些岗位问题实属正常，需要老师去唤醒和呵护他们的工作热情，通过岗位评价，为他们搭建交流、学习

第二章 岗位工作与组织建设

的平台，同时树立岗位榜样，提升他们的岗位工作能力。

基于上述观察与认识，我班整个学年围绕争当"岗位之花"，开展了一系列活动。

第一阶段："认识小岗位"——帮助学生认识岗位，了解岗位的作用，开展岗位实践活动。

第二阶段："我的小岗位"——使学生学会做好自己的岗位工作，激发争当"岗位之花"的热情。

第三阶段："我爱我的小岗位"——使学生学会评价自己的岗位工作，提升自己的岗位工作能力。

第四阶段："岗位之花朵朵开"——使学生学会评价他人的岗位工作，人人争当"岗位之花"。

在一系列活动的开展中，我班落实了岗位评价的日常化：一日一评，每天对学生的岗位工作情况作出评价；一周一评，每周评选最佳岗位；一月一评，进行当月"岗位之花"的评比。通过这样日常化的评价，大部分学生能保持岗位工作的热情，懂得在岗位工作中要相互学习、取长补短，感受到岗位工作的意义，提升岗位工作的能力，形成人人参与班级建设的良好氛围。

本次班队活动是对第四阶段的中期总结，要达到的活动目标有：（1）在岗位工作的交流中，感受岗位工作的意义，提升岗位工作的能力。（2）挖掘岗位工作中的资源，初步学会评价他人、欣赏他人，进一步激发为集体服务的意识。

活动的具体过程如下：

活动环节	老师活动	学生活动	设计意图
交流感受	1. 播放小岗位工作的相册视频 2. 让学生说说自己的岗位工作是什么？在岗位工作中，最开心的事是什么？	1. 观看视频 2. 交流	通过视频帮助学生了解自己和他人的岗位工作，说出自己对岗位工作的真实感受
学会评价	1. 引入：今天，老师邀请了电影《疯狂动物城》中的动物朋友们到我班做客，让我们一起看看动物城的小朋友是怎么做小岗位工作的： （1）童话剧一 情景一：黑板美容师每天坚持把黑板擦干净		

（续表）

活动环节	教师活动	学生活动	设计意图
学会评价	情景二：地面保洁员没打扫完教室就出去玩了 （提升：①你们觉得《疯狂动物城》中谁的岗位工作做得好？谁的岗位工作做得不好？②听了我班同学的建议，他们会不会有进步呢？让我们一起再来看看） （2）童话剧二 地面保洁员坚持扫完地，得到了大家的夸奖 （提升：①看了小动物们两天的表现，你们觉得怎样才能做好小岗位工作？出示岗位评价标准一：坚持做；②你们也来夸一夸岗位组中能坚持做好岗位工作的同学吧！） 2. 组织岗位小竞赛："收作业大比拼" （1）引入：我们班有12位学习组长，让他们来一次"收作业大比拼"，看看谁的作业收得快、收得好 （2）组织学生比赛 （3）公布比赛结果，说说为什么有的组快，有的组慢 （4）采访获胜组的组长 （5）组织学生交流，出示岗位评价标准二：会动脑 （5）组织学生夸一夸岗位组中会动脑筋解决问题的同学 3. 评选本月的"岗位之花"，将"岗位之花"贴在表彰栏内	1. 表演或观看童话剧 2. 交流 3. 夸夸身边的小榜样 4. 收作业、交作业 5. 总结 6. 评选"岗位之花"	基于一年级学生的年龄特点，以学生喜爱的《疯狂动物城》中的动画人物为原型，通过童话剧、小竞赛的形式呈现岗位工作中的典型事例，在分析交流中明确岗位评价的标准
总结提升	1. 总结 2. 布置后续活动：按岗位分类进行合作，小组评比	谈谈这节课的收获，送小伙伴一朵小红花，说一句鼓励的悄悄话	让学生明确后续活动的内容和要求，继续开展好岗位工作

第二章　岗位工作与组织建设

> **解读**

这个案例呈现的是整个岗位建设中的评价部分。在一年级的岗位评价中，第一学期主要以老师的即时评价为主，让学生逐步明确岗位评价的方式。到第二学期，老师要引导学生通过自评、互评等方式感受自己的进步，发现伙伴的优点，学会与他人分享成功的快乐。"岗位之花朵朵开"这次班队活动就是在一年级第二学期岗位实践中，老师发现学生在轮岗后出现了岗位意识薄弱、不会解决问题等现象后策划的一节岗位评价课。老师在这节课中渗透了这样的设计理念和思维方式：

1. 岗位评价符合学生的年龄特点和认知特点

唐老师的设计契合一年级学生的年龄特点和认知特点，从观看班级的相册视频，切入班级日常化的岗位实践。当学生们看到自己在岗位工作中的一张张照片，兴奋得叫出"那是我，那是小奇……"的时候，他们脸上自然而然地流露出自豪、愉悦的神情，正是岗位实践带给他们这种从未有过的、富有成长气息的独特经历赋予他们激情。在"学会评价"环节，唐老师以学生喜爱的电影《疯狂动物城》中的动画人物为原型，通过童话剧、小竞赛等形式呈现小岗位工作中的典型事例，使学生初步了解本阶段岗位评价的标准——坚持做、动脑筋。在最后环节，唐老师又设计了"谈谈这节课的收获""送小伙伴一朵小红花，说一句鼓励的悄悄话"等活动，也很符合一年级学生的认知特点，对学生做好岗位工作起到助推作用。

2. 岗位评价关注学生的个性需求

在这次班队活动中，"图书漂流站站长"小陈的工作得到了很多同学的认可。他原先是一个调皮捣蛋的孩子，课间总是惹是生非，自从当选为"图书漂流站站长"后，他除了为同学们借书、还书外，还发挥口才好、知识丰富的优势，给课间有不文明行为的同学讲故事，在一定程度上减少了班级同学打闹的现象。另一个典型人物小乔是一个非常内向的男孩子，不懂得表现自己。就是在这样一次班队活动中，他的工作得到了同学们的认可，大家都认为他不仅能把黑板擦干净，而且还能把擦黑板时站的椅子也擦得一干二净，是一个细心又认真的好榜样。唐老师敏锐地抓住了这些典型事例，通过岗位评价，挖掘背后的故事，让每个学生都感受到自己在岗位工作中的价值，满足了学生的个性需求。

3. 活动评价唤醒学生的自我意识

实践中，我们发现，适当的岗位评价具有很大的教育性。在本次班队活动中，

唐老师设计了"收作业大比拼"的游戏，旨在引导学生对学习类岗位中的"学习组长"进行评价。比赛中，有的组长收得又快又齐，有的组长收得快但不齐，有的组长收齐了但速度太慢，这些现象真实呈现了日常班级生活中的状态。唐老师抓住契机引导学生讨论：呈现出不同结果的原因是什么？通过讨论，学生认为：有的组长收作业前提醒每个队员准备好作业本，收作业时井然有序，效率就会提高；有的组长没有想到方法，加上组员没有带作业本或作业本交得太慢等，直接影响了整个组的速度……在充分交流后，学生们明白了学习组长看似是一个人的岗位工作，但想要做得好，还需要其他同学配合。在讨论的过程中，学生渐渐形成了清晰的评价意识，更为客观地评价自己和他人的工作。所以说，有效的岗位评价不仅唤醒了被评价者的自我意识，评价者也在对比中有了自我意识的觉醒。

建议

1. 岗位评价的原则

班级岗位评价是多元评价，包括评价周期的多元、评价主体的多元、评价内容的多元和评价方法的多元。通过多元评价，可使学生学会更全面、客观地评价自己和同学的岗位工作，获得更丰富的岗位实践体验。

2. 岗位评价的策略

（1）整体设计，各有侧重

一年级是岗位工作的启蒙阶段，整个学年要帮助学生认识岗位，了解岗位的作用，指导学生开展岗位工作，明确所要承担的岗位职责，体验岗位锻炼的快乐。开展岗位评价首先要对班级岗位教育目标进行整体设计，形成能级要求；然后根据一年级学生的年龄特点和成长需求，明确一年级岗位评价的内容、形式和要求。

常州市第二实验小学就有很好的做法。他们围绕"岗位小能手"的教育主题，设计了"岗位我知道""我有一个小岗位""我爱我的小岗位""花儿朵朵开"四个递进的能级主题教育，然后通过每周一次的班队活动进行总结评价，通过评价使学生的岗位工作能力得到提高。

第二章 岗位工作与组织建设

教育主题	晨会教育内容	班队活动内容
岗位我知道	晨会一：认识学习类小岗位	知识竞赛
	晨会二：认识知识类小岗位	
	晨会三：认识服务类小岗位	
	晨会四：认识行为规范类小岗位	
我有一个小岗位	晨会一：寻找学习类小岗位	岗位竞聘
	晨会二：寻找知识类小岗位	
	晨会三：寻找服务类小岗位	
	晨会四：寻找行为规范类小岗位	
我爱我的小岗位	晨会一：学习类小岗位指导：收齐作业本	岗位小故事
	晨会二：知识类小岗位指导：整理图书角	
	晨会三：服务类小岗位指导：学会排桌子	
	晨会四：行为规范类小岗位指导：课间安全	
花儿朵朵开	晨会一：岗位要求大家谈	颁奖
	晨会二：我每天都做了吗？	
	晨会三：你认真做了吗？	
	晨会四：我们坚持做了吗？	

（2）长短结合，关注日常

岗位评价周期应长短结合。一年级学生由于年龄小，自我意识薄弱，所以更要增加短期评价的次数，做到评价日常化。短期评价包括：一事一评，在班级进行重要工作或活动之后开展专题评价，如"班级大扫除"结束，对每个学生承担的相关岗位工作进行评价；一日一评，对学生当天岗位工作情况进行简短的评价；一周一评，对本周的岗位小能手进行评价；一月一评，进行当月"岗位之星""岗位之花"等评比。

淮师一附小康泉老师在班级岗位建设中也很注重岗位的评价。开学初，她会在教室里张贴三星岗位评比表，通过自评、小群体内互评、师长评，最后合成"神奇三色花"——三星级称号。同时，利用每周的夕会、班队活动对班内学生的岗位工作情况进行小结，及时表扬表现优异的学生，鼓励还存在不足的学生；每月进行一次总结，评比岗位"小能手"和"智多星"，给予奖励。另外，还设置"一事一评"环节，如春暖花开时，很多小朋友带来了花草，这时，康老师就会组织

进行"护花使者"的评比等。

（3）自评他评，同步推进

一年级岗位评价的主体在第一学期主要是老师，到了第二学期就要注意评价主体的多元化，可逐渐增加自评、他评、小群体内互评和全班共评。这对一年级学生来说，是有难度的。我们发现，在评价他人的过程中，只有一小部分学生能像老师期待的那样，以欣赏的眼光评价同伴的工作，而大部分学生只盯着同伴的缺点，甚至把同伴的某一次不足放大，以偏概全，缺乏评价的客观性、全面性。所以，老师要有意识地引导学生在岗位工作中不仅要关注自己做得怎么样，还要学会关注同伴，善于发现同伴身上的闪光点，从而扬长避短，共同进步。

比如，厦门市演武小学方艳老师在开展"我自豪，我是岗位小明星"活动时，就充分关注自评、他评同步推进的方式，部分实录如下：

师：每个小朋友在这段时间都取得了进步，不仅养成了很多良好的习惯，还在班级的小小岗位上得到了锻炼。谁愿意说说自己承担了什么小岗位？

生：我是小小领读员。

生：我是节电小卫士。

…………

师：你们真是太棒了，我们一起来瞧瞧平时在岗位工作中老师为你们拍下的瞬间。找到你的身影了吗？

生：我看到林同学在擦黑板。

生：我看到自己在整理图书角。

…………

师：上阶段，我们进行了岗位工作的阶段性评价，经过自评、同学评、老师评、家长评，我们选出了8名岗位之星候选人，请他们说说他们的岗位小故事。

…………

学生们一起认真聆听了岗位之星的岗位故事，一起学习了他们优秀的工作方法，从而学会了欣赏自己，欣赏他人。

3. 岗位评价的标准

岗位评价没有唯一的、定量的标准，而是随着岗位建设的发展、能级要求的提升形成动态的评价标准。

新学期，康老师欣喜地发现：孩子们不仅具有难能可贵的责任心，有的还能通过各种途径解决岗位中遇到的小问题。比如，"用报纸擦窗户更干净"（是向

第二章 岗位工作与组织建设

高年级哥哥、姐姐们学来的）、"小组长把收作业本的程序编成小儿歌记下来，又快又齐"（是自己在日常实践中摸索出来的）、"用砂纸、橡皮试着擦墙壁，果然成功了"（是妈妈教的）、"小朋友踏步不规范时，我就示范指导，并告诉他：你看某某踏得多有精神啊"（是向康老师学来的）……虽然谈不上什么惊天动地的创新，但是对于孩子来说，有这份工作的热情，再加上工作的智慧，就已经非常了不起了！后来，康老师作了一个小调查：说说在自己的岗位上工作快乐吗？（全班有效问卷48份，43人表示"非常开心"，5人表示"比较开心"）你觉得做好自己的岗位工作最重要的是什么？（认真负责的态度、以身作则、开动脑筋想办法三条占了近80%）基于以上调查，康老师产生了这样一个念头：将评价升级——评选"岗位智多星"，即用好一部分"先聪明起来的孩子"的优秀资源，让其他孩子以此为榜样，朝着智慧工作的方向努力。

实践证明，无论搞什么活动，如不进行及时合理的评价，效果均会大打折扣。康老师通过将评价升级：评选"岗位智多星"，让学生知道了如何巧妙地开展活动，通过哪些途径可以把岗位工作做得更出色。

4. 岗位评价的价值意识

"新基础教育"岗位育人价值的特别之处就在于具有全员性，也就是所有孩子都可以参与。它不设门槛，让每一个有意愿、有热情参与岗位工作的孩子都可以得到锻炼。岗位评价更是如此，激励每一个孩子进步才是最终目的。所以在低年级的岗位评价中，我们强调的是以"鼓励为主"，只要有闪光点，就给予肯定。淮师一附小的老师在交流岗位评价对于孩子成长的价值时这样写道：有效的评价能促进岗位建设，缓解岗位倦怠。丰富的评价，能培养学生的独立评价能力，提高学生对同学间相处和班级生活中各种关系、事件的敏感性，唤醒学生的生命自觉。孩子能在实践体验中感受到成长的快乐，感受到自己存在的独特价值，发现自己的精彩。孩子间总有差异，但在岗位建设中都会找到一个适合自己的岗位，不管这个岗位是否光彩照人，通过努力，孩子们总能取得进步，获得认可。机会不再被少数人独享，这使得孩子们对班集体的关注度超过以往，感受到个体对于集体、他人的重要性。

四、如何指导一年级学生进行岗位轮换

岗位轮换作为岗位建设的最后一个环节，既是第一轮循环的结束，也是第二轮循环的开启。一年级是岗位建设的启蒙阶段，所以岗位轮换要根据班级开展岗

位工作的实际情况而定,体现有效性、创造性。岗位轮换的周期不能太长,否则不利于学生多方面能力的培养、潜能的发展。但一些综合性强、对能力要求高的岗位也不宜频繁轮换,一般建议一学期轮换一次。经过一学期的锻炼,每个学生都可以根据自己岗位锻炼的具体情况,对照期初制定的发展目标,如果觉得自己没有达到预期的目标,那么可以选择在原岗位继续锻炼;如果觉得自己达到期初制定的发展目标,那么就可以选择新的岗位。以下是几位一年级班主任关于岗位轮换工作的真实案例,他们关注岗位轮换对班级建设的发展意义,挖掘岗位轮换中的有利资源,尊重学生的个性差异,对我们做好一年级岗位轮换工作有一定的启发作用。

1. 劳动类岗位的轮换

劳动类岗位对于一年级孩子来说有一定的难度和挑战,一是现在的孩子学业压力大,家长希望孩子把主要精力放在学习上,缺乏培养孩子劳动能力的意识;二是一年级孩子缺乏劳动的方法,需要老师的指导。所以,对于劳动类岗位中的大部分岗位建议一学期轮换一次,以便学生在一个周期内学习并巩固劳动习惯。劳动类岗位到期轮换后,班主任对于新一轮上岗的学生要认真观察、耐心指导,发现问题时要及时解决,从而帮助学生顺利度过轮换的初期阶段。

场景:岗位轮换后第一天中午。

人物:从服务类小岗位换到劳动类小岗位的A同学,担任扫地工作。

背景:A同学动作比较慢,在服务类岗位锻炼时就经常需要别人督促,同时由于过去没有在劳动类岗位上担任过工作,缺少经验。

师:同学们请注意,还有5分钟,担任扫地小岗位的同学就要开始劳动了,请大家抓紧时间吃饭!

(A同学吃得很慢,听到老师这句话,才开始认真啃鸡翅。时间到了,他还没有吃完,拖了两三分钟后才起身,并在先前担任扫地小岗位的B同学的指导下开始学习扫地)

师:12:30分已到,请同学们进教室。

(然而,此时打扫工作还未结束,最慢的是A同学所在的第四组,于是老师找A同学谈话)

师:今天你们组打扫最慢,你觉得是什么原因?

A:因为我们动作慢,而且我们组的垃圾很多。

师:你们什么环节慢了呢?

第二章 岗位工作与组织建设

A：我扫地慢了，B同学在教我。

师：这确实是一个原因，你今天是第一天扫地，不容易。今天B同学教了你什么好方法吗？

A：B同学教我怎么拿扫帚，垃圾要扫出来以后堆放在一起，最后一起扫出去，还要把桌子和椅子拖出来，把缝隙里的垃圾也要扫干净。

师：你学得很好，我觉得以后你一定会越扫越快的。那么还有什么原因导致你们小组慢了？我想请教你的B同学说一说。

B：他吃饭很慢，我在旁边都等他半天了，这导致我们开始时就落后了。

师：是的，这是最主要的原因。扫地速度随着熟练程度的提高会变快，但是如果因为你吃饭速度慢而比别的小组晚开始，那么大家进教室的时间也会往后拖，这样好吗？

A：不好。

师：那么，你觉得怎么做才能让自己吃饭的速度加快呢？

A：不和后面的同学一边吃饭一边说话。

师：你说得很好，一边吃饭一边东张西望，还和后面的同学说话，这样很浪费时间，同时也不利于身体对食物的消化和吸收。明天午餐时，老师看你的表现。记住，如果午餐吃得慢，会直接影响整个小组打扫卫生的速度，你一定不想这样的事再次发生，对吗？

A：好的，老师，我会努力的。

　　…………

2. 管理类岗位的轮换

班级是一个微型社会，作为班主任，应该让学生从一年级起就进行多种社会角色的体验，这样才能很好地加快学生的社会化进程。一年级孩子特别喜欢当班干部，但是他们缺乏对班干部权利和义务的正确认识，往往只看到小干部头顶上的光环，而没有意识到班干部更多的是一种责任、一种义务、一种锻炼的机会。所以，一年级时可以通过"我是值日班长"等岗位轮换的形式来鼓励学生尝试，从而获得一些感悟。

本学期，我又新接了一年级班主任的职务。尽管通过家访对学生有了初步的认识和了解，但对学生在校的行为表现、责任意识、管理能力还需进一步观察、考量。基于对上个一年级班级的岗位研究，我觉得在一年级可以尝试值日班长制度，通过管理类岗位的轮换，让更多学生在一定的岗位上得到多方面的锻炼，体

会多种管理角色,从而使他们学会合作、承担责任、突显才能,并发现自身的长处与不足。

值日班长制度按学号每日安排一名男生、一名女生,主要管理课间休息及午间阅读,负责预备铃领读及两操检查。每一位值日班长都佩戴红色袖章,不仅能增加荣誉感,让学生乐于承担相关工作,还能作为一种警示:一旦当上值日班长、戴上红袖章,就要时时刻刻以小榜样的标准要求自己。通过一个多月的实践,不仅表现优秀的学生有当选值日班长的资格,连那些调皮的学生也有以身作则的机会,在值日中改变自己,提升自己。一段时间后,课间追逐打闹的现象有所减少,午间阅读基本能有序开展。学生们对管理类岗位的热情一直较高,期待成为真正的值日班长,承担起班级管理者的角色。学生们从管理者的角色中切身体会到管理的重要性,从而渐渐学会自我管理,自我约束力有所提升。在轮岗的过程中,学生们逐渐明白,小干部就是归属于班级岗位,层级意识、终身制意识逐渐淡化。

3. 短期目标岗位的轮换

短期目标岗位的轮换一般是针对中期岗位目标的轮换而言的,是一种辅助手段,是为实现中期目标而设定的。但在特殊情况下,老师可以根据班级突发状况或学生发展所需,进行短期目标的轮换。

一年级刚入学的小刘表面上看是一个听话懂事的孩子。但是,从他妈妈那儿了解到,小刘一直担心自己表现不够完美,达不到老师的要求,导致他紧张,害怕上学。得知这一情况后,我仔细观察孩子的表现,确实如他妈妈说的那样,孩子缺乏自我肯定,非常渴望得到老师和同学的认可。怎样才能帮助小刘找到自信呢?

一天午餐时,我发现小刘吃得既干净又迅速,饭盒放得也很规范。于是我问他:"你吃饭表现这么好,动作这么快,想不想为班级做点事?""我能做什么?""当饭盒管理员啊!""我能行吗?""当然可以,你可以和现在的午餐管理员一起管理。"在我的指导下,小刘同学立刻走马上任,才第二天就已经管理得有模有样。于是,我又帮助原来的午餐管理员找到了适合他的另一个岗位,让小刘独当一面。第一次轮岗很顺利,小刘干劲十足,慢慢找到了自信的感觉。但是到第四周,我发现小刘不再像刚上任时那么投入了,在等待同学吃完饭的过程中,他一直在教室外的走廊玩耍。这也在我的意料之中,因为小刘毕竟还是个一年级的孩子,岗位劳动意识还很薄弱,只凭着一股热情很难有持久性,难免出现疲态。怎样在岗位中培养他的责任意识呢?我又想到了第二次轮岗,这次我让他去邀请一

第二章 岗位工作与组织建设

位同学和他一起管理,他兴高采烈地找到了小米。我请小刘去指导小米,他有模有样地当起了"小老师",把午餐管理员的经验与技巧传授得很清楚。就这样,他们两人约定一人轮换一周,比比谁做得认真、做得更好。

　　没过多久,小刘的妈妈发来信息说,孩子现在每天都高高兴兴的。通过这次成功的岗位轮换,我懂得了如何用短期的岗位目标去激发孩子的兴趣和成就感,让他们在岗位锻炼中到得到肯定,收获自信。

第三章　班级文化建设

班级文化是师生在班级学习、管理、生活、教育的互动中形成的为师生所认同并遵循的群体心理和行为方式。它贯穿于班级的各个场合和学生的言语行动之中。班级文化是班级师生共同创造的精神财富，是校园文化的重要组成部分，也是形成班集体凝聚力和良好班风的必备条件。班级文化建设不但能有效地调动学生学习与实践的兴趣，更重要的是能使学生形成良好的品德，塑造积极向上的班级精神，促进学生健康成长。

"新基础教育"理论提出："当代学校教育，需要培养出能在新的生存环境下实现健康、主动发展的人。这样的新人在个体素质方面，除了必须有当代意义上的强健体魄，健体的意识、知识与能力，以及养成终身坚持的健体习惯，还必须有强健的魂魄。"[①] 强健的魂魄是学生作为一个独立的个体，生存于班级这样一个群体，在这个群体的创建和发展过程中慢慢铸就的。因此，良好的班级文化的创设是学生成长和发展的土壤。

然而，班级文化建设是一项长期和综合性的工作。"新基础教育"倡导为学生创造良好的环境，培养学生的情感、态度、价值观，这就要求班主任重视班级文化建设，以良好的文化氛围感染学生。通过班级文化的建设，营造和谐、进取的班级成长氛围；建立宽松、清新、充满人性关怀的班级文化；形成具有教育性、凝聚力、激励性的班级特色文化；丰富班级文化的内容和形式，在传统中挖掘新意，使班级文化与学校办学理念融为一体，全面推进学校德育工作的开展。建设班级特色文化的同时优化班集体的建设，提升班主任的班级建设效能；发挥班级文化建设的育人功能，使学生在班级特色文化建设中提高思想道德修养和整体素质。

从小学生的人格发展来看，一年级学生喜欢尝试探索环境，承担并学习掌握

---

① 叶澜．"新基础教育"论——关于当代中国学校变革的探究与认识[M]．北京：教育科学出版社，2006：202．

新的任务。他们的年龄在6岁至7岁之间，从心理发展阶段的划分来看，属于童年期，又称"学龄初期"。这个时期是一个人一生发展的基础时期，也是生长发育最旺盛、变化最快、可塑性最强、接受教育最佳的时期。处于这一阶段的儿童，学习开始成为他们的主导活动，他们的思维开始从具体形象思维为主要形式过渡到抽象逻辑思维为主要形式，但这时的抽象逻辑思维仍需依据具体形象。通过长时间的教学，使抽象逻辑思维实现由量变到质变，从而完成由具体形象思维到抽象逻辑思维的过渡。此外，这一阶段的儿童，模仿意识较强，对事物的评价往往更多以老师的言行为参照。因此，教师要时刻注意自己的言行，为人师表，以正确的言行引导学生，使他们健康成长；对儿童遇到的问题应耐心听取，细心回答，对儿童的建议应给予适当的奖励或妥善的处理，培养学生明辨是非的道德感；适时地给他们分配任务，并适当地给予鼓励。这样不仅发展了儿童的主动性，将他们的调皮用到了该用的地方，而且避免了师生之间的一些小矛盾。

班级文化建设是一项需要智慧和耐心的长期工程。班主任只要从培养全面发展的建设者和接班人这一总体目标出发，根据学生的心理特点和发展情况，利用班级文化具有潜移默化性、自我教育性等特点，采取渗透的形式，把教育思想贯穿于整个文化环境中，充分发挥班级文化的育人功能，相信班级也会由此变得更加生机勃勃，进而为社会培养更多适应社会生活的学生，为社会尽一份绵薄之力。

一、如何组建新的班集体

教育面对的是一个个具有独特个性的学生，教育应促进每一个学生的个性发展。从教育的角度看，班级是学生彰显个性、实现发展的重要基地，是培育学生成长的一方沃土。

《"新基础教育"论——关于当代中国学校改革的探究与认识》中提到："班级文化建设有多层结构，最显性的是教室环境布置；处于中间层面的是班级的制度、各项比赛获奖等方面的情况；最隐性的是班级人际关系和班风。"[①] 所以，良好的人际关系的建构也是班级文化建设的根本。

小孩子渴望生活的丰富多彩，而且不同的孩子有不同的兴趣爱好。多彩的班级特色文化避免了对学生人格塑造单一化的倾向，使那些个性特长较突出的学生找到适合自己的内容和形式，并在活动中看到自己的价值，从而激发他们的自主

---

① 叶澜．"新基础教育"论——关于当代中国学校改革的探究与认识[M]．北京：教育科学出版社，2006：202.

性、自尊心和自豪感,树立一个真实、完整、积极的自我形象,形成积极向上的生活学习态度。

案例

一年级班集体中学生交往的班队活动设计方案
淮阴师范学院第一附属小学　厉薇

1. 学生现状分析

与班级52个孩子相处已经3个多月了,对他们也有了比较深刻的了解。我们班的孩子思维比较活跃,但羞于大胆地表现自己;注意力难以持久,比较好动;乐于与他人交往,但是不注意方式方法,等等。结合学校12月份即将开展的"友爱鸢娃"系列活动,我着重观察了孩子们的交往情况,发现52个孩子在班级里都有自己的朋友,只是对朋友的认识还比较模糊,认为朋友就是能一起玩的人,或是同桌,或是路队的队友,或是一起上补习班的人。同时,超过2/3的孩子拥有几个甚至更多的朋友,可以说我们班的学生还是乐于与他人交往的。对于和朋友的联系,除了在学校的维系,由于家庭住址相近或家长之间的关系,很多孩子在课后仍然有接触、交流的机会。在与家长的交流中得知,基本上每个孩子都喜欢向家长诉说自己或他人与同学交往的过程中发生的有趣的、难忘的事情或冲突,每位家长也都能说出一两个自己孩子的好朋友的名字。也就是说,在学校,除了和老师接触,孩子们最频繁、最乐于的就是与同学交流。这种交流或是老师的课堂指派,如同桌或小组交流;或是课后自发性地挑选同学进行交流,这种交流也会有课外的延伸。但是调查发现,学生对于朋友关系的维护很容易发生变化,由于受性格、年龄的影响,孩子们易被激怒,也容易遗忘,可能一句玩笑话或者一次小碰撞,朋友关系就会宣告结束,但一天或者一节课甚至一转眼,又能恢复。孩子们拥有范围比较小的固定交友群,但是也欢迎别的同学加入,尤其是在玩集体游戏时,男、女生没有太大隔阂,男生主动加入女生的游戏、女生主动寻找男生伙伴时有发生。但是,在生生相处中也存在一些问题,比如,与他人相处受各种因素影响,性格外向、成绩较好、经常被老师表扬的孩子比较受大家的欢迎,出现错误也容易被原谅,而班级中后进、喜欢"动手动脚"、不能友好与他人交往的孩子往往是自己主动去寻找伙伴,并以故意搞怪甚至欺负他人来获得别人的注意,但这却让别的同学更不愿与他接触,从而形成恶性循环。在与朋友的交往中,如何处理朋友与老师的关系、朋友和学习的关系,也是班级孩子目前存在的较大困难,如利用职务之便帮助好朋友多加"星星",默写或考试时泄露答案等这种情况虽然不多,但也存在,影响了班级学生正常、健康的交往,也是急需解决的问题。

2.活动背景分析

随着"新基础教育"的深入,结合学校开展的"鸾娃成长系列"活动,即一年级"神气小鸾娃"、二年级"能干小鸾娃"、三年级"聪明小鸾娃"、四年级"智慧小鸾娃"、五年级"活力鸾娃"、六年级"阳光鸾娃",开学初,我们就对一年级"神气小鸾娃"活动进行再细化,从常规、学习、育人等各方面制定了"守纪神气娃""阳光神气娃""友爱神气娃"等评比活动。在开学初开展的常规教育中,通过树立榜样、评选"守纪鸾娃"来激发孩子的积极性,巩固常规教育成果。随着小学生活的展开,我们根据学生的实际情况和学校统一活动,陆续开展了"阳光神气娃"和"友爱神气娃"评比活动。本次班队活动的主题是"我们都是好朋友",正是"友爱神气娃"的系列活动之一。前期,我们已经进行了"我是文明小鸾娃""夸夸我的好朋友"主题班队活动,学生通过对文明用语的了解和使用,增强了友爱、文明的意识。通过介绍、赞美自己的好朋友,学会了用欣赏的眼光看待别人。在老师的教育和活动安排下,学生能够逐渐从固定的朋友圈走出来,与每一位小朋友交流,努力结交新朋友,增强了班级的凝聚力。本次班队活动使学生能从座位的局限走出来,从性别的局限走出来,从成绩差异的局限走出来,交友情况体现出"散""杂"的特点。朋友不再仅仅是比较熟悉的那几个人,认识的、说过话的、做过游戏的等都是朋友,交友的范围更加广泛。在孩子们意识转变、行为转变的基础之上,本次班队活动着重解决这种转变所带来的问题,即如何友好、正确地和朋友相处,平等地对待他人,让良好的友谊更加持久。在解决此类问题的基础上,我们还通过开展"阳光下我们共成长"主题班队活动,让孩子体验朋友之间互相帮助、互相促进的积极作用,从而更加珍惜彼此的友谊;通过"友爱神气娃"的评比,选出优秀代表,以鼓励更多学生做一个文明、友爱的好孩子。

3.活动目标

在活动中,学生体会到朋友多,快乐多。在活动中,学生体会到了应该怎样交友,知道了如何和朋友友好相处。

活动的具体推进过程如下:

活动环节	教师活动	学生活动	设计意图
有向开放	1.组织学生做游戏:友爱抱抱 2.组织学生欣赏照片 (提问:好朋友在一起都做些什么?)	1.做游戏 2.欣赏照片	游戏活动可以激发学生兴趣,让学生通过活动体悟朋友多,快乐多;同时,作为好朋友,心里要想着对方
核心推进	1.组织"两人托笔"游戏 (提升:好朋友就要经常想着对方,这样才能体会到更多的快乐) 2.组织三个闯关游戏 (提升:(1)讲礼貌的小朋友能交到更多的朋友;(2)与人友好相处,能交到好朋友;(3)朋友会关心对方,当朋友遇到困难时,能真正地、热心地去帮助朋友) 3.讲故事《朋友船》	1.小组推选一对好朋友玩托笔游戏 2.闯关1:说三个文明用语; 闯关2:口述、表演"小蝴蝶和他的朋友小蚂蚁遇到了问题" (讨论:小蝴蝶的做法是否正确,为什么?) 闯关3:情景表演 (讨论:小花猫没有朋友怎么办?) 3.听故事	通过三个闯关活动,让学生体会怎样可以找到更多的朋友,当朋友有困难时要正确地帮助他
总结提升	总结	在歌声中排队走出专用教室,和老师告别	让学生再次体会有朋友的快乐,学会与小朋友相处

建议

1.引导学生主动交往

在日常学习与生活中,有些学生并非不想和同学交往,而是不知道怎样与他人友好相处。尤其是对于那些性格内向的孩子,学会如何与人交往是很重要的。在学生平时的交往中,班主任要注意引导孩子主动亲近他人,认识新朋友。

2.开展活动,促进交往

组织活动是最好的人际交往途径,通过丰富多彩的集体活动使学生学会合作、学会交往,获得参与、获得发展。所以,要鼓励学生多参加集体活动,多与同学交往,创造在公开场合主动参与的机会。

3. 完善自我，增强人际吸引

要鼓励学生带着真诚的微笑主动与人交往；要相信自己是受人欢迎的，适当在相关场合表现自己，让别人记住你，同时也学会记住别人的名字，在别人需要的时候伸出援助之手，这样一定能结交到真正的朋友。交往时，要学会尊重他人，多使用礼貌语言，注意自己的举止，给别人尽量留下好印象；要避免作出粗鲁，或不礼貌的行为，学会倾听和交谈。

总之，交往是人的一种基本的心理需要，也是一种重要的学习方式。

二、如何组织一年级学生共同参与班级环境的布置

"新基础教育"理论指出：班级文化建设有多层结构，最显性的是教室环境布置。教室是学生学习、生活、交际的主要场所，是老师授业育人的阵地，是师生情感交流的地方。从儿童的角度来看，入学是一年级学生生活的一个重大转折，新的环境使儿童自我概念面临挑战，他们对新的环境既充满好奇，又可能有些紧张。此时，整洁、明丽、温馨的教室环境可以激发性情、陶冶情操，给人以启迪教育。班级文化建设更要作好教室的环境布置，无论是种植花草树木，还是悬挂图片标语，或是利用墙报，都应从审美的高度深入规划，以便挖掘其潜移默化的育人功能。

班级物质文化，是以教室环境为主要内容的文化形态，是班级文化的载体和基础。物质文化包括：教室设施（色彩、声音、座位排列等）、教室布置（黑板报、墙壁、班级的装饰等）。

根据一年级学生的年龄特征和心理特征，班级环境的布置要主题鲜明，富有挑战性和个性。要发展师生的个性特长，促进学生的全面发展，就要激发学生主动参与，体现学生的主人翁地位。同时，教室的布置并不是固定不变的，随着时间的变化、事件的变化，可以及时调整，从而更好地呈现教室文化建设的功能。

案例

班级环境布置
上海市明强小学　叶　喜

如果说"家"是最美的地方，是最快乐的地方，则每一个成年人所孜孜不倦、努力追求的理想或许也就是一个家。所有的奋斗和不懈都只为能有一个让人挡风

避雨的温暖港湾——家。家,也是每一个孩子最熟悉,感到最亲切、最温暖的地方。在家里,有父母的关心、长辈的期望、同伴的嬉戏。儿时的嬉笑哭闹,儿时的礼让谦逊,都从这里开始。

班级也是一个家,一个同样可以让每一个学生学习知识、体验生活、嬉戏玩耍的家。教育学原理告诉我们,在班级建设上,应从本班的实际情况出发,利用一切资源,提出适当的奋斗目标。目标既要具体,又要适合学生的接受水平,使学生感到目标同日常生活、学习、活动紧密联系,便于落实。所以,我们把"班级是我家"作为具体的班级建设目标,使学生通过共同参与布置班级环境,开发潜能,锻炼自己,形成团结合作、积极向上的良好班风。

这一年,我担任了一年级的班主任,刚入学的孩子一个个都是猴子屁股——坐不住,出现很多麻烦事:刚上课,孩子们已经闹翻了天;打扫卫生,尘土飞扬,可怜的扫帚成了孩子们玩耍的武器;和他们说上半天,嗓子哑了,头也晕了,他们却也只有3分钟的热度。于是,静下心来,仔细斟酌,进行如下尝试:

片断一:班级是我们的家

第一次跨进班级的孩子,天真地瞪着乌黑的眼睛,一脸稚气地问我:"你是我们的老师吗?这儿是我们的班级吗?""是呀,这儿不但是你们的班级,这儿还是你们的家。"想起开学的那一席对话,一个灵感在脑海中闪现:对,就以"家"为主题,进行班级教育。于是开展了班队活动,请孩子们介绍自己美丽、整洁、时尚的家。谈起孩子们最熟悉的环境,自然是娓娓道来,越谈越起劲。"那你们觉得我们的班级是谁的家呢?""是我们和叶老师的家。"孩子们马上如此反应。把"家"的概念植入孩子心中,才能让孩子发挥主动建设的能力。接着,又展开了"我们为班级这个大家要做点什么"的大讨论。第二天开始,一盆盆绿草红花,一幅幅斑斓的图画,一扎扎整洁的垃圾袋,进入我们的"家"。孩子们要把班级装扮得和真正的"家"一样美。

片断二:我把班级爱在心窝

"家"的美丽是有内涵的,于是,我们组织设计了"班旗"比赛。我先为学生讲解国旗、队旗的含义,明确每一个图案、每一种颜色的意义,再请学生设计自己心目中的班旗。当一双双小手把设计好的作品交给我时,我惊呆了:大花象征着老师,四朵小花象征着四个小组;45棵小草象征着45位小朋友;星星闪烁的光芒象征着学生在老师的带领下发挥潜能;大心和小心心心相映,就像学生和老师彼此关心,原来孩子的想象力如此丰富。于是,班级又进行讨论、设计,最终由孩子们亲手设计的班旗终于诞生。

第三章 班级文化建设

设计好班旗,又开始创作班歌。孩子们都不会写歌词、曲谱,于是就来个移花接木,把《我把祖国爱在心窝》改成《我把班级爱在心窝》,并且把歌词改写成与班级有关的内容,于是像模像样的班歌也创作好了。

唱着班歌,画着班旗,孩子们有了"家"的感觉,整洁、漂亮的家正在逐渐形成。

片断三:今天我当家

很多小朋友都看过电影《小鬼当家》,能干的小鬼成了孩子们学习之余谈论的话题。借着这个热潮,何不在班级里搞一次"小鬼当家"活动呢?经过班级讨论,我们决定由小朋友竞争当家。当家也就是管理班级,从早读、午间休息、课间休息到晚托课。同学们不管有什么困难都可以请当天的"小当家"帮忙,班级里有异常情况时,"小当家"要及时与老师、班干部联系。孩子们很乐意去做这些事,一个个忙得不亦乐乎。实在忙不过来时,班干部又向老师提议每天两人当家,我欣然允许。当然,孩子自己管理班级并不是一帆风顺的,有很多不能解决的困难、矛盾。有个孩子在当家的时候,委屈地对我说:"叶老师,我想劝他们别争吵了,可是他们很不服气,你能教教我吗?"孩子,你有这份心意,老师就已经知足了。

片断四:当好我们的家

班干部作为班级的主心骨,开始积极参与班级的各项工作。他们召开了小干部会议,帮老师出板报,设计学习园地、荣誉角,尽管他们做得并不完美。"这幅画贴歪了""这个标题写得太大了"……于是,小干部们重新再来。班干部小李一向喜欢自我欣赏,这下,也不得不听取大家的意见。我问其原因,她笑着说:"当好我们自己的家呀。"

"家"的活动,在不知不觉中逐渐形成了一个系列,包括"我夸我家""我画我家""比比我们的家""家庭照相册""家里谁最棒"等。当然,这里所说的"家"是我们可爱的班集体。在这些活动的影响下,学生们建设班级的热情提高了。班级干净了,安静了,开始出现竞争了。在一次活动中,有个学生深有体会地说道:"我听到电视里说'城市是我家,卫生靠大家',可我想说,'班级是我家,建设靠大家'",引来了一阵热烈的掌声。良好的班级观念已经在大家的心中生根发芽了。

尽管这个"家"还不够完美,但我相信,随着年级的升高,孩子们思想的成熟、完善以及老师教育经验的积累,在师生共同努力下,这个"家"必然会为每一个孩子和老师所喜爱。

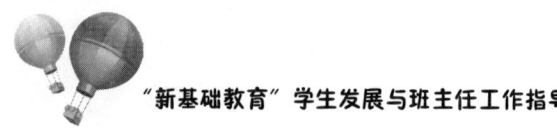

解读

1.引导学生，树立"以班级为家"的意识

记得有位教育专家曾这样说过：儿童的心理与成人不同，让他们接受新事物时，要注意资源的利用，这就要求老师把概念性的讲述与具体的范例结合起来，这样学生才易于接受，并得到发展。资源指用以创造财富和能力的一切有效条件，是可以使用的。叶老师请学生介绍自己的家就是在利用家庭资源。正当学生夸耀美丽的家时，叶老师不失时机，把班级比作家。学校拥有教室、课桌、讲台、学生、老师等资源，这不也是一个家吗？运用儿童心理学上的资源迁移思维，"班级是我家"的概念不知不觉在学生心中诞生了。除了物质资源，更有精神资源。在家里，爸爸、妈妈和小朋友要相互关心，相互体谅，一起创造一个温馨、舒适、快乐的家。而这不也正是老师和小朋友将要在班级这个大家庭里共同创建的吗？于是，开始讨论"如何美化我们的家"，再一次充分利用了家庭资源，小朋友出谋划策为班级增添了不少"公共财产"，也从父母身上学会了如何保护这个"家"。同时，小朋友相互团结、相互合作的观念、行为开始逐渐形成，"班级是我家"的概念开始内化。

2.激发学生潜能，开拓"家"的内涵

（1）思想上的积淀

一个良好的班集体光有美丽的外表是不够的，文明的标志更需要一种精神来支撑。所以，应激发每个学生的潜能，一起来设计班旗、班歌。国旗是国家的象征，班旗是班级的坐标；国歌可以反映一个国家的精神面貌，班歌同样可以表达一个班级向上的精神。七八岁的孩子富于想象，又乐于思索，从学生的创意来看，家的内涵正在不断完善。

（2）行为上的体现

只有行动上真正落实到位，才能使家的概念更完整。班级活动是在班主任指导下，有目的、有计划地为实现班级教育目标而举行的各种教育、教学实践活动。开展班级活动有利于学生培养良好的品德，发展个性特长，锻炼意志品质，培养行为习惯。班级活动是集体形成的基础、发展的催化剂。"今天我当家""当好我们的家""比比我们的家""家里谁最棒"等一系列活动正是基于这一理念所开设的，而且必定要在学生有了一定的思想积淀之下展开。思想指导行为，行为中不断完善思想，相互作用，层层推进。

建议

（1）小学一年级的教室布置中很重要的一个区域，就是班级的卫生区域，拖把、扫帚要摆放整齐。可以请学生自己动手装饰一下，同时培养学生养成良好的摆放习惯。

（2）班级布置要注意色彩搭配，活泼的绿色以及纯洁的白色都是很好的选择；同时，可以在植物角或者黑板上方多使用黄色和红色等跳跃性颜色，使教室的气氛更为愉快。

（3）在布置教室时，一定要注意潜移默化班级的文化，比如，在墙上挂一些学生劳动或者学习的照片，加一些学生的愿望以及目标，都是很好的班级文化的体现。

（4）学期快要结束时，更新班级布置，让学生避免审美疲劳，始终有"新家"的感觉，增强学生对班级的眷念感，同时也让学生感到自身的成长。小学一年级的教室布置应体现出亲切和归属感，使学生深切感受到和班级一同成长，一同进步。

三、如何与一年级学生共同制定和遵守班级规则

虽然一年级学生积极地在老师面前表现自己，但是他们更多受外部控制的影响，很难达到规则的内化水平。一段时间后，新鲜感消失，各种各样的问题开始浮现出来。老师适时进行干预，对学生习惯的养成和自我概念的发展是非常重要的。

过去，老师对学生进行粗放式管理，如对学生进行口头约束，或者直接用《小学生日常行为规范》来约束。随着"新基础教育"研究的深入推进，班级建设的科学性、可行性也越来越引起人们的关注。班规由口头的变为书面的，由老师独自制定变为学生主动积极参与，学生成为班规拟定的主要参与者。同时，班规制定之前先要对学生、老师、家长进行正确的定位。

1. 学生——参与者

班规的制定对学生来说，是一种规范自己的教育，可以提高其明辨是非的能力，同时，使其加强自我管理，唤醒自我教育的意识。

所以，学生作为参与者，是班级民主管理、民主教育的主体。班规的制定过程是对学生进行民主精神启蒙与民主实践训练的过程。

2. 老师——引导者

班规的制定需要具有正确的导向，这时老师就起到关键的引导作用。老师要引导学生认识班规的重要意义，增强纪律意识和集体荣誉感；引导学生一起思考班规的内容，在制定班规的同时，既要考虑班规应用的广泛性，即适用于每一个成员，考虑每一个成员的成长发展，又要考虑班规的合理性，即要针对学生年龄特点，一年级学生识字量有限，班规最好儿歌化。

3. 家长——认同者

班规制定后不要急于实施，条件许可的情况下，应邀请部分家长代表参与讨论，并重视家长的反馈。班规中有的条例需要家长对学生直接进行引导以及监督，所以，让家长知晓并得到家长的认同，可以保障班规的有效实施。

案例

我们是快乐的小飞雁

淮阴师范学院第一附属小学　杜小四

1. 学生现状分析

班级共有学生50名，其中男生31名，女生19名。男生人数比女生多很多，这给班级管理带来了难度。第一学期的入学教育阶段，因班上一个有特殊行为习惯的学生的影响，班级连正常的教育教学活动都无法正常开展。这个特殊的孩子牵扯了我很大的精力。近期，我班学生放学排队时不紧不慢，有人讲话，有人推搡，甚至有人奔跑追逐。学校大队部的检查记录上，我班连续几周都有不良记录，对班集体的影响非常不好。排队到专用教室上课的时候，也总是有人大声讲话，相互打闹。根据这一情况，为了让学生改掉这种不好的习惯，特地设计这次班队活动，希望通过情境创设、游戏体验、促进自省、自我监督这样一个过程，使学生从内心深处感悟规则的重要性，同时以"飞雁奖章"的争章和"飞雁小队"的创建为窗口促进班集体建设，使学生在活动中获得通过自己努力所带来的快乐体验。

2. 活动背景分析

一年级，我们主要抓孩子的习惯养成教育，神气小鸾娃规则意识的培养一直是班主任工作的重点。在新生入学时，我们已经教会孩子走路排队，遗憾的是，随着学生对校园生活的日渐熟悉和排队走路的经常化，他们渐渐淡忘了排队走路规则，在部分同学身上还存在着违反路队纪律的不安全、不文明现象。例如，有

第三章 班级文化建设

的同学在路队中追逐打闹；有的同学三两成群、并排行走；有的同学出校门后就擅自离队；有的明明知道自己的父母接送时未等候在学校规定的家长接送地点，但并没有劝阻他们。

本次活动以大课间活动排队为窗口，抓住"学校文明路队评比"的契机对鸢娃规则意识予以关注和引导。

本次活动旨在让学生温习排好队、走好路的具体方法，理解与应用规则，体验快乐；针对本班学生排队走路存在的问题，改进排队走路现状，让学生明白排好队、走好路的重要性，只有"排好队，走好路"，"安全、文明、有序"的校园才能充满活泼可爱的笑声，洋溢文明之花的芳香。在生活中，学生不能仅仅在老师的要求下才遵守规则、约束自己的行为，在无人管理之时也应把规则意识内化，展现自己良好的"飞雁"精神，因守纪而文明，因文明而快乐，因快乐而努力，每位学生都应努力成为"快乐的小飞雁"，成为文明守纪的小小宣传员、践行者。

活动 环节	老师活动	学生活动	设计意图
导入——走进情境找榜样	1. 你要向谁学习？（预设：不讲话，动作快，要专心） 2. 今天的活动，我们就学做"快乐的小飞雁"	1. 欣赏童话剧表演《大雁看电影》，听故事《小麻雀看电影》 2.猜一猜：谁能先赶到电影院呢？为什么？	引出活动主题
学习小飞雁	1. 组织"排好队"游戏 （1）提出游戏规则：动令下达后方可行动；整队时各队要做到快、静、齐 （2）组织游戏 （3）组织学生点评 （4）引导学生总结排队规则 2. 组织"走好路"游戏 （1）播放《飞行中的大雁》视频 （保持距离，保持队形，轻轻走路不拥挤） （3）组织"开火车"游戏 （提出规则：走成一条线） 3. 引导学生分享活动的快乐，感受规则对于游戏成功的重要性	1. 游戏：快速集合 （1）谈谈看了视频的感受 （2）做"小猫走"游戏 （3）做"开火车"游戏 3. 学生交流，温习排队走路规则	在排队、走路游戏中体会规则对于成功的重要性，温习走好路的具体规则

（续表）

活动环节	教师活动	学生活动	设计意图
链接生活，促进自省	1. 开放拓展（预设：出操、升旗、去专用教室上课、放学时遵守排队走路的规则） 2. 再现日常：播放日常排队走路的视频，引导学生分析	1. 思考什么时候需要像今天这样排队？说说在活动中要怎么做 2. 观看视频，讨论如何改进	联系生活实践学习自省，强化在各种情境下排好队、走好路的规则意识
走进日常，快乐比赛	1. 回顾以及肯定前期活动 2. 继续关注各小队队员的表现，并对后续评比作介绍和动员	1. 感受成长的快乐 2. 说说自己在今后比赛中的打算	具体阐述后续活动，引导学生明确今后发展的方向，鼓励自我管理，做个守规则的神气小鸾娃
总结提升	1. 总结 2. 播放《大雁飞》歌曲	排队出专用教室，和老师告别	让学生唱出心声，回味活动的快乐。让学生把每一个活动都看作一场比赛，体验排好队、走好路能带来整齐、有序和文明，做只快乐的小飞雁

建议

班规的制定和实施还要注意体现出以下几个性质：

1. 民主性

民主是集中的前提，集中是民主的保障。在制定班规的过程中，要正确把握民主与集中的关系，把二者有机统一起来。这里的民主包括对学生、对家长、对各学科老师的民主。只有在民主的氛围中，才能制定适合班情的、科学的、实用的班规，从而约束、引导学生，使学生朝着求真、求善、求美的方向奋发向上。

2. 执行性

班规的生成是民主的、合理的，所以，在班规的执行过程中要严格按照相关要求，维护班规的严肃性。制定班规之后，关键在于落实。班规要长期执行，不能朝令夕改，切记对事不对人。成立长期的执行小组，实行"从学生中来，到学生中去"的原则，在班内开展轮流班长负责制，使每一项制度都能得到落实。要做到及时评比，及时公布结果，提高学生遵守纪律的自觉性和主动性，使学生意识到做事要扎实，习惯是根基，进而培养学习能自主、生活会自理、行为要自律、身心健康的人。

3. 监督性

有执行就要有监督，在执行的过程中需要监督，使每一个学生既是规则的执行者，又是规则的监督者，在不断地执行和监督的过程中，使得规则不断落实，民主氛围更加浓厚，提高每一个学生的自主能力、自制能力。

4. 调整性

如果班级规则在执行的过程中与现实产生矛盾，班主任应召开全班会议，集体研究修改。必要时，班主任要充当仲裁者，主持公道。毕竟，规则需要实践的检验。所以，班级规则在实施的过程中也要随实际情况的变化作相应的调整和修改。

四、如何借助仪式庆典培育一年级学生的集体意识

一年级学生的道德认知能力尚处于启蒙阶段，他们会不自觉地往地上扔垃圾，但却不承认；他们会眼看着废纸在地上滚来滚去而不去捡；他们会忘记自己是值日生，坐在位置上不参加值日，而丝毫没有觉得自己做错了；他们会因着急跑出去玩，而忘记关班级的灯、门、窗……总之，他们会忘记班级内的任何事，而对于今天谁打我了、谁骂我了、谁踩我脚了、谁挤我了这一系列关系到自身的小事则斤斤计较，不停地告状。种种现象表明，孩子们缺乏集体意识。

"新基础教育"强调班级建设活动的系列性，强调以长程的眼光研究学生成长过程中出现的问题，对班级建设作出长程的设计，挖掘活动的教育价值。实践中，学生活动是多类型、多层次的，这又牵涉到对不同类型、不同层次活动关系的梳理。

案例

开展社团活动，培养学生集体意识

上海市闵行区实验小学　彭　鹏

1. 活动背景

每一个孩子都是一颗种子，一年级的他们或许调皮、不受约束，或许不够自信，不懂得什么是合作、什么是团队，但是经过努力，他们一定会收获不同于别人，只属于自己的那颗果实。基于此，和孩子们讨论后，我们中队将队名定为"百果园中队"。围绕这个主题，上一学期，我们开展了百果宝宝"设计班徽""畅游美国""齐争百果"等活动。通过一个学期学生活动的全面参与，学生的集体观念和主动参与性已经初见端倪。本学期初，立足学生已有的发展基础，包括学习能力、兴趣爱好、团队合作等方面，制定了本学期的建设主题——"百果宝宝社团"，进一步满足学生的成长需求，激发学生更积极主动的发展。通过社团活动的开展，使学生学习如何充分利用家长资源，同时明确组建社团的目标：培养广泛兴趣，增进交往，学会团结，为二年级的小队建设打下基础。

2. 活动相关设计

（1）第一阶段：百果宝宝话创意

每个孩子根据自己的兴趣爱好，民主商议，并通过投票产生第一届百果宝宝社团，包括水蜜桃课外阅读社团、红苹果益智社团、甜心樱桃艺术社团、黄橙橙写字社团、香蕉超人社团、金柠檬美术社团。

（2）第二阶段：百果宝宝齐策划

小朋友们在爸爸、妈妈的大力帮助、积极配合下，利用班级网站、QQ、微信等平台，为自己的社团确定名称、设计标志、策划活动。大家畅所欲言，集思广益，人人争当小小策划家。

（3）第三阶段：百果宝宝共成长

社团成员利用午会和班会，结合学校特色节日确定组内将要进行的近期主题活动，确定活动进行的时间、地点、注意事项。整个活动的方案确定后，各社团开始开展活动。

（4）第四阶段：百果宝宝收获大

我们提供给孩子一个展示的平台，让他们收获更多的自信、成长和经验。

本次主题教育活动是第四阶段。

3. 活动目标

本次主题教育活动为所有的孩子们提供一个展示自己的平台，目的是让孩子们看到社团组建以来，自己和他人的变化和进步，增强他们的自信，产生进一步开展活动的积极性。

孩子们在社团成果展示的过程中，积极分享社团活动开展的经验；在活动过程中，也发现一些问题和困难，希望通过交流，帮助孩子们解决问题，更好地开展今后的活动，为孩子们今后自主发现问题、解决问题打好基础；同时，在这样的活动中，引导孩子们看到伙伴的长处，相互欣赏，从而营造温馨快乐的集体氛围。

活动的具体推进过程如下：

活动环节	教师活动	学生活动	设计意图
课前热身	播放有关社团历程的短片	观看短片	1. 营造气氛 2. 引出话题
社团活动秀一秀	组织社团成员通过不同形式展示开展的活动： （1）黄橙橙写字社团：作业本上的变化，认真坚持让我们收获更多 （2）金柠檬美术社团：大家一起动手，把快乐带给大家 （3）香蕉超人社团：坚持不懈，看似简单的基本功却需更多的努力 （4）红苹果益智社团：会动脑、会动手，让大家变得更聪明 （5）水蜜桃课外阅读社团：相互协调、相互帮助，社团活动更成功，收获更大 （6）甜心樱桃艺术社团：课堂内外结合，本领学得更快	交流经验，分享心得 （1）黄橙橙写字社团：展示自己的进步 （2）金柠檬美术社团：作品展示，全班齐动手，体验美术活动带来的快乐 （3）香蕉超人社团：武术操展示，小老师教本领，体会其中的不易 （4）红苹果益智社团：乐高作品展示 （5）水蜜桃课外阅读社团：分角色朗读 （6）甜心樱桃艺术社团：形体操展示	通过社团不同形式的展示，看到自己的进步，增强每一个敢走上台的孩子的自信，也希望能将更多的社团活动的有效经验相互传递、相互分享，以期对今后的社团活动会有更大的提升，让孩子有更多的收获
总结提升	总结	激发社团开展后续活动的积极性	为后续社团活动预热

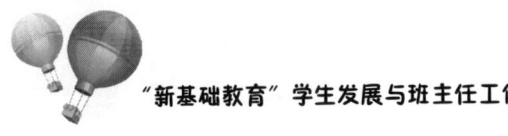

解读

这次百果社团活动,是班级特色文化"百果成长园"系列活动中的一项,希望通过"百果宝宝社团"活动的策划、组织、完成、展示,由孩子全程参与,将"快乐"还给孩子,更把创造"快乐"的权利还给孩子,真正实现学生成长的自主性和有效性,看到孩子"能力"成长的点滴,重点强化"自己的阳光自己制造""自己的进步自己争取",激发孩子们在积极参与的同时,学会有效进步、快乐成长。

建议

1. 建立社团要讲究民主性

遵从民意,这民意自然是学生的心意。在创建微社团的过程中,采取学生推荐、老师主导、学生补充的方法,即学生根据自己的兴趣先推荐几个微社团,然后老师根据班级实际情况和学生一起选择几个主要的微社团,再由学生投票、补充,最终确定5个。每个学生选择一个社团,同时由于魔方社人数较少,因此选择魔方社的学生可以另外再加入一个社团。在微社团组织方面,一个社团推举两个有责任心、有号召力的学生作为社长,由他们组织、带领微社团开展活动。这样,可以确保学生自愿参加各个社团。

2. 社团活动要有持续性

社团存在的意义就是让学生有组织地开展活动,同时在活动过程中提高自己的能力。如何让孩子在开展微社团的时候做到有效、持续?班主任的引导非常重要,所以,班主任一定要观察社团开展的动向,及时提出反馈与建议。若孩子缺少规则意识,课间休息就会有一定的不安全因素。将报名社团的人员姓名做好记录,划分为几个小组,实行社团定期轮换活动的机制,这样,孩子们既能参加自己热爱的活动,也能体验多个社团的活动,更能锻炼自我管理的能力。同时,在微社团交流方面,选定星期一为交流日,比如故事社的孩子可以讲一个故事;魔方社的孩子可以表演花式魔方秀;折纸社的孩子可以教全班同学如何折一个小动物,等等。这样,既提高每一位成员在社团中的成就感,又促进社团的持续运作。

3. 社团活动要有灵动性

社团应该具有灵动性。为避免部分同学因补作业而造成社团无法进行的情况,可以安排一些随机的、临时的社团,使得那些无所事事、四处奔跑的孩子有去处。对于另外一些比较有个性的孩子,更应该做一些积极的引导,分配给他们一些任务,让他们尝试完成一些小项目,体会成功的喜悦,从而激发他们的兴趣。同时,

社长的培养和锻炼也是一个社团能否组织好的关键。当发现社长在组织过程中存在能力问题时，老师和家长可以适当地提供辅导和培训，让他们更加有效地组织好自己的社团，同时锻炼他们的能力。

4. 社团之间要有互通性

社团的创建与发起，不应该只是闭门造车，要迈出足、打开眼，去发现与观摩其他社团活动的开展，从而取长补短，既开拓学生的思路，也使他们有更多的选择。

一个社团就是一个集体，在这个小小的集体中，任何特殊或者不和谐的因素都会被淘汰。所以，学生们在活动中无论是自觉的，还是被动的，都逐渐具有集体意识。互相帮助，互相进步，是团队意识最鲜明的表现。以剪纸社团为例，有的学生不会剪纸，但他们有兴趣参加这个社团，那么会剪纸的学生就手把手教他们。在这剪与学之间，帮助与被帮助之间，友谊在滋生，合作能力在提高。

第四章　班级建设与学科教学整合

一、如何借助学科教师资源，使学生养成良好的行为习惯

在李家成老师主持的"当代教育名著选读"网络课程中，老师们针对"当代中国的儿童特点是什么"这一问题进行了激烈的讨论，认为现在的孩子大多是独生子女，他们爱幻想，自我意识很强，但自主能力缺失。

"新基础教育"基地学校连续多年对一年级学生进行调查，发现虽然很多学生入学前学科知识比较丰富，但缺乏良好的学习习惯。有的学生注意力不集中，自我控制能力差，而且生活自理方面较滞后，依赖性较强，遇到问题首先想到找家长解决，不能独立思考面对；还有部分孩子就像之前网络课程中老师们所讨论的，他们的"自我中心"意识较强，不会关心别人，人际交往能力较弱，缺少合作的意识和能力。对于新入校的一年级学生，较为重要的一项教学内容就是明确规则礼仪、端正行为习惯。

"规则"是时代发展因地制宜的产物。古时候就有先生持戒尺给学生们"做规矩"，现如今不再是那个手拿戒尺的时代，规则的制定更趋向于双向性、民主化。校有校规、班有班规，每个学生心中都应该有一把规尺来审视衡量自己。许多班主任会利用班队活动时间与学生一同制定适合他们自身并能起到一定约束提醒作用的班规，并且把班规张贴在教室内或人手一份放在学生身边。那么，仅通过班队活动、同学间互相督促、班主任谆谆教导，就能产生最佳效果吗？能快速使一年级学生养成良好的行为习惯吗？答案是否定的。不能希望学生的习惯培养一朝速成，这就好似拔苗助长，良好的行为习惯应该潜移默化地在学生成长的过程中养成，而我们也在不断研究创新，借助学科教师资源，让孩子在学校的每一个时间段甚至在家中都能培养良好的行为习惯。

第四章 班级建设与学科教学整合

> **案例**

"My family" 第一课时

上海市明强小学 马伟伟

上海市小学英语课程不仅注重学生学科知识的掌握，也追求学生健康主动地成长，英语教学越来越以满足学生的发展需要为目标；越来越重视对学生的情感、思维等基本素养的培养；越来越强调文化的渗透和比较；越来越注重对学生学习过程的评价。

下面以"My family"第一课时为例，研究如何在低年级英语教学中发展学生对外部世界的感受、体验、认识和创造等能力，满足其生命成长的需要。

在上课之前，老师对一年级学生群体的了解和认识是进行教学研究的前提，因此在教学研究之前，我先就班级学生的学习特点进行分析：本班学生比较容易兴奋，但是注意力集中时间较短，需逐步培养认真倾听的习惯；近50%的学生有过简单的英语学习经验，这部分孩子比较自信，但是这些孩子的英语学习停留在说简单的单词和句子，不具备用连贯的句子表达完整意思的能力，这节课鼓励孩子用2—3句话进行介绍，大部分孩子在老师的鼓励下能大方地参与学习活动，约5%的孩子学习兴趣不高，需要老师特别关注，给予鼓励和表扬。

1. 单元教学目标

（1）知识目标

① 在"My family"这一话题中，学习并理解运用本单元的核心词汇：grandmother、grandfather、father、mother、me，读准音，认清形，努力找出单词之间的不同之处，学习认单词的本领。

② 在语境中，感知、理解和运用 Who is she/he? She/he's my……

③ 在语境中，运用所学的单词和句型向同学介绍家人。

（2）能力目标

① 能够朗读和听懂目标单词和句型。

② 能够在语境中运用所学单词和句型。

③ 能够根据文本内容运用所学的单词和句型进行简单介绍和对话。

（3）情感目标

通过 My family 和 My happy family 两个话题，让学生在语境中体验对家人的情感。

2. 分课时教学目标

	语言知识	语言技能与运用	情感态度	学习策略
第一课时	1. 在 My family 的话题中，初步学习并理解运用单词：grandmother、grandfather、father、mother、me 2. 在语境中，初步理解、感知和运用句型：Who is she/he? She/he's my……	1. 能听懂并读准grandmother、grandfather、father、mother、me 2. 能用 She/he's my……互相介绍家人	通过 My family 的话题，体验家人之间的情感	1. 通过听、说、读的方式在语境中学习核心词汇 2. 以歌曲和情景对话的形式，感知理解词汇和句型
第二课时	1. 在 My happy family 的话题中，熟练掌握核心词汇的音、形、义并运用 2. 在语境中，熟练运用 Who is she/he? She/he's my……	1. 能熟练运用核心词汇和句型互相问候 2. 能听懂和理解对话内容，并能主动和同学交流	通过 My happy family 的话题，进一步了解家人，体验对家人的情感	1. 通过听、说、读的方式进一步理解文本内容 2. 通过动画、看家庭照片对话的方式，进一步运用词汇和句型

解读

一年级学生刚踏入校门，刚接触英语学习，那么在35分钟的时间里，如何最大限度地发挥英语学科的育人价值呢？

细节1：本课中为了引出新词"me"，老师让学生猜一猜：There is a girl in this classroom. She's tall. She's pretty. She can sing and dance. Who is she? 学生的好奇心一下子被激发了，促使他们不停地猜想；猜错了，则带来更大的好奇心，一定要找出答案，弄个水落石出方可罢休。于是，就在学生情绪最高涨的时候适时出示自己的照片，引出新词"me"。学生在强烈好奇心的驱使下，对新词有浓厚的兴趣。学生似乎还想与老师一比高低，力图展示"me"，在介绍自己时

第四章 班级建设与学科教学整合

争先恐后，这使得学生对新词的理解、记忆、运用收到了事半功倍的效果。

细节2：马老师在初次备课时几乎是不假思索地先教 father，再教 mother，但在修改教案时，把 mother 的教学放到了 father 之前。我们的父系意识比较浓，从来都是说"爸爸、妈妈"而不说"妈妈、爸爸"，说"父母"而不是"母父"；英语国家比较尊崇 lady first 的礼仪标准，习惯把女性放在优先的位置，因此在教学时，先教 mother 再教 father 就更为恰当了。新词呈现的先后次序其实也是一种文化和思维方式的体现。

细节3：在词汇教学环节，老师先教三个表示家庭成员的单词：me、mother 和 father，虽然这些单词不难，但是要力求让每个单词的出现都充满挑战性，依层次递进。

me：通过让学生猜一猜引出，再让学生尝试拼写，最后指着照片介绍自己；

mother：通过照片和 mommy 引出，再让学生两人一组问答了解对方的母亲；

father：由 mother 的发音规律让学生自己解决读音的问题，然后让学生互相问答。

这样的设计使每个单词的小循环都能激发学生主动思考，三个单词之间的大循环也是依层次递进，学生的思维完全被激活了。

细节4：在 post-task 环节，老师让学生猜一猜动物家庭成员：I am a baby animal. I can swim. My father is small. My father can swim, too. My father can not fly. My mother can swim. My mother can not run. What am I?（Fish）然后让学生自己编谜语，有的学生说：My father can "miao miao". My mother can "miao miao". I can "miao miao". 也有的学生说：My mother is big. My father is big. I am big. 虽然有些学生的语言避难就简，但是不同学生的语言表达呈现不同的风格和层次，这也正是学生个性的彰显。

细节5：本节课还有一个小插曲，当学生指着照片介绍自己的父母时，学生小 A 也把手举得高高的，希望得到发言机会。可当老师请他发言时，才发现他没有带家庭照片来，而他已有的语言还没有能力脱离照片进行介绍，因此他起立后又坐下，显得很沮丧。因为后面的很多活动都要用到照片，他因此失去了很多机会，一直在座位上闷闷不乐。发现这一情况后，老师在对话环节请其他同学主动邀请小 A 参与，并及时地表扬他。他得到了老师的重视，又全神贯注地参与到学习中来，又把小手举得高高的了。

本节课程的教学体现了教师教学理念的转变，是对一年级学生英语学习状态的再认识，是对一年级学生放心、放手的突破，是促进学生提高思维能力的一次

尝试，是对英语学科育人价值更深层的理解。

建议

通过这一教学案例，我们发现：学科老师在一年级学生课堂行为习惯的培养方面很有想法。马老师通过自己对这堂课的解读研究和对这个班级学生实际情况的调查分析，进行了深入的后续思考。由于大部分学生都会有以下几个特征：持有浓烈的好奇心，能够感知多元文化，可以正确积极地抒发情感，懂得主动思考探究，勇于接受挑战并克服困难，具备展现自我个性的能力，会关心集体，因此基于这一案例，提出以下建议：

一是为促进小学生好奇心的发展，在学习中要善于根据教材内容巧妙设疑，设置矛盾，激发起学生对新知识的好奇心与探索的欲望。

二是注重让一年级学生简单了解国外的一些生活习惯和节日活动，使学生认识到：学语言的目的是交流，语言是文化的一部分，并对文化起着重要作用，语言反映一个民族的特征，它不仅包含着该民族的历史和文化背景，而且蕴藏着该民族对人生的看法、生活方式和思维方式。人们的交际还受一定的社会背景、文化习俗的影响，学习英语就包括了解英语国家的政治文化、风土人情、风俗习惯的背景知识，这也可以丰富教材内容，为小学阶段"培养学生的跨文化交际能力"打下基础。

三是一年级孩子对学习内容的关注时间很短，他们不喜欢简单的重复和机械的操练，因此可以让学生在进行表达时注入情感，提升他们的交流欲望。

学生对一些简单的单词能够进行拼写，但要逐步培养其根据发音规律进行拼写、记忆的能力。即使是单词的拼写，只要老师精心设计，也能够培养学生发现、归纳、比较等思维能力。

教学设计过难或过易都会造成学生心理上的排斥，因此，教学内容要依层次递进，使学习的每一个阶段都是鼓舞人心的、有成效的、充满挑战的。

一年级学生在学习方式和方法上存在差异，在知识基础和能力发展水平上也存在差异，因此，教学设计不但要符合学生的生理和心理特点，还要考虑不同学生的不同情况，以满足不同类型和不同层次学生的需要。只有尊重学生的差异并满足不同学生的学习需求，这样学生才会具有交流的欲望，才能真正实现面向全体。

最重要的一点建议是：一年级学生需要非常多的鼓励，老师及时的表扬是学生学习的最大动力；一旦这一心理需求无法及时得到满足，就会产生很大的学习

第四章 班级建设与学科教学整合

障碍，影响学生学习效果。同时，一年级学生需要体验成功感，课堂上那些经常得到老师表扬的学生会把小手举得高高的。这种成功的体验极大地刺激了学生的学习兴趣，而长时间得不到老师关注的学生，往往会缺乏自信。

案例

《我的鞋》课后点评

上海市明强小学 沈新红

"立德树人"在十八大报告中被首次确立为教育的根本任务，指明了今后教育改革发展的方向。立德树人，告诉我们教育事业不仅要传授知识、培养能力，还要把社会主义核心价值体系融入国民教育体系之中，引导学生树立正确的世界观、人生观、价值观、荣辱观。

因此，将德育与学科教学进行有机结合是学生成长的必然要求，挖掘教材的德育渗透点，寓德育于各科教学内容和教学过程之中，形成德育的无痕化，是每一个教师的职责，也成了教师日常学科教学中不容忽视的目标之一。

《我的鞋》是一年级语文教材中的一篇课文。郭老师在教学中根据学科教学自身的特点，充分挖掘学科教学中的德育因素，以知识为载体，采用适当的策略与方法，在学科教学中落实德育目标，即情感、态度与价值观目标，以达到知识与道德、教学与教育、教书与育人的统一。

整堂课呈现的学科德育主要体现在以下三个方面：

1. 在巧妙设计中激趣生情

低年级的学习重在兴趣和习惯的培养，而兴趣和习惯的培养不是靠说教和机械的训练来完成。郭老师的课堂就很巧妙地把写字、握笔的姿势以及读书、写字的习惯等借助儿歌的形式渗透，让学生在情趣盎然中培养习惯，同时又情不自禁地爱上语文课。同样，低年级的语文教学以识字为主，看似枯燥，但在郭老师的课堂上，识字却变得如此有趣，孩子们在游戏中识字，在读儿歌中识字，在学拼音中识字，在和学生生活息息相关的事物中识字。添一笔，减一笔，换个部首就能变成另外一个字。一个"笑"字的演变，从人物的一张笑脸开始，在信息技术手段的帮助下，逐渐把历经甲骨文、金文、小篆、隶书直至今天的楷书的变化过程，生动形象地展现在学生面前。孩子们在看完演变过程后都忍不住鼓起掌来，这就是神奇的汉字，充满魅力的中国文字。而这些奇妙的汉字是我们的祖先发明的，不由赞叹中国人真聪明！在识字的过程中，孩子们潜移默化地增强了热爱祖

国语言文字的情感,增强了民族自尊心和爱国主义情感。

2. 在相互合作中集聚智慧

一年级孩子往往以自我为中心,合作意识淡薄。在郭老师的课堂,老师对于伙伴合作意识的培养尤为敏感。她鼓励孩子们在同桌合作中说说记字的好方法,在补充丰富、相互提醒中集聚更多的智慧,经过交流,在之后的反馈中发现孩子们的好方法特别多,加一加,换一换,组词法,等等,帮助学生不断形成识字的结构意识。这种合作同样表现在"一字开花"游戏中,在师生的合作中,孩子们思维活跃,不断补充由"后"字组成的词语,最后在老师的帮助下,这些生成的词语开出了一朵层层叠叠美丽的牡丹花,这个合作的过程也让学生明白,一个人的智慧是有限的,通过集体的智慧才能产生更大的成效,从而使学会与人合作、学会懂得分享在孩子们的心中留下美好的印记。

3. 在倾听、捕捉和欣赏中养性塑人

郭老师特别善于倾听与捕捉,从中引导学生逐步形成包括认真书写、认真倾听、学会欣赏、善于观察和思考、乐于表达和交流以及热爱生活和自然在内的良好行为习惯和个性品质,不断促进学生思想道德素养和语文素养的整体提高。她不断地鼓励每一个学生,采用孩子们喜爱的方式及时给予表扬,不断激发孩子们的学习热情,使他们始终保持着参与的积极性。当学生朗读儿歌后组织点评时,有学生一开始就找缺点,这时,郭老师马上引导学生说说优点在哪里,让学生懂得伙伴之间首先要学会欣赏与肯定。当老师板书"叫"字时,边写左边的口字旁边自然地说道:口字旁比较谦让,写的时候写得小一些,既告诉了学生口字旁的写法,又让学生懂得了什么是谦让。当老师拓展延伸,问学生:"假如你就是这个小男孩,小猫跟在你后面你会怎么说?"当一个调皮的孩子说出"我一脚把你踢飞"时,郭老师及时阻止,和颜悦色地告诉大家:这样小猫会感到疼痛,动物是我们的好朋友,我们要爱护他们,从而巧妙地告诉大家如何与动物和谐相处。

郭老师的语文课充分地展现了知识与品德、教学与教育、教书与育人是相统一的,在正确的学科育人价值挖掘的基础上,我们要内化德育渗透的意义,提高渗透意识。教师在钻研教材时要注意发掘其德育因素,在教学中发挥学科的德育功能。

解读

以上案例是一名语文老师对《我的鞋》这一课的点评。不难看出,这节语文课的设计充满了教育智慧,在传授知识的同时,老师也对孩子们进行了德育指导,

第四章 班级建设与学科教学整合

端正了孩子的行为风气。

小学班主任大多是语文老师，因为语文学科有一种独特的育人魅力，语文老师总是能用或儒雅或幽默的语言化解矛盾、解决问题、提升境界。

建议

1. 编写课堂规则教学儿歌，规范学生行为

"新基础教育"理论提出：确立儿童立场，首先必须走近儿童。我们通过不断进行观察记录、问卷调查、专题研讨等方式，发现刚入学的一年级学生要养成的习惯很多，包括课前准备、课堂纪律、课间休息、出操路队、午间用餐、上厕所排队……都需要老师不断引导以促进学生理解与养成。如此多的习惯的养成，单凭老师的说教很难达到好的教育效果。由于一年级学生刚接触课堂纪律，很容易形成条件反射，所以要根据学生的兴奋点反复练习。为此，可将对学生行为习惯的要求编成儿歌。例如，课堂中如果有学生开小差，老师可以在前面拍拍手说"一、二、三"，小朋友紧跟回答"坐坐好"，在说的过程中身体也就条件反射般地坐端正了；对于平时站队，可以结合"快""静""齐"等口令编制一些儿歌，会更快、更好地达到效果……这样把对学生行为习惯养成的要求编成儿歌，符合小学生心理与生理特点，贴近学生的生活。而适时让学生诵读，能使其明白什么时候该做什么，不该做什么，学生在读中学，在学中读，在日常学校生活中不断巩固，不知不觉中行为习惯就得到了规范和强化。

2. 学科老师言传身教，指导学生行为

一年级是建立师生间信任的关键时期，老师对于他们的影响非常大，甚至有些时候超过了父母对他们的影响。

如果说在家中家长是孩子的榜样，在社会中朋友是孩子的影响者，那么在学校中老师就是范本，老师的一言一行，不管有无进行教育的自觉性，都会成为学生仿效的标准。特别是一年级学生，他们的模仿力强，可塑性大，热切地关注着周围的人和事，尤其喜欢崇拜学校中的老师。因此，老师的言行，对于规范引导学生形成良好的行为习惯至关重要。语言上，老师可以多用礼貌用语，比如，"请某某同学为我们念首诗""谢谢你的表演，准备得真充分"等等。行为上，老师看见地上的垃圾弯腰捡起，倾听孩子们讲话时不随意插嘴，日常穿着方面避免邋遢，指甲定期修剪……这些小细节都会渐渐地从老师的行为转化为学生的行为，因为学生特别喜欢模仿自己喜欢的老师。

3. 多鼓励少批评，激励学生行为自觉

多一句鼓励，少一句批评，得到的结果是意想不到的。例如，几个比较顽皮的孩子，一天中午一反常态，没有追逐打闹，而是在折纸。如果老师置之不理或只是提醒孩子们把地上的废纸捡起来扔掉，那么这几个孩子折纸折厌了以后依旧会奔跑打闹。所以，各个学科的老师应该想到有特色的方法进行鼓励，比如美术老师给予孩子们课堂上进行折纸展示的机会，数学老师让这些孩子运用折纸方法解决几何问题，班主任让这些孩子做小老师组织折纸社团或将孩子们的作品收集起来作为给行为习惯养成良好的学生们的奖励……许多鼓励的方法都能达到事半功倍的效果。

4. "5+2"强化落实，以良好的习惯为学生成长奠基

一年级学生需要尽快认同"小学生"角色，养成基本的学习和生活习惯，形成规则意识。这些习惯和规则的养成，不仅仅在校园内的每周五天需要落实，在家里也应一以贯之。然而，现实情况是，学校里五天的良好习惯，有时会因在家中两天的放纵、懒散而忘记。所以，我们也要借助学科老师的力量提升家校合作的可能性，不仅仅由班主任作为沟通的切入点，学科老师也可就课堂上孩子的学习习惯或平时孩子行为上的问题及时与家长进行反馈交流，并通过一些科学的教育方法进行改善，比如通过提升学习兴趣，锻炼学生认真听讲的习惯等。一年级是学生良好行为习惯养成的重要时期，只有各学科老师利用资源常抓不懈，使行为习惯的养成教育真正成为孩子、家长的内在需要，才能为学生今后的成长奠基。

二、如何通过班队活动激发学生的学习兴趣

兴趣是最好的老师。两千多年前，孔子就提出："知之者不如好之者，好之者不如乐知者"。显而易见，兴趣是学习活动中最直接、最积极的因素，是学生学习的重要动力。学生一旦对学习产生浓厚的兴趣，就会对学习乐此不疲，只要一有时间，就会主动把时间和精力投入学习中去，这样学习成效也比较好。

对于一年级学生来说，学习兴趣至关重要。众所周知，一年级孩子对学习有好奇感，但却很难做到专心听讲，不能独立完成作业，注意力不集中，情绪变化无常，容易疲倦；行为动摇不定，不善于控制，容易冲动和特别敏感。他们好奇、好动，喜欢模仿，并且有直观、具体、形象等思维特点。他们往往凭兴趣认识事物，感兴趣的会全神贯注，不感兴趣的则心不在焉。一年级是孩子培养兴趣的最佳年龄，也可以说一年级最重要的任务是培养孩子的学习兴趣。

第四章 班级建设与学科教学整合

激发一年级学生的学习兴趣，重要的途径之一就是开展班队活动。在实践中，努力把班级还给学生，努力推动学生的主动参与，深刻体验学生身上所蕴藏着的内在力量。以满足一年级学生成长需求为出发点的班队活动能激发孩子们浓厚的学习兴趣，使学生在主动状态下进行学习，从而注意力高度集中，取得事半功倍的学习效果。学生在进行有兴趣的活动时，会体验到积极的情感，内心是满足的、和谐的、积极的。

案例

早起鸟乐运动

常州市五星实验小学　　李　英

一年级学生活泼好动，接受能力强，但也有个别学生比较懒散，缺乏上进心，学习兴趣不浓。刚入学的孩子还没形成集体的概念，对集体活动热情不高，碰到问题不会想办法解决，而是选择逃避。为此，在入学三个月的时间里，我们在班级中开展了系列主题活动：乐交友——认识新同学、新老师；乐守纪——学做守规则的好学生；乐自理——自己的事自己做；乐助人——我是岗位小主人；乐运动——我是运动小健将。通过系列活动的开展，学生们慢慢有了集体意识，有了同伴意识，对于老师组织的活动，参与的积极性也高了，学习兴趣也浓厚了，一部分学生非常乐意在同伴面前展示自己的才能，变得自信大方，这给班级的小朋友树立了良好的榜样。

从学生的活动能力来看，多数学生在家里得到父母过多的呵护，平时很少参加体育锻炼，更没得到过体育运动方面的指导；个别孩子从小身体素质较弱，父母舍不得让孩子参加体育运动。所以，体育节刚开始，家长和学生的积极性不高，学习兴趣不浓，体育节前期比赛过程中，班级的比赛成绩也不理想。其实，体育节开始前，体育老师已经对学生们进行了跳绳的专项指导。当发现学生活动积极性不高时，老师利用大课间、午间指导学生练习；两次家长会、一次亲子运动会的互动沟通后，家长开始积极配合学校活动，有不少家长能够陪着孩子练跳绳，与孩子共成长；结对班级的学长们一有空也会到班级做个别指导。一个月下来，1/3的学生已经基本掌握跳绳技巧。为鼓励先进，激发学生跳绳的热情，使其熟练掌握跳绳技能，班级通过班队活动开展高手晋级赛来继续激发学生的兴趣。通过师生共同努力，早起鸟们终于能在体育节跳绳比赛中一展风采。

总的来说，就是通过层层激励评价，重点引导学生积极练习跳绳，让学生感

受到运动的快乐,并坚持运动,形成自己的运动特长,用自己的运动热情去感染周围的人,使每一个学生参与活动的积极性再上一个台阶,不断增强自信心。

活动的具体推进过程如下:

活动环节	教师活动	学生活动	设计意图
歌曲导入	组织学生唱班歌、喊口号	唱班歌、喊口号	让学生通过唱唱跳跳的方式感受运动的快乐
回顾田径运动会	1. 回顾田径运动会 2. 小结过渡	谈谈收获与运动感受	谈谈田径比赛中的亮点和不足,为后续比赛鼓劲,进一步激发学生的运动兴趣
跳绳进行时	1. 组织学生进行"跳绳能手、高手、强手"晋级考核,用真诚的鼓励、赞赏,激发每个孩子的潜能 2. 指导学生科学、健康跳绳 3. 小结跳绳运动的好处	1. 友谊班级作介绍 2. 跳绳能手、高手、强手"晋级考核 3. 颁奖 4. 了解跳绳的保健常识,引导学生注意安全	1. 通过友谊班级的介绍,让学生了解学校的优秀传统项目。通过跳绳晋级活动,激发学生的自豪感 2. 为学生主动参加运动解决困难,激励学生坚持运动 3. 在班级跳绳活动开展的过程中,凝聚人心,逐步形成团结向上的氛围
我能跳得更好	观看勤业中学跳绳秀	谈谈观后感受	激励学生向更高的目标努力
总结	总结本次活动的收获,对学生的后续活动提出要求	倾听	为后续活动打下基础

本次主要介绍的是第三阶段活动,即通过班队活动的开展,引导学生分享运动会的见闻,学习相关知识,进一步激起学生对体育运动的兴趣;通过班级跳绳晋级活动,辅以积极肯定的激励性评价,充分激发学生跳绳的热情,为学生后期训练以及体会跳绳的快乐注入动力。同时,对学生运动保健、安全等方面给予指导,为学生合理、科学进行体育运动提供保障。

解读

这个案例呈现的主题教育活动是针对学生的成长需求,从原始性资源、基础性资源的开发入手,环环相扣、层层深入,推动学生认识、体验、能力的不断提升,而不仅仅是面上的铺开和环节的完成。老师通过班队活动很好地激发了学生

体育学科方面的学习兴趣。同时，老师对学生运动保健、安全等方面给予指导，为学生合理、科学地进行体育运动提供保障。一年级学生活泼好动，不太受课堂纪律的约束，对体育课及运动会运动项目了解甚少，更别说产生兴趣了。针对这一特点，老师全面分析了解学生的心理特征，设计出适合其特点的班队活动方案，使他们对体育运动项目感兴趣。老师和家长很重视文化课的学习，但要想有好的学习成绩，首先应有健康的体魄，所以培养学生的运动兴趣是至关重要的。

"早起鸟乐运动"班队活动充分体现了班级建设与学科教学整合的教育理念，这是在一年级体育课教学实践中，老师发现学生在体育课上、运动会前活动积极性不高、活动目的不明确等，从而精心策划的。

1. 活动主题有效回归本真

主题班队活动因为真实才有效，因为真实才精彩。主题是活动的灵魂，决定了活动的价值，进而也将决定活动的成效。本次班队活动不仅具有"成事"的味道，也充满了自觉的"成人"意识。老师从研究学生入手，通过一定的方式、手段，研究班队活动与学习兴趣的关系，从而确定活动主题。一年级学生入学后，角色发生重大改变，开始承担"学生"的责任，学习也成为主旋律，学习兴趣的激发就是真实的主题。

2. 活动设计符合小学生年龄特点

在这次班队活动中，老师的设计契合一年级学生的年龄特点和认知特点。班队活动通过活泼的唱唱跳跳方式引入，符合孩子活泼好动的特点；回顾运动会照片，符合孩子记忆时间短、以直观记忆为主的特点；进行跳绳晋级考核，符合孩子好强的特点；观看跳绳秀，能进一步帮助孩子树立目标，激发其内心的成长需求。

3. 活动兴趣巧妙升华为学习兴趣

孩子们通过唱唱跳跳初步感受运动的快乐，同时也使兴趣的种子在其心里默默种下。当孩子们看到自己在运动会中的一张张照片，他们的脸上自然而然地流露出自豪、愉悦的神情，让孩子们体会到运动场上那份独特的风采。孩子们通过回忆再次感受运动的快乐，"兴趣"点也会慢慢转到运动上来。

4. 活动目标自主转化为主动学习

在本次班队活动中，老师设计了"跳绳晋级赛"的游戏，旨在引导学生将对运动的兴趣转化为行动，并且在行动中进一步提高学习兴趣。比赛中，有的学生跳得较慢，但老师同样给予肯定，从而保护了孩子们的"兴趣"，呵护了孩子们

的"内心"世界。老师抓住契机，继续延续那份兴趣和热情，给学生们观看优秀视频，引导学生讨论自己的观后感：有的学生感悟到运动的魅力；有的学生感悟到运动背后的努力；有的学生有了进步的目标，等等。每个孩子都会基于自己的成长需求有所收获。在讨论的过程中，学生渐渐形成"主动学习"的意识，而不单单是刚开始的"兴趣"。所以说，合理的目标、有效的方式不仅激发了学生的学习兴趣，而且也促进了学生主动学习意识的觉醒。

建议

对于一年级学生来说，开展贴近生活、形式多样的班队活动是老师激发学生学习兴趣、提高学生主动学习意识的重要方式，因此老师应牢牢占领这块阵地，想方设法使班队活动激情四射、学生兴趣盎然。这样，学生就会因为活动的精彩纷呈产生强烈的参与愿望，从而更好地掌握知识；从另一角度看，老师看到学生的倾情投入后也会不断提高课堂质量，形成良性循环。

既然学生的学习兴趣具有如此关键的作用，那么怎样做才能通过班队活动激发学生的学习兴趣呢？

1. 激发学习兴趣的原则

心理学相关研究表明，兴趣根据不同的标准可分为不同的类型。根据兴趣的倾向性可分为直接兴趣、间接兴趣；根据兴趣持续的时间和影响可分为个体兴趣和情境兴趣。在学生学习中，直接兴趣是指学生对教学过程、内容感到需要而直接引起的兴趣。例如，有趣的学习材料、贴近生活和学生实际的活动内容、生动形象的授课艺术等，都能引发学生对学习的直接兴趣。学生学习的情境兴趣是指由活动情境中某些条件或某些刺激所引发的一种较短暂的情绪体验。而学生的学习兴趣，一般是在新异、生动的教学环境或相关因素的刺激下，所表现出的对学习的情境兴趣和直接兴趣。可以看出，在激发阶段，学生的学习兴趣往往停留在对学习的好奇、有趣的情感体验上。

因此，在学生学习的过程中，老师要为学生创设有利于激发学生学习兴趣的教学环境。例如，转变传统的教育观念和教育模式，合作探究学习，讲究授课艺术，运用灵活的教法激发学习兴趣等。另外，由于学生的社会经验、知识积累有限，在教学活动中，老师所呈现的学习内容必须易于学生理解、贴近生活实际，这样才能迅速刺激学生积极的感官、情感和情绪体验。例如，正确、恰当地使用多媒体，关注社会热点，合理导入等。

2. 激发学习兴趣的策略

（1）聚焦学生成长需要

"新基础教育"对学生及其成长需要的关注，是学生工作改革与研究最为直接的切入口。学生工作需要尊重、认识、满足学生的成长需要，并在更高发展平台促进学生生成新的成长需要。

所谓成长需要，是从成长、发展的角度，认识、体悟当前学生的成长，发现学生当下已经显现出来的成长可能性，其中包括学习兴趣提高的需要。一年级学生刚进入小学阶段，学习对于他们来说是比较陌生的事物，那么激发学生的学习兴趣就至关重要了。根据一年级孩子的年龄特点，要不断引导和帮助他们在班队活动中尽可能地获得成功，并得到积极的情绪体验，进而才能产生学习兴趣。学生在获得成功并受到老师鼓励和表扬后，会产生一定的满足感，从而产生一种追求继续得到满足的客观需要，进而产生进一步的学习兴趣。

（2）采用灵活多样的教学方法

通过班队活动激发学生的学习兴趣有很多需要注意的地方，但其中比较重要的一点就是要注重方法、手段的运用。教学有法，教无定法，贵在得当。一个好的老师在教学过程中要想达到最好的教学效果、获得最大的成效，就一定要特别注重教学方法和教学手段的选择和应用。

心理学家艾利康宁关于儿童主导活动发展阶段的理论认为，小学一年级学生正处于游戏活动类型和学习活动类型转化的过程。这个时期的孩子，正在从借助游戏活动初步学会理解人的某些行为，掌握粗浅的生活经验，形成象征性机能和想象能力，向通过对文化科学基础知识和基本技能的学习，逐步了解并掌握客观事物的特点及其规律的阶段转变。游戏是一种能引起学生学习兴趣的好方法，尤其是对于低年级学生，灵活运用各种游戏，可以引起他们的极大兴趣。因此，在教学中，老师不但要鼓励学生玩，还要善于组织学生玩，和学生们一起玩，引导学生玩得有意义。孩子们在游戏中，不仅陶冶了情操，而且激发了表达的欲望，最大限度地调动了学习的主动性和积极性。

（3）运用各种激发兴趣的方法

首先，重视班队活动导入的作用。如果导入好，就可以顺利把学生的注意力吸引过来，这样有利于老师开始后面的讲解，更好地激起学生对后面知识的学习兴趣。

其次，运用生动而幽默的语言。老师语言质量的好坏与学生学习兴趣关系极

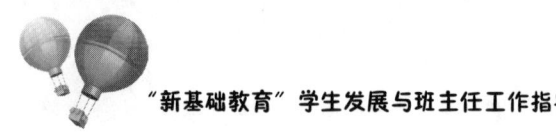

大。当讲到开心之处时,老师应当自然地流露出笑容;讲到愤怒之处时,情绪也应适当激昂。运用生动的语言,既能强化学生对知识的理解,使其印象深刻,也能极大地引起学生情感上的共鸣,增强教育的感染性。

最后,应用多媒体等现代化手段刺激感官,激发兴趣。运用这种手段创设情境是班队活动保持活力的一种有效手段。在教学中,运用多媒体设备向学生展示图、文、声、像相结合的感知材料,使抽象、枯燥的知识原理变得通俗易懂、形象具体,可便于学生对知识内容进行理解和掌握,激发他们的学习兴趣。

(4)培养学生良好的兴趣品质

培养学生良好的兴趣品质的要求包括:一是要有博而专的学习兴趣,把学习兴趣的多样性与专门的中心兴趣相结合。兴趣专而不博的人大多眼界狭窄,生活单调而乏味,少了很多生活乐趣;兴趣博而不专的人可能会碌碌无为,最终导致一无所获。二是学习兴趣要持久。缺乏持久性的学习兴趣是没有价值的。一个人对某件事的学习兴趣经久不衰,才有可能取得较大的成绩,那些见异思迁、忽冷忽热的人很难有成果。但学生暂时的兴趣也是普遍存在的,老师应尽量在班队活动中将学生的暂时兴趣积极转化为稳定的持久兴趣。因此,兴趣的持久性品质是学习成功的关键因素。三是学习兴趣要有有效性,即学习兴趣成为个人活动的内在动力而产生的实际效果的大小。

比如,常州市龙虎塘实验小学吴静娟老师的班队活动"龙娃运动齐出发"关注到这一策略,使学生在和谐、平等、友爱的运动环境中感受集体的温暖和情感的愉悦;在经历挫折和克服困难的过程中,提高挫折能力和情绪调节能力;在不断体验进步或成功的过程中,增强自尊心和自信心。

再如,常州市花园小学吴锦老师的班队活动"长耳朵真会听",在游戏中激发孩子的学习兴趣,培养孩子"认真观察、仔细倾听、善于表达"等良好的学习习惯。这次班队活动是针对孩子没有认真倾听这一现象而开展的,通过各种游戏,激起孩子的学习兴趣,从而使孩子进一步感受到倾听的重要性,并且能够形成乐于倾听的意识。活动中还组织小组合作比赛,让孩子具备初步的小队意识,学会团结,培养乐于合作、善于合作的习惯。

(5)利用原有兴趣迁移

根据学习兴趣的迁移规律,可以将学生原来对生活事件的兴趣转化为对班队活动及学科知识的学习兴趣。关键在于老师要有一双敏锐的眼睛发现学生的兴趣点,并能够将其自然地迁移与转化。这样的兴趣的激发才会更有效。比如,孩子对去超市买东西感兴趣,那么班队活动中的合理购物主题,可以自然地迁移为对

数学学科知识的学习兴趣。

（6）注重真实的体验与生成

对于学生而言，生命历程中生动、有趣、令人振奋的班队活动，不仅使学生在当时获得不同寻常的体验，而且还可能成为学生成长中难以忘怀的记忆、促进变化的契机。主题班队活动要建立在学生真实的感受与发展基础上，一定要触动学生的心灵。班队活动首先要让学生亲历一个个活动，在不同程度、不同内容上体验积极健康的情感，从而产生一种参与活动、自我发展的需求，真正激发学生的学习兴趣。

（7）及时评价，表扬鼓励为主

对学生的表扬、奖励应多于批评、指责，对于一年级学生来说，老师的表扬评价会起到很大的激励作用。在班队活动中要特别注意的是要面向全体学生，这样能使每个学生都受到鼓励，感受成功的喜悦，从而更能激发起学习兴趣。

作为老师，要在班队活动的各个环节，有计划、有目的地培养和激发学生的兴趣和求知欲，让学生学得更主动、积极，觉得学习是一件快乐的事。所以，在教学过程中，要根据一年级学生的心理特点，并且结合一年级的学科特点，努力调动学生的积极性，发挥"激趣"在班队活动中的魅力，使活动焕发活力，吸引和感染学生，并把知识、能力和思想教育有机结合起来，有效促进一年级学生健康快乐成长。

三、如何运用学科学习成果反哺班级建设

通常认为，班级建设是提高学习质效的保障；事实上，学科学习成果也能"反哺"班级建设，尤其可以促进班级学习氛围与文化建设的提升。可见，班级建设与学习成效相辅相成、相互促进。

在新基础建设中，班级建设被视作一个与教学并列的教育实践领域，既有别于班级管理、班级经营，也有别于道德教育。无论是对教育基本理论还是对学生发展的影响，这一领域都具有重要的教育意义。在全球化背景下，这一领域也通过对学生日常生活的聚焦、时空结构的设计、组织生活的经营等，体现出鲜明的中国特色，以及与中国教育传统的沿承与发展关系。在班级建设中，应将班级作为学校教育的基本细胞，将班主任理解为相关教师团队的关键人与领导者，促进学生实践质量的提升、关系维度的丰富。可以说，班级不仅是一种管理性组织，而且首先是一种教育性组织。班级生活在实现每一个学生个体充分、自由、和谐发展的同时，

也使班集体获得超越性的发展，从而形成群体的个性，即有特色的班级文化。

在班级建设中，学科学习成果也是重要的教育资源。学科学习作为一年级学生班级生活中的重要组成部分，对孩子们的影响可想而知。那么作为老师，要把学科学习与班级建设巧妙结合在一起，让教育成效发挥到最大。其中最直观的方式就是把学科学习成果与班级环境布置结合起来，从展览、布置、表扬、应用等方面让学科学习成果反哺班级建设，使班级建设呈现更加健康、积极、向上的状态，这也是学生评价的重要内容。

案例

开启"学习"之旅
一年级"班级环境建设"实践研究
上海市明强小学　姜丽霞

充满朝气的班队文化氛围，能使学生的心灵得到净化，心态得到改善，情操得到陶冶，视野得到开阔，品位得到提升。为了推进特色班级建设，营造积极、健康、向上的学习文化氛围，增强学生的集体凝聚力，创建一个温馨和谐的班级环境具有重要意义。

班级环境布置是一种艺术，更是学生生命的外显。好的班级环境不仅能给学生以知识，把学科学习充分融合在一起，还能创设一个适合学生身心发展、净化学生心灵、陶冶学生情操的乐园。

在实践中，班级环境布置的目标就是让教室内的每一个角落都具有学科学习特征，彰显班级特色。要充分调动学生参与的积极性，让学生用自己的智慧和双手来布置教室，使学生在建设班级文化和学科文化过程中受到锻炼，得到教育。

1.竞争性环境布置

（1）争章园中的"学科学习"

结合我校办学理念，根据一年级学生的年龄特点，为发挥争章的实效性，在竞争性环境布置之争章园地的具体实施中体现了"实"——因为教育是真实的，是需要我们实实在在去做的，这样它才能发挥最大的效用。

"实学"——在午会活动中引导学生认真学习德育校本课程，并熟记明强三字礼。

"实做"——每月结合学校的主题活动，进行争章主题活动。

第四章 班级建设与学科教学整合

"实评"——评价方式分成两部分,一部分是学生的个人积分存折,另一部分是考章汇总表,每月固定在教室争章园地上张贴学生的考章情况。

同时,充分与学科学习成果相融合。比如,自理即自我管理,在自理章争章过程中,可将学生在学科学习过程中认真读书、自我管理学习的情形,用照片形式记录下来,展示在争章园地中。

(2)竞争栏中的"学科学习"

根据本班学生的特点,将学生发展目标定为争做一个能管理好自己的小星星!为了营造这一氛围,我们在班级环境布置上花足了心思。

具体做法:首先制订摘星大比拼的活动计划,在全班落实,并张贴在黑板报上。在黑板报上设计一个版面,上面分别有每个学生的小"名片"和小"口袋",每个孩子根据计划中的目标要求,去"摘"5颗星,比比谁摘的星星最多。该活动可以定期进行评比,这些评比和学科学习可以充分结合。

2. 书香班级环境布置

读一本好书,这是我给本班学生定的学习目标,从而使他们有更渊博的知识、更开阔的视野。

一是绘本阅读廊。在"书香校园"的大环境下,充分利用教室外面走廊处的"绘本阅读廊",引导每个孩子都参与到快乐阅读活动中来,让他们在绘本的世界里尽情翱翔。

二是书海拾贝栏。利用教室固定的墙面,设计读书大交流的宣传阵地,使每个孩子读好书、好读书,并且定期进行读书交流活动。其中,一年级孩子可以结合语文学科的写话练习,写写自己读后的感想,并展示在此处。

3. 展示性环境布置

一年级的学科学习生活是多姿多彩的,为了激发学生的自信,树立班级小榜样,学期初,我们在教室里开辟了一个学习园地,定期展示孩子们的学习成果,比如,语、数、英学科的书写作品,自然、探究学科的知识学习单等,争取每个学生的学科学习成果都上墙,实现人人都是好榜样,体现班级是大家的,创造属于每一个人的文化。

4. 主题活动环境布置

在教室黑板报上定期进行学科学习活动的展示,其中包含活动的宣传材料、活动照片、活动报道、学生学科学习成果,要体现活动的过程性,并且注重其教

育意义及效果。

比如，在美术学科中，开展"颜色的世界"主题活动，学生在老师的指导下，选用自己喜欢的颜色进行绘画。最后，老师把孩子们的绘画作品张贴在黑板报上，一方面美化了环境，另一方面也使学科学习再一次得到延续。

这样的教室文化布置，以"学科学习"为载体，以学生的自主参与设计为前提，满足了孩子们的心理需要。孩子们在老师的引领与指导下，积极投入、献计献策，为全力打造教室文化献出了自己的绵薄之力，取得了一定的成效。

5. 知识性环境布置

（1）学科知识大收获

一朵玫瑰因为有了馨香才具有神韵，一个人有了文化才具有丰富的内涵。教室布置离不开文化知识，要让教室充满知识的气息，这样学生就会浸润在学科知识的海洋中，就会得到成长。"学科知识大收获"是班级布置的重要环节，其中包含图书角、生物角等。生物角展示绿色生活和动感生活，图书角透视班级书香气息和语文学科文化氛围。学生把自己最喜爱的书报、植物奉献出来，与他人交流，这样既培养了学生的奉献精神，又对他们进行了集体主义教育。我们还利用该角的墙壁进行阅读摘抄展览，开设荐书栏（由学生轮流撰写），努力调动孩子们的读书积极性，使这一版块发挥其"自然学科知识源"的作用。小小生物角，既净化了空气，也美化了环境，赏心悦目，让人一进教室就有一种温馨的感觉。花园式的黑板报阵地更是与之交相辉映，给人带来一整天的好心情。

（2）信息大沟通

学校常会发布一些临时性的通知，于是班主任也就常有一些事要交代给学生，而学科老师也常要布置课前准备任务。为了使信息流通顺畅，我们班在教室门口设立了一个富有个性化的信息栏，方便我们将要交代的事一一罗列出来。学生只要走出教室，就能知道老师布置的任务。这样既方便了师生交流，也锻炼了学生的自主能力。

6. 网络化环境布置

家校互动窗口能促进师生互动、生生互动、家校互动等多元互动，为家长了解学校、了解班级、了解学生提供了对话的空间，使班级环境文化得以延伸，从而构建和谐、温馨、健康的多元教育网络。同时也可以让学科学习成果在这一版面进行展示。

第四章 班级建设与学科教学整合

走进教室，感受到的是五彩缤纷、富有创意和特色，不仅充满着浓郁的文化气息，同时也体现出孩子们的童真情趣。它就像一个磁力场，使学生不知不觉地被"磁化"，不仅学习兴趣，而且学习效率也大大提高。

解读

环境育人不像知识传授，不像道德说教，不像行政命令，它对学生的教育是"润物细无声"的。重视班级环境建设，不仅在美化学生的学习、生活环境等方面具有一定的教育意义，还能培养学生感受美的情趣和能力，更重要的是能通过环境激发他们的学习兴趣和求知欲望。

上述案例中，班主任充分抓住"学科学习"这一核心内容，让教室的每一处都充满学习的氛围，让学生时刻感受到"学科学习"的魅力，有效地让学科学习成果反哺班级建设。

1. 版块布置合理，学习氛围浓郁

在这个案例中，环境布置分成五个版块，分别是竞争性环境、书香班级环境、展示性环境、主题活动环境、知识性环境。版块布置合理，紧紧围绕学科学习这一主题，每个版面都对学科学习成果进行充分展示、交流、评价，同时让学习成果也作用于班级建设，让学习在这里得到延续，也让班级因为学习而呈现更加积极向上的氛围。

2. 版块设计充满童趣，符合新生年龄特点

版块颜色鲜艳，卡通人物也加入其中，充满了童趣，适合一年级学生的年龄特点，用直观的美去吸引这些刚进入小学的孩子们，从而激发他们探究的兴趣。比如，语文汉字书写成果采用彩色卡纸作为背景。这不仅显示出老师对这一成果的重视，也使孩子们懂得学习作品的美是多种多样的。

3. 版块内容多样，学科学习成主旋律

五大版块，有涉及语文、数学、英语这类学科的，比如在学习园地里，展示优秀的课堂作业，给孩子们树立学习的小榜样，激励他们前进；有涉及美术学科的，如作品展示栏，将学生美术课堂上的作品展示于此，给孩子们美的享受；有涉及自然、探究学科的，如植物角的植物不仅仅是孩子们学科学习的成果，也是孩子们再学习的平台，同时也净化了空气，美化了环境。在教室环境布置上充分利用已有的条件，挖掘其内涵，让学生积极主动地参与其中，充分发挥其思维和

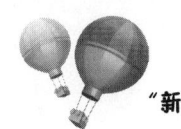

性格中的优点,鼓励他们积极创造,争做主人,努力使教室里的每一面墙壁甚至每扇窗户都会"说话"。

布置班级环境时,应充分发挥一年级学生的想象力和创造力,和班主任一起创设一个融知识化、个性化、情感化(家庭化)、自主化、童趣化为一体的教室环境,把教室变成师生共同学习、生活、交往的温馨场所,从而激活学生的思维、增进学生的学习效果、融洽师生的关系、陶冶学生的情操。

建议

"新基础教育"理论指出:班级建设的目标是在民主集体中提升学生生命质量。具体来说,就是要关注具体的学生个体,使每一个学生都能充分敞开自己的精神世界,形成主动发展的动力和能力;在师生、生生之间的充分交往中,创造一个互相欣赏、共同开拓精神世界、提高生命质量的"民主集体"。

要让每个孩子健康快乐成长,就要聚焦、尊重、认识、满足学生的成长需要,并在更高发展平台上促进学生产生新的成长需要。所谓成长需要,是从成长、发展的角度,认识、体悟当前学生的成长,发现学生当下已经显现出来的成长可能性。一年级学生刚进入小学阶段,学习对于他们来说是比较陌生的事物,那么激发学生的学习兴趣就至关重要了。学科学习是其中的主要部分,不仅可以在课堂上进行,同时也可以与班级建设充分融合,其中运用学科学习成果反哺班级建设就是一个很好的举措。这主要体现在班级环境建设中。班级环境主要是指班级成员开展班级生活所依赖的环境,包括走廊、教室内部结构与空间、设施设备等班级物质环境;班级氛围、人际关系、语言、行为方式与习惯等班级文化环境。班级环境的好坏直接影响着学生身体、心理状况,影响教师与学生参与活动的内部动机、情绪情感等,所以要精心建设。

1. 运用学科学习成果促进班级建设的相关策略

(1)研究学生的成长需要,关注学生的主体作用

研究学生的成长需要,首先要从个体需要和集体要求两个方面考虑。一年级学生并不全然知晓该时期对于自身的价值,他们还缺乏生活经验和对生命的体验。尽管他们拥有多方面的需要和发展的可能,但并不清楚应该如何选择、如何学习、如何努力。因此,我们需要从学生个体是否意识到这些发展需要的维度进一步突出学生的主体地位,特别是学科老师,要收集学生的学科学习成果,并积极把它们反哺于班级建设中,在共建中共享,在共享中发展,形成师生互动的良性循环。

第四章　班级建设与学科教学整合

班级建设不是一下子就能成功的，那种偶尔的学科学习成果展示效果不大。班级建设的价值体现在建设的过程中，体现在每一个具有连贯性的细小环节中。概言之，观念需要不断转变，理念需要不断提升，方法需要不断改进，效果需要不断呈现。

（2）展现学生真实的学习生活，激发学生主动发展的动力

发现学生成长需要的目的，是把握学生的发展方向。为了让学生立足于自身实际，独立自主地寻求更高的发展目标，老师要展示学生每个阶段的学科学习成果，不仅要关注优秀的学科学习成果，更要关注个别化的学科学习成果，要让每个孩子都有发展空间。

例如，布置"学习园地"，让学生的数字1—10的书写成果"上墙"，呈现他们的真实学习情况，让他们在理解自身发展状态的基础上，形成合理的发展目标，从而获得主动发展的动力。其中尤为重要的是：①了解自己的学习状态，明确学习与发展目标。②体会与老师、同学互动的感受，形成积极意向。③了解班级生活，培养集体意识。

（3）促进多向交流，更新日常生存方式

研究学生的成长需要，展现他们的学科学习成果，最终是为了提升学生的发展需要层次，让他们主动发展，爱上学科学习，并将个人发展融入班集体发展之中，使班级生活质量得到提高。根据实际情况，班主任应主要着力于促进学生与老师、同学、家长之间的相互作用，从中开发和利用各种教育资源。为此，应主要关注：①汲取力量，树立信心，勇担发展责任。通过学科学习成果展示等活动，让学生在积极向上的精神状态下，审视自己在学习中所发挥的作用，明白自己主动努力所起的关键作用。②欣赏他人，相互支持。③相互合作，共同努力，通过开展学科学习活动创建优秀的班集体。

2. 运用学科学习成果促进班级建设的相关内容

（1）学习成果的布置与展览

学科学习成果的布置要注意很多方面，特别是对于一年生学生来说，一定要体现童趣性，更要注意学科学习主题的确定、内容的选择、信息的传递，使教室环境能够体现班级理念、学习目标，反映班级精神风貌、文化气息，让人走进教室，顿觉舒畅、倍感温馨、催人奋进。对于班级环境的基本格局和总体布局，在保持相对稳定的前提下，要根据教育教学的实际需要灵活设定；对于学习园地等活动版块，则要及时进行内容更新和形式创新。

比如，一年级可以将语文学科学习的成果作为班级墙面布置的内容。童谣是

孩子们喜闻乐道的文学表现形式，如果让他们自己编写童谣，他们的好奇心和成功感就能够得到极大程度的满足。

在学科学习和班级建设的融合中，比较有效的方式就是学习成果的展览。展览是衡量学习成果的最佳方式，比纸笔测验更有价值。同时，因为展览是互动性的，能促使学生形成更强的学习愿望。在具体操作中，语文学科可以展示汉字书写作品等，数学学科可以展示口算等成果，英语学科可以展示单词、语句、儿歌等成果，美术学科可以展示绘画作品等，自然学科可以展示养护的植物等。各种各样的学科学习成果美化、充实了班级环境，更重要的是给孩子们营造了一个积极向上的学习氛围。

（2）学习成果的表扬与应用

在学科学习成果布置、展览的基础上，要注意进行相应的表扬与应用。一年级孩子年龄小，注意力不集中，会忽略很多事物，这就需要老师去引导。在学科学习成果的展览中，要让孩子去欣赏与评价，并且寻找自己努力的方向，这是建设积极向上的班风的重要内容。

班级建设中的学生学习是综合生成式的，学生在日常生活中学习，在全程中学习，在融通中学习，在自主中学习。学生在班级建设中的发展，正是通过学习而实现的；学科学习成果反哺班级建设，自然要建立在对学生学习机制的理解基础之上。可以说，学科学习成果是学生的行为方式、思维方式、精神内涵、学习状态等的综合体现；成果本身的发展轨迹，更能显示出学生的发展历程。学科学习和班级建设融合在一起，会带动双方共同进步，因为孩子的发展具有整体性，是相互联系、无法分割的。

第五章　学校活动参与

一、如何以入学典礼为契机，引导一年级学生尽快适应小学生活

"新基础教育"提倡"给孩子一份适时的帮助"。可以说，入学是孩子们人生道路上第一个重大的转折。对于一年级新生来说，需要提供的帮助，就是促使他们更快更好地适应小学生活。

孩子从幼儿园到小学，要跨过一道有纪念意义的"门槛"——新生入学典礼。入学仪式代表着小朋友正式成为一名小学生，在其生命中具有重要且特殊的意义。

仪式，作为一种文化象征，其作用无可替代，可以使学生经历的看似普通的事件被赋予一种特别的意义，不一定轰轰烈烈，却能触及孩子的心灵，是一次精神"典礼"。入学典礼是对学校办学理念的诠释，是对学生的呵护与期待，其内容、形式、氛围甚至会影响学生在整个小学阶段的学习态度。入学典礼的意义，不是简单告诉孩子们新学期已经起航，而是要让他们自己描绘并激发起创造今后美好生活的梦想。对自己生命价值的尊重和生命意义的认识，是入学典礼教给他们最重要的"知识"。

孩子从幼儿园的小朋友变成小学生，从无拘无束的幼童变成要守纪律的小学生，对新的学习和生活充满好奇，对学校、环境、同学、老师、课堂都感觉无比新鲜，也会觉得有些陌生。为了让他们在入学时有成为小学生的荣誉感，学校进行仪式教育显得尤为重要。在仪式上，孩子们和同伴一起了解学校的历史，认识老师，意识到自己已长大，为自己的成长感到骄傲与自豪。

"新基础教育"学生发展与班主任工作指导纲要

案例

我在明强 我健康 我快乐 我成长
——上海市七宝明强小学一年级新生入学典礼

2015年9月14日,天空飘溢着金秋特有的收获气息。在这如诗似画的季节里,上海市闵行区明强小学东、西两校区分别举行了一年级入学典礼。

活动伊始,两位副校长分别在两个校区以生动的故事形式向小朋友们介绍了"明强"两个字的来历、建校110周年的悠久历史、校徽以及"两明两强"校训的含义。图文并茂的讲解在每一个孩子的心中都埋下了明强"审美·超越"文化理念的种子,于潜移默化中生根发芽。

开学已有两个星期,一年级各班的小朋友在老师的悉心引导下,养成了一定的行规礼仪,他们为大家表演了明强小学自创的行规礼仪歌《三字礼》,呈现了各班级积极良好的初期风貌。

一年级孩子的迅速成长离不开四年级小辅导员们的辛苦付出。为此,学校特意为四年级这批认真负责的孩子颁发了证书,给予勉励。之后,学校还将在这批小辅导员中开展"当代小先生"的评选。

一年级孩子的迅速成长更离不开班主任、学科老师以及校领导的热切关爱和关心。顾文秀校长特意把代表着茁壮成长的"成长豆"发放给每个班级,希望孩子们像豆豆一样,在父母、师长、学长、社会各界人士的关爱下健康成长。同时,孩子们照顾豆豆成长的过程将教育他们关爱生命,培养他们的观察力,磨炼他们的毅力。

在活动现场,爸爸、妈妈们激动不已,纷纷对学校给予一年级孩子的关爱表示衷心的感谢,同时也对孩子们提出了更多的希望和祝福。集中活动之后,各班又分别开展了画画成长树、走走成长路、拍拍成长照的活动。

通过此次活动,一年级的孩子们对明强小学的学习生活充满了更多的憧憬和向往。

明强小学2015学年一年级新生入学典礼活动方案如下:

时间	9月14日 12：55—14：00
主题	我在明强快乐成长
地点	操场、教室活动
议程	（1）认识明强：校史、校训、校徽 （2）吟吟唱唱《三字礼》 （3）大手牵小手 （4）校长赠送"成长豆" （5）学唱校歌 （6）家长祝福 （7）班级活动：画画成长树、走走成长路、拍拍成长照
其他活动准备	（1）学生部：安排和落实相关工作 （2）校务管理部：布置会场，打印、发放各类资料、门票，布置校园环境，管理家长车辆 （3）信息部：准备音响、话筒，以及摄影、摄像等所需的设备

解读

1. 创设温馨的环境，为学生留下美好的印象

温馨的仪式能给人留下深刻的印象，环境的布置不仅能渲染气氛，还能温暖心灵。校园里干净整洁，树木茂盛，花朵盛开；教室里窗明几净；第一天早晨进校园的时候，就已经有高年级的哥哥、姐姐面带微笑等在校门口，大手牵小手，将每位新同学带到教室中……这样的校园及氛围，给小朋友们的印象一定是温馨而美丽的。

2. 呵护童心，启迪智慧，激励学生成长

启蒙教育在人的一生中起着重要的作用。从幼童变成小学生，这是一个挑战。那么，如何挑战自己，让自己成为一名合格的小学生？入学典礼上发的成长豆寄托着学校美好的期望与祝福，老师与孩子们一起种下希望的种子，教导孩子们发

现成长中的美好。在画画成长树、走走成长路、拍拍成长照三个环节，班主任通过简单的小游戏，让孩子们认识到自己已经是一名光荣的小学生，并努力争做一名优秀的小学生。

建议

1. 实际操作要点

（1）如何做自我介绍。想要尽快适应小学生活，同学之间首先要先熟悉起来。通过简单的自我介绍，学生既展示了自己，又能很快结交新朋友。那么，应如何引导学生做自我介绍呢？

自我介绍是让同学们认识自己的一个好方法，好的自我介绍能给大家留下一个好印象。比如，介绍自己名字的时候可以用比喻的方法，或者说说爸爸、妈妈为什么要给我取这个名字；可以说说自己的长相或者自己喜欢的东西；还可以说说自己擅长做的事情。例如下面一段自我介绍："我叫刘××，爸爸、妈妈希望我做一个正直的人。我喜欢踢足球，还喜欢画画。我喜欢养小动物，养了乌龟、螃蟹、小蝌蚪。但是，我养得不太好，经常会找不到他们，我以后会好好看管他们。希望大家能喜欢我，和我做朋友。"学生在做自我介绍的时候，要抬头挺胸，说话不要吞吞吐吐，要有力量，也不要说得太急太快，要一句句说清楚，如果配上合适的肢体语言或者表情就更好了。班主任可以提醒学生，在朋友面前说话不是一件害羞的事情，不要看着地面，要自信满满地表达。

（2）如何让校史、校训内化于心。在入学典礼上，校长向同学们介绍了校史、校训、校徽的来历。可是，光靠口头介绍，学生很难有深入的理解。班主任可以让学生交流自己对校史、校训、校徽的认识，并通过行动来内化，如回家和爸爸、妈妈讲讲校史，一起查阅资料，制作一张小报。校训应该在短时间内让学生背熟，让他们理解每个字的含义，并在校园中找找哪些地方印有校训，通过找一找的活动来加深印象。根据校徽的含义，学生可以自己画一画校徽，找一找周围哪些地方有校徽，如校服、作业本、墙面，在此过程中将学校的文化慢慢内化于心。

（3）种成长豆。班主任要引导学生回家后种下成长豆，一个月内记录下豆豆发芽、成长的过程，学生在这样的过程中也会感到快乐。刚开学的一个月对新生来说特别关键，这是幼小衔接的重要阶段，如果衔接得不好，会对新生的成长产生不利的影响。用成长豆陪伴的方式让学生有一定的心理寄托，发现成长的快乐，感受一个月来的变化。

（4）举行仪式的时间。新生入学典礼一般是在刚开学的时候举行，但是仪

式需要时间去准备，包括主持人的选择和培训、视频的拍摄等，学生也需要一个短暂的适应过程。建议在以下两个时间段举行：一是在新生入学准备期之后，大概在开学后一周左右。班主任在一周内要对学生有大致的了解。新生培训要根据课程和初入学儿童的年龄特点，着重对学生进行日常行为准则的养成教育，让学生从感性上了解什么是学校，学校中人与人之间的关系及怎么称呼，什么是班集体，学校一日生活常规等，为他们进入正常的学习生活作好铺垫。二是在开学一个月后。此时，班主任已经基本了解学生的情况，学生对学校也已经熟悉，通过一个月的适应期，对成为一名小学生有了更多的感触。

（5）为新生入学典礼提供表演人选。一般来说，在开学前一个月，班主任就要陆续到学生家中进行家访。在家访的过程中，班主任就要留心自己班上的学生有哪些特长，在和他们聊天的时候可以询问其有哪些爱好，在幼儿园时是否担任过小主持人，是否有上台表演节目的经历等。口齿伶俐、落落大方的孩子在新生入学典礼上可能有上台展示自我的机会。班主任也可以和学生聊聊，如马上要进入小学了，心情如何，有哪些想法等。班主任应做个有心人，把这些内容都记录下来，比较特别的内容还可以提供给学校，在仪式上予以呈现；还应与学生家长多沟通，为幼小衔接做好准备工作。

（6）仪式结束后的评价与反馈。班主任应鼓励学生积极参与，称赞他们的点滴进步，强化成功体验，激发其成为小学生的自豪感；请学生交流仪式结束后的感想，说说自己有哪些收获。低年级学生语言组织能力可能还不强，可让其用简单的词语说说自己的感想。班主任也可以挑一些词语，如"开心""自豪""幸福"等，让学生自己选择，然后说一说，从而使他们更喜欢学校生活，提高其在规则或价值内化过程中的主动性，使其体验快乐和成功。

（7）关注特殊群体。不可避免，在入学阶段，会有一些适应特别困难的学生，以及一些有多动症的特殊孩子，老师要给予特别的关注。对特殊群体，班主任在他们入学初期就应进行有针对性的干预，并将干预与学习习惯培养相结合，使干预更为有效。

2. 推进入队仪式的新策略

（1）可以增强仪式感，让学生意识到他们的人生将步入新阶段，感受到上学是一件神圣的事情。例如，学生可以和爸爸、妈妈一起正装出席，走一走红地毯，让家长一起见证孩子的这一重要时刻，也体会作为一名小学生家长需要作出的转变。

(2)更多地与学校教育内涵相结合。借助这样的重要时刻,让学生加深对学校内涵的理解,并内化于心,真正爱上新学校,喜欢上小学生活。

(3)用学生喜闻乐见的形式策划入学典礼。根据低年级学生的年龄特点,可加入一些小游戏,加强互动,让现场气氛更加活跃。

二、如何组织学生开展第一次秋季社会实践活动

一年级学生入学后,除了课堂上的知识学习外,也要走出校门,接触大自然,扩大知识面,增强保护生态环境的意识。现在的独生子女平时缺少体育锻炼,而秋天舒适,适合出行,利用秋季社会实践活动(或称"秋游")这样的机会,让学生在户外呼吸新鲜的空气,对他们的身心健康也非常有益。另外,经过一个多月的相处,同学之间已经比较熟悉,第一次和同学、老师一起秋游,可以增进同学之间的友谊,培养学生独立自主的能力,同时也能丰富学生的课余生活,使其放飞心情。概言之,秋游能加深同学之间的感情,增强班级的凝聚力,让学生加强集体意识,并锻炼独立自主的能力,从而成长得更快更好。

案例

快乐秋游,文明安全同行

1. 活动目标

(1)让学生回忆、感受秋天外出游玩的美好,培养学生亲近大自然的情感

(2)学习选择适合自己外出游玩携带的物品,不盲从、不攀比

(3)进一步了解出行安全常识,培养守秩序、爱护环境等基本的文明礼仪

2. 设计依据

转眼,一个多月过去了,一年级学生已经初步适应了小学校园生活,每天都会接触新鲜的事物,适应不同的学习内容。除了在学校里学习以外,学生还要走出校园。在美丽的金秋十月,学生将参加小学中的第一次秋游。幼儿园里的秋游多数是亲子活动,爸爸、妈妈会全程陪同和照顾;而小学生将与自己的老师和同学一起探究大自然,初步了解秋天季节变化的特点,感受人与自然的和谐关系;体验秋天收获的喜悦,懂得爱惜他人的劳动成果。本次活动主要要求学生感受秋天外出游玩的美好,培养学生亲近大自然的情感与独立自主的能力。

具体的推进过程如下:

活动环节	教师活动	学生活动	设计意图
热身	播放秋天美景照片	观看照片	营造氛围
忆秋游，交流经历	1. 启发谈话，邀请部分学生聊聊幼儿园时参加过的秋游，哪些地点令其难忘，有哪些遗憾、不开心的事情 2. 揭示主题：快乐秋游，文明安全同行	回忆以往的秋游并交流感受	激发情感，导入主题
学新知，探索秋游	1. 介绍秋游的地点，包括有哪些景点、项目等 2. 告诉学生合理准备所带物品，不盲目攀比 3. 组织闯关游戏：我是小狗欢欢，我设一个闯关游戏，你们愿意参加吗？那可要听好要求。每一个问题就是一个关口，只有答对，才能去参加秋游 第一关，出发前要检查什么？ 第二关，游玩时怎样防止走失和掉队？ 第三关，大家一起游玩时怎样做到互相关心和帮助？ 第四关，怎样保护旅游景点的环境？如果没有垃圾桶，怎么办？ 第五关，路上应该注意哪些交通安全？	1. 听老师介绍 2. 讨论 3. 参加闯关游戏，表达自己的想法，并倾听同学的回答	通过老师的介绍和大家的讨论，激发学生对秋游的期盼之情；通过闯关游戏，使学生发现秋游中有哪些需要注意的地方以及需要准备哪些东西，使学生拥有一次快乐、难忘的秋游
总结提升	总结：同学们真棒，顺利闯过了五关。通过闯关游戏，我们学到了许多知识，对秋游中的注意事项也有了一些了解。让我们伴随优美的歌声去秋游吧！ （出示课件，和学生一起歌唱《我们的生活多么幸福》） 提升：这节课你有什么收获，谁来说说？	1. 唱歌 2. 自由汇报	通过总结，提升育人价值

3. 应注意的问题

当我们在百花齐放的公园里漫步时，当我们在小桥流水间穿梭时，当我们在瓜果满园的田野里采摘时，我们要怀着感恩之情，牢记"文明""安全"这两个关键词，在有趣的秋游活动中收获快乐。根据学校设计的班队活动内容，以下问题需要落实：

（1）秋游要带些什么

学生应根据自己的需要合理准备，带上吃的、喝的和用的，不要盲目攀比。例如，有些同学要带一些饮料，里面含有很多糖分。当我们运动时，饮料中的一部分水会变成汗液排出体外，而糖分却留在体内，这样我们就会感到更渴。另外，饮料中还有添加剂、防腐剂，对我们的身体健康有一定的负面影响。建议大家在秋游时少带饮料，多带些水。

（2）出发前要检查什么

要检查准备的物品如垃圾袋、湿巾纸等是不是带齐了，穿的鞋是否适合游玩，是否已穿校服，所穿衣服是否适合当日的天气。

（3）游玩时怎样防止走失和掉队

游玩时，要和同学们一起，不单独行动；自由活动时，要在指定的范围内；听到集合令时，要迅速集合等。

（4）大家一起游玩时怎样做到互相关心和帮助

行走时，要互相提醒，防止走失；同学缺少物品，要主动帮助等。参观过程中，要排好队。每个小组要有学生带好手表，注意集合时间，不允许单独行动。在参观游览过程中，碰到问题（包括摔伤、磕破、身体不适等）时，一定要及时报告本班带队老师和导游。

（5）怎样保护旅游景点的环境

在旅游景点，不随便摘树叶和花朵，不随地吐痰，不乱扔垃圾，不踏草坪，不破坏公共设施，不在建筑物上乱刻乱画等。在任何时间、场合，都要讲文明、懂礼貌，同学之间要谦逊忍让，自觉遵守公共秩序。

（6）路上应该注意哪些交通安全

上车前、下车后，一定要清点好人数。要按顺序上下车，不抢不挤。在汽车行驶过程中，不要在过道里来回走动，不能将头和手伸出窗外。要提醒会晕车的同学，在车上尽量不要吃零食，以免晕车。过马路要走人行横道、过街天桥或地下通道，不在马路上追跑打闹，要注意看交通标志等。

解读

学生第一次与老师、同学去秋游，非常感兴趣，积极性比较容易调动。但是，一部分学生对秋游没有概念，不知道带些什么，要注意那些事项……为使学生在秋游中玩得好而又不出现安全等其他问题，班主任首先可以利用多媒体设备展示人们秋游经常去的场所，然后采用小组合作的学习方式，讨论秋游去哪里、带些

第五章　学校活动参与

什么等问题,给学生充分发表个人见解的空间。最后,班主任可利用"闯关游戏",使学生掌握一些秋游知识,为参加秋游活动奠定良好的基础。通过秋游,学生们亲近了大自然,不仅使他们在学校的生活过得更愉快、更充实、更丰富,而且让他们学到了许多在课堂内学不到的知识;不仅增加了他们的知识,还培养了他们爱家乡、爱自然的综合素质。

建议

一是学校对全体学生进行专题的社会实践活动安全教育,增强学生的安全防范意识和自我保护能力。班主任在班级中要做好与学生的沟通交流。

（1）上、下车要有序,不争抢座位;

（2）在车上禁止大声喧哗,不能将头和手伸出窗外;

（3）在游览和各项游戏活动中,要做到安全有序;

（4）不乱穿马路,不攀爬树木,活动时远离水域,不到河边洗手、玩耍;

（5）以班级为单位开展游览活动,不独自行动,不玩危险游戏,一切活动均听从班主任的指挥;

（6）爱护游览区的一草一木,爱护公物;

（7）不随地乱扔果皮纸屑,把杂物放进自己准备的垃圾袋中;

（8）建议统一穿校服、穿运动鞋、背双肩包,如遇雨天,改期或安排室内活动。

二是学校要加强管理和监控措施,各班增配带队老师、专职导游、实践活动指导老师,对各个环节的安全防范措施要做到层层落实,责任到人。

三是学校应与承办旅游公司签订有关安全协议,办好人身意外伤害保险手续。

四是学校应携带急救用品,以防学生受伤或突发疾病。

五是学校应制定应急措施。

遇一些突发事件发生意外时,如演出场地发生火灾、学生摔伤等,要注意遵循以下处理原则:

（1）保持镇静、沉着应对;

（2）学生优先;

（3）就地抢救;

（4）报警、求援;

（5）维持秩序、迅速疏散。

六是学校应制定突发事件处理程序。

带队老师应及时将受伤学生送医院或就地抢救,同时上报校长室,通知家长并

汇报伤势,最后由卫生室填写《明强小学学生伤害事故情况报告》并汇报事故处理结果。

另外,可带着体验菜单去秋游,或者带着一项任务,如每人收集三种落叶,叶片需要在厚书中压制几天除去水分后再制作;收集的叶子可以带回家,或者在美术课上一起完成一幅叶贴画,将秋游美好的回忆记录下来。

三、如何通过参与入团仪式增强一年级学生的集体意识

学生在学校生活中要参与大量的仪式活动,如升旗仪式、开学典礼、毕业典礼、入红星儿童团仪式、入少先队仪式等。这些仪式活动往往是在学生发展的关键时期或特殊时期,针对众多的学生开展的,富有教育内涵。

在引导学生入团的过程中,不能将目光仅仅停留在戴红领巾或绿领巾上,而是要关注学生校园生活的全部,帮助学生尽快适应,使其得到全面发展。学生入团后,在行规方面,要做到站有站姿、坐有坐样,在课堂听课要遵守纪律,到操场列队要遵守秩序该怎么做;在礼仪方面,学会见人主动打招呼,能喜欢新的伙伴,新的老师;在学习方面,知道上课要认真听讲,积极开动脑筋,大胆发言;在小岗位服务方面,要懂得团队合作的重要性,愿意为集体服务;要积极参与校园活动,感受活动的丰富和快乐;明白尽管自己年龄小,通过努力也能体现自身的价值。

案例

小小向日葵,天天乐成长
上海市浦江二小　陈　颖

活动过程如下:

活动环节	教师活动	学生活动	设计意图
热身	组织学生聆听《共产儿童团歌》	聆听《共产儿童团歌》,回顾成长照片	营造氛围
启发谈话,激发情感	1. 邀请部分学生简单说说自己戴上绿领巾以来在知识、技能、习惯等方面的新进步或新收获 2. 揭示主题:小小向日葵,天天乐成长	说说自己的新进步或新收获	激发情感,导入主题

(续表)

活动环节	教师活动	学生活动	设计意图
闯关游戏，展示成长	1. 闯关游戏 闯关———快乐大本营 （1）介绍闯关要求 （2）组织学生闯关 （3）小结：只有养成良好的学习习惯，才能学到更多知识 闯关二——小鬼当家 （1）视频播放闯关要求 （2）组织学生闯关 （3）小结：自己的事情自己做，同时试着做好班级岗位工作，才能成长得更快 闯关三——体育秀场 （1）介绍闯关要求 （2）组织学生闯关 （3）小结：只有每个学生认真做好自己的事情，养成好习惯，坚持不懈，同时互帮互助，小组合作才能成功 2. 成长点评 （1）播放小辅导员、家长、任课老师的点评录音 （2）小结 3. 树立新目标 （1）引导学生树立成长新目标 （2）提出班级成长新目标	1. 倾听 2. 交流好的学习习惯 3. 做接力游戏：穿衣服、戴绿领巾、套垃圾袋 4. 生生互动，点评任务完成情况，交流游戏成功小秘诀 5. 进行小组种植操比赛 6. 生生互动，点评比赛情况，分享好习惯与互帮互助的小故事 7. 把代表自己成长的小小向日葵粘贴到向日葵叶片上 8. 交流成长新目标	1. 通过游戏，展示学生戴上绿领巾以来学到的新知识、新本领、新进步，知道只有养成好的学习习惯，才能学到更多的知识 2. 通过游戏，让学生知道自己的事情要自己做，同时试着做好班级岗位工作，并初步培养集体意识 3. 通过小组种植操比赛，初步尝试小组合作，知道只有每个学生认真做好自己的事情，坚持不懈，并互帮互助，小组合作才能成功 4. 通过大家的点评，让学生感受到成长的快乐 5. 通过交流，帮助学生明确下一阶段成长新目标，并能以小组为单位，实现新进步和新成长
总结提升	1. 总结，并引出后续活动 2. 组织学生唱班歌《向日葵之歌》	唱响班歌《向日葵之歌》	进一步激发学生参与后续活动的热情与积极性

解读

上述案例分三个阶段进行：

第一阶段：我是小小向日葵。

开学之初,班主任的教育重点应落实在熟悉校园环境、一日常规以及个人习惯的养成上,要求学生遵守课堂纪律,上课时不随意说话、吃东西、做小动作;积极动脑,举手发言,把注意力集中到课堂活动中;学会独立完成书面和口头作业,不养成边做边玩等不良习惯;下课时能先处理好大小便事宜,摆放好下节课要用的书本等;在自理能力方面,学着自己洗脸、穿衣、刷牙、收拾书包等。

可以通过开展"认识你、我、他""好习惯早养成""课堂常规我最棒"活动,帮助学生适应小学的学习生活,能遵守基本的行为规范,明白好习惯养成的重要性。

第二阶段:小小向日葵,天天乐成长。

加入苗苗儿童团,是学生入学后的一件大事。这既是对学生入学两个多月来在校表现的肯定,又可以对他们下一阶段的成长提出新要求。以此为契机,可以激励学生用实际行动实现加入苗苗儿童团的愿望。在此过程中,学生不仅开始养成良好的习惯,而且开始参与班级的小岗位工作。做得好的学生就得一颗"小向日葵",以培养学生岗位劳动的责任意识。同时,开始尝试以小组为单位,进行学校特色操——种植操的练习,以培养学生的小组意识和互帮互助的合作意识。

可以通过开展"绿领巾,我爱你;小小向日葵,天天乐成长"等活动,让学生感受成长的快乐,帮助他们明确下一阶段的目标,并向着更高的目标迈进。

第三阶段:小小向日葵,小小新梦想。

在学期后半阶段,正式开展以小组为单位的合作活动,让学生在小组成员的督促与帮助下获得进步和成长。

可以通过开展"小组对抗赛、合作的奥妙、一棵小向日葵的梦"等活动,让学生体会合作的益处,在合作中增强小组和班级凝聚力,并以"梦想"为导引,更好地回顾与展望。

建议

1. 早作铺垫,分阶段进行

入团仪式的举行一般在12月5日小红星节左右,学生入学已有三个多月的时间。在这期间,班主任除了关注学生学习生活上的变化外,还要对学生进行入团教育,分析、讲解"苗苗章"要求,发动全班同学都来争"苗苗章";在班级文化宣传栏中布置"争苗苗章"的版面,学生通过自己的努力获得苗苗章后,可以展示在版面中。11月的时候,班主任和高年级的小辅导员开始给学生上团课,让学生逐步了解苗苗儿童团的意义,教会学生敬团礼、戴绿领巾、唱团歌等。在学习的过程中，可以采用游戏、师生讨论等方法，避免死记硬背的方式，否则会使学生产生枯燥的感觉。在入团仪式开始前，班主任应带领学生熟悉入团仪式上要参与的环节。活动目标如下：

（1）认知目标：知道"小红星儿童团团章"的知识。

（2）能力目标：会戴绿领巾，会唱"儿童团团歌"，会敬团礼。

（3）思品目标：培养热爱儿童团、热爱绿领巾的思想，为参加少先队作好准备。

2. 关注成长，在集体中助学生发现自我

刚入学的孩子，成长变化是非常大的，但也存在差异性。有的孩子的接受能力和主动性都比较强，进步非常显著，体现出更好的适应性；而有的孩子在幼小衔接过程中产生了种种问题，甚至出现注意力不集中、厌倦学习等现象。入队仪式也是一个阶段性的体现，不能因为有的学生落后于其他人就推迟其戴绿领巾的时间。曾有学校举行入队仪式时，班主任对一学生说："因为你平时太调皮，不认真听课，所以你现在不能戴绿领巾。其他小朋友戴，你要推迟一段时间再戴。"虽然班主任的出发点是希望学生改正自身的问题并得到进步，但是这样的方式不可取，会让学生产生被歧视的感觉。班主任要关注每个学生的成长，并让他们意识到班级就是一个集体，他们将一起参加入队仪式，一起戴上绿领巾，共同成长。

3. 公平、公正地推选红星儿童团团员、团干部

在入团仪式结束后，班主任就要开始在班级中进行儿童团团干部的推选。对于这样的小干部，学生们是特别在意的，一年级学生又特别希望能表现自己，对这种小干部的需求会表现得特别强烈。甚至会有家长跟班主任说自己的孩子适合做什么小干部，希望能让他当。所以，班主任要做到公平、公正，在综合考虑后进行班级小干部的选举，引导学生选出合适的小干部，并且告知他们小干部是为大家服务的，并不是戴上"标志"炫耀。小干部也可以通过个人自荐后投票选出。班主任最后也要鼓励没有被选上的学生不要因此而对自己感到失望。

4. 围绕"找"做文章，让学生看到"变化"背后有什么

一年级学生往往是校园活动的"弱者"，特别是戴上绿领巾以后，到戴红领巾还有一年多时间，这期间似乎处于"休息"阶段。为了让学生感受到戴上绿领巾并不是画上句号，而是新的开始，班主任要引导学生不断进取。

班主任应引导学生看到自己的变化，对自己有信心。在形式上，可以以小队

为单位进行,虽然小队内分工还未形成,但是小队成员能一起交流,并看到其他小伙伴身上的变化,乐群、自主的意识在这里启蒙,并为下学期小队建设打下基础。同时,应让学生感受到自己现在的进步就是今后取得新成绩的基础,把目光投向远处,寻找新的目标,以期将来逐步成为"才高志远"的人。

"找"并不是让学生展示已有的技能或取得的成绩,而是具体分四个层次:先是老师找,这是给学生做示范,暗示他们可以找什么;然后是相互找,通过相互交流、启发,看到别人的变化,这种变化也在悄然起着榜样作用;接着是自己找,这是通过与同伴比照后对自我的审视;最后是大家找,呈现的是大家有目共睹的由个体的变化引发的集体的变化。由此,层层递进,让学生的意识形态、思维水平得到提升。

在"找"的过程中,需要关注的不仅仅是变化本身,还有引起变化的原因,这往往是一年级学生自身难以考虑到的。他们只有考虑到这些,才能带动自身的发展,甚至融会贯通,全面发展。

四、如何指导学生在寒暑假中开展快乐假期体验活动

案例

我的假期我做主
上海市明强小学　谢晖

1. 背景

学生们经历了一个学期忙碌而又充实的校园生活后,将迎来属于自己的寒暑假。学生们将充分利用宝贵的假期时间去做一些平时想做但却没有时间完成或者更有意义的事情。寒暑假中各项活动的开展,充分给予学生玩的权利,让他们自己去选择想做的事;充分给予他们机会,体验除了小学生之外的社会角色,比如社区志愿者等;适时给予他们一些困难,看看他们是否愿意接受挑战,想办法突破。学生们在假期中身心得到充分放松,但不是没有目的地玩,而是在学中玩,在玩中学。作为学校,要针对不同年龄段的学生制定不同的寒暑假体验活动菜单。一年级学生要过一个有意义的寒暑假,还需老师和家长的指导和帮助。

2. 目标

(1) 通过学校对假期体验活动菜单的设计与解读,使学生能够很清楚地了

解自己在寒暑假中要完成的内容。

（2）在学习、生活、社会实践等方面组织活动，使学生无论是在家，还是在社会、自然中，都能体验到玩中学、学中玩的乐趣。

（3）对于参与的实践活动有所反馈，使学生能够在自评和家长评等多种评价中获得对于寒暑假参与度的感悟。

3. 内容

快乐寒假体验活动菜单（一年级）

亲爱的同学们：

一年一度的寒假生活如期而至，你有没有想好怎样度过一个快乐而有意义的假期？这个寒假，你想去哪些地方？你想做些什么？你想学哪些新本领？同学们，用眼睛去发现，用双手去尝试，用大脑去思考，你们一定会得到很多收获。期待着与你们一起分享快乐成长的故事！

年级	快乐学习	快乐健身	快乐阅读	快乐实践	快乐展示
活动内容	1. 每天做寒假作业半小时，按计划不少做、不漏做，注意正确的读写姿势与科学的学习方法，养成良好的学习习惯 2. 每天收听、收看时事新闻 3. 观看《超级家长会》栏目特别节目"我和梦想面对面——上海荧屏冬令营"	每天锻炼半小时，在室内或室外安全场所下围棋、跳绳、踢毽子或做自己喜欢的体育项目	1. 每天阅读半小时，摘录好词好句；认真填写《书香小港湾》 2. 每天收听"喜马拉雅"电台《乐言故事》中的1—2个故事 3. 和爸爸、妈妈一起讲一个自己最喜欢的故事，配上音乐，录好音频，发送到指定邮箱	1. 家人一起坐趟地铁，在家长指导下尝试自己买票，了解乘车的安全守则 2. 用打电话的方式向远方的亲戚或朋友拜年 3. 报名参加"缤纷快乐园，年末high翻天"这一闵行区青少年活动中心寒假体验型课程	认真写"我的寒假我做主，快乐生活乐趣多活动感悟"，开学后每班上交3张照片
评价	自评： ☆☆☆☆☆	家长评： ☆☆☆☆☆	自评： ☆☆☆☆☆	自评： ☆☆☆☆☆	家长评： ☆☆☆☆☆
评选	学习小能手	健身小能手	读书小明星	家务小能手	创造小达人

备注：

（1）评价结果用评星的方式表示；

（2）开学后，各班根据体验活动菜单，召开主题班队活动，评选相应的"小能手"各3名。

快乐暑假体验活动菜单（一年级）

亲爱的同学们：

一年一度的暑假生活如期而至，你有没有想过怎样度过一个快乐而有意义的假期？这个暑假，你想去哪些地方？你想做些什么？你想学哪些新本领？孩子们，用眼睛去发现，用双手去尝试，用大脑去思考，你们一定会得到很多收获。期待着与你们一起分享快乐成长的故事！

年级	快乐学习	快乐健身	快乐阅读	快乐实践	快乐展示
活动内容	1.每天做暑假作业半小时，注意正确的读写姿势与科学的学习方法，养成良好的学习习惯。2.登录http://www.fnfclub.cn，每天学习15分钟	1.每天锻炼半小时，在室内或室外安全场所下围棋、跳绳、踢毽子、做仰卧起坐或做自己喜欢的体育项目 2.每天在家坚持做两遍眼保健操 3.完成暑期体育作业	1.登录http://chinahomework.shedunews.com，提交作业，参加"中国好作业"活动 2.登录http://ztjy.edu.sh.cn，学习各类课程，参加"绿色网上行"活动	1.洗一双袜子或者一条短裤 2.和家人一起去趟菜市场，至少认识5种蔬菜 3.参加"暑期职业小达人"活动（选择一些场馆去参观）	1.邀请同学、朋友来家中做客，在爸爸、妈妈的帮助下制作水果拼盘色拉 2.劝阻不文明行为，劝说身边的长辈、朋友不要作出不文明的举动
评价	自评：☆☆☆☆☆	家长评：☆☆☆☆☆	自评：☆☆☆☆☆	自评：☆☆☆☆☆	家长评：☆☆☆☆☆
评选	学习小能手	健身小能手	阅读明星	实践小能手	创造小达人

解读

1. 操作要点

（1）指导学生实施体验活动菜单的内容是一年级学生开展快乐假期体验活动的重要保障。菜单内容设计要简洁明了，方便一年级学生读懂。上述案例中的菜单以表格形式列举了活动主题：快乐学习、快乐健身、快乐阅读、快乐实践、快乐展示，引导学生关注生活，关注身边的事，在生活中学习；分享读书的收获，合理安排假期读书时间；利用假期发展自己的兴趣爱好，并进行适当的体育锻炼，等等。学校通过广播和班级活动进行具体内容的解读，帮助学生更好地理解。

（2）实践活动中的过程性和记录性很重要。假期实践活动可以帮助学生培养良好的学习和生活习惯，其中所有的内容都要有延续性，不应靠短短几天突击完成。每一项内容的完成都要靠时间的累积，通过假期中一点一滴的习得，将所获得的经验累积转变成习惯。学生可以在父母的帮助下写下活动感想，或是借助图片、小报的形式进行记录，以便于日后总结。

（3）实践活动结束后的评价是对活动内容的再次反思和完善。上述案例采用评星的方式进行自评、家长评，评选出学习小能手、健身小能手、阅读明星、实践小能手、创造小达人等，从而检验学生对体验活动菜单的完成度和完成质量。

2. 理念、思维方式与工作要点

上述案例中的一年级寒暑假体验活动菜单让学生明确了哪些是力所能及的事情，在可以做的基础之上再予以一定的创新。

建议

1. 注意事项

（1）寒暑假体验活动菜单的设计要符合一年级学生的年龄特点，让他们在完成的过程中不断提高自信心；同时，也可增加一定的难度，让他们不断尝试挑战自己，学会遇到困难想办法，寻求多种解决途径。

（2）老师和家长对于学生的活动时间和内容要有所把控。一年级学生由于年龄小，对很多事物有新鲜感；当重复做一件事时，很容易产生厌倦心理。假期中，家长要帮助孩子制定长程式的活动计划和内容，让其明确什么时间做什么事。老师在假期中也要与家长多沟通，实时了解学生的最新动态和想法，可以把好的实践活动发到班级微信群中，供所有家长借鉴。

2. 新思路、新做法的可行性

（1）反馈形式的多样性。淮师一附小季爱琴老师针对班级中的学生，设计了以寒暑假为主题的班队活动方案。季老师针对上个学期学生开展班级活动的情况进行反思：孩子们需要的是一个能够展示自己的机会，不单单是评价表格上的几颗星；孩子们需要被同伴、老师认同。所以，在季老师的反馈活动中，更注重

实践和展示，学生们通过风俗小队、书香小队、勤劳小队、活力小队，从不同方面进行展示，升华活动内容。比如，书香小队的学生们展示读了哪些书、在书中认识了哪些字。老师鼓励学生说说读书方面的收获，使学生获得自信。孩子们的假期生活多姿多彩，从每一个小小的作品中，可以看出他们的用心，也可以看出寒暑假中可以利用的育人资源。老师要为学生提供展示自我的机会，鼓励他们在新的学习生活中表现得更好更棒。反思、反馈、再实践是老师指导一年级学生生命成长的重要环节。

（2）借助信息技术实现活动内容与社会资源的整合。在学校中，学生可以通过班主任、任课老师、同伴的帮助，了解寒暑假的活动内容。当学生离开学校，开始假期生活时，更多时候面对的是父母和社会。老师只能通过信息技术手段的辅助来了解学生的活动动向，与学生互动，但却无法直接帮助学生解决突发问题。所以，社会资源的整合是非常有必要的。比如，每逢假期，明强小学一年级学生都会前往各个居委会报到，参加各项社区活动。居委会有活动室、阅览室，假期会开设"快乐课堂"，孩子们可以写作业，也可以借阅图书，参加活动。小小展映室里，有孩子们喜欢的影片，供他们免费观看。社区青少年活动室里，大学生志愿者为参加活动的孩子义务辅导功课。此外，为了丰富孩子们的业余生活，还会不定期邀请书法、绘画、手工老师。一年级学生也可以参与社区举办的各项公益活动。如小小志愿者活动中，孩子们在社区老师的指导下，穿着志愿者马甲，在小区进行环保知识的宣传，包括垃圾如何分类、如何进行废旧用品的回收和再利用等；在"一张纸献爱心"活动中，一年级学生在爸爸、妈妈的陪伴下进行废品回收再出售，把获得的钱款捐献给慈善基金会；一年级学生和社区里的高年级哥哥、姐姐一起进行社区纳凉晚会的节目编排和表演，给社区里的老人排解寂寞，带给他们最开心、最温暖的关怀。学生们把各项参与的活动填入"假期社区活动体验表"中，在开学第一课与全班、全校同学进行分享交流。

假期社区活动实践表

姓名		性别		班级		班主任	
家庭地址				所属街道（村）居委会			

第五章　学校活动参与

（续表）

参加假期社区、学校活动记录								
日期	时间	活动内容	评定	日期	时间	活动内容		评定
学生自我评定								
家长评语							签名：	
居（村）委会评语	居委会负责人签名： 盖章：							

注：表格印发给学生每人一份，用于记录学生假期活动情况。"学生自我评定""家长评语""居（村）委会评语"一栏中，请根据参与假期活动实际情况，作真实、客观描述，如参与活动的次数、内容、态度等。

第六章　自然性与社会性资源开发

一、如何通过校际合作提高幼小衔接的有效性

实践调查证明，校际合作在国内外高校被广泛利用。美国克莱蒙特学院联合体通过合作办学，不仅在教学、教师资源等可共享方面发挥了很大作用，而且有效地限制了规模扩张并保持各自特色。[①]校际合作在我国也曾一度兴起。例如，上海市闵行区的"七中集团"之下，七宝中学等学校合作共进，充分利用各校区资源，对提高教育质量、办学效益等发挥了很大作用，带来了明显效果。又如，"新基础教育"共生体之下，各学校在合作学习、实践探索中使教育呈现更大的生命活力。

针对小学一年级学生，如何通过校际合作提高幼小衔接的有效性，是一个值得研究、探讨的命题。目前，许多小学已经着力与幼儿园开展校际合作，积聚地区教育资源，更好地为学生的发展服务：一方面，帮助幼儿园学生更快地熟悉小学生活，初步了解小学的学习状态和校园文化活动；另一方面，培养一年级新生爱校的光荣感、对自身发展的责任感和肯定自我能力的自豪感。

案例

播种美好、快乐成长，我们向往的校园
——七宝明强小学与启英幼儿园、哈弗士幼儿园合作开展幼小衔接活动
上海市明强小学

结合学校"快乐活动日"和"学生成长体验课程"，上海市闵行区七宝明强

[①] 吴伟伟.中美高校校际合作办学比较研究——以上海西南片联合办学和美国克莱蒙特学院联合体为例[J].现代教育科学，2006（11）：63-66.

第六章 自然性与社会性资源开发

小学与启英、七宝、鹤琴爱真、哈弗士等幼儿园友好合作，开展幼小衔接活动的尝试，以激发学生们的探究兴趣。每学年的下半学期，一年级学生们都会牵手幼儿园的弟弟、妹妹们一起体验小学校园生活，在传递给下一届一年级学生经验的同时，自身也会有关于生命成长的不同感悟。

2016年3月24日，明强小学与启英幼儿园一年一度的幼小衔接体验活动拉开帷幕。启英幼儿园的小朋友们怀着激动的心情，参加了明强小学庄严隆重的升旗仪式。明强小学一年级各班学生热情接待启英幼儿园的弟弟、妹妹们，并以各具特色的队列形式欢迎他们。经过自我介绍和互赠礼品环节，明强小学与启英幼儿园的孩子很快结成对子，成了好朋友。结对的好朋友还一起参观了美丽的校园十景——"历史年轮""金桂飘香""源远流长""凌霄琴韵""勤耕细作""沙滩童话""艺术空间""健身广场""银球飞舞""创意未来"，明强小学美丽、整洁的校园和丰富多彩的校园生活给幼儿园小朋友们留下了难忘的印象。

带着对小学课堂的神秘感，启英幼儿园的小朋友们在大操场上体验了一堂大课——"舞向未来"。小朋友们在老师的指导下，跟着音乐舞动起来，每个人脸上都洋溢着愉悦的神情。接着，他们又走进多功能教室，亲身体验了一堂小学数学课，从中感受小学生的上课氛围和学习方式。明强小学为此次幼小衔接活动开放了语文、数学、音乐、体育、美术共五类学科，由一年级学生与启英幼儿园的小朋友们共同参与，让他们感受与幼儿园不同的课堂氛围、学习方式、成长体验。大家一同欢笑、一同歌舞、一同动手、一同交流、一同动脑、一同分享……35分钟时间虽然短暂，但对小学生活的美好憧憬已在小朋友们的心中留存。

明强小学与启英等幼儿园的幼小衔接活动已经成为双方的一项常规合作活动，旨在让进入学龄期的幼儿园小朋友对小学的环境有一个感性认识，通过了解小学丰富的学习生活，激发他们对小学生活的向往，为他们9月入校成为一名小学生打下良好的基础。幼小衔接活动在帮助幼儿园小朋友熟悉小学生活、校园环境的同时，也培养了一年级学生的责任感，激发了他们的自豪感，提高了他们的自信心。

解读

明强小学在作前期准备时，召开了一年级班主任和相关老师、网络中心等部门参加的会议，布置活动方案，明确活动要求，确定采用一年级学生与幼儿园小朋友一对一的搭配牵手方式，在升旗时增强仪式感的同时增添校园文化的展示，比如广播操的演示、啦啦操的表演、"舞向未来"的集体律动，精选出既有趣又

适合幼儿园小朋友与小学一年级学生共同体验的学科课程；通过"大手拉小手"方式感受校园风貌、校园精神的参观路线，以及给予他们时间交流感受、互赠纪念礼物等。所有的幼小衔接活动都基于学生真实的生命成长体验进行设计。为了通过校际合作提高幼小衔接的有效性，应针对当时的一年级学生和幼儿园小朋友的不同特点以及前期活动实施过程中的反思，制定方案，并积极与相关幼儿园协调。

"新基础教育"进一步关注学生在年级内、跨年级、学校层面、社会层面、家庭层面的生活内容，关注学生的班级生活与教学生活的融通。学校作为顶层设计者，更要持有学生立场。今后如何在校际合作时使幼小衔接活动更有效地进行，也是我们需要不断研究和探索的。

1. 明确校际合作在幼小衔接活动中的价值和意义

众所周知，幼儿园与小学存在差异，正是这种差异导致一年级学生入小学后产生不适应等问题，进而引发人们对幼小衔接问题的关注和探讨。

正如美国教师托灵·芬瑟在其所著的《学校是一段旅程》中所提到的，一年级"开学的第一天便是旅程的开始"。刚入小学的孩子们充满了新鲜感，也有很强的模仿能力，可以将"过去"融入"现在"。[①]

从幼儿园到小学，是儿童成长过程中的一个重大转折，幼儿园时期主要采取以游戏和能力发展为主的教育方式，而小学教育主要是以正规课业和知识学习为主的教育，两种教育方式的不同需要儿童通过身心的调整来适应。幼小衔接活动不能在幼儿园或仅在小学一年级进行，该年龄段学生的适应能力和学习能力不足以达到活动的目标。如果小学和幼儿园间没有良性合作，只是自顾自地教育培养，那么幼小衔接是不到位的，会使得一些学生出现不适应小学生活的状态——易疲惫，食欲不振，心理压力大，自卑，厌学，社会适应性差，孤僻，不敢跟人说话，不爱与同学沟通……所以，校际合作对于幼小衔接活动的有效开展具有重要意义。

2. 探究校际合作中的双向联动

幼小衔接有时会存在表面性、片面性、单向性的问题。幼小衔接的研究一般偏重于为幼儿园小朋友升入小学作准备，而基于小学生立场的研究相对较少。所以，要借助校际合作的力量，幼儿园和小学双向联动，共同追溯教育思想，从源头上找关键问题，具体可采用"角色换位""网络交流""资源共享""情景模拟"等方式。

---

① 托灵·芬瑟.学校是一段旅程[M].吴蓓，译.北京：人民文学出版社，2006：1.

第六章 自然性与社会性资源开发

3. 避免校际合作局限性，实现可持续、长效化发展

叶澜教授曾说："在生命全程的意义上看待人的生存与发展，自然就会形成相对开阔的视野。"①

上述案例中，明强小学设计了校园内的参观体验活动，但一天时间的参观活动显然不够，幼小衔接应该是一个长期的过程，学校需要有长程的眼光、长效的追求。通过幼儿园和小学的合作协调，幼儿园小朋友在到小学参观学习前就已经对于小学有一定的了解和向往。双方学校非常注重细节设计，各项课程的选择注重让幼儿园小朋友有参与体验感，并且体现育人价值。例如，明强小学的音乐、美术、体育等课程，通过游戏结合实践学习的形式，培养学生的学习兴趣。这些设计能让幼儿园小朋友对小学生活产生浓烈的向往之情。这一系列的幼小衔接活动也能够促使幼儿园小朋友向更好的方向发展，使其成为一名合格的小学生。所以，幼小衔接的有效开展应是一个长期持续的过程，并不是局限在某一天，学生的后续成长也是需要特别关注的。许多学校在一年级第一学期会开展一至两个月的学习准备期活动，这也是衔接的一部分。有效的幼小衔接应该至少需要一年时间，而这期间大部分的学习活动是在原先的幼儿园进行，需要通过校际合作共同完成。

建议

1. 为提高幼小衔接的有效性，校际合作中，双方学校需整体统筹，作顶层设计，实现资源共享与教育自觉

校方的整体统筹，其目的在于端正合作精神，指引明确的合作方向。在开展校际合作前，双方学校会通过协议，明确各自需要提供的资源或帮助有哪些（如教室场地、师资力量、物资支持、教学资料等），以及通过什么样的形式（如体验课、参观校园、体验活动、集体出游、家校沟通等）最终达成预期效果。

2. 为提高幼小衔接的有效性，校际合作中，双方学校的活动设计者需站在学生的立场思考，加强沟通与反馈

学生活动需要站在学生的立场进行设计，幼小衔接活动也不例外。双方学校对于校内外的衔接活动的设计，除了考虑各种形式的变化、吸引力，最重要的还在于必须考虑学生通过参加活动能得到什么、活动在学生的生命成长中是否具有

---

① 李家成，王晓丽，李晓文. "新基础教育"学生发展与教育指导纲要[M]. 福州：福建教育出版社，2016：10.

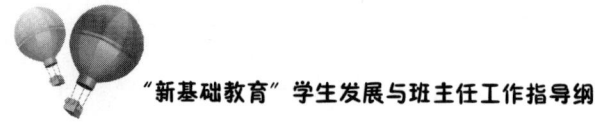

序列特征。一次活动难以让人记住,一系列的活动就会潜移默化地影响人。所以,设计者在前期准备或反馈重建的时候,千万不能图热闹或变为"任务式",而要回归教育的本质,从幼儿园小朋友和一年级学生的角度观察:通过对校园的了解、对小学课程的初步认识、伙伴之间的交流,学生是否有所收获,是否对过渡适应期有所帮助。老师会在一次次讨论、思考、改进的过程中有所发现,并长期进行校际联系与沟通。

3. 为提高幼小衔接的有效性,老师要主动探索和充分预设

从幼儿园小朋友到小学一年级学生的转型过渡是一个长期的过程,除了知识层面的衔接,还应注重幼儿思维方式、学习习惯、社会技能等方面的衔接。单单凭借校方的合作是远远不够的,还需要老师们的智慧和自觉。比如,在小学进行完幼小衔接活动后,可在幼儿园内使用一些小学资源,同时开放针对未来小学一年级学生家长的讲座,或以网络、书面等形式,将幼儿园小朋友转变为一年级新生的注意事项、所需准备、心理调整等告知家长。

下面是七宝明强小学开展幼小衔接活动后,班主任给未来一年级学生家长的信,给人很大的启发。

尊敬的各位家长:

大家好!我是明强小学的老师,对于小学的生活比较熟悉。为了帮助孩子们尽快适应小学生活,从现在起,我们都应该作出努力。在座的家长也许早就有了充分的准备,有的是在知识层面,有的则是在择校方面。今天,我就从心理适应、生活准备、学习用品准备、家校配合四方面和大家一起分享一下,不当之处请批评指正。

1. 心理适应

(1)引导孩子喜欢自己的学校。作为家长,可以说说自己童年暑期校园生活的乐趣,以帮助孩子在心理上产生一种憧憬。我的女儿所在的幼儿园也安排了两次到小学参观的活动,从她的口中我能感受到孩子对上小学是十分向往的。家长可以上各学校网站浏览一些校园的活动,使孩子喜欢上学校。

我们学校每学年都会有一些固定的节日,比如体育节、书香节、艺术节、科技节等。本学期,我们举行了"明强好声音"英语歌曲大赛。

(2)营造良好的家庭学习环境,帮助孩子调整学习心态。在孩子入学前,家长可以试着营造一个良好的学习氛围,帮助孩子进入学习状态,建议:

①氛围:家长应率先热爱学习,形成家风,以自己的言行熏陶子女。

第六章 自然性与社会性资源开发

② 空间：家长要给孩子提供一个固定的学习地点，使其有一个独立的学习小空间（可以是房间的一个角落或单独一个房间），重在安静、整洁。

（3）面对刚入学的孩子，家长应该有充分的心理准备。家长自身要保持良好的心态，这样会减轻孩子的焦虑情绪，建议：

① 与孩子多交流，同时以鼓励孩子为主，千万不要说"上小学就要收骨头""你怎么这么让大人不省心啊""你上学还是我上学"等怨气话，这样既会破坏孩子对学校美好生活的印象，也会使自己的心态越来越糟，不利于对孩子的教育。

② 告诉自己即将成为一名小学生的家长，要积极关注与之相关的信息。

2. 生活用品准备

（1）餐具：餐具由学校准备，学生要自带一块餐垫，用餐时垫在课桌上，以免油渍等弄脏课桌，放学回家后洗干净、晾干，放进书包，第二天再带到学校。

（2）卫生与饮水用品：自带一只密封性好的水杯、一块手帕、一块抹布。

（3）缴费用品：准备一个信封，上面写好班级、姓名，把钱款和回执单一起装进信封，钱款数额要正好，尽量不要带硬币，并在规定的时间内交给老师。

3. 提前适应小学生作息时间

尽量调整好孩子的生活节奏和作息时间，为孩子入学作充分准备。如在开学前两周训练孩子不要睡午觉等。

4. 学习用品准备

学习用品要以实用为主，不花哨，以免影响孩子专心学习。

建议家长为孩子准备：

① 4—6支2H/HB铅笔（不用子弹铅笔和活动铅笔，每天削好并套好笔套，最好贴上姓名标签；让孩子学会削铅笔；教育孩子笔尖不朝上，课间不拿笔玩耍）、一块2B绘图橡皮、一把塑料尺（一条边可画直线，另一条边可画波浪线）、两块垫板。

② 一只软塑料文件袋，作为作业袋(所有要交的作业本、练习卷、通知单回执、缴费信封等都可装在里面)。

③ 三个资料夹（放在家中），用于收集、整理一学期中老师下发的相关学习资料、试卷。

④ 新书下发后，要写好班级、姓名并包好。

5. 学前知识

（1）语文：拼音要认识，会写会拼读。字要认识一些，但不要求会写。最好不要练字，如果提前教的笔顺不对，就很难改正。可以多练习写横、竖、撇、捺，锻炼手腕力量。要培养阅读的习惯。应学会完整、清晰地表达自己的想法。另外，要注意写字、画画的姿势，可以上网下载一些视频，给孩子看看。

（2）数学：会20以内的加减法，认识钟表、人民币、方位等。

（3）英语：认识26个字母。

（4）体育：会基本的跳绳、拍球等体育项目。学校在新生入学后第一周会教他们三套操（广播操、室内操、眼保健操），以锻炼他们的协调能力。

现在的课堂不同于以往，课程很丰富，除了基础课程外，还有探究型课程、拓展型课程。比如，一年级有每周一次的外教英语课。

6. 入学后可能出现的问题

（1）孩子："妈妈，我没有选上班干部，呜……"小学班干部通过民主选举方式产生，在性格方面偏内向或者比较调皮、自私的学生不占优势。所以家长要引导孩子正确地对待，做好心理疏导工作。

（2）孩子："妈妈说不可以……爷爷说可以……"家庭成员要保持教育的一致，若教育意见不统一，会导致孩子"钻空子"。

（3）家长："要不要陪读？"家长不必每天都守在孩子旁边看着他写作业。家长在孩子学习的时候，可以在一旁看书看报，创造一个读书的环境，而不要在一旁看电视、玩手机。

（4）家长："你怎么又考这么差！"家长要正确对待孩子的学习成绩和所遇到的问题，理智分析，千万不要把孩子当作"出气筒"。分析错误原因比分数更重要。

（5）家长："孩子不听怎么办？"家长要对孩子进行倾听、专注力的训练。目前，学前知识到底已经掌握了多少并不重要，重要的是孩子的习惯养成问题。很多学校班级人数很多，有的近50人，一节课不可能让每个孩子都有机会发言，所以孩子的倾听特别重要。家长也可以对孩子进行注意力和思维敏捷性的训练，比如可以在送孩子上学的路上，在手机里下载一些经典故事，听完后再让孩子复述或者对孩子进行提问。

这封信中的许多幼小衔接注意事项和训练方法源自多名小学班主任以及老师的实际经验。对于第一次作为一名小学生的家长而言，这封亲切的书信就像一盏明灯能够指引方向，也似一座靠山给了他们信心。如果在合作过程中，老师和家

长都有主动探索和预设的意识，那么整个衔接会更为有效。

幼小衔接的有效开展不只源于学校的整体规划合作，也基于校际师生间的学习互助。只有大家都有分享和共进的意识，学生的学校生活才会更美好。

二、如何利用家长资源提升班级凝聚力

一年级班集体如果拥有一个明确的共同奋斗目标，班主任作出正确的引领示范，班级小干部以身作则，这样的班级将会充满活力，全面发展，将给每一位学生带来正能量的辐射引领作用，班级凝聚力将得以扩散，直接影响孩子的身心发展和团队意识。建立一个有凝聚力的班级不能仅靠班主任和班干部的力量，特别是对一年级学生来说，家长资源的运用可以起到很重要的作用。当今，学校教育不仅体现为学校与学生、老师与学生、学生与学生的关系，更注重社会资源的融入与整合，其中家长资源更是重中之重。利用和开发家长资源，有效整合学校活动，会促进一年级学生身心各方面的有益成长，能够更好地促进班级良好的学习氛围的营造。

一年级学生从幼儿园来到学校，一切都是陌生的，面对新的同伴，新的老师、新的校园环境。特别是前三个月的开学准备期，是一年级孩子生理和心理的适应期，也是培养孩子获得良好的学习习惯的重要时期。家长们来自不同岗位，拥有不同的社会资源，他们在这段时期所扮演的角色和发挥的作用至关重要。

（一）挖掘家长资源，助力班级建设

1. 信息助力，提升家校沟通的及时、有效性

随着科技的发展，家长与老师的联系方式不再仅仅是面对面或是纸质、电话方式，一个微信便能及时反映学生动态和突发情况。一年级老师可以建立班级微信群，除了便于学习交流，更是家校互动的桥梁。家长们可以把对于教育孩子的体会和困惑发到群里，引起大家的共同关注与探讨，进而不断推动班级前进，提升班级凝聚力。

2. 建立班级家委会，提升家校合作的质效

建立班级家委会对于班级凝聚力的提升是非常有必要的。现在的一年级学生家长通常都是80后，自身即为独生子女，从小到大拥有的是家中几代人的宠爱与关怀，所以当他们拥有自己的孩子时，更是倍加宠爱。每一个家庭的文化背景不同，家长的文化程度不同，对同一事件的看法必定不同。作为班主任，在解决

班级事务时难免会遇到个别家长的不理解或者误解。班主任要和家长建立共同的教育目标，制定班级规章制度，组建家委会，一同探讨本班的奋斗目标。

链接

七宝明强小学的访春季课程中，有一项全校性活动：爱心节。学生把自己家中的闲置物品或者是 DIY 的小物件带到学校，以各班为单位，进行义卖。活动前学校将进行倡议与号召。一年级家长做得特别认真到位。在义卖前期，家委会和孩子们利用周末时间到地铁站卖报纸等，获得的钱给孩子们作为义卖的基金，让他们感受到这份爱的传递与赚钱的不易；有的家长整理家中的废弃物品并对其进行改造，在义卖当天呈现；有些家长则一起制作宣传海报，绘制班级爱心T恤。活动当天，家长们在指定时间和地点摆放义卖物件，有的负责收钱，有的负责宣传。家长们觉得在活动中能与自己的孩子更好地交流、沟通，从而更好地了解彼此的想法。无论是爱心摊位的建设与策划，还是孩子们全力以赴的准备，都为班级凝聚力的建设打下了很好的基础。

一年一度的国际文化节中，家长会帮着孩子一起布置教室，一起制作道具，一起制作可口的点心，为孩子画上符合节日气息的彩妆等，可见，班级文化氛围的建设体现着学生、老师、家长的团结协作。

建议

学校发展需要家委会支持，因此家委会建设显得尤其重要。班级建设中最显眼的教室布置以及参与学校活动等方面更需要家长的帮助。如果家长能够一同参与，和学生共同为了一个目标而努力，会让学生更加感受到班级犹如家般的温暖。

（二）充分利用家长资源，"家长也来教与学"

开设家长课程，一方面是为了提高家长素质，另一方面是为了充分发挥家庭教育在未成年人思想道德建设中的特殊重要作用，引导广大家长以良好的思想道德修养为子女作出表率；构建学校教育为主体、家庭教育为基础、社会教育为依托的合作育人体系，使校内和校外教育协调一致，形成家校合力，促进学生健康成长。

链接

2015年12月18日，七宝明强小学建校110周年庆典活动中，学校开展了"我的学习我做主"主题系列活动。和以往的庆祝方式不同，每一个孩子背后都有一

第六章 自然性与社会性资源开发

个支持着、陪伴着的家庭。一年级学生的生命成长体验离不开学校、家庭的默契配合。以明强小学110周年校庆为契机,近两百项精品家长课程分别在东、西两校区同时展开,一年级学生根据自己事先选定的学习菜单,参加"精彩110学习生活新体验"丰富的社会实践课程。明强的家长们都有着共同的话题——如何丰富家长课程,用心培养孩子;如何主动参与到学校的教育教学活动中来,让自己不仅是风景的欣赏者,更是缔造者。课程内容上至天文、下至地理,也有关于时尚与生活的。一年级学生可以自主选择自己喜爱的课程,比如一年级全同学妈妈开设的土布贴画课程,把土布和十二生肖相结合,让孩子们提高动手能力,让中华民族传统工艺得以发扬光大;左同学妈妈开设的跆拳道课程,聘请专业教练,让孩子们学习跆拳道的基本动作,在运动中释放自己,提高专注力。孩子们体验着家长课程的多元视角,家长也在体验中感受着教的乐趣。

解读

"精彩110学习生活新体验"已成为明强小学的精品课程,并且还在不断延续这样的方式。每开设一门家长课程,家委员成员都会进行讨论,选定主题,再推选适合讲授这一门课程的家长。一年级学生对于父母走上讲台进行教学格外支持,会拥有一种自豪感,从而进一步提升了家长的榜样作用,孩子势必也会产生学习主动性和积极性。

通过一年级家长课程的开设,家长们也有许多感悟:上课过程中孩子们特别认真,打瞌睡、聊天的很少,之后还会和同伴交流。家长课程已经成为孩子与家长交流的平台,通过这个平台,家长感受到孩子的知识面有多广,同时也使孩子更了解自己的父母。从一定意义上说,孩子和家长的良好关系及学习型状态,促成了班级学习型班风的建设,使班级凝聚力不断提升。

建议

应建立切实可行的评价办法。家长课程的开设对于一年级学生的思考方式和行为习惯乃至对于班级的影响,不像其他学科一样可以用考试来衡量,它强调多元价值取向和多元标准,不仅允许一年级学生对自身或者班级中产生的问题有不同的解决方案,而且表现形式也可以丰富多样。评价重视学生的学习过程,而不在于结论。它以形成性、发展性评价为主,注重学生主体参与实践的过程及在这一过程中所表现出来的积极性、合作性、操作能力和创新意识。在具体评价过程中,应采用以下方法:一是针对一年级学生进行家长课程设计、归类、整理。家长资源广而深,但也繁杂,要设计符合一年级学生的实践活动,可以从生活类、

社会类、科技类方面入手。二是所开设的课程能够拓展一年级学生的知识面。可通过媒介、专题活动、讲座、实践探索等形式让学生了解自然和社会,丰富自身的理解,使社会、生活、科技等与一年级课本知识相结合。在活动过程中,老师要善于了解学生,了解他们的个性差异,从学生发展的角度,及时给予鼓励,促使他们更积极、更主动地参与实践探索。此外,应积极鼓励学生进行自我评价、他人评价、小组互评甚至邀请家长一同参与评价,建立开放式的多元评价体系,使评价更加科学,更加全面,更加真实;使学生从评价中了解自己,了解同伴,了解自己所在的班集体,从而共同建设更好的班级。

三、开发自然资源,引导学生理解自然与人类的关系

自然资源是指自然界中较少受人类活动直接影响的动物、植物、空间、环境等。[①]自然资源是自然环境的重要组成部分,具有两重性,既是人类生存和发展的基础,又是环境要素。人类与自然是一个息息相关的整体,人类可以改变自然,自然也可以改变人类;人类不断地在为改变自然而奋斗,自然不停地在向人类发出挑战。人与自然界是一种相互依存、相互制约的关系,是一种以实践为纽带联结起来的对象性关系。

人类生活在自然、人文与社会的环境中,人类生产、生活都离不开自然环境。但这些外在的环境要与学生的生活发生关系,对学生的生命成长发挥作用的话,则需要一种触碰或联结。在学校空间中,班主任可以将外部资源转化为学生发展的输入性资源,从而引发、促成学生了解自然与人类发展的关系。关系使学生接触了环境,环境发挥了作用,这样的联结才会使生命发生变化。一年级孩子刚从幼儿园过渡到一年级,对周围的事物充满了好奇,这时开发自然资源引导学生理解自然与人类的关系,有极其重要的意义。

案例

小小的我,满满的爱
深圳市光明小学 林小燕

1. 活动目标确定的依据

(1) 活动背景

环保意识是一个人应该具备的素质之一。环境是重要的教育资源,应通过环

[①] 李家成. 班级日常生活重建中的学生发展 [M]. 福州:福建教育出版社, 2015: 207.

境的创设和利用,有效促进学生的发展。应充分利用自然环境的教育资源,扩展学生学习和生活的空间。国庆期间,很多家长带着孩子出游过程或探亲,目的是让孩子了解外面的世界,增长见识或放松心情。但在出游过程中存在很多不文明现象,特别是环境保护方面,造成不良的影响,所以本次主题活动利用国庆资源开展,激发学生多思、多想、多观察,找出并纠正身边的不文明行为。同时,引导孩子从身边的小事做起,爱护环境。

（2）学生分析

一年级学生的认识过程是无意性的,以具体形象性为主。他们走进小学,一只脚迈进童年,另一只脚还在幼年,身体进了学校,心理还依恋着幼儿时自由自在的玩耍生活。两个发展时期的交替转换,形成小学一年级孩子的发展特点。所以,入学是他们生活中的一个重大转折,新的环境对一年级学生是一种挑战。本班学生入学一个月,从最初不知道上课是什么发展为懂得倾听,从不肯来上学发展为对学校有一些初步的熟悉,对班级生活有了一些依恋,有了一些家的感觉。开学初,我根据一年级新生的成长需要,制定了"小小的我,甜甜的爱"行为规范学习系列活动。看着孩子们从不懂规矩的娃娃成长为神气的小学生,我的内心充满了喜悦。但我担忧的是,孩子们好不容易学会的东西,经过国庆小长假又会忘得一干二净,打回原形,毕竟一年级孩子自控能力不强,一些良好的行为习惯易产生,也易消退,需要反复强化。所以,我根据本班孩子特点,抓住本次国庆的教育时机,适时组织讲卫生当文明使者的活动,反复强化,使养成教育真正变成学生的内在需要,促使他们自觉养成各方面的良好行为习惯。

希望通过实践,增长学生的知识,激发他们的好奇心,培养他们健康向上的美好情感和勇于探索的品德。

2. 活动的具体目标

（1）结合国庆节的不文明现象,通过班队活动的学习,使学生认识到讲文明、讲卫生、讲道德的重要性,并能在平时的学习生活中严于律己,增强全体学生的文明意识,提高文明水平。

（2）通过这次活动,让孩子们从中感悟,懂得尊重,懂得感恩。

系列活动如下:

爱满校园:"教室因我而美丽""校园有我显文明";

爱存家里:"家里有我而干净""家里有我而温暖";

爱传社会:"尊重从体验开始""爱心有我在传递"。

具体推进过程如下：

活动环节	教师活动	学生活动	设计意图
热身	导入：放假几天了，老师想看看大家是否还记得怎样上课？	复习上课的行为规范、坐姿等	回顾前期活动
引出主题	1. 提问：国庆节玩得开心吗？去哪里了？见到了什么？跟同桌分享一下 2. 导入：老师也玩得很开心，但开心之余又有一些生气，甚至愤怒，有些人总是不自觉，喜欢丢垃圾，把漂亮的景点搞得惨不忍睹	畅所欲言，谈自己的见闻和感受	1. 为学生提供交流的平台，引出班队活动主题 2. 设置悬念，激发学生的好奇心：是什么令老师愤怒呢？
交流互动	提问：（通过PPT展示节后各种不文明现象）你觉得这种行为好不好？为什么？在旅游时，你们一家是怎么做的？	观看课件，思考并谈谈自己的看法	让学生明白这是一种不文明现象
换位思考	1. 通过PPT出示环卫工人工作时的照片，让孩子谈谈看到照片之后的感想 2. 提问：如果你是那位环卫工人，会怎样想？（适时点拨，让孩子懂得尊重环卫工人） 3. 提问：如果你是环卫工人的孩子，你会怎样想？（通过PPT出示环卫工人休息时与自己孩子的欢乐时光，让学生懂得感恩）	观看照片，思考并谈谈自己的看法	让学生明白环卫工人的辛苦，懂得尊重环卫工人
以大引小	提问：我们平时应该怎样做？我们班有这种不文明的现象吗？（延伸：保护好班级卫生环境也是对值日生的爱、对班级的爱）	谈谈所见，找出班级不文明现象	帮助学生感悟文明的意义，引导学生发现身边的事，从小事做起
总结提升	根据学生的交流总结，提出计划：形成小组，跟踪督促，当个文明使者、卫生小卫士	倾听	为后续活动作铺垫

第六章 自然性与社会性资源开发

解读

运用自然资源开展教育活动，可以让学生获得真实的感受。在我们的日常生活中，蕴含着丰富的教育资源，等待我们去开发。我们要善于观察，善于发现。这个案例呈现的是系列活动中的一个环节，老师用敏锐的视角洞察国庆节资源，捕捉国庆节出游的乱丢垃圾现象，以2014年10月2日的一则新闻《峨眉山环卫工悬崖边捡垃圾 脚下宽不足1米》为切入点，列举近几年报道的国庆长假期间乱丢垃圾等不文明现象，聚焦核心问题，围绕"不乱扔垃圾，保持环境卫生，做文明小卫士"等问题，适时引导学生关注环境保护，初步认识垃圾带给人们的危害，知道不能随地乱扔垃圾；同时进一步探讨垃圾处理与人们生活的关系，使学生产生保护环境的积极情感，明白人类应与自然和谐相处。

整个活动以人的发展为核心，以环境保护为主导，充分利用国庆自然资源，并挖掘学校资源、家长资源、学生资源的正面力量，促进学生努力做文明小卫士，让学生从中感悟，懂得尊重，懂得感恩。活动的设计理念是以"爱"贯穿其中，通过挖掘国庆资源，以大引小，换位思考，以实践体验的形式指导孩子从我做起，从小事做起，让孩子懂得一个小举动就是对别人的一份爱；对别人的帮助，也是对自己的一份爱，对社会的一份爱。

建议

1.开发资源需基于学生的成长需要

我们对于一年级学生提出的发展目标是：认同"小学生"角色，养成基本的学习习惯和生活习惯，形成规则意识；喜欢学习，喜欢学校生活；自信，喜欢并且能有礼貌地与老师、同学交往；成为集体中的一员，愿意为班级和其他同学服务。[①] 好的教育永远是根据孩子的成长需要，提供合适的、充足的条件，就像万物生长需要不同季节的阳光、温度、雨露一样，所以班主任要基于学生的成长需要，根据学生的年龄、心理特点并结合本班的实际情况，贴合学生生活，适时捕捉自然资源，以生动、新颖、丰富多彩的形式，充分调动和激发学生的积极性，引导学生参与。上述案例中的林老师在具体操作过程中，通过照片、图画、视频、情景表演等，以直观的、多样的形式与学生的认知特点密切结合，避免简单的说教等表达方式，让学生体会到活动的意义与价值所在。

---

① 李家成，王晓丽，李晓文.学生发展与教育指导纲要[M].福州：福建教育出版社，2015：126.

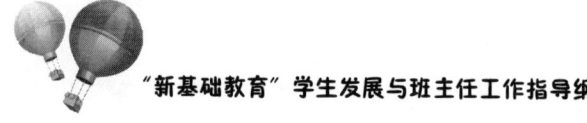

2. 开发自然资源需注意时效性

自然资源的开发要遵循自然规律，注意适时性，如周期，这样才能更好地抓住教育时机，才具有时效性。上述案例就适时捕捉国庆的一些普遍现象。国庆出行是现在人们的一种生活方式，大多数学生刚出游回来，意犹未尽，这时以学生的日常生活作为切入点开展活动，更能激发学生保护环境的意识和责任感，强化学生的公民意识。

3. 开发自然资源需贴近学生生活

关于开发资源，班主任要有意识，抓住日常生活中点滴小事的教育价值。活动主题要贴近孩子的真实生活，从生活中来，到生活中去，这样学生才有话可说，有事可做，才能真实有效地开展活动，提高学生的综合素养，学生才会有自己独特的体验与感悟。

以上案例贴近生活，以学生的真实生活状态及时抓住时机切入，引入班级生活、校园生活、家庭生活，再回归到社会生活。整个活动以"爱"贯穿：教室因我而美丽，人人捡起一片纸屑，保证垃圾不落地，班级就会变得干净，值日生也没那么辛苦；校园有我显文明，捡起校园的一片纸碎，是一种文明的表现，是对学校的一份爱，也是对学校清洁工人的一份爱；家里有我而干净，家里有我而温暖，小小的我，能为家里做一些力所能及的小事，这是对爸爸、妈妈的一份爱；尊重从体验开始，捡起路边的一片垃圾，是对社会的一份爱，也是对环卫工人的一份爱，大家齐心协力付出，自己的一个小小举动，汇聚起来就是大大的爱，就是对社会满满的爱。鼓励学生争当文明小卫士，一起行动，让文明成为一道靓丽的风景。

4. 开发资源需真实践、真体验

由于一年级学生受学习能力限制，班主任需充当提供者的角色，并指导学生实践，使学生体验真实的生活场景，在实践过程中逐渐形成自己正确的道德认知和良好的行为模式。

学生对亲眼见过的事或许没有感觉、缺乏思考，这需要老师的提炼与引导。上述案例中，在活动的第一阶段，老师以课件、图片形式出示节后各种不文明现象，以问题推进："你觉得这种行为好不好？为什么？"引发学生思考；再提出问题："在旅游时，你们一家是怎么做的？"从而让学生充分讨论。老师适时根据学生回答，引导学生向核心问题转换，让学生反观自己的行为。在活动的第二阶段，学生当起学校的小小清洁工，去学校的每一个角落捡起掉落的垃圾以及落

第六章 自然性与社会性资源开发

叶,真心体会到清洁工人的不容易。张同学说:"原来我们捡起来的不只是一片垃圾,更是一种品德,一份爱。"在活动的第三阶段即"尊重从体验开始"环节,学生通过调查与实践体验,知道了环卫工人工作的艰辛,明白一座城市的环境卫生仅依靠环卫工人是不够的,需要所有人维护,少丢垃圾就是对环卫工人最大的支持和关爱。

学生通过真实践、真体验,将这种情感内化并转化成行为,以"我是文明小卫士"的形象把这份对环卫工人的爱传递出去;同时也在这个过程中懂得了理解他人,体谅他人,尊重他人,感恩他人,体会到卫生环境与人的行为习惯息息相关。

5. 开发资源应唤醒学生的自我意识

通过将自然资源转化为学生成长资源,学生能够在更多样的尝试、锻炼、体验中,提高自身的能力,不断创造新的自我与新的世界,让孩子认识自我,认识自然,认识生活。

在这次活动中,老师通过循序渐进的追问:我们平时应该怎样做?我们班有这种不文明的现象吗?我们应该怎样做?从而引发学生思考与辨别;再通过换位思考:如果你是环卫工人的孩子,你会怎样想?从而激发孩子的积极情感,落实到后续的实践中。学生通过在班级、校园、家庭、社会等不同环境进行尝试、体验、再实践,以不同的角色与自然、社会进行多维度互动,形成了正确的价值观。

在活动的总结环节,何同学红着眼睛说:"老师,上课时您问'如果你是环卫工人的孩子,你会怎样想'?当时我不敢回答,因为我的爸爸就是环卫工人。我只知道他每天都很累,不怎么陪我。今天我真正体会到他的辛苦了。他每天都起早摸黑,要经受烈日暴晒、风吹雨打。如果大家都注意一下卫生,他就不用那么辛苦,也可以多点时间陪伴我。"在体验过程中,这个孩子不但体验到一种职业的艰辛,更体会到爸爸的艰辛,渗透着一种对父亲浓浓的爱。

班主任在活动中引导学生明理、导行,让学生认识环保的意义,懂得环保的重要性,并由感性上升到理性,在实践中不断认识自我,发现自我,唤醒自我,最终成就自我。

6. 资源开发要有针对性

开展活动是班主任工作的一种重要形式和手段,也是培养学生综合能力的重要途径。自然资源是多元的,活动主题应有针对性,基于班级的特点和学生的成长需要而确定。

小学阶段对于学生的生命成长具有重要的奠基作用,就好比春天是自然万物

播种的最佳期,班主任如果能把这片土地开垦出来,不失时机地撒下智慧的种子,慢慢地就会发现,播下的种子会在孩子身上发芽、开花、结果。

7. 资源开发要有整合性

世间万物都存在着内部的联系,生活原本就是综合融通的。班主任要有融通的意识,在策划活动时,需要分析事物背后的内在联系,整合资源,将融通其中的事、人等丰富价值转化为儿童发展的现实。

主题实践活动的开展,最为重要的在于:聚焦学生的综合素养和核心价值观的培养,挖掘有利于学生生命成长的主题内容,在与主题的交融中形成儿童成长的内核,努力让学生在实践中体悟综合性,感受生长性,投入人与事物本身的发展之中,为学生学习提供综合性资源,为学生生命成长奠基。在组织实施时,需要老师打破学科界限,做到跨界、融合、迁移,并进一步将自然资源和生活资源加以整合,使之成为主题活动的一部分,从而促进活动质量的整体提升。

生命的成长,是从生命的内部发生的。只有尊重学生的成长需要,贴近学生的生活,有针对性、时效性地开展活动,唤醒学生的自我意识,引导学生主动努力,才能促进学生有序地、自觉地成长。正是从这个意义上说,教育的根本目的不是传授学生接纳某种具体的知识、技能,而是要从生命深处唤起学生的自我意识。学生的实践过程就是学习的过程,学习一种文明的生活方式,成为有教养的人。选择从学生的真实生活出发,培养学生的综合素养;有效开发自然资源,让实践回到学生的生活;让学生基于生活,超越生活的表层领域,进入人格自我完善的地带,能睿智地看待世界、表现自我,这些都可以成为小学一年级的班级建设内容。

本册后记

此时此刻，我的内心是激动而忐忑的。激动的是我和我的伙伴们终于历经几年的时间一起完成了本册书稿的写作工作。感谢上海市闵行区七宝镇明强小学的叶喜老师、唐红老师、谢晖老师、姜丽霞老师、胡韵雯老师、徐晨老师以及深圳市光明新区光明小学的林小燕老师，大家根据各自专长，分工合作，共同努力，一起梳理了来自"新基础教育"研究共生体学校班主任的改革实践和学生的成长体验。当然，更要感谢的是华东师范大学李家成教授和张永副教授给予的莫大指导。我清楚地记得，李家成教授每次通知我修改书稿几乎都是在半夜，可见他的工作如此繁忙，却仍旧把书稿的写作放在心上，不厌其烦地一次次给予修改建议，感动至极！

其实，作为一线老师的我们，面对十多万字的写作工作，心情是忐忑的，尽管十几年来，华东师范大学专家团队常常与我们"相约课堂"，磨课、听课、反思、说课、评课……使我们在反思中直面问题、在重建中提高自我，逐渐打通了"新基础教育"理论与实践相互转化的研究路径。在学生的主动健康成长中，我们体悟到做一名小学老师的价值，坚定了内心的教育信念。面对学生，我们是自信的；但面对文字，我们却没了底气。都说一线老师说的比写的好，做的比说的好，我就是典型的这类人。叶澜教授曾经说过："写三年教案还是一个教书匠，写三年反思却有可能成为名师。"我愿意"反思重建"，但却很少把这些内容转变成文字。经过华东师范大学专家团队的耐心指导，渐渐地，我发现，我的课堂确实灵动多了，上课时我可以及时根据生成的信息反思调整教学过程；课后能平静、理性地反思亮点、不足及背后的成因，但是写作水平却没有多少长进。因此，我无法将"新基础教育"理念以生命实践外显的方式全部呈现出来，只能尽己所能，梳理一些经验做法，供大家参考。

不过，这对于我来说，已经是一个很大的挑战了，使我跨出了教育生涯中关键的一大步。不由想到"新基础教育""知难而上，执着追求；滴水穿石，持之以恒；团队合作，共同创造；实践反思，自我更新"的研究精神，这32个字告

诉我们：更艰巨的教育改革之路，还在前方等着我们去攀登。

今天，我们在初尝成长喜悦的同时要对自己说：我愿意继续努力，在传承中求创新，在创新中求发展，以"滴水穿石"的"新基础教育"精神，一步一个脚印，谱写中国教育更美好的新篇章！

郭　芳
2018 年 2 月

本书编委会

主　　　任　李家成　张　永

副 主 任（以姓氏拼音为序）

　　　　　　郭　芳　陆燕琴　束　彦　谢晓东　袁文娟

编委会成员（以姓氏拼音为序）

　　　　　　白　露　蔡　颖　陈　静　陈　玲　陈晓红　高兴蕾　戈雯婧
　　　　　　龚雪婷　顾　俐　顾燕华　郭玉琴　胡韵雯　华　艳　嵇文佳
　　　　　　姜丽霞　李　隽　李晓玲　林小燕　陆　敏　唐　红　王　蕙
　　　　　　王　珏　王　奕　韦云成　吴周云　谢　晖　徐　晨　薛　娴
　　　　　　叶　喜　尤兆蕾　赵　霞　朱卉婷

李家成　张　永 | 总主编

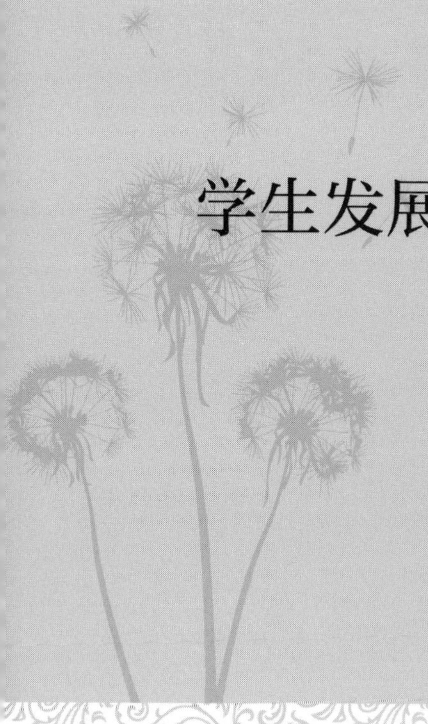

"新基础教育"
学生发展与班主任工作指导纲要
（二年级）

袁文娟 / 等著

"New Basic Education"
Guidelines of Student
Development and Banzhuren Work

二年级目录

第一章 概述 ... 1
一、认识二年级学生的发展环境 ... 1
二、理解二年级学生的发展潜能 ... 8
三、明晰二年级学生的发展目标 ... 13

第二章 岗位工作与组织建设 ... 17
一、如何指导学生组建小队 ... 17
二、如何培养小队长 ... 25
三、如何以小队建设促进岗位工作发展 ... 36

第三章 班级文化建设 ... 48
一、如何形成班级发展的共同愿景 ... 48
二、如何在小队活动中发展课间文化 ... 59
三、如何通过小队活动培养学生的合作精神 ... 68

第四章 班级建设与学科教学整合 ... 76
一、如何促进学生在感受学科活动的独特性的同时发展想象力 ... 76
二、如何利用学科资源丰富小队活动 ... 88
三、如何通过多学科整合促进小队评价 ... 95

第五章 学校活动参与 ... 104
一、如何在校园活动中提升小队合作能力 ... 104
二、如何在校园活动中培养学生的规则意识 ... 113
三、如何在校园活动中发展学生的自主意识 ... 120

第六章 自然性与社会性资源开发 ……………………………………… **130**
    一、如何利用自然性资源丰富班级生活 …………………………… 130
    二、如何依托家长资源开展小队活动 ……………………………… 138
    三、如何利用社会性资源引导学生关注"弱势群体" ……………… 147

本册后记 ………………………………………………………………… **156**

第一章 概述

经历了一年的校园生活，二年级学生对"小学生"这一角色的意义，对小学的学习活动与生活方式有了初步体验。他们了解了学校的规章制度，在课堂学习、班级活动、尊敬老师等方面会努力表现自己，期望得到老师和家长的赞扬，收获同伴的关注与肯定。

好奇、好动、好模仿，思维直观性、具体性、形象性，是二年级学生共同的特点。与一年级时相比，学生的自我意识开始萌芽，竞争心理开始显现，学习动机由对学习形式多样性的兴趣驱动，开始转变为由对学习过程及结果的兴趣驱动。学生在班级和校园活动中，会逐步形成"我们"的概念，表现出积极的集体意识，对能更多地和小伙伴一起活动、一起游戏充满期待。

一、认识二年级学生的发展环境

（一）了解二年级学生所处的社会、家庭环境

1. 社会环境对学生发展的影响

当今世界正处在大发展、大变革、大调整时期。世界多极化、经济全球化深入发展，科技进步日新月异，人才竞争日趋激烈。"当代中国社会的复杂程度极大提高，社会生活中的丰富性与发展的可能性大量呈现，社会生活中的变数增多，变化速度加快、幅度加大、程度加深，一个变化缓慢、相对封闭和单一的社会形态正加速成为过去，不确定性、复杂性、开放性、多元互动性正在成为越来越多的中国人必须面对且浸染其中的生存环境的特点，这样的生存环境正通过日常工作和生活等实践形态，以潜移默化的方式改变着个体，尤其改变着青少年的生存状态。其最为直接的体现，就是具体地域下学生成长受到各种类型、各种性质、

各种价值的因素的影响。"① 在这样一个社会转型期，社会发展与个体发展形成了更广泛、更密切的联系。可以说，社会转型为个体发展提供了各种机遇和挑战，而更多个体富有时代特征的发展又成了加速社会转型的条件。

与此同时，处于转型过程中的社会发展，不可避免地存在一些矛盾和冲突，甚至还有社会丑恶现象，这些负能量也会在学生发展中产生负面影响。社会生产及生活方式的转型，社会阶层结构、城乡结构和中国家庭结构的变迁，以及社会文化生态的复杂性都对身处这样一个时代的二年级学生产生着影响。这样的影响，虽说不都是直接的，但一定是长远的。因为社会转型的整体背景，会直接影响学校教育的改革和老师的教育教学行为，影响学生所处的社区、校园和家庭生活，影响家长的生存方式和家庭教育，继而影响学生的个体发展与成长。

虽然二年级学生对社会发展复杂性的认识很少，也很肤浅，但对身处的世界、生活的社区也会有自己的感受和体验，并衍生出一系列成长问题。所以，如何立足于二年级学生的年龄特点和生活背景，引导其感受建设创新型国家与和谐社会的重要意义，初步认识社会生活中的诸多现象，积极回应国家战略对当代学生创新精神、实践能力、社会责任感培养提出的新要求，需要不断进行新的研究与探索。

2. 家庭环境对学生发展的影响

人们常说，孩子入学，家长也跟着入学，因为对于很多家庭来说，孩子上小学是家庭的一件大事，也是一件喜事。所以，许多家长的表现跟孩子一样，在孩子入学之初，会很努力地配合学校老师，很努力地关心孩子的学习。但时间一长，有些家长就不能坚持，显露出其家庭教育本真的一面。所以，经历了一年的陪伴，家庭教育的方式也初步成型，一般有以下四种类型：②

第一种：对子女发展没要求，一切顺其自然。这一类家长认为，自己小时候，父母没有或很少有时间过问自己的学习，自己也能长大成人，所以等到为人父、为人母时，就沿袭了这样一种观念：孩子的成长应顺其自然，对子女教育不用很刻意、多费心。

第二种：想过问孩子的发展，但缺少时间和精力。这类家长在孩子一年级入学时，大多充满期待，也作过种种努力，但因为工作实在繁忙或放不下自己的兴趣、应酬，很少有时间和精力亲自关心孩子、要求孩子，到了二年级时，把教

---

① 李家成，王晓丽，李晓文."新基础教育"学生发展与教育指导纲要[M]. 桂林：广西师范大学出版社，2009：3-4.

② 参见袁文娟2013年撰写的《和孩子一起成长》（未发表）。

子女的责任托付给校外教育机构的明显增多。

第三种：很想关心孩子的成长，但力不从心。这类家长，对子女生活上的照顾往往非常周全，爱自己的孩子，舍得花时间，也舍得花气力。但由于自身对教育不是很内行，对子女的辅导常常有心无力，缺乏方法，一旦发现孩子成绩退步或对其考分不满意，便一顿打骂。

第四种：讲究方法，关心引领孩子全面发展。这一类家长能读懂孩子的年龄特点和成长需求，家庭教育形成合力，聚焦孩子的成长需求，关注孩子的全面发展，积极为孩子创设宽松的成长环境，言传身教，充分突显了父母对孩子成长的重要作用和不可替代性。

相对于高年级，二年级学生的家长乐于和学校合作，支持老师，乐于协助班级、学校开展活动，能经常和孩子聊起学校生活。但很多家长更在意老师对孩子是否关注、是否认可、是否给予各类机会；还关注孩子的同伴关系，他们在意孩子在同伴相处中是否受欢迎，是否被欺负。另外，家长对于孩子是否担任班干部也颇为在意，特别是一年级未曾有机会担任班干部的，家长常会主动向老师提出让自己孩子当班干部的要求。事实上，许多家长只是把孩子能当班干部视为一件光彩的事，而对其独特的育人价值并不完全理解。

当今学生家庭成员的构成，除了独生子女三口之家、多子女家庭外，还有相当数量与爷爷、奶奶或外公、外婆生活在一起的三代同堂家庭。三代同堂家庭一般对孩子的发展拥有很高的期望值，多由老人打理家务，照料孩子的日常生活；因为家中长辈对孩子生活的包办替代比较多，致使孩子缺少锻炼，独立性不能得到很好的发展，属于孩子自身的成长体验大大减少，特别是与人相处时平等、谦让、宽容等态度相对缺失。长辈不仅对孩子成长中的问题"视而不见"，也会出现"小题大做"的现象。例如，孩子在学校遇到同伴矛盾，回到家一哭诉，往往会激起全家的"千层浪"。家长的过早或过度介入，甚至想要主导问题的解决，易于导致事态更趋严重。对孩子成长问题的重视是件好事，但如果过度关注，又会夸大孩子成长中的问题，这样不仅会剥夺学生自主成长的可能，有时还会因为家长提出的不切实际的、超出学生当前成长可能的种种要求，使孩子过早、过频体验挫折与失败。

根据我们的了解，当孩子升入二年级后，三代同堂家庭的比例会有所降低。因为在一些父母看来，孩子长大了，也需要独立了。特别是孩子一年级入学适应遇到困难，相当数量的家长认为与祖辈的教育观念跟不上时代有关。还有部分家长认为，老人教养孩子方式偏于静态，导致自己孩子和同龄孩子交往太少，不利

于孩子运动、交往等能力的培养，担心孩子日后社会性发展出现障碍。

与此同时，单亲家庭、重组家庭、无家庭等现象增多，城市流动儿童与农村留守儿童等问题也日益突显。这其中的许多家庭，不要说有培养孩子主动发展的意识与能力，有时甚至给孩子以应有的最低限度的关注都无法确保。课余、假日生活因为缺少父母的陪伴与指导，导致安全事故高发，令人痛惜。这些都是在社会转型中，教育需要积极回应的现实问题，因为无论是怎样一种家庭结构，如果其家庭教育缺乏或不适当，都将对学生当前乃至日后的发展产生十分不利的影响。

另外，社会发展促进了家庭文化活动的丰富。身处互联网时代，很多父母热衷于网络游戏、社交、购物，亲子时间刷屏成了"常态"，亲子活动、亲子陪伴缺失，使得一些孩子要么独自玩耍，要么也沉迷于电子游戏。当这些孩子进入集体生活，大都缺少交流、交往的主动性。所以，"互联网+"时代的到来，也在挑战与儿童发展的关系，其对家庭教育和学校教育的影响已经成为一个急需关注的话题。

（二）分析其身处的学校环境

在前期研究中，我们深深感受到当前学生校园生活的相对贫乏和丰富的育人资源的流失，不能很好地满足学生主动健康发展的需要。就学生工作而言，主要存在以下问题：

一是逐级演绎，疲于应付，学生工作缺失专题研究。无论是区域层面，还是学校内部组织建设，学生工作都更多是从行政的要求去部署、检查和评比，缺少专门的研究机构和研究人员，也少有专题研训和专业指导。就是学科教学常见的现场观摩，也要多年才会组织一次。各级学生工作习惯于自上而下贯彻落实演绎式的工作思路，被动地执行上级教育行政部门、团队组织等的工作安排，很少会去想这些活动是否适合自己区域、学校或班级的学生，孩子们是否喜爱这样的活动。于是，普遍存在"为了活动而活动"的现象。

二是方式单一，目标窄化，学生工作缺少成长气息。无论是学校还是老师，对学生工作中的学生发展期望都相对较低，各种纪律与规范的养成是其工作的出发点和着力点，有的还成了评价其工作优劣的主要依据，与各类奖惩紧密相连。所以，常见学校和老师借助一定的规章去约束学生，实现对学生思想和行为的"管理"。学校宣传阵地、学生活动的主题大都是常规点评，学生反思"严禁""不许"的执行情况，教师则通过说教帮助学生矫正形形色色的"违规"现象。过于强调规范，会使学生工作远离学生的生活，忽视学生发展目标的多元，也就难以在学生成长的长程视野下，呈现丰富与多彩的生活。

三是教育与教学割裂，学生工作缺失价值认同。把学科教学和学生工作看作是相对封闭甚至是割裂的两个领域，常以对立的方式处理彼此关系，生怕因为搞活动而挤占学科教学时间。与学科教学相比，学生工作处于边缘状态，常被弱化、被挤占。于是，很多学生工作仅仅停留于"成事"层面，满足于"这个工作我落实了"，很少从"成人"的角度考虑"这个工作对于学生发展来说起到促进作用了吗"。

学生工作价值认同的缺失，直接影响学校教育的内策划与内行为，加剧了学生发展的不平衡，难以彰显学生工作与学科教学改革、与学校整体转型性变革之间相互促进的关系。[1] 这些问题与不足，虽说不能涵盖学校学生工作的全部，但根据我们的观察，很多学校就是习惯于在这样一种兼而有之的状态下开展工作。

2010年7月，中共中央、国务院印发的《国家中长期教育改革和发展规划纲要（2010—2020年）》明确提出以"育人为本"作为教育工作的根本要求，许多学校在推进并深化课堂教学改革的同时，加大了对学生工作（或德育工作、学生活动）的关注与专题研究力度，具体来说有以下三方面的变化：

一是学生活动的丰富性提高了。除了开学典礼、春游、秋游（春游和秋游也称"社会实践活动"）、运动会等传统意义上的全校性大型活动，体育节、读书节、艺术节、科技节等专题教育活动也在许多学校得以制度化实施。这样的变化，一方面源自学校自身变革的需要，另一方面不可否认也来自于上级的要求，在相关考评、督导的评分细则里，都可见到具体要求。

二是学生活动的开放度加大了。除了对接团委、少工委、妇联、科协、关工委等相关部门的活动，还利用社会阵地资源和人力资源，为学生活动拓展了"走出去""请进来"的实践体验新时空。走出去，联系参观，组织学生参与公益行动、社区服务活动；请进来，邀请家长、校外辅导员进课堂，参与学校和班级相关活动或比赛。

三是学生活动的重心下降了。近年来，随着相关专业研究员对班主任工作专业性的认同，以及面向班主任工作专业培训的普及，学生活动的重心得以下降。许多学校开始关注班级建设，关注学生在班级日常生活中的质量研究，班级除了参与学校、年级层面大一统的活动，开始有了真正意义上属于自己班级的学生活动和文化建设。

---

[1] 袁文娟.改进学生工作：坚持有所为有所不为[J].人民教育，2016（3-4）.

上述变化，不仅大大丰富了校园生活，优化了学生成长的学校环境，而且为学生发展创造了更多的机会。相对于一年级学生来说，二年级学生在老师的组织下参与校园活动的机会，以及在此过程中的快乐体验会更丰富，甚至部分学生已经有了独立、自主参与活动的可能。

当然，这样的变化在不同的学校，还存在明显的差异。这样的差异，一方面源自各校的重视程度和开启实践研究时间长短的不同，另一方面也与价值追求以及推进举措不同相关。

（三）解读其所在的班级人际环境

班级作为学校机体的细胞，受到学校教育改革状态的影响，同时也影响着学校教育改革的状态。

班级生活及形成的人际交往环境，蕴含着大量而且丰富的育人资源，包括"培养学生群体意识和社会性的资源""促进学生独立、丰富个性的资源，也就是说群体可以成为个体发展的资源""促进学生生命自觉、实现健康主动发展的资源"[①]等。学生在"班级"这个特定的空间中，在与相对固定的师生间展开的各种活动和关系中不断实现自己的发展。

学生在班级生活中的人际交往，根据交往对象的不同，主要有三种：一是与同伴的交往（主要是同班同学）；二是与老师的交往；三是与社会人士和家长的交往。学生在班级生活中，与上述三种主要交往对象会形成一定的多维互动。

以教育教学活动为媒介，学生与老师（主要是学科老师）都有交往，交往的载体主要是课堂学习活动，交往的话题主要是学习。相对于学科老师，学生与班主任的交往频度更大，质量更高，除了上课或活动中"多对一"的交往，还有"一对一"的交往。

在班级生活中，学生与同伴有着较为日常的交往：学习活动中的交往，是一种"被设计的同伴交往"，学生依据老师的组织，有序地进入交往情境，与同伴在规定的时间内共同经历或完成某一学习任务；课后自发地以共同游戏为目的主动与同伴交往。进入二年级，"玩伴"会逐步呈现相对固定的势态，而且还会发展为超越共同学习、游戏的交往，成为彼此的"好朋友"；还有一种同伴交往是"半自主的同伴交往"，是基于学生个体在日常的班级生活中所扮演的角色和承

---

① 李家成，王晓丽，李晓文. "新基础教育"学生发展与教育指导纲要[M]. 桂林：广西师范大学出版社，2009：53-54.

担的任务而生发的，带有一定的随机性，这也是我们研究学生在班级生活中同伴交往的最重要的一个视角。例如，在一次调研[①]中，面对"我和几名同学一起值日，有同伴不认真干活，我的第一选择是什么"这一问题，51.1%的学生表示会"自己找到他，想办法让他做"，主动构建了我和"不认真干活"的同伴的交往关系，另有15.4%的学生表示会以"卫生委员或其他班干部"为中介，构建了更丰富的同伴交往关系。

另外，班主任会邀请社会人士与家长参加相关班级活动。他们或担任嘉宾，或当志愿者。在这样的活动中，"家长"的身份不仅是某一学生的家长，而且还是"这个班学生"的家长，相当于"社会人士"。学生与社会人士和家长的交往，打破了班级生活的自我封闭现象，有利于促进学生的社会性发展。而这样的资源，需要我们予以进一步关注并开发其价值。

一个班级内部不同学生之间存在着一定的差异，在家庭教育背景、个性特点、精神状态、思维水平、学习方式、活动能力和社会性发展等方面都会表现出"独一无二"的特点。虽然每一个学生都会在活动与交往中形成自己对同伴、对老师的认识，但在实践中我们发现，老师看待或评价学生的视角，会更多影响学生的判断，继而影响班级的人际环境。以"学生告状"这一低年级学生司空见惯的现象为例，二年级学生告状的内容一般与老师阶段教育的重点高度一致，老师关注的问题也是学生告状的话题：

老师，你说体育课上完了要整队回教室，某某总不听，今天又一个人先跑回教室了。

老师，上次值日老师批评我们班早上到校后不能安静早读，今天某某和某某又在大声吵闹。

老师，某某抢做作业。

…………

另外，二年级学生告状会给人理直气壮的感觉，有理有据，喜欢向老师转述他人被批评的学生明显增多，例如："某某上音乐课被老师批评了""某某在家不听话，被他爸爸打了一顿"，等等。由此可见，当二年级学生建立一定的规则意识，就会用老师的要求去试着判断同伴的言行，包括老师没有列举到的一些事

---

① 本调研指2012年6月，教育部人文社会科学重点研究基地重大项目"义务教育阶段学生班级日常生活重建与学生发展研究"课题组在常州开展的"义务教育阶段学生班级日常生活与学生发展状态"专题调研。

情或现象,一旦发现"不符",便会告诉老师。学生把告状看作是一种光荣,在他们看来,能发现他人的不足是一件很高兴的事,只要能状告同伴,就说明自己很棒!所以,有人说学生是在告状声中长大的,确实有一定的道理。"告状""被告"和读懂"告状"不仅是老师与学生、学生与学生交流的主要方式之一,还是班级人际环境的影响因子。

经常被老师表扬的孩子大部分是二年级学生心目中的"好学生",他们喜欢和"被老师经常表扬"的同学做朋友。根据我们之前所作的调研:二年级学生认为自己的老师最喜欢守纪律的学生、能干的学生和认真学习的学生。班主任对小干部的期望更多源自班级建设的需要:关注以个体的"示范"来激励同学模仿或学习,充当"助手",分担部分班级建设工作,而对其作为班级领导者角色的策划能力、组织能力、创造性关注甚少。或许在学校看来,行规好或守纪是教育教学活动的基点,没有好的行规或纪律作为保障,对学生其他方面的发展很难作出要求,从而出成效。这样的想法对于班级人数超过40的班级授课制的现实状态来说,确实有一定的道理。但是,如果班主任以此作为班级建设的主要着力点,就难以构建丰富而有成长气息的班级生活,难以打开长程、多维的学生发展视野,难以营造良好的班级人际交往环境。

二、理解二年级学生的发展潜能

常州市虹景小学陈怡老师在学生进入二年级一个月后,记录了如下发现:

> 大部分孩子的个头没有明显变化,但感觉每一个孩子都突然长大了很多。他们能够在校园里"熟门熟路"地行动,能够"驾轻就熟"地应对学习活动中的一个又一个任务。就算是一项全新的"工作",也很少有孩子直接向老师求助。
>
> 课间留在教室的孩子少了,独自一个人坐在座位上无所事事的孩子更是少见。
>
> 学校组织的各项活动,几乎每一个学生都会争先恐后参加。班级参加学校或年级比赛赢了,他们依旧会在全校师生面前欢天喜地;但是输了,却不再像一年级学生那般茫然,涨红的小脸写满了不服气……①

陈怡老师的发现有一定的代表性,许多老师都有这样的感受:进入二年级,学生对校园生活不再感到恐惧和陌生,普遍会表现出积极的发展愿望。

---

① 参见陈怡2012年撰写的《二年级班主任工作手册》(未发表)。

（一）二年级学生发展的积极倾向

1. 实践

（1）对校园生活有了自己的体验。学生对学校教育教学活动及其时空节律已经比较熟悉。经过一年的"侦查"，学生基本了解了学校的空间布局，对曾经到过的公共教室记忆深刻，特别是对只有小部分人进入的场所，如校长室、红领巾电视台演播室、接待室等充满好奇。就连每周一的升旗仪式上主持人的主持稿，很多学生都能一字不差背诵下来，而且语气、动作模仿得惟妙惟肖。他们开始更加深入地、带有独特体验地感受越来越丰富的校园活动，而且过程中经常有许多想法和情感需要和同伴分享。

（2）参与班级建设的热情普遍较高。进入二年级后，学生在班级生活中已不再满足于按老师的分配担任指定的岗位工作，而是有了自主选择的需要，没当过班长的学生非常向往做班长。当老师发出班级活动倡议时，几乎每个孩子都会积极响应，举手要求承担任务。特别是小队的建立，更是激发起学生的活力。过程中形成的小队与小队间的良性竞争和携手合作，为提高班级凝聚力，促进班级自主发展起到极其重要的推动作用。与此同时，还会促使学生进一步融入集体，拥有更多自主活动的空间。

（3）对校园生活的新实践充满向往。二年级学生主动获取信息的意识和能力都有所增强，开始主动关注学校宣传橱窗和信息栏的通知、海报，"对于校园活动有了自主参与的愿望，比如校园歌手的比赛等，他们得到消息后，会积极主动报名参加，不管是否能够胜任，只要有兴趣，他们就会行动。只要有一个孩子去了，一群孩子会跟着一起去。这些行为，已经不需要家长的热切鼓励和老师的指导了"[①]。学生对班级文化环境、组织生活、主题教育活动的参与，会极大幅度锻炼其能力，为学生形成一系列新素养提供可能。

2. 关系

（1）会主动找机会亲近学科老师。通过一年的师生相处，师生之间建立了一定的情感。进入二年级，学生对从一年级跟班上来的老师已经比较熟悉，课间、午间喜欢与老师聊天，即使性格内向的学生也有这样的想法，但一般不会主动开口，需要老师提出话题。对于新的学科老师，一部分学生会与之保持一定距离，小心观察并与原学科老师比较异同，另一部分学生则会想方设法找机会亲近新老

---

① 参见尤兆蕾 2016 年撰写的《班级工作总结》（未发表）。

师，特别是充满青春活力、幽默的年轻老师，常常会吸引学生竞聘其课代表。

（2）同伴交往的范围进一步扩大。学生之间的同伴关系伴随着小队建设的推进逐步加深，他们在建立友谊的同时，进一步了解伙伴、欣赏伙伴。校园里来了又一批新生，他们不会因为不再成为全校关注的"需要帮助呵护"的对象感到失落，相反会由此生发出满满的自豪感，"你看他们一年级小朋友……"他们常以这样一种表达，与老师和同伴分享成长的快乐。在一年级学生遇到困难时，他们会立刻上前询问并帮助。还有一部分学生则非常向往能和高年级哥哥、姐姐一起参与活动，常会主动观摩其他年级和班级的活动。

（3）与家长之间的对话出现新质。二年级孩子在与父母交流时，不再仅仅满足于倾听，满足于问"这是什么"，而开始问"这是为什么"，表达"我认为应该怎么样"。班级生活、师生及同伴交往会成为亲子交流的新话题。学生对老师的评价开始拥有自己的想法，希望父母确认自己的判断。如果家长能珍视并积极回应孩子这样的成长表达，乐于分享孩子的情感和想法，并在对话中关注孩子爱集体、亲近师生的价值导向和合作助人能力的培养，会使孩子对自己的能力感到惊喜，对自己的期望也会更高。

3. 自我

（1）能够感受自己与同伴的不同。一年的班级群体生活促进了学生自我意识的萌芽，学生对自己的优点、问题有了初步意识，能感受到自己与其他小伙伴不一样的地方。这种不一样随着老师对学生发展关注点的变化而变化，从最初的个头与长相，逐步拓展到学习习惯和成绩、兴趣爱好和个性特长，并逐步丰富对自己个性特征的感知和表达。学生开始在群体生活中突显自己的个性，总想在活动中有不同于其他同学的想法或做法，这是学生形成积极的自我意识的实践基础。

（2）拥有自我的内在价值体验。学生在参与各学科学习和班级活动时，能够从老师鼓励性的评价中，感受到参与学习和活动的兴趣和自我价值，会为自己的进步或成功感到高兴，特别是对自己能力的发展开始拥有比较清晰的认识："我会整理书包""我会做广播操""我会跳长绳"……学生不断为自己习得的新本领而感到自豪。这是学生在活动中形成自我内在价值体验的情绪表达，也是班级生活引导学生进一步丰富自我内在价值体验的契机。

（3）具备一定的自我反思能力。二年级学生开始形成初步的自尊感，开始在意别人的评价，对他人的感受和心态变得敏感，能够尝试依据自己的经历和经验猜测别人的想法和喜好，并从他人的评价或观点反观自己。这是学生反思性自我意识的初步显现。在对身边的师长和同伴的心态进一步了解的过程中，学生自我调节的能力也在逐步得到锻炼和发展。特别是一些自控能力不强、活动能力较弱的学生因为感受到同伴群体的接纳，从而自尊心得到满足，并对进一步发展充满期待。

（二）二年级学生发展中存在的问题

1. 实践

（1）学以致用的意识与能力缺失。二年级学生参与活动的积极性很高，但在愿望和行动之间还存在一定的距离。相对而言，动手实践能力的发展滞后于思维和言语实践能力的发展。学生接受岗位工作或小队任务，常常不知如何开展，综合运用所学知识和方法去解决实际问题的能力较弱，特别是过程中遇到困难或障碍，不会主动寻求帮助。另外，老师和家长不放手、不放心，包办太多，指导太细，使得学生常常不能自主、尽情享受活动的全过程，错失了许多实践锻炼和学以致用的好机会。

（2）分工合作的意识与能力缺失。在二年级学生开始涉及需要同伴或小队共同完成的任务时，常常会出现诸多问题：组建小队，嫌弃能力较弱的同学；分配任务，要么不知道如何分工，要么争抢，领了任务又常常忘记，或在碰到困难时，主动放弃且不告知同伴；活动中以自我为中心，不会关注别人的参与和团队利益。一如学生在班队活动中谈及的：我们小队同学不团结，活动时总找不到某某和某某；小队长总是自己一个人说了算，不听我们的；我们小队活动时，某某一直捣乱，不听小队长的安排，等等。

（3）持之以恒的精神有待增强。对于二年级学生来说，参与学习活动和班级活动更多是因为兴趣使然，觉得好玩便会更多关注。对具有一定挑战性或需要花气力才能完成的学习或活动，经常会半途而废。以岗位工作为例，刚开始学生劲头十足，时间长了就没了新鲜感，常常会因为玩耍而遗忘，能独立坚持把自己的岗位工作做完的学生不是很多。大多数学生缺乏自我激励的意识，需要老师更多关注，并借助于鼓励性评价，这样才能使其保持岗位实践锻炼的热情。

2. 关系

（1）学生开始与老师进行选择性交往。随着学习要求的不断提高，学生对学科老师开始出现选择性交往。一部分学生会因为作业不能及时完成或没能很好

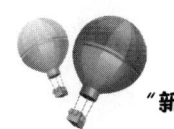

地遵守课堂纪律，课间会有意躲避相关老师。对心目中的好老师，学生也有了"自定义"的标准，也时常会在父母、家人面前抱怨：某老师冤枉我了；我一直举手，老师就是不喊我；老师就喜欢某某，等等。部分学生喜欢学着老师的穿着、发式，要求父母帮自己装扮；甚至还会刻意模仿老师说话。

（2）同伴之间交往容易受到挫折。二年级学生虽然有着和同伴交往、游戏、合作的强烈愿望和心理需求，但是方式和方法常成为其实现目标的障碍，所以，很容易在交往中受挫，并产生消极情绪。课间自主活动，常常会因为一点小事引发冲突，争得面红耳赤，互不相让。学生不容易对竞赛优胜者心服口服，总希望在游戏中找到他们的问题，随后"告诉老师"。为了让自己在竞赛中获胜，或者赢得老师好评，开始出现排斥同伴的现象。

（3）亲子关系类别差异逐步突显。学生与家长之间的关系因家长教育子女方式的不同开始出现差异：家长尊重孩子，关心孩子全面发展的，逐步形成平等的亲子关系，孩子愿意把学校发生的事和自己的想法与家长进行沟通；不闻不问或严厉管教型家庭的孩子开始出现叛逆现象，不愿听从家长的教导，甚至还会与家长顶嘴。常有家长反映，进入二年级，孩子没有小时候听话了，总是嫌弃家中长辈或父母唠叨，对于父母的询问感到不耐烦，开始出现轻视大人的倾向了。

3. 自我

（1）发展差异对学生心理有影响。一部分学生因为学习、交往等方面的原因会产生自卑感，缺少自信，有时甚至不愿意参与集体活动；一部分学生开始对学校生活缺乏新鲜感，进步的速度减慢；还有一部分学生因在学校各项活动中得到多方面的表扬、肯定，不断强化成功体验，开始产生优越感。由于获奖、好评机会有限，部分学生因为自我价值没能得到充分满足，容易在竞争性活动中受挫，于是产生消极情绪，甚至经常出现哭鼻子现象。

（2）积极的自我反观能力有待形成。虽然有些学生（以年龄较小的男孩居多），在学习生活中会更多表现出自我的本真，经常控制不住自己的行为，但"大部分学生已经能够区分'公开的自我'和'私下的自我'。经常会有家长反映，孩子在家里很任性，常会无故发脾气，道理讲不通。可是在学校，学生比较自我的一面会有所隐藏，会努力在老师面前积极表现"[①]，显得有点"两面派"。特别是长期生活在育儿观念对立或不统一家庭的孩子，更具这一特点，会对不同的人作出不同的反应，甚至经常撒谎。

---

① 参见陆芳2016年撰写的《二年级学生的特点》（未发表）。

（3）学习动机差异引发学科偏爱。学生普遍懂得勤奋、努力是取得优异成绩的主要原因，但又缺少付诸努力的行为，于是学生在评价自己的学习以及活动表现时，开始立足于自尊心的维护，为自己进行归因。某种意义上讲，这也促进学生不同学科学习动机的差异，在与学生交流的过程中，他们会很直接地表达对某一学科的喜欢，对某一学科的不喜欢，这样一种喜好，如果不注意引导，很容易埋下偏科的种子，不利于学生形成积极的发展目标并不断为之努力。

三、明晰二年级学生的发展目标

根据上述二年级学生所处的发展环境和发展的潜在可能，我们从实践能力的提升、交往关系的丰富和自我意识的增强三个方面，对二年级学生提出以下发展目标：

（一）提升实践能力

二年级班级建设的重点是小队建设，通过建立或依托小队，帮助学生从一年级时的"小学生"角色转换为"小队一员"的角色。通过指导小队解决各类问题，逐步提高小队建设水平，发展学生合作能力，鼓励学生以群体的力量去改变、创造班级新生活。

（1）每一个学生都拥有所属的小队组织。在老师的指导下组建小队，学习自主开展小队活动，在活动中积极承担任务，并在活动中体悟合作的重要性，学习合作的方法，感受同伴合作的快乐；能以小队为单位参与策划班级活动，并在小队长的组织下，根据活动的内容与要求，共同出主意、想办法，作好相关准备，共同参与班级层面的展示、汇报或竞赛活动，分享同伴交往和合作学习的乐趣，增强对自己所在小队的归属感与热爱，对小队同伴的感情，从而更好地融入班级生活、学校生活的融入。

（2）每一个学生都拥有自己的小岗位。让学生学会扫地、拖地、排桌子，班级大扫除时拥有自己的劳动岗位并能完成劳动任务。可以以小队为单位开展服务类岗位竞聘；有一定兴趣特长或组织能力的学生，可积极参与活动类、知识类、学习类、行为规范类岗位和小队长的竞聘与实践体验。每个学生在家庭中也可以寻找一个岗位，如学会整理自己的书桌和小房间，并保持整洁；积极为家庭文化活动、孝老敬老活动出谋划策，并承担一定的任务。

（3）每一个学生都拥有活动参与机会。在小队活动和日常生活中，能运用

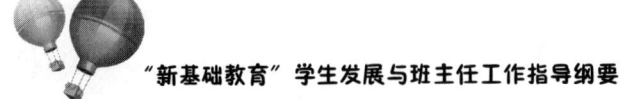

所学知识和本领，通过诵读、歌唱、绘画、表演等多种形式，表达学习的过程和收获；在班级文化标识设计、环境布置和课间游戏创编中充分发挥自己的想象力，大胆创新，自己动脑筋、想办法丰富自己的课余生活；在老师的指导下建立班级图书角，开展各类读书活动。有意愿的学生可在年级和学校的相关活动中亮相，从而锻炼自己。

（二）丰富交往关系

二年级学生的人际交往随着校园生活的不断打开、小队的组建和活动的日常推进，在交往关系的丰富性和深度上将会出现质的提升，并形成小队成员之间、队际伙伴之间、学生和老师（包括非学科老师）之间、学生与家人之间、学生与其他同学家长和社会人士之间的多向积极互动。

（1）能与同伴友好交往，互助成长。通过参与小队活动，在班级拥有相对固定的交往同伴，并在交往中学会用合适的方式表达自己的想法，尊重他人的意见，积极沟通协商，不断加深对彼此的了解；能和小队内不同个性、不同发展水平的同伴友好相处，发现并欣赏他人的长处。同伴之间互相学习，取长补短；对弱者和失败者做到宽容和豁达，能主动关心和给有需要的伙伴力所能及的帮助。

（2）能与师长主动交流，积极沟通。在校尊敬老师，与老师交流或回答老师询问时，做到不扭捏，坦诚大方；在家尊重长辈，不随便发脾气，乐于与家人分享学校、班级生活，遇到困难和烦恼愿意告诉父母，并寻求指导与帮助；对于父母建议的课余生活安排、兴趣培养，能合理表达自己的想法和意愿；了解并掌握基本的待客、做客礼仪，有客人来访或去亲友、同学家做客要热情打招呼，主动与同龄伙伴交流、做游戏，并懂得谦让。

（3）能对不熟悉的人以礼相待。与不认识或不熟悉的老师、校工、学生或其他同学家长、社会人士交往时，能面带微笑表示友好。有活动任务要求，需要争取他们的支持和指导时，能主动清晰、准确地表达自己或小队成员的愿望，过程中虚心倾听，不懂就问，并在任务结束之际向对方表示感谢。与新认识的同学、师长再次见面，要主动打招呼，当他们有需要时，也能给予支持与配合。

（三）增强自我意识

二年级学生在人际交往和实践活动中，会逐步丰富对自己的认识，意识到自己是一个不同于其他小伙伴的人，并且开始出现由外到内的自我评价。其中，独立与自主意识的培养是二年级学生增强自我意识的主要切入点：

（1）增强"我能行"的自信。在学习生活中，逐步减少对师长的依赖，培养生活自理能力，自己能做的事自己做；通过"让我自己想""让我自己说""让我自己做""让我自己走""让我自己创"等实践体验，进一步增强参与、表达和展示自我的能力；能勇于挑战自己，尝试以前未曾担任的岗位，承担以前未曾参与的任务，遇到困难不退缩，不轻言放弃，尽可能自己想办法解决问题。

（2）体验自我发展的意义。学期初为自己制定一个成长目标，经常对照，自我激励，学期结束时与老师和同伴分享成长的快乐；能根据要求开展岗位工作和小队活动的自评、互评，较为清晰地感受自己的变化与发展，为自己的进步而高兴；能从"我会……""我能……"的结果中，初步反思自己的努力和采用的方法策略，进一步体验生活与自我发展的意义。

（3）正确对待自己的不足。能悦纳自己的长相，形成积极的自我评价；正确对待自己在学习与班级生活中的不足和问题，愿意付诸努力，争取不断进步；在与同伴的竞争与合作活动中，能凭借自己的积极表现赢得各种表扬和鼓励，善于发现同伴值得学习的地方，并表达自己的欣赏之情；能取长补短，相信自己在群体中可以有改变和发展。

对于上述学生发展目标，并非都是老师站在教育者立场上的一种畅想。在前期的研究和相关活动中，我们发现，经过一年的学校教育引导，几乎每一个学生都会对二年级的生活和自己有所畅想。在常州市虹景小学二（6）班的"开学第一课"上，陈怡老师带着孩子们通过创作自画像，分享各自的新学期愿望：

"我要长出长头发，扎辫子。"女生小贾，班上唯一的短发女生，上学期妈妈因为早上赶时间，没时间打理她的头发，就把她的头发剪短了。这学期，爱漂亮的小姑娘也想学着自己梳辫子。

"我要交更多的朋友！"内向的小陆，画了两个孩子手拉手的图画。

"我希望考试得100分。"从没考过满分的小丁，决定新学期一定要好好把握。

"我想把字练好。"

"我去年不会跳绳，现在会了，希望新学期能跳得更快。"

"我想学游泳，当奥运冠军。"

"我想当三好生！"

…………①

孩子们的新学期愿望虽然只有寥寥数语，但传递的信息非常丰富，涉及成长

---

① 夏晨希，李荔．一幅自画像，说说新学期的愿望[N]．常州晚报，2012-09-06．

与发展的多个方面。如果班主任能够用心研究，和学生一起有意识地创造有意义、有意思的班级生活，相信孩子们的许多成长愿望也会变成现实，从而积极促成学生在班级建设中的主动健康发展。

第二章　岗位工作与组织建设

班级岗位建设的开展，不仅有助于班级生活的自我管理，还是教育学生、促进学生成长的具体方式。班级岗位的实践锻炼能够丰富学生的角色体验，增强学生在群体生活中的服务意识、合作意识和责任感，对于锻炼、提升学生的综合能力有着独特的价值。

一年级的班级岗位建设，无论是岗位的设置、竞聘，还是岗位的实践与评价，大多面向学生个体；在实施过程中，学生在老师的指导下，对岗位及岗位职责有了一定的认识和初步的体验。

二年级的班级组织建设，重点是小队建设，通过组建小队、培养小队长，确保每一个学生在班级都拥有自己所属的小队组织，学生将从一年级时的"小学生"角色更多转换为"小队一员"的角色。班级的新一轮岗位建设，可以小队为单位开展班级岗位的竞聘和实践体验活动，引导学生进一步在班级生活中找到组织归属感，增强"我们"的意识。班级活动以小队为单位组织，引导学生在与小队同伴的深度交往、互助合作中，学习自主开展小队活动，体验共同想办法解决问题、完成任务的快乐。

一、如何指导学生组建小队

二年级的小队建设是在一年级同桌、四人小组活动的基础上，学生进一步发展的需要。小队是学生从散点式个体走向健全的班集体组织的中介，它不再是成员的简单集合，而是要形成有着共同目标、日常活动和成员分工的相对有机的组织。某种意义上讲，小队是学生人生中拥有的第一个正式组织。学生的组织归属感、责任感、光荣感以及民主意识，都将在成为小队的一员、参与小队的活动中启蒙。

小队建设的第一步是组建小队，包括按一定的标准吸纳队员，推选小队长，形成小队的文化标识等。它是后续小队活动的基础，需要班主任用心指导。

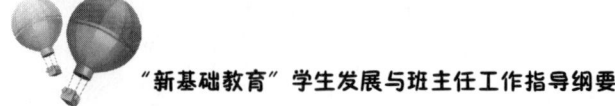

案例

我们的小队成立啦

上海市闵行区实验小学　单　瑾

通过一个学年的学习，学生已了解学校生活的基本内容，对学习有兴趣，喜欢自己的班级、老师和同伴。在班级里，每个孩子都有一个可以为他人、为集体服务的小岗位。通过小岗位，孩子们学习基本的服务技能，初步形成集体意识。如何引导全体学生深入参与到班级建设中，提高班集体凝聚力，促进个体和群体的自主发展，是这一学年亟待解决的关键问题。

初入二年级的学生基本没有主动合作的意识，也不具备主动合作的能力。在日常的群体活动中，伙伴间很少有关于活动策略方面的商讨，尤其是独生子女家庭的孩子，这方面的意识更加淡薄。在参与活动的过程中，孩子们往往比较关注自我的参与和感受，比如，自己是否能参与其中，自己是否开心，很少考虑别人的感受和需要，很少见其在活动中照顾别人，更不要说取长补短、共同完成任务。虽说平时在课堂学习中，我们也努力引导学生通过同桌互动或四人小组的形式合作完成简单的学习任务，比如，语文课的分角色朗读等。但是，这样的小组不是固定的组织，人员不确定，没有队长，也没有队名、共同的目标等。所以，学生对这样的学习小组归属感不强，很少会有意识地依托这样的小组开展游戏或完成任务。

小队是班级和少先队最基本的组织单位，人数少，便于合作、交流是其最大的优势。因此，我们把二年级的班级组织建设重点放在小队建设上，力图依托这一组织，培养学生的合作能力。我们希望在帮助学生组建小队以后，能结合班级建设，结合学校特色活动，开展各种以合作为主题的小队活动。让学生在活动中进一步融入集体，激发对集体的认同感，体验自我和集体的关系，学习合作的策略，通过同伴相互促进，使个体和集体得到共同发展。

本学期，我们设计开展的以"小队建设"为主线的系列活动分为三个阶段：

第一阶段：我们的小队成立啦！

（1）自己的小队自己建

（2）自己的队名自己取

（3）自己的队标自己做

这一阶段，主要致力于小队基本建设，完成从无到有的转变，并且让每位学生意识到自己和一个小群体有所关联，要为和这群伙伴深入交往、共同创造小队生活作好准备。

第二阶段：小队活动快乐多！

（1）小小探索者——一起来探究

（2）小小科学家——一起来动手

（3）小小外交官——一起来表演

这一阶段，主要是引导学生以小队为单位参与学校各类主题活动，在此过程中逐步感受小队活动的乐趣，学习小队合作的方法，形成小队凝聚力。

本次活动即在老师的指导和帮助下，组织学生以小队为单位设计制作小队标志。活动目标为：通过小队成员共同设计制作小队标志，思考小队的奋斗目标，激发学生对新集体的认同感，形成初步的集体凝聚力；在共同的活动中，初步感受合作的快乐。

本次活动前，学生以班级座位为基点，将每一大排分为前后两个小队，每个小队5—6人，每个小队都有能力相对较强和较弱的学生。我引导他们在新组建小队时，首先进行自我介绍，然后讨论共同的愿望或目标，并为自己小队取一个好听又有意义的队名。本次活动，就是从介绍队名开始的。

活动的主要过程如下：

活动环节	教师活动	学生活动	设计意图
热身	出示开学以来学生参与校园活动以及班级生活的照片	边看边交流	让学生感受班集体的不断成长
认识我们的小队	1. 导入：最近，我们的向日葵中队有了新的变化——成立了六支聪明活泼的小队，请各小队来亮个相吧！ （适时介入：进一步帮助学生解释队名含义；挖掘取队名过程中的相关资源；引导生生互动） 2. 小结：你们每一个小队，就是向日葵上的一片花瓣，大家紧紧围在一起，健康快乐地成长 （出示班徽）	1. 各小队以自己喜欢的方式介绍队名及意义 2. 生生互动	通过各小队初次亮相，激发学生的自信与自豪感；通过介绍，让队员与队员、小队和小队之间增进了解

（续表）

活动环节	教师活动	学生活动	设计意图
制作我们的队徽	1. 导入：今天，每个小队要完成一个新任务——设计制作属于自己的小队标志 2. 出示设计要求：人人动手 3. 指导设计： （1）什么是人人参与？ （提炼：每个队员都动手，都有任务） （2）怎样做到人人都动手，任务怎样安排？ 4. 组织学生试一试 （巡视、随机指导）	1. 了解本次活动任务 2. 倾听并理解设计要求 3. 小队内先交流，再全班交流 4. 学生活动	1. 学生第一次合作，要求低但明确 2. 学生通过合作的方式设计队徽，学会了合理分工，感受到合作的快乐
介绍我们的设计	1. 组织各小队汇报、交流和相互评价，并适时介入点评 （预设：根据特长分工；按顺序轮流动手；听从小队长指挥并实践） 2. 总结：有分工，让我们每个队员都有了动手的机会，做成的小队标志属于小队每个成员	各小队展示队徽，并介绍是如何做到人人动手的，其他小队仔细倾听，积极互动，适时表达参与的感受	1. 通过分享，让学生懂得可以有多种方式做到"人人参与" 2. 在交流评价中让孩子们初步感受到集体活动中，队员之间分工明确、团结合作的重要性
畅想我们的未来	1. 宣布：有了队名、有了标志，现在，我们的小队成立啦！（通过PPT展示：我们的小队成立啦！）从现在开始的每次活动都要做到人人参与 2. 介绍后期活动，请学生作好准备	倾听要求，了解后续活动，并作好参与准备	为小队后续活动作准备：以学校活动为载体，开展小队活动

解读

取小队队名、设计制作小队标志是小队组建的重要内容，也是一个个体与集体、个体与个体不断交互、对接的过程。单瑾老师通过组织小队共同设计小队标志，引导学生人人参与到小队活动中来，感受小队合作和小队活动的快乐。

第二章　岗位工作与组织建设

1. 小队名称有资源

本活动的第一环节是让每个小队介绍自己的队名，可以说这是小队成立后的第一次亮相。虽然在活动中只是短短的五分钟时间，但对于二年级学生来说，是一次全新的挑战，需要有课外小队活动作为铺垫，要求学生利用课外时间进行准备，包括确立队名，解释队名的含义，并能清晰地表达，还要思考如何展示小队风采，让大家记住。这里就涉及小队成员的初步分工问题，谁说什么，怎么说。本次活动前，孩子们或自己认真准备，或借助老师及家长的力量，用儿歌、演唱、舞蹈、绘画等多种形式，既介绍队名，又展示小队共同的期待。

小蜜蜂小队、太阳小队、小蚂蚁小队、大雁小队、帆船小队和小白鸽小队，小队名称看上去很平常，并不起眼，但是，在介绍队名的过程中，却体现了孩子们对新群体的思考：大雁小队上场的队伍一会儿呈"一"字形，一会儿呈"人"字形，他们把遵守集体纪律看作建设新集体的目标；小蜜蜂小队用谜语引出小队名称，既介绍了队名的意义，也体现出互动，激发了其他同学的兴致；太阳小队则表演了一个情景剧，作为"太阳"的孩子站在中间，而其他孩子作为"苗苗"蹲在周围，慢慢地，"苗苗"长高了，表达了孩子们在阳光下成长的幸福……

活动中，各小队喊出自己的队名、介绍队名的含义时，充满了自豪感。可以说，一个亮相就是一次成功的小队活动成果展示，使小队的凝聚及发展迈出了成功的一步。

2. 动手合作需指导

设计制作小队标志是本次活动的主要任务。小队标志是小队的形象，既要体现小队奋斗目标，又要美观漂亮。完成这个任务不是件简单的事，尤其对于刚进入二年级的学生来说。所以，本次活动的目标，并不在于设计多么美观的标志，而在于让小队成员有交流、合作的机会，初步体会什么是合作。因此，活动中老师只提了一个要求：人人动手。

为了帮助各小队做到人人动手，老师在活动前进行了指导，引导学生思考"如何做到人人动手"，让大家共同想办法。学生的表达五花八门，总结起来就是一条：每个人都要有任务，可以是剪纸、画画、涂色、粘贴、书写等。老师以此帮助学生确立了小队活动的第一个原则：人人参与，分工合作。至于如何分工，老师没有提前指导，而是让学生在活动过程中自己摸索、自己发现。

由于各小队做法不尽相同，也就形成了丰富的资源：有的轮流进行，有的听队长安排，有的按照大家的特长分工……这些资源汇总以后，就促成了小队之间

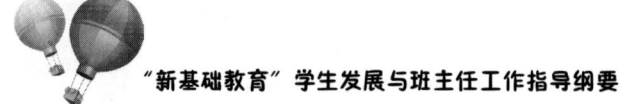

的相互学习，也渗透了小队活动方法的相互启发：一是根据小队活动内容按特长分工，保证小队活动的质量；二是按顺序轮流动手，保证小队活动的进度；三是通过队长指挥，保证活动的有序开展。至于哪种方式更好，要根据各小队的实际情况选择。

3. 标志展示重提升

小队标志的展示是本次活动的成果展，作品本身是显性成果，展示的目的是挖掘作品背后的隐性成果，让孩子们感受合作的价值。为此，活动中，单老师不仅仔细关注每个小队的合作方式、活动过程，而且一边进行指导，一边捕捉资源，以便在孩子们交流的时候能及时回应，引导孩子们说出作品背后的故事：

（1）学生介绍各自在设计过程中做了什么。

老师点评：分工明确。

（2）以能力强的同学为主，其他人配合。

老师点评：张同学的绘画本领特别棒，得到大家的夸赞，大家都愿意配合他，高质量地完成任务。相信在以后的其他活动中，你们会发现更多"小能人"。

（3）发现某个小干部在过程中的协调作用。

老师点评：有时候，完成一项任务是需要提前作好安排的。

（4）在设计标志时，始终想到小队的目标。

老师点评：心中有集体。

（5）没有完成的小队最后交流。

老师提示先自己找原因，然后其他小队帮着找原因，而没有急着下结论，鼓励他们学习他人，活动后继续完成。

这一环节虽然用时不多，但尤为重要，和活动前老师对合作的指导相呼应，让孩子们找到并体验合作的意义。在第一次活动的过程中，孩子们即使呈现一定的合作，也不一定是有意识的。这时，老师通过点拨、评价，让孩子们意识到这样的做法是合理的、有用的、需要持续的。做得好的小队，会因为被激励而产生持续合作的动力。另外，带着活动体验的经验分享，比活动前的指导更有说服力，还会促进孩子们相互学习。这一环节体现了在主题活动中班主任的核心价值——提升学生的发展需求与能力。

所以，组织各小队取队名、设计制作标志时，老师既要给予学生思考的方向，也要给予学生充分的时间去交流与创造，只有这样，才能更好地挖掘活动过程中产生的资源，引导学生形成新的发展。

第二章　岗位工作与组织建设

建议

组建小队的基本内容包括组队、起队名、想口号、设计小队标志等，因为这是学生自己的小队，所以，老师不能包办，也不能替代，而要指导学生，使学生充分发挥自主能动性，为自己的小队出谋划策。结合小队建设的基本内容，组织开展系列活动，从自己建小队，到自己取队名，再到自己为小队设计队标，循序渐进地引领学生自主开展小队建设。

1. 小队建设的独特价值

"小队"的提法来自少先队组织，大队、中队、小队是少先队基层组织的三个层级。小队是少先队最小的组织单位，是中队的分支，是大队的细胞。小队因为人数少，便于成员相互熟悉、深入交往以及全员参与活动，组织、协调更加方便，便于体现民主……这些都为年龄相对较小的二年级学生参与其中创造了可能。

小队对于学生发展的作用，首先，表现在合作能力的培养上。当学生成为小队组织中的一员，经历和体验小队间的竞争与小队内的合作后，学生的合作意识和合作能力都会有一定的提升。其次，表现在领导力的培养上，在小队组建过程中，从推选小队长，到确认小队长，协商队员间的分工，到开展日常活动，对于小队长而言，都具有挑战性，需要学会认识自我与他人，需要获得他人的认可并同时影响他人，需要组织带领小队成员一起完成任务，解决问题，协作共进，这些挑战有助于培养其领导力。最后，就是促进小队成员活动素养的提升。丰富的小队活动的开展，包含策划、组织、评价、重建等一系列内容，能够极大地汇聚资源，使得学生的行为方式、思维方式、精神力量与学习力都得到综合锻炼，促成学生与小队组织的共同发展。

2. 小队组建的基本方法

以班级为单位，可以根据活动的需要，组建6—8个小队。从小队人数来看，每个小队控制在6—8人比较适宜，因为学生年龄尚小，不具备较强的合作能力，人数过多，会增加合作的难度。小队的组建虽说简单，但是如果完全让学生自由选择队员，会出现很多问题。比如，有的学生人缘好，大家都想要和他在一组，成了抢手的"香饽饽"；而有的学生没有小队让其加入，成了没人要的"孤独儿"。为了避免发生这样的情况，老师需要给予一些引导。

从小队组成的方式来看，也可以多元呈现：

（1）就近组合型：让居住地比较近（如一个小区）的队员组成一个小队，

这些队员之间的关系一般比较热络，会乐意加入同一个小队。这种组合有利于今后小队活动的开展。

（2）爱好相同型：每个队员都会有自己的特长，特长相近或相同的学生共同语言较多，这些学生加入同一个小队，既能提高队员活动时的积极性，又能促进队员间的情感交流。

（3）互帮互助型：班级里的那些"孤独儿"，如果没有队员主动和他们组队，就需要小干部积极发挥作用，主动接纳他们，用自己的号召力和实际行动来帮助这些队员更好地融入集体，感受集体的温暖。

（4）座位自组型：这是最常见的小队组建方式。一般按学生座位顺序，前后四个人组成一个小组，两个小组合成一个小队，这样的小队既方便课堂学习，也利于活动开展。

除了相对固定的人员构成，在小队建设的不断推进中，还可以根据活动需要组建临时小队。一般来说，临时小队的组建到二年级下学期，在学生对小队活动有过成功、快乐的体验之后比较适合。

3. 小队长的产生和成员分工

小队长一般通过小队推选或"岗位竞聘"方式产生，有责任担当、有服务热情、有智慧的小队长能够带领小队茁壮成长。另外，也有老师组织学生根据活动内容推选小队长，例如：

在小队成立之初的活动过程中，我发现队长要么只顾自己，不能很好地发挥组织协调作用，要么一厢情愿地分配任务，得不到组员的认同。在班级童话阅读活动中，我发现孩子们对童话的喜爱，每个小队都出现了会阅读、善创编、爱表演的小朋友。于是，我就想尝试在班队活动与小队建设、学科活动有机结合的过程中，借助讲述童话、表演童话、创编童话等活动，培养、锻炼小队长。

于是，结合活动的推进，我向学生建议，是否可以轮流当小队长，根据不同的活动主题和要求，推选小队中最"专业"的同学来带领大家一起开展活动。孩子们非常赞同，分别推选出讲述童话、表演童话、创编童话的队长。这一举措，大大提升了小队活动的质量，也培养了多名优秀的小队长。[①]

小队长选好了，怎么进行成员分工呢？这就需要老师在日常的小队活动中培养小队长。首先明确小队合作的目标和任务；然后围绕共同的目标和任务，指导

[①] 参见徐洁2012年撰写的《"我的绿野仙踪"班队活动设计方案》（未发表）。

第二章 岗位工作与组织建设

每个队员根据自己的特长或意愿，协商分工，领取任务。过程中，每个成员都要努力克服困难，认真完成任务，队长则要组织、协调，确保小队成员齐心协力，互相帮助，最终共同达成目标。

4.设计小队的文化标识

小队的文化标识首先应具有识别性，就是要显示本小队的特征；其次应具有整体性，无论名称、口号还是小队标志都要与小队特征和目标相关。

对于二年级学生来说，设计小队文化标识还是有些难度的。学生年龄较小，生活经验积累也很少，他们并不明白标识的意义和价值。给小队取队名，一般是小队成立后的第一项工作。对于一个新成立的小队，队名的确立意味着小队的诞生。为了给自己的小队取队名，孩子们都会使出浑身解数，从一开始的各抒己见，到老师介入指导，家长参与并提出建议，再到与动植物、童话、动画故事等有寓意、好玩的形象相结合，一般要热闹好几天。另外，我们发现在确定队名时，孩子们各不相让，谁都想自己取的队名被选中，最后只好通过投票才能作出选择。

对于案例中提及的小队标志，设计难度则更大。老师之前可以提供一些范例，简单介绍标志的组成元素，然后引导学生自由设计。每个学生都充分发挥自己的想象力，把自己的愿望表现出来。当然，为了降低设计制作的难度，可以建议学生事先收集一些相关的图片，以剪贴的方式完成队标，在色彩的搭配与内容的匹配上也可以请美术老师进行指导，以便让学生在设计中感受艺术之美。

学生从加入小队开始，就会形成"我是小队一员"的意识，如果老师择机举行小队成立仪式，那么学生就会更加爱自己的小队，因为小队有一个让自己骄傲的名称，有自己设计的标志、口号，有丰富多彩的活动等。当然，小队的组建并不意味着小队建设的完成，小队建设推进过程中会不断出现新问题、新挑战、新资源，班主任要做一个有心人，通过有效的设计和指导，引领小队和孩子们更健康、主动地发展。

二、如何培养小队长

一个小队能否有序开展活动，让每一个小队成员体验小队活动的快乐，与小队长的投入状态、作用发挥有着密不可分的关系。因为小队长是伴随着小队的组建产生的班级新岗位，被推荐或自荐上岗的学生，无论是对小队长的角色、职责和开展工作策略的认识，还是自身的实践体验，都需要从零开始。所以，在小队建设的过程中，班主任要将小队长的培养列入班级建设重要工作，既要手把手教

给一定的方法，又要引导、鼓励其主动思考、相互学习。一个优秀小队长的培养并非朝夕之功，需要在一次次具体的实践活动中历练与提升。

案例

二年级的小豆豆
淮阴师范学院第一附属小学　杨　玲

二年级学生开始进入规则内化、注重外在评价的状态，有了融入集体的可能，小队合作成为二年级学生亟待开发的潜能。只有在群体合作中，个体自主性才能得到培养。不过，虽然小队合作对于集体和个人都具有推进发展的意义，但学生不会立刻或自然地形成合作价值观。合作策略、合作能力都必须经历体验的过程。小队活动过程中的观点交汇要老师正确加以引导，才能纠正成长中可能发生的偏差。因此，学习合作沟通、组织协调成为二年级小队建设的重点。

（1）小队建设从朦胧状态转向初具模样。本班学生的岗位意识较强，能够主动为班级做出自己的贡献，并已经具备一定的学习、活动能力。但还没有小队概念，也不具备合作意识，对合作的基本要求也不明确。二年级学生有着和同龄伙伴交往、游戏的强烈愿望和心理需求，与人合作的心理品质和能力也在更多的活动中不断实践、不断积累。因此在开学初期，我们建立小队，并由小队自主设计队名、口号，竞选小队长。前期我们还开展了一系列的活动，如"让本子'飞'起来"，即小队传本子比赛；"齐步走，向前走"拓展运动等，以促进小队成员间的合作以及小队长组织、沟通、协调能力的发展。

（2）关注小队长在小队建设中的独特价值。小队建设初期的另一项重要工作就是小队长领导力的培养。通过小队合作来培养小队长的组织、协调能力和团结合作意识，是比较有效的途径。在小队的组建过程中，从竞选小队长，到参与小队建设并得到小队成员认可，再到组织协商队员间的相关分工合作，对于二年级学生而言极具挑战性。作为小队长，需要学会正确认识自我与他人，获得队员的认可，同时影响小队成员，并形成清晰的组织架构和成员分工。当然，在组建的过程中会出现许多问题和矛盾，例如，"好朋友"是否适合在同一小队的问题，部分队员难以被小队接纳与认可的问题等。小队长角色可以培养学生的创新精神、实践能力、和谐意识，在小队建设中亦具有独特的育人价值。

本次活动的目标：一是通过活动，使学生喜欢现在的班级，喜欢现在的生活，形成"我的班级"意识；二是通过活动，使学生意识到升入二年级后自己的成长变化，努力成为更好的自己；三是建立小队，在活动中锻炼、提升小队长的策划、组织、协调能力，增强小队成员的"小队归属感"。

活动的主要过程如下：

活动环节	教师活动	学生活动	设计意图
唱响班歌	跟学生一起欢唱	轻松愉悦唱班歌	使学生们心情得到放松
开放式导入	出示小豆豆和学生照片	认识到二年级的小豆豆，其实就是自己	用学生喜欢的故事主人公导入，调动他们参与活动的兴趣
小豆豆日记：《我的新老师》	组织学生开展游戏，并介入指导，采访小队成员（预设提升：（1）引导学生发现某老师的优点，激发学生喜爱和尊敬之情。（2）提升小队长的沟通能力）	1. 喵小豆队：通过"我来说，你来猜"游戏，要求小队成员描述，全班同学猜出是哪位老师 2. 师生、生生互动	通过引导学生更仔细地观察老师的活动，使其发现老师身上的优点，激发学生尊师、爱师的情感
小豆豆日记：《我的新班级》	组织学生介绍，并介入指导（预设提升：美丽班级的建设靠大家共同努力）	汪小豆队：通过图片介绍班级环境布置，以及小队合作背后的故事	小队成员在班队活动前搜集有关资料并整理，通过交流让孩子们感受这一小队在教室布置时的用心，引导孩子们喜爱班级，并了解小队长在活动中的作用
小豆豆日记：《我的新生活》	组织学生表演，并介入指导（预设提升：（1）这样的课余生活好不好？有意义的生活，才能让我们更好地成长。（2）渗透小队长合理分工以及成员团结合作的重要性）	花小豆队：表演小品《他们的课余生活》，交流不一样的课余生活	通过交流回顾，引导学生发现自己的进步，产生内心愉悦感，并促使他们成为更好的自己

（续表）

活动环节	教师活动	学生活动	设计意图
小豆豆日记：《我的新起点》	1.组织学生介绍（预设提升：（1）怎样成为一个更好的自己？（2）在小队合作中，你发现了一个怎样的新自己？） 2.介绍"阳光少年"二年级主题活动：我是少先队员 3.组织红领巾志愿者招募活动	叶小豆队： （1）发现自己的进步与成长 （2）了解"阳光少年"二年级主题活动 （3）参与红领巾志愿者招募活动，争做优秀少先队员	了解二年级"阳光少年"成长主题"我是少先队员"，以及在新身份下不一样的崭新舞台
总结提升	1.结合平时观察以及和家长的沟通，为每一个孩子送去祝愿（大方、活泼、自信、有耐心……） 2.小队初具模样，点明小队长的独特价值	接受老师的祝愿，并为小队长的付出和努力点赞	带着老师的期许，继续二年级的快乐旅程

解读

杨玲老师把本次活动作为打开新学年班级建设的一把钥匙，让我们一起来看看这把钥匙有何独特之处：

1. 对"更新换代"的个性解读

从杨老师对学生的分析中我们了解到，学生升入二年级后，出现了换教材、换教室、换老师等现象，这在很多老师看来再寻常不过的事，杨老师却读出了其中的不同寻常，因为这样一种更新或变化，对于刚适应小学生活的二年级孩子来说，有着不小的挑战：

外在的教材难度的加大，其实并不会对孩子产生太大影响，因为知识是循序渐进、螺旋上升的。但是，孩子内在的心理可能会被我们忽视：一部分孩子会留恋曾经的老师，不习惯新老师的教学风格，对新老师保持心理的距离；一部分孩子也（包括家长）因为曾经的心理定势，会独自预设在老师心里的位置，产生或

第二章 岗位工作与组织建设

亲近或疏离的关系；而大部分孩子都会有一种"新老师会不会喜欢我"的担忧或期待心理。所以，引导学生尽快适应新老师的教学风格，适应新教室的文化氛围，适应新学年的学习节奏，是期初班主任工作的重点。①

不仅对于学生，对于杨老师而言，这个班级也是一个新班级，期初对学生的情况还不是很熟悉，所以组织活动也具有挑战性。杨老师一方面通过日常观察、交流、组织活动，更多走近学生，了解学生；另一方面通过家访、校信通、家校联系本等途径，主动联系家长。杨老师相信："任何人的相识、相熟都要经历一个过程，这个过程中，只要用心经营，就会结出丰硕的果实，彼此会建立融洽、默契和信任的情感。"同时，杨老师不仅满足于学生能"适应"或"逐步适应"，而且期待孩子们"喜欢"：喜欢新的老师，喜欢新的教室，喜欢新的生活，喜欢二年级的自己。通过活动中杨老师和学生的一段对话我们可以感受她的引领作用：

主持人：同学们，时间跑得真快，就像一辆小马车，哒哒哒，转眼间就把我们带到了二年级，你们发现自己长大了吗？

生1：我发现自己长高了，看电影、坐公交车、去公园玩，都要买门票了。

师：好多孩子从今年开始，都要买门票了吧？你知道吗？买门票意味着我们不再是幼儿，而是正在成长为一名少年。这个信号告诉我们要开始学会独立，自己的事情自己做，要明辨是非……

生2：我不再是校园里最小的了。我们应该为一年级的弟弟、妹妹做榜样。课间不在操场上追逐打闹，路队安静整齐不吵不闹，上学或放学让爸爸、妈妈到指定接送点，不能到门口。

生3：我开始自己睡小房间，不再跟爸爸、妈妈挤在一张床上了。

师：真棒！说明你开始有自己的独立空间了，老师相信你以后还会有自己的小秘密！

生4：我发现二年级语文课的预习很重要，词语也不是老师抄给我们的。

师：是啊，我们就像那只看海的小青蛙一样，一级一级地向上攀登。老师告诉你们，新的目标正向你们招手，会有更广阔的舞台等待着你们展现！

二年级成立小队了，端午节一起做香包，清明节一起踏青、放风筝，元宵节一起赏花灯，一起参加"小手拉大手，亲子共成长"活动，周末结伴郊游，参加

---

① 参见杨玲2014年撰写的《"二年级的小豆豆"活动反思》（未发表）。

力所能及的公益活动，等等，相信孩子们对杨老师，对新的班级生活，对成为一名"阳光少年"充满了期待。

2. 对"活动育人"的努力追求

进入二年级，学生对班级群体的期待，首先还是体现为安全感的获得。这种安全感，表现为他们的行为能够在班级群体中获得支持，包括同伴和老师的支持；其次，他们需要获得价值感，如果一个学生不能在班级中获得群体成员给予的积极评价，那么他就不能感觉到自己的价值，也就难以认同班级群体的价值，从而产生一种归属感。所以，杨老师接手新班级后，努力发现学生的闪光点，给予正面激励，使得他们的"精力"得以正面释放，在班级中起到积极效果，进一步增强了班集体的凝聚力。

杨老师在和家长交流的时候，发现许多家长都会关注：孩子的新老师是否优秀？是否负责任？是否有爱心？对此，老师需要就学校的育人理念、自己的教育期待、学生的成长需求等与家长沟通，以取得家长的信任和支持，但仅有口头承诺或言语表达是不够的。杨老师通过前几年的实践，形成了这样的经验：通过活动把孩子的兴趣激发起来，让孩子的自信建立起来，把孩子的潜力挖掘起来，才是最有意义的；丰富有意义的活动，家长不仅不反感，而且更加支持。

回到本次活动，杨老师组织学生以小队活动的形式开展，各小队分别以"我的新老师""我的新班级""我的新生活""我的新起点"为主题，分享前期在小队长的带领下各自的发现和感受。让我们听听"花小豆队"的一个介绍片段：

小队长：我们小队来说说我们的新班级！

生1：我们班是个水底乐园！有刺豚队、青蛙队、小鱼队、螃蟹队。我们每个人都有一个小动物卡，跟在小队长后面，努力加分（积分榜）！

生2：看，一排排整齐摆放的图书，是我们的阅读加油站。你发现了吗？每本书都贴上了编号，这样整理起来就很方便，书也不容易丢啦！

生3：大家有没有发现我们班级很干净？因为开学第一天，老师就告诉我们"我的地盘我做主"，每人负责自己脚下的一块地。每天放学都坚持做到三部曲：捡纸、排桌、收椅子。责任心，从小事做起。

…………

相信孩子们是带着满满的自豪感进行现场介绍的，而且这样一种对班级新生活的喜欢，会在孩子们的成长过程中产生积极而持久的影响力。

第二章　岗位工作与组织建设

3. 对"队长培养"的用心指导

小队长在小队建设中的作用是毋庸置疑的,小队长是小队的核心人物,既是小队活动策划、组织的领导者、协调者,又是活动开展与推进的引领者、示范人。如何有效利用资源,对小队长进行有目的的培养,帮助他们又好又快地胜任岗位工作,并在此过程中体验成长的快乐呢?杨老师在本次活动中的介入能给我们带来很多启发:

第一次是"我的新老师"环节的介入:

师:一个个小机灵豆,把老师们可都摸得门儿清啊!采访、拍照,还拍了视频,这可不简单哪!谁这么勇敢?

生:我们这些照片和视频来得可不容易!一开始,我们都不敢进老师办公室,不敢去给老师拍照,站在门口半天也不敢敲门。

师:那后来怎么解决的呢?

小队长:第一天我们一共跑了四趟办公室也没把任务完成。后来,我回家和妈妈商量。她提醒我,也许换个地方就不会那么紧张了,你们不敢进办公室,不如尝试把老师约出来。我们班胡同学的妈妈和赵同学的妈妈都是学校的老师,我们就让胡同学和赵同学把老师约到花园里采访,这样就避免对着那么多其他老师了,而且花园那儿也很安静。

师:多了不起的小队长,小小年纪就知道寻求外援,变通做事。你们小队出色的展现有你不小的功劳啊!

第二次介入是在"我的新班级"交流结束之后,杨老师针对"花小豆队"小队长的介绍:"小队成员准备发现班级之美,并把它记录下来,会写的就写故事,会画的就画画,也可以用手机拍成照片请家长打印出来",点评道:

发现他人长处、善用他人优点,这是作为一个小队长非常重要的能力,相信你们小队今后不仅能将小队任务出色完成,自己的能力和特长也一定会在一次次的活动中得到发展和提升。老师期待更棒的你们!

第三次介入是在"我的新生活"环节:

师:搜集资料、表演小品、策划、汇报,你们小队的任务不少啊!我想采访一下小队长,你是怎么分工的?

小队长:首先,把大家召集起来开小队活动会,制定活动目标,然后分工。

我们小队任务并不好分工。一开始，发问卷，作调查，总结汇报，几乎都是由李同学、钱同学、陈同学和我四个人完成。后来发现这样不行，因为任务太多了，另外，其他队员不参与也不好。所以通过召开第二次小队活动会，我们决定采取"一带一"形式，由全体队员一起参与，最后大家都得到了锻炼和展示的机会。

师：任何一个优秀的团队，都不可能只有一个或几个优秀的人。必须人人努力，只有每个人都能在这个集体中发现自己不可缺少的价值，这才是最优秀的团队。

第四次是在"我的新起点"环节：

师：在这次活动中，老师看到大家为了在新的一年更好地学习、生活，积极出谋划策，付出了许多努力和智慧；同时也在这个过程中收获了很多，学会了发现问题、思考问题、解决问题，更学会了与他人交往、与他人合作。特别是几位小队长令我们刮目相看。

（采访小队成员）在这次活动中，你觉得你的小队长表现如何？

生1：我们小队长非常棒！平时我觉得他就是一个成绩非常好的人，但是在这次活动中，我发现他特别能包容别人。有好几次我们都把他气哭了，然后他抹抹眼泪又跟没发生什么似的继续准备。

生2：一开始选他做小队长，我心里其实挺不服的。但是，在这次活动中，我发现他特别会调动大家的积极性，使每个人都有任务，每个人都愿意为小队做出贡献。

生3：我们的小队长很棒！事情都是自己先做，不偷懒，也不在老师面前打小报告。不过，我觉得我也可以做小队长……

活动中杨老师一次次的介入、发问，其实就是一次次的指导，而且这样一种指导，是基于学生前期活动中出现的问题或困难，是为了学生在小队建设的推进中获得更主动的发展，所以针对性和指导性很强。通过活动中的交流互动，学生，特别是小队长都会明白：在开展活动时要发现他人的长处、善用他人的优点；要善于分工，遇到困难积极寻求外援，变通做事；让每个人都得到锻炼……这样，一个月、一学期、一学年下来，队长和队员何愁得不到成长和发展？

建议

小队建设初期的关键是培养小队的核心力量,即小队长。班主任要想方设法,调动各种资源和力量让小队里的骨干先发展起来,并带动小队成员的发展,分层培养,以点带面,让小队稳步前进。小队长的角色意识培养,可以通过竞聘、颁发任命书等途径,激发其责任感,让他们懂得:我当上了小队长,就要履行小队长的职责,不仅要管好自己,在日常的学习和行为规范上起到带头作用,还要组织带领小队成员一起活动,一起创造,一起克服困难,共同进步。这样的意识和能力并不是与生俱来的,而是要通过老师的用心培养才能形成。

1. 积聚资源,借力培养小队长

组建小队之后,班主任不可能同时介入多个小队进行指导,在分身乏术的情况下,可以借助外力,集聚资源,推进小队建设,培养小队核心人物:

一是向班级学科老师借力。日常班队活动开展的过程中,我们可以主动邀请学科老师参与。特别是在小队建立初期,可邀请学科老师和班主任分别介入各个小队的活动,指导小队策划名称和口号,为小队建设出谋划策,给小队长支招等。一对一的扶持与帮助,不仅可以引导孩子们快速进入"小队"之家,而且对于小队长的培养,更是"快速有效"。小队长们在老师的指导下,带领队员开展活动,组织小队成员之间、小队之间的交往互动,展示小队活动成果,会有更多成功的快乐体验。

二是向家长借力。每一个学生的背后都有一个家庭后援团,家长适时适度的介入,特别是担任小队长的家长的介入,能够对学生个体发展甚至是整个小队活动质量的提升起到积极的推动作用。例如,在小队需要帮助的时候,为其寻找、提供相关资料和道具,参与小队方案的策划,指导小队汇报,协助队员做好PPT,等等。有时,还可以邀请家长到校参加现场活动,担任观众、嘉宾、评委等。家长资源是一个很好的智库,用好了能为学生成长、班级成长积聚强大的育人力量。

三是向高年级学生借力。现在许多活动都是经过年段思考、长程设计的,所以,高年级学生一般都曾经参加过低年级学生将要开展的活动,他们也经历过小队建设各个阶段的实践体验。如果在小队遇到困难时,引导小队长去"友谊中队"请教学长,甚至邀请学长担任小队活动的小辅导员,那么小队活动的开展会有事半功倍的成效。

2. 依托活动，着力培养小队长

小队成立后，班主任可以通过先期培训，帮助小队长了解自己的角色，明确小队活动的规则，如小队成员的分工、小队活动的程序等，以帮助小队长更快进入角色、开展活动。但仅靠这样的培训肯定是不够的，还要结合具体活动，对小队长进行不断培养。

对小队长的能力要求是多方面的，从活动有序开展的意义上讲，活动前，小队长要组织全体队员讨论并形成活动方案；活动时，考虑问题不能从自己出发，应从小队着眼，为全体队员着想，分配任务要民主、公平、合理，要综合利用资源，巧用表扬和批评，调动队员的积极性等。此外，小队长还要发挥班主任与小队成员之间的桥梁作用，沟通活动进程，协调并处理好本队成员之间以及本队成员与其他小队成员之间的矛盾，这样才能顺利完成各项活动任务。而这样一些能力，我们都可以并需要在日常活动中有意识地进行培养。

抓住学校主题活动，思考设计班级中的小队活动，通过培养小队长促进小队建设。例如，借助学校开展春游综合实践活动，就可以组织两次班队活动，一次是春游之前的策划，如景点预告、春游文明、春游安全及春游活动等，不同的话题由不同的小队领衔策划。另一次是春游之后的回顾和总结，包括亮点与得失、对小队队员进行评价及有关春游作品的展示等。①

在多次活动的锻炼下，小队长的成长是快速的，他们是小队活动开展台前幕后的主角，能说会道，智慧能干且有主见；同时，责任心、组织能力逐渐增强。他们已经能够较为有序有效地开展队内活动，这是值得欣慰的。②

3. 关注差异，分类培养小队长

每一个学生都是独特的生命个体，彰显着不同的个性，有的孩子热情开朗，有的孩子文静内向，有的孩子直率倔强……小队长也是如此。针对不同个性的小队长，要有不同的培养方式，因为无论是何种发展起点和个性的孩子，都享有在活动中锻炼成长的权利。班主任要学会关注差异，对小队长进行分类培养。一般来说，以下三种类型的小队长特别具有典型性：

一是热情服务型。这类孩子特别热情，爱帮助人，能从帮助别人中获得满足和快乐。他也会时时在老师跟前转悠，问有什么事情是他可以做的。这类孩子走上小队长岗位后，会带领队员热热闹闹地开展小队活动。但是，经常会出现包办

---

① 参见王丽 2013 年撰写的《春游系列活动总结》（未发表）。
② 顾俐. 以小队建设促学生成长 [J]. 班主任之友，2012（12）.

第二章 岗位工作与组织建设

代替、身兼数职的现象，因为他把别人的工作都当成自己的事，大包大揽。于是，便会出现小部分成员动不起来的现象，导致人人参与的目标不能实现。对于这类小队长，班主任要让其明白"小队建设，人人有责"，每个人要向着同一个目标，在自己能力范围内做好自己的事，这才是真正意义上的合作；让其用自己的热情感染小队的每一个成员，只在队员有困难时给予适当的帮助。

二是胆小内向型。这类孩子比较内向，连说话都感到羞涩，特别是碰到自己不擅长的任务，更是一筹莫展。具体到小队活动时，所在小队的活动推进明显滞后，有时甚至停步不前，这会让小队成员心生埋怨。这样的小队长，班主任该出手时必须出手，一方面给他支持，告诉他老师永远是他的支持者，小队活动遇到困难时可以找老师；另一方面要主动帮助，或出谋划策，或寻找资源，或做好小队成员的思想工作，并在成功完成一阶段任务后，及时给予表扬和鼓励，鼓舞小队长的信心。当小队长在老师、队员甚至家长的帮助下，顺利完成一项活动后，他的成长和感悟应该是最丰富的。

三是缺少动力型。这类孩子一般都比较聪明，但对是否当小队长并不是很在意。他经大家推选上岗之后，一开始会组织小队成员进行策划和分工，但时间一长，就没了新鲜感，特别在活动开展遇到困难或未获好评时就想着放弃。如果老师不同意，也就勉为其难继续担任小队长，但工作干劲明显不足，对于小队建设进入怎样的状态不会主动关注，小队成员有什么需求和困难，也不会主动去想办法解决。对于这样的小队长，班主任不能简单采用换人的方式解决问题，可以多一些介入，随时了解小队活动的进度，并且适时跟小队长介绍其他小队开展活动的情况，督促、激励小队长的好胜心和责任感，一方面确保小队活动的有序推进，另一方面也促使小队长和小队成员在活动中有所发展。因为其个性好强，一般在外力的推动下，会调整自己的工作态度，并有被同伴欣赏、夸赞的快乐体验。

与此同时，老师还要教给小队长处理矛盾的方法，那就是拒绝小队长一言堂，学会倾听队员的心声；不包办代替，让每个人都有事做，并且做自己擅长的事；不抱怨拖后腿的队员，而是积极帮助，大家一起努力前行。当小队长对自己的角色有了较为清晰具体的感悟：我们不仅是小队活动的领导者、组织者，更是活动的策划者、关系的协调者和活动的参与者，我们有理由相信，他们作为小队长所需具备的基本能力和素养也会逐步习得和提升。

三、如何以小队建设促进岗位工作发展

和一年级相比,二年级新一轮岗位建设最大的变化表现为:一是要确保每一个学生都拥有自己的小岗位;二是新增以小队为单位的岗位组参与班级岗位的竞聘和实践体验,或者岗位竞聘结束,同类岗位自成一小队。这样的岗位组,可以是一个小队"承包"同一个岗位,小队成员在不同的时间承担相同的岗位工作;也可以是一个小队负责多个岗位,小队内部进行协商、分工,每个队员承担不同的岗位工作。通过岗位锻炼,帮助学生进一步认识岗位的作用,了解自己所要承担的岗位职责,体验岗位合作、服务同伴、提高自己的快乐。

案例

我收获,我成长
——"小岗位,大舞台"系列主题班队活动
厦门市第二实验小学　黄冬敏

我们班的 50 个娃天真烂漫,萌翻了天。经过一年的相处,孩子们在运动会、雏鹰假日小队、班级迎新年联欢会等班级活动中,在学校形式多样、维度多元的班级评比中,集体荣誉感不断增强。进入二年级,大部分孩子已经能适应学校生活,好人好事不断涌现,心系班级的孩子越来越多。但我们班的孩子大多为备受宠爱、自理能力不强的独生子女,做事缺少条理,思考问题针对性、可行性不强,解决问题缺少方法或者不切实际。

养成教育是一年级的教育重点之一,对于岗位,孩子们的意识里只有家长口中的班长、副班长和小组长,问谁想当,人人举手,无一落下;但问这些岗位要做什么,举手的寥寥无几。可见,孩子们对于岗位既充满了向往,又充满了茫然。因此,一年级时我只设置了班长和副班长,还有每日或每周轮岗的值日班长和领读员。

到了二年级,孩子们的主人翁意识增强,十分渴望得到成就感,班级工作也迫切需要孩子们的参与。于是,我们班一开学就开展了轰轰烈烈的"我设岗,我当家"活动。我给孩子们时间,让他们去发现班级需要做的事,收集起来,再集思广益一起给岗位起名字,接着试岗,进行岗位的增删、合并或拆分,然后定岗竞聘,开展工作。这可能是大部分孩子接触的第一类社会性责任,是第一次体验、创生个体与群体生活的新关系,而且大多数孩子会在通过自己的努力完成一项任务时获得一种成就感。

我们班的岗位共有 4 大类 30 个,根据服务、纪律、环保和学习四大类分别

第二章 岗位工作与组织建设

形成4个岗位组,并各自成一小队。我一直把全班孩子都当作创造奇迹的小天使,然而实践中很多孩子都是心有余而力不足,主要存在以下问题:做事无序、遇到问题缺少思考、解决问题缺少方法、岗位组中缺乏分工合作意识等。因此,在岗位推进的过程中,我定期组织岗位组进行总结反思,发现问题,自己想办法解决。孩子们在此过程中,逐步养成遇到问题先动脑,解决不了找同伴合作互助的习惯,并且初步形成分工合作的意识和能力。

本次活动目标:一是岗位组回顾工作,体会岗位实践带来的自豪感,树立服务意识;二是岗位组在盘点收获和讨论解决问题的过程中,学会小结经验和反思,并能思考解决方法;三是通过多元推荐,相互赞扬,营造积极向上的班级氛围。

活动的主要过程如下:

活动环节	教师活动	学生活动	设计意图
热身	播放视频,引导学生回顾岗位实践及班级"小岗位,大舞台"系列活动	观看视频,回顾岗位体验及班级"小岗位,大舞台"系列活动	营造活动氛围,激发小主人对岗位的热爱,唤起他们的服务意识
主角登场,我们亮相	把"舞台"交给小主人,引导岗位组亮相	服务、学习、环保、纪律四大岗位组轮流亮相,展示口号	培养小主人的岗位组合作意识,集体亮相,鼓舞士气,提高团队的凝聚力
我们很棒,分享收获	1. 请岗位组发言人做学期小结,谈收获 2. 参与互动	1. 服务、学习、环保、纪律四大岗位组分享岗位体验中的收获 2. 互动	1. 通过分享岗位实践的经验,收获更多方法,促进成长 2. 通过互动,激发学生的感恩之情,唤起服务意识,并体会班级建设中个体与岗位组的重要性
回顾体验,分享自豪	1. 呈现岗位组反思中3个较为共性的问题: (1)小朋友不配合怎么办? (2)怎么提高做事速度? (3)忘记上岗怎么办? 2. 巡视岗位组讨论,引导岗位组提出尽可能具体的解决方法 3. 引导岗位组交流讨论结果,互相补充、评价	1. 岗位组选择其中一个问题,讨论解决方法 2. 交流讨论结果,互相补充、评价	1. 集思广益,呈现多种对策,丰富岗位组解决问题的"小锦囊" 2. 使学生学会思考问题,能合作想办法,并表达出来,活动后尝试去做

（续表）

活动环节	教师活动	学生活动	设计意图
为你点赞，赞扬展望	1. 播放几位家长和老师点赞的视频 2. 引导小主人在岗位组内点赞，并用一句话说明点赞理由 3. 采访每个岗位组中获赞最多的小主人，鼓励获赞较少的小主人	1. 观看点赞视频 2. 岗位组内进行点赞行动 3. 反思获赞多或少的原因，规划今后努力的方向	1. 通过点赞引导学生发现他人闪光点，学会欣赏他人 2. 激发小主人继续参与班级建设的热情 3. 鼓励小主人在进一步反思自身岗位工作的优缺点与展望班级的美好未来中继续成长
总结提升	学生拿回爱心满满的集赞卡，预告闭学式的颁奖		

解读

岗位建设是"新基础教育"早在探索阶段就已经有成型经验的班级建设改革专题。20多年来，各实验学校一直在推广。黄冬敏老师的这个活动，较好地体现了其对班级岗位建设育人价值的整体把握与创造。

1. 班级岗位面向全体学生，人人有岗位

进入二年级，黄老师希望在班级岗位建设中能更多地发挥孩子们的主体作用，于是就给他们充分的时间，鼓励他们独立或与小伙伴一起去发现班级需要做的事，并收集起来进行整理归类，确定需要设置的岗位，然后再组织学生集思广益，一起给岗位取名字。这些岗位，除了班长、副班长、领读员是一年级就有、学生认为需要保留的，其余多为学生认为需要增设的。

黄老师跟孩子们商量，把班级设置的30个小岗位，根据工作内容相关、相近原则，分成四大岗位组：服务组、纪律组、环保组和学习组，每一个岗位组都有一个小队长来组织开展岗位工作，希望岗位组成为班级小队建设的又一个新载体。全班50名学生人人有岗位，而且都有所属的岗位组，确保孩子们参与班级日常管理并在过程中得到锻炼。以下是黄老师班级的岗位设置图：

第二章 岗位工作与组织建设

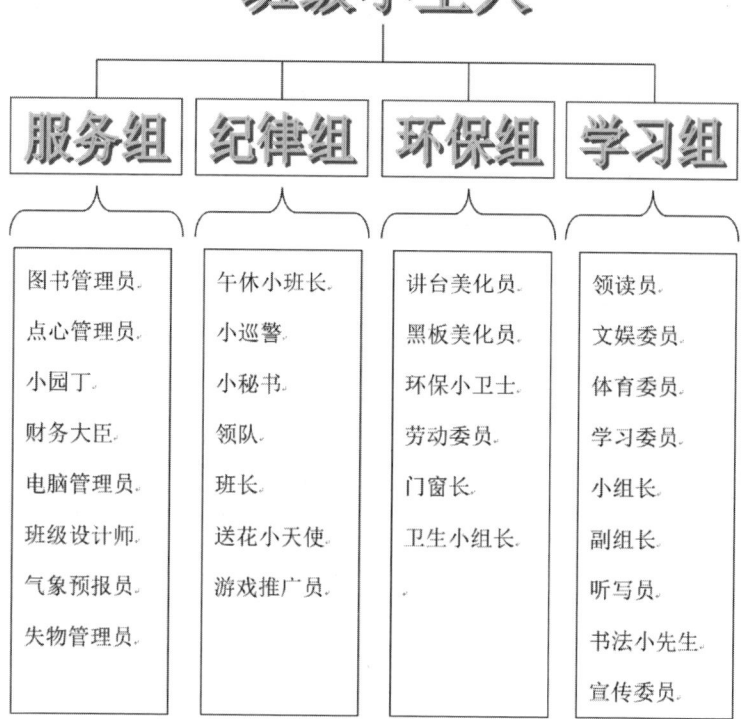

在小队建设的背景下，对个人意义上的班级小岗位进行一定的组织，形成若干岗位组，同时有效利用伙伴资源，相互促进、相互学习、相互督促，更有序地推进班级岗位建设，并为孩子们提供更多的交往与发展空间。本次活动中，四大岗位组在小队长的带领下，非常自豪地喊出自己的口号，也形象地揭示了各个岗位组的主要工作职责：

纪律组：我们是维护"世界"和平、公平正义的纪律组，我们的口号是：纪律永远在我们身边。

学习组：我们是能干的学习组，我们的口号是：团结合作，快乐学习。

服务组：我们是热心的服务组，我们的口号是：为大家服务，so happy！

环保组：我们是守护绿色的环保组，我们的口号是：绿色班级，有你有我，环保出动，一纸不留。

2. 班级建设分工协作，事事有人做

从这一岗位设置可以看出，30个岗位涵盖了班级生活的方方面面，既有班级日常秩序的维护、日常事务的管理，也有与学科学习相关的自我服务，例如，小组长、听写员等；有丰富班级文化生活的小园丁、送花小天使、游戏推广员、班级设计师等；还有传统意义上的小干部、各类委员等。由此可见，经过一年的小学生活，学生对将要开展的班级日常生活已经有了自己的勾勒和憧憬，并对过程中自己应该或者说想要承担的义务作好了一定的心理准备。

我们来看几个岗位的具体安排：

（1）服务组

岗位1：图书管理员

人员：柯同学

职责：①整理图书；②修补图书；③管理图书漂流卡

岗位2：失物管理员

人员：陈同学1

职责：①整理失物，摆放好；②帮助失主寻找失物；③每周五发放失物

岗位3：班级设计师

人员：张同学、赖同学

职责：①及时修补板块；②布置班级时，一人最多可邀请两个小助手；③每个月第二周更换"苗儿青青"（写作），第四周更换"学习园地"（书法）

（2）纪律组

岗位4：领队

人员：王同学1和轮岗同学

职责：①及时站到队伍前面整队；②带路队，拿班牌；③带操

约定：①有声音或有同学掉队时立刻停下来组织；②放学路队中巡视，选表现好的同学举班牌

岗位5：小巡警

人员：郭同学、陈同学2、陈同学3

职责：①制止冲跑、打闹等危险行为；②遇到矛盾，成立小法庭解决；③楼梯口管理

约定：第一次黄牌提醒，第二次记名红牌警告，第三次扣一千元班币

岗位6：小秘书

人员：陆同学

职责：①每日完成点名册；②开关电脑；③处理各类紧急情况；④班长不在

时顶岗

（3）学习组

岗位7：学习委员

人员：语：吴同学1、潘同学；数：黄同学、庄同学；英：吴同学2、苏同学

职责：①早读：单日语文，双日英语，两人轮流带读和管理；②根据课表，课前诵读上岗，两人轮流带读和管理；③上午放学前拿记作业的本子找老师，将作业抄到黑板上（潘同学、黄同学、吴同学2）；④订正时，耐心教有困难的同学

约定：早读认真或课前诵读迅速的，奖励"紫色小花"

岗位8：体育委员

人员：许同学、吴同学3

职责：①拿、发、收器材；②体育课小组加分

约定：①不给发出声音或乱跑的同学发器材；②收器材时可自选小助手，不超过2人

（4）环保组

岗位9：劳动委员

人员：陈同学4、陈同学5、康同学

职责：①下课巡视公共区域（陈同学4）；②摆放劳动工具、保持卫生角整洁（陈同学4）；③倒垃圾、拿畚斗（康同学）；④五分钟劳动喊口令（陈同学4）；⑤眼保健操巡视，单日陈同学5，双日康同学。

约定：周三、周五定期检查，对保洁达人奖励"绿色小花"

岗位10：黑板美化员

人员：王同学2、陈同学6

职责：①单日：王同学2擦黑板和擦讲台，陈同学6整理讲台；②双日：陈同学6擦黑板、讲台，王同学2整理讲台

仔细分析上述岗位，就能发现其内在的丰富性：

首先，从岗位的人员构成看，有1人独自承担的（岗位1、2、6），有2人一组的（岗位3、8、10），有多人合作的（岗位4、5、7、9），其中，岗位4是固定人员与临时人员构成的不确定组合。

其次，从岗位的分工看，有按时间划分的（岗位10），有按区域划分的（岗位5），有按任务划分的（岗位7、9），可谓分工细致、明确，便于二年级学生合作。

另外,从岗位的难度系数看,有相对单一的事务岗位(岗位2、4、5、10);有兼具事务、管理职能的岗位(岗位6、7、8、9),这些岗位责权利相结合,学生拥有评价权,是非常难得的"放权";还有对创造性要求较高的岗位(岗位1、3)。一岗多人,多岗一组,为不同需求及能力发展的孩子提供了选择的可能。

3. 岗位锻炼互帮互助,个个能提高

在"我们很棒,分享收获"环节,岗位组发言人所做的学期小结表达了孩子们一个学期岗位实践的真实体验:

送花小天使(早读)吴同学1:我以前经常迟到。为了早点到校为早读认真的小朋友送小花贴纸,我改掉了拖拖拉拉、爱磨蹭的坏毛病。因为班级小主人的责任感,让我变成了一个更加自律的小朋友。

午休小班长吴同学1:我以前对同学太凶了。现在我都是轻轻提醒,既让小朋友更加遵守纪律,也不会影响其他人。

小巡警郭同学:以前我下课特别喜欢在走廊乱跑,现在当小巡警既能提醒别人,也能约束自己了。

学习委员黄同学:我们在教同学,使同学进步的时候,自己也巩固了知识。

这样的分享,除了有学生个体岗位实践过程中的收获,还有学生在所属岗位和同伴合作互助的体验:

班级设计师张同学:这学期我最大的收获是学会了分工。我和其他设计师承担了"迎新年联欢会"的班级布置任务,我们一起进行设计和分工,有的画彩旗,有的布置黑板,有的剪窗花,我们还找了五个小助手,分工合作,很快就把班级布置得非常美观。这让我们感受到团队的力量。

再看环保组的亮相:

部长(快板+小主人表演):
个子矮,没关系,拿把椅子登上去。
小讲台,要美丽,老师看到笑嘻嘻。
明亮灯,凉快扇,离开教室手伸起。
倒垃圾,常巡视,公共区域也牢记。
门窗长,来得早,安全环保争第一。
最后登场是谁呢?
八位卫生小组长,辛勤劳动最给力!

齐争吵：我们不给力吗？

徐同学：环保组，给力！

齐：都给力！

岗位实践体验与经验的分享，能促进学生增强服务意识、责任意识，并体会班级建设中个体与岗位组的重要性。活动中，针对前期岗位工作中出现的三个较为普遍的问题，老师还组织了讨论，引导学生尽可能寻求解决问题的具体办法，为日后更好地开展岗位工作支招：

问题1：小朋友不配合怎么办？

回答1：可以采取奖惩措施，或者事先与大家作好约定，比如第一次先提醒，第二次扣少量班币，第三次扣更多班币。但是如果改正了，并且保持得很好，要奖励。

回答2：可以向黄老师反映，和老师合作。

问题2：忘记上岗怎么办？

回答：岗位组内互相提醒，或写便利贴，贴在文具盒里提醒自己。

问题3：怎么提高做事效率？

回答1：岗位组内要分工合作，其他岗位的小主人也要多多配合。

回答2：如果是小巡警，可以根据室外课地点在哪个楼层来分工，每层一人，不仅不用跑上跑下，而且比较全面。

回答3：小园丁可以先找植物的主人了解植物的习性，以及需要多久浇一次水，然后写便利贴贴在花盆上，并作出分类，以便于浇水。

学生现场支招，主要源于两个方面，一是平时自己岗位实践的感悟，是自己想出来且尝试后觉得有效的办法；二是在项目组合作过程中，在同伴启发或帮助下学到的本领。某种意义上讲，这些都是孩子们在岗位锻炼中的成长表达。

"人人有岗位，事事有人做，个个能提高"，这是岗位建设育人价值的概要表达。黄老师的这个活动，生动呈现了这一教育期待的实践转化过程及路径，对于一个年轻班主任来说，是充满激情的创造。

建议

二年级的岗位建设，一方面要基于一年级岗位建设的发展性需求，另一方面

要充分关注岗位建设与小队建设之间的不可分割性，对岗位建设的目标要求、操作方法等进行整体设计，并对岗位设置、岗位竞聘、岗位锻炼、岗位评价和岗位轮换进行整体升级，还要针对出现的典型问题进行有效指导，以体现其年级独特的育人价值。

1. 加强整体设计

上海市闵行区实验小学在推进岗位建设校本化实施的过程中，提出了不同年级岗位建设的主题及重点，其中二年级的要求如下：①

目标要求：以组建合作小队的方式，以共同的目标有意识地引导学生在一定范围内合作交往，培养学生合作基础上的自主管理能力。在这个过程中，形成小岗位的"异质同组"和"同质同组"两种小组组建方式，即在座位排列上以不同岗位的学生组成小组，每人承担对组员一个方面的评价和督促工作，而在班级小家务的承担上又形成以同类岗位为"行动小组"的非正式团体，让学生在不同的任务中学会和不同的对象合作。

操作方法：小岗位设置基本涵盖班级生活的全方面，对小岗位按部门进行分类，重心在于小岗位设置与小队组建之间的关系。有两种方式：队员是同一个部门的，是今后高年级实行"中队委员会"职能部门制的雏形；每个部门都至少有一个成员分布在各个小队，使各小队在各方面的竞争中保持比较均衡的实力，这种方式就要求在竞争岗位时，先要队内协调，这是比较"理想"的一种方式。

操作要点：在这个阶段，岗位的评价和轮换要重视岗位技能的扎实培养，学生对岗位的职责和评价标准要清晰，同时建立起班级规范的评价标准；岗位的轮换要形成常规，根据岗位的性质规定明确的轮换周期；对个体岗位的评价要和小队整体评价相关联，通过个体评价强化个体在小队中的作用，以及促进小队整体对弱势个体的帮助。

这是该校多年岗位建设研究形成的成果，不仅对持续提升学校岗位建设品质有积极意义，对于其他学校老师也具有很强的指导性。

2. 做好岗位升级

二年级的岗位升级，要与岗位项目组和小队建设相结合，渗透到岗位建设全过程，即岗位设置、岗位竞聘、岗位锻炼、岗位评价和岗位轮换之中：

（1）岗位设置。二年级岗位设置在遵循"班级生活维护的需要"这一原则

---

① 参见尤兆蕾2016年撰写的《班级岗位建设与组织建设》（未发表）。

的基础上，还要关注学生成长发展的需要。可以通过增加岗位类别和一岗多人的设计，保证班级中人人有岗。随着学生校园生活场域的扩大、内容的丰富，除了继续保留路队长、作业收发员、课间小巡警、值日小班长、黑板美容师、水电节能员、小报童等服务类、学习类、行为规范类岗位外，还可以增设知识类、活动类岗位，例如，主持人、气象记录员、导读小先生、信息发布员，还要增设若干小队长。可以在老师的指导下，让学生自主寻找岗位、设立岗位，给岗位取名字，拟定岗位职责，以提高学生参与岗位建设的积极性。

（2）岗位竞聘。二年级岗位竞聘采用个人竞聘和小队竞聘相结合的方式，可以对小队长和小岗位进行横向设置，以项目组的方式进行招标，例如，小队长1：领读员、导读小先生、小报童；小队长2：课间小巡警、眼操监督员、绿化小卫士；小队长3：餐厅小卫士、水电节能员；小队长4：小小领操员、体育器材发放员；小队长5：班队活动主持人，等等。一般提早一星期组织学生设置岗位、制定职责，自行选择岗位并作好竞聘准备，竞聘演讲的内容包括"我想竞聘什么岗位；我能为班级、为同学做哪些事；希望得到大家的哪些支持"，最后采用举手表决的方式，推选出各岗位人选，在适当协调后向全班张榜公布。

（3）岗位锻炼。学生新接手一份岗位工作，会因为自身能力、个性和岗位间的差异呈现出不同状态。老师除了耐心等待，还需要给予帮助、引领和纠偏。千万不能因为岗位竞聘结束，班级建设事务有学生做了，就可以一放到底、不闻不问了，老师要做有心人，在尊重学生发展差异的同时进行分类指导。特别是岗位组的负责人，要先对其进行岗前培训，并在实践锻炼中帮助其了解岗位组内各个岗位及其职责，与组员协商分工，合理分配任务，督促组员按时上岗。如果岗位组工作出现问题，还要及时提醒或组织整个小队进行反思，共同寻求解决问题的办法，以此加强小队合作意识的培养，提高班级岗位工作的质量。

（4）岗位评价。开展岗位评价，要明确评价的内容、形式和要求。对于二年级学生来说，要进一步帮助学生认识岗位，了解岗位的作用，呵护学生择岗的积极性，指导学生及小队开展岗位工作，并在此过程中使其知道自己或小队所要承担的岗位职责，体验岗位锻炼、岗位合作的快乐。针对二年级以小队为单位的岗位实践锻炼的评价，要综合运用小队自评、小队互评、师评等方式开展。首先，小队内部要形成一定的评价办法，可以由小队成员共同商定评价标准，定期开展自评互评；其次，在班级层面要形成针对小队或项目组的评价参照；最后，在此过程中老师的评价不可或缺，这对于各小队在岗位工作中更好地体验、合作、共进有着引导和激励作用。

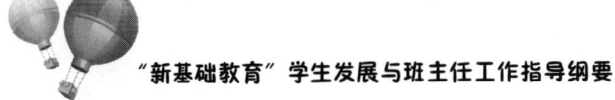

（5）岗位轮换。小队合作岗位组可以半学期或一学期轮换一次。岗位组内部可以根据需要和岗位特点一个月或半个学期轮换一次，轮换时间不宜太短，因为学生年龄小，做好岗位工作需要对岗位职责和方法有一个了解、适应和锻炼的过程；而小队在岗位工作中的合作更需要有一个相互熟悉、相互配合的过程，这样才能产生默契，形成较高质量的合作。岗位轮换可以与岗位评价有机整合，通过自评和他评，产生的各类岗位先进者在新一轮岗位竞聘中享有优先择岗的权利。

3. 关注典型问题

问题一：岗位锻炼中，小队的发展呈现不均衡现象。

应对策略：对小队进行星级评价。星级评价的标准由师生共同讨论，甚至可以邀请家长介入。例如，卫生工作三星级评价：

一星级：有分工，能完成岗位工作，岗位工作质量较好（干净）；

二星级：合理安排分工，认真完成岗位工作，岗位工作质量较好（干净、整齐）；

三星级：合理安排分工，认真、快速完成岗位工作，岗位工作质量好（干净、整齐、美观）。

在对小队进行星级评价时，要及时反馈评价信息，并引导小队长和队员进行反思，改进工作；如果评上三星级小队，可以优先轮岗或担任岗位小导师的工作。

另一方面，小队的成长状态与小队长的能力是分不开的。班主任在进行小队建设的时候，可以给能力相对薄弱的小队长安排易合作的队员；或者适当减少小队的人数，便于小队长有个领导和管理的探索过程。

问题二：岗位锻炼中，某些小队会对"值日班长小组""领读员小组""路队长小组"等有一定管理权、有较多露脸机会的岗位比较钟情，而对于比较脏、比较累、可能要牺牲玩耍时间的合作岗位缺乏热情。

应对策略：适时根据"岗位评价标准"，引导小队进行岗位评价，有意识地把那些在比较脏、比较累的岗位上默默无闻、认真工作的小队推到台前，为其颁发"岗位突击队"的奖状。使学生认识到岗位工作不分贵贱，无论哪个岗位都是在为集体服务；只要你认真对待，就会得到大家的尊重。

问题三：初次上岗或轮换新岗位的学生，不能很好地履行职责。

应对策略：特别关注两类学生，第一类是岗位工作热情高涨，但时间一长（约

两个星期后），对岗位工作的新鲜感会逐渐丧失，甚至会因为贪玩而忘记自己工作的学生。有经验的班主任的督促常常会在不经意间完成，有时还能指导学生之间通过相互提醒来解决问题。第二类是比较内向、能力发展相对较弱的学生，如果他们初次承担岗位工作有困难，老师一定要对他们充满期待，及时肯定并鼓励他们在岗位工作中的点滴进步。因为第一份岗位工作能否坚持下来，不仅影响他们日后的岗位选择和锻炼，同时还会对他们自信心的培养起到潜移默化的参照作用。

第三章　班级文化建设

"文化"是人之行为方式与思维方式的积淀。班级建设中的所有内容都必然能积淀为某种文化,并受制于已有文化的影响。就班级文化本身而言,它又是社会文化、地域文化、成人与青少年文化的具体化,为学生提供综合的文化场,且其自身也处于不断变动之中。[①]

班级文化会通过一定的途径融入学生的学科学习、班级生活和活动的各个方面,潜移默化地影响着他们的行为与成长。班级文化建设的目标是让班集体成为具有鲜明文化特色、浓郁文化氛围、优秀文化精神的文化组织,使之成为引导学生成长、促进学生发展的温暖之家。

在一年级时,由于学生能力所限,班级的文化建设(主要是外显的教室环境布置)呈现出教师主导、学生参与的状态,这一起步阶段是学生模仿学习、积累经验的基础阶段,不可或缺。进入二年级,随着学生能力和成长需求的提升,班级文化建设的目标定位和路径策略也要有相应调整,可以围绕形成共同的班级发展愿景、在小队活动中发展课间文化、培养孩子的合作精神等主题,引导学生更加自主地参与到班级文化建设中来,群策群力,创造富有成长气息的班级文化。

一、如何形成班级发展的共同愿景

班级文化是班级成员共同创造的群体文化,体现着他们共同的心理意识、价值观念和文化习性;而确立共同的班级发展愿景,则会促进学生形成"我们的班级"的意识。学生在接受、认同班级发展愿景的过程中,能进一步产生共同成长、进步的美好意愿,并在集体的生活与发展中锻炼自己、提高自己。

针对二年级班级建设的重点和学生的年龄特点,帮助学生形成共同的班级发展愿景,可以首先确立班级目标,定下目标关键词,然后围绕这一关键词从设计班名、口号、班徽、班旗、班歌、班规等一系列班级形象标识做起,在潜移默化

---

① 李家成. 班级日常生活重建中的学生发展[M]. 福州:福建教育出版社,2009:184.

中增强班级文化的影响力。

案例

我们是一家
厦门市槟榔小学　郭其姝

对于每一个踏入校门的学生来说，学校生活带给他们什么色彩，他们的生命画布就可能添上什么色彩。在班级活动中，作为班主任，我发现让学生在充满独特文化氛围的班级中生活成长，对于学生增强自我认识、提高生命质量有很大帮助。班级文化建设就是为学生的生命画卷增添色彩的过程。为此，我设计了长程系列活动，希望"在完善班级文化过程中逐步形成小队特色文化，再利用小队文化丰富班级文化内涵"。

第一阶段："小队是一家"主题系列活动设计（班级文化成型）

活动一：班级文化大讨论

活动二：小队岗位巧分工

活动三：小队团结齐亮相

第二阶段："小队文化建设"主题系列活动设计（班级文化分化）

活动一：我们的队名好神气

活动二：我们的形象好有趣

活动三：我们的合影好传神

活动四：我们的表演好精彩

第三阶段："小队来当家"主题系列活动设计（通过小队文化丰富班级文化）

活动一："勤劳鼠"巧破案（聚焦班级卫生常规）

活动二："智慧鼠"巧升级（小队学习游戏设计）

活动三："开心鼠"巧动员（小队活动策划入门）

其中，"小队文化建设"主题系列活动设计如下：

活动一：我们的队名好神气

学期伊始，为形成独特的班级文化，我在全班范围内征集"班名"。利用晨曦课[①]时间启动小队队名的创设，小队成员利用课余时间，商讨出能够获得队内成员认可的队名，最后开展一次班队活动交流队名的由来。就这样开始了班级文

---

① 晨曦课即厦门市槟榔小学每天十分钟用于班级建设的小课。

化分化为小队文化的第一步。对于低年级的孩子来说,他们的世界还充满着奇幻的童话色彩,他们对于有趣的故事、可爱的动物形象,充满着无尽的好奇与兴趣。在"班名"征集过程中,就有学生提出,班级学生绝大多数生肖为鼠,所以都是小老鼠,而电影《精灵鼠小弟》中的"精灵鼠"的形象也让很多学生印象深刻,于是最终确定"班名"为"精灵鼠"。根据这一班名,9个小队对原有小队名称进行修改,分别为勤劳鼠、智慧鼠、健康鼠、欢乐鼠、开心鼠、机灵鼠、梦想鼠、奔跑鼠和勇敢鼠。

活动二:我们的形象好有趣

在定下班名和小队名之后,我在班级创设了一个"精灵鼠村"的童话情境,9个小队就是9个拥有不同魔法的"精灵鼠"家族,班级环境的布置也以"精灵鼠村"为核心来开展。虽然学生心中已经达成对班级文化的共识,然而学生对于小队之间区别的认识仅仅停留于小队名称。小队缺乏内部文化,限制了小队内部凝聚力的提升。

通过调查了解,学生们最倾向于通过绘画来展现小队各自的特色。基于此,我引导学生们利用课余时间,根据小队队名分别设计各个小队的形象大使。以下是学生对于小队画出的精灵鼠大使进行的形象解读:

奔跑鼠:小名奔奔,喜欢跳绳、跑步、踢足球,每天上午7点就要到小区楼下晨跑,不运动就会生病。

欢乐鼠:小名欢欢,特别开心活泼,最喜欢吃汉堡和棒棒糖,其实他什么东西都爱吃。

机灵鼠:小名灵灵,爱好是看电影、照相、照镜子、卖萌,最好的朋友是奔跑鼠。

健康鼠:小名康康,热爱所有运动,最爱跳绳,爱吃牛奶面包,性格活泼开朗。每天晚上去运动场锻炼,身材健壮。

开心鼠:小名小开,个性很有趣,做事乐观,得知笑可以长生不老,每天都要听很多笑话。

梦想鼠:小名梦梦,爱好是发呆、睡觉,梦里都能梦到好吃的,以后要做一个美食家。

勤劳鼠:小名劳劳,喜欢种树,学习认真,特别喜欢在教室打扫卫生。

智慧鼠:小名可可,喜欢看书、做题、做作业,特别喜欢动脑筋,长得非常可爱。

勇敢鼠:小名小勇,勇敢坚强,什么都不怕,梦想是成为一名警察。

各小队根据队名的创设，利用课余时间创作小队形象代言"鼠"，通过班主任、美术老师和家委会成员的协助，在美术课上修改、完善与分享，在全班创设"精灵鼠"的文化氛围。通过这一形象创作，把内在的价值追求外化为二年级学生可触可感的形象。

活动三：我们的合影好传神

结合4月份班级文化建设，我们利用晨曦课时间讨论和调查，发出"精灵鼠全家福"征集令。"精灵鼠全家福"是全体队员根据小队特色，经过讨论再摆出小队造型并拍摄照片的活动。活动简单易行，也符合这个年龄段学生的喜好，孩子们始终兴致勃勃。在讨论中，队员需要不断强化对小队文化的理解，学会尊重并理解他人，提高小队合作能力，这样才能最终顺利完成小队造型。本次活动通过征集小队全家福，扎实建设小队特色文化，让学生汲取小队文化中的正能量，进一步理解班级文化，并将之化为美好的个人品质。

活动四：我们的表演好精彩

总结前阶段活动所呈现的资源，以小队为单位组织"精灵鼠剧场"挑战赛，即将学生喜爱的故事改写为简短的剧本，通过小队内合作分角色朗读，现场相互评分，开展竞赛。希望通过这种集体表演，提升学生团队合作的意识和能力，并在小队交流评价中培养反思能力，提升价值判断力。

活动分为"精灵鼠剧场"初赛、"精灵鼠剧场"决赛和"精灵鼠剧场"复活赛及颁奖仪式。利用班队活动，分小队畅谈喜欢的童话书籍，并在班级层面进行交流，讨论形成剧本，最后分小队进行角色分配。然后每天利用课余时间，由小队长组织进行排练。决赛后，我发现落后的小队士气低落。为了使这些小队合作意识和合作能力都得到健康发展，在晨曦课时间，我们通过讨论决定加赛一场，使落后的小队复活，取得一定的积分。整个活动结束后，举行隆重的颁奖仪式，激发学生强烈的小队荣誉感，分享成功的喜悦。

其中，"咔擦咔擦——'精灵鼠全家福'精彩定格"班队活动的目标是：通过自主设计小队造型的活动，突出小队特色，在合作中激发小队创造力；通过展示并交流各小队造型，体验合作成功的快乐，形成小队的认同感。

活动的主要过程如下：

活动环节	教师活动	学生活动	设计意图
互动式导入	1. 组织"超级变变变"游戏，让学生变出不同的造型 2. 导入：上周我们每个小队都设计了属于自己小队独一无二的"精灵鼠形象大使"，让我们通过视频来了解各个小队是怎么设计出来的 3. 播放采访视频"'精灵鼠形象大使'介绍"，组织每个小队对自己小队创作的"精灵鼠形象大使"进行创意解读	1. 参与课前热身游戏 2. 欣赏各小队形象大使图片 3. 观看视频，倾听介绍	通过视频回顾各精灵鼠小队的形象大使，了解各精灵鼠小队形象大使的由来，激发学生参与后续活动的兴趣
初现全家福	1. 导入：看完视频介绍，我感觉到这9只"精灵鼠"都拥有了属于自己的个性，就像咱们"精灵鼠班"的每个小队一样，都有自己独特的风采。今天的活动是"精灵鼠"小队造型大比拼。各个小队都要拍摄全家福，拍摄时要摆出和小队形象相关的最酷、最有趣、最有创意的造型。拍摄好的全家福会布置在班级的后墙黑板上 2. 展示之前第一次拍摄的全家福。组织小队讨论：第一次讨论小队造型时遇到了哪些困难？ 3. 出示"精灵鼠魔法卡"： （1）沟通魔法：倾听 （2）合作魔法：友爱 （3）成长魔法：称赞 4. 提问：如果小队合作时同学之间意见不合，应该怎么做？	1. 倾听拍摄的要求 2. 各小队讨论拍摄时遇到的困难 （预设：意见不合，讨论效率低下；部分同学合作度低；讨论进度过慢……） 3. 体会"精灵鼠魔法卡"可以用在哪些地方？ （预设："倾听魔法"用在别人发表意见的时候；"称赞魔法"可以让不配合的同学愿意配合……） 4. 现场模拟意见不合的场景，小队长对不愿意配合的队员施展"称赞魔法"。如小队长可以对不配合的队员说："你的脑袋又大又圆，长得多么像一朵花啊，你来演一朵花好不好，这样我们的造型一定会是最棒的"	通过拍摄全家福的活动与班级文化建设结合，使小队成员在探讨协商的过程中，达成共识，增强小队成员之间的认同感，促进小队特色的形成

第三章 班级文化建设

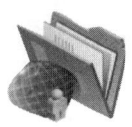

（续表）

活动环节	教师活动	学生活动	设计意图
改造全家福	1. 出示其他班级的小队造型范例，学习优秀小队造型的特点 2. 小队讨论改进方案 3. 提供道具资源，小队进行选择	1. 通过范例发现问题 （预设：其他班级的小队造型应用了道具，并且摆出来的造型和小队队名紧密相关，我们之前摆的很多造型和小队队名关系不大） 2. 小队讨论改进方案 （预设：运用道具；动作尽量能够组合成和队名相关的造型） 3. 选择道具	体现学生自己的合作创造能力，过程中给予帮助和指导，使学生在"摆"中学合作，在活动中快乐地成长
再现全家福	1. 引导小队排练 2. 组织各个小队展示 3. 提问：对比两张照片，你有什么发现？ 4. 请学生为最喜欢的小队造型点赞 5. 提问：我们的小队造型还可用在哪里？ （小结：希望大家把"精灵鼠"身上的美好品质化为自己身上的美好品质）	1. 各小队排练 2. 各小队带道具展示 3. 学生交流 4. 小队间相互评价	通过展示各小队两次的全家福照片，让各小队互相学习，共同进步

解读

依照对学生的个性化和原初性进行最高程度保留的指导思想，通过班队活动对班级文化进行正面引导，可以提升学生的思维品质、精神品质和学习力，有着高于单纯学科活动的育人价值。[①] 本案例中，郭其姝老师通过系列班队活动，进行了"在完善班级文化中逐步形成小队特色文化，再利用小队文化丰富班级文化内涵"的实践尝试，通过班级"精灵鼠文化"的建立、分化以及反哺，丰富文化内涵，形成班级学生的共同成长愿景。

---

① 李家成.论学生发展能达到的境界——基于"新基础教育"学生工作改革实践的研究 [J]. 华东师范大学学报（教育科学版），2011，1.

1. 学生立场，抽象文化形象化

二年级学生还处在形象思维为主的年龄段，他们对画面、形象的关注要远远超过抽象的概念。所以，抽象的班级文化需要有一个形象的载体，才易于被学生接受。郭老师通过观察，发现本班学生特别喜欢具有魔幻色彩的童话故事，于是在全班讨论"班名"的时候，当学生提出大部分同学都属鼠时，就引导学生确定了"精灵鼠"这一具有魔幻童话味道的队名，而"精灵鼠小弟"就成了全班的形象标识。在小学低年级，这样的队名选择是具有普遍性的，如"飞龙班""巧虎班""七色花中队""小豆豆班""小脚丫中队"……这些"班名"来源于学生的生活，伴随着这个名称的是他们熟悉的形象和这个形象背后的价值取向，也是一种无声的引导，这可以看成是抽象文化的形象化表达。如果还能像郭老师一样在进行班级布置时，创设一个"精灵鼠村"的童话情境，并且自封为"精灵鼠村"村主任，那更是把内隐的文化用显性的方式呈现出来了。

2. 全面渗透，单一标识丰富化

确定"精灵鼠"作为班级形象后，为了进一步丰富形象，各小队也相应修改了队名，如原本的"健康生活队"改为"健康鼠"小队，"奔跑纪律队"改为"奔跑鼠"小队。小队讨论之后，最终确定为9个小队："勤劳鼠"小队、"智慧鼠"小队、"健康鼠"小队、"欢乐鼠"小队、"开心鼠"小队、"机灵鼠"小队、"梦想鼠"小队、"奔跑鼠"小队和"勇敢鼠"小队。每个小队还设计了形象大使，并进行形象解读。这个过程，老师将其定义为班级文化分化的过程，其实这更是一个班级文化丰富的过程。起名、设计、解读，都是对"精灵鼠"形象的丰富化，让这个形象更立体、更丰满，也更有示范性和成长指引性。

另外，对于班级的各类活动，郭老师都冠上"精灵鼠"之名，让这一形象渗透在班级生活的每时每处。比如，"精灵鼠"剧场挑战赛；"精灵鼠"颁奖典礼中的奖项设计：金精灵鼠奖、银精灵鼠奖、铜精灵鼠奖的设置；"精灵鼠"形象大使设计征集活动；"精灵鼠"乐学小队游戏展等，班级的各类视频也都冠以"精灵鼠"电影公司的片头。可以说，在每个学生的班级生活中，处处都有"精灵鼠"出现，这个形象一天比一天丰富，并在不知不觉中成为孩子们生活的一部分。

3. 深入挖掘，外在形象内涵化

对于标识形象的丰富仍然只是对班级文化的表层扩展，而对班级形象内涵的纵向挖掘，最终获得学生心灵的认可才是我们的追求。确定班级形象后，郭老师做的第一件事便是带领学生一起精读了怀特的《精灵鼠小弟》一书，孩子们用课

第三章 班级文化建设

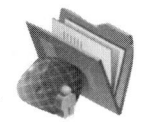

余时间还重温了《精灵鼠小弟》电影三部曲。作为"精灵鼠班"的一员，孩子们在阅读和欣赏时所抱的心态和以前大有不同，在后续交流读（观）后感时，孩子们的关注点已经从形象和情节更多地转向精神和品质，可以说"精灵鼠"已经开始走进孩子们的心里。

各小队在设计小队形象时，也不是单纯的画一幅画。老师要求队员展开想象，这个形象应是个"有故事的精灵"，于是，"梦想鼠"在他们心中是一位爱睡觉的旅行家，有个游遍天下的宏伟梦想；"欢乐鼠"在他们心中是一位无所不吃的美食家，在美食中快乐游走；"奔跑鼠"是每天七点必须起床晨跑的运动达人，向着目标不断前进……这样有血有肉的形象有内涵，更有吸引力。

"精灵鼠"全家福精彩定格活动中，目标是各小队根据小队特色自主设计小队造型，在展示时关注造型，更关注造型背后学生的想法。这个想法就是对小队文化的理解和对班级文化的深化。这时可以看到，各小队的独立文化既来源于班级文化，又丰富了班级文化。

郭老师甚至在期末评语中也引入"精灵鼠"元素：

机灵鼠思颖：你好！今天我要悄悄告诉你一个小秘密，在班级投票选出的好友"万人迷"票选中，你得了13票，位列全班第一！看来郭老师喜欢的你，也得到了大家的喜爱。作为"机灵鼠"小队队长，你在小队中起到了很好的带头作用。你是我心中的完美女孩，你写的小诗我很喜欢，请你继续做个小诗人好吗？未来希望你能继续与我分享喜悦与烦恼，让我做你永远的老师和朋友。

机灵鼠若熙：你好！还记得你为小队制作的"机灵鼠大转盘"，那胖嘟嘟的"机灵鼠"真是太可爱了！你是一个多有想法的孩子啊！课堂上你常常举手，你的每次回答我都很喜欢。如果你能用响亮的声音更自信地表达自己的意见，我相信全班同学都会像我一样喜欢你的发言。展示出"机灵鼠"的风采吧！

这样的评语，更是引导学生把班级文化与个人成长联系到一起，以小队形象来树立个人目标，引导个人行为，又以个人成长推动集体发展。

建议

班级文化作为班级的一种风尚、一种文化传统、一种行为方式，将自觉或不自觉地通过一定的形式融入学生生活。在这个过程中，确立一个目标，让成长有方向；设计一个班徽，让成长有形象；唱响一首班歌，让成长有韵律；制定一份公约，让成长有规范；建立文化体系，让成长有规划，所有这些将更有效地帮助

班级确立自己的发展愿景。

1. 确立一个目标,让成长有方向

建立班级共同愿景,最直接的就是确立共同的成长目标,这个目标是班级学生共同的追求、行为的参照,可以体现在班名、口号,以及班级目标中。有了它,能帮助学生更好地找到努力的方向。常州市第二实验小学的李娟老师在接班伊始,就发现学生比较调皮,良好的行为习惯尚未养成。于是,她连续做了三件事:一是确定了一个有意义的班级名称,她和孩子们一起讨论,把"班名"定为"心聚班",希望做到教师心的聚焦、家校心的聚合、学生心的聚集,每一个人都能聚到共同的生活和成长之中;二是制定了一个有远见的班级目标:让读书成为生活习惯、让感恩成为生活态度、让快乐成为生活能力;三是提炼了一句有力量的班级口号:"快乐学习、健康成长;心聚二三、放飞理想",关注了学生身心两方面的发展,内涵与班级成长目标十分契合。

2. 设计一个班徽,让成长有形象

班徽是班级目标的形象化表达,是一个标志和象征,能够反映班级成员的共同追求,给予成员归属感。班徽可以是纯图案的,也可以是图文并茂的,对于仍处在形象思维为主的二年级小学生来说,形象的图案可以更好地帮助他们理解班级目标的内涵。

班级文化各类标识的产生需要遵循一个基本原则,那就是要给学生话语权、选择权、评价权和创造权,让学生充分参与其中,把标识的策划、创意和确立过程看作是提升凝聚力、展示创新活力和激发竞争实力的过程。要避免班主任、专业人士或个别学生的替代,避免"拿来主义"。①

开展一个设计班徽的班队活动,既可以让全体师生、家长全员参与其中,也是一个让班级目标深入内心的过程。李娟老师是这样阐述"心聚班"的班徽的:"我们在收到的众多的班徽设计中,选择了一个富有文化内涵的班徽。图案中蜷起的四指代表'4',整个拳头代表'6',我们05级三班正好有45个孩子,加上我这个老孩子,共46个,翘起的大拇指表示个个都很棒!就像一轮朝阳,正冉冉升起,放射出无限光芒;也像那一群雏鹰,向着太阳练习飞翔。同时,这个班徽巧妙地把我们的年级设计进去。每升一个年级,太阳的光圈就多一圈。我曾这样美好地畅想:等到孩子们毕业的时候,要把班徽设计成七圈的,送给他们,

---

① 参见袁文娟2011年撰写的《班级文化建设的思考与实践》(未发表)。

第三章 班级文化建设

告诉他们只要用心去创造，未来的生活就是七彩的。"①

3. 唱响一首班歌，让成长有韵律

歌唱，是少年儿童非常喜欢的一种活动，用班歌的方式来凝聚人心、渗透班级的共同愿景是孩子们乐见、老师们乐用的方式。班歌的确立不外乎三种方式：一是直接选用原有歌曲；二是选择保留原有歌曲的曲调，重新填词；三是自行创作。第三种方式因为专业要求比较高，在有专业人士参与的情况下才会选用。而对于第一种方式，学生中会产生很大的分歧，都想唱自己喜欢的歌，有时候一个班级 40 多个人会出现 20 几首候选曲目，有童谣、流行歌曲、英文歌曲等。为了不影响学生的积极性，老师通常会采用投票的方式，让学生民主选出一首"大家都喜欢"的班歌。有时就可能选了一首大多数学生喜欢，但却不适合合唱的歌曲。所以，在选择班歌时，"喜欢"并不能成为选择的唯一标准，"好听、好唱、有意义、能体现班级特色"，这些都需要老师进行一定的引导。在实际操作中，保留曲调、修改歌词运用得最为普遍。②

另外，对于低年级孩子来说，对同一首班歌的不同演绎形式，也是对班歌的不同解读，常州新北区薛家中心小学刘丽玉老师班级的七个小队在"小队起航——我爱七色花小队"活动中，用不同的方式唱响班歌：红队边跳边唱；黄队一人一句传唱；绿队男生唱，女生伴舞，青队甘当配角，唱和声做背景；蓝队排成三角形队形展示，队长排第一个……在这个过程中，孩子们通过各种形式的表演，对班歌内涵的理解更深刻了，而且在准备展示的过程中体验了合作的快乐，增强了集体荣誉感。

4. 制定一份公约，让成长有规范

凡是令人渴望的社会，都有规则。规则有助于形成内在秩序感，内在秩序感是学习专注、快乐成长的前提条件。当学生富有秩序感，专注于当下的时刻，自然会获得极大的创造力和自由。所以，形成良好的班风离不开班级制度，各项制度中最重要的一项就是规范学生日常行为、引领学生积极向上的班级公约。

常州市第二实验小学的每个班级都有班级公约，低年级要求简洁明了，便于学生理解、对照。结合本班实际情况的班级目标各有特色。李娟老师所带二（3）

---

① 参见李娟 2011 年撰写的《把生命放在生命里》（未发表）。
② 参见袁文娟 2011 年撰写的《班级文化建设的思考与实践》（未发表）。

班班规中有这样一条：见到老师要说"老师好"。这是一条简单的行为指导规定，浅显易懂，可操作性强，而"心聚中队"就是在这样的约定中成为全校"行好礼"特色中队。再如，王珏老师所带二（6）班的班级公约由四个关键字引领：静，静听、静行、静思考；勤，勤学、勤练、勤打扫；齐，队齐、心齐、作业齐；美，礼美、言美、行为美。这四个关键字，引出具体的行动，这样的要求学生一看就懂，落实到行为上又具有一定的提示性。而王小娟老师的"棒棒糖中队"则约定：主动帮助有困难的同学，做乐于助人的棒棒娃。这条约定紧扣班级名称，把成长目标融于其中。

5. 建立文化体系，让成长有规划

人的发展是综合性的长期工程，要真正做到促进学生的健康发展，班级文化建设也必定要做到系列化、长程化。在初期的点状思考和初步尝试的基础上，经过集思广益和实施中的不断完善，王珏老师和她的"追梦中队"的孩子们一起架构了名为"追梦旅程"的班级文化建设体系，如下图所示：①

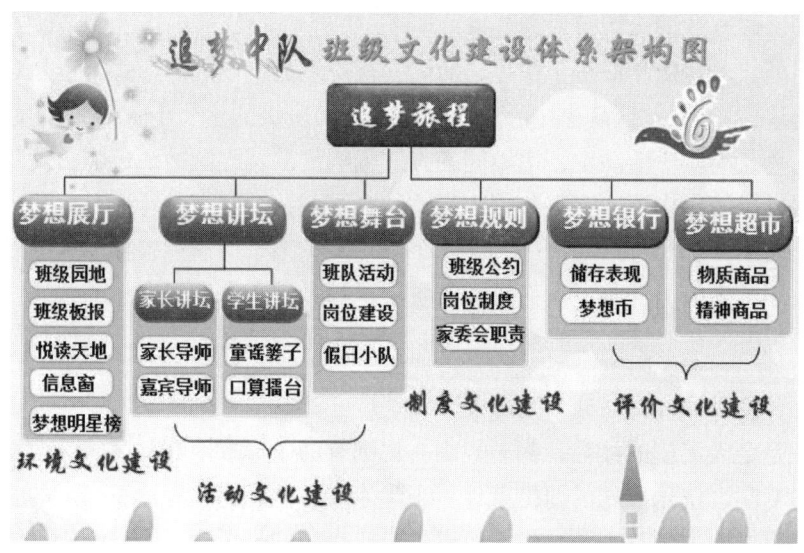

这个体系以"追梦"为核心，依托多个阵地，以活动为载体，融入环境文化、活动文化、制度文化和评价文化建设。这样的系统化架构，使得学生的学校生活从外在环境到内在动力，从活动设计到评价制度，都有明确的价值追求，从而更好地促进学生的全面发展。

---

① 参见王珏 2013 年撰写的《"追梦中队"文化建设之旅》（未发表）。

第三章 班级文化建设

二、如何在小队活动中发展课间文化

学校一日作息时间中，课间的设置遵循了学生的认知规律。两节约40分钟的课之间，安排10分钟休息时间，以帮助学生调整身心、缓解疲劳，在持续的学习活动中保持兴趣，积极投入。因为只是短短的10分钟，其价值往往会被师生所忽略。殊不知，一天有5—6个课间，还有中午的午休时间，这些都属于孩子们的自由活动时间。课间，发生在学生之间的伙伴教育、自主教育的影响有时会超出老师、家长的影响。所以，加强课间活动的指导，特别是通过小队活动来发展课间文化，无论是对培育班级文化，还是对促进学生发展，都有着积极的影响。

案例

花样跳绳谁最棒
常州市北郊小学 李 霞

我们班共47个学生，进入二年级以来，学生已经基本适应了校园生活，尤其到二年级下学期，学生对课堂学习和各类活动的规则有了较为清晰的把握，但部分孩子的表现不容乐观，尤其是在课间时分。经过仔细观察发现，我们班学生的课间活动主要有以下几种情况：

（1）喜欢阅读，课间、午后喜欢围着班级图书角独自安静地看书（7人）。

（2）喜欢把课堂完成的作业，在课间拿给老师批阅并订正（10人）。

（3）除了和同学聊天外无所事事（20人左右）。

（4）在走廊里追逐打闹，有的甚至跑到操场和体育馆，听到铃声才往教室赶，因为跑得急，多次摔跤；有时因为晚进教室，影响其他学生正常学习（7人）。

（5）经常做危险动作，比如坐在楼梯扶手上向下滑，在教室里横冲直撞、追逐打闹，甚至无端欺负同学。不仅是学科老师，学校值日老师也多次对其进行教育，班主任也多次和家长沟通，看到类似情况及时提醒和阻止，但是却未有根本性的改变（3人）。

好玩、好动是孩子的天性，怎样引导学生合理安排课间生活，在确保班级课间生活安全有序的同时，让每个学生都能在课间得到较好的休息，这是迫切需要解决的问题。

学校虽然活动场地有限，但还是可以充分利用空间，精心设计系列活动，组织学生开展阳光体育运动，这便是我们的大课间。大课间体育活动时间长，活动内容多，组织形式灵活，练习强度适宜。它不仅对学生紧张的学习起到调节作用，而且对促进学生

身心健康发展有明显的实效。毽子、沙包、长短绳都成了孩子们随身携带的活动器材。

我们班根据学校的统一安排,组织学生每周大课间玩一种游戏。通过几次活动的观察,我发现:学生有活动器材时,例如,人手一根绳、一只球,活动就有秩序。反之,如果没有活动器材,就比较混乱,而且容易出现同学间伤害事故。于是,我决定在"绳"上做文章,以小队为单位开展课间花样跳绳活动,在解决问题的同时,还能由任务驱动,促进小队建设,锻炼小队长的协调能力和小队成员的协作能力,使其感受参与小队活动的快乐。

根据本班学生的特点、存在问题以及小队建设等资源,我策划了以"缤纷课间"为主题的系列活动。

活动一:小小课间意义大

活动二:课间游戏我会玩

活动三:花样跳绳谁最棒

活动四:花样跳绳我来教

其中,"花样跳绳谁最棒"的活动目标是:通过展示,分享小队创编的花样跳绳,学习或了解新的花样跳绳,体验花样跳绳带来的快乐,激发学生动手动脑的积极性,并且通过自己的努力寻求帮助,解决问题;通过互动,聚焦花样跳绳游戏中遇到的问题,分析原因并想办法解决;通过活动,增强学生小队意识和团队合作能力,提升小队长的组织、管理、协调能力。

活动的主要过程如下:

活动环节	教师活动	学生活动	设计意图
热身	回顾前期活动,在班歌伴奏下播放照片,引导学生寻找自己的身影	齐唱班歌《左手右手》,观看照片,唤起回忆	回忆关于花样跳绳的准备过程,激发学生参与展示活动的热情
花样跳绳各显身手	1. 阳光小队 (1)提问:你们是怎样练习的?请小队长介绍经验 (2)预设:小队长的作用	1. 阳光小队:有趣的单脚跳 (1)表演简单单脚跳和花样单脚跳 (2)队长介绍练习经验,其他同学补充	1. 通过各小队花样跳绳的展示、分享、学习花样跳绳方法,感受花样跳绳的快乐,习得自主安排课间活动的新本领

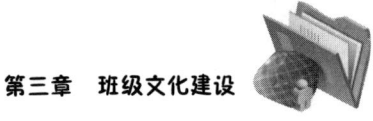

（续表）

活动环节	教师活动	学生活动	设计意图
花样跳绳各显身手	2.喜羊羊小队 （1）提问：在练习过程中，你们收获了什么？ （2）预设：世上无难事，只怕有心人 3.神鹰小队 （1）提问：双人跳有什么技巧吗？ （2）预设：合作助成功 4.展翅小队 （1）组织其他队员与之对话 （2）提问：练习中要注意什么？ （3）预设：课间游戏要注意安全 5.天使小队 （1）提问：你们有这么多花样，谁想出来的？ （2）预设：为创意玩游戏点赞 6.飞翔小队 （1）提问：感觉自己跳得怎么样？ （2）预设：做事要坚持	2.喜羊羊小队：欢乐花样跳 （1）展示车轮跳、青蛙跳、交叉跳 （2）谈自己的收获：不怕困难，积极动脑 3.神鹰小队：双人花样跳 （1）展示双人花样跳 （2）介绍两个同学如何做到默契配合 4.展翅小队：花样跑跳 （1）展示花样跑跳 （2）对话交流 （3）说说得到的启发 5.天使小队：快乐跳长绳 （1）展示花样跳长绳 （2）介绍学习过程 （3）展示长短绳、绳中绳跳法，并请同学参与 6.飞翔小队：花样双蹦 （1）展示花样双蹦 （2）自评表现并分享训练故事	2.展示前期小队活动成果，进一步体验小队活动的快乐 3.挖掘花样跳绳背后的故事，提升小队长的组织能力，增强小队凝聚力
评价总结	1.组织学生自评、互评 2.总结	学生评价，相互促进	通过互动交流，提升学生的自我认知和向同伴学习的能力
提升	好游戏大家分享，建议大家把花样跳绳方法教给其他小队队员，并期待有更好的创意	推广花样跳绳，继续创造更多、更有意义的课间活动	放大智慧成果，鼓励孩子们自己动脑筋、想办法，丰富课间活动，文明快乐游戏

解读

"缤纷课间"系列活动是李霞老师基于自己所带的"这个班级学生""这个阶段"的真实发展状态,通过准确解读其内含的学生成长需求,对接二年级学生发展目标后策划的一次班队活动。通过一根不起眼的跳绳,引导孩子们的课间新行为,促进班级课间文化的新创造。

1. 读懂学生,满足学生成长新需求

孩子们进入二年级,对校园熟悉了,活动时放得更开了,尤其是在课间这一自由支配的时间,天性释放最为彻底。活泼好动,本就是七八岁孩子的天性,嬉戏打闹是再正常不过的现象,顺应年龄特点,开展有关"玩"的研究正是"投其所好"。同时,相对于一年级学生来说,二年级学生的群体活动明显增加了。从李老师的调查数据可以发现,真正进行安静阅读这种纯个人休闲的只有7人,聊天、追逐、围着老师批改作业,哪怕是做一些"危险游戏",其实都有跟其他人的互动。所以,"渴望交往"是这个年龄段学生普遍的成长新需求。而李老师正是读懂了学生行为背后的这种需求,才选择这一主题开展一系列活动,从而帮助学生平稳进行从"我"到"我们"的过渡,可以说实现了活动与学生成长的有效对接。

2. 任务驱动,引导学生课间新行为

这个年龄段的孩子喜欢玩,但并不会玩。李老师通过观察发现,班里大约1/4的孩子的活动具有危险倾向或过于剧烈。有些会追逐打闹,或者跑到离教室较远的操场和体育馆,听到铃声才匆忙赶回教室,跑得太急容易摔跤,迟到又会打断其他同学的正常学习;还有一些更是经常做危险动作,比如坐在楼梯上向下滑,在教室桌子、凳子上乱跑,爬窗户并从窗户上往下跳等,虽然家长和老师屡次教育,但收效甚微。同时,也有部分孩子几乎不活动,达不到课间放松的效果。面对这样的情况,李老师并没有高压制止或是听之任之,而是通过班队活动,用任务驱动的形式进行智慧的引导。

(1)大讨论:小小课间意义大

发现课间活动存在的问题后,李老师组织学生进行了关于课间活动的讨论:为什么要有"下课"?课间活动有什么好处?经过讨论,孩子们基本认同课间活动具有很大的意义,也意识到应该利用课间好好休息和锻炼。

(2)共分享:课间游戏我喜欢

明确课间活动的意义后,"课间玩什么"又成了大家讨论的热点。于是,第

二个活动自然而生。同学们围绕"课间游戏我喜欢"进行分享,用各种形式介绍和分享了许多游戏。在分享中,李老师发现班级学生比较喜欢各类跳绳活动,有相当一部分学生都选择分享绳类游戏,而且有些学生已经能跳花样了。于是,"花样跳绳"就顺理成章地成为下一个活动的内容。

(3)大比拼:花样跳绳谁最棒

第三个活动名为"花样跳绳谁最棒"。根据跳绳的花样,学生们自由分成六个小队。为了在最后的大比拼中获得好成绩,各小队的训练都开展得如火如荼。这些训练遍布课间、大课间、午休、体育活动课等各个时间段。于是,追逐打闹的少了,危险行为不见了,也不再有落单的人,每个学生都加入小队练习中来,互帮互助,共同进步。孩子们的课间新行为令课间面貌焕然一新。

经过一段时间的分组练习,孩子们迎来了快乐的展示活动——"花样跳绳谁最棒"。六个小队依次展示了各自的练习成果:有趣的单脚跳、欢乐花样跳、双人花样跳、花样跑跳、快乐跳长绳、花样双蹦。每个小队的表现都可圈可点,但真正精彩的不是展示,活动的真正意义在于任务驱动下,孩子们对自己行为的自觉调整,在于拥有每一个健康向上的课间。

(4)同欢乐:花样跳绳我来教

通过大比拼,孩子们"各美其美",展示了自己小队的绝活;也"美人之美",发现了其他小队的精彩,接下来的"花样跳绳我来教"则是一个"美美与共"的过程。小队之间的互动,让课间更为欢乐,也让课间充满了温馨。

3. 活动育人,创造学生交往新文化

学校日常的教育活动、主题活动、班队活动要和孩子们的生活有机融合,挖掘其育人价值,让它们真正进入学生的生活。课间活动是学生校园生活中重要的组成部分,引导学生玩得更文明,玩得更"聪明",在玩中思考,在玩中成长,将使学生的校园生活更加缤纷多彩。

二年级是小队建设的关键时期,也是在组群竞争中培养合作互助意识和能力的关键时期。李老师组织这一系列活动,让学生分小队练习,组队进行集体展示和互相交流,一方面可以让学生学到更多的跳绳新花样,更重要的是可以吸引孩子们的注意力,把他们引导到更有意义的活动中来。从活动中,我们可以发现,小队长的组织能力、协调能力,小队成员的合作意识、解决问题的能力等各方面素养都得到了提升,与此同时,也更好地凝聚了队员的心,培养了每个成员对小队的认同感。

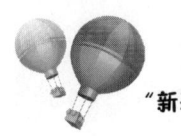

比如,在"花样跳绳我最棒"活动中,通过老师的智慧引领和适时介入,每个小队不但交流了花样跳绳的技巧,还分享了收获和体会。阳光小队的分享让大家发现了一个善于引领的小队长;喜羊羊小队分享了"世上无难事,只怕有心人"的体会,还告诉大家当一条路走不通时可以换个方式试一试;神鹰小队展示了合作和默契的重要性;展翅小队用亲身体会提醒同学们游戏时要注意安全有序;天使小队的精彩表演让大家发现了创意的重要性;飞翔小队的故事则让每个同学体会到"团结就是力量"。

阳光小队队长说:"我们小队共有8人,在练习的过程中,有两位小朋友老是不好好练习,还躺在地上玩。后来我们大家一起商量了一个办法,就是跳得好的小朋友多休息几分钟,跳得不好的小朋友多练习几分钟。后来大家慢慢地都有进步了。"

从这里可以看出小队长的成长,这是个有智慧的队长,在活动过程中,他组织队员一起想办法,让全队成员一起进步。

神鹰小队队员郭同学说:"我和王同学练习双人跳时,一开始我们两人合作不协调,王同学每次跳的时候,脚很高,腿往后勾,经常会碰到我的膝盖(边说边演示),后来我们就跳慢一点,绳子到膝盖以下时王同学再开始跳,跳低一点,我跳高一点,找准了跳绳的节奏,跟着节奏走,我们就学会了双人跳,而且越跳越好。"

队员黄同学说:"我和邵同学练习双人跳的时候也遇到了一些困难,我总是在中间跳,邵同学一跳进来我们就失败了(边说边演示)。后来我们想到了办法,我往边上一点,而他跳进来时把身体尽量收一下(边说边演示)。"

老师介入:"哦,原来你们是这样跳的,李老师看出来你们都找到了双人跳的好方法,在双人跳中你们觉得什么最重要?"

队员彭同学说:"我感觉双人跳要配合默契,要掌握好节奏。另外,还要坚持,不放弃。"

在这个活动片断中,学生汇报了练习中遇到的困难和解决的办法。我们可以看到每个孩子的成长,双人跳让他们发现了配合与默契的重要性,在一次次的磨合中,他们学会了适当改变自己来适应对方,这就是成功合作的关键所在,为他们在日后的学习与生活中与他人合作打下了很好的基础。

从上述案例中,能清晰地看到团队在共同进步,孩子们在这样富有教育意

第三章 班级文化建设

的班级及学校活动中学习交往，携手成长。这样的活动越多，对学生的促进、引领作用将越大。

建议

课间是一种生活，更是孩子们成长的重要时空。课间承载着属于孩子们的儿童文化，蕴含着丰富的育人资源。如何通过开展小队活动，进一步促进健康有益的课间文化的形成呢？我们认为：加强规则意识教育，可以让孩子们的课间更有序；鼓励游戏自主创编，可以让孩子们的课间更利智；组织手拉手活动，可以让孩子们的课间更有爱。

1. 增强规则意识，让课间更有序

跟上课时相比，课间的活动空间加大了，对言行的限制也放宽了，于是，孩子们的规则意识也相应淡漠了。尤其对于二年级孩子来说，他们已经度过了一年级对校园的陌生阶段，迎来了比自己小的一批学弟学妹，觉得自己是大孩子了，可以挑战一下规则了。这时，就更需要增强他们的规则意识。

在游戏中学习是孩子们的有效学习方式之一，老师可以引导他们在游戏中建立课间活动两大守则：一是心中有他人；二是安全第一位。

（1）心中有他人——大家快乐才是真快乐。课间活动的目的是放松调节，主基调一定是自由快乐的，要保证每个人都感到快乐，首要原则就应该是"不打扰别人的休息"，也就是安排活动时要"心中有他人"。这一点在活动场地的选择和内容的安排上都要注意。首先是活动场地的选择，有些运动量大的游戏需要占用比较大的场地，如果在教室或走廊上玩这类游戏，会影响其他人正常通行；还有一些游戏需要用到道具，这些道具也有可能影响其他同学。其次是游戏内容的选择，有些游戏会产生比较大的噪音，有些游戏又需要比较安静的环境，这两种情况都需要周边环境的配合，都有可能影响其他同学。常州市新北区龙虎塘实验小学林燕群老师就敏锐地捕捉到班里孩子游戏过程中的相互影响问题，把部分同学课间游戏的快乐场景与其他同学的"诉苦"形成对比，引导孩子们在游戏时考虑他人的感受，根据不同的游戏选择合适的场地，互不影响。

（2）安全第一位——有保障才能更快乐。二年级孩子对自己行为的控制力还比较弱，投入游戏时更容易兴奋而忘形。这时，游戏规则便起到了约束行为的作用。通过强化游戏规则或根据实际调整规则，能在无形中使学生多一份保障，少一份危险。林老师在组织"快乐课间，安全活动"班队活动时，通过播放班级学生玩沙包的视频，成功引起学生对课间活动安全问题的注意。接着，林老师带

领学生们根据现有场地,对"丢沙包"的规则进行微调,让游戏更符合走廊活动的需要,也更安全;同时,也让学生体会到规则的重要性,并学会提炼具体的游戏规则,为创编游戏打下基础。

2. 鼓励游戏创编,让课间更利智

玩游戏可以锻炼肢体的灵活度,刺激大脑的发育,促进身体各个机能的发展,完善健全的人格,还可以让儿童学习人际沟通技巧。创编游戏更可以让孩子们在玩中创新,在玩中学习,让课间10分钟成为孩子们长身体、促智力的好时机,同时还可以促进小队的合作体验,让小队更有生机和活力,可谓一举多得。游戏创编可以通过以下几条途径开展:

(1)同一器材的百变创新。由于场地和时间的限制,课间游戏过程中不可能准备复杂的器材,最好是利用手边的常见器材开发多种玩法,比如"花样跳绳"的案例,就是利用跳绳这一运动器材的"百变创新"。常州市第二实验小学王小娟老师则是抓住学校运动会沙包投掷比赛的契机,让小小沙包闪亮登场:妈妈教我做沙包(亲子活动);秀秀我的小沙包(沙包秀);小小沙包扔得远(投掷比赛);沙包也疯狂(新游戏设计)……孩子们围绕沙包创造了多个新游戏:有把沙包当毽子踢的,还加了一个"边踢边说成语"的要求;有沙包小矮人游戏,要求把沙包放在肩或背上开展接力赛;还有把两个游戏整合的……这"加一加、减一减、变一变"的创新方式使孩子们玩得更开怀。而这样的创造性设计,激发了学生的智慧,丰富了学生的课间生活。

(2)原有游戏的定向改编。课间活动有自己的特点,即时间比较短;教室人均面积小;课间后还要上课,活动量不能过大。所以,课间游戏的改编也有一定的方向,要考虑时间、空间、人数、运动量等各种因素。

上海罗阳小学严均钰老师组织的"游戏创编无极限"活动中,孩子们创作的就是这样一篇"命题作文"。罗老师策划了名为"课间游戏我真棒"的系列活动,经过"课间文明大讨论""文明游戏大搜集",开始进行"游戏创编无极限"活动。各小队从收集整理的游戏中挑选一个最喜爱的,同时根据前期活动总结的"文明、安全、有趣"这三大原则对常见的游戏进行改编展示。学生在改编中的收获是多方面的:在"游戏棒"游戏的改编中,体会到玩具改造要尽量不影响玩的效果;在"纸面五子棋"游戏的改编中,体会到人类的许多发明创造都是从便捷的角度来进行的;在"抓军棋"游戏的改编中,体会到同一游戏规则可以利用不同的道具展现;在"创意短绳跳跳跳"游戏的改编中,体会到一种游戏可以有多种玩法。整个创编过程,"文明、安全、有趣"三大评价原则贯穿始终,班主任引

导学生多角度、多方法改编，体验玩中学、学中玩的乐趣。

（3）智力游戏的巧妙融合。考虑到课间活动量的问题，我们还可以动静结合，把一些智力类游戏融入课间活动，比如数学上的24点纸牌游戏、语文上的字谜游戏、英语上的拼词游戏，从而让课间文化更为丰富，也让课间既有活力，又有书香。

常州市第二实验小学王珏老师就曾经带领学生和家长做过一次亲子活动，名为"棋乐无穷"，主要是对二年级学生特别喜爱的大富翁和跳棋游戏进行改编，增加游戏中的智力元素。在家长的帮助下，学生把大富翁中的"机会牌"换成了"智力大会"，比如"说出一个带'春'字的成语，得奖学金100元。说不出罚款100元"；"用2、4、5、8这四张牌算出24点，获'数学能手'称号，前进2格。算不出停一次"；"和对手玩成语接龙，赢的人可以再掷一次"……还有对跳棋的改编，学生直接把棋盘改头换面了，有的每一格都是一道口算题，跳到某一格后，算出这个格中的得数，得数是几就可以再跳几格；还有的在每格中写一个数字，每跳一步就和这一格中的数相乘，得数正确就继续跳下去。受孩子们启发，老师建议他们可以把智力题和跳房子结合起来，答对的可以前进一格。这样的游戏，益智又快乐，大人开心，孩子喜欢，真正其乐无穷！

3. 手拉手活动，让课间更有爱

高、低年级的手拉手活动，能利用差异资源，传递正能量，达到双赢的目的。可以把这一形式引入课间活动中，让高年级学生带着低年级学生一起玩游戏，一同成长。

常州市第二实验小学郭玉琴老师组织过"手拉手，一起玩出童年的多彩与欢乐"的活动，五年级学生以旧报纸做安全的游戏道具，教二年级学生怎么在课间有意义地玩：制作成漂亮的帽子，开展帽子游戏；揉成大纸球，进行"我是姚明"的投篮游戏；做成纸球，配合空饮料瓶，玩保龄球游戏；折成大纸船，玩"青蛙回家"的游戏；做成环保时装，配着音乐走秀……用一张纸玩出了新意，玩出了趣味。这样的活动，让课间既有活力，更有意义。

对此，五年级学生有自己的感触：

在与二年级小朋友玩耍的过程中，我觉得自己也很开心，仿佛回到了二年级时，回味无穷。同时在和他们一起玩的时候，我也发现了自己的不足，真是帮助了别人，也提高了自己。

这次活动让我理解了"给予是快乐"的真正含义。

关注弱小应该一直坚持下去。我们能够用自己的双手去丰富他们的童年生活，实现手拉手共成长的愿望！

二年级同学也有话说：

哥哥、姐姐们教我们的游戏很好玩，我以后也去教一年级小朋友玩！

原来班里的男生总是在教室里跑来跑去，打扰我们女生的活动，现在他们都去玩"我是姚明"，不来烦我们了，太好了！

报纸球扔在身上一点都不疼，我们玩得很开心。

从学生的这些话语可以看出每个学生在活动中都有不同程度的成长，这个活动是有价值的，他们不仅在手拉手游戏，更在手拉手前行。课间是学生最放松的时段，也是同伴影响最大的时段。精心设计小队活动，充分发挥小队活动的价值，能让每一个课间有序、有品、有爱，充满成长气息。

三、如何通过小队活动培养学生的合作精神

合作是个人与个人、群体与群体之间为实现共同的目标，彼此相互配合的一种联合行动。合作精神是大局意识、协作精神和服务精神的集中体现，其基础是尊重个人的兴趣和成就，核心是协同合作，最高境界是团队全体成员形成向心力与凝聚力。因为现在的学生大多是独生子女，在家很少拥有合作的经历和体验，但合作精神又是学生发展的时代要求，所以，班级生活更多承载了培养学生合作精神的重任。对于二年级学生来说，小队活动是培养合作精神的有效途径，活动创造了同龄伙伴相互沟通、相互学习、相互竞争的时空；在活动过程中，孩子们学习友好交往、尊重他人、团结协作，从而达到共同进步的目的。

案例

我义卖，我做主
上海市闵行区实验小学　韦　娜

从一年级跨入二年级，孩子们还是有着明显变化的。对于小学生活，他们也不像一年级时那般茫然无措，已能适应节奏，进行有规律的学习。对于学校规则，

他们已基本掌握，能遵从老师的教导。从二年级开始，班级就重点开展小队建设，每次活动都以小队为单位。小队的建立，也让学生逐渐有了从"个体"到"小队成员"的角色意识的转化，有了从"单独行动"到"小队行动"的活动方式的转化。通过在小队长带领下的小队活动，小队成员之间的亲密度和信任度逐渐提高了，队员的交往能力、沟通能力等也有了提高。但毕竟还只是低年级的学生，小队成立时间不长，活动次数有限，以上这些仅仅是处于萌芽状态的变化。让学生真正把自己放入小队当中，把"自我"转化为"我们"，还需要一个长期过程。

一年级，我们班也曾开展义卖活动，是在家长的热心帮助下开展此项活动的。本次活动，我和家长们达成了一致意见，即逐渐放手，把活动交给孩子们。活动分为：

我义卖，我做主——义卖准备中；

我义卖，我奉献——义卖进行时；

我义卖，我收获——义卖结束后。

"我义卖，我做主"为起始活动，由全班学生共同商量义卖的准备工作，希望通过活动，让学生学习策划义卖活动，学习分工合作，学会沟通，提高活动能力，使得新成立的小队走向合作共进的良性发展轨道，并将环保理念落实到日常生活中。

活动的主要过程如下：

活动环节	教师活动	学生活动	设计意图
热身	播放去年义卖活动的照片	看照片，回忆	通过看照片，回忆去年义卖的情景，激发参与今年义卖活动的兴趣
义卖活动启动啦	1. 提问：你觉得去年的义卖活动怎么样？为什么会成功？ 2. 介入：这次义卖活动将由我们自己组织，今天我们就一起来商量一下关于义卖的准备工作 3. 揭题：我义卖，我做主	1. 引发思考 2. 明确活动以小队为单位 3. 明确活动主题	回忆成功经验，让学生进入今年的义卖状态。让学生明确自己是这次义卖活动的主人，提高其积极性，增强其责任感

（续表）

活动环节	教师活动	学生活动	设计意图
义卖物品一起选	1. 介入：要想卖得好，物品的选择很重要！今年我们的物品主要是卖给在郊野绿园里活动的小朋友们。你们认为可以卖哪些东西呢？ 2. 组织游戏——"yes or no" 3. 提问：为什么这些东西可以（或不能）拿出来义卖呢？ 4. 提问：除了小朋友需要、喜欢，对义卖物品还有什么要求？ 5. 介入：为了明年也能拿出相应的物品义卖，老师希望你们平时对待物品时要爱惜，学会保管	1. 明确义卖对象 2. 明确规则，开始做游戏 3. 指名交流 （预设：文具、玩具、运动器材、日用品及衣物等都可以拿出来义卖，而食品、饮料、药品由于安全、卫生等方面让人担心，不能义卖。另外，物品要保存完好，七八成新，要洗干净）	通过游戏的形式，组织学生边玩边思考，理解义卖物品的选择要求，学会选择合适的物品
义卖形式一起定	1. 介入：接下来我们要考虑如何将这些东西卖出去。还记得去年是怎么卖的吗？ 2. 提问：为什么要这样义卖？效果怎样？ 3. 提问：今年你们准备采用什么方法？ 4. 请各组交流好的义卖形式	1. 两个小队表演，其他同学边看边思考 （预设：抽奖，穿上卡通服装宣传，多买有优惠等） 2. 表演的小队互相交流 3. 小队交流，完成表格中"形式"的填写 （预设：去人流量大的地方；买一赠一）	小队表演，给学生提供借鉴；采访，让学生了解其作用；小队成员之间的讨论，能集思广益，找到更好的义卖形式
义卖岗位一起设	1. 介入：义卖活动需要大家一起完成。先让我们想想：有什么任务？可以设什么岗位？每个队员分别做些什么？ 2. 指导学生完成表格中的"义卖岗位名"和"队员名"的填写 3. 指导组际相互评价 4. 介入：对于这次活动，班级还将设立一个宣传组，大家有合适的人选吗？	1. 思考 2. 各小队讨论，完成"义卖岗位分工" 3. 小队派代表交流 （预设：应做到岗位设置多；岗位名有趣；合作顺利） 4. 各小队推荐队内的宣传能手	1. 引导学生根据活动要求和步骤设置岗位，并合理分工，做到集体的事情一起做 2. 组际大合作，选出最佳人选组成宣传组，进行活动宣传

（续表）

活动环节	教师活动	学生活动	设计意图
义卖活动我们行	1. 介入：今天我们一起讨论了义卖的准备工作，还有什么困难或疑问吗？ 2. 总结并提出希望。期待各小队都能在本次义卖活动中合作顺利、收获成功	提出质疑 （预设：如没问题，希望各小队都能把今天讨论的内容认真准备起来。如有问题，提出来并在课后好好思考，下次班队活动中解决）	鼓励学生从实际出发，深入细致地思考准备工作，及时发现问题，共同解决，从而确保义卖活动顺利开展

解读

成功的合作需要具备的基本条件有：一致的目标、统一的认识和规范、相互信赖的合作气氛和一定的物质基础。上述案例中，韦娜老师通过精心预设，适时引导，帮助孩子们开展了一次成功的班队活动，也是一次成功的合作活动。

1. 确立共同目标，开启合作之门

任何合作都要有共同的目标，目标的确立就意味着确定了共同的努力方向。本案例中，"我义卖，我做主"是系列活动中的第一个活动，韦老师通过播放去年义卖的视频把学生带入义卖氛围中。

这些照片是去年我们班级义卖时拍的。从照片中，韦老师不光看到了同学们参与义卖活动的快乐，还看到了你们的爸爸、妈妈们忙碌的身影。如今，你们戴上了红领巾，长大了，今年的爱心义卖活动你们要成为主力军，由你们自己组织开展。你们能行吗？（学生积极回答：能）好，今天就让我们一起来商量义卖的准备工作吧！

在老师的动员下，学生的热情被充分激发，班级的共同目标就此确立，合作之门也就此打开。

2. 完成小队任务，合作促进双赢

对于二年级刚建立的小队来说，小队的向心力和凝聚力都有待进一步加强，小队成员之间的合作也需要一个磨合的过程，因此，学会合作也是二年级班队建设中的重要任务。本案例中的系列活动都采用小队活动的方式来组织，以任务来驱动，给队员创造与同龄人相互沟通、相互学习、相互竞争的机会，过程中让他

们学会友好交往、尊重他人、团结协作，从而达到共同进步的目的。

仅在本次班队活动中，小队就有多个需要共同完成的任务："义卖物品一起选、义卖形式一起定、义卖岗位一起设"。在这些任务的驱动下，合作势在必行。以设置义卖岗位为例，我们看看韦老师是如何引导学生学习合作的：

你们设置的岗位比别的小队多，有什么好处？（分工要细，责任到人）

你们小队的岗位名称特别有趣，为什么要这样命名？（创设轻松的氛围，有利于提高积极性）

分配岗位时，你们没有太大的争论，是怎么分配的？（根据队员特长分工，有的岗位大家都不太愿意承担，就由小队长来协调）

以任务驱动激起合作的需求，结合活动的进程引导学生追寻做法背后的想法，再由老师适时点拨，让学生学会合理分工，步调一致，联合行动，实现共同的目标。二年级的小队是由一群有待发展的孩子组成的，只有每一个孩子都动起来，才能够发挥出小队的最大力量；当看到小队合作的力量，合作精神自然就会在孩子们心中发芽生根，并在合作活动中获得团队和个人的双赢。

3. 引导分享交流，队际协作共进

班队活动虽然经常以小队活动的方式进行，但小队间的大合作也不能忽视。韦老师在本次活动中组织了多次全班的交流，在小队展示后，不但有老师的及时点评或介入提问，其他小队也参与互评，并提出自己的建议，小队间的思维碰撞能大大提高活动的效果。

例如，在"义卖形式一起定"这一环节，老师首先引导学生回顾"去年是怎么义卖的"，并请两个小队来再现当时的场景和感悟：

学生：我们的抽奖，当时吸引了好多人，而且我们发现用这样的方式，卖少量的物品可以筹集更多的钱。

师：这样的方式的确很吸引人，你们真爱动脑筋！

学生：我们请队员穿上卡通服装，可以吸引小朋友，增加人气！

学生：我们6元一本，10元两本，这样很多人都觉得一下子买两本比较划算，所以卖得很快哦！

师：你们能抓住顾客的年龄特征以及购物心理，真不错！通过刚刚的表演和介绍，相信大家也有了更多的想法。今年你们又准备采用什么形式义卖呢？请各小队小声地商量一下，完成表格中"形式"的填写。

第三章 班级文化建设

学生讨论的过程中，老师巡视并捕捉资源，只要发现小队有新的点子，就请他们给大家介绍：

学生：我们首先想到抢占路口，这样路人一眼就能看到我们在义卖，人会比较多；其次，我们还想到万一人少的话，准备采用买一送一的方式，吸引顾客。

师：你们能就不同的情况想出不同的对策，太棒了！

学生：我们准备派几个队员走出摊位，边走边推销。

师：你们小队能主动寻找顾客，相信一定能卖掉更多的东西。

……………

小队之间的分享交流，会打开孩子们的视野，特别是小队之间的相互建议，会启发孩子们的创造思维，使其更有准备地参与义卖活动。

再如，在"义卖岗位我来设"环节，提议设置一个全班性的宣传小组（或其他岗位），并要求各小队推荐人选，这更是一次老师引导下的全班合作。如果说队内的合作重在每个人的参与，那么队际的合作则重在各小队的成长，两类合作并进，定能使得"我"和"我们"一起走向合作共进的良性发展轨道。

建议

未来社会需要具有合作精神的人才，而我们的班队活动是培养孩子们合作精神的有效抓手。如何通过小队活动培养孩子的合作精神呢？我们可以采用任务驱动的方式，组织学生群策群力，各显身手，在参与活动的过程中，体悟合作的意义，学习合作的方法，感受合作的快乐，从而培养合作的精神。具体来说，可以从以下几方面进行尝试：

1. 游戏激趣，体验合作的重要性

二年级学生有着和同龄伙伴交往、游戏的强烈愿望和心理需求，但大多是独生子女的他们，在家庭中倍受关爱，大多以自我为中心，因此在交往中表现出不愿意或不善于与人合作的弱点。在小队活动的过程中，常见的有以下问题：队长只顾自己，不能很好地发挥组织作用；小队成员之间不会分工与合作，要么你争我抢，要么大家都不愿意做；活动效率比较低，有的小队很少体验到合作的快乐。

二年级是小队建设的关键时期，也是培养合作意识和合作能力的有利时期。要让学生"爱上合作"，首先要让他们看到合作的力量。常州市戚墅堰东方小学的王书颖老师，在"花儿朵朵齐开放"活动中，用两个游戏让孩子们体悟合作的重要性和必要性：第一个智力游戏中，仅靠个人完成不了任务，必须要依靠团队，

而成功的合作首先要分工明确、各司其职；第二个逃生游戏密切联系生活，让学生明白成功的合作还需具备谦让、协作甚至牺牲精神等。两个游戏各有侧重，第一个游戏侧重于合作的主动意识的唤醒和方法培养，第二个游戏既有方法的应用，又有合作精神的渗透。通过小队合作，让学生在参与中感悟、体验成功合作带来的快乐，明确合作的价值所在。

2. 悦纳同伴，启动合作的前奏曲

例如，王书颖老师在以"合作"为主题开展的"花儿小队成长"系列活动中安排了以下环节：悦纳——你是一朵美丽花（让孩子先学会欣赏别人，才能更好地与他人合作）；合作——花儿朵朵齐开放；竞争——花儿小队来争先（通过小队间的竞争反过来促进合作）。其中，"悦纳"是处于首位的，因为只有真心悦纳同伴，才能保证合作的正常开展，"悦纳"是成功合作的前提。

再如，王珏老师发现二年级刚组建的小队凝聚力不强，队员们看不到其他同学的优点，集体活动落后了常会相互责怪，于是就带领"追梦中队"开展了名为"每人都是一颗闪亮的星"的系列活动：

活动一：我是一颗小星星（名片卡制作，进行自我介绍）

活动二：你是一颗闪亮的星（"夸夸我的小伙伴"书面评价，每位学生至少要征求到三位同学对自己的赞美，至少要为三位同学送出自己的赞美）

活动三：人人都是闪亮的星（以小队为单位用各种不同的形式夸夸自己同队的伙伴，每个学生都获得一枚或几枚"小队××之星"的贴花，获得贴花最多的学生获得班级"梦想之星"）[1]

通过这个活动，让孩子们跳出"小我"，换一种眼光发现同伴的优点，从而真心接纳每位同伴。活动促进了学生间的相互了解，为日后小队活动的有效合作奠定了基础。

3. 沟通协商，有效合作的润滑剂

沟通是生与生之间、小队与小队之间思想与感情传递和反馈的过程，协商则是小队议事的基本方式，学会沟通协商，才能有效合作。

上海市花园学校的方东欣老师这样描述"向日葵中队"的现状：

---

[1] 参见王珏 2013 年撰写的《"追梦中队"文化建设之旅》（未发表）。

第三章　班级文化建设

通过一段时间的活动,同学们感受到小队活动的乐趣,也感受到小队之间的竞争,继而越来越关注自己小队及队员的表现,有了更强的荣誉感。但是那些活动能力弱,尤其是学习和行为表现不佳的学生会遭到小队成员的指责;还有个别同学游离在小队之外,对小队荣誉的认知度不高;那些活动能力强的同学在几轮小队竞争后则出现包办现象。在小队生活中,同学之间遇到矛盾时,有的同学要么采取退避三舍的回避措施,但长期不与人交流,不利于学生社会化的养成;要么就是利用简单粗暴的方式解决问题,反而制造了更大的矛盾。[①]

小队内部缺乏沟通,合作效果大打折扣。班级生活中也存在着因为沟通不畅而激发的矛盾。于是,方老师策划了"小蜜蜂爱合作"系列活动,希望各小队成员能够了解同伴,懂得如何与人沟通协商,提高合作的能力。

在"小蜜蜂爱合作——我会协商"活动中,方老师创设了小蜜蜂采蜜的情境,明确任务就是"采到花蜜",共要过三关。每一关,方老师都会描述情境,介绍规则,特别是会给小队留下讨论的时间,让队员相互协商,共同解决问题。尤其是每一关都各有侧重:

第一关是合作开展游戏,小队全体上场,需要共同讨论每个人的最佳位置、最优搭配;

第二关是两两参加游戏,最重要的是前面的队员要及时和后面的队员进行沟通,传授经验,避免失误;

第三关是每三个小队合成新团队,这时沟通就更为重要了。

每一关结束后,老师都会组织大家进行反思和互评,在全班思维火花的迸射中,孩子们逐渐意识到如果有共同的努力目标,有良好的沟通意愿,选择合适的沟通方法,就能积蓄集体的力量,克服困难,抵达目的地。所以,沟通协商是有效合作的润滑剂。

未来的创造会更趋向于集体性、系统性的合作型创造,而具有合作意识和能力的人才需要从小培养。让我们秉持活动育人的理念,引导学生在活动中体悟,在实践中明理,融入集体,悦纳同伴,学会沟通,快乐合作,与团队共成长。

---

① 参见方东欣 2014 年撰写的《"小蜜蜂爱合作"活动设计方案》(未发表)。

第四章　班级建设与学科教学整合

各学科学习占据了学生在班级生活中的大部分时间，且对学生的发展有着十分重要的价值。班主任要将学科教学作为班级工作的重要内容，与学生的班级生活进行有机整合。这样一种整合，不仅能给班级活动、班级组织建设和班级文化更新提供新的资源、新的空间，而且也能在激发学生学习兴趣、培养学生学习习惯和提升学生学习能力等方面起到积极的促进作用。

学生在校学习的每一门学科，都蕴含着丰富的教育资源和独特的育人价值，如果我们的班级建设能主动与其对接，基于学生的成长需求，策划组织有关学科学习的主题活动，或在相关活动中融入学科学习的元素，就能有效丰富班级活动的主题、内容和形式，并促成活动质量的提升。组织学生以小队为单位参与以学科内容为载体的活动时，还会涉及小队成员间的互助合作，继而对小队组织建设、小队文化的形成产生积极影响。特别是学科老师介入孩子们的小队活动，不仅能促成班主任与学科老师间的合作，还能促成师生间的友好互动，对于丰富学生的交往关系非常有益。

一、如何促进学生在感受学科活动的独特性的同时发展想象力

想象力是一种高级的认识能力，是大脑对原有表象进行加工改造，形成新形象的心理能力。虽说想象力丰富是孩子的天性，但对于很多孩子来说，这样一种想象还只是"潜在的可能"。而我们如果在尊重学生天性的基础上，为其提供更多、更优质的时空，让学生去选择，去创造，那对于发展学生的想象力来说是有积极意义的。因为想象力的发展源于孩子们丰富多彩的生活与实践，需要建立在成长经历与体验不断累积的基础之上，而孩子们的学科学习及其活动则是这样一个"宝藏"，需要并值得班主任用心去发现，并用自己的想象去发展孩子们的想象力。

第四章 班级建设与学科教学整合

> **案例**

让纸娃娃重展笑脸

上海市华坪小学　陆　敏

经过一年的学校生活，班级里的学生都喜欢上了班级生活，对各种学校常规、小岗位工作已经熟悉，愿意和小伙伴一起活动。与此同时，我也发现，部分学生在学习、岗位工作中表现得不够认真、自觉，有偷懒、应付现象，需要老师、家长不断督促。特别是对一些有挑战性的活动，他们完全依赖父母的帮助，不愿意主动、勇敢地去探索、去尝试。

在当下1+2+4的家庭模式下，许多孩子集万千宠爱于一身，从小养成了娇生惯养，甚至蛮横跋扈的性格，习惯以自我为中心，和同伴相处容易发生矛盾，有问题则互相推卸责任。经过一年级合作活动的开展，学生初步懂得了要尊重他人，愿意听取他人意见，体验到互帮互助的快乐。

进入二年级后，能否借助班级小队这个资源继续深入培养孩子合作和探究的能力，让孩子在小队中学会和同伴更好地相处？我们设计了"做一个认真负责、会合作的小仙人掌"的目标，让学生在小队的各种活动中学会认真、懂得合作、勇于探究。

11月是学校的科技节，而语文单元教学又恰是"爱科学"这一主题，能否把科技节的活动主题和语文单元主题进行融合，围绕语文的爱科学主题设计一个"爱科学"单元主题下的班级科技节活动？我仔细研读了语文教材，发现语文单元练习中，有介绍"未来纸"的学科活动。纸虽然是我们生活中常见的，但班级学生却从未关注过，更没有想过它的过去、现在及未来。同时，他们对于节约纸的意识比较弱，地上常有丢弃的纸。特别是餐巾纸浪费严重，担任卫生小岗位的同学，每天检查时都会发现一部分学生不带手帕；有的虽然带了手帕，但还是喜欢用餐巾纸。

基于班级的情况，我设计开展了"一张纸的旅行"活动：

第一阶段，进行"奇妙的纸——纸的过去"活动。

因为二年级孩子无法独自上网探究，所以我借助多学科围绕"奇妙的纸"进行的课堂教学，让孩子们沉浸在"纸"的世界之中，喜欢纸，并以小队为单位探究"纸的过去"，激发起对一张纸进行探索的好奇心。例如，自然课进行"纸的制造、纸的种类"的教学，探究课进行"纸的发明"的教学，体育课进行"纸

的游戏"活动,美术课进行"折纸"活动,音乐课进行"我是纸"的歌曲教学。

第二阶段,开展"用好一张纸——纸的现在和未来"活动。

活动一:我们所了解的纸。在学生对已有知识掌握的基础上,让学生到超市、家里等地方进一步了解各种纸,然后分小队介绍所了解的各种纸的知识。在活动中,孩子能够初步学会小队合作的方法,懂得要动脑筋,用合理的方法解决伙伴之间的问题,并形成小队活动的评价标准。

活动二:让纸娃娃重展笑容。创设"哭泣的纸娃娃"童话情境,引导孩子用所学的各种知识、方法去帮助纸娃娃重展笑容,在活动中渗透绿色环保和合作探究的意识。在解决具体问题的情境中,分享想象和创造的快乐,初步体验人类探究精神的重要性。

本次活动的目标:一是交流"让纸娃娃重展笑容"的活动,认识到纸是我们学习、生活的好朋友,懂得在学习、生活中要用好、用足每一张纸,初步养成绿色用纸的好习惯;二是在解决具体问题的情境中,分享想象和创造的快乐,初步了解人类探究精神的重要性。

活动的主要过程如下:

活动环节	教师活动	学生活动	设计意图
热身	组织学生齐唱《我是纸》	歌唱《我是纸》	引出活动主题
导入主题	1. 播放PPT 2. 回顾前期开展的"奇妙的纸"活动 3. 引出本次活动的主题"让纸娃娃重展笑容"	观看PPT并回顾前期活动	回顾前期活动,激发学生兴趣
交流互动	1. 创设故事情境,组织各小队用童话剧的形式来汇报"让纸娃娃重展笑容"的行动,并引导学生进行互动。主要围绕两点:	1. 运输机小队 (预设:这是一张离开大树妈妈,很孤独,觉得自己无用而哭泣的纸。进行夸夸纸娃娃本领大的活动) 2. 水陆两用机小队 (预设:这是一张担心自己家族灭绝的纸。寻找能代替大树去造纸的材料)	通过创设纸娃娃哭泣的情境,让学生在帮助纸娃娃重展笑容的活动中,不断尝试,勇于探究,发现并解决班级中的问题,初步养成节约用纸的好习惯

第四章　班级建设与学科教学整合

（续表）

活动环节	教师活动	学生活动	设计意图
交流互动	（1）纸娃娃现在还会哭吗？ （2）你们是怎么想的？ 2. 根据学生的互动，进行总结提升	3. 加油机小队 （预设：这是一张被扔掉的纸。计算用纸量，提出节约用纸倡议） 4. 直升飞机小队 （预设：这是一张未来的纸，它担心人类将进入无纸化时代。设计一下未来的纸）	
总结提升	1. 提问：现在你们想对纸娃娃说什么呢？ 2. 总结提升	1. 交流 2. 倾听	进一步促进学生对纸的了解以及节约用纸意识

解读

学生的成长需求是综合的、多元的。陆敏老师基于自己多年的班级建设研究发现：学科可以为满足学生的成长需求提供众多外部资源，应把学科的各种资源转化为班级活动的育人资源，从而更好地促进学生的全面发展。本次学科整合活动的目标，一方面指向学生绿色用纸的好习惯的培养，另一方面特别关注对孩子想象力的激发，通过组织学生创作、表演童话剧，在解决问题的情境中，分享想象和创造的快乐。

1. 多学科激发兴趣，打开学生想象的大门

对于"一张纸的旅行"这一活动的设计，陆老师充分利用学科的独特资源，进行主题活动的系列化设计：通过自然课了解"纸的制造、纸的种类"；探究课进行"纸的发明"的教学；体育课开展"纸的游戏"；美术课进行"折纸"活动；音乐课学唱《我是纸》的歌曲。多学科、多形式的介入与合力推进，引发了学生对"纸"的兴趣，激发了学生探索"一张纸"的好奇心。老师们带领学生走进纸的世界，探索纸的过去和奥秘，了解造纸术作为古代中国劳动人民的一个重要发明，给中国古代文化的繁荣提供了物质技术的基础，大大促进了文化的传播与发展，为人类的进步与发展做出了巨大的贡献。活动的开展，不仅迎合学生的成长需求，还引领学生的成长需求。活动开场，陆老师带着孩子们回顾开展的"奇妙的纸"的活动时，我们从学生表现出来的专注与投入，可以真切地感受到前期活

动已在潜移默化中合力打开了学生的想象之门。

2. 童话剧提供舞台，提高了学生的想象力

本次活动的核心推进过程，是通过故事情境的创设，引导学生围绕"这是一张什么纸""它为什么哭""我们是怎样帮助它"三个问题，组织各小队用童话剧的形式来汇报"让纸娃娃重展笑容"的行动。四个小队分别根据"夸夸纸娃娃的本领大""寻找能代替大树去造纸的材料""计算用纸量，提出节约用纸倡议"和"设计未来的纸"四个话题，进行充分的想象、大胆的表达。让我们一起来看看"直升飞机小队"的表演：

这是一张担心自己未来的纸。请看我们编的童话剧。

唉！现在人们都开始讲环保了。我昨天听电视里讲，现在很多地区都开始实行无纸化，就是把很多资料都放进电脑里，不要我们纸了。

不会的，不会的，你看现在报纸也需要纸，学生读书的书本也需要纸啊，回家画画就更需要纸了。

我听小主人说，他的爸爸、妈妈都用手机看新闻，不买报纸了。听说，以后学生也可以用电子书，也可以用电脑画画。这世界上还会有纸的家族吗？我会不会成为这世界上唯一的一张纸呢？

小朋友们，你们说会不会呢？

会！

不会！

那就让我们乘着时光飞机，看看未来有什么纸吧！

我是一张橡皮擦不破的纸，以前小朋友用橡皮用力一擦，把作业本擦出一个洞。现在，有了我，就擦不破了。瞧，我多坚强啊！

我是保暖纸，天气很冷时，只要戴上我，就不会冷了。

我是天气预报纸，潮湿的时候，我是蓝色的；高温的时候，我是红色的。

我是一张医疗纸，如果你的手受伤了，只要撕一片纸，放到受伤的地方，伤就好了。

我是一张防火纸，以前的我碰到火就会燃烧，现在我碰到火也不会燃烧了。

瞧，你的好朋友多不多呀？

哈哈，我不用再担心了，原来未来的纸是不会消失的，而且会比现在的纸更先进，只是我不认识他们而已。

小朋友们，你们想一想未来还会有什么纸呢？开动你们的小脑筋吧！

抗弹纸,抗导弹,只要导弹发射到飞机,抗弹纸就可以将它弹回去。

房纸,可以用来造房子,造出来的房子很牢固,而且颜色还很漂亮。

……

活动中,童话剧表演的舞台不仅仅属于少数能干的、有表演天赋的学生,陆老师让每一个孩子都登上舞台。孩子们把自己感知到的冷暖、快乐、担忧、期待放在童话剧的表演中,获得由心而生的激情,这在孩子们的成长之路上种下了一颗想象力的种子。

3. 新生活共同创造,延展了学生的想象空间

学科和班队的整合,让学生从单一的书本世界和封闭的知识体系中解放出来,把学到的知识、方法和能力灵活地运用于班队活动之中。我们看到,在这样一个综合运用所学知识与本领的过程中,学生不但体验到各学科学习的价值,还在学习融通地思考问题和解决问题,并运用这些能力综合创造班级的新生活,形成正确的价值观,对自我、对他人、对社会的认识得到不断提升。

我们来看看"运输机小队"关于生活中纸的用处的表演:

这里怎么有一张纸啊?

你为什么哭啊?

我离开了大树妈妈,来到了二(2)班。可是我的小主人不理睬我,我真没用啊!

其实你的本领很大!

对啊,你的本领很大!

让我们来告诉你吧!

看,这是我写的字。

这是我画的画,你觉得漂亮吗?

漂亮!

看,这是我们用你出的黑板报,你觉得怎么样?

好看!

纸娃娃,纸娃娃,快过来呀!你还可以帮助我们学知识呢!那天在数学课上,我们用你来折直角,先把一张纸对折,再对折,就是一个直角,再把这张纸打开,就是四个直角。

哎呀,还能帮助你们学习啊!

在体育课上,老师叫我们把你贴在身上,如果跑得快,你就会跟我一起跑;

如果跑得慢，你就会掉下来。老师又叫我们把你折成了纸飞机，比比谁飞得高。然后老师叫我们把它拆掉，揉成一团，比比谁扔得远！

哎呀，我还能帮助你们锻炼身体啊！

纸娃娃，其实你的本领不止刚才说的那些。在课间活动的时候，也可以用到你。如果你有兴趣的话，我可以带你去看一看。

好啊！

你们在干什么呢？

我们在下棋。

看，这是用纸做的棋盘，这是用卡纸做的棋子，这是用吃过的喜糖盒子做的收藏盒子。

你们真会动脑筋啊！

这是我剪的窗花。

你的手好巧啊！

这是我做的"东南西北"，等你想玩的时候选个方向。

我想选北！

学狗叫。

汪汪汪。

我想选南。

半蹲三下。

这个好有趣啊！

这是什么呢？

这个是我折的清洁箱，它可以装垃圾，特别环保呢！

真的很环保！

这是什么呢？

这是我用纸折的青蛙，它的嘴巴还会动呢！

真的，能让我玩玩吗？

真好玩，能送给我吗？

我帮你折一个吧！

这是我折的纸花，可以用来布置教室。

…………

刚才第一小组让纸娃娃知道了，纸可以帮助我们更好地学习，会让我们获得知识；纸还可以丰富我们的活动，让我们变得快乐；纸还可以布置我们的教室，

给我们带来美的享受。纸还有什么作用?

擦鼻涕,擦嘴巴。

可以帮助我们打扫卫生。

还有一种纸叫荧光纸,可以帮助司机晚上看标牌。

"加油机小队"在表演中,通过互动和同学们一起计算用纸量,非常巧妙地提出节约用纸倡议:

我的家在二(2)班的黑板上,每天我看到你们认真地上课,你们也会经常来看看我,猜猜我是谁?

贴在黑板上的卡纸。

出黑板报时,你们就会把原来的卡纸换上新的。前两天你们取下了我,直接把我扔进了垃圾桶里。我还很漂亮呢,你们就不要我了。

我长得白白的,身体软软的。前两天,我和哥哥、姐姐一起来到二(2)班教室的讲台上,我发现你们都很喜欢我。你们吃完饭就来找我,桌子脏的时候你们也来找我,今天不知道是谁把水洒了,然后我就发现我的哥哥、姐姐走了一大半了。你们猜猜我是谁?

餐巾纸。

你们说得很对。我们小组曾经作过调查,每天都有人用餐巾纸擦嘴、擦桌子,我们班级每天至少要用掉一包餐巾纸。请大家算算,我们一周要用几包餐巾纸?

五包!

一个月四个星期,我们要用几包呢?

要用20包。

10个月要用多少包?

200包!

如果其他班级也像我们班一样的话,我们二年级七个班就要用1400包餐巾纸。

小朋友,我告诉你们,一棵大树只能做600包餐巾纸,这样用的话,一年就要砍掉两棵半大树呢。

我们觉得单单依靠我们小组,无法让两个纸娃娃不哭,想请全班一起来帮助他们,你们愿意吗?

愿意!

从孩子们充满童真的表达中,我们可以看出,以"让纸娃娃重展笑容"为主题的童话剧的创作能有效对接孩子们的生活,而且学生在发现并解决班级问题的过程中,增强了节约用纸的意识,锻炼了自己的思维能力、表现能力,延展了想象空间。我们相信,一次多学科融入的主题活动,不仅会让学生得到更综合的锻炼,让班主任明确自己在班级建设与学生发展中的定位,也给各学科老师共同介入班级生活提供了平台。"一张纸"让班级所有学科老师围绕同一主题,综合作用于班级生活的各个方面,彼此之间交流多了、互助多了,更为重要的是共同聚焦到整个班级学生的发展之中,教育合力得以进一步突显。

建议

想象是一切希望和灵感的源泉,是创造美好人生的源动力。想象力是人在已有形象的基础上,在头脑中创造新形象的能力,对于二年级孩子而言,则更多表现为对已有形象的再造、联想、迁移等能力。如何利用学科资源,发展学生的想象力呢?我们认为,可以围绕突显各个学科不同的特性、选择并利用有效载体和帮助学生增加表象积累这三方面做文章。

1. 突显学科特性,发展学生的想象力

每一门学科不仅都有各自的独特性,且都有发展学生想象力的不同资源。例如,语文学科,只有具备丰富的想象力,才能深刻理解课文内容,体味其中的意境美和形象美,所以根据语言文字的表达和图表、符号的描绘,在头脑中形成表象,创造新形象,可以培养学生的想象力;科学学科,在开展科技小制作、小发明、小创造活动中产生创造新的事物的动机,在独立创造新形象的过程中,学生通过对已有的感性材料进行深入分析,可以综合培养想象力;美术学科,学生从作品上那些天真离奇的构想、稚拙有趣的造型、生疏随意的配色、信笔涂鸦的方法中,感受到有益的启示和丰富的联想,从而对自身的想象力产生积极的影响,可以说,孩子们在美术课上的异想天开是其他学科所不能比拟的……

具体到我们的班级活动与学科的整合,以语文为例,通过一年的学习,学生积累了一定数量的童话和儿歌,他们对童话和儿歌的特点也有了一定的了解,能运用联想、想象,从"仿"到"创",编出许多充满童趣的故事。所以,我们可以充分利用儿歌、童话等载体,积极促进学生想象力的发展。同时,儿歌与童话也是低年级学生非常喜欢的文学样式。

常州市新北区新桥实验小学在每年一次的诗歌节中,都会组织孩子们进行童

第四章 班级建设与学科教学整合

诗的创作与表演活动，以下是三则二年级学生创作的童诗：

音符
一支支铅笔是教室中
活泼的音符
唱着七彩的歌
一片片叶子是树林里
宁静的音符
唱着成长的歌
一个个馒头是蒸笼里
热情的音符
唱着新年的歌

万晓媛老师点评："樊同学一定跟着小音符去旅行了吧！不然，她怎么能发现这么多有趣的音符呢？铅笔、叶子、馒头，这些都成了音符，细心的她听到了它们唱的歌，她从教室、树林、蒸笼里发现了许多小秘密，相信这些充满想象力的歌曲一定会给我们的生活带来许多奇妙感受，这是多么棒的发现啊！"

耳朵
鱼儿是小河的耳朵
游动的耳朵
听到雨点的演奏
听到水草的故事
兔子是草原的耳朵
蹦跳的耳朵
听到牛羊的聊天
听到大雁的飞翔
毛线是毛衣的耳朵
暖和的耳朵
听到妈妈的牵挂
听到冬天的脚步

万晓媛老师点评如下："耳朵，最喜欢听故事啦！大自然里竟然也有这么多有趣的耳朵！你瞧，张同学好厉害，一起来看看她的大胆想象和发现吧：河流有

游动的鱼儿耳朵,草原有蹦跳的兔子耳朵,毛衣有暖和的毛线耳朵。她听到了它们不同的声响,发现了这么多奇特有趣的事情。在她的发现里,我们仿佛也听到了更多的声音和故事,而它们会让这个世界更动听、更温暖。"

春天的糖果

春天是颗绿色的糖

嫩芽吃到了

小草吃到了

伸出绿色的小手

春天是颗黄色的糖

迎春花吃到了

油菜花吃到了

长出金黄的阳光

春天是颗紫色的糖

紫藤花吃到了

牵牛花吃到了

画出紫色的图画

春天是颗五彩的糖

蚂蚁吃到了

小青蛙吃到了

…………

小朋友也吃到了

我们把春天都含在了嘴里

万晓媛老师点评如下:"春天到啦!春天给我们带来一片生机盎然的景象。走着走着,陈同学就给我们带来新的想象啦!你看,春天里有一颗颗彩色的魔法糖果,吃到它们会变成不同的样子:小草、嫩芽吃到,伸出了绿色的小手;迎春花、油菜花吃到,捧出了阳光;紫藤花、牵牛花吃到,画出紫色的图画;还有小动物们、小朋友们也都吃到了……大伙都喜滋滋地把它含在嘴里,品尝着香甜美味的糖果,也让我们更爱大自然,更爱如此多彩和幸福的生活了!"

老师的点评,让孩子们充满想象力的童诗张开了翅膀,也点燃了他们的创作热情,激发了他们对生活的爱。班队活动可以借助这样的学科特质,设计多种形式的活动,例如,利用科普绘画、音乐律动、七巧板拼图等发展学生的想象力。

2. 利用有效载体，发展学生的想象力

文学作品是浇灌、放飞学生想象力的重要载体。在低年级班队活动中，许多老师喜欢借助于绘本。通过组织绘本阅读活动，激趣设疑，让学生猜猜故事的发展或结尾，学生凭着自己对前文的理解、对事物的认识及生活体验等作出各种猜想、推测，更容易被故事所吸引，也更容易在读故事、讲故事或小队合作演故事的过程中，开展自我教育或伙伴教育。

策划活动时，可以根据主题选择相关绘本，在引入方式上也需要精心设计，不能千篇一律，照本宣科，要把绘本故事作为活动的有机体，自然融于活动之中。绘本可以是导入，可以是推进，也可以是总结提升，甚至是延伸拓展。借助绘本发展学生的想象力，除了传统意义上的"读一读""讲一讲""演一演"，通过留白"猜一猜"，还可以"改一改"，改故事的结局，借题（主人公、场景等）组织学生创编故事。考虑学生个体能力有限，创编的过程可以依托小队成员共同完成，从创意、制作到发布，又可以自成一个系列的活动。

以童话表演为例，它是一门综合的艺术，需要导演、演员、道具、配乐等。对于二年级学生来说，虽然不可能有非常专业的表达，但这种形式，可以充分发挥和调动学生参与活动的积极性。同时，童话剧排练演出的过程本身对于培养和提高学生的合作能力就是一个很好的锻炼机会。通过在舞台上各种形式的表演，孩子们展示自我、表现自我，自身的潜质也得到了释放和加强。虽然表演是学生最喜欢的学习形式，也是低年级语文教学最常用的形式之一，但是要使表演体现多功能育人价值，还要充分认识并突显童话表演对学生成长的价值。孩子们会在老师的一次次鼓励中不断尝试，大胆创新，呈现富有想象力、创造性的表演。每位学生既是演员，又是观众，既通过表演展示想法，又通过点评、互动理解其他小队的创意；如果孩子们的参与是全方位的，那收获的体验一定也是丰富多元的。

3. 增加表象积累，发展学生的想象力

虽然孩子天生富有想象力，但想象力不是天马行空、想入非非，而是来源于生活中的创造。丰富的表象是想象力发展的基础，所以，在日常的班级生活中，我们要尽可能为孩子创造一个开放和多元的活动和感知空间，让他们尽可能多地接触和认识客观事物，形成丰富的表象。因为孩子所想象到的事物，其实在现实世界中是存在的，是可以触摸到的具体东西，或者是能够闻到的气息、能感受到的情绪等。

在二年级语文教学中，老师会充分运用文本资源，拓展学生阅读视野，提高

其生活感受力:

一是引导学生把视野从阅读童话、儿歌转向更丰富、更博大的阅读世界,激发学生广泛阅读的兴趣,让学生明白这种拓展是成长的表现。

二是指导学生在广泛的阅读中了解真实的世界。了解多彩的自然,了解祖国的壮丽山河,了解科学知识,了解名人品质……从阅读中获取更多感受、认识、知识,懂得更多道理,从而热爱世界、热爱祖国、热爱科学、热爱生活,实现生命成长。

三是指导学生学习作者是怎样观察生活世界、感受生活的。学习童话、创作童话,儿童更多沉浸在想象的世界里,对身临其境的现实世界没有感觉。这时,可引导学生在理解文本时,感受作者对现实世界的观察,体会作者是如何将日常生活中的一棵树、一朵花、一只小动物、一个小朋友,如何将风云雨雪,如何将身边发生的一件件小事都用文字表达出来,成为一个个有趣的故事的,并从中得到启发,去细心观察身边的世界,感受到现实世界别有一番精彩,把观察到的人、事、物记录下来,把阅读和生活联系起来,把观察和表达联系起来。[①]

只要让孩子们把语文课堂之所学在活动中延展开来,鼓励他们多读书、多接触大自然、多接触新鲜事物,并给他们一定的探索机会,就能不断丰富其表象的积累。孩子们在多彩的班级活动中获得的体验和经验会为其发挥想象力和创造力提供不竭的源泉,从而使其更多体会想象的乐趣,更多体验做生活的主人、做学习的主人、做自己成长的主人的自豪和快乐。

语文课是这样,其他学科也同样如此。

二、如何利用学科资源丰富小队活动

小队活动的主题来源,除了学校大型文化活动、班级文化特色的建设、学生良好行为习惯的养成等,还有一个很重要的领域,就是学科资源。国家课程的实施,不仅为学生共同发展奠定了基础,各学科蕴含的独特的学科资源,无论是知识与技能、过程与方法,还是情感、态度与价值观,通过有效转化,都能成为小队活动的主题或内容,丰富孩子们的小队活动。小队活动的展开亦可反哺孩子们的学科学习。更重要的是,学生在这样综合性的学习与活动中,能关联生活与成长,不断提升综合素养,体验学以致用的快乐。

---

① 李政涛,吴玉如."新基础教育"语文教学改革指导纲要[M].桂林:广西师范大学出版社,2009:164-165.

第四章 班级建设与学科教学整合

案例

跟着课本去旅行
常州市局前街小学　王　奕

进入二年级，我们班的太阳花似乎一下子长大了很多，无论是学习还是活动中，他们都越来越遵守学校规则，喜欢把自己和同伴进行比较，对大人的依赖越来越少，更渴望得到老师、家长和同伴的肯定，常常为"我们"得到表扬或获得成功而兴奋不已；遇到问题，会主动寻求伙伴的帮助；对新鲜的东西会表现出极大的好奇心，并且把关注点开始拓展到家庭和社会，部分孩子对某些研究主题表现出极高的认知水平，令人惊叹。但是，由于每个孩子都有表现的欲望，在活动中就会出现当意见不统一或自己的意见不被采纳时不会用合理的方式与别人沟通的情形，有的会表现得比较强势，有的会闹情绪。我想，这也许就是二年级孩子在用自己的方式表现"能干"的一面。作为班主任，希望通过自己的努力帮助孩子真正变得"能干"。

首先，孩子在班级组织建设中变得聪明。从入学礼、入队仪式到小队成立仪式，太阳花们在一次次庄严的仪式活动中感受着成长的快乐。从争取拥有一个自己的小岗位，到岗位组，再到岗位的轮换，太阳花们认真、努力，真正成为班级的小主人。在校园活动中的优秀表现，得到大家的认可。

其次，丰富多彩的活动也让孩子们在快乐中变得能干。学校的四大主题节活动、年级层面的课程活动、班级层面的个性化活动，让学生们乐此不疲，能力得到提升。万圣节的垃圾袋创意、元旦的童话剧演出、"我是歌手"海选、super合唱团演出、"玩蛋"创意活动、谁的报纸最听话合作实验、吃月饼风暴……多彩的活动，全面的参与，学生们享受到合作的愉快、创造的喜悦。

我们太阳花乐园的每一朵太阳花都很可爱、活泼，他们喜欢参加活动，喜欢旅游，每次假期后回校，都有说不尽的趣事；我们太阳花乐园的每一位家长都很热情、积极，他们也喜欢参加活动，喜欢旅游。在我的影响下，每到假期，就开始策划小团队的各种旅行计划。每学期都要组织太阳花开展分享活动，从最初的照片文化墙的布置，到旅行知识竞答，随着学生能力的提升，该如何引导学生交流自己的旅行收获呢？2015年9月3日，是抗战胜利70周年阅兵仪式举行的日子。那隆重的气氛、庄严的检阅，让孩子们感到震撼，觉得自豪，纷纷表示团队的力量太强大了！于是，他们提出，我们能否也用团队的方式交流自己的旅行收获呢？

二年级语文课本中有旅游单元,足迹遍及香港、北京、拉萨、北大荒。有一部分孩子曾经在那些地方留下快乐的足迹。于是,我们希望通过临时旅行小方阵的组建策划,让孩子们在小队活动中更深入地感受祖国大好河山的美丽,体会合作的快乐和方法,并通过创造的、合作的、独特的方式呈现出来,获得更多的成长。因此,便有了"跟着课本去旅行"班级主题活动的设计。

本次活动环节及目标为:一是祖国真好:通过小队的学习梳理,了解祖国大好河山,为祖国而自豪!二是创造真好:通过小队的合作创造,体悟合作的重要性,感受合作带来的快乐。三是旅游真好:通过小队的交流分享,理解"读万卷书,走万里路"的意义。

活动的主要过程如下:

活动环节	教师活动	学生活动	设计意图
开放式导入	播放学生小队旅游照片	欣赏照片,回忆快乐	唤起学生美好的回忆,为更好地进入主题进行情感铺垫
忆前期活动	交流前期讨论的评价标准: 全:全员参与 特:有地方特色 变:有队形的变化	再次明晰小队展示的三条评价标准	明确评价标准,同时也为学生之后的活动策划和开展打下认识层面的基础,提升学生思考问题的品质
跟课本旅行	带领四个小队分别交流"跟着课本去旅行"的收获,组织生生、师生间的互动交流	北京、香港、北大荒、拉萨四个小队分别展示,进行相应的互动交流: 北京队:衣服变变变 香港队:主题手掌画 北大荒队:庄稼创意秀 拉萨队:特色转转转	学生通过队列等形式进行展示,在汇报中感受祖国大好河山的美丽,在交流中分享合作的快乐,在互动中提升对创造的多元认识
向同伴学习	1. 组织学生点赞评价,并进行组际互动交流 2. 采访:针对同伴的评价,你有什么收获?	1. 小队讨论,送出本小队的赞,并汇总大家的意见 2. 交流自己的收获	各小队不同形式的展示,一定给其他小队带来很多启发。通过分项点赞,让学生在相互评价中欣赏他人,学习反思

第四章 班级建设与学科教学整合

（续表）

活动环节	教师活动	学生活动	设计意图
总结提升	1. 对学生在本次活动中的热情投入和独特的展示形式给予肯定，对于学生在本次活动中获得的成长给予鼓励；引导学生用这次活动的成长经验去发现四个城市的科技资源，为即将到来的科技节活动助跑 2. 组织学生唱《奔跑吧，太阳花》	1. 倾听 2. 唱《奔跑吧，太阳花》	为后续活动作铺垫

解读

"跟着课本去旅行"这一活动，是在学校"亲亲中国龙，拳拳龙娃心"国庆节主题教育活动的背景下组织开展的班级层面的活动。王奕老师基于语文课本中介绍的相关城市和景点，带着孩子们自主策划、组织"跟着课本去旅行"系列活动，借用学科资源丰富学生课余生活，丰富小队活动。

1. 课本内容生成了小队的活动主题

班队活动的着眼点不仅仅在于班级生活，还要为孩子打开一扇窗，让孩子看到班级之外的一种生活。旅行，是一种非常好的学习方式，山水之间蕴藏着丰富的文化知识，步行之间包含着多元的能力培养，同行之间酝酿着美好的情感启蒙。王老师非常关注旅游资源的利用与转化，基于孩子们的语文教材，组织"跟着课本去旅行"活动，让孩子们在真实的旅行中感受课文中语言文字的含义，感受祖国山河的壮丽，感受同伴互助的力量，可以说活动所蕴含的成长意义非同一般。

2. 策划中促进了小队的协商议事能力

在本次活动中，学生们根据自己曾经走过的地方或是十分向往的地方，临时组建四个小队。活动前，各小队几经讨论，策划形成小队展示方案，并自行组织排练，最后现场展示了小队合作的成果，令人颇为欣喜，特别是孩子们协商议事的能力得到了锻炼和提高。

以北京队为例，在刚开始讨论时，小队成员的意见始终无法得到统一。也许

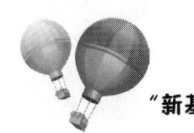

是受到阅兵仪式那震撼的场面所感染,有的学生希望用阅兵仪式的队列再现祖国的威严;有的想让小队中的京剧小票友小姚同学担当展示主角,唱京戏,敲京鼓;有的则想用废旧的材料,搭建长城、天安门、鸟巢等北京标志性建筑……想法很多,也很有创意,每个孩子都据理力争,讨论了很多次,每次都是不欢而散。这非常真实地呈现了小队建设初期常会出现的问题:有合作的愿望但缺少合作的方法。不是简单地把去过北京的学生集中在一起,就可以自然建成一个小队,形成一个有机的集体,它需要一个过程。除了孩子们相互了解、接纳,还需要老师介入指导。

于是,王老师首先肯定了孩子们的创意以及努力为小队出主意的主人翁意识,然后带领孩子们玩了"小马过河""蚂蚁搬家"等游戏,在游戏中让孩子们体悟合作的重要性,然后再组织学生讨论怎样整合大家的金点子,让小队的展示更精彩。多次协商后,终于形成了相对集中的意见:在白色T恤的正反面,分别画上拼接的船和万里长城,在小姚同学的亮嗓中进行队形的变化。孩子们利用课余时间打草稿、上色,请教美术老师和家长,大家分头行动,并在准备过程中不断完善,丰富小队的创意,直至为小队的每一位成员所认同和喜欢。这个过程虽然要花费老师不少的时间,但全程经历其中的孩子会因此获得真实的成长,逐步汇聚形成的集体力量和小队成员的相互作用会不断促进学生个体的发展。

在之后班级的出游活动中,都会组建临时小队。学生会在小队长的带领下,自主协商,取好队名,设计队旗,策划小队活动。过程中遇到问题,也不再是无助地向老师求助或相互责怪,而是会一起想办法,互相帮助,经历和体验小队间的竞争和小队内的合作。他们不怕困难,不怕失败,小队的认同感和凝聚力也在过程中得以不断增强。

3. 展示中呈现了小队的共同创造

据王老师介绍,跟着课本去旅行活动中,一年级的时候,学生用照片、图画的方式记录他们的感受。进入二年级,学生竞争心理明显增强,他们不仅希望得到老师的表扬,还特别希望自己能够胜过别人,渴望一种与众不同的表现。但这样的想法仅凭个人的力量又显得不够,需要借助于小队的共同创造。在以上活动中,学生的作品虽然比较简单,甚至有些幼稚,但却是最真实、最具儿童味,也最具成长感的:

北京小队将北海公园的小白船、万里长城、天安门、五星红旗等"北京元素"用队形变化的形式一一呈现,再以班级里京剧小票友小姚同学的"说唱脸谱"加

第四章 班级建设与学科教学整合

以点缀，锦上添花，让伙伴们感受首都北京现代与传统文化的完美结合；

北大荒小队用塑料袋、报纸、旧T恤、彩纸等各种废旧材料做成纸衣，装扮成庄稼地里沉甸甸的果实，伴随着欢乐的《丰收歌》，把伙伴们带进丰收的庄稼田，热闹非凡；

拉萨小队通过收集牦牛肉、青稞酒、珠穆朗玛峰图片、转经筒、男女服饰、哈达等跟西藏有关的物品和优美的藏族舞蹈，通过说说、演演、唱唱、跳跳，带领大家走进神秘的西藏；

香港小队更是利用本组的"火车迷"小符同学和画家小葛同学的资源，将香港的标志紫荆花、海洋公园、快捷方便的地铁通过寥寥几笔的手指画再现出来，配上女生《东方之珠》的配乐朗诵，美极了！

四个小队的精彩展示后，老师组织学生根据之前讨论的评价标准进行评价，送出手中的赞。每个小队手中的点赞卡，也是各小队根据地方特点，共同讨论设计的。交流中，学生们了解了其他小队的合作过程，获得了不同的合作方法，老师的介入点评则放大了"成功的喜悦"背后小队共同创造的资源。

"跟着课本去旅行"这一活动的价值不仅在于班主任根据课本内容组织活动，更在于把课本变成一个班队活动的资源包，进行转化与拓展。学科资源与小队活动的有机整合，不仅丰富了小队活动，凝聚了班级团队的力量，还使得学生在学校活动中得以发展，在课外活动中，也以"我们的班级""我们的小队"为自豪。

建议

二年级学生在校要学习语文、数学、美术、体育、音乐、品德与生活等多门学科，每门学科都有自己的特性，学生会在不同学科的滋养下逐步形成自己的知识结构和不同的思维方式，进而促进自我的生命成长。相对于校园活动资源、社会性和自然性资源而言，学科资源与学生的学习生活关联最为密切。如果我们有意识地将学科资源与小队活动相结合，可以极大地丰富小队活动的主题选择、内容构成和表达方式，进而丰富孩子们的校园生活和童年生活。

1. 依托学科资源，丰富小队活动的主题选择

以"品德与生活"为例，其课程特点是具有综合性、活动性和生活性，其教材编写按照学生的生活逻辑展开，从时间角度看，包括学生已有的经历、正在进行的生活和将要进入的生活；从空间角度看，包括学生的班级生活、学校生活、家庭生活、社区生活以及社会生活。教材内容以主题单元的方式呈现，每一个主

题单元包括类似于班级系列活动的相关内容。如果仔细阅读教材,会发现教材内容与我们在班队活动领域的研究中感受到的学生年龄特点、成长需求与活动设计有很多相通之处。其他学科也同此,因为不同学科的育人目标的指向是高度一致的,即促进学生的主动、健康发展。试想一下,如果我们有意识地通过班级活动拓展孩子们的学科学习,进而为学生活动特别是小队活动提供丰富的资源,使资源得以融通,那么教育的整体性与实效性就能得到有效提高。

我们可以对二年级相关学科作一个整体的梳理和策划,思考教材中哪些主题适合或需要通过小队活动来组织实施。一般说来,有以下几种:一是与学生发展需要相契合的,特别是对于二年级学生发展来说,具有节点性质的实践活动主题;二是涉及班级组织建设、群体生活状态改变的话题或实践活动主题;三是学生发展过程中已经或者可能呈现丰富的伙伴教育、自我教育资源,并且有分享以及进一步丰富和提升的可能的活动主题;四是大部分学生都能参与,并进一步实现发展的活动主题;五是具有广阔时空背景和活动可能性,甚至有趣味性的活动主题;六是那些需要有前期准备的活动主题。

2. 依托学科资源,丰富小队活动的内容构成

学科资源的丰富性通过各学科教学内容及教学目标就可见一斑。例如,常州市第二实验小学在开展二年级暖冬系列活动时,依托各学科资源进行了合力推进。其中,老师们利用数学资源,带着孩子们课间走出教室,在操场上开展各式活动,锻炼身体,强健体魄:

(1)运用一庹,围一围,我们的操场有多大?

①手拉手围一围,猜猜要多少个小朋友手拉手才能将内操场围起来?

②去操场拉一拉、围一围,借助身体尺估测内操场的周长,加深对"一庹"的了解。

(2)运用步长,走一走,跑一跑,我们的操场有多大?

①根据围的结果猜一猜,围绕操场内长走一圈,要走几步?实际走一走、数一数。可以多走几次,把你的数据记下来,和小伙伴比一比。

②如果改成跑的形式,步数是增加了还是减少了?会少几步?跑一圈数一数,并记来。

(3)查阅资料,科学制订自己的寒假运动计划。

①运动到什么程度,开始出汗?(几步之后、几圈之后、几分钟之后……)

②制订自己每天的运动计划,采取合理的运动方式。

③什么时间运动比较合适？根据作息合理安排运动的时间。（早上、上午、下午、晚上）

像这样，在运动中加入相关数学元素，在冬季锻炼中引导孩子们了解身体尺、运用身体尺，从而能够更真切地感受到学习数学的乐趣。

3.依托学科资源，丰富小队活动的表达方式

在班队活动中，小队汇报是一种较为常见的方式，目的在于将小队前期活动的过程资源或形成的成果进行分享交流，从而把一个小队的资源放大并转化为全班学生的资源。这样的活动，无论是对学生个体，还是对小队建设，或是对班级建设都具有促进作用。依托学科资源，能有效丰富小队活动的表达方式，从而吸引学生参与。

其中，说一说（儿歌、童谣、三句半）、讲一讲（故事）、画一画（手抄报、简笔画）、唱一唱（歌曲、戏曲）、演一演（课本剧、童话剧、小品）、跳一跳（街舞、韵律操）等，都是孩子们喜闻乐见的表达方式。在小队建设的起步阶段，建议老师们更多采用较为单一的方式，以降低难度，调动学生参与的积极性。随着小队建设的不断推进，学生学科知识的丰富、能力的提升，小队汇报的方式会日趋多元化。例如，小队歌曲表演，就会出现小队主持人报幕、朗诵开场白、演唱、伴舞等方式。

三、如何通过多学科整合促进小队评价

小队建设的高质推进，离不开评价；而评价要能发挥其导向、引领与激励作用，不仅需要有相应的标准，还要尽可能体现出多元与丰富性。从评价主体的多元看，可以是自评或小队成员的相互评价，可以是小队之间的相互评价，也可以是老师参与的评价，甚至可以引进家长资源进行辅助评价。从评价的过程看，基于二年级学生的年龄特点，应尽可能体现出丰富性，而学科资源的引入，不仅能有效丰富评价的载体，还能把学生的学科学习及其学习成果有机融合到成长交流与评价中。通过这样的评价，可以有效促进学生丰富自我认识，增强"我能行"的自信，学会彼此接纳、相互欣赏，体验小队合作共进的意义。

案例

小树苗，共成长

常州市戚墅堰东方小学　周　蝶

我们班共有41个学生，女生17人，男生24人，总体来说比较活跃，比较贪玩，责任心不强，团队意识也不强。进入二年级下学期，我们就把小队评比纳入班级常规评比，并且把个人评比和小队评比联系起来，即个人的表现可以为小队加分，也可以给小队扣分，而小队得了荣誉，那么小队中的所有成员也就能相应加分。实施下来发现，虽然小队的凝聚力增强了，但也带来了小队之间的矛盾，小队间只有竞争，缺乏互助。

小队成立后，为提升小队的合作能力，我们的班级活动都是以小队为单位组织的。一段时间后，队长的分工能力得到了提升，从随便分工发展为能根据队员的特点分工。但这仅仅限于开展班队活动时，一到实际生活中就又会陷入无分工的"混乱"状态。班级部分学生比较畏惧困难，一旦遇到问题就选择退缩，不愿，也不能想办法解决，常处于观望状态。例如，两个小队长因为能力比较强，为了快点完成任务，能自己做的，就都包办了，而这正好"成全"了小队内几个喜欢坐享其成的学生。

学校自上学期起，为了整合课程资源，更有效地开展学生活动，开始了班队活动与品德、综合实践活动课程整合的实践研究。为了能让所有孩子在活动中都动起来，并逐渐帮助低年级的孩子养成反思自己、总结经验的习惯，我们认真研读了二年级《品德与生活》教材，分析学生的年段特征及成长需求，再结合校级活动，设计了学校二年级学生活动的主题：

（1）2月："学做文明人"系列活动，侧重于食堂文明就餐的研究；

（2）3月：找春天、玩春天、留春天的"春天"系列活动；

（3）4—5月：结合学校艺术节、运动会，开展"我的兴趣爱好"系列活动，包括"小小爱好，乐趣多""小小运动，乐开怀"和"小小游戏，乐翻天"；

（4）6月：学期即将结束，老师带领孩子们总结回顾一学期的成长与收获，开展"小树苗，共成长（小队成长档案袋的建立）""小树苗，在成长（个人成长档案袋的建立）"两个评价系列活动。

"小树苗，共成长"这次班队活动，主要是借助前期开展的小队成长档案袋的收集和整理活动，呈现各小队在活动中的成长。期待通过本次活动，达成以下目标：一是依托小队成长档案袋的建立，在小队长的带领下，引导学生在活动后

第四章 班级建设与学科教学整合

能对小队成长以及个人成长进行评价；二是通过活动，引导学生全面认识小队以及个人的成长，学会取长补短，更好地发展；三是通过活动，进一步提升小队合作能力，增强小队凝聚力。

活动的主要过程如下：

活动环节	教师活动	学生活动	设计意图
热身	播放本学期班级活动的视频	1. 观看视频 2. 唱班歌	回顾前期活动，唤醒体验
导入	提问：前期我们各小队进行了成长档案袋的整理，今天我们就来比哪个小队在整理材料的过程中收获多	1. 了解前期活动 2. 准备参与活动	了解本次活动的要求，并积极投入
核心活动	1. 组织并倾听小队汇报 2. 适时介入并指导评价 （评价要点预设： （1）材料有意义 （2）整理有方法 （3）过程要体现合作：人人参与、合理分工、团结互助 （4）小队长在小队合作活动中的作用发挥）	1. 苹果树小队讲述三个"第一"背后的故事 （1）"风车设计"最佳创意奖 （2）"小小才艺秀"精心准备奖 （3）"体育游戏"最佳小报奖 2. 桔子树小队再现"小队成长档案袋诞生记"情境 第一幕：内容的选择、材料的装饰 第二幕：水培植物种植活动的资料收集方法 3. 梨子树小队讲述收获团结和创意的故事 （1）温暖的创意风车 （2）创编"贴鼻子"游戏 4. 桃子树小队讲述"我们小队的第一次" （1）第一次编顺口溜 （2）第一次采访 （3）第一次拍照 （4）第一次上红领巾电视台	1. 使学生通过互动交流，了解成长档案材料收集和整理的基本方法，启发学生开展小队评价和个人自评，为小队和自己的成长而自豪 2. 通过活动，使学生明确小队成长档案袋活动人人参与的重要性，增强小队凝聚力；引导小队间进行互评和相互学习 3. 通过介绍小队长的变化带来小队的变化，明确小队长在小队活动中的作用

活动环节	教师活动	学生活动	设计意图
总结提升	1. 总结颁奖，揭示成长档案袋的作用和一般整理方法 2. 开启个人成长档案袋的收集和整理活动	1. 为获奖小队点赞，说说参与活动的收获 2. 准备用今天学习到的方法制作个人成长档案袋	为接下来开展的个人成长档案袋的整理活动作铺垫

解读

成长档案袋评价，是一种能促使学生自我发展的质性评价，充分体现了发展性评价理念，可以记录学生成长过程中的一系列"故事"，将评价变成促进学生主动参与、自我反思、自我教育、自我发展的过程。如何基于学生的学科学习和活动参与，有效利用成长档案袋评价，促进小队建设以及学生成长呢？周蝶老师组织的本次活动就给我们带来了很多启发：

1. 在丰富的活动中形成丰富的档案资料

在上述案例中，周老师为了加强小队建设，增强小队成员之间的合作，将小队建设与品德学科的资源进行整合，策划开展了系列活动。每一次活动的开展，都是一个成长的大舞台，学生的参与意识、活动能力和成长体验不断提升，留下的成长足迹不断清晰。

丰富的活动为后期小队成长档案袋的建立积累了素材，所以，学期即将结束时，老师带领孩子们总结回顾本学期的成长与收获，用成长档案袋的方式开展自主评价，就有水到渠成的丰富呈现：除了留下队名、口号、标志、难忘的第一次等成长足迹，还有活动的策划书、影像资料、评价表、荣誉证书、观察日记、反思总结等过程资料。

2. 在自主建袋中促进学生自评

挑选和收集资料的过程需要学生参与，这也是学生自主评价的过程，学生自始至终都在参与评价，既是被评价者，也是评价者，所以，建袋过程是学生积极反思、自主提高与进步的过程。在活动中，橘子树小队关于"档案袋里放什么"的情境表演，可以让我们感受到他们的成长：

第一幕：
生1：小队的成长档案袋有了，里面可以放什么呀？
生2：把我们平时留下的活动记录、手抄报、评价表放进去。

第四章　班级建设与学科教学整合

生3：对了，还可以放活动照片！刘同学家有打印机，到时请他打印一下。

生4：可是，这些材料，有大有小，有的已经破损了，放到档案袋里也不好看啊。

生5：那我们装饰一下。我们可以去买些A4纸，把这些材料都贴在上面，大小就一样了。然后再画点花边装饰一下，就漂亮了。

队长：好主意！谁负责装饰花边？（生3、生4举手）好，其他人跟我一起，准备好剪刀、胶水，把小的材料都贴到A4纸上。

生齐：开工喽！

第二幕：

生1：唉，这么多活动，我们选哪个活动介绍收获呀？

生2：风车吧！我们都学会了制作风车的方法。

生1：可是，其他队也都学会了。不行，没有特色。

生3：食堂文明活动呢？

生4：据说，桃子树小队就是选的这个，他们的收获很多，我们肯定比不过他们。

生5：有了！小种植！只有我们小队人人都种了吊兰，并且成功地养到了现在。

生1：对啊，我们不仅收获了水培吊兰的方法，还收获了"细心、耐心、责任心"呢！

小队长：好主意！可是放什么材料在档案袋里才能体现我们的收获呢？总不能把我们种的吊兰塞进档案袋吧？

生1：不会把它拍成照片啊？

生2：就放我们制作的吊兰小报吧，表示我们收获了水培知识。

生4：还可以放我们的岗位轮换表，说明我们会分工合作，有责任心。

生3：还可以放一张以前我们种植大蒜失败的照片。

生齐：为什么呀？

生3（表演）：这是我们第一次种的大蒜，刚开始我们都很积极地一下课就去浇水，有太阳就搬到外面晒晒；可是一个星期后，我们就慢慢懈怠了，导致最后失败了。所以这次种植吊兰时，我们吸取了教训，变得耐心且负责任了，因为我们不想再害死一个植物宝宝了。

（生齐鼓掌）

小队长：别忘了最后放上我们的全家福啊！

师：你们既能看到自己的优点，又能看到自己的不足，这也是你们的收获！

"新基础教育"学生发展与班主任工作指导纲要

这个情景,再现了小队长组织队员就"档案袋里放什么"进行商量的过程,老师既肯定了橘子树小队的做法,也让其他小队学到了一招。可以说,这些有意义的材料,不仅有利于教师获得有关小队建设的信息,为对学生成长进行过程性、分层性评价提供了依据,学生也可以由此反思和发现小队及自身的不足,对小队及自身进一步发展具有很好的推动和促进作用。另外,学生随时都可在成长档案袋中添加档案资料,使活动和自主评价更加紧密地结合起来。

当孩子们了解了成长档案袋内容选择、整理和装饰的方法,也就会在后续的活动中更加有效地开展工作,并留下小队成长坚实的脚印,让档案袋的内容不断丰富。这些材料的形成、收集和整理,不仅对小队长提出了很高的要求,某种意义上讲,也在引领着小队活动的开展,即小队活动要做什么?怎么做?

3. 在多元的互动中促成多元评价

首先是评价主体的多元,不仅是小队的每一个队员都全程参与其中,还有老师评价、小队成员之间的相互评价、小队之间的相互评价,甚至还有家长评价,多主体介入并积极互动,更好地突显了评价过程的合作性。其次是评价方式和评价内容的多元。成长档案袋本身就是一种评价方式。另外,活动过程中的自我反思、相互点评等,也引领着孩子们从多个视角感受自我的成长和需要进一步努力的方向。最后是评价周期的多元,如一次活动结束、一个学期等。

以苹果树小队的汇报为例:

王同学:大家好!我们是苹果树小队。首先请欣赏我们的成长档案袋……我们在整理材料的时候,发现我们小队竟然收获了三个第一名,于是,我们收集了和这三个第一有关的资料。

王同学:这是创意风车比赛,我们队设计的风车可漂亮了,得了最佳创意奖。这可是本学期我们得到的第一个第一名,看大家笑得多开心啊!

张同学:风车比赛的第一名让我们备受鼓舞,我们再接再厉又拿下了第二个第一名。瞧!在小小才艺秀的合唱比赛中,王同学的巴拉拉小魔仙的衣服很有特色,而且在合唱的过程中我们还精心设计了动作,所以得了精心准备奖。

王同学:(互动:你们最喜欢什么活动啊?)我们中队开展的小小游戏乐翻天的活动也深受大家喜爱。我们先收集自己喜欢的活动类游戏,交流后发现大家最喜欢的是猎人打野鸭、抱抱团、老鹰捉小鸡和"抢家"的游戏。于是,我们就将这些游戏制作成体育游戏小报。同学们都说我们的小报内容丰富、设计美观,都爱玩我们推荐的游戏,所以得了最佳小报奖。

第四章 班级建设与学科教学整合

罗同学：我们小队是不是很厉害？此处应该有掌声哦！（鼓掌）我们除收集了这三张得第一的照片之外，还收集了这三次活动的分工，在这一过程中我们有了个重大发现：这三个"第一"背后，凝聚了我们小队长的辛勤付出！"创意风车"比赛的总设计师是王同学和高同学，合唱比赛加动作设计是王同学提出来的，游戏小报的设计师还是王同学，也是她安排我们分头收集资料的。所以，我们觉得我们队能得那么多第一名，小队长功不可没！我们准备了一份礼物想送给小队长，感谢她的辛勤付出。（送礼物、互动）

师：感恩。每个人的成长都离不开他人的帮助。我们要像他们一样，做个懂得感恩的孩子。你们的档案袋里还可以装入颗颗感恩的心。老师相信苹果树小队的每一个同学，也会像王同学那样，变得越来越能干！

在总结与颁奖环节，周老师鼓励孩子们："别看我们二年级的小朋友人小，但是能力还真不小，整理小队的成长档案袋这么有难度的事，你们都完成得有模有样；而且我们每个小队在这次活动中都有了新的收获。我要给每个小队颁奖——最温馨奖、最有创意奖、最团结奖，这是你们新的收获，也可以放进成长档案袋中。"

活动中，老师有计划地指导学生作好阶段评价和反思，主动分享学生的阶段进步，并给予鼓励，通过引导学生比较成长档案袋的资料，发现自己及小队的不断进步和不足，并在互动中有计划地将这些信息反馈给学生，促使其反思，实现了激发学生积极性的目的。与此同时，鼓励学生把小队建设的阶段成果和个人的成长与父母、同伴交流，请父母、同伴给予评价，充分突显了老师在学生成长档案袋评价中的指导作用。

建议

评价具有导向、激励、鉴定和教育功能，评价主体要多元，既要有老师的评价，也要有学生的评价、小队的互评以及家长等其他有关人员的评价，以突显不同的评价主体对小队建设的不同作用：学生自评促反思、老师评价促导行、同伴评价促合作、家长评价促和谐。与此同时，还可通过有效利用学科资源，优化评价内容、搭建评价舞台、丰富评价方式等，形成富有班级特色的评价机制。[1]

---

[1] 以下内容根据常州市第二实验小学白露老师撰写的《班级评价机制初探》一文（未发表）改编，有删减。

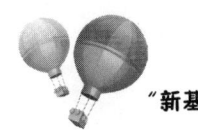

1. 评价标准差异化，明确小队成长方向

学生评价不能一把尺子，小队评价也是如此，不能追求整齐划一，要让每一个小队及其队员体验成功的喜悦、成长的快乐和探索的自信。

（1）有年段意识。例如，同是"我是班级小主人——岗位建设"主题活动，不同年级要有不同的评价标准。二年级可以侧重于评价岗位工作的态度（积极性、坚持性）和方法（善于合作、目标明确），采用"我把笑脸带回家"的形式对学生每周的岗位工作进行评价。每天为每个岗位设一个笑脸奖励章，一周下来，看哪个学生得到的章多，就奖励他一个大笑脸贴在教室的"开心树"上。一个月下来，集满四个笑脸的就是本月的"岗位小能手"，为其发放喜报。

（2）有具体要求。例如，在开展的"我的游戏我设计"活动中，评价分为活动参与（资料收集、积极发言和创新火花）、合作情况（听取他人意见、提出自己的想法和形成具体方案）、动手实践（能根据要求完成任务、能与其他同学合作完成任务和运用所学知识有创意地实践）和文明素养（有问题时想办法、有矛盾时少数服从多数、吸取他人长处和勇于改正错误）四方面。这样，既发挥了评价的导向和激励作用，又能全方位、多角度地评价学生，促进学生全面健康发展。

（3）有多种类别。例如，在"我与好书交朋友"的活动中，采用活动评价、作品展示、读书记录卡、阅读考级等形式对学生读书活动进行评价，定期组织"阅读之星""博览之星""诗词诵读大王""最佳读后感奖""阅读考级"等评比活动，激发学生的读书热情，提升学生的读书质量。一些学生通过读书自主编剧本、演话剧，还能获得"最佳编辑""最佳演员""最佳导演""最佳组合"等奖章。多元评价，大大激发了学生在活动中体验成长的快乐。

2. 评价载体多样化，铺设学生成长的舞台

在班级文化建设中，为学生铺设一个尽情展示才华的大舞台，鼓励学生随时展示自己的学习成果，使他们乐学、会学，不断产生成就感，这些舞台就成为评价的载体。巧妙利用这些载体，让学生在参与、体验的过程中，激发兴趣和思维，培养能力，感受愉悦，体验成功。

（1）设立展示平台。例如，在班级设立"你真棒""我能行""小荷才露尖尖角"等小展台，鼓励学生随时把自己认为好的作业、有创意的作品、满意的答卷贴上去。孩子们会在比照中看到自己的进步，发现自己的不足，并学会欣赏同伴。

（2）建立成长档案。学生活动过程的评价需要一个合适的载体将理念变为

现实，而学生成长档案就是其中一个有效的载体，除了前面案例提及的小队成长档案，还可以设立学生成长档案和班级成长档案。通过引导学生收集、整理学习与活动的经历、作品、收获等，留下成长路上珍贵的足迹，全面反映学生的发展过程。

3. 评价方式灵活化，丰富学生成长的体验

活动评价可以采用开放、灵活的方法，根据学生在活动过程中的态度、情感、行为表现，丰富学生的成长体验。

（1）日常评价。在平时活动中，"你真聪明""你很善于表达自己的想法""你能行""我相信你已经很努力"等带有丰富情感的语言，是班主任和孩子沟通的主要方式。还有，一个真诚的微笑，一个夸奖的手势，一个肯定的眼神，一次轻轻的抚摸等，可以产生此时无声胜有声的效果。另外，还可采用给学生发"喜报"的方式评价学生的表现。这样可以促进孩子在今后的活动中有更出色的表现。

（2）个性评价。根据不同学生的特点采用不同的评价方式，如给表现好的学生发小礼物、让老师抱一抱、送一本书、和老师一起做手工、制定心愿卡、满足一个愿望、做一回小老师等，这些评价方式常常让孩子感到非常开心。再如，主题活动中，可以采用摘果子的形式，根据学生在活动中的表现，由老师作出评价，将"小嘴巴""小耳朵""合作星"等印在孩子的书上，孩子每得到三个标志就可在相应的"筐"里画上一个"果子"。这样的评价活动可以帮助学生明确发展的目标，引领学生主动发展。

（3）活动评价。班级活动与学生生活十分贴近，我们可以通过观察、谈话等方式记录学生在生活中的真实表现，以此对其进行综合评价。例如，"在校园寻找春天"活动中，有个别学生出现了不文明行为，当时就有学生予以制止，这是学生同伴间所作的一种行为评价。老师在活动结束后，还可以引导学生进行总结，说说活动中发现了哪些好人好事？还发现了哪些不文明的现象，为什么不文明？听了同学们的讨论，你又有什么新的认识？等等。一个简单的总结评价，能让学生在活动中受到更多关联自身言行的教育，而且影响深远。

努力构建个性的班级活动评价机制，能有效促使学生在日常生活中获得真实的发展，培养更多有独特个性的全面发展的学生，让每一个孩子都能幸福成长。

第五章　学校活动参与

"在教育的立场下，学校教育中的人都是生命体。无论是教师、学生还是学校管理者，他们都是活生生的人，不是没有生命的物。他们有感受，有对世界的认识，有丰富的情感，有内在的动力。他们带着生命的独特与尊严生活在学校教育之中。"[①] 从生命的意义出发，班主任和学生每一天的学校教育生活都是其生命成长的独特历程，不可回复原状，无法复制，在参与和介入中，经历丰富的校园生活，最终成为新的自己。

校园活动从学校的办学理念出发，以满足全校学生的成长需要为目标，整合校内外多元资源，给予学生超越班级的更大的体验空间和展示平台。在校园活动中，从准备参加到最后的结果反馈，学生参与和介入越主动、越多元、越独特，那么在校园生活中的存在感、认同感和成长感就会越明显和深刻。

相对于一年级学生来说，二年级学生在老师的组织下参与校园活动的机会更多，在此过程中获得的快乐体验更丰富，部分学生甚至已经有了独立、自主参与活动的可能。他们开始主动关注校园活动信息，渴望更加深入地感受丰富的校园活动。当然，对于大多数二年级学生来说，还不具备完全自主参与校园活动的能力，需要老师的组织和指导，一般以小队的方式，依托团体的力量集体参与更能锻炼学生的能力，促使其体验成功、成长的快乐。

一、如何在校园活动中提升小队合作能力

科技节、读书节、体育节、艺术节、运动会、跳蚤市场、少代会等丰富多彩的校园活动，激发了学生的参与热情，但二年级学生受到年龄及能力的制约，很多活动个体的力量显得远远不够。小队的组建，恰好为孩子们提供了施展的平台。基于校园活动的大视野，实施个性化的班级活动，让学生在小队合作参与中共同

[①] 李家成.关怀生命：当代中国学校教育价值取向探[M].北京：教育科学出版社，2006：180-181.

经历,学会发现问题、开展行动、解决问题。在经历一次又一次与伙伴的合作后,学生的合作意识和能力都会得到提升,个体力量与小队力量相互作用,还会有效促进整个小队合作能力的提升。

案例

让校园更美好
常州市第二实验小学　邵沪杰

从一年级跨入二年级,孩子们还是有着明显变化的。首先,对于校园环境已经比较熟悉,课间活动时就如鱼儿般畅游在校园的每个角落;其次,对于小学生活,他们也不像一年级时那般茫然无措,已能适应节奏进行有规律的学习;最后,对于小学生该遵守的规则,也已基本掌握,并能遵从老师的教导,努力用良好的表现来为自己的班级和学校争光。

进入二年级,老师让座位就近的学生组成一个个小队,并通过"健美4+1"系列活动(也即学生成长主题活动)指导队员们营造自己小队的显性文化:取队名、选队长、画队徽、编口号……然后手把手地组织学生通过小队的形式来参与。在这个过程中,学生逐渐有了从"个体"到"小队成员"的角色意识的转换,有了从"单独行动"到"小队行动"的活动方式的转换。但毕竟还只是低年级的学生,小队成立时间不长,活动次数有限,以上这些仅仅是处于萌芽状态的变化。

本次活动源于:一是学校将要召开少代会。11月,我校第十届少代会前期活动如火如荼地开展,其中有一项活动就是向广大少先队员征集关于"校园建设"方面的提案。我班学生参与热情高涨,提了许多建议和意见,不管这些建议和意见是否成熟,都真切地反映了二年级学生"希望把校园建设得更美好"的良好愿望,体现了"我是校园小主人"意识的萌芽。二是《品德与生活》教材内容。其中,第16课的教学内容是"让校园更美好"。这一教学主题正好契合了由少代会引发的学生关注的焦点问题。教材通过图片和简单的文字,启发学生用心去关注校园中让人不满意的地方,然后引导学生提出改进意见,并付诸行动。这一教学思路正好为小队活动提供了明晰的路径,能让学生在此过程中经历一个完整的"发现问题、开展行动、解决问题"的活动历程。

我们的活动,有机整合了晨会、品德课和班队活动的时空,并进行了一体化设计:

活动一:我们的校园真美好(晨会)

(1) 我们的校园是花园

(2) 我们的校园是学园

(3) 我们的校园是乐园

(4) 让校园更美好

活动二：我们的小队在行动（品德课）

(1) 确定行动目标

(2) 商量行动方案

(3) 开展小队行动

活动三：让校园更美好（班队活动）

基于这样的思考和二年级学生的发展目标，我将"让校园更美好"班队活动的目标定为：承接前期晨会内容，在感受美好校园的情感基础上，引导学生采取自己力所能及的行动，从而让校园变得更美好；在指导老师的帮助下，小队初步尝试"发现问题，开展行动，解决问题"的活动模式，从而提升队员的合作意识和能力。

活动的主要过程如下：

活动环节	教师活动	学生活动	设计意图
开放式导入	1.组织学生唱班歌 2.讲述本次活动的主要内容	1.唱班歌 2.明确本次活动的主要内容	在班歌营造的和谐氛围中，进入活动情境
小队行动成果交流	1.组织学生以小队为单位进行汇报交流 2.引导汇报的小队与其他同学进行适当的互动与交流 3.及时给予评价和提升	1.分小队进行成果交流（贴标志、修补图书、设计校服、编菜谱……） 2.汇报的小队与老师、同学互动交流 3.汲取老师、同学的意见与建议，为后续活动作好准备	通过各小队的交流，呈现队员们前期的活动过程和活动能力，并让所有队员分享行动成果，激发大家"让校园更美好"的情感
开放式延伸	1.总结 2.组织学生唱校歌	齐唱校歌	在校歌营造的愉悦氛围中结束活动，点燃学生后续活动的热情

解读

本次活动非常有意义，是在学校召开少代会面向广大学生征集关于"校园建设"方面提案的背景下，班级层面组织开展的一次系列活动。活动设计体现了整

合思维，层层递进，邵沪杰老师在此过程中的指导渗透结构意识，并帮助学生形成多个维度的合作资源，有效促进了小队合作活动的开展，也形成了小队合作活动的成果——少代会提案。虽说孩子们的提案还很稚嫩，但经历这样的活动，不仅能增强学生校园主人的意识，还能提升他们做校园主人的能力。

1. 活动设计体现整合思维

一是基于学生成长需求。二年级学生对学校空间布局和教育教学活动已经比较熟悉，开始更加深入地感受越来越丰富的校园活动，而且过程中经常有想法要和同伴或老师分享，有部分学生非常向往在校园活动中亮相自己。少代会的召开，对于学生来说，虽然陌生，但充满好奇。

二是基于校级主题活动。"健美4+1"是常州市第二实验小学学生成长主题活动的总称，通过不同主题活动长程、系列的策划和实施，培养学生的健美素养。其中，二年级有个活动主题：让校园更美好。①

三是基于《品德与生活》教材内容。二年级《品德与生活》教材第16课的主题是"让校园更美丽"。校园的美体现在哪里？一年级品德课有过一些涉及，但学生当时的认识还比较肤浅；二年级再来谈论这个话题，要在已有基础上有提升。期待通过活动，帮助学生形成"我是校园小主人"的角色认同感和自豪感。

据此，邵老师从校歌的歌词内涵入手，围绕"我们的校园是花园""我们的校园是学园""我们的校园是乐园"，让学生在课前通过观察、体悟等，感受校园内在的美丽、生活的多彩，自主开展画一画、唱一唱、编一编、说一说等活动；晨会以小队为单位，画一画校园的一角，唱一唱我们的校歌，编一编活动的儿歌，说一说我们的提案；在说提案前，依托品德课，组织学生开展"我们的小队在行动"活动，确定行动目标，商量行动方案，开展小队行动。在此过程中，丰富了小队合作的资源，进一步促进小队内部学生之间的互动与合作。

本次班队活动，邵老师带着孩子们呈现的是"让校园更美好"系列活动的分享交流。

2. 过程指导渗透结构意识

小队建设在二年级处于起步阶段，邵老师认为更确切的表达可以是处于"培

---

① "健美4+1"，健指健德性、健心智、健体魄、健气质，美指言行美、智慧美、形体美、心灵美。"4"指的是每周除升旗仪式外的四次晨会，"1"是每周一次的班队活动。"4+1"将长程设计和短期实践有机结合，将礼仪、民族精神、身心健康、公民道德等主题教育以专题形式开展。

根阶段"。因为就学生个体而言,他们进入小学时,在知识积累、行为能力等方面都有一些学前期的基础。但是小队建设就不一样,不论是取队名、选队长、设计队徽,还是进行合作、展示,学生都没有基础,需要老师进行培根式的引导,即"培育小队建设的根基"。邵老师将小队起步阶段的活动定位为"发现问题,开展行动,解决问题"这样一种活动开展的过程结构,也是提建议的一种方法结构。

首先,引导学生发现问题。少代会提建议,需要建立在发现有价值的问题之上。二年级学生因为年龄较小,对生活或成长中的问题还不够敏感,即使部分学生有了一定的问题意识,提炼、概括和表达能力也比较欠缺。所以,邵老师一方面鼓励孩子自己去发现、捕捉问题,另一方面把以前少代会的学生提案介绍给学生,帮助学生了解可以从哪些方面以怎样的方式表达。各小队在组织交流的基础上挑选有意义的建议。因为学生初次参与这一活动,所以,邵老师通过适时的介入,给有需要的小队以帮助,重点是在可行性上给予判断引导。

其次,引导小队开展行动、解决问题。在各小队有了主题后,邵老师启发学生寻找指导老师。例如,制作心形粉擦,请美术老师指导;修补图书,请图书馆的陶老师指导;做肥皂袋,请潘医生和校工帮忙;贴"标志",正好与语文课整合,学生就请邵老师指导;改善午餐,向爸爸、妈妈请教;校服选择和展示,请音乐老师给予指导。而这些指导老师,大部分由小队商议后确定,自己主动联系,也有个别是老师推荐的。为了鼓励并激发孩子们的活动热情,邵老师事先与指导老师达成共识:不提前、不过度介入小队活动,要求小队先自主讨论,形成一定想法后再由老师指导。正是有了这样一种充分的参与,孩子们的热情才得到呵护和激发,行动有指导,能力也就有了可喜的提升。

"发现问题,开展行动,解决问题"这一活动开展过程的价值在于,它给学生提供了一种思维方式和行动方式的锻炼机会,先发现问题,想想怎么解决,然后自己做做,做完了,问题解决了,我很快乐。二年级学生如有这样一种思维方式,那么在以后的成长中,当遇到不同的问题时,就会有意识地去思考"怎么办"。或许这是教育的真正价值所在,因为光想不做,没用,光做不想,难以长久持续。[①]

3. 小队提案激发责任担当

经过前期活动的充分开展,过程的扎实推进,孩子们在老师与家长的帮助下,形成了个人参与的人生第一份提案,其中包含小队的智慧和参与。我们来看其中两个小队的孩子们在活动中的介绍:

---

① 参见邵兰芳 2010 年撰写的《评课发言》(常州市第二实验小学班队活动研讨资料)(未发表)。

（1）爱心小队——我给校园贴标志

生齐：我们是"爱心小队"，我们的行动是：我给校园贴标志。

陈同学：我是小队长，你们猜猜我的这个标志"小心滑跤"应该贴在哪儿？为什么？（请同学回答）

师：听说马上就要下雪了，雪后地面会结冰，小朋友走路很容易滑跤，你这个标志说不定能派上大用场。

戴同学：我的这个标志"垃圾入箱"是提醒大家不要乱扔垃圾，应该把它丢到垃圾箱中，这样，我们的校园才会更整洁。

张同学：你们猜猜我画的这个标志"注意安全"贴在哪儿？（请同学回答）对，跷跷板虽然很好玩，但是大家不能一拥而上，玩的时候还要注意安全。

师：你是个善于观察的女孩，注意到玩跷跷板的安全隐患，真不错！不过画的标志好像比例上不太均匀，有点像运动员在举重，下课了再作调整，好吗？

臧同学：我看到有的大哥哥踢球时不小心把地灯踢坏了，这样会触电，很危险，所以，我准备把"当心触电"这个标志贴在地灯上。

师：顽皮的男生尤其要注意这个标志哦！

陆同学：这是"请勿攀爬"的标志。我们学校周围有一圈栏杆，操场周围也有。大家不能去攀爬或钻这些栏杆，邵老师还跟我们讲过，有个小朋友头钻进去就缩不回来了。

曹同学、刘同学：同学们，你们有没有发现，这两天，我们的楼梯上多了一样东西？（请同学回答）对，是上下楼梯的"小脚印"。我们小队发现有好多班级排着队来这一幢楼上音乐课，楼梯本来就很窄，可有些调皮的同学还在队伍里窜来窜去，这样就更乱了。所以，我和刘同学决定一起在楼梯的两边贴上"上楼"和"下楼"的小脚印，提醒大家上下楼梯都要靠右走。我们的指导老师是邵老师，这些脚印是她带着我们去打印店做的。

师：当时，我觉得你们这个想法很好，但用普通的纸的话，很容易被损坏，这种即时粘贴的纸很方便，而且不容易被损坏！别的小朋友的标志设计得也很不错，小队长可以收集起来给叶校长看看，如果合适，就去统一定做。

（2）凤凰小队——我当粉擦发明家

傅同学：我的小岗位是"黑板管理员"。我在擦黑板时发现老师写得比较高的地方擦不着，即使踩凳子也擦不着，而且踩凳子也不安全。所以，我们小队决定研究"新型粉擦"。

张同学2、孔同学：我们小队的同学有的是在爸爸、妈妈帮助下，用螺丝固

定一根棍子,这样是很好的,可是太费劲了。后来,我们请美术老师来指导我们,她教我们将一把尺子用"泡沫双面胶"粘在粉擦背面,这样也很牢固。

师:你们来试试。(让学生示范)用简单的办法解决了岗位工作的难题,你们队真了不起!老师建议你们小队带上工具去帮一年级的教室也改装一个"新型粉擦",因为一年级的"黑板管理员"个子比你们还小,肯定也需要。你们愿不愿意去帮他们啊?

生齐:愿意!

或许,"让校园更美好"是邵老师站在教育者的角度设计本次活动的目的所在。而活动结束后,就变成了"我们让校园更美好",活动的成长性得到了充分而又自然的体现。正如邵兰芳校长所说,这一转变,呈现的是教育的起点和归宿,因为教育的最终目的是引导学生进行自我教育。另外,这样的活动还有很大的拓展时空,可以引导孩子们关注自己所做的是否真的能让校园更美?延伸拓展会使活动的积极影响更持久。

活动前就和学生有过交流的张建英老师在评课时说:孩子们眼中的校园比现实的校园还要美。有一个孩子画出的行政楼,色彩非常明亮,他并不知道行政楼是用来做什么的,他认为那里面藏着他的梦想:总有一天要到那里去跳舞。这个视角是非常自然且独特的,像光影魔术手一样美化了校园,但这样的校园还不是很真实。于是,老师引导孩子通过校园中的建筑、物品去关注使用的人、发生的事,最后的班队活动呈现时,学生的视角已经逐步深入。这个"让校园更美好"的主题显然已经有了主语:"我们的校园更美好","我们让校园更美好",主人翁意识也在其中生成。"我们让校园更美好"能够引发孩子们的主人翁意识,使其在活动过程中有一种角色认同感、归属感、使命感、成就感等,体现了活动的育人价值。[1]

建议

传统的学校活动因为要面向全校学生,一般落实到班级后,往往只有少数能力比较强的学生能参与,更多的学生缺少展示锻炼的舞台。而我们的小队活动恰恰能解决这一问题,充分关注每一个学生的成长问题和成长期待,确保每一个孩子在小队活动中有话能说、有事能做、有舞台能展示、有快乐能体验。这样的活动往往更具教育意义,但同时也需要班主任用心组织。

---

[1] 参见张建英2010年撰写的《评课发言》(常州市第二实验小学班队活动研讨资料)(未发表)。

1. 了解"节点",建立小队合作的阶段意识

小队的发展不可能一蹴而就,需要经历一个循序渐进的过程。这一过程,根据小队建设的重点和指导策略的不同,可以分为三个阶段:

第一阶段,小队的初建阶段,主要是帮助学生形成"我们"的意识,小队活动的开展,不能操之过急,要手把手地教。可以采用同主题、同内容、同形式的方式"教结构",帮助学生了解小队活动的基本要求和开展过程与方法,这样也便于学生在相互比照中打开视野,相互启发。活动内容包括设计小队文化标识,以小队为单位开展单一的学科活动。

第二阶段,小队建设的磨合阶段。当学生对小队拥有了一定的认同感,小队建设就要融入学生的班级生活中,小队活动就可以"用结构",可以开展同主题、同形式、不同内容的活动,例如,以小队为单位开展岗位竞聘锻炼、行为习惯评比、童谣传唱、树叶贴画、故事诵读等比赛,不断强化学生的小队意识。

第三阶段,小队建设的发展阶段,当学生在小队中有了一定的合作意识,小队进入较好的合作状态时,一方面鼓励各小队可以自主开展相关小队活动,另一方面可以结合班级文化建设、班级活动和校级活动开展小队间的分工合作,各展所长,共同完成一项大的任务。例如,轮流出班级黑板报、分组排练"六一"活动的节目、共同策划班级参与运动会开幕式的方案等。

当班主任形成了一定的阶段意识后,在推进小队建设的过程中就会更有针对性和指导性。利用校园活动的资源,开展小队活动可以在小队发展进入第三阶段后组织,一般在二年级下半学期开始。

2. 学会"借力",丰富小队合作活动的资源

校园活动为班主任工作,也为学生活动提供了平台和借鉴。经过精心设计的学校大型活动,不仅内容丰富,而且也有一个现成的活动场,能又好又快地把学生带入活动的情境中。作为班主任,要学会向学校大型活动"借力",使之成为班级活动的资源,在二年级更可以成为小队合作活动的资源。

一是借主题,开展小队活动。可以将"我们爱科学""科技就在我身边""厉害了,WORD 小创客"等科技节主题引入班级,组织学生将其转化为小队活动的主题。

二是借现场,组织小队观摩。以小队为单位组织学生参与或观摩现场活动,过程中考量小队长的组织能力,培养小队成员的组织观念。

三是借比赛,促进小队创造。以下是上海市闵行区实验小学由校园主题活动

生成的二年级小队活动：①

校园主题节	小队活动	小队建设目标
科技节	1. 我们的小手会创造（动手动脑，变废为宝） 2. 我们的眼睛会发现（积极探究、相互交流）	1. 认识与了解自己的伙伴 2. 感受共同参与活动的快乐 3. 伙伴间乐于交流和分享
国际文化节	1. 我们的故事真有趣（通过英语小故事，体会学习英语的乐趣） 2. 我们的表演真精彩（会说、会演、乐于展现）	1. 发现伙伴的长处 2. 共同完成任务 3. 乐于展示小队风采
书香节	1. 喜爱的作家相互介绍 2. 有趣的故事一起创编 3. 精彩的图书共同阅读	1. 分工合作完成任务，活动向校外拓展 2. 用合适的形式展示小队活动成果
艺体节	1. 做操——比精神 2. 游戏——比有趣 3. 三歌——比嘹亮（国歌、队歌、校歌）	1. 自主开展活动，确定时间、地点和形式 2. 在队际交流中，积极进取，并懂得相互学习和合作

这样的设计，使得小队这一组织在校园活动中呈现出有组织、有序的状态，校园活动丰富的育人资源也因小队的参与变得有深度。

3. 展开"活动"，促成小队合作的多维互动

校园活动为小队合作的多维互动提供了新的可能，除了班级范围内小队内部的合作互动和小队之间的合作互动，还能享有与其他班级、其他年级学生，与老师（不仅是自己班级的学科老师），与家长，与志愿者等的交往和互动。除了通过老师促成不同主体之间的互动，小队的自主交往互动才是通过校园活动提升合作能力的独特所在，才能在活动过程中充分放大校园活动的资源，创造更大的合作时空。

常州市局前街小学的薛娴老师组织学生参加学校科技节活动时，开展了以"纸桥承重"比赛为内容的班队活动——"小纸桥，大学问"。活动时，薛老师在"讲一讲"环节出示学校历年科技节活动的安排，让孩子们可以早探索，早准备；在"试一试"环节，让孩子们以小队的方式围坐一起，通过商量、分工尝试、交流改进方法等过程，真实参与小队合作。通过小队动手试、讨论等形式，获得参与

---

① 参见尤兆蕾 2016 年撰写的《怎样组建小队》（未发表）。

活动的方法，享受合作、创造带来的快乐。在孩子们想不断突破、获得佳绩的节点，适时引入其他小队和学长资源，促成学生、小队与学长间的多元交流互动，不仅为小队对原有方案进行改进提供了方法和依据，也使小队生成新的合作资源。

在本次活动的交流总结环节，薛老师还引导学生们回忆整个活动的体验、互动过程，通过交流，帮助学生梳理小队合作活动的方法以及习得的经验；通过激励小队不断尝试，激发孩子们不断超越、为班争光的集体荣誉感；通过鼓励学生关注学校其他各年级的活动，让孩子们学做有心人，激发其主动参与学校其他各项活动的意识。在此次活动中，小队的活动热情更加高涨，小队成员们的诸多疑问得到解答。

相信高质量的小队多维合作互动，能促进小队成员积极成长。我们看到的活动中孩子落落大方、思维活跃、文明有礼，都源自日常小队活动的积淀。

二、如何在校园活动中培养学生的规则意识

二年级学生开始主动根据规则评价自己和他人，并且将自己放在同学关系中进行比较；不仅关心自己是否受到好评，也会关注其他同学是否得到表扬，还特别希望自己能够胜过别人，竞争心理明显显现。可见，得到好评是二年级学生非常看重的，而基于规则的评价则对他们具有很强的引导作用。因此，我们可以根据学生这一成长需求，依托校园活动，进一步培养学生的规则意识，帮助学生了解规则存在的意义，并努力把规则外化为自己的行为。

案例

小蚂蚁旅行记

常州市局前街小学　嵇文佳

二年级孩子充满着对未知的探索热情，期望在校内外各种活动中尽情挥洒自己的汗水，释放蓬勃的精力。我们小蚂蚁班的学生个性鲜明、精力旺盛，这在全校是出了名的。虽说老师一而再、再而三地强调安全的重要性、规则的重要性，可是课间，依然会见到他们在操场、走廊甚至教室里欢乐地奔跑、嬉戏，其中不乏打闹与争吵。这让我很犯难，与学生讲道理，他们个个都懂，但一旦进入校园的日常生活或活动，部分孩子却会表现出与"认识"全然不同的行为。

通过一年的努力，小蚂蚁班的孩子们在岗位轮换、小组学习等活动中已经建

立了"组""队"的意识,到了二年级,建设小队就顺应了他们进一步发展的需求。随着他们对同伴的需求越来越强烈,老师组织学生选出了"得民心"的小队长,然后自主加入各小队(老师根据性别、能力强弱等进行了一些调整)。孩子们在小队活动过程中逐渐明晰如何分配任务,如何互相帮助,但合作能力、处理问题的能力还很欠缺。

快要秋游了,怎样才能发挥这一实践活动的多元价值,让孩子们在保证安全的情况下尽情地与大自然亲密接触并获得成长呢?我想,作为班主任,应该和孩子们一起作好准备。根据二年级学生发展及班级建设目标,我想借助小队与规则的力量,促进活动的有序组织,丰富学生的成长体验。

学生入学以来,我在班级组织开展了绘本阅读活动:定期与孩子们共读绘本,并让他们回家后把故事讲给爸爸、妈妈听。看着自己的宝贝能绘声绘色地讲述有趣的故事,家长们对绘本的兴趣也被激发出来了。于是,我利用家长资源让孩子们接触更多的绘本,并且定期组织绘本讲演,让孩子们说说从绘本中学到了哪些本领,多角度开发绘本的育人价值。

作为秋游的前移性准备,我准备了一本绘本《皮尔斯旅行记》。这本绘本主要讲述一只小老鼠独自出门去旅行,过程中运用自己的智慧、勇气来战胜困难与危险,最终交到了好朋友,顺利完成旅行的故事。我想利用这个故事,作为活动的切入口,引导学生通过读故事、明道理、思问题、共闯关、创绘本等活动,自定规则或友情提醒,在教育同伴的同时教育自己,帮助学生更多体验秋游的快乐。

作为学校秋游活动在班级层面的组织,我通过三个系列活动予以推进:

活动一:跟着绘本去旅行。在绘本故事中,孩子们跟着主人公走过一个个有趣的地方,这些地方或因美景,或因趣事给孩子们留下了深刻的印象,让孩子们认识到不同景点的不同之处。

活动二:小蚂蚁旅行记。也就是本次活动,开展秋游前的准备工作与相关教育。

活动三:小蚂蚁旅行回来啦。即开展秋游见闻与体验分享活动。

本次活动的目标是:通过读绘本故事和情境模拟等方式,在不断创生的秋游活动情境中,培养学生的规则意识和遇到问题群策群力想办法的好习惯。

活动的主要过程如下:

活动环节	教师活动	学生活动	设计意图
热身	播放前段时间学生读过的绘本,和学生一起欣赏	欣赏、回顾	组织学生回忆前期读过的绘本,为本次活动打下基础
跟着小老鼠去旅行	1. 讲述《皮尔斯旅行记》 2. 组织讨论:小老鼠为什么能够顺利地独自完成旅行?	1. 倾听、呼应 2. 小队讨论并感受、交流小老鼠在旅行中展现的机智、勇敢、会合作等优秀品质	通过读故事、悟品质,帮助学生明理导行
小蚂蚁去旅行	1. 介绍秋游地点:青枫公园 2. 介绍秋游的主要内容,组织学生根据上车出发、登高塔、沙滩玩沙、观赏植物等情境讨论可能会出现的问题。提出闯关要求: (1)现场模拟该如何上车 (2)用创编儿歌的形式感受爬高塔的注意事项 (3)用小队讨论记录的方式列出沙滩游玩的注意事项 (4)用编写标语的方式关注、爱护公园植物 3. 组织学生交流,通过师生、生生互动分析问题成因及解决办法 4. 讨论小结,揭示"问题"与"规则"的关系	1. 去过青枫公园的学生分享见闻与感受 2. 倾听要求,按照事先分好的小队,以小队为单位进行讨论,梳理问题、反思原因 3. "闯关"并互动(预设:不了解活动要求;看见别人不守规则就跟风;排队等待时间太长时不耐烦等) 4. 参与讨论并小结,体悟规则的重要性	1. 组织学生以小队为单位,关联已有实践体验,通过讨论、反思对秋游中可能遇到的困难及问题进行梳理,一起分析原因,寻求解决办法 2. 引导学生了解"问题"与"规则"的关系,体悟规则的重要性
小蚂蚁齐动手	1. 组织学生创编班级秋游绘本,要求将班级的秋游计划、游园注意事项等作为绘本的主要内容 2. 组织小队汇报并适时介入点评、提升	1. 学生分小队继续合作,并在之前讨论的基础上,丰富绘本内容 2. 交流互动	通过小队合作创编绘本,制定规则或友情提醒,引导学生进一步了解游园及集体活动的规则,为秋游活动作好相关准备
总结提升	总结本次活动,提出秋游物品准备要求	倾听老师总结并畅想秋游活动	肯定学生在活动中的成长,激发学生参与后续活动的热情

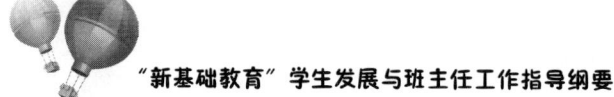
"新基础教育"学生发展与班主任工作指导纲要

解读

组织学生参加社会实践,是学校的常规活动,也是学生非常向往和喜欢的活动。一般,每年春、秋两季都会各组织一次,称为"春游"和"秋游"。活动中,我们发现,当二年级的学生从熟悉、相对封闭的校园进入公园等社会场所,其孩童天性会有更本真的释放,常以个人意愿为主,比较散漫,集体活动、公共场所活动时规则意识不强。这固然与二年级孩子的身心发展特点有关,但同时也对班主任的教育引导工作提出了新要求。对此,嵇文佳老师依托班队活动进行了有益探索。

1. 巧用"绘本"作导入

如何对二年级孩子进行秋游行前的规则意识教育?面对这样一群活泼、懵懂的孩子,枯燥的说教作用肯定不大。只有运用生动活泼、充满童趣的方式才能在孩子心中种下规则的种子。为此,嵇老师借助绘本这一贴近孩子思维方式与视觉、阅读喜好的方式切入,一下子就拉近了学生与老师、学生与教育主题之间的距离。在本次班队活动之前,嵇老师已经让学生自己阅读、讲述了《做内心强大的自己》《大卫,不可以》《我爸爸》《我妈妈》等绘本,所以,在此基础上进行的旅行绘本阅读与创作,学生就不再感觉陌生,而是非常乐于与老师、同伴一起分享自己的感受和创作。

借助"绘本"导入活动,不仅有利于激发学生参与的兴趣,还能使学生的认识从形象、感性上升到抽象、理性,从而在心中投下善的影子,主动用"榜样"来对照自己,不断促进自我完善。从故事中寻找非人类的榜样,避免了孩子之间因为比较而产生的消极情绪,更有利于对孩子特别是低年级孩子的教育引导。

本次活动中,老师在组织学生阅读绘本,感受小老鼠旅行中遭遇惊险刺激的同时,还有意识地引导孩子去发现小老鼠身上的闪光品质,去感悟、归纳其中蕴含的深刻道理。相信有了这样的活动铺垫,孩子们对本次活动、对秋游必定会充满憧憬,也会暗暗下决心要和小老鼠一样,努力去做一个勇敢、机智、独立的旅行者。在此基础上,进入游园规则的教育更容易被孩子们所接受。

2. 巧借"闯关"来推进

在本次活动中,孩子们对"闯关"这一形式非常感兴趣。当老师提出通过"闯关"开启一场旅行冒险时,每一个学生都跃跃欲试。旅行中的"关卡"源自孩子们已有经历与体验的分享,通过老师的加工,关联了秋游目的地——青枫公园的实地环境,并汇聚了几个典型场景。

第五章　学校活动参与

在活动推进的过程中,我们不难发现,通过精心设计的"过关"要求,让孩子们用不同的方式,逐一加以思考,并进行模拟性体验,多样的形式让孩子们乐于参与其中,同时也达到了教育的目的。起初进入"我们上车啦"这个情境时,学生都是从座位上一拥而上,急急忙忙走到台前。这一方面呈现了学生最真实的状态,能让师生从现实问题入手,寻找解决办法;另一方面,也让学生在活动中能够"动一动",在实践中体验,将规则具体化、形象化。我们很高兴地看到,各小队学生针对问题,一起开动脑筋,希望想出能被大家采纳的方法,并创生了"大巴乘车规则":上车时要排队,有序上车,女生优先,互帮互助,晕车的同学请到前排就座。而之后进行的现场模拟,就显得有序多了,直观的对比更让学生感受到规则的作用。

另外,在"爬高塔"的情境中,孩子们用合作创编儿歌的方式,把登高塔的注意事项编成了朗朗上口的儿歌:

高塔旁边白云飘,小龙娃们齐出游。
不推不挤按序走,莫要中途突然停。
听从指挥不违规,大家一起乐悠悠。

对于在沙滩边玩耍,学生讨论后提出:要注意安全,不能靠近水边,要心中有他人,不扬沙,不霸道,等等;对于在公园观赏植物,孩子们创作了"让我的笑容一直陪着你""让更多小朋友看到我,好吗?""爱护花草,我们行动"等宣传标语。孩子们用自己的理解与表达提出"规则",其意义远比找来相关的"须知"读一读要深远得多,这不仅有利于学生了解、熟记规则,更让小队成员进行了又一次的合作,增进了团队意识,也为后续在秋游活动中能够高质开展小队合作活动打下了基础。

3.巧借"创作"促内化

通过讨论与情境模拟,孩子们已经对秋游活动涉及的规则有了一定的了解。在此基础上,让他们创编绘本就显得水到渠成。当再次运用小队合作的方式进行绘本创编时,集体的力量就迸发出来。孩子们结合一年级的秋游、春游经验对整个外出实践活动进行回顾,这实际上也是孩子们进行反思的过程。他们对自己或其他伙伴在活动中的表现进行了辨别,即哪些行为是可行的,哪些行为是存在问题的,需要在今年的秋游活动中加以改正。所以,每个小队的绘本创作都超越了之前的规定情境,还想到了要准点集合、午餐彼此分享、注意环境卫生等多个方面。其中,关于午餐的规则,还被学生推送到全班:

午餐时要把桌布铺好，可以用书包压住四个角，以免风把桌布吹掉，垃圾乱飞；吃午餐的时候要大家分享，这样才能体现我们是一个小队；吃完午餐用桌布把垃圾全部包起来，扔的时候会很方便……

孩子们不断享用着集体的智慧，制定并完善着规则（或友情提醒），并为这些规则配上了他们喜爱的图画。班队活动后，一本本《小蚂蚁旅行记》就这样诞生了，秋游的规则也基本成形。在这里，规则不仅仅是规范学生行为的条条框框，而且是学生个体发自内心愿意去遵循，并愿意去不断发现、完善的研究对象，孩子们对即将到来的秋游充满期待。

每年学校安排的春游、秋游的地点、内容和要求会随着年级的升高，有相应的变化。嵇老师这个班级的学生，或许以后再也不会用绘本这种形式开展行前教育，但是我们相信，《小蚂蚁旅行记》这本班级外出游园活动手册，会深深地印在孩子们童年的记忆中，因为他们是小蚂蚁旅行安排及规则制定的主人。

建议

规则意识是一个人对社会行为准则的自我认识和体验。[①] 规则不仅是制度和章程，更是权利、责任和义务。每个人在用规则约束自己行为的同时，也从中获得了最大的自由和安全。培养学生的规则意识，就是通过引导学生逐步建立和完善规则，并执行规则，把这种执行作为自身的需要，从规则控制自己的行为到形成动力倾向性，也就是我们说的习惯成自然。

校园，是学生生活的一个大环境、小社会。在这个大集体中，学生会经历各种各样的集体活动，如各类比赛、校园主题活动、集会等。在这样的校园活动中，如何帮助学生形成规则意识呢？

1. 明晰培养规则意识的重要性

对规则的崇尚与遵守，就个人而言，是一种良好的素养；就一个班级而言，是一种良好的班风。一年级学生虽然已经拥有一定的规则意识，但这是在老师的关注和监护下的行为表达。因为无论是所在班级的老师，还是其他非学科老师，都会对一年级学生给予更多的关注与帮助、提醒、指导，例如，如何在人多时排队上厕所，如何拿餐具不会与他人碰撞，如何摆放文具不会影响他人通行，如何借阅班级图书，等等。

---

① 吴红兵. 谈谈学生规则意识的培养. http://blog.sina.com.cn/s/blog_4f61a0a50100aui7.html.

第五章 学校活动参与

学生进入二年级，学校教育会有更多的放手和自主措施，学生对校园活动也会有更多的期待。例如，二年级学生可以自主去图书馆借阅图书，这时学生就要了解相关的借阅规则：每人每次借阅一本图书；归还时要保证图书边角平整，没有破损；借阅时要登记姓名，等等。帮助学生了解相应的规则，才能让学生在自主参与的过程中更多体验成功的快乐。

在集体氛围下进行积极的价值取向引导，也可促使学生在集体氛围下规则意识的培养。如果我们坚持利用集体的力量以及从活动中来、到活动中去的原则，培养学生观察、反思、独立寻找解决方法的能力，就能让学生学会针对问题建立规则，学生遵守规则的意识就会由内而外地生发开来。另外，一旦学生在校园活动中形成规则意识，那么培养其社会规则意识就会水到渠成，事半功倍。

2. 了解校园生活与活动中的规则

一般说来，校园的各项活动都有相应的规则，而这些规则只有在学生知晓的前提下，才能发挥作用。例如，常州市第二实验小学针对低年级学生行为习惯的养成教育，提出了"十个好"的要求：①

行好礼：见到老师及客人主动打招呼，要面带微笑，并称呼"老师好"！别人招呼要回礼；少先队员每天佩戴干净、不破损的红领巾。

说好话：说文明语，"请"字"您"字不离口，"谢谢"两字常常有，做错事情"对不起"，助人常说"没关系"。

走好路：排队快静齐，行路靠右走。

做好操：广播操、室内操合节拍，有力量；武术操口号响，有气势；眼保健操闭好眼，按准位。

洁好家：保持教室干净，废纸要入篓，桌肚无垃圾，桌面不乱涂；保持教室整齐，桌子排好队，凳子塞桌底，书包放桌肚，课本放桌角；拿饭时双手托盘，吃饭时垫好桌布，剩饭剩菜倒入桶；卫生洁具使用好，垃圾袋口要扎紧，卫生洁具放到位。

站好岗：做好班级岗位，有1—2个班级岗位，每次按时到岗，认真完成岗位工作。

读好书：早晨到校即早读，专心读书不张望；每天都有读书时，爱护书本不弄脏。

上好课：铃声响，即安静，坐端正，精神振；学会倾听，勇敢发言，不乱插

---

① 参见常州市第二实验小学2010年撰写的《"健美形象代言人"评选细则》（未发表）。

嘴；按时完成课堂作业，不拖拉。

写好字：写字姿势正确；书写规范，页面清洁；尽量减少错别字。

交好友：记住班级小伙伴的名字，会跟小伙伴一起玩；不翻同学的书包，不拿同学的学习用品。

"十个好"的要求涵盖了校园生活的方方面面，充分关注了学生的能力所及，因此，组织学生学习理解并努力遵守，能有效促进其将"十个好"的要求内化为素养，外化为行为。

3. 在实践中培养学生的规则意识

二年级学生的思维具有明显的形象性，在很大程度上还是与面前的具体事物或其生动的表象相联系。所以，如果只向学生讲规则，而没有他们亲身的实践体验，规则意识是确立不起来的。我们要充分关注学生的认知特点，通过游戏、情境模拟、表演等形式培养学生的规则意识，变硬性的说教为孩子们能够参与的喜闻乐见的形式，活动中老师要有意识地对规则进行讲解，以加强认知的引导作用。

与此同时，可以发挥学生在规则教育中的主体作用，突显自我教育的魅力。通过任务驱动，鼓励学生自己制定规则、自己试用规则，反思并不断予以完善，让学生在实践中认识规则，感悟其作用。这既是对学生的尊重，也是对学生权利的尊重。这样制定出来的班规或相关规则，会由外在的约束变为内在的需要，由被动的接受变成主动的自我教育。规则，应当是孩子在成长的过程中不断养成的。

规则意识的培养，一般遵循榜样先行、规则渗透、激励维持的策略步骤，在反复中不断强化孩子们的规则意识。以观看校园电视为例，老师可以事先采集各班观看镜头，播放后组织学生讨论：你觉得哪些班级的小朋友做得好？在此过程中，让孩子们自主发现学习的小榜样，并形成校园电视观看的基本要求：桌面整理干净，认真观看，不交头接耳，积极参与互动。观看校园电视时，作为榜样，老师应和学生一同观看，对于学生难懂的或有班级层面教育价值的问题及时进行指导，通过组织学生参与互动，一方面能让学生更加投入地观看，另一方面也能让学生主动链接与校园电视的关系，产生全新的活动感受。与此同时，让那些遵守规则的孩子优先拥有到电视台"亮相"的机会，则会让孩子们感受到遵守规则的动力。

三、如何在校园活动中发展学生的自主意识

班队活动蕴含着丰富多元的育人价值，需要我们去挖掘、拓展和转化。用心

第五章 学校活动参与

去做每一次活动，无论是对学生个体还是对班级群体，都是满满的正能量的传递。孩子们经历活动的全过程，在节点活动中的成长得到肯定与赞赏，不仅活动能力得到提升，参与校园活动的积极性也会大大增强。大胆放手让学生做活动的主人，创设多种平台，帮助学生拥有自主选择的可能，架设自主策划、自主实践的舞台，并把自主评价的权利还给学生，我们相信，学生的自主意识、小队意识、班级意识都会逐步形成。

案例

亮相开幕式
常州市新桥实验小学　顾　俐

跨入二年级以后，我班围绕"小鲤鱼中队"文化，建立了"红泡泡小队""黄泡泡小队""蓝泡泡小队""绿泡泡小队"四个正式小队组织，先后以小队的形式组织开展了"小鲤鱼，向前冲"系列活动：

活动一：小鲤鱼，吐泡泡！（小队成立，创编小队口号）

活动二：小鲤鱼，快快游！（初步建立小队评价"体系"）

活动三：小鲤鱼，爱祖国！（国庆大型系列活动、建队日大型活动）

活动四：小鲤鱼，争上游！（体育文化节系列活动）

本次活动是结合学校大型活动——体育文化节的开幕式策划呈现班级层面如何参与学校大型活动的一种小队形式的尝试。从11月初，我班就陆续围绕学校体育文化节开展了多次小队前期活动，如小队之间的眼保健操、广播操、跳长绳、多足跑比赛，这些前期活动都给予各小队充足的训练时间，在比赛过程中不仅注重比赛结果，还请各小队汇报训练过程中小队长是如何组织的，小队成员间是如何分工合作的，大家是如何想办法提高水平的，等等，以此促进小队组织的建设。

本次班队活动是策划体育文化节开幕式的班级入场式。考虑到这对于二年级的学生来说是一个较难完成的任务，为了降低策划难度，让各小队围绕同一主题，从入场式的口号、服装、道具、队形这四个方面入手策划，寻求突破。在此之前，各小队已经了解了什么是开幕式，欣赏学习了其他学校体育节开幕式的精彩照片，也利用了整整一节课的时间策划和排练入场式。本次活动就是对前期活动成果的汇报，同时也是对小队初期建设情况的一次"检阅"。

活动的目标为：通过为班级亮相"开幕式"献计献策，进一步增强学生的班级主人翁意识，激发学生自主参与学校大型活动的热情；通过小队形式的汇报交流,增强小队凝聚力,提高小队长的组织、决策能力,增强队员相互合作、相互学习的意识和能力。

活动的主要过程如下:

活动环节	教师活动	学生活动	设计意图
热身	播放班歌	1. 齐唱班歌 2. 喊响中队名称、口号 3. 喊响各小队的口号	活跃气氛,激发学生为小队增光的热情
回顾导入、明确标准	1. 组织学生回顾上节课大家提出的关于策划入场式的要求 2. 引导并提出对汇报的学生的要求及对听的学生的要求: (1) 对汇报的学生的要求:口齿清晰、流利、勇敢、自信、大方…… (2) 对听的学生的要求:认真倾听、踊跃提出建议	回顾并策划入场式要求: (1) 从服装、道具、口号、队形四个方面设计 (2) 设计要容易操作,人人都能参与 (3) 设计内容要有新意,能够体现"小鲤鱼中队"的独特性	明确策划和汇报的要求,帮助学生明确评选标准,激发学生在活动中自主、自信表达
汇报交流、互动点评	1. 组织小队汇报 2. 适时介入指导,引导学生相互评价 3. 组织评选并颁发"最佳创意奖"和"最佳合作奖"	1. 各小队汇报方案并演示 2. 参与师生、生生互动 3. 评选"最佳创意奖"和"最佳合作奖"	在汇报交流中提升小队组织、策划、反思能力
总结提升	1. 总结提升 2. 布置后续活动	1. 获奖小队综合各小队设计的亮点,提出改进、完善方案,其他学生提出建议 2. 倾听老师总结并展望后续活动	肯定学生自主参与活动的积极表现,进一步激发学生参与后续活动的热情

解读

对于低年级学生参加学校大型活动,许多老师认为难度太大,由于学生年龄小、能力弱,只能自己多包揽,就算组织学生参加相关活动或比赛,一般也是安排个别能干的学生参与，大部分学生只是旁观者，所以，在活动中得到锻炼的只是少数孩子。这在一定程度上弱化了校园活动的育人价值。"让学生做体育文化节的主人"，这是顾俐老师带着孩子们策划体育文化节入场式活动的最初动机。然而，要让孩子明白该怎么思考、怎么行动，并逐渐转化为每一个人的思维方式和行为方式，这个过程不单单是角色的转变，更是一种思维方式的改变。

1. 课前热身，点燃学生现场参与的热情

活动前，顾老师和学生一起唱响班歌《别看我小》。班歌是根据现成的旋律，改编歌词形成的：

别看我小，别看我小，我有雄心志气高，哪怕前头有个巨浪，我能骑上它飘呀飘。别看我小，别看我小，小得让你找不着。当我长大以后，会让你骄傲，让你骄傲，啦……你会为我骄傲。

别看我小，别看我小，我有梦的，为了会飞的脚，智慧的江河为我流淌，风雨雷电为我撑腰。别看我小，别看我小，校园生活我是主角，太阳照耀着每张脸庞，那是我在笑我在笑，啦……那是我在笑我在笑，啦……那是我在笑我在笑，我在笑！

班歌的旋律活泼、欢快，歌词具有很强的感召力，学生一边唱，一边做动作，很快就从入座时的拘谨放松开来。紧接着，喊响的中队名称、中队口号和各小队的口号更是点燃了学生的热情：

小鲤鱼中队：
懂礼、自信、有活力！
红泡泡、红泡泡，热情自信！
黄泡泡、黄泡泡，齐心协力！
蓝泡泡、蓝泡泡，勇往直前！
绿泡泡、绿泡泡，聪明懂事！

2. 任务驱动，赞扬学生策划的方案

小队活动的开展，如果与学校和班级的各项活动有机整合，将会带来一举多得的良好效应。在体育文化节来临之际，顾老师组织学生以小队为单位，为班级亮相学校开幕式出谋划策。考虑到这对于二年级学生来说是一个较难完成的任务，就指导各小队围绕入场式的口号、服装、道具、队形这四个方面进行策划，给了

小队活动的方向。孩子们集思广益，给出的方案让人惊喜：

（1）绿泡泡小队

道具：我们的道具是小鲤鱼头饰。我们请老师到网上下载了小鲤鱼的图像，然后涂上颜色，做好带子。我们还有一个道具是毽子，就是这种用玻璃丝带做的毽子。我们看到有很多拉拉队都用它做道具，可以活跃气氛，而且毽子很便宜，只要5角钱，大家都可以买。毽子可以用来健身，我们以后还可以用。

服装：校服，因为每人都有，非常容易统一。

口号：小鲤鱼，聪明、懂事、有活力！小鲤鱼，坚强、勇敢、有自信！

队形：以兔子舞的形式进场，很活泼，代表我们很有活力。听说四（2）班的大姐姐们会跳，我们就请她们教我们。

（2）黄泡泡小队

道具：我们的道具是爱心型的气球和小鲤鱼的头饰。气球五彩缤纷，非常漂亮，而且也能衬托出节日的气氛。爱心型的气球是为了配合我们的队形。小鲤鱼的头饰是由我们小队画画最好的同学先画一个样子，然后我们大家再照着做。我们还用了布置教室剩下的泡沫纸，大家看，漂亮吧！

服装：校服是红色的，颜色鲜艳，队员们一致通过。

口号：我们原先的口号是：小鲤鱼，小鲤鱼，同心协力，有活力。后来小队成员认为这只能代表我们小队，不能代表我们班级，所以又换成了：小鲤鱼，小鲤鱼，有爱心！小鲤鱼，小鲤鱼，快快游！"有爱心"是因为在体育节中，肯定会有许多同学需要帮助，所以我们小鲤鱼要有爱心，乐于助人；"快快游"是指我们的体育成绩要争取得第一名。

队形：排成两路纵队，手里提着气球，唱着班歌入场，到主席台前，我们就组合成一个爱心型，喊响口号，最后再唱着班歌退场。

（3）蓝泡泡小队

道具：我们的道具只有小鲤鱼，是在电脑上画好打印出来后涂色的。

服装：我们的服装也是校服。

口号：我们小队一开始商量的口号很多，但是大多数都是和学习有关的，和体育节没有多大关系，所以我们后来又想出了"少年智则国智，少年强则国强""自信、自强、超越自我""更快、更高、更强"这三个口号，小队成员都认为前面两个很好，最后一个是奥运会的口号，和我们班的特点不匹配，所以我们就将它删除了。

第五章 学校活动参与

队形：上场时我们手牵着手一起喊"少年智则国智，少年强则国强"的口号，到主席台时变成两个同心圆，喊第二个口号，代表我们大家要同心协力，为我们班级增光。下场时，由两个同学组成一座拱门，其他同学一个接一个穿门而过，代表我们是一条条跃过龙门的鲤鱼。

（4）红泡泡小队

道具：我们的道具是呼啦圈。当时我们觉得准备这个道具可能有难度，但是我的妈妈建议我们去和校长、体育组的老师商量，请学校买一批呼啦圈回来，先借给我们用，之后放在体育器材室，大课间还可以借给同学用于健身。我们在呼啦圈上缠上代表各个小队颜色的丝带，这样的道具会很漂亮。

服装：我们建议所有同学都穿黑色的毛衣和裤子，在身上挂一些银丝，这样就能够突出呼啦圈的颜色了。

口号：我们的口号是：小鲤鱼，小鲤鱼，能团结！小鲤鱼，小鲤鱼，争上游！我们希望所有同学都能够在体育节团结一心，这样我们才能取得第一名的好成绩。

队形：（展示他们制作的解说图）上场的时候是由四个小队组成方阵，一边跳跃，一边挥舞手中的呼啦圈，一边喊小队的口号，代表我们小鲤鱼中队是由四个泡泡小队组成的。到主席台时，我们慢慢变成一条鱼形，喊响我们的口号：小鲤鱼，小鲤鱼，能团结！小鲤鱼，小鲤鱼，争上游！代表我们这四个小队的同学都是小鲤鱼中队的一分子，我们要为班级的荣誉出力，努力争上游！

学生在活动中承担着成就活动、成就自己、成就小队、成就班级的任务。他们紧紧围绕"小鲤鱼"的精神文化，自己设计亮相开幕式的口号、道具、服装、队形，把班级文化用自己的理解彰显出来，在这样的大型活动的策划与开展中，学生的小队意识、班级意识和自主意识都在逐步形成。

3. 教师点拨，提供学生自主活动的参照

体育文化节方案下发后，小鲤鱼中队开展了多次小队活动。老师带领孩子们从了解体育文化节的内容，到开展各项与体育文化节有关的活动，然后再开展以小队形式策划班级参与开幕式的活动。孩子们一路走来，真实体验，全情投入。在这次活动中，除了要达成"精彩亮相开幕式"这个主题目标，还要达成借助策划活动提高小队成员自信表达的能力，小队成员相互沟通、合作的能力，小队长组织、汇报的能力，小队之间相互学习的能力，以及凝聚班级精神这样多重的目标。活动出现优质资源时，顾老师能很敏锐地抓住，不断地深入、放大、提升，这也是帮助学生以及小队日后更自主地参与或开展校园活动积聚能量。我们从每

个小队汇报后老师的介入就可见一斑：

（1）绿泡泡小队

师：你看，虽然他们不会跳兔子舞，不会画小鲤鱼的头饰，但他们想到了向高年级的大哥哥、大姐姐学习，向老师求助！毽子便宜、头饰的卡口等细节设计都体现出他们的细心与智慧，正如他们的口号："绿泡泡，绿泡泡，聪明懂事"那样，果然是一队聪明的绿泡泡！

（2）黄泡泡小队

师：黄泡泡小队的汇报真不错，但听说在准备过程中，有两个同学哭鼻子了。怎么回事啊，能给大家说说吗？

生1：一个是因为别的小队已经商量好了，而我们的小队还没有什么结果，所以急哭了。还有一个是小队长，因为有些男生不听她的话，老是捣乱，小队长很难过，哭了。

师：是的，你看，这里有老师在前期活动中拍摄的一组画面，让我们一起回看一下，看看有什么值得大家学习和思考的？（播放录像）

生2：小队长很负责，一直在组织大家积极思考。

生3：还有同学拿着小纸条在记录，以防忘记。但是有几个男生很不自觉，一直没有参与讨论。

师：是呀，正是因为不齐心，在确定小队口号时，别的小队都有口号了，只有黄泡泡小队没有，大家都很着急，有同学都急得哭了。不过，后来你们自己认识到齐心协力的重要性，所以很快确定了现在的这个口号，是不是？

录像中捣乱的男生：是的，这个口号是我想出来的。

师：老师相信，经历了这次活动，你们都会像喊出的口号那样"齐心协力"！让我们把掌声献给他们，为他们的进步表示祝贺。希望在以后的活动中，我们小鲤鱼中队的每一个同学都能积极、自主地参与到活动中，为活动出谋划策并展示自己的才干。

（3）蓝泡泡小队

师：（引导学生讲述"汇报"背后的故事，略）同学们，你们看，三个口号选哪个？当意见不统一时，小队长不是自己说了算，也不是某个人说了算，而是反复召开小队会议讨论，这样的小队合作方式值得大家学习。

（4）红泡泡小队

师：你们很了不起，能站在班级的角度来设计亮相开幕式的方案，而且用图例的方式，非常明了地告诉大家你们的创意。我想，小鲤鱼中队的同学们从他们身上，一定又学会了一招，那就是——

生1：可以画图介绍自己的想法。

生2：介绍的时候可以照着图，一边说，一边给大家看，这样大家就容易懂他的意思。

师：是呀，介绍自己的想法不能仅靠嘴巴，有时还可以借助其他方式，这样的介绍更清晰，更吸引人。

活动中，孩子们学习发现问题、思考问题、解决问题，学习与他人交往、与他人合作。这些都为小队后续的发展，为学生更自主地参与校园活动提供了思考与行动路径。

建议

校园活动丰富多彩，如何组织学生参与并在活动中有所收获，具有不同理念的老师会有不同的教育行为，也会有全然不同的效果。有的感觉是一种负担，得过且过，被动应付；有的过多关注活动成绩，总是委派少数几个能干的学生参与；也有的认为，校园活动是学生的活动，开展怎样的活动，活动怎样开展，要让学生做主。虽然二年级学生还小，但老师有责任指导他们自主、有方地参与各项校园活动，并在活动中体验成长的快乐。如何充分利用好校园活动，培养学生自主参与的意识和能力呢？我们认为可以从以下三个方面多作努力：

1. 关注成长需求，使学生拥有自主选择的可能

学生进入二年级，对校园生活的新实践非常向往，渴望能有更多机会参与学校活动，而且二年级学生的家长对此也给予热情关注和支持。所以，我们有必要主动公开信息，并指导学生自主关注学校宣传橱窗和信息栏的通知、海报，了解校园活动的最新动态；帮助学生解读活动内容和参与方式，激发学生兴趣，动员学生积极主动报名参加。与此同时，要把选择权交给孩子，鼓励学生自主选择，在条件许可下去做自己喜欢的、想做的事。

例如，读书节，许多学校会给学生推荐阅读书目，选择哪一本，以怎样的方式与同伴分享，则可以由学生自己做主。再如，班级岗位竞聘，一年级可能需要老师更多的指导，甚至合理安排；但是到了二年级，学生在经历了一年的岗位实践后，会对新一轮岗位竞聘形成自己的意愿：有的学生会选择自己喜欢的岗位，有的学生会选择自己能做好的岗位，也有的学生想尝试一下没做过的岗位，等等。

作为老师，我们依旧需要提意见、给建议，但首先要尊重孩子的需求，特别是在学生愿望不能满足时，要做好工作。因为随着年龄的增长，需要学生自己作决定的事会越来越多。

在让学生选择的过程中，我们还要特别关注那些缺少主见或已经形成很强"从众"心理的孩子，要尽可能多给这些孩子一些机会，让他们率先表达自己的想法，哪怕很小的事情，只要学生有过自己作决定的体验，自然而然就会逐步形成积极主动的思维方式了。

2. 创设多种平台，使学生拥有自主实践的时空

可能老师很有经验，知道学生参与相关活动应该怎么做，会遇到哪些问题，怎样做才能更好，但也不要剥夺学生自己思考、自主实践的权利。要尽可能多地提供机会，让学生自己动手去做一做、试一试，哪怕失败了也没关系，因为学生的自信心和责任感都要经历这样的实践锻炼才能培养出来。

给学生自主实践的时空，特别要关注缺少自信、能力较弱等有待发展的孩子。顾俐老师认为，小队发展到一定阶段，就不能再由小队长独唱主角，应该有意识地培养更多的同学，让更多的队员冒出来，形成小队新生力量，让小队成员都获得体验和成长。这也是培养学生自主意识需要突破的一个难点。为此，顾俐老师利用学校诗歌文化节，组织"PK诗歌节"活动培养小队新生力量。同是策划汇报，与前面"亮相开幕式"活动的不同之处在于：

一是策划的内容不同。之前是由四个小队针对同一内容进行策划，而这次的策划内容转为小队自定主题：根据学校的比赛项目，选择策划内容。这提高了各小队策划的难度，没有其他小队为他们提供参照，小队必须独立思考。同时也提高了学生评价的难度，他们要针对不同标准，评选出相对优秀的节目，这是一个挑战。

二是小队的构成不同。本次策划活动已经由固定小队走向临时小队，小队的组建是根据学生的兴趣来分的，分别是"童诗走秀"（两队）、"童诗演唱""童诗朗诵"这四个临时小队，由小队长先挑选自己感兴趣的项目，然后招兵买马，组成项目小队。这是首次临时小队建构的尝试。这些小队策划的节目要在此次汇报中获得改进信息，然后再参加学校的各项大赛。

三是小队的主力军不同。在前期小队建设中，小队长的优越感明显，越变越强，而队员的能力却长期得不到锻炼和提升，而且男女生之间存在一定差异，大部分男生对活动的热情持续时间不长，往往游离在小队活动之外。本次活动中，

第五章　学校活动参与

小队活动的主力军主要由小队中的新生力量和男队员承担,为的是给予队员锻炼的平台和机会,让队员的发展尽量均衡。

首先,组织"PK 诗歌节"活动时,顾老师要求小队长逐步退居幕后,把锻炼和展示的机会让给队员;其次,各小队在活动中更加重视男生的参与度,在汇报时要求男生担任主要发言人;最后,引导队长选拔和培养两个小助理,分担主持小队工作的任务,为小队发展提供后备力量,也为三年级轮岗、换岗作好准备。

3. 丰富过程体验,让学生享有自主评价的权利

校园活动,学生从参与到自主参与,再到获得成功,需要经历多次实践体验,这就是学生成长发展的过程。所以,班主任不要以成败论英雄,要多指导,少批评,学会等待,尽量把自己对孩子的希望转化成对孩子的建议。

学生参与校园活动,都会拥有属于自己的独特体验。我们不能仅仅关注活动的结果,而要把眼光放到活动的过程中去,要把评价的权利还给学生。一方面,指导学生根据要求开展自评,感受自己的变化,为自己的进步而高兴,同时正确对待自己在参与校园活动中的不足和问题,善于发现同伴值得自己学习的地方;另一方面,组织学生开展小队内部的评价:活动过程中,对表现一直比较好的学生、有贡献的学生、有进步的学生进行表扬,并在评比栏里加星;活动结束后,开展活动中的好人好事的评比,并颁发奖状;活动汇报时,对本小队做出贡献或者明显进步的同学进行事迹介绍,号召大家学习。与此同时,关注给予小队支持的力量,比如,其他小队的支持、学科老师的支持、家长的支持,为他们颁发荣誉奖状,鼓励他们再接再厉,做小队的坚强后盾。①

因为能力的不足和经验的缺少,有些孩子一开始参与校园活动,可能会碰到困难,甚至在自主评价和小队评价时有挫败感。让学生享有自主评价的权利,不等于就不再需要老师的引导。老师要帮学生提建议,给指导,但不要说教,更不能批评,因为孩子如果相信了你的说教和批评,他可能会失去判断力,并影响日后参与活动的自信;如果孩子不相信你的说教和批评,他可能会产生叛逆心理,或不信任你。我们要及时肯定学生在活动过程中的成长,从"不敢"到"敢",从"不会"到"会",从"不好"到"好",无论是学生个人,还是小队,只要有积极改变,都要肯定,并给予表扬。在此基础上再帮助孩子明确问题和不足之处,反思原因,寻求对策,鼓励孩子在失败中成长、坚强,并和孩子们一起期待"下一次"。

---

① 顾俐. 以小队建设促学生成长 [J]. 班主任之友,2012(12).

第六章 自然性与社会性资源开发

在学生成长过程中,我们要充分关注自然性与社会性资源的存在,因为这两者蕴含着独特的育人价值,它们以其丰富的时空给予学生成长发展的广袤平台,使学生获得新的知识积累,能力得到发展,情感得到滋养,从而形成正确的价值观;更重要的是,在此广袤时空中,孩子们与周围环境、相关人群都有了新的关系的孕育与发展,丰富着日常班级生活、家庭生活和社会生活,促进他们主动、健康发展。

随着二年级学生成长视野的不断打开,他们对大自然、对社会将有更多的亲近,并形成自己的初步感知。鉴于其年龄特点,他们特别需要老师和家长的鼓励和引导。老师要在日常的教育教学中,分析研究自然性和社会性资源,提升其价值,使其成为学生成长的重要源泉。我们可以从利用自然性资源丰富班级生活、依托家长资源开展小队活动和利用社会性资源引导学生关注弱势群体等方面开展实践探索,基于学生已有的发展基础,面向学生未来的综合素养,组织策划相关活动,让这些资源在活动中得以放大,并有效地转化为学生的成长力量。

一、如何利用自然性资源丰富班级生活

自然世界是一个丰富多彩的世界,学生与这个世界的联系与融通无处不在,无时不在。"所谓自然性资源,是指自然世界中较少受人类活动直接影响的动物、植物、空间、环境等。在学校空间中,相关自然性因素通过绿化及养护、环境布置、蔬菜种植、相关自然现象等而存在;在学校空间之外,则无限的自然世界就长久存在着、发展着。"[①] 班主任认识、捕捉、转化、提升自然性资源,不仅能有效丰富学生的班级生活,还能引导学生走进自然,认识自然,并与其形成健康的关系,促进学生更主动、健康地成长。

---

① 李家成.班级日常生活重建中的学生发展[M].福州:福建教育出版社,2009:207.

第六章 自然性与社会性资源开发

> **案例**

花儿朵朵开

常州市虹景小学　陈　怡

春天里,万物生长,百花盛开。鲜艳的色泽,婀娜的姿态,每个人都会情不自禁地喜欢上这份绚烂,我们的孩子更不例外,置身于花的海洋,用自己喜爱的方式表达着对春、对大自然的喜爱。利用这样的时机,我设计了以"花儿朵朵开"为主题的活动,帮助学生以自己的眼光发现春天的花的美,在自我感知与体悟以及与伙伴的合作分享中丰富认知,带着好奇心一起探究,从而更乐意在大自然的怀抱里发现美、捕捉美,获得更丰富、更快乐的生活体验。

我们班共有51名队员,男生30人,女生21人,男女生的数量相差较大。在一年级的时候,男女生之间表现出来的差异也比较大,男生相对活跃、主动,女生相对文静、不善言辞。在之后的课堂上、活动中,我尽可能关注每个人的发展,让他们品尝到在集体生活中的快乐和自我成长的喜悦。从班级目前情况来看,孩子们很乐于参与集体活动,许多以前胆小的孩子现在也敢于表达自己的想法,乐于与人沟通。

从一年级下学期班级组建小队开始,无论是在岗位建设中还是班队活动中,我都会为他们尽可能多地创造合作机会,例如,小队名片设计、童话剧表演、竞技游戏等,孩子们在活动中有了队员间相互合作所带来的快乐体验,但也会出现"小麻烦",例如:意见不统一、为比赛结果而相互指责、承担任务的或多或少等,而且在不同的活动中会衍生出新的问题,为此,我把每一次班队活动都视为为孩子们创设的同伴交往、互助成长的平台,引领学生成长需求不断提升的重要载体,从而提高学生与人交往的能力,丰富学生的内心世界,引领学生形成正确的价值观。

"花儿朵朵开"系列活动安排如下:

活动一:春天在哪里

活动二:花儿朵朵开

活动三:我们春游去

活动四:我给花儿绘名片

本次活动的目标,一是分享交流对春天的花的发现和感受,了解相关知识,丰富对花的认知;二是通过游戏和阅读绘本,培养小队成员之间相互合作的能力,

学会用恰当的方式解决可能出现的问题；三是欣赏相关主题作品，体会创造美、表现美的乐趣，激发探究自然的兴趣。

活动的推进过程如下：

活动环节	教师活动	学生活动	设计意图
热身	1.组织学生听歌曲，背古文 2.引入本次活动主题	1.听歌曲《春天在哪里》 2.背古文《春日寻芳》	班队活动与日常积累相结合，激发学生参与活动的热情
分享交流	1.组织学生开展"击鼓传花"游戏，介绍游戏规则 2.组织生生互动，用多元的方式介绍和"春天的花"相关的内容	1.听游戏规则 2.进行游戏，倾听、点评同伴汇报，参与游戏、对话、互动	在交流中鼓励学生大胆表达自己的发现与想法，通过相关拓展，丰富学生对"花"的认知
欣赏作品	1.指导学生区分花的品种 2.适时分享老师的发现和感受，推荐相关主题作品	1.参与游戏，进行区分，说说理由 2.欣赏作品，说说发现与感受	通过游戏的参与、主题作品的欣赏，肯定学生的发现，丰富学生对美的感知
合作探究	1.组织小队阅读《世界上为什么要有花》 2.对小队阅读情况进行指导 3.组织交流	1.交流合作阅读方法 2.阅读绘本，思考问题 3.交流感受	在小队合作中关注每个人的参与，遇到问题想办法解决
总结提升	1.肯定学生的发现与感受以及队员之间的相互合作 2.对后期活动提出指导建议和希望	1.说说活动收获 2.展望后续活动	激发学生的探究之心，为后续活动作铺垫

解读

春天是万物生长的季节，花儿的绽放给春天带来了丰富的色彩。陈怡老师和班级的孩子们也如春天的花儿一样，给自己的生活涂抹了浓墨重彩的一笔，让他们这段活动经历充满了快乐，充满了美。我们一起循着花香，去感受花儿世界的魅力：

1.花儿的世界藏学问

上述活动案例中，陈老师抓住了"春天"这一时间节点，以"花"这一自然

第六章 自然性与社会性资源开发

性资源为媒介，带领孩子们走进春天，走进花儿的世界，师生共同探寻花儿的过程，成为孩子们自我感悟、自我发现、自我成长的过程。在活动的推进中，"分享交流""欣赏作品"环节，陈老师用游戏或者竞答等多种方式串联，使孩子们前期的观察与发现、收获与成长得到充分的展示与交流。藏在花儿世界的学问，孩子们一一知晓。"击鼓传花""摘花说花""品花茶、猜名称"等环节分享了孩子们日常生活的体验与收获；"连连看"环节，孩子们将图片与花名相连，同时介绍了花儿的特点：

师：春天，是一年中最美好的季节。瞧！小朋友用甜甜的笑容迎接着春天里绽放的每一朵花。我们先来玩一个游戏，看看小朋友对春天的花儿知多少。老师击鼓，鼓声停，花落到谁手中，谁就上来摘下一朵，按照上面的要求回答问题。（游戏开始）

生1：（问题：你能背诵一首和"春天的花"有关的儿歌或者古诗吗？）桃花一簇开无主，可爱深红爱浅红。

生2：（问题：你能说出三种以上春天开的花吗？你能把它们的名字写下来吗？）梨花、杏花、迎春花春天开。

生3：（问题：猜个谜语：小小伞兵随风飞，飞到东来飞到西，下降路边田野里，安置家庭扎根基）这是蒲公英。

师：你喜欢蒲公英吗？

生3：喜欢，蒲公英由很多花瓣组成，非常漂亮。

生2：蒲公英的花像一个白色绒球，一吹，就像一把小伞飘到空中去。

师：是啊，蒲公英随风飘到新的地方便会孕育新的生命。

生4：（问题：看图片，说出鸟的名字）这是杜鹃。

师：真聪明。你们知道有一种花也叫这个名字吗？

生齐：知道，杜鹃花。

师：对，关于杜鹃花名字的由来，许多书上都有记载：传说，古代周末蜀王杜宇死后化身为杜鹃，在天空中徘徊翻飞，不停地叫唤"快回去，快回去"，声音凄厉，就像在呼唤子女归来。春天，杜鹃啼叫时恰逢遍山花开，鸟鸣与花开正好在时间上巧合；杜鹃与红花又在颜色上巧合，所以此花被称为杜鹃花。

…………

2. 花儿的世界有故事

值得欣赏的是，陈老师引导孩子们通过一次活动，关联身边的资源，去发现

常州公园的"花资源",鼓励孩子们尽情享受大自然的同时,关注城市建设的成果,并引导孩子们把自己的所见所感以及与花儿相约的故事记录下来。

师:这些花可都是陈老师在我们的校园里、常州的公园里拍摄的,漂亮吗?春暖花开,常州的很多公园都有花展,你们知道吗?

生1:二、三月,红梅公园有梅花展。

生2:三月,圩墩公园有桃花展,我外公带我去看过。

生4:四月,荆川公园有海棠花展,东坡公园还有牡丹花展。

生3:五月,紫荆公园的月季花展可漂亮了,我去年去拍了好多照片。

师:真不错,你知道拍照把漂亮的花留下来做纪念,还有其他好办法吗?

生2:我想写篇作文来赞美这些花。

生4:我可以把它们画下来。

师:是呀,记录生活、留下美好有很多方式,除了大家说起的,刚才我们唱的歌、吟诵的诗也是不错的记录方式,还有综合运用音乐、画面、文字等方式形成的艺术作品都非常不错,我们一起来欣赏一下吧!

……………

这样的设计,一下子把更丰富、更日常的自然资源引进孩子们的生活,为丰富孩子们的认知与实践体验创造了无限可能。陈老师以花为话题,引导孩子们记下与花儿一起的美好故事,从而关注自然,表达自然,热爱自然,感受生命成长的神奇,建构起原有的知识到获得的新知之间的有效通道。我们相信,有过这样经历的孩子们,在日后的生活与成长中会更加向往并努力追求人与自然的和谐共生。

3. 花儿的世界长智慧

基于学生成长需求的活动才有生命力。二年级学生天性好问,有探究欲望,因此陈老师重视学情,关注活动过程中孩子们走进花儿世界所产生的问题,并以此为资源,鼓励孩子们大胆猜想后,组织以小队为单位,阅读绘本《世界上为什么要有花》,有效激发了孩子们学科学的兴趣,增强了孩子们学科学的意识,激发了孩子们爱科学的情感:

(1)引出话题

生1:老师,我有一个问题,世界上为什么要有花?

生2:我也想问这个问题。

生3:我觉得世界上有了花就更加漂亮了。

第六章 自然性与社会性资源开发

生4：世界上有了花，才会吸引蝴蝶、蜜蜂，还有其他小动物。

生5：会不会是开了花才能结果啊？

师：你们的猜想对不对呢？老师这里有一本绘本，名字就叫《世界上为什么要有花》。读一读，或许我们就能找到答案。可是，每个小队只有一本书，怎么办呢？

生1：可以轮流看。

生2：可以一个人读，其他人听。

生3：可以围在一起看。

师：好的，那小队讨论并选择一种方式开始阅读。

（2）小队交流，阅读绘本

师：世界上为什么会有花，你们找到答案了吗？

生1：因为花儿会慢慢变成果实。

生2：好多动物都喜欢饮食芳香的花蜜。

生3：有些花非常重要，为我们奉献了食物。

⋯⋯⋯⋯

师：你们真是会探究的小能手！

小小的"一问"，因为有效的转化与提升，让自然性资源成为孩子们成长的重要媒介。其间，小队成员活动参与的主动性得到激发，成员的合作能力得到又一次集聚式的培养。学科知识的整合、融通、运用，提高了孩子们对美的感知、表达和创造能力，拓展并提升了活动的育人价值，这就是自然性资源介入孩子们的生活后产生的力量。

建议

自然性资源给班级生活及学生发展提供了一个无限大的资源空间，如果有了一定意义上的开发与提升，那么班级日常生活在空间、资源、内涵等多方面，都会因为自然性资源的介入而有新的发展，我们的学生可以走进自然，认识自然，与其形成健康的关系。老师还可以关注学生能力的发展，情感的陶冶与养育，对生命的关怀，以及对有质量的生活的认识和追求。

在自然性资源引入二年级学生的班级生活时，需要班主任进一步对其进行开发，将自然性资源转化为班级建设、学生发展的育人资源。过程中，可以从以下几个方面进行实践与探索：

1. 清晰自然性资源内含的独特育人价值

在将自然性资源引入班级生活、小队活动时，要首先清晰其独特的育人价值。对于二年级学生来说，自然资源的利用，主要是让学生对自然世界及其生活有一定的感知与认识，产生向往和喜欢之情，对自然生命有初步的感悟，激发其呵护自然生命的责任感和使命感。具体说来，包括：①

（1）组织学生通过听、闻、看、触、尝等多感官的观察、体悟，丰富对季节的感知，并在对比中发现、聚焦季节特征，体验大自然的丰富和美丽，感受生命成长的神奇。

（2）以二十四节气为抓手，引导学生在收集资料、寻访探究的过程中，了解四季相关的知识、民俗、作品（音乐、书画、文学等）和发明创造，传承中华传统文化，敬畏劳动人民的智慧。

（3）围绕季节的特点开展生活指导，引导学生通过小课题研究的方式，自己想办法解决季节变化带来的烦恼，增强学生积极迎接挑战、主动适应自然的信心和能力。

（4）充分利用大自然提供的资源，在动手实践、学科融通中提升学生对美的感知、表达和创造能力，激发学生对美好生活的向往与追求，感受学以致用的乐趣，丰富生活的情趣。

2. 了解自然性资源丰富班级生活的途径

将自然性资源引入二年级班级生活的途径较丰富，可以从以下方面入手：

（1）小种植、小养殖。可以引导学生根据兴趣爱好，种植一些植物，如吊兰、太阳花、绿萝等，养殖一些小动物，如蚕宝宝、小金鱼等，装扮、绿化教室，开展相关观察记录、探究活动。常州市戚墅堰东方小学就聚焦这一主题深度开发，长程构建养种植活动，形成了学校"小小园艺师"系列活动：

一年级：选择自己喜欢的绿植，装扮教室；

二年级：学习种植水培植物，学写植物生长观察日记；

三年级：学习种植常见蔬菜，如韭菜，等待亲手栽种的韭菜长大了，一起做韭菜饼，分享美食；

四年级：学习花卉种植，让走廊香飘校园；

五年级：我是学校小果农，开展学校果树认领种植活动；

---

① 袁文娟，陈怡. 四季活动的策划 [J]. 班主任之友，2016（11）.

第六章 自然性与社会性资源开发

六年级:小小葫芦母校情,亲手培育小葫芦,让它爬上学校的美丽长廊,留下对母校的感恩与爱。

其中,二年级的系列活动整合了数学学科"测量长度"技能的运用,语文学科的写话练习等。孩子们可以选择水培水仙、风信子、吊兰、大蒜等植物,观察它们的生长情况,定期测量记录,学写观察日记。班主任可根据本班学情,挖掘过程中的育人资源,并将其提升转化,促进学生成长。

(2)春游或秋游活动。每个学校都有春季或秋季的综合实践活动,这是学校组织的走进大自然或者社会的大活动。如何有效利用自然性资源,促进孩子们成长呢?

常州市戚墅堰东方小学的柏婷老师在带着孩子们走进大自然、走进春天,感受生命的复苏、春的气息,享受春天的美好的过程中,产生了一个班队活动的新主题:我把春天带回家。

学生以小队为单位开始行动:有的小队整合了语文学科的学习,征集春天的诗歌;有的小队用美丽的画笔画下春天,用各种材料贴出春天;有的小队用音乐课学会的技能唱起春天;有的小队请教科学老师"种"下春天……小队成员一起合作,一起创造。大家根据自己的特长,用自己的智慧,边活动边思考。在活动现场,各个小队呈现出充满"创造味"的春天。班级生活因为春天的到来而变得不一样,每一个"带"回春天的孩子心里有了属于他自己的"春天",一个丰富的春天,一个创造的春天。这是属于孩子们成长的春天。

华师大叶澜教授参加完活动,这样评价道:班队是孩子们的成长领域,活动的呈现不是单向的,而是综合的。"我们"把春天带回"家",是孩子们通过前期活动的观察,进行的再创造的呈现。每个小队都呈现得不错,自我表达,相互欣赏悦纳。当我们的班队活动变得深刻和丰富,尤其是综合的时候,学生才会有美丽、恰当及富有内涵的表达。今天的活动现场,针对同一主题,各个小队以不同的方式深化表达,逐步递进、综合,丰富而不杂乱,丰富而有结构,这会引发孩子们在以后的活动中相互学习。"新基础教育"下的班队活动,有个很重要的原则,即每一个人都参与,现场有互动,有生成,这才是灵动、有内涵的活动。

(3)利用四季更替与二十四节气开展活动。神奇的自然世界中有很多具有鲜明特征的自然时间节点,如一年四季、传统节日、中国节气等,都可以作为自然性资源引入班级生活。对于四季及其特征的感知与认识及初步探究,我们可根据低年级学生学习节点,每个学期重点涉及一个季节的认识与探究活动,如一年

级上学期：冬爷爷的秘密；一年级下学期：夏姐姐的邀约；二年级上学期：我和秋天有个约会；二年级下学期：我把春天带回家……通过整体架构，让充满季节特征的自然性资源得到完整综合的呈现，学生在其中必将有收获。

3.巧借自然性资源关联学生发展的问题

当自然性资源与班级生活有了联系，对班级生活产生影响时，班主任要结合班级情况，将资源利用的价值直接指向学生成长过程中的问题，使活动价值真正体现在学生成长发展上。

例如，常州市戚墅堰东方小学金花老师开展了"开放吧，风信子"系列活动，学生们以小队为单位，每人培育一株风信子。围绕着"同种一株风信子"的种植活动，学生们在最后呈现的主题班队活动上，开展风信子种植知识竞赛，讲述小队合作故事，谈种植过程的智慧之举，更是通过"风信子去哪儿"环节将活动价值推向新的高度：精心培育的风信子，有的在图书馆的电脑桌上安家了，有的来到任课老师的作业本旁，有的进入学校的食堂，有的被送给保安，还有的来到了敬老院，陪伴老人。

正如学生们在活动中所谈的：此时，一瓶瓶风信子已经不仅仅只是属于哪一个同学或者哪一个小队，它是二（2）班集体的象征。这一过程资源价值的提升，源于班主任之前所发现的学生责任感、合作意识都比较薄弱，集体观念不强，班级凝聚力也不强等问题，是学生需要发展之处。我们在活动中欣喜地看到学生的成长，尤其是将代表着二（2）班的风信子赠予别人时，学生们的自豪感油然而生，"我们二（2）班"这样的一种班级归属感一定在学生们的心中生根了。

班主任也在活动的反思中谈道：小小的风信子，承载着多元的育人价值，学生也由此呈现出健康多元的成长体验。他们的集体感、归属感增强了，师生之间的关系更加融洽。

随着学生发展研究的进一步深入，自然性资源对于班级生活重建、学生发展的独特价值得到越来越多班主任的重视，孩子们也因此享有更丰富多元的成长体验。

二、如何依托家长资源开展小队活动

在二年级初建小队时，学生因为能力所限，开展活动会遇到许多困难或障碍。除了班主任的指导，如果能有效利用家长资源，就可以推动小队建设的加速发展。家长群体的介入，不仅能让学生在小队活动中打开视野，扩展活动资源，增加互

第六章 自然性与社会性资源开发

动角色,还能成为小队活动的后援团,在学生需要时给予帮助、鼓励和引导。更何况,家长群体通过参与小队活动,会对学校教育、子女教育有更丰富的认识,从而影响他们的家庭教育理念,进一步形成家校合力,可谓一举多得。

案例

邀你一起过"六一"
深圳市光明小学 林小燕

虽说二年级学生已经有了一定的集体意识和合作倾向,但还不具备相应的能力。所以,我把在组群竞争中培养学生的合作意识和能力,作为二年级班级建设的一个关注点,也是学生发展的生长点。

我们微笑中队的"微笑福娃"们聪明、团结、可爱、有想法。经过一年多的活动实践,他们喜欢自己的事情自己做主,自己的班级自己管理,自己的活动自己策划。活动中,他们越来越期待那些属于自己的独特创意成为班级活动的内容。

"六一"儿童节是孩子们非常喜欢而且向往的节日。特别是小学低年级的学生,个性天真活泼,他们更希望"六一"能过得快乐、难忘、不一般。在"六一"儿童节即将到来之际,孩子们经过多次讨论,决定过一个独特的"六一"儿童节。按照广东省的校历规定,"六一"当天是放假的,所以大多数学校的庆"六一"游园活动都会提前开展。因为有相当一部分家长"六一"当天要上班,无法陪同孩子过节,这部分孩子就只能独自待在家里自娱自乐。就算有的家长能抽出时间来陪孩子,大多也只是采用比较传统的形式:

郭同学:去年"六一",我的爸爸、妈妈都要去上班,我一个人待在家里很无聊,就看电视或玩游戏。(类似表达的有12人)

赵同学:去年"六一"过得很无聊,陪爸爸、妈妈到工厂上班,是在工厂听轰鸣的声音。

周同学:去年"六一",待在家里一整天,爸爸下班后带我出去吃麦当劳了。(6人)

刘同学:去年"六一",跟奶奶到公园散步啦!

李同学:去年"六一",睡了一回懒觉,妈妈带我买了一个陀螺,自己玩。

王同学:去年"六一",我和哥哥两人待在家里,中午吃麦当劳时得到了一个赠送的玩具,下午在家看电视,妈妈很晚才回来。(类似表达的有3人)

何同学:去年"六一",妈妈带我到牛山公园骑自行车啦!

麦同学：去年"六一"，我们一家人去香港迪士尼乐园玩了。

黄同学：去年"六一"，妈妈给我买玩具和吃大餐庆祝了。（类似表达的有15人）

林同学：去年"六一"，等爸爸、妈妈下班后一起到牛山公园玩了。（类似表达的有10人）

陈同学：去年"六一"，爸爸、妈妈要上班，我和奶奶留在家里照顾弟弟。（类似表达的有2人）

…………

带孩子吃肯德基、麦当劳，去商场买玩具，或者去公园玩，这样一些活动对孩子来说并没有很强的吸引力。为此，在本次活动开展之前，我们做了一次专题调查：全班53个孩子中，家长当天能陪着一起过的只有18人，其余35个孩子的父母都没有时间陪伴。基于这种情况，我们又对全班孩子做了一个"今年的'六一'你想怎么过"的调查，让孩子们列出愿望清单。

读着孩子们的"六一"愿望，我萌生了一个想法：邀请家长和孩子们一起来策划、组织2016年的班级"六一"活动。前期组织的各种活动，我们微笑中队都尽可能向家长开放，积累了丰富的家长资源，孩子们还发现了家长的各种高超本领。这些为本次活动的开展奠定了良好的基础。本次活动，我们将有效利用差异资源，由班级家长委员会牵头统筹，召集部分热心的家长和孩子共同策划多种不同的过节方案，形成项目组。再由各项目组在班级里各显妙招，邀请、吸引"孤单"的孩子们共度"六一"。有时间的家长带领家长没空儿的孩子们一起过节。这样既兼顾了"六一"独自过节的孩子，又能让家长和孩子在不一样的活动体验中感悟独特的教育意义。

各项目组的前期策划，由部分家长带领部分孩子完成，这不仅促进了亲子关系，提高了这些孩子的组织策划能力，而且在后期活动的开展中，也很好地锻炼了班级所有孩子的动手操作、沟通协调等能力。相信这样的"六一"活动将会大大提高微笑中队的凝聚力。

整个"快乐六一"系列活动分为4个篇章：

（1）校级活动篇：班班有歌声"六一"合唱比赛；师生现场创意制作

（2）班级活动篇："青青世界"快乐行；"我行我秀"班级欢庆会

（3）小组活动篇：邀你一起过"六一"（本次活动）

（4）总结篇：快乐的"六一"，满满的收获

活动目标：一是通过本次活动，完善各小组的活动方案，推进项目组的建设；

第六章 自然性与社会性资源开发

二是利用差异资源,邀请同学以小组的形式过"六一",从中感受不一样的快乐;三是在参与活动中,培养学生的策划组织能力、发现问题与解决问题的能力。

活动的推进过程如下:

活动环节	教师活动	学生活动	设计意图
开放式导入	1. 组织学生唱班歌《和快乐一起》 2. 组织学生回顾前期校级、班级活动	1. 一起唱班歌 2. 观看活动视频	唤起学生对前期活动的回忆,激发学生开展本次活动的兴趣
核心过程推进	1. 根据各项目组的展示,适时介入,补充完善方案 2. 根据学生选择的情况,进行适当的调控,挖掘背后的育人价值	1. 分组汇报: (1)骑行组:结合PPT解说,吸引同伴参加 (2)剪贴组:通过手工展板,说成长故事 (3)创意蛋糕组:现场为蛋糕裱花 (4)发夹组:播放视频,现场展示制作的发夹 (5)风筝组:分享放风筝的技巧 2. 其他同学进行评价、提出建议,进一步完善各项目组的活动方案 (1)根据自己的兴趣选择项目组 (2)介绍选择的理由和活动的感受	1. 帮助学生了解各项目组策划的活动内容 2. 完善活动方案,推进项目组的建设 3. 培养学生的策划组织能力以及发现问题、解决问题的能力 4. 确定开展活动的各项目组成员,为活动顺利开展作好准备
开放式延伸	组织学生建立"六一"档案,把这一天的美好记录下来 (预设:选择自己喜欢的方式,如绘画、相册等)	各抒己见,提建议	引导学生在活动过程中养成观察记录的习惯,激发学生参与后续活动的动力

解读

正如林小燕老师所说,这次活动的开展有着很大的挑战,融合了很多资源,项目丰富,涉及的人员多而且范围广。但是,她站在活动设计者的角度,做到了

把握全局,用整体思维进行活动的系列化构建,与此同时,又从班主任的角度,充分关注孩子的成长需要和参与可能。所以,这是一个既有意义又有意思的班队活动,孩子们喜欢,参与其中的学生、老师、家长都有收获。纵观整个活动,有三大亮点值得思考:

1. 家长资源依托"活动辅导员"的身份得到了有效汇聚

在"邀你一起过'六一'"系列活动中,我们发现了在很多班队活动现场不常出现的一群人,那就是家长。活动中,家长们很自然地进入活动现场,参与项目组招募,与孩子们玩在一起。例如,在成员招募中,参与现场项目展示的家长这样向孩子们作介绍——

"骑行组"家长:孩子们,我是一名骑行爱好者,有丰富的经验,我会在这次活动当中给你们提供安全和后勤保障。这个"六一"上午8:30,我们在新城公园东大门,等着你们哟!

"剪贴组"家长:同学们,大家好!首先有请赵同学为我们现场剪一个"爱心",用"爱心"可以组合成很多小动物,如狮子、青蛙。(指着板上的动物造型)剪"爱心"其实很简单,有经验的同学可以直接折叠剪出半个"爱心";没有经验、不熟练的小朋友,可以先在纸上画出半个"爱心",沿着边线剪下来。看,我们的"爱心"就这样完成了,是不是很简单呀!(家长讲解,一个学生在一旁剪"爱心",另一个学生用长条气球做小狗造型,老师在一旁鼓励学生)

正是因为有了这样一批班级"活动辅导员",孩子们的活动才变得如此独特。我们再来细细体会:这个"六一"系列活动的核心育人价值是什么?我们从活动案例中能清晰地感受到:要把孩子们的"六一"还给孩子,不仅要过快乐的"六一",还要过有意义的"六一"。为了实现这样的育人价值,林老师在策划、思考并推进这个活动的过程中,因为自己班级家长资源的开发已经有了一定的基础,所以,大胆尝试让家长成为项目组的"导师",成为小队活动的有力支持者,成为"活动辅导员"。

家长资源的介入,拓宽了学生小队的活动视野。"六一"活动当天,孩子们实现他们的愿望,展现他们的创意,分项目组活动。他们快乐奔跑,一起骑车,一起制作创意画,一起享受美食,一起放风筝;他们创造出美丽的发夹,制作出美味的蛋糕,剪贴出各种可爱造型的公仔,以他们的实际行动迸发出各种力量,创造出他们的快乐生活。

与此同时,全身心投入活动中的家长,有了走近孩子的学校教育的机会,在与师生交往的过程中,一方面能更全面地了解自己的孩子,在与其他孩子的比照

第六章 自然性与社会性资源开发

中,对自己孩子的个性品质及其在群体生活中的表现会有新的了解;另一方面,也是很好的自我培训与提升的机会,理解老师活动育人的价值追求,学习其他家长的家教经验,从而更懂得如何去陪伴孩子,更新自己的家庭教育理念。

2. 多元互动依托活动中丰富的交往关系得到了高质展开

"邀你一起过'六一'"系列活动给了老师、学生、家长三个群体共同成长的机会。从活动的前期策划、准备、项目组展示,再到活动真实地开展,都充分关注多主体的介入。活动中,真实的任务、真实的对话,促成了生生之间、师生之间、家长与学生之间、老师与家长之间、学生与家长群体之间多元、多向、多层的积极互动。在每一个项目介绍结束时,林老师都会留足互动的时间和空间,问孩子们:你们还有什么疑问吗?这样一种启发,不仅表达了老师对学生内心意愿的呵护与尊重,还会引发真实的互动。我们看到,活动中孩子们表现非常真实,主动对话,积极发现问题、面对问题,在老师和家长的指导下积极想办法解决问题。让我们一起来看看"发夹组"的现场汇报与互动:

师:爱美是人的天性,自己动手,能得到自己心仪的发夹,又能增添一份靓丽,这种感觉特舒服。有请"发夹组"火热登场!(生鼓掌)

"发夹组":大家好!我们是发夹组。

"发夹组"学生1:小伙伴们,想过一个不一样的"六一"儿童节吗?

"发夹组"学生2:想亲手制作美丽、梦幻、甜美的发夹吗?这可是不同风格、不同款式的发饰哦!(向学生展示制作好的发夹成品)

"发夹组"学生1:心动不如行动,我妈妈做的发夹非常漂亮,我也学会了。在制作的过程中,我发现了很多奥妙。看!这是皇冠发夹,这是樱花发夹,这是桃花发夹。(向学生分别展示)

"发夹组"家长1:你们想知道一个发夹是怎么做出来的吗?

生齐:想!

"发夹组"家长2:好!下面请看发夹制作过程的视频。(播放发夹制作视频)是不是想加入我们"发夹组"?

生1:哇!你们的发夹做得真好看!我想加入你们组,因为我想做一对送给我的妈妈。

师:孝顺的孩子,心里总是装着妈妈。

生2:做出来的发夹怎么处理?

"发夹组"家长1:送给你们!你们可以拿回去自己戴,也可以送给你们的

妈妈。将自己亲手做的发夹送给妈妈,她肯定特别开心。

生2:是不是做多少个,就送多少个?(大家欢笑)

"发夹组"家长2:是的!

生3:剩下的是不是可以拿出去卖?

"发夹组"家长2:可以!

师:看来你赚钱的妙招挺多的!

"发夹组"学生2:心动不如马上行动,快快加入我们发夹组吧!

生4:我想给"发夹组"提个建议,明年义卖会的时候可以卖发夹,我们就像今年一样只卖蛋糕,明年我们只卖发夹,全班一起动手制作。

师:太有创意了!有远见的孩子,你把明年的活动都设想好了,谢谢你。("发夹组"退场)心动不如行动,林老师都心动啦!有一句话说得好,高手在民间,我觉得,高手就在我们班,一个个都特厉害!孩子们,充满创意的发夹、漂亮的发夹等着你们哦!

随着多元互动的推进,孩子们的想象能力、创造能力、实践能力和交往能力等都得到了锻炼,有了不同程度的提升。林老师也在活动后反思道:孩子们在真实的活动中交往、交流,他们能发出自己的声音,表达自己的愿望和收获。可见,多元、多向、多层的互动,让活动中的学生有了意想不到的成长变化,每一个生命都得到不同程度的滋养。或许,这正是我们班队活动所追求的价值所在。

3. 成长体验依托具有"生命质感"的活动得到了进一步丰富

儿童的世界,是欢乐的世界。"六一"更应该是儿童生命欢乐的盛大节日。林老师组织的这次班队活动充分散发出生命的欢乐感,老师的欢乐、学生小组的欢乐、学生个体的欢乐,从而也深深地带动了在场所有人对"六一"的欢乐回忆,进入生命欢乐感的体验中。

应无条件地保证生命的存在感,它不关能力高低的问题。好的课堂,好的老师,应该首先让学生充分体验到自我生命和他者生命的存在。生命不是抽象的表达物,而是具体、生动、直观、动人且具有个性的感性画面。没有画面感的教育,很难说是散发着生命气息的教育。生命同时也是时间的节奏艺术。林老师的节奏感把握得非常好,尤其是活动刚开始,与学生载歌载舞,就是把节奏感调动起来。节奏感能激发生命的能量,因此,师生一见面就能体现生命的融合。活动中,情绪的涨与落、心理的生与熟、声音的缓与急、互动的快与慢、焦点的停与走等,都水到渠成,让人不觉得累,这就是好的生命节奏。

第六章 自然性与社会性资源开发

生命的重量和质量许多时候也体现在仪式感的体验之中。仪式的重要意义就在于使得情境中的人都能聚焦于仪式过程本身，充分激发和提升集体的情感。"六一"就是师生在教育场域中的生命仪式，这次班队活动就是把这种仪式感更加明显地表达出来。

当然，生命的可能性是无限丰富的，这次活动还可以从其他角度思考。比如，在学生项目组的设定上可以再增加一些社会维度的互动体验。又如，可以通过短信、写信等方式，让所有家长都有机会向自己的孩子表达出"六一"的祝福和关心，等等。

建议

当我们打开学生班级日常生活的大门，与家庭生活巧妙、有机地勾连起来时，学生的成长也会影响家庭生活的质量。当学生、家长处在一种有正确的导向、有策划的高质量生活状态时，将能营造积极向上、温暖阳光的家庭氛围，有利于学生的长远发展。因此，正确认识家长资源开发的重要性，才能更好地在我们的日常教育活动中认真分析家长资源，巧借家长资源促进学生发展。小队建设是二年级学生发展的主要途径，如何依托家长资源促进小队的建设与发展，一般来说，可以从以下方面进行思考与开发：

1. 充分调研，建立班级家长资源库

了解学情是班主任开展教育活动的起点与基础，那么对于本班学生家庭情况的调研，则是班主任开发家长资源的起步。我们可以通过填写家长信息表，走进学生家庭与家长面对面交流，组织学生层面"夸夸我的爸爸、妈妈"主题活动等多种途径展开调研。如果是三代同堂家庭，学生的外公、外婆和爷爷、奶奶同样也可以列入家长资源范畴，进行相关信息采集，而且这样一个群体蕴含着独特且弥足珍贵的教育资源。

有了前期家长资源的充分调研，在开展小队活动时，老师就可以有针对性地进行策划与协调，使家长资源的介入更加具有针对性和指导性，小队成长与活动品质也就更具有提升的可能。

2. 关注过程，提升家长资源品质

当家长资源介入学生班级生活后，班主任不应放手不管，任凭家长自行介入活动。因为大部分家长对学校教育、班级活动缺少专业培训，所以活动前，一定要与相关家长进行有效沟通、协商，阐述活动的意义和目标，明晰邀请家长参与的内容和要求，必要时可以进行前期指导和培训；过程中，做好家长参与活动的

组织与协调工作,充分关注家长参与活动的时机把握与介入方式。例如,上述案例中,林老师通过与家长的现场互动,帮助家长发现小队活动中可以利用的资源,引导家长留足时空让孩子们创造与发现,并就"六一"活动的具体开展给出建议。这个建议,既是面向学生的,也是面向家长的。建立在这样基础上的家长资源的介入,才能有效促进小队活动品质的提升。

二年级学生主观能动性逐步增强,在家庭生活中表现为能有意识地参与家庭成员之间的交流,对家庭活动的安排会提出一些建议,对家庭生活的质量有了更高的期待。孩子们特别希望爸爸、妈妈能多多在家,能放下手机,陪他们一起做一些有意思或有意义的事情。

系列活动关注日常,长程设计,使家长资源不仅作用于班级活动中,还作用于学生的家庭生活中,或许这样综合的家长资源的运用更有利于促进学生健康快乐地成长。

3. 多元评价,引导学生学会感恩

当家长成为班级生活的参与者、学生小队建设的资源提供者时,我们还可以通过多元评价促进家长资源更有效地开发。常州市戚墅堰东方小学二(1)班的学生在班队活动"开放吧,风信子"中,亲手将自己种植的风信子作为奖品,奖励给家长"活动辅导员",表达小队成员对于家长的感谢。活动后,凌同学写下了这样的感言:

班队活动中,我们举行了特殊的颁奖典礼。我们小队为全班选出的优秀家长赠送自己种的风信子。本次活动由我主持。令我特别开心的是,我的妈妈因为关心班级、教同学们唱英文歌曲、做圣诞老人而第一个上台领奖。当我把一株粉红的风信子送到妈妈手上时,我看到她的脸上洋溢着幸福的笑容。妈妈对我说:"谢谢,这是我收到的最珍贵的礼物。"并在我脸上轻轻吻了一下。我特别开心。接着,张同学的爸爸和倪同学的爸爸也上台领奖,他们是我们班级有责任心家长的代表。当这两个同学上台给爸爸颁奖时,都很自豪。

这样的真情表达促进了亲子关系的融洽以及家长参与活动的积极性。除了上述小队活动中给家长颁奖,很多班主任也会根据不同的班级情况或活动需要,开展"最幽默活动辅导员(家长)""最智慧活动辅导员(家长)""最亲切活动辅导员(家长)"等的评价活动,评价标准一般由学生自行制定,老师引导孩子们除了关注日常生活中家长与孩子的相处,更要关注家长介入班级活动或生活所付出的辛劳,希望通过评奖、颁奖引导孩子们学会发现,学会感恩。与此同时,对于因为工作、身体、能力等原因不能参与活动的家长,老师也要引导孩子们学

会沟通与理解,以合适的方式表达自己的诉求,不能盲目攀比。

已有的实践证明,当我们有效依托家长资源,指导孩子们开展小队活动时,"孩子们会越来越有自己的想法,自信心得以增强,更爱表达,尤其让人惊喜的是愿意听取别人的意见或建议了。同时,同学之间的情感越发深厚,亲子关系更和谐。家长资源的引入,确保了活动的顺利开展。这源于孩子们的前期策划,源于家校的通力合作,源于我们的实践研究的开展"[①]。

三、如何利用社会性资源引导学生关注"弱势群体"

社会性资源存在于学生的家庭、社区、社会生活中,是拓展学生视野、培养学生综合能力的重要源泉。二年级学生随着生活场域的不断扩大,将更多从家庭、学校相对封闭的场所,走向社区、社会这个开放的大环境。所以,我们的班级生活需要通过走出去、请进来的方式,主动与其发生关联,引导学生关注"弱势群体",并尽自己所能给予其关爱与帮助。在这样一个双向互动的关系网络中,推进小队建设、提升综合能力、关注社会意识启蒙,有助于促进学生社会性的发展。

案例

爱的礼物
上海市明强第二小学　崔　姬

进入二年级后,我发现大多数学生"自我中心"意识较强,人际交往能力较弱,不会主动关爱别人,缺少合作的意识和能力。造成这种情况的原因是多方面的,如独生子女的家庭环境相对封闭,缺少同伴,父母长辈过分溺爱等。与此同时,我也发现,学生在各类活动中已经形成了"我们"的感觉,尽管小组成员间还缺少真正的合作和互动,但已具有一定的集体意识,开始将自己放在群体之中。在"新基础教育"学习和实践中,我深刻认识到,伙伴的力量对学生行为的影响很大,小组的力量成为大部分学生进步的动力。

上学期开始,我班部分学生在家长带领下去福利院开展活动,感触很深。由此,我想在本学期围绕"关爱"这一主题,开展系列活动,由点及面,号召全班同学一起参与。在去福利院开展活动的同时,通过讨论交流等方式,利用集体的力量,丰富"关爱行动"的实践体验,促进学生团队合作意识和能力的提升。

---

① 参见林小燕2016年撰写的《邀你一起过"六一"活动反思》(未发表)。

爱是一切教育的基础,是快乐的本源,是幸福的源泉。让学生懂得关爱人,是其中重要的一课,培养学生的关爱意识需要一个循序渐进的长期过程。为此,我们的"关爱"系列活动分为三个阶段:

第一阶段:"护蛋"行动,体悟艰辛。从关爱自己最亲近的人——爸爸、妈妈开始,了解母亲十月怀胎的辛苦,体会父母对自己不计回报的关心和爱护。

第二阶段:感恩老师,关爱同学。通过小调查,了解老师的心愿,夸夸身边的小伙伴。尊敬老师从我做起,关爱小伙伴从小事做起。

第三阶段:爱的礼物。组织学生到福利院开展爱心行动,赠送爱的礼物,引导学生关注并试着以自己的力量关爱社会上需要关爱的人。

在前两个阶段的活动中,我发现学生基本还是独自完成任务,没有很多的同伴合作意识和合作方法。为此,第三阶段的活动,希望通过带领学生走进福利院,感受福利院孩子的生活,触动学生对弱者的关爱之心。"爱的礼物"这个活动以小队的形式开展,让学生根据被关爱者的需求设计礼物,希望学生在活动中学会理解他人,学会分工合作,遇到困难主动寻求帮助,产生矛盾协商解决等。

基于以上分析,本次活动的目标:一是通过各小队"爱的礼物"前期准备的展示汇报,使学生明白根据被关爱者的需求选择礼物是正确关爱他人的表现;二是通过讨论交流,逐步懂得考虑周全、按特长分工、有困难寻求帮助等是提高小队合作成效的有效途径。

活动过程如下:

活动环节	教师活动	学生活动	设计意图
热身	播放前期活动照片	观看前期活动照片	回顾活动情景,唤起学生记忆
回顾前期活动,引出话题	组织学生说说前期活动留给自己最深的印象	结合前期活动照片,选择自己印象深的谈感受	引导学生表达参加活动的真实感受
交流互动,引发思考	1. 及时引导互动,探究两组礼物有什么不同 2. 呈现活动资源,引导互动(穿插点评,提升教育价值) 3. 请第三小组展示礼物	1. 探究两组礼物的不同,并交流互动 (预设:礼物的多样性;礼物的合适性;礼物带来快乐) 2. 分享准备礼物背后的故事和收获 (预设:活动前要商量;活动时要分工;遇到困难时想办法解决)	1. 让学生在交流、汇报中明白应根据被关爱者的需求设计礼物,使学生学会正确地关爱他人。 2. 在交流互动中提升学生的团队合作能力

第六章 自然性与社会性资源开发

（续表）

活动环节	教师活动	学生活动	设计意图
总结提升	引出后续"好书漂流活动"倡议	讨论交流活动建议	指向后续行动阶段，引导学生进一步发展

解读

二年级学生在自我发展的基础上已经开始将视野投向更广阔的空间了，老师要引导、帮助学生投入真实存在的社会环境中去，从中获得成长与发展。基于此，崔老师策划的"关爱"系列活动，呈现出递进式的结构：首先让学生学会关爱自己最亲近的人——爸爸、妈妈，再学会关爱陪伴他的重要角色——老师、同学，之后再引导学生学会关爱社会上需要关爱的人。活动层层递进，循序渐进地引导孩子在成长中了解关爱的意义，并身体力行，读懂身边人，关爱身边人。

1. 从小处着手，找寻活动切入点

案例中，崔老师从本班学生存在的问题出发，发现大多数学生"自我中心"意识较强，不会关注身边人的感受，更不会主动关爱别人，于是想通过主题活动进行有针对性的引导。基于二年级学生能力所及，崔老师以"爱的礼物"为活动切入点，引导学生在准备"爱的礼物"的过程中自然进入活动主题和情境。老师引导学生根据自身特长，根据帮助对象选择礼物，从礼物的多样性、礼物的合适性、礼物带来快乐等几个方面去比较与思考。我们一起来看第二小队交流礼物的准备过程：

生1：我们两个在美术社团学会了制作贺卡，我们亲手为福利院的伙伴们制作了精美的贺卡。

生2：我们家里有很多看过的图书，我们挑选了绘本送给他们，让他们也能在阅读中找到快乐。

生3：我们两个非常喜欢唱歌，我们将一首《感恩的心》作为礼物送给他们，相信他们一定会喜欢。

生4：我们发现美术教室里用超轻彩泥制作的作品非常有趣，我们向李老师学习制作，把我们做好的作品送给福利院的小朋友。

生5：我们为福利院的小朋友带去好吃的，有坚果、海苔、酸奶、煎饼。

师：你们这一小队想得很周到，考虑很仔细。你们怎么想到的？

小队长：我们要去福利院之前，先向第一小队了解情况，然后我们进行讨论。大家觉得我们可以根据自己的爱好、特长来准备礼物，还可以根据福利院小朋友的喜好准备礼物。

师：真了不起，你们能根据被关心人的需要来选择礼物，也能根据自己的能力、特长来准备礼物，这是真正的帮助。

二年级学生年龄小，对赠送礼物和收礼物有着天然的热情和喜欢。崔老师以礼物为切入点，通过两组礼物的比较，引导孩子们充分交流，充分反思，让他们逐渐感受"小小的礼物"里所蕴含的关爱的真正意义。崔老师及时介入点评，活动的育人价值又得到了提升。

2. 从学情出发，明晰活动着力点

上述活动案例中，围绕"爱的礼物"，每个小队进行了自我实践与体会，学生们分享赠送礼物背后的故事，紧紧扣住了二年级学生的学情，使学生的合作能力、交往能力、解决问题能力得到了培养与发展。我们来看第三小队同学的情境表演：

队长：开会啦！开会啦！

生：什么事，队长？

队长：第二小队队长包同学为我们带来了一个任务，请看大屏幕。（播放视频）

队长：吴珏姐姐有个心愿，想见钱佳颖老师和陆芝芬老师。

生1：陆芝芬老师好像是我们二（7）班的英语老师。

生2：是的。

队长：那寻找陆老师的任务就交给你们了。

生1：好的，没问题！还有谁和我一起去？

队长：谁认识钱佳颖老师吗？

生3：不认识。

生4：那可怎么办？

生5：这个任务是包同学带回来的，他应该知道得比我们多。队长，向他打听打听吧？

队长：好，包同学，快来呀！

包同学：怎么啦？

队长：向你打听一下，你认识钱佳颖老师吗？

第六章 自然性与社会性资源开发

包同学：你们可找对人了，我的妈妈和钱佳颖老师、崔老师曾经是华漕学校的同事，你们去问问崔老师，可能会帮到你们。

队长：太感谢了，这条线索太重要了，我们马上行动。

队长：崔老师，我们想问你，你认识钱佳颖老师吗？

崔老师：钱佳颖老师是我的老同事。我把钱老师的手机号给你们，你们自己和她联系。

队长：好的，崔老师，太谢谢你了。

师：第三小队的队员们群策群力，要帮吴珏姐姐完成心愿。现在，吴珏姐姐也来到了我们的活动中，让我们用掌声欢迎她的到来。他们是否能为吴珏姐姐送上这份神秘的礼物呢？我们一起拭目以待。

生6：我们几个去找了陆老师。因为陆老师现在正在上公开课，无法参加我们的活动。陈同学想出了一个好主意，就是请信息学科庄老师为陆老师拍了一段视频。（播放视频）

师：吴珏认识陆老师吗？（认识）等中午的时候，崔老师带你去陆老师办公室。猜猜看钱老师会来吗？（会）让我们一起倒计时：5、4、3、2、1！

师：吴珏，你看这是谁？（钱老师来到现场）。高兴吗？（高兴）小朋友们，你们帮吴珏完成了心愿，此时你们的心情又是怎样的？

生7：我很激动，我很快乐！

师：帮助别人很快乐，能帮助别人达成愿望更快乐！同学们，你们真了不起，此时，崔老师只想竖起大拇指，我为你们感到骄傲！

"为吴珏姐姐完成心愿"这份特殊的礼物让人感动。学生不仅能根据吴珏的心愿来准备礼物，更了不起的是为其准备这份礼物的过程：通过小队成员的合作，共同面对问题、解决问题，完成礼物的准备与赠送。这样的自我实践体验中，学生们自我满足、自我愉悦的情感得到升华，这是来自更高层次的精神享受，活动的育人价值也得到实现。

3. 指向学生未来发展，明晰活动生长点

活动中，崔老师从关爱身边人出发，最后的落脚点是关爱福利院孩子。这一关爱范围的扩展与深入是崔老师建立起班级生活与社会生活间联系的通道，学生的发展本就指向于未来"社会人"的培养。将学生的发展融入社会，能够给学生提供更加真实的成长情境，选择礼物、赠送礼物，在与福利院孩子互动的过程中，学生们体会到自身的力量。更值得关注的是，二年级学生初步体会到作为一个社

会人的责任感,这样一种关系与情感的体会必将影响和改变生活,为其成长及发展打开另一扇窗,开启一个更为广阔世界的大门。

利用社会性资源,引导学生关注弱势群体,崔老师在上述案例中作出了自己的实践探索。总结提升环节,第四小队同学发出去福利院开展"好书漂流活动"倡议,是基于班队活动的拓展延伸。除此以外,还可继续引导孩子们思考,除了福利院的小伙伴,我们的"爱的礼物"还可以送给谁?如此,这份"爱的礼物"将发挥更大的价值,在下一个系列活动"争做关爱小标兵"的现场交流中,将会呈现更多的精彩。

建议

社会性资源的存在,促进了学生生活领域的极大丰富和拓展。"社会性资源存在于家庭、社区、社会生活中。其中的人、物、关系、文化、事件等,因学生、学校而异,也因共处同一社区乃至同一世界,或同一类型的关系网络而具有相通之处。"[①] 学生的发展空间与生存空间始终是在这样一个社会性资源的范畴中,与其建立通道,与其发生关系,成长于其中,更可贵的是将来能在其中发展、改变、创造。因此,关注对学生成长有意义的社会性资源,并有效开发与利用、转化与提升,会形成高品质的生命活动。

1. 关注"弱势群体"对学生发展的积极意义

社会性资源是个广阔的领域,在这里,我们特别聚焦了社会性资源中的"弱势群体"。弱势群体一般在学习、工作、生活等方面存在身体或心理上的缺陷或者资源的缺乏,导致产生一定的困难。这一群体,包括儿童、老年人、残疾人、失业者等。这是一群需要关爱和呵护的群体,需要全社会更多的关注目光和更多人的情感,甚至物力、财力的付出。

虽然二年级学生年龄尚小,其本身也需要社会、老师、家长更多的关注与关爱,但实践中我们发现,这并不影响学生关注"弱势群体",并尽己所能给予其关爱;而且组织参与这一主题的活动,对于学生成长有着积极的意义。其一,重视低年级学生情感发育,能激发学生的社会责任感。二年级学生心理与情感发育处于初始阶段,他们的生活区域更多局限于家庭、学校和班级,对于社会的认知刚刚起步。在这样的起步阶段,引导他们关注"弱势群体",激发他们在与社会初次交往互动过程中看到自身的力量,使他们内心中向善、向美的情感发育得到

---

① 李家成. 班级日常生活重建中的学生发展[M]. 福州:福建教育出版社,2015:207.

第六章 自然性与社会性资源开发

重视与引导，社会责任感的培养也就孕育其中了。其二，在真实情境的发展平台中，学生有了新的发展可能。班主任带着学生走进这样一个特殊的群体空间，在真实的交往过程中，学生必将发现新的问题，通过发现、思考、交流、合作，很可能与这一群体中的人们直接对话、交流，新的平台、新的交往关系会促进学生形成新的发展可能。

随着儿童的发展，其介入家庭、社区与社会生活的可能性越来越大。作为一名班主任，要珍视社会性资源的重要意义，尤其是对于"弱势群体"这样一个特定领域，应努力促进学生体验与这一群体之间的关系，在过程中引导、帮助，使其能够以更完美的自己融入与社会性资源的交往互动中。

2. 利用社会性资源开展实践体验活动

班主任在引入社会性资源时，要充分考虑资源的适切性问题。社会性资源极为丰富，哪些资源能融入学生生活，哪些资源要进行一定的转化与加工，哪些资源适合引入班级活动等，这些都需要班主任有敏锐的资源意识和转化提升资源的能力。

首先，关注我们生活周边的"弱势群体"，如聋人学校、敬老院、福利院等。当然，一些公益活动的宣传片，地方政府或是民间组织的公益活动等也可以成为我们活动的资源。可以利用一些节日资源引导学生关注"弱势群体"的生存状态并给予关爱。例如，每年五月第三个星期日是"全国助残日"，班主任可以利用这样的特殊节日资源，引导孩子们初步感受设立助残日的意义，了解身边的助残活动。常州市戚墅堰东方小学陆茵老师就曾带领学生走进当地社区的阳光庇护中心，这里的孩子都是遭遗弃或有先天性残疾的，或是智力低下，或是运动能力不协调，或是身体器官有残疾。陆老师带着学生走近他们，了解他们，教他们画画、运动，陪他们做游戏，和他们聊天，不仅仅给予物质上的帮助，还给予精神上的关爱。当看到有着残疾的同龄伙伴露出灿烂的笑容时，陆老师和孩子们一样心花怒放。

其次，还可充分利用假期生活资源，"大手拉小手"，共同为"弱势群体"奉献爱心。有个小队的孩子们在策划寒假生活时就提出开展"义卖·暖冬"假期爱心行动，由一个小队带动班级、家长、社区等各类资源，共同参与到关爱社会"弱势群体"的温暖行动中来。孩子们在师长的帮助和指导下，置办义卖商品，筹备义卖过程，策划"爱心善款"的去向。这样一群有爱的孩子用爱的行动丰富了他们的假期生活，更用这样的爱心行动感染了身边人。这样的活动，也会带动家长，小手牵大手，更多的家庭融入其中，又将产生新的互动、新的发展。

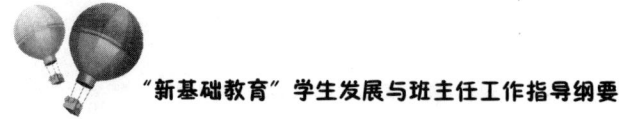

3. 立足学生生活促进家庭关系新发展

在引导学生关注"弱势群体"方面,班主任在日常生活中还要更多地分析班级学生,根据班级生活实际,引导学生在活动中有所启发,有所改变,有所成长。例如,常州市局前街小学的陈旻老师在学生日常生活中观察到与学生成长相关的一个群体的状态,这个特殊群体不是物质生活方面有困难的群体,不能归为能力不足的"弱势群体"。但是,对于享受着爱的孩子们来说,他们常常成为一群缺乏关爱的"弱势群体":

在孩子成长的过程中,我也看到了一群老人的辛勤付出。他们每天负责接送、照顾孩子,经常就孩子的成长问题与老师交流,因此我与他们建立了良好的情谊。前不久,老人的纷纷诉苦让我特别想为他们做点事。

首先,调查中寻找资源。我们班42个学生中,和长辈生活在一起的有32人。由于父母工作繁忙,因此,孩子的生活起居甚至是学习,基本上都由爷爷、奶奶或外公、外婆负责。在和老人相处的过程中,孩子们知道他们很辛苦,平时也尊重他们、体谅他们,但有时不能理解老人的一些爱的表现方式。在某些问题的沟通上,由于孩子和老人思维上的差异,常常听到孩子说:"我的奶奶很烦,经常不许我做这个、不许我做那个。""一句话要说好多遍。"当孩子不高兴时,会和老人顶嘴,甚至把他们当作不良情绪发泄的对象。因此,爷爷、奶奶或外公、外婆会觉得孩子不理解自己、不爱自己,非常伤心。

其次,比较中突出问题。在给孩子们讲故事的过程中,我经常与同年级组的老师交流,发现学生的状态有所不同。本班学生在情感发展上似乎要比同年级其他班级稍逊一筹,不容易动情,因此我希望借助一定的活动促进学生的情感发展。

面对这样的一个特殊"弱势群体",陈老师以绘本为载体,开展了"猜猜我有多爱你"系列活动,利用这一资源,让小队合作更和谐,更促进学生的情感发展。本系列活动着重于达成以下三个目标:一是通过调查交流,引导学生感受到身边老人在生活中给予自己的爱,激发学生的感激之情,丰富学生的情感;二是通过感受分享,引导学生反思自己与老人交往中的表现,理解老人的良苦用心,学会用积极的、调皮的策略与老人愉快相处;三是通过绘本讲述,引导学生在童话的情境中学会用可爱的、创造的方式表达对老人的爱,回报老人。

学生在这样的活动过程中,在老师的引导下,不断地去发现老人对自己无私的爱,激发自己的情感体验,而且通过倾听、交流等方式学习他人与老人交往的积极策略,转化为自己的认识。学生也再次明白应该用合适的方式关爱老人,用

第六章 自然性与社会性资源开发

属于自己的爱的表达方式与老人交流，将爱延续。

陈老师调查分析了这一群体的情况，结合班级学生发展状态和真实的生活状态，选择孩子们喜欢的绘本阅读与创编的形式，引导他们去关注身边这样一个特殊的"弱势群体"，并通过自己的付出与改变，给这一群体带来更多的幸福感。同时，陈老师在引导学生关注这一"弱势群体"过程中，还暗含学生情感发展的培养目标，为学生未来成长奠定了良好的基础。可见，活动的多元育人价值得到了充分的体现。

本册后记

在参与"新基础教育"研究18年后,笔者有机会承担《学生发展与班主任工作指导纲要》本册的编写工作,非常感谢华东师范大学李家成教授和北京大学出版社提供的机会。

书中的案例大多来自于"新基础教育"研究共生体学校班主任的改革实践和学生的成长体验,在此向提供书稿编写资源的师生表示最诚挚的感谢!

本册书稿的撰写经历了三个阶段:

第一阶段是框架设计,提纲拟定,案例征集,启动书稿的撰写工作。在李家成教授的指导和各编写者的共同参与下,主要由尤兆蕾负责。

第二阶段是分工协作,补充案例,梳理分析,初步完成书稿。为了与其他分册保持同步推进,笔者邀请常州市的五位老师一起,分别负责相关章节的编写。其中,郭玉琴负责第二章、王珏负责第三章、顾俐负责第四章、薛娴负责第五章、赵霞负责第六章,笔者负责第一章的撰写并参与其他章节的统稿工作。

第三阶段是修改完善,最终完成书稿。在此阶段,得到李家成教授和张永副教授的高位引领和悉心指导。

在此向参与本册书稿编写工作并付出辛劳和智慧的老师一并致以深深的谢意!

由于笔者水平有限,若存在错漏之处,恳请读者批评指正。

袁文娟
2017年12月

本书编委会

主　　任　李家成　张　永

副 主 任　（以姓氏拼音为序）

　　　　　　郭　芳　陆燕琴　束　彦　谢晓东　袁文娟

编委会成员　（以姓氏拼音为序）

　　　　　　白　露　蔡　颖　陈　静　陈　玲　陈晓红　高兴蕾　戈雯婧
　　　　　　龚雪婷　顾　俐　顾燕华　郭玉琴　胡韵雯　华　艳　嵇文佳
　　　　　　姜丽霞　李　隽　李晓玲　林小燕　陆　敏　唐　红　王　蕙
　　　　　　王　珏　王　奕　韦云成　吴周云　谢　晖　徐　晨　薛　娴
　　　　　　叶　喜　尤兆蕾　赵　霞　朱卉婷

李家成　张　永 | 总主编

"新基础教育"
学生发展与班主任工作指导纲要
（三年级）

谢晓东 / 等著

"New Basic Education"
Guidelines of Student
Development and Banzhuren Work

北京大学出版社
PEKING UNIVERSITY PRESS

三年级目录

第一章　概述 ·· **1**
　一、认识三年级学生的发展环境 ························ 1
　二、理解三年级学生的发展潜能 ························ 7
　三、明晰三年级学生的发展目标 ······················· 10

第二章　岗位工作与组织建设 ···························· **13**
　一、如何实现岗位与班委的转变 ······················· 13
　二、如何组织班委开展班级活动 ······················· 22
　三、如何进行校级岗位的尝试 ························· 30

第三章　班级文化建设 ·································· **38**
　一、如何在小队活动中培养学生的自主精神 ············· 38
　二、如何创造班级的新文化环境 ······················· 45
　三、如何通过"十岁生日"实现"我"与群体的共同发展 ··· 53

第四章　学科资源整合 ·································· **63**
　一、如何对学生进行新增学科的学习指导 ··············· 63
　二、如何在活动中提升已有学科的学习内涵 ············· 72
　三、如何运用学科资源培养学生的德行 ················· 78

第五章　学校活动参与 ·································· **87**
　一、学校活动如何在班级中有效落实 ··················· 87
　二、如何让学生在校园生活中有所担当 ················· 93
　三、如何让学生在学校活动中有所贡献 ················· 99

第六章 自然性与社会性资源开发 ······ 106
- 一、如何实现校园自然环境与班级生活的整合 ······ 106
- 二、如何借助养殖活动丰富班级生活 ······ 113
- 三、如何依托社区资源开展班级活动 ······ 118
- 四、如何走出校园开展小公民行动 ······ 125

本册后记 ······ 134

第一章　概述

三年级是小学生重要的成长阶段。三年级学生的生理、心理、思维、情感体验都到了一个新的发展阶段。他们处于一个重塑自我的新时期，各种矛盾冲突通常会在他们身上综合体现。无论是在学生、家长还是老师眼中，三年级都是学生在小学阶段发展趋势的决定年。

从一般情况看，三年级发展良好的学生，基本能够较顺利地完成小学阶段的学习任务，顺利渡过小学阶段的生活。从认知发展看，三年级学生正逐渐摆脱低年级笼统地、不精确地感知事物整体的状况，越来越能够较精确地感知事物的各部分，并发现事物的主要特征及各部分间的相互关系。学生的思维从以具体形象思维为主要形式逐步向以抽象逻辑思维为主要形式过渡。随着年龄的增长，学生的情感变得更加稳定、丰富、深刻了。低年级小学生虽已能初步控制自己的情感，但还常有不稳定的现象。到了小学三年级，他们的情感更为稳定，自我尊重、希望获得他人尊重的需要日益强烈，道德情感也初步发展起来。学生的自我意识不断发展，自我评价的能力也不断提高。随着年龄和见识的增长，他们已不再完全依靠老师的评价来评估自己，而是能够把自己与别人的行为加以对照，独立地作出评价。

一、认识三年级学生的发展环境

到了三年级后，随着学习科目的增加，学习难度的提升，家长和学生自身都能意识到学习上的变化，也认识到三年级对于小学生的重要性，所以不约而同地提高了对学习的要求。

三年级的学科学习从低年级的重视学生习惯的培养逐渐过渡到重视学生思维能力的培养，并且更多地要求学生具有运用复杂的关系式思维的能力；同时，三年级也增加了新的学科，学生要花更多的时间在学科学习上。学习上的种种变化，使三年级学生容易在情绪上出现松懈、疲累以及挫折感。

另外，同伴之间的关系也会发生显著的变化。在他们的价值评价里，很多学生认可学习成绩，他们对于同伴的评价也大多以成绩作为指标，认为学习成绩好等于好学生，经常以成绩来选择自己的玩伴。

这个阶段的学生开始重视发展自己的兴趣爱好，他们的爱好大多和流行文化相关，比如，看流行的书籍、动画片，玩流行的游戏等。他们这样做不一定是因为自己喜欢，而是要在同伴交流中获得发言的机会，从而获得同伴的认可。

（一）了解其社会、家庭环境

1. 社会价值认同的多元

我们身处在一个较好的宏观环境中，社会安定，政治稳定，经济发展迅速，并与全球一体化接轨，法制建设不断完善，文化繁荣自由，尖端技术、高新技术突飞猛进。在现代突飞猛进的科技变革大前提下，社会的职业结构有了重大调整，职业呈现多种形态，要求也不断提高，需要我们不断学习。"活到老，学到老"不仅是一种个人追求，更是立足之本。但是，很多人没有意识到这一点，他们把这种变化更多归结于人为因素，他们的负面情绪往往影响着孩子的价值观。我们特别需要注意引导学生学会从发展的角度、从解决问题的角度去看待社会问题。因为三年级学生已经具备了基本的判断能力，如果不加以正向引导，他们会向另一个极端发展。

2. 家庭构成的多元

现在的社会是多元的，学生的家庭构成也是多元的。在城市中，由于父母工作、放学时间等原因，他们在课余之外和祖辈待在一起的时间比较多。他们享受着祖辈无微不至的关爱，也接受着祖辈较为传统的观念。

在城市中，学生家长的构成也较为多元。他们有的是土生土长的当地人，有自己的住房，有相对稳定的工作，对孩子有一定的要求；有的是各类引进人才，他们大都工作繁忙，由于工作原因，经常把孩子托付给从老家过来的长辈，但他们对孩子的要求可能更高，不仅是学习成绩上要求较高，对孩子未来发展的期许也有高要求；还有的是城市中的流动人口，他们为了生计往往无暇顾及孩子，孩子的发展是原生态的，这类家庭的孩子之间差异较大，自觉的孩子在各方面都比较优秀，反之，则在许多方面都存在一定的问题。

3. 家长期望的多元

由于构成不同，家长对孩子的期望也不同。从对上海市闵行区部分学校进行的小样本问卷调查的分析来看，家长对学生的要求分为四类：第一类家长要求孩子在各个方面都要做到最好。他们往往会在孩子身上投入很多时间、精力和金钱，对孩子的学业成绩和个性发展都有严格的要求，孩子压力会较大，但发展得较好。第二类家长只对孩子的学习成绩有要求，对孩子的个性不关注。这类孩子的压力会更大，有时候会呈现两面性。第三类家长对孩子的学习成绩要求不是很高，中等就可以，但对孩子的品行和个性特长比较在意。这类孩子的快乐指数较高，发展也较好。第四类家长属于对孩子没有很多要求，只要过得去，垫底也没有关系，只要不制造麻烦就可以。这类家庭中的问题孩子较多。但综合分析，家长对于孩子的未来发展普遍有着各种各样的期待。

孩子进入三年级后，父母会明显感受到孩子身上的学习压力变大了，孩子得花更多的时间来学习，不可能再像低年级那样每天还有很多时间玩耍。孩子拿回来的作业本、练习本上的"红叉"会增多，分值会变低。部分父母不太能理解这是孩子适应新的学习方式的过程。孩子的特性不一，适应的时间也有长有短。这时候的孩子更需要家长的支持和鼓励，从而逐渐适应这一变化过程。现实中，大多数父母遇到这种情况的时候，会把压力加注在孩子身上。他们简单地把原因归结为外在的"不努力"等，要求孩子认真、勤奋，用分数证明自己的努力成果，甚至通过横向对比要求不一样的孩子有相同的结果。而这时候的孩子，由于心智的发展，渐渐摆脱对父母的依赖，他们有更多的了解信息的渠道：书籍、网络、同伴、社交媒体等，当他们发现父母的教育方式或内容和他们所看见、所发现的不一致的时候，不会去自主思考、辨别，有时会轻易地相信媒体、网络等的错误结论，对父母的教育方式或内容产生抵触情绪，甚至会背着父母作出自认为对的行为。

（二）分析其所处的学校环境

学生进入三年级后，他们在学校里的身份也会发生一些微妙的变化，在外人看来可能并不显著，但他们自己或多或少都会感受到这种变化。

1.评价标准发生变化

学生还在低年级的时候，由于学习质量的评价方式不同（如上海市取消百分制评价方式，采用等第制、表现性评价方式），老师对学生学业成绩的要求不是很高。到了三年级之后，除了学习难度的增加，还有评价方式的变化，使学生之间的差距更为明显。为了缩小学生之间的学习差距，老师往往会提出更高的要求。

这时，一些适应性差、感觉压力激增的学生可能会采用一种偏激的方法释放学习带来的压力，他们更容易使用带有攻击色彩的言行举止来应对给他们带来压力的人和事。比如，三年级学生之间的冲突会更多，更有针对性。他们不仅会因为游戏起冲突，也会因为学习上的差异和不同意见起冲突。这样的变化，使同学之间的矛盾冲突激化，校园里的生生冲突以及班与班之间的冲突更易发生。

2. 在校身份发生变化

三年级学生不再是此前的弟弟、妹妹，而是成了低年级学生口中的哥哥、姐姐。作为学校的中间年级，对他们在各个方面的要求和高年级学生基本相同，在行为习惯上，他们要更符合一个小学生的要求，成为弟弟、妹妹的榜样。而现实是，对于从低年级刚升上来的三年级学生来说，他们还不能一下子适应校园内的这种身份变化。他们会在低年级学生面前试图表现出一个哥哥、姐姐该有的样子。笔者发现，在所有年级的校园值周活动中，三年级学生的表现往往是最棒的。有责任心、独特、引人注目的特性在使其身份发生变化的同时也给他们带来自我成就的满足感。但回到原来的班级场景中，他们是以自己过去的表现为背景，在三年级初始阶段，会呈现低年级学生那种松散的状态，也会因此受到批评。他们的自律意识还不强，需要外界给予更多提醒和帮助。

3. 校园生活参与度提升

进入三年级后，学生参与校园生活的机会更多。根据对上海市闵行区部分学校进行的小样本调查，所有学校都让三年级学生参与校园值周活动。当学生从一个被管理者成为管理者的时候，他的自我认可度提升，自我发展的需求也随之增加。在参与校园值周活动的过程中，他们需要与各种各样的人打交道，如老师、同学、高年级的学生、低年级的学生、校工等。在这一过程中，他们能够与各种人建立一种比较平等的合作关系，比如向大队辅导员或者是德育教导汇报校园值周的情况；根据校园值周的情况及时向各班班主任进行反馈；在值周的过程中看到违背校园规则之处还需要及时与同学进行沟通。校园值周活动让学生更为全面地了解校园生活的方方面面，为他们今后不断完善自我提供了平台。

4. 自我发展的需求提高

三年级学生开始学习独立承担校园活动的部分任务。为了完成任务，他们可能会与学科老师、家长有更多的交流。在这一过程中，对学生的交往能力提出了更高的要求。学生在交流的过程中学习如何组织语言、选择时机。通过调查发现，学生对于校园生活参与的热情是不一样的。大多数学生认为，校园活动比较有意思，喜欢参与。也有部分学生认为，校园活动占据了他们学习的时间，不值得花这么多时间去参与这种"没有意义"的事情。还有部分学生追求自由的、个性化的活动，因而参与校园活动的热情不高。由此可见，想让三年级学生更多地参与到校园生活中，还需要根据学生的年段特征对活动进行梯度设计，使活动能适应学生的不同需要。

由于三年级学生正处在自我意识发展的新阶段，因此他们会千方百计让自己显得更"聪明"，从而获得别人的认可。他们会为了达成"让别人看到我的聪明"的目标而积极参与校园活动并力图优质地完成任务。这种特性成为三年级学生自我发展的重要动力。

三年级学生在学校的交往面得到了扩展。处于学校中间层的他们，与老师之间的关系从低年级的敬畏慢慢发展成一种亦师亦友的良好关系；开始介入学校生活，与高年级学生之间的交往更为频繁。但在日常生活方面，他们还不具备独立处理事件的能力，还需要得到他人的帮助。

（三）解读其所在班级的人际环境

1. 小团体开始出现

当学生回到班级中，他在校园中的重要关系人——班主任、同学，对他的影响是巨大的。班主任往往承担着学科老师和班级管理者双重角色。这双重角色中，大多数班主任是倾向于学科老师这一角色的。正是由于班主任的角色不清晰，导致学生在班级中按分数区分同伴。他们课间讨论问题时不再是盲目地随便抓个同学问问，而是有目的地三五成群地在一起讨论，如果有成绩不在一个层次的同学介入，他们要么是崇拜地偏听偏信，要不就是嗤之以鼻。班级中逐渐出现了按成绩区分的学习小团体。

这样的小团体也会有不同的发展趋势。成绩好的学生之间，相互比较、相互排斥的比较多。他们会下意识地认为自己是最聪明的，会从成绩、校外补课的时间、获奖的多少等方面进行横向比较。当然，家长在学生背后的比较也是不容忽视的。这类群体之间的"友谊"比较容易因为一件小事而触发危机。比如，一场考试后，一个同学发现试卷上老师的笔误并告诉老师，老师修改了考试成绩后，就会引发一场友谊"危机"。他们会重组自己的"朋友圈"，目的是继续在群体中树立"聪明人"的形象。

处于中等成绩的学生组成的团体，他们相对来说联系没有那么密切。他们以比较松散的方式自由结合在一起，下课也不会固定几个同学在一起。他们谈论的

话题比较广,包括学习、游戏、书籍等。当班级同学起冲突时,他们中的有些人会主动承担起"和事佬"的角色。需要开展班级活动的时候,他们虽然不是出谋划策的主事者,却是很好的执行者。

处于"尾巴"段的学生组成的团体,他们之间的友谊反而是最稳定的。在遇到外界对他们的学业成绩进行攻击的时候,他们经常会"同仇敌忾",一致对外。为了要保护自己不受伤害,他们会采用比较激进的方式,使用带有攻击色彩的语言和行动。这样一来,同学之间会发生更多冲突,不仔细辨别的话,有些班主任会简单把发生冲突的原因归在那些学习成绩差的学生身上。这样的简单归因往往又会加深学生之间的矛盾,使班级学生之间的冲突更加显性,有时甚至会把家长也牵扯其中,给班主任工作增添了很多麻烦。

从历年的学生资料分析,三年级学生之间很难建立朋友关系,因为大家都处在个性张扬的时期。因此,他们特别适宜建立具有双重性质的关系:平等并且能够相互给予支持。这种关系能够为他们向少年过渡提供支撑。[①]

2. 小干部的选拔出现分化

三年级学生处于自主意识发展的新阶段,大家都想表现和满足自己的个性化追求,同学之间难免会明争暗斗、互不相让。虽然有了"友谊"的需求,但还不能建立友谊。选小干部也有类似的倾向,往往从自己的需要出发,曾经能力强而显山露水的同学,因为比较强势,不太受到大家的青睐,而那些对人和气、憨厚老实的同学更加受欢迎,更易被选为小干部。三年级学生比二年级时"老练"了,都希望在班级里显山露水,希望得到认可和尊重,他们特别讨厌受到不尊重的对待,那些对同学严厉的小干部自然不受大家欢迎。[②] 在班级的民主选举中,如果没有班主任加以"干涉",那些在低年级担任班级小干部,有能力、但缺少方法的学生,往往会落选。这时需要班主任及时介入,引入多元化的评价机制,鼓励学生不以简单的好恶作单一判断,而是从班级发展、同学情谊、个性能力等多方面考虑。同时,班主任也需要对采取"简单粗暴"的工作方法的小干部做好指导工作,避免因"简单粗暴"的工作方法引起"罢免"事件。

3. 因个性、爱好重组新团体

三年级学生开始发展自己的个性特长,需要在学习领域之外取得另一种成功。

[①] 李晓文.青少年发展研究与学校文化生态建设[M].北京:教育科学出版社,2010:143.
[②] 李晓文.青少年发展研究与学校文化生态建设[M].北京:教育科学出版社,2010:140.

这时的他们开始关注流行文化，新颖的体育活动、电脑游戏、具有玄幻内容的书籍、流行歌曲、明星、网络语言等，都成为他们课余生活的一部分。在课间他们的谈话中，经常可以听到这样的话题。甚至在跟成人交流时，他们也经常使用网络语言。

4. 性别分化显现

在这里特别要提出的是，从三年级起，男女生行为表现明显不同，男生趋向于表现自己的智慧和力量，女生则趋向于追求流行文化、明星、网络小说等。由于男女生爱好之间的差异，他们形成两大"阵营"，会为"捍卫"自己的偶像争吵，班级中首次出现了因性别差异造成的对立行为。

在小学阶段，男女生之间的发展也不平衡。相对于女生来说，男生发展较为迟滞，他们更为关注自己的生活世界，自己的兴趣爱好；女生则更为关注自己的形象，她们会为了得到更广泛的认可而努力改变，会为了证明自己的实力参与更多的班级管理工作。男女生之间的冲突也常常发生在班级的日常管理中，女生占据大多数的班干部队伍与"调皮"男生之间的冲突日益升级。

二、理解三年级学生的发展潜能

（一）三年级学生发展的积极倾向

1. 学习重构班级新文化

三年级学生已经掌握了学校的各种规范，基本能够适应不同场合的行为要求。这时，老师可以结合班级的文化（班级目标、班级口号等）对学生提出更高的要求。学生从"想要做更好的自己"的成长需求出发，会按照新的要求主动适应三年级的各种变化。

2. 具有强烈的表现自我的愿望

三年级学生处在自我意识发展的新阶段，他们喜欢表现自我，试图在各个方面都有好表现，获得"这个孩子真聪明"的评价。试图表现得聪明是三年级学生的发展潜势。在他们眼里，只要是有利于表现其聪明才智的事件，他们大多数都会努力去做，并追求做得最好。在学生眼里，学习成绩、课堂发言、班级岗位工作、班级生活策划、校园执勤等都是他们表现的好机会。在争取好表现的过程中，他们会主动从同伴、成人或者其他媒体中学习方法，凡是认为有价值的东西，都会被他们视作值得自我表现的。学生在实现"聪明"的过程中可能会激发认同感

和归属感。他们自觉或不自觉地在创造一个新形象。老师应有意识地引导,让学生通过班级的各类活动提升自我的价值,获得人格的发展。另外,引导他们产生家乡归属感以及民族归属和国家归属的自豪感,有助于建构和强化其自我同一性的族群定位。①

3. 竞争成为一种常态

三年级学生的自我意识开始觉醒。开始阶段,他们总是积极地表现自我,特别希望给老师、同学和他人留下好印象。所以,他们在各方面都试图表现出聪明的样子。这时候的他们具有勇敢好胜的精神,只要加以合理的指导,鼓励他们积极探索,会让他们的"聪明"登上一个新的高度——从行动转向思维。

进入三年级后,学习变得十分重要,单纯识记的内容减少,需要运用抽象思维、逻辑分析的内容比重增加了。除了新增一些新的学习科目,学习的难度也增加了。班级中一些学习较好的学生会主动寻找竞争对手。他们寻找的对手通常是同一级别的同学,会在作业、成绩、班级活动的表现等方面作各种比较。一场考试结束,这些学生会直接找到他们心目中的对手,比较试卷的分数,比较难题的对错。学生之间的这种比较是一种良性竞争,不仅激起了学生争强好胜的动机,也促使他们根据自己的具体学习状态设立努力的目标。

4. 个性趋于独立

三年级学生的个性趋于独立。他们在各方面有了较强的独立要求。在家庭中,他们对于父母的管教由小小的抗议演变成直接的对抗,会对父母的某些建议直接表示反对;在学校中,他们不再拘泥于学校规范,希望借助更多的机会表达自己的要求和选择。从表象看,三年级学生违规的现象增加了。从长远发展看,学生出现一些暂时的混乱和不安恰恰是学生进一步发展的信号,也是学生向外展示自我发展需求的信号。例如,成绩不再是学生在班级干部选举中的唯一标准,他们会按照自己的评价标准评选班干部,最终导致班干部选举中那些原本的"好孩子"可能落选。并不是这些"好孩子"变差了,而是学生们对于"好"有了各自不同的更为宽泛的认识标准。有些学生认为,"好"的标准是成绩好;有些认为,诚实是最重要的判断标准;有些认为,良好的沟通能力是小干部应具备的重要的工作能力……这些不同的认识最终影响了班级小干部的评选结果。这些看似不如低年级整齐划一的评断标准确实会给班级干部选取带来一些麻烦。可细想一下,首

---

① 李晓文. 青少年发展研究与学校文化生态建设[M]. 北京:教育科学出版社,2010:256.

先，这些不一的标准本身就是学生发展的一个必然现象；其次，多元化的评价标准指明了学生今后的发展方向；最后，多元化的评价标准让更多的学生有机会登上班级管理的平台，为今后班干部的轮换创造了条件。

三年级学生想要成为更优秀的自己的愿望十分迫切，这时采用鼓励的办法是很有效的。这和低年级学生喜欢鼓励有所不同。三年级学生不仅喜欢听鼓励的话语，而且能朝着制定的目标努力，采用更为积极的行动来实现成为更好的自己的目标。

（二）三年级学生发展的问题倾向

1. 违反规则成为"长大"的象征

三年级学生容易出现散漫的现象，特别是在三年级初始阶段，这种散漫就是学生追求自我的表现。老师如果没有意识到散漫现象背后学生的成长需求，只是单纯地用行为规范去约束学生，这种散漫现象可能会持续较长的一段时间，给班级管理造成困扰。学生之间对散漫现象存在不同的看法，有些学生觉得散漫的方式表达了反叛、追求自由的愿望，他们会跟着一起参与破坏规则的行动；有些学生会觉得这种行为违反规则，是不应该存在的，会用多种方式去阻止。由于学生还不具备"劝阻"这种能力，往往引发冲突，使原本有些混乱的班级管理"雪上加霜"。

2. 挫折感造成"突围式"的叛逆

随着学科的增加，学科难度的提升，学生在学习上的差距会日益明显。部分学生会感受到强烈的挫败感，其中，部分学生能通过在班级中主动寻找竞争对手最终缩小和同伴之间的差距，还有一部分学生找不到合适的方法解决在学习上遇到的困难。若家长和学生一样，没有意识到可以从多个方面改进，只是单纯从外围找原因的话，这部分学生在学习上就会出现越来越多的问题，最终成为"学习困难户"。有些"学习困难户"会尝试从学习以外的其他方面突破，展示自己的存在价值。比如，挑战老师的权威，破坏班级规则，尝试做点老师和家长都说"不"的小事……这些"突破"会给老师、家长带来很多麻烦，更会给学生本身带来不小的负面影响。处理不好，这些学生就会向期望的反方向越走越远。

3. 不辨善恶地追随"流行"文化

这个年段的学生开始关注流行文化。动漫文化、流行歌手、网络游戏、流行语言都会给学生的生活带来较大的影响。学生会模仿流行文化的部分内容，比如，

将网络游戏中的游戏情节复制到生活中;说流行语言,还在书面作文中使用流行语言;按照同学的形象、个性,给同学冠以动漫中的人物名称。这些现象的背后是学生对于流行文化的认同和追求,以及对个性化追求的自我表达。由于孩子们还缺乏价值判断的能力,只是简单地复制一些流行的文化,比如根据同学的外形或者个性特点给同学起绰号,有些绰号会带有讽刺和批判的意思,从而引发同学之间的矛盾。

学生问题反映了学生的成长需求,是一种求助的信号。但是,如果老师辨识不清,往往会对学生造成打击,使其陷于消沉、沮丧的情绪。这种消极、沮丧的情绪往往又会加深师生、生生间的矛盾,使问题越来越复杂。

三、明晰三年级学生的发展目标

(一)自我意识的发展

三年级学生自我成长的需求非常强烈,他们想要成为更好的自己,希望被更多人在更多方面认可。他们迫切的发展愿望可以引导其在学校生活中变得独立自主,通过转变思维方式,想办法解决生活、学习中遇到的问题。这个阶段可以让学生在班级生活中承担更多的责任。

学生自己还意识不到自己的一些外在的行为变化是为了实现自我的需要。老师要借助学生的外在表现和发展愿望,让学生朝着好的方向发展,成为他们心中所希望的"聪明人"。老师的指导作用在这一阶段尤为重要,正向的、引导性的指导,能够让学生学习解决问题,学习合作交往,学习策划和执行……这一阶段的学生可以通过丰富多彩的活动,去主动学习,完成新一轮自我发展的任务。

学生在完成"我"的认同过程中,也在不断地适应各种规则。他们会在破坏规则和适应规则两个相互对立的过程中去实现"我"的价值。在试错的过程中,大多数三年级学生会认识到"规则"背景下的"我"的价值,从而会更为主动地适应规则。

(二)同伴关系的确立

三年级学生人际交往的层面有了扩展,他们与高年级学生在学校生活的参与中有更多的交集和互动;他们在对低年级的检查、指导过程中,需要与弟弟、妹妹们有更多的交流,需要改变现有的沟通语言以适应弟弟、妹妹们的要求;在班级中,他们独立承担班级任务的机会增加,与同学的沟通更为频繁和深入。

三年级学生产生了属于自己的评价标准。与众不同、引人注目成为他们追求的新的自我发展目标。同伴之间因为共同的追求形成新的班级团体。班级中新型团体的成立对学生的正面意义大于负面意义,不同的团体扩大了学生的交往面,有根据劳动岗位组成的岗位组,有由相同爱好组成的新的组织。各类组织的人员构成不同,学生必须在不同的组织里与更多的学生进行交流。多种形式的交流提高了学生的交往能力,也形成了新型的同伴关系。这种复杂的交往关系,使班级组织中的成员更为紧密地联结在一起。

(三)实践能力的提升

三年级学生开始在班级生活中承担更多的角色,同时也在校园生活中崭露头角。从三年级起,班级的文化活动主要由班干部负责组织,宣传、学习、文娱、体育各方面分工合作,设计开展活动。他们在班级生活中的角色也发生了变化。在低年级,班级活动中老师的指导占有很大的比重。进入三年级后,老师的指导逐渐被学生的主动策划所替代,学生在班级生活中呈现更为主动和积极的状态。无论是主题确立、过程策划、伙伴选择、推进落实,学生都占据主要地位。他们会根据自身的特点选择适合的团队,在推进过程中,想办法克服遇到的困难。同时,经过集体活动的锻炼,三年级学生有了担当难度大些的集体活动的能力。三年级可以采取两种形式参与学生文化活动的管理工作:一种是个体申请的方式,在老师帮助下参与学校大型文化活动的组织工作,比如,学校的读书节、科技节、艺术节、体育节、义卖等;另一种是以班级为单位担当"校园小当家",班级轮流值周,集体管理校园的上学与放学秩序、课间纪律和校园卫生监督等工作。在组织班级活动的过程中形成具有策划组织能力的班委,从而形成新的关系网,让学生有效担当起集体管理的责任。[①]在学生参与班级生活和校园生活的过程中,他们的策划能力、组织能力、协调能力都能得到极大的提升。

(四)与更多人建立平等对话关系

正因为三年级学生参与班级生活和校园生活的机会增多,他们接触的人群更为宽泛。在担任"校园小当家"的过程中,他们需要走进每个年级,检查学生基本的行为规范的遵守情况;需要在同一评价标准下与不同的人进行沟通。比如,与低年级学生沟通时,语言要清晰、简洁,还要有耐心;在与同年级学生沟通时,

---

① 李家成. 班级日常生活重建中的学生发展 [M]. 福州:福建教育出版社,2015.

面对自己班级和其他班级的同学，要站在公正的立场秉公办事；在与高年级学生沟通时，需要强调遵守学校规则的重要性，不畏"强权"。在这个阶段，学生应学习"公平"的内涵，理解"规则"在集体中的意义。

　　三年级开始，学生自主策划班级生活的机会增多，在活动中遇到的困难也会增多，他们需要向更多的人寻求帮助，包括班主任、学科老师、同伴、学长、家长……在与不同人群的交往中，需要注意时间、地点及交流的方式；需要学习用简明扼要的语言表达自己的意思，用良好的沟通方式达到目的。

第二章 岗位工作与组织建设

经过低年级的班级岗位锻炼，三年级学生对于班级岗位的职责已经熟悉。学生进入三年级后，在班委带领下建立起各个职能部门，逐渐形成了班级的核心组织，也就是班级的"大脑"；班级中最基层的组织架构——小队成为班级活动的生力军，形成了班级的"身体"和"四肢"。在"身体"和"四肢"中，又分布着来自于"大脑"的"细胞"——班级部门的成员。他们相互合作，使班级的日常生活正常运作起来，使班级呈现新的生机。当低年级的岗位运作方式不能满足学生的成长需求，不能满足学生展现更好的自己的愿望时，班级岗位该如何运作？有了新型的班级组织架构后，班级生活该如何开展？这些都是挑战老师的新难题。因此，老师在组建班委、开展班级活动、承担校级岗位时，都需要进行细致的策划和阶段性的推进，让岗位工作与组织建设成为学生新一轮发展的平台。

一、如何实现岗位与班委的转变

进入三年级后，班级的组织结构发生了变化，由二年级以小队为主的活动方式转变为在班委组织下开展班级活动。如何实现班级岗位与班委组织的转变？淮阴师范学院第一附属小学（以下简称"淮师一附小"）的束彦老师在学生进入三年级后，作了班级岗位轮换的尝试，为班委的组建奠定了良好的基础。

案例

我要做一片美的叶子——岗位轮换
淮阴师范学院第一附属小学　束　彦

学生在进入三年级后，在学校常规工作中，学生状况不断。如大队部简报中表扬的频率降低，批评常有出现。为此，班级因需设立了"游戏推广员""课堂情报员""手拉手互助队""作业信息员""板报组"等岗位。在新岗位工作的

推动下，班级情况有所好转。也因为岗位评价的有效实施，大部分学生对班级岗位兴趣渐浓，工作完成得有声有色。但班级的差异资源、岗位组内缺乏团结协作精神的状况不容忽视。班级有27人被评为"岗位能手"（每周得星总数超过25颗），可班中却有4人"岗位卡"上的星星寥寥无几，始终与"岗位能手"无缘。半年多来，进行了几次系列活动的推进，学生参与班队活动的积极性有所提高，他们的策划、组织能力有所增强。

学校层面的几次岗位竞聘活动，我虽然多次鼓动，但依然没有学生报名，甚至有的学生已准备了竞聘演讲稿但却没有勇气参加，可见学生需要这样的锻炼、展示的平台。班级大多数的岗位已由一人持续做了两年，因为缺乏竞争而缺少活力和新鲜感。综合以上情况，为了学生的成长和发展，岗位轮换势在必行。为了提高学生参与活动的积极性，提高班级凝聚力，我设计开展了班级系列活动即能干系列活动。

系列一：我与细心为友；

系列二：我要做一片美的叶子；

系列三：我是学习小能手；

系列四：我是快乐小当家。

主题班队活动"我要做一片美的叶子——岗位轮换"是在前期系列活动一"我与细心为友"的基础上为提高班级凝聚力而组织开展的。本次主题班队活动旨在让学生在丰富多彩的活动中，树立自主管理班级岗位的自豪感与责任意识，锻炼学生的岗位协调能力与岗位操作能力，增强班级凝聚力。

具体的推进过程如下：

活动环节	教师活动	学生活动	设计意图
开放导入	1.播放幻灯片 2.与学生共唱班歌《让爱住我家》	1.与老师共唱班歌《让爱住我家》 2.班长引出本次班队活动主题，介绍主持人	提高学生的积极性，激发学生的爱班热情
岗位大展演	1.播放幻灯片 2.为学生做后勤服务工作	1.集体演唱劳动岗位歌《我是班级美容师》 2.各岗位组采用自己喜欢的方式进行"我的岗位我做主"展演活动 3.行风监督员宣读受表彰名单	通过展演活动，为学生提供展示平台，同时让学生交流自己的岗位职责，树立强烈的岗位责任感、自豪感，激发他们以苦为乐的精神

（续表）

活动环节	教师活动	学生活动	设计意图
岗位轮换	适时介入	1. 岗位组内进行轮换： （1）竞聘演讲 （2）组内协调 （3）明确岗位 （4）新老交接 2. 岗位组长工作交流	给予学生"民主""平等"的发展机会，锻炼学生组内协调、合作和组织等基础性能力
开放式延伸	总结	1. 配乐诗朗诵《做一片美的叶子》	充分的肯定给予学生不竭的动力，殷殷的期望鼓励更多学生积极、努力做好岗位和班级建设工作，促进学生主动发展

解读

三年级是小学阶段的转折点，学生从儿童期转入少年期，注意力、观察力、记忆力全面发展，思考问题从单一、幼稚走向复杂、多元。他们较之以往，自主活动能力增强，活动范围扩大，实现自我的愿望增强，厌倦循规蹈矩，喜欢标新立异，但缺乏合作精神。

从上述案例可以看出：在之前的两年岗位建设中，可将学生大致分为三种非正式群体：积极型、中间型、消极型。积极型学生群体主动参与班级生活，岗位工作尽善尽美；中间型学生群体对班级工作持无所谓的态度，对感兴趣的活动主动投入，不感兴趣的便听之任之；消极型学生群体与班级工作处于对立状态，他们虽有岗，但岗位形同虚设，即使在监督下完成也是敷衍了事。

为什么岗位建设已经开展这么长时间，班级中还会出现这样的问题？老师分析原因，发现是由于部分岗位的职责不够具体、细化，评价体制也不够完善，班级的常规积分与岗位建设又没有很好地衔接，所以导致班级的部分岗位被虚化。三年级学生自我意识显著增强，希望自主独立，不愿意被老师当作儿童对待，希望能参与班级管理。他们有自主管理的愿望，但缺乏内在的源动力，难以长久坚持。其中，部分孩子自主意识强，很想参与班级的管理，能顺利地完成各项岗位的工作，同时，岗位工作也锻炼了他们的才干，让他们品尝到岗位工作带来的乐趣。应充分利用好这部分班级岗位工作中的"小能手"，让每一个孩子都乐于为班级服务，并以为班级服务为荣。

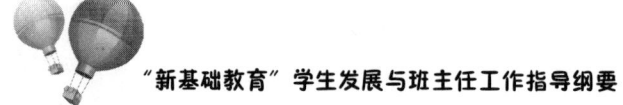

通过上述案例，我们提出以下建议：

1. 动态设置小岗位，使每个学生都是班级管理者

通过设立更加合理的岗位，细化岗位职责，竞聘上岗，完善评价机制，从而让更多的学生得到锻炼，发挥每个学生的主动性。老师通过展演活动，为学生提供展示平台，让其交流自己的岗位职责，树立强烈的岗位责任感、自豪感。在明确各种小岗位任务的情况下，让学生知道自己的小岗位职责和具体任务，自己应该做什么、怎样做才是正确的……老师应鼓励学生积极参与岗位和班级建设，人人参与班级管理活动，提高学生的自尊心、自信心，培养学生的主人翁精神。

班级日常管理与教育，可培养学生良好的习惯与性格，对人格的形成具有特别重要的作用。正因为是日常，所以会影响到"常日"，甚至会对学生终身的生活方式和质量有所影响。平时的班级生活质量是一种对学生个性发展产生影响的经常性的因素，丢掉这一因素，等于丢掉了班级教育价值的重要一部分。

班级实行小岗位制度，能使所有学生的责任意识、做事能力都明显增强，班级面貌会有很大改观。当所有学生都积极参加班级活动，学生和班级的精神面貌会呈现出朝气蓬勃的景象。

2. 岗位分组，组内轮换，锻炼干部的管理能力

学生通过自主选择岗位明白了岗位责任，在履行岗位职责的过程中丰富了情感体验；通过优化岗位评价的方式，学会了更全面、客观地评价自己和同学的小岗位工作，获得更丰富的岗位实践体验，进一步坚定了做好岗位工作的意志，促进了学生的主动发展。

岗位组内进行轮换，发挥了队员的创造性、独立性。同时，通过竞聘演讲、组内协调、明确岗位、新老交接、岗位组长工作交流等形式，形成了"民主""平等"的发展机会，锻炼了学生的组内协调、合作和组织等基础性能力。这样既可以提升各小队干部的活动策划能力，又能促进团结向上、积极进取的班集体的形成。学生在不同的岗位体验中也能体会到自己的成长，在他们的岗位日记中，有同学体会到岗位能使一个人变得勇敢。

我们班的每个同学都有岗位，我的岗位是课程提醒员。现在我才知道做好这个岗位是需要勇气的。一开始，我不敢去叫老师来上课，走到办公室门口都不敢进去。可是，我看到其他同学都没有一点犹豫就进去了，于是，我问同学："你为什么不怕，直接进去呢？"那个同学的话让我很受启发："这有什么啊！这是

你的工作啊！只要你有勇气，直接进去就行了。"我小心翼翼地进去，到老师面前说："老师，上课了。"老师回了句："好的。"我心里很高兴！现在我才知道，不管在什么岗位，只要有勇气，就能做好。

有的学生通过岗位锻炼，知道身体力行、以身作则是做好岗位工作的"法宝"：

我的岗位是体育委员。既然是体育委员，就要做大家的榜样，体育成绩要非常好，这方面是我的特长。我竞选体育委员的时候，暑假刚结束，连体操都不熟悉了，几乎忘得一干二净。在老师和同学的帮助下，我的进步非常大。我现在已经成为一个出色的体育委员了，不光我的体育成绩全班第一，并且能够带领全班同学在体育方面取得更好的成绩，为班级争光。这个岗位，我能胜任并且热爱。

还有的学生在岗位工作中明白了与人交往要建立在平等、尊重的基础上：

有一次，常同学在路队里讲话，我提醒了他好多遍，他还是照讲不误，而且还越讲越"凶"。我赶紧跑过去对他说："别讲话了，快到查分点了。"他毫不在乎地说："切，关你什么事啊！"说着，便继续讲了起来。我一气之下，拿起路队牌往他头上不轻不重地敲了一下，没想到他居然一边哭一边抱着脑袋跑了。妈妈知道后非常生气："你看你，怎么把人家打哭了？管好路队是应该的，但是不能动手打人啊！明天赶紧去向人家道歉。"第二天，我看到常同学，急忙跑过去："常同学，对不起，昨天是我不对，我不该用路队牌敲你。请你原谅我吧！"常同学没搭理我，去跟小伙伴玩了。每当想起这件事，我就真的很后悔，我在心里告诫自己一定要改掉这坏脾气。

从上述几个学生的案例可以发现，只要用心投入岗位工作中，每个学生都会有不同的感受和收获，关键是要"主动参与"。

建议

"学生在班级建设中有着不可缺失的地位，他们是班级建设的主体之一，并且只能在自主参与班级建设的实践中获得发展。"[①] 而在现实的日常工作中，有些班主任往往把权利给予班级中少数能力较强的班干部，大多数学生处于"被管理"的被动地位。这样，普通学生大多游离于班级管理和活动策划之外，缺乏主人翁意识和集体荣誉感。"新基础教育"理论强调"把班级还给学生"。怎样还？

---

① 李家成.班主任工作需要有学生立场[J].河南教育·基教版，2007（10）.

有一位班主任对学生说了这样一段话:"班级管理之事,你们能做的事,别叫组长做;班委能做的事,别叫班长做;班长能做的事,别让班主任做……班级这个'家'你们自己当。"事实上,三年级学生已经具有一些经验与知识,一旦他们能真正参与班级管理,班级管理效果将成倍提高,班级发展将获得强大的动力。关键是掌握他们在岗位上工作时的心态,发挥每个学生的主动性,让每个学生在自主活动中培养自我教育能力。人人参与班级管理活动,对于培养学生的主人翁精神和提高学生的自尊心、自信心,发挥学生的创造性、独立性以及建立民主的师生关系,都有十分重要的意义。

1. 明确岗位职责,人人都是班级小主人

班级岗位建设倡导"人人有事干,事事有人干"的理念。老师们动脑筋在班级中设立了许多岗位,如服务类的有小组保洁员、杂志分发员、清洁区清洁员、黑板美容师、窗台美容师、墙面维护员等;学习类的有各学科的课代表、组长;宣传类的有黑板报策划设计员、展板策划设计员、班级文化版块策划设计员等。让学生根据自己的实际情况应聘岗位,给学生主动权,让他们去选择合适的岗位,在班级管理中找回自信,发挥主人翁精神。

需要注意的是,班级岗位多样,必须要让学生明确岗位责任。例如,束彦老师在班级中和学生共同研讨,制定了岗位表(部分):

我的岗位我做主(三(4)班)

三(4)(上)	三(4)(下)	岗位	职责	轮换周期
徐同学	刘同学1 蒋同学1	开门大使	1. 早晨7:25以及中午1:20到校门口	学期/次
李同学	许同学	多媒体记录员	1. 每天记录好多媒体使用情况 2. 课后及时关闭 3. 管理好连接线 4. 多媒体有问题时及时报修	学年/次
濮同学	顾同学	张贴员	1. 收集资料,及时张贴上墙 2. 张贴上墙的资料有脱胶、破损时及时修补	学期/次

（续表）

三（4）（上）	三（4）（下）	岗位	职责	轮换周期
朱同学 周同学 刘同学2 董同学 杨同学	吴同学1 彭同学 蒋同学2 张同学 濮同学	路队长	1. 整队时，清点人数 2. 行进时，督促队员做到"三个一"，将路队带到指定地点等候家长 3. 及时记录路队情况，遇突发事件及时与班长交流	轮流
轮流	轮流	早晨领读员	1. 早晨7:20到校，在座位上领读小黑板或书本内容 2. 周五领读《必备古诗80首》和课外阅读书籍（周四晚通知同学带书）	天/次
	周同学	行为督导员（新增）	1. 纠正个别同学的不良行为 2. 作好观察期的督促与记录	学期/次
	丁同学 魏同学 罗同学 杨同学 吴同学2 赵同学	劳动组长（新增）	1. 熟悉组员的劳动任务 2. 提前一天的晚上，提醒组员带打扫工具，并组织认真打扫 3. 督促保洁员工作，将当天工作完成情况及时汇报给卫生班长	学期/次
	蒋同学1 许同学 刘同学2 郭同学	小组书记员（新增）	1. 检查批阅弹性作业，并作好记录 2. 自己的弹性作业上交助教批阅	每月/次

从束彦老师的这份班级岗位的设置表可以清晰地看出每个学生在班级中承担的岗位，具体的岗位职责，岗位工作的期限；还可以看出每个学生在不同学期承担的不同岗位。特别是在第二学期，束彦老师根据学生的成长需求，撤除了部分岗位，新增了一些岗位，并设置岗位组进行分级管理，这为今后班委的组建奠定了良好的基础。

老师在设置岗位之初，除了按需设岗、拟定岗位名称之外，最主要的是和学生一起制定岗位职责，让每个参与岗位服务的学生都知道"什么时候做什么"。

每个学生都可以根据自己的个性特长、时间安排,作出相应的比较合理的岗位选择。这样的岗位是建立在学生知晓和主动的基础上,岗位工作的效果相对比较显著。同时,岗位职责也成为今后岗位评价的一个重要参照。

2. 岗位评价、部门组合,培养学生的责任心

在岗位执行过程中可以开展"岗位之星"评比活动,由于岗位都是学生自愿报名应聘,有的还是学生通过竞争得到,他们会格外尽责。开始时,由班主任每天提醒大家做好自己的岗位工作,同时提醒岗位组长、小队长、中队长做好自己岗位工作的同时检查其他学生的岗位工作;后来渐渐改为只提醒岗位组长、中队长、小队长。通过岗位评价可以为岗位工作做得好的学生加盖小印章,也可以在一周岗位结束后利用早会(午会)的时间进行总结和评价;也可以由小队长带领组员根据活动主题进行职责分工,明确自己的角色,分工合作,活动后进行部门总结,寻找岗位工作突出的同学,进行激励方案的策划。

"岗位之星"的评出,会激发学生做好岗位工作的自信心。在评"岗位之星"的过程中,要呈现不同的评价角度:可能是需要坚持做好一件简单的事情;可能是需要动脑筋做好岗位工作;可能是需要想办法克服困难完成岗位工作……总之,老师在学生岗位工作的实践过程中要做"有心人",收集学生岗位工作中的"星星之火",让所有学生都能在岗位工作中找到自我价值。通过岗位建设,所有学生的自我教育意识和能力明显增强,学生的自我管理能力也得到明显开发。

3. 岗位轮换,提升学生的自信心

班级岗位实行了一段时间后,可以进行轮换,让原先做得好的学生担任新岗位成员的"师傅"。如原来的午餐监督员,现在的岗位是小组保洁员,那么他做好自己小组保洁员的工作后,还要担任现在的午餐监督员的师傅,指导他怎样整队、怎样管理,直到他能完全胜任自己的岗位。其他管理岗位也是这样。岗位轮换能帮助、促进每个学生在日常中队生活中更好地认识自己和实现主动发展。学生在实现岗位轮换的过程中,具有"学徒"和"师傅"两种不同的身份,作为"学徒"的他要尽快掌握新岗位工作的要求,胜任新岗位;作为"师傅"的他则要把前一个岗位工作中积累的经验毫无保留地传授给"徒弟"。"学"要用心,"教"要得法。"教"和"学"的过程对每一个学生来说是考验,也是机会。在一个新岗位、一个新角色的挑战中,学生会逐渐意识到能力是可以通过实践锻炼的,意识到"我能行"!

第二章　岗位工作与组织建设

4.组内评价，提高学生的管理能力

"岗位"设置的目的是让小学生独立承担并负责完成任务。它丰富了管理角色，使管理角色多样化，让更多的学生在集体中承担责任，服务群体，发展自身。进入三年级后，我们可以根据原先的岗位功能，结合班委的组建，组合成班级的各部门，如生活部、文化部、卫生部、纪检部、宣传部、礼仪部等。每个部门按照自己的名称，确定部门的口号和特色，选举部长。班级中每一个岗位的职能干部称为管家，管家是一个服务集体、服务他人的岗位，这一组织结构的变化可以为班委参与班级活动打下良好的基础。

由开始的每天组织大家自评、互评，到每周组织小组自评和互评，再到后期的每周由中队长和中队委组织各岗位组长进行评价，这一过程使人人在自评、互评中学会认识自己，找到学习榜样，加强自我发展的能力。通过多元评价，学生学会了更全面、客观地评价自己和伙伴的岗位工作，获得更丰富的岗位实践体验，进一步坚定了做好岗位工作的意志，初步形成负责任的品格。其实，这也是让中队的管理、制度本身成为一种教育的手段和力量，更好地开发全体学生的潜能。

岗位评价表

第　　周

姓名	岗位	职责	自评	队员评	班主任助理评	备注说明

附《岗位评价标准》：A.主动、认真、及时、高效完成岗位工作

B.主动、及时完成岗位工作，效果有待进一步提高

C.经他人提醒督促，能够完成岗位工作

值得注意的是，在活动过程中，老师适时地介入是很关键的。置之不问显然不对，学生得不到任何提升；全盘包揽更是错误，学生只是机械地仿照，何谈创意和诚心？这个度该如何把握？李家成教授提出：老师介入分三类：总结性介入，指导性介入，资源生成式介入。[①]这就提出了老师介入的要点。老师在岗位设置、班委组建的过程中要做到"战略上重视，战术上藐视"，要关注在岗位和班委组建中的学生能力发展和个性成长需求，但对介入的时间点要慎重选择，把握好介入的度，这样才能起到"四两拨千斤"的效果。

---

① 李家成.班主任工作需要有学生立场[J].河南教育·基教版，2007（10）.

"新基础教育"学生发展与班主任工作指导纲要

"给学生一方水,我们会看见浩淼的海洋;给学生一片云,我们会欣赏到绚丽的彩虹;给学生一点掌声,我们会看见耀眼的明星;给学生一点权利,我们会认识班级的真正主人。"班级岗位和班委是班级的两种组织形态。这两种组织形态相互融合,是"你中有我,我中有你"的密不可分的关系。在班级岗位向班委组建过渡的过程中,原先岗位那种松散的、点状的纵向分布的班级布局,由于班委的组建形成了纵横交错的网状结构,使班级的个体之间形成更为紧密的联系,使学生之间的交往由两人互动向更多元的人际交往互动发展,班级形成良好的发展态势。老师要合理依靠这两种组织形态,通过日常生活和管理把班级真正还给学生。

二、如何组织班委开展班级活动

班委成立后,有些老师会有这样的困惑:班委与日常的班级管理有什么关系?班委和原先的岗位组有什么差别?这就需要我们对班委的职责重新进行定义。在多年的实践中,我们发现班委与岗位组的差别在于班委的主要职责是策划和组织全班活动。班委的能力在一次次的全班活动的策划与组织实施中得到锻炼。常州市花园小学的薛燕萍老师在班委组建后指导班委开展了一系列班级主题活动,通过活动的策划与实施,同时通过同学对班委的评价、各个班委组之间的相互评价,引导班委组织全班活动。

案例

小精灵大眼睛——争当小葵花精灵

常州市花园小学 薛燕萍

三年级,学生进入小学中年级阶段的学习与生活,从心理发展过程来看,从三年级开始,学生从儿童期逐渐转入少年期。这一阶段的一个重要表现是学生的学习任务与活动范围无论是广度还是深度都比低年级有了显著的变化,学习活动的游戏性减弱,学习过程的组织性、认知过程的规范性和严谨性增强。学生的生活范围进一步扩大,能独立完成一些简单的任务(如单独出黑板报等)。身体的发育、学习与生活的变化使三年级学生的心理有了迅速的发展,他们有了一些合理的独立思考,有了自己的主见,能够参与大人的谈话,而不再像以前那样只是随意插话。同时,他们开始尝试去做一些事情,不再像以前那样对"权威"言听

第二章 岗位工作与组织建设

计从。

首先,班级学生个性差别大。有的孩子在接受别人的评价时能发现自身的价值,产生兴奋感、自豪感,对自己充满信心;有的孩子表现出强烈的自我肯定、自我主张,对自己评价偏高,甚至有时"目空一切"。相反,个别学习能力弱的孩子由于成绩不良或某个方面的缺失,受到同学的歧视,往往对自己评价过低、失去信心,任由别人布置任务,没有主见。

其次,班级学生情绪不稳定。在活动中,发现学生由于生活经验不足,在陌生、严肃、遭受指责等情况下,容易产生紧张的情绪,自我调节能力比较差,难以释放心理的压力,导致其心情变差。他们喜欢与伙伴共同游戏、学习,但情绪很不稳定,容易激动、冲动,同组成员常为一点小事争得面红耳赤,同时情绪表露在外,心情的好坏从脸上一看便知。

最后,班级学生能力差别大。有一部分孩子的能力已经逐渐培养起来了,能独立组织小队开展活动。但是,仍然有相当一部分孩子的能力不强,在活动中没有自己的想法,一直处于"等、靠、要"的状态。

希望通过系列活动培养学生的岗位责任意识,提高学生发现问题、解决问题和反思的能力。在活动中还要进一步加强对班干部的培养,提高班干部之间的合作意识。在活动中提高班干部组织活动的有效性,激发班级所有学生的主人翁精神。

在前期与班干部商议、全班共同策划下,班级计划开展"争当小葵花精灵"系列活动。

系列一:小精灵大挑战——回顾二年级的成长,展望三年级的发展

系列二:小精灵牵手大助理——邀请校长小助理讲解文明班的评选要求

系列三:小精灵牵手大朋友——邀请高年级学生开展"葵花讲坛"

系列四:小精灵大发现——分享自己在系列活动中的收获与成长

系列五:小精灵大成长——谈谈自己对今后班级活动的设想

具体的推进过程如下:

活动环节	教师活动	学生活动	设计意图
导入	播放班级相册,导入活动主题	1. 唱响班歌 2. 回顾前期"葵花讲坛"活动,主持人引出今天话题	通过对前期活动的回顾,让学生感受活动的快乐

(续表)

活动环节	教师活动	学生活动	设计意图
核心过程推进	1. 组织学生分组汇报，并提出听的要求 2. 相机介入	1. 分项目组汇报： （1）劳动部：通过图片展示活动中的成功之处，提出困惑：部门成员之间完成任务情况有差别，不知道怎么协调 （2）学习部：分享"葵花讲坛"主题的确立过程，听取同学们的有效建议 （3）班委会：交流班委的其他工作，请同学提出意见 2. 听取汇报，并提出有效的建议和想法	在分享自己经验的同时，学会取长补短，学习、改进自己的做法，培养学生的主人翁精神，提高学生反思和解决问题的能力
活动总结	总结本次活动，夸一夸学生的成长	说说自己的收获	让学生自己总结，梳理自己的成长与收获
拓展提升	鼓励学生将在活动中学到的经验和方法继续用到今后的学习和工作中去	1. 明确自己的成长以及班级活动中也有家长的功劳 2. 做好下次"葵花讲坛"活动的准备工作	聚焦学生的组织和策划能力，为后续家长进课堂活动作好铺垫

解读

学生迈进三年级，通过二年级小班主任实践和岗位轮换活动，小干部的工作能力有了很大提高。三年级学生班集体意识逐渐强化，但是发展不平衡，客观上仍存在着差异。主要存在以下几方面的问题：（1）小干部独立工作意识不强，他们大多数是班主任的小帮手，是任务的执行者，缺乏工作主动性。（2）有些学生对班级产生的问题熟视无睹，关心班级的意识薄弱，还有一部分学生认为管理班级是班主任和班干部的事情，采取事不关己的态度。（3）班级中不少学生工作热情高，但多是三分钟热度，往往遇到一点困难就放弃，偃旗息鼓；还有部分学生胆子很小，怕得罪小伙伴，不敢大胆开展工作。

根据三年级学生成长的特点和班级学生的情况，老师在班级重点进行了班级内部活动的策划。

第二章 岗位工作与组织建设

1. 二年级活动的延续

在二年级班级活动的基础上，继续关注孩子在家庭中的成长，让他们更多地参与家庭活动。部分能力强的孩子不仅能做到自己的事情自己做，还能帮着父母改进家庭生活质量。

2. 班级岗位能力的锻炼

班级设有两套岗位，除了班委，还有各种特色小岗位，旨在让学生明白这些都是服务岗位，都能锻炼并提高自己的工作能力。

3. 校级岗位的参与

引导孩子关注班级岗位的同时还要关注校级岗位的工作，如校长小助理、校园小当家等，这些都能促进学生自身和班级的良好发展。

4. 学习互助小组的建立

由学生组织，联合部分家庭形成家庭学习组，将有共同学习目标或相同岗位的同学组合在一起，形成良好的学习氛围，共同完成作业或岗位任务，促进组内同学共同进步。

5. 孩子与同学家长和社区工作人员间合作能力的提升

在学生能与自己家长顺利合作的基础上，培养他们与其他家长和社区工作员合作的能力，尤其是活动的策划、组织能力。让家长和社区工作人员更多地参与到班级工作中来，借助家长和社区工作人员的资源促进学生更好地成长。

建议

在班级建设过程中，老师可以直接帮助班干部熟悉、设计和实施相应的工作，也可以建立班级和学校层面的培养机制，如通过学校对班干部的专项培训，高年级学生对低年级学生的帮助，各类小结活动的开展，培养学生反思与重建的能力。班主任还可以通过活动及评价来培养班干部。例如，通过建立竞争机制和班级内部评价机制形成班干部成长的氛围，通过活动促进班干部对工作的总结与反思等。

1. 班主任要做好班级活动的幕后组织者和指挥员

为了培养学生的创造精神、独立工作能力、交往能力、表达能力、信息综合能力及合作共事能力，班主任最好退居二线，而让班委成为一线指挥者。班主任的主导作用可以体现在适时适度的辅导上。班队活动的设计要本着引导学生动脑筋、想办法、找思路的原则，让学生自己确定活动的主题，自己决定活动的组织方式，让班干部具体指挥并开展活动，自己总结活动经验，把活动搞得丰富多彩。

在活动中，老师要强化学生在过程中的参与，强化资源的生成、过程的互动、主题的深化、价值的提升。这不仅要求围绕主题合理、清晰地确定活动目标，而且要在环节设计、过程生成等方面作出具体的指导，以切实实现主题活动的目的。

班队活动方案一般由活动重点、时间、内容、步骤、措施五个部分构成。

（1）活动重点要突出。只有确定了活动的重点，才能在实践活动中抓住主要矛盾。要考虑两方面的重点：第一是活动本身的重点，即要做成一件什么事；第二是考虑通过活动促进学生哪方面的发展。

（2）活动时间要把握。要根据活动的类型、活动的内容规划好活动时间。在现实中，很多班主任会为学科学习和班级活动之间的均衡伤脑筋，觉得班级活动的开展消耗了学生学习的时间，会影响学生的学科成绩。其实，班级活动可以结合学科类活动开展，可以在学校活动的基础上进行个性化的落实和实施。只要班主任想清楚要做什么，活动就会有拓展的时间和空间。

（3）活动内容要选择。选择活动内容要有利于对学生进行德行教育；活动形式要生动有趣；要具有可操作性；要适应社会发展的要求；要适应学生的年龄特征；要适合当地的环境条件和师资水平；符合认识规律，遵循循序渐进原则。三年级学生处于思维发展的新阶段，各种"出格"的想法层出不穷。如果只是简单的赞同或反对学生的想法，会打消学生的参与积极性，所以要鼓励学生选择自己喜欢的内容去实践，引导学生在每一个活动阶段进行总结、反思和调整。

（4）活动步骤要清晰。整个活动过程包括哪几个环节，每个环节中有哪些操作要点都要交代清楚。三年级学生虽然已有两年的活动经历，但更多是在班主任扶持下开展的。进入三年级后，活动的独立性增强了。但由于经验的缺乏，学生会出现顾此失彼的现象。比如，策划一次迎新活动，学生们最先想到的一般是节目编排、活动时间等，对于活动邀请谁参加、节目之间的串联、场地的布置等会考虑不周，如果事先不进行指导，会出现很多问题。所以在活动策划之初，就应该引导学生对整个活动进行一个初步的策划，明白先做什么、后做什么，培养学生的整体性思维方式。

（5）活动措施要得力。在一次成功的活动过程中，总会遇到这样那样的问题。要成功实施活动，首先，需要在活动前制定规则。例如，"课间好时光"主题活动内容对三年级学生来说并不陌生，充满趣味和挑战。但也会有部分学生觉得课间活动的策划是多余的，而且浪费了学习和写作业的时间，会消极对待。

所以，在活动前应制定规则，把每一个学生放入"组"中，发挥团队优势，使每一个学生都必须参与活动，保证活动的参与率。其次，对于三年级学生而言，在遇到困难的时候能找到可以"依靠"的人显得尤为重要。老师要预设学生在活动中可能遇到的困难，指导学生主动求助，解决难题。

2. 主题活动要体现五美

（1）立意美。一次主题班队活动的成功，前提是主题立意新颖、鲜明、生动，具有时代精神，让学生一看主题就会明了活动内容，而且要富有美感，只有这样，才能使主题班队活动具有较强的感召力、凝聚力。

（2）内容美。主题班队活动要真正实现对学生的教育，选择材料务必真实、典型、生动形象，不能干瘪无趣，要符合学生的年龄特征和心理水平，要具有说服力和感染力。

（3）形式美。主题班队活动的内容要通过具体的形式表现出来，所以，正确地选择和精心地设计主题班队活动的形式是非常重要的。

（4）趣味美。趣味是学生接受教育的动力，所以主题班队活动一定要生动活泼，富有浓厚的趣味美，把有意义的事情做得有意思。

（5）教育美。要真正发挥主题班队活动的教育作用，切忌把主题班队活动开成"检讨会""批评会"。要巧妙地设计主题班队活动的内容，使学生在活动中受到情感、意志、道德等方面的教育，促进德、智、体、美、劳全面发展。

3. 建立竞争机制，让每个学生得到发展

班级像一个小社会，社会上有什么，一个班级便可能有什么。学生走出家庭，通过在这个小社会中实习，才具有了一定的适应大社会的能力。班级活动最大的特点就是具有实践性，可以为学生提供"做事"机会以提高"做事"能力，学习"做人"之道，获得价值启蒙的场所和机会，可以推动个体社会化的日趋成熟，为学生以后适应真正的社会打下坚实的基础。

（1）晨（午）会小主持，实践中锻炼能力

晨（午）会是班级活动的主要阵地之一，也是学生们施展才华的舞台，老师应尽可能地给他们创造实践的机会。可以让值周小老师根据一周的行为训练重点安排一周的晨（午）会内容。晨（午）会的主持人可以按座位号轮流担当，一周一轮；也可以引入竞争机制，在班级里竞聘上岗。每周五，由值周小老师总结一周的情况，提出下一周的努力目标，同时推选（聘请）下周的值周小老师。在此过程中，引入多元评价机制。学生自评，同伴互评，老师评，这样周而复始，进

行常规化的系列活动,既有针对性,又有启迪教育意义;知识性、趣味性、灵活性、创新性融为一体,既成了学生自主教育、自我管理、展示个性、尝试成功的乐园,又培养了学生的自治能力,对班集体建设可以起到积极的推进作用。

(2)班级"小管家",合作中促成长

我们可以把班委称为"小管家",一方面,他们承担着"管理"班级的责任;另一方面,他们是班级的服务者,他们需要合作,为创建一个更好的班集体而努力。小管家是一个服务集体、服务他人的岗位,许多学生渴望通过"小管家"的实践,获得表现自己的机会。担任小管家对每一个学生来说都是一个锻炼能力、培养积极进取精神的机会。

根据学生自主发展规律,可以把管家设为递进式三个级别:小管家→精管家→灵管家即"小精灵"管家。

"小精灵"管家具体达标要求如下:

小管家:① 认真完成自己的工作,并能想方设法管理好班级,效果良好。② 及时发现班级中存在的问题,并能制定出合理有效的解决方法。

精管家:① 积极投入小组活动的策划。② 对于自己的任务能开动脑筋,圆满完成。

灵管家:① 策划有效的班级主题活动。② 主动积极完成自己担当的任务,并能和其他干部协调。

这三个级别的"管家"就是班委参与班级生活的三个阶段。在第一阶段管理班级日常事务的基础上,尽快让学生晋升到"精管家"——让学生策划和开展有效的小队活动。例如,让"精管家"策划"我和春天有个约会"等活动。在开展这些活动时,让学生自己找材料,分配任务至各小队,并跟踪指导。在此期间,老师要成为活动的合作者、参与者,在学生遇到问题时,成为学生的引领者。通过活动的设计、组织、参与,让管家们找到自我,发展自我,相互学习,相互借鉴,取长补短,从而体验成功,体验快乐。这样能培养学生积极的自我情绪体验和自我控制能力,全面提高学生的能力。

在第二阶段的基础上,班级开展"人人争做'灵'管家"活动,关键是策划班级主题活动。此时,班级要设立部门,引导学生学习合作完成任务。一般在班级中设立五个职能部,即策划部、宣传部、文娱部、信息部、后勤部。全班同学根据自己的爱好特点加入各职能部。各部门各司其职,分工合作,共同策划组织班级活动。可以结合重大节日定期召开主题班队活动和迎新会,开展爱心义卖活动、春节敬老活动等,在活动中培养学生的自信心、自豪感、自我认识能力。针对班级情况和同学兴趣开展有效的教育活动，可以使学生锻炼意志，培养良好品质，陶冶情操，增长知识。一系列的"管家"活动，使学生人人都能体验"管家"一职，同时也在不同的"管家"带领下开展了各类班级活动。在每一次节点总结的过程中，学生们对于如何"管"，如何"管好"会有新的认识。

4. 重视活动小结与反思

班队活动设计好之后，每一个具体环节的实践都应考虑到各种特殊情况的发生，以及学生的变化。活动的准备工作做得越充分，考虑得越细致周到，活动的开展越顺利。每次活动结束后，师生都应该进行总结，反思自己在活动中的得失，给活动画上一个圆满的句号，争取下一次活动能取得成功。活动的总结需要师生共同努力，取其精华，去其糟粕，积累成功的经验，同时让学生意识到通过参加活动，自己的某些能力得到了提高。

主题班队会活动的评价标准可以有下面几项内容：

（1）德育目标

① 活动内容贴近时代，巧妙设置教育目标，注重目标的多元化和综合性的呈现。

② 活动设计符合学生生活实际、年级特点，具有针对性和普遍性。

③ 活动所要表达的内容准确，切合主题。

④ 把握活动的每一个渐进程序，突出重点。

（2）教育实施方式

① 形式多样，体现年级特点。

② 结构合理，推进自然。

③ 学生主体作用发挥充分，团结合作，主动探究，积极参与，参与面广。

（3）师生参与及效果

① 学生积极投入，有较好的情绪反应和情绪体验，充分表现才干，提高认识能力。

② 师生互动，情感交流充分。

（4）老师现场指导

① 充分发挥老师的主导作用，指导及时、巧妙，组织能力、应变能力强。

② 教态自如，语言表达清楚、准确，有感染力和感召力。

（5）活动方案、质量

活动目标明确，内容充实，活动过程合理，活动设计有创新。

班级建立有效的班委后，应让班委自主组织班级活动。这是对他们的一种锻炼，是锻炼学生的综合能力的好机会。因为真正的教育是自我教育，不能总是牵着学生的手走，要让他学会独立行走。因此，班主任应该像教练一样，培养学生自我教育、自我管理的能力，把受教育的主动权交给学生。

每一次活动后的总结，涉及的点不宜过多，应集中解决在本次活动中的突出问题。要寻根溯源，更要从自己和他人的经验中找到解决问题的方法。唯有这样，学生的综合能力才能在一次次的活动后得以提升。

三、如何进行校级岗位的尝试

三年级开始，学生的自主能力增强。除了在班级中担任班委，承担更多的班级活动外，管理校园日常生活的"校园小当家"也由三年级学生担任。在担任"校园小当家"的过程中，学生要学会合理分配时间：学习时间、班级活动时间和校园管理时间。在这三者之间取得平衡对学生来说是一种新的挑战。另外，学生在承担校级岗位的过程中要学会与更多的人交流。他们将与各年级学生和所有老师发生交往，在交往过程中又会产生新的问题。这些"难题"都在挑战着每一个班主任和学生的智慧。过了这一"关"，学生的交往能力将踏上一个新的台阶。上海闵行区实验小学的尤兆蕾老师设计了系列活动，帮助学生更快地成为合格的"校园小当家"。

案例

走向校园

上海市闵行区实验小学（春城校区）　尤兆蕾

我们班级的学生从一年级入学起即开展小岗位建设活动，在老师的指导下，让学生自主地去寻找岗位、设立岗位，然后再由老师组织学生讨论，给找到的各个小岗位取一个好听的名字，提高学生参与岗位建设的积极性。班级管理是动态进行的，小岗位也根据班级学生实际，及时进行轮换和调整设置，以丰富学生的体验，更好地促进班级学生之间的融洽。

从二年级起，在中队内开展以小队为单位轮换的"小队当家"活动，使学生具备一定的服务能力和自主管理意识。这是今后高年级实行"中队委员会"职能部门制的雏形；每个部门都至少有一个成员分布在各个小队内，使小队在各方

第二章 岗位工作与组织建设

面的竞争中保持比较均衡的实力，这种方式要求在竞争岗位时，先进行队内协调。在这个阶段，岗位的评价和轮换重视岗位技能的扎实培养，学生对岗位的职责和评价标准比较清晰，建立了规范的评价标准；岗位的轮换形成了常规，根据岗位的性质有明确的轮换周期；个体岗位评价和小队整体评价相关联，通过个体评价强化个体在小队中的作用，以促进小队整体对弱势个体的帮助。

进入三年级，小岗位开始升级：一种是取消部分转化为日常生活习惯的岗位，建立一部分充实班级生活的新岗位；另一种是岗位名称不变，提升岗位内涵、任务层次。同时，班级即将参与学校传统活动——担任当家中队。此时需要让每一个学生明确当家活动的意义、要求，激发人人参与此项活动的愿望，学会为自己选择一个合适的岗位，运用以往经验，制定出一系列评价标准，以此确保第一次当家任务顺利完成。

从学生发展角度来看，不同的年龄阶段，有不同的角色定位，对于刚加入少先队、跨入三年级的学生来说，希望借此契机，让学生感受到自我的成长，引导学生从班级小集体走向校园大集体，顺利完成由"小"到"大"的衔接和过渡。

本次主题班队活动旨在通过回顾以往班级小当家活动，让学生认识自我成长，激发为校园当家的愿望，感受当家的责任感和光荣感；了解校园当家的主要任务及要求，初步为自己选定一个较为合适的岗位；通过讨论，初步制定当家活动的评价标准。

具体的推进过程如下：

活动环节	教师活动	学生活动	设计意图
导入活动、承上启下	1. 引入：我们从一年级开始就在班级里开展小岗位服务活动，老师仔细想了一下，我们的岗位大致有这些（出示岗位表） 2. 提问：能不能告诉大家，你曾在哪些岗位上服务过，具体任务和服务对象是谁？通过服务，你增长了哪些本领，有哪些收获？ 3. 小结：这些都证明我们长大了，能干了，因此能走向校园为更多的人服务，承担更重要的职责了（出示课题）	讨论交流	通过回顾以往班级小当家活动，认识自我成长

（续表）

活动环节	教师活动	学生活动	设计意图
明确要求，选择岗位	1. 引入：你们一直很羡慕那些为校园当家的大哥哥大姐姐，宣布一个好消息，下星期，就要轮到我们中队来当家了！ 2. 提问：你们知道当家中队要干什么吗？ 3. 提问：（出示部门名称及要求）比较一下，和班级的岗位有什么不同？ 4. 提问：你觉得这些小岗位需要哪些才能？ 5. 提问：你对哪个岗位最感兴趣？（引导学生自主认岗） 6. 即兴采访：你为什么选择这个岗位？ （预设：出于对集体的关爱，根据自己的实际情况选择岗位）	1. 讨论交流 2. 根据自己的特点和能力选择岗位 3. 交换座位（分部门坐）	1. 使学生激发为校园当家的愿望，感受当家的责任感和光荣感 2. 了解校园当家的主要任务及要求，初步为自己选定一个较为合适的岗位
讨论标准，作好准备	1. 提问：要把你们这个部门的任务完成好，最关键要做到哪一点？ 2. 引导交流、归纳梳理 3. 小结：这几点是完成任务的关键，既可以作为要求，也是完成得好不好的标准，等当家结束后，我们再来对照这几条评一评，看各自的任务完成得怎样	各部门选出负责人，并讨论	通过讨论，初步制定当家活动的评价标准
加油鼓劲，激发壮志	1. 引入：为你们鼓劲的，不仅有老师，还有家长。你们看，他们为此给你们写了信，想不想读一读？ 2. 请学生读家长的信	一名学生读家长的信，其他学生倾听	通过家长的信进一步激励学生走好这第一步，并让学生感受到今后在社会和家庭中都需要承担一定的职责，为他人付出

第二章　岗位工作与组织建设

解读

"通过班级岗位建设与学生干部培养，可以促进学生学会共同生活，学会在公共生活中承担责任、发挥领导力，学会在承担责任、发挥领导力的过程中，实现个体的全面发展与群体的共同进步。"①

在上述案例中，老师带领着同学们共同回顾了两年多来班级开展小岗位服务的体验和收获，感受自我的成长，在此基础上，引出参与"校园小当家"的活动。然后，师生共同了解"校园小当家"的岗位，在老师的引导下，学生根据自己的愿望，选择比较适合自己的岗位，划分各活动部门，并初步讨论了服务的要求。最后，在家长来信的激励下，同学们满怀豪情地作好了踏上新岗位的准备。

1. 回顾以往活动，认识自我成长

班级学生从一年级入学起即开展小岗位建设活动，从二年级起在中队内开展以小队为单位轮换的"小队当家"活动，学生已具备一定的服务能力和自主管理意识。

每一个学生都有自己的特点，在岗位教育中，我们不仅要承认学生间的个体差异，关注个体差异，而且要指导学生根据个人特点及岗位要求选择适合自己的岗位，并对需要帮助的学生给予更多的关注和引导。如对那些从未担任过干部的学生，刚开始手把手地指导，使其感受到只要有爱心、有责任心就可以做好岗位工作；而对于一些轮换下来的"老资格"小干部，则引导其到要求较高的岗位工作，激发他们继续努力的愿望，同时还要求他们承担起岗位指导的责任，帮助新接岗的同学做好工作。这样就使每个学生通过岗位锻炼都能实现在原有基础上个性和特长的发展。

上述案例的第一个环节就是出示班级固定和流动的小岗位。老师引导学生回顾了两年来自己所担任过的岗位，让学生交流自己的体验和收获，并进行归纳，以此让学生感受到：自己有了这么大的进步，而这些进步积淀在一起，才使自己有了走向校园的能力。因此，第一次当家还承担着承上启下的作用，让学生感受自己成长的同时，激发走向新岗位的愿望和信心，完成从班级小集体向校园大集体的过渡。

2. 了解当家任务，选定合适岗位

三年级学生即将参与学校传统活动——为期一周的"校园小当家"，这样的

---

① 李家成. 班级日常生活重建中的学生发展 [M]. 福州：福建教育出版, 2015: 174.

活动是建立在一、二年级锻炼和积累的基础上的。

对于第一次参与校园小当家的学生来说,所有的岗位都是陌生的。所以,在学生简单说说以往对"当家"的了解后,老师就把各部门的名称和服务内容呈现出来,让学生根据自己的兴趣和特长来选择,即认岗、择岗和自定岗位要求。老师帮助学生认识岗位,了解岗位的作用,保护学生择岗积极性,指导学生开展岗位工作,使他们在此过程中知道自己所要承担的岗位职责,体验岗位锻炼的快乐。

老师鼓励学生自主设计岗位职责,确立合理的岗位目标。在自主选择的基础上,各部门讨论自己部门的要求,作为日后评价的主要标准。当出现问题时,老师引导学生进行调整,让他们看到集体的需要,产生先考虑集体再考虑自己的想法。如在选择岗位时,老师发现很多同学选择了"服务部",因为其活动内容是担任"丫丫小超市"营业员,而活动部则显得门可罗雀。于是,老师立即自封记者,对这两个部门的成员进行采访,将学生的话巧妙地接过来,让大家感受到不管在什么岗位都是为集体服务,都能锻炼自己,并且宣扬了为集体利益牺牲自己的精神。学生在老师的引导下,重新认识新岗位的职责,并对自己的能力和个性再次评估,从而选择了更适合自己的岗位。

3. 制定评价标准,激励承担责任

班级岗位评价是多元的,包括评价周期的多元、评价主体的多元、评价内容的多元和评价方法的多元。通过多元评价,可使学生学会更全面、客观地评价自己和同学的岗位工作,获得更丰富的岗位实践体验。岗位评价是岗位建设不可或缺的一部分,起着承上启下的作用,它以岗位实践为基础,又为岗位轮换作铺垫。同时,岗位评价也是最常态但却最具个性的评价实践,需要好好开发它的育人价值。

对于校园岗位评价,可以参照班级岗位评价模式,有正规的班内评比,有日常交流,也有即时指导。通过自评、互评、师评,学生得以反思,形成新的自我意识。特别是老师适时适度的评价,让学生认识到今天的成功能为明天的成功奠定基础,但是仍然要努力;对于失败的学生,通过与其一起分析原因,寻找相应的对策及解决问题的方法,为其扫除通向成功之路的障碍。与此同时,还引导学生懂得今后在社会和家庭中都需要承担一定的职责,为他人付出。班队活动后,学生们对即将到来的校园值周活动充满期待,跃跃欲试。

建议

关注学生生命成长,整体策划学生工作,让学校、年级、班级的教育围绕学

生的成长需要形成合力，使学校教育成为提升学生生命质量的重要力量。引导学生在班级中自我管理、团结向上，在各项活动中主动探究，形成健康的人格与心理，获得多方面发展；能够悦纳自己、自我激励，培养服务意识；以积极进取、乐观向上、勇于探索和挑战的精神，不断完善自我，逐渐形成未来公民需要的基本素质。

"校园小当家"活动作为"新基础教育"引导下的学生自主管理的发展方向，坚持发展学生的全面能力，坚持让学生在实践中得到发展。

1. 低年级小岗位设置与小队组建相结合

"校园小当家"活动要在一、二年级锻炼和积累的基础上开展。学生在"当家"活动中呈现出的角色意识和活跃性是平时班级小岗位、班级角色开展情况的真实反映。他们在参与执行岗位工作时，铭记着自己班级岗位的职责，把"每日做""坚持做""尽心做"践行在自己的校级岗位中，进一步强化岗位的责任意识。

小学低年段小岗位是根据班级学生实际设置的，并及时进行轮换和调整，基本涵盖班级生活的全方面。进入二年级后，小岗位以"异质同组"和"同质同组"两种组建方式发展，即在座位排列上以不同岗位的学生组成小组，每人承担对组员一个方面的督促和评价工作，而在班级小家务的承担上又形成以同类岗位为"行动小组"的非正式团体，让学生在不同的任务中学会和不同的对象合作。这种形式，以组建合作小队的方式，以共同的目标有意识地引导学生在一定范围内的合作交往，在合作基础上培养学生的自主管理能力，既丰富了学生的校园生活体验，又更好地促进了班级学生之间的融洽。

2. 明确各岗位的要求，设计具体的岗位内容

"校园小当家"从简单完成岗位任务，转向通过岗位综合提高学生能力、素养，评价中要注重岗位实施的质量、效率、创新，要建立起规范的评价机制，既包括形成规范的评价标准，也包括建立规范的评价组织方式，充分发挥评价中学生自评、小干部考评、部门内部评价的作用，使考评过程化，信息多元化；岗位的轮换应根据岗位性质，实现分层多样性。

为了避免活动指导性不明确、建议性不具体，造成实践性较差的不足，要力图将活动的职责和要求明确化、具体化，使得大家有章可循，有纲可依。岗位设置的重心从小队合作走向部门间的合作，从注重合作的外在形式走向注重合作的内在实质，学生的合作对象从原小队的"异质互助"转向部门的"同质互助"，重点挖掘岗位内涵在学生发展中的作用。以下是上海市闵行区明强二小"校园小当家"活动的实施细则：

校园小当家
——明强二小当家中队工作实施细则

一、实施办法

1. 各中队按照从高到低年级（二、三年级）轮流当家
2. 当家期间由值周中队安排队员开展"荣誉升旗手""仪式小主持""文明礼仪岗"等岗位工作。

二、具体内容

值周中队：

1. "仪式小主持"

选择合适的学生两名，做好每周一升旗仪式的主持工作。

具体职责：

（1）校服统一

（2）口齿清晰，语言流畅，神态自然

（3）周一之前能将主持稿熟记于心

（4）周一出操整队时能立刻前往操场做准备工作（下雨天在学生发展部）

（5）周五收好小当家名牌和记录册，上交学生发展部

2. 荣誉升旗手

选择合适的学生四名，做好本周的升降旗工作。

具体职责：

（1）校服统一

（2）提前作好升旗准备，每日放学前降旗

（3）升旗手练习好升旗节奏，切勿太快或太慢

（4）候场时注意站姿，不随意讲话，工作结束后回到班级队伍

（5）周五中午负责培训下个当家中队

（6）注意：如遇下雨，暂停升旗

3. 文明礼仪岗

选择合适的学生六名，做好每天早上校门口的礼仪岗工作。

具体职责：

（1）校服统一，仪表整齐，注意规范，不随意讲话

（2）每天早上7：30—8：00在校门口进行礼仪示范工作：敬礼，老师好，同学好

第二章 岗位工作与组织建设

（3）检查学生佩戴红、绿领巾现象，劝阻学生带早点、带零食进校园。

（4）周五中午负责培训下个当家中队

以上"校园小当家"实施细则对校园岗位的名称、岗位的履职要求、岗位的履职时间都提出了具体的要求。学生看到这份"实施细则"，都会对校园岗位是做什么的、怎么做了然于胸。无论是什么样的校园岗位，如果能做到对每一个岗位都这样用心地解读和设计，学生就会更快地做好岗位工作。

3.通过岗位锻炼强化社会意识

当前的学生大多是独生子女，在家庭生活中始终是"中心"，很少能以平等个体的身份进入丰富多彩的社会生活之中，也就难以体验何谓服务、何谓责任。开展校园岗位教育，有效地提高了学生个体的服务意识、合作意识和责任感，锻炼了学生的能力。

"校园小当家"是小岗位的一种，能使更多的学生参与到校园管理中来。它是学生的临时岗位，必须通过轮换，让每一个学生都能尝试担任；以班为单位，每个班通过轮流组织升旗仪式、领操等活动，使班里每个学生的角色都由班级层面上升到校级层面，以集体的面貌向全校展示自己班级的个性和特色，重在增强学生的集体荣誉感和班级凝聚力。

我们可以看到，参与"校园小当家"活动的学生都很积极。升旗主持人、升护旗手和礼仪员每天都7：30到校，做好自己的岗位工作；参与环保节能活动的学生会利用早操时间来检查每个班级的垃圾是否已打扫干净；参与午间劳动活动的学生会放弃自己中午休息的时间来检查走廊里的同学有没有文明看书；参与检查课间活动的学生也会牺牲休息时间去监督同学有没有追跑打闹。

"校园小当家"活动营造一个模拟社会形态，在不断的演练中初步积攒起作为一个社会人的资本。今天的学生就是明天的社会人，今天在学校生活是为了明天在社会上更好地生活，更好地发挥作用，校园小当家的精髓之处也就在于此。学校通过开展各类丰富而有实效的活动，给每个学生提供锻炼和成长的平台，鼓励他们参与校园建设和管理，丰富学生的生活体验，促进学生主动健康发展。

第三章　班级文化建设

班级文化是什么？笔者认为，班级文化可以分为显性文化和隐性文化。显性文化包括班级的墙面布置如贴在墙面的班级目标、班级口号等诸多视力所及范围之内的物质文化。隐性文化则是一种人际氛围，是一种支持系统，可以在人迷惘的时候为其提供坚强的信念，帮助人在成长过程中健康发展。三年级学生处于追求自我发展的阶段，更需要培养他们的独立精神和与更多人建立平等关系的沟通交往能力，可以这么说，班级的隐性文化对每一个学生的影响更大。

一、如何在小队活动中培养学生的自主精神

学生进入三年级后，小队活动的频率增加，老师对小队活动的指导力度慢慢减弱，学生希望能更多地为自己的生活做主。现实中的小队活动由于学生的发展状态不一，发展较快的学生在小队活动中处于主导地位，而有些学生则一直处于被动的状态，他们消极处事，对自己班级的事漠不关心。如何在小队活动中激发每一个学生的自主精神，上海市闵行区汽轮小学的蒋燕怡老师借助秋游的小队分组活动，培养了学生的自主精神。

案例

通过小队活动培养学生的自主精神
上海市汽轮小学　蒋燕怡

随着年龄的增长，三年级学生的性格特征中出现了一种强烈要求独立和摆脱成人控制的欲望。他们不仅对家长和老师的依赖减少，也普遍表现出对班干部的不服气，不再对班干部心悦诚服，不再认为班干部总是优于自己。教室里常常听到："要你管啊！"相比之下，学生更希望通过各种方式展示自己，期盼通过自

己的表现得到老师和同学的认可。二年级春游的时候，我把班级分为五个小队，每小队由一名队长进行管理。因为小队的学生对小队长言听计从，所以小队活动井然有序。进入三年级后，这种方式随着孩子自我意识的提高，显然有些不合适。

由于三年级学生比较喜欢自我表现，他们对各种体验活动都充满好奇，愿意参与各项活动，愿意在集体中出谋划策，展露自己的聪明才智。对于班级的活动，绝大部分学生能积极参与，表达意愿。在建立班级各职能部门的基础上，各小队成员通过商讨，分别设计了自己喜欢的小队名、小队队徽，以及奋发向上的小队口号。新学期开始了，班级的活动都以小队为单位进行。但在前期活动中，发现每个小队都存在这样三类学生：一类是活跃型学生，他们的组织能力、表达能力较强，在小队中起到了领头作用。一类是含蓄型学生，他们有能力但缺乏胆量和勇气，老师的鼓励能够激发他们的内在力量，使其在小队活动中逐渐找到自己的位置，找回自信。还有一类是被动型学生，他们性格内向，想参加活动，但又羞于表达，这部分学生暂时还游离于小队组织之外，需要老师、同伴的帮助。三类学生的不同表现、不同发展需求对小队活动提出了不同要求，希望通过一系列班级活动，使不同类型的孩子通过不同的参与方式，一定程度上提升自主能力。借助本次秋游实践活动，我组织学生自主安排这次活动，培养他们的自主能力。

整个活动围绕"秋游"展开，不仅有活动前期策划，活动中有序开展，还有活动结束后的反馈、展示、总结。通过活动，明确小队成员的职责，使其知道相互合作的重要性。在实践中提升队员策划、解决问题的能力，引导队员自主开展活动，懂得聪明做事，进一步提升班级的凝聚力。

第一阶段：我的秋游，我策划
（1）各小队明确小队任务，进行前期准备
（2）各小队完成设计方案，并在小队内自我完善
（3）开展主题班队活动，交流方案，并进一步完善

第二阶段：快乐秋游
（1）各小队带着任务进行活动
（2）活动中，各小队实践活动方案
（3）当天根据活动情况，及时调整方案

第三阶段："秋韵"作品展出
（1）各小队挑选优秀作品进行展示
（2）各小队准备好展示时的介绍

第四阶段：快乐，告诉你（秋游总结会）

（1）各小队自我回顾，总结
（2）谈谈活动中的收获、体会和反思
具体的推进过程如下：

活动环节	教师活动	学生活动	设计意图
热身	谈话导入，组织学生唱《我们一起去秋游》	唱《我们一起去秋游》	借唱秋游之歌，带着学生入境
开放式导入	创设情境，想象秋游快乐的场面	进入情境，明确主题	营造氛围，激发队员参与活动的兴趣
核心过程推进	课前了解各小队的活动进展以及现场展示方式（预设：（1）聪明在于合理分工，各负其责，借助家长资源（2）聪明在于会学习，会展示（3）聪明在于善于倾听（4）聪明在于思虑周全，细致周到。（5）聪明在于小队之间学会合作（6）聪明在于发挥集体智慧，学会统筹安排，有一定创意）	1."小导游"队展示自己的名称、口号，以图文结合方式进行讲解。其他队队员作出评价，并提出自己的意见和建议 2."摄影师"队展示自己的名称、口号以及照片，说说自己的困惑：哪些镜头是大家都觉得很有意义和喜欢的呢？ 3."小联络员"队展示自己的名称、口号，交流在策划阶段各小队之间需要协调的事项，解决难题 4."小警卫"队展示自己的名称、口号，介绍此次秋游活动的安全规范，征求大家的意见 5."小白鸽"队呼吁大家保护环境，提示大家带好一些必需品 6."策划师"队展示自己的名称、口号，说说为大家准备的活动，说明评摄影、游记、贴画的步骤，以及评优秀小队的步骤	1. 培养学生的规则意识、责任意识和奉献精神 2. 各小队展示自己的职责，旨在让大家出谋划策，彼此熟悉自己的职责、他人的职责，从而完善小队的工作 3. 培养小队之间的合作规则意识、集体意识
总结提升	1. 总结本次活动，提升育人价值（主要在于肯定孩子的聪明） 2. 介绍后续工作	1. 倾听老师的总结，说说自己的收获 2. 准备投入后续工作	让孩子了解本次活动的意义，并对后续活动有所了解和准备

> **解读**

以往的学校综合实践活动，不管是春游还是秋游，负责班级工作的两位老师都是筋疲力尽、口干舌燥，每次活动的大致流程就是集合——出发——（一路说教）到达——游览——集体活动——集合返回。不仅老师觉得乏味、疲惫，学生也因"受制于老师"而屡屡不能尽兴，与其说是游玩，不如说是"走形式"，学生与其说是"感受自然"，不如说是"集体放风"，没有玩的惬意，尽是管的愤懑。

"在'新基础教育'研究中，会特别关注每一个学生的参与，关注主题班队活动对于学生多元资源的开发与利用，关注每一个学生在主题活动中的觉醒与积淀。"[①] 小队活动这一组织形式，就是把关注点落实到每一个学生身上，让学生通过活动学会管理，学习独立。

上述案例中，最大的进步在于小队能结合每个学生的特点合理安排任务，使每一个学生在小队活动中都能承担一定的任务，激发学生的使命感和责任感。

这次"秋游"系列活动，在前期准备阶段，老师引导学生对秋游的活动地点等作了简单的了解。这一阶段是按照班级的部门开展活动。学生往往只关注自己部门的准备情况，各部门间沟通不畅，导致各部门在汇报秋游的游玩点时有重复或疏漏，不能做到有序和全面了解。还有一部分学生始终游离在活动之外，找不到自己在部门中的岗位。在班队活动中，队员们认为需要设立一些岗位，这些岗位要和"秋游"活动相配合，他们大体提出了小导游、摄影师、联络员、小警卫、策划师、小白鸽等岗位。经过班级职能部门讨论，决定以项目小队为单位开展活动，全班划分了六个小队，即"小导游"队、"小白鸽"队、"摄影师"队、"小联络员"队、"小警卫"队、"策划师"队，每队8—9人。

确定了小队成员后，各小队按照任务的分配，进行活动前的准备。不过，为了了解队员们的情况，在活动之前，老师请各部门的部长分别调查每个队员对活动的参与度、兴趣。但是调查结果让老师大失所望，他们没有按照先前分配的小队和任务对号入座，反而有很多学生到老师处申请想调小队，有的说他不是"小导游"队的，但是自己去过纪念馆，想做这次的小导游；也有"摄影师"队的说自己没有相机，也不想参加摄影小队……一时间，学生群情激动，每个人都提出了自己的意见。

以小队为活动形式，学生们为什么意见多多呢？老师突然想到，小队的组成是以小组为单位的，没有考虑学生的特长、兴趣、爱好，没有把学生的需求放在

---

① 李家成. 以新型班级生活提升班主任和学生的生命质量[J]. 人民教育，2016（3-4）.

第一位,学生自然意见多多。于是,老师改变了做法,决定组成临时小队。老师请各部门负责人先考察好各小队的队长人选,再由小队长张贴告示,招兵买马。队员们根据需求、才艺报名,队长经过简单的考察,确立新小队成员。

在各小队的活动策划过程中,老师尽量鼓励队员按照小队的特点和任务进行职责的提醒与展示,让大家知道每个人是哪个小队的,任务是什么。例如,"小导游"队为了给大家做合格的向导,队员们反复读背,准备了PPT进行演示,还制作了"向导旗"。"摄影师"小队展示了他们以往拍摄的照片,并提出在秋游活动中为大家拍摄集体照和个人照,同时抓拍有趣的场景。"小警卫"队主要负责安全工作,包括安全上下车、安全参观等疏导工作。"策划师"队主要负责车上和休息时大家的娱乐项目,队员们还设计了调查问卷,希望大家提供建议,这样他们准备的器材就更有针对性了。"小白鸽"队主要关注环境,呼吁大家爱护环境。前期活动旨在让大家出谋划策,彼此熟悉自己的职责、他人的职责。

由于前期准备工作充分,秋游活动开展得十分顺利。各小队根据分工,各司其职。参观时,"小导游"队进行了细致的讲解,"摄影师"队捕捉时机,拍下了一张张具有意义的照片,"策划师"队组织的游戏娱乐活动吸引了全体队员……后续的秋游总结中各小队大显神通:"摄影师"队布置了照片墙,用相机记录下了快乐时光;"小导游"队通过小报、PPT,让同学们感受名人风采,了解相关知识;"小白鸽队"则是以情景再现的方式,赞扬了同学们的文明行为……

这个系列活动,老师只在前期做了铺垫工作,引导学生去思考、解决问题,启发学生利用各种资源让活动更为丰富,鼓励学生遇到困难时敢于寻求帮助。活动中后期,学生发挥他们的自主能力,自己设计活动,组织游戏,撰写解说稿……学生的创新能力、自主能力在实践中得到历练。

这次秋游活动和往常大不一样——不一样的形式,不一样的参与,不一样的开展方式,不一样的结果。孩子们真正体会到自主活动的乐趣,体会到自由、兴奋与欢笑,体会到生命成长的快乐。

当每个学生的参与得到保障,每个意见、观点、建议、行为得到教育性的尊重与成长性的开发,班级发展事实上就有了无穷的资源,有了强大的内动力。在"新基础教育"实践中,班主任往往会被学生的创造力所感动和震撼,进而更加愿意支持、帮助学生建设好自己的班级;多元的组织平台和关怀生命的班级文化又不断滋养着班级的内生力。

第三章 班级文化建设

建议

"'新基础教育'坚定地认为班级建设是一种'教育'实践，是以促进人的发展为价值追求的，是直面人的生命、通过人的生命、为了人的生命的光辉事业。"[①] 如何让学生在班级建设中焕发生命活力呢？这是很多老师苦苦思考的问题。以往的班级活动或是学校安排，或是班主任组织，学生被动参加，甚至有时只是活动的背景板。怎样让学生在班级活动中成长呢？小队组织形式是培养学生自主能力的极好方式。小队贵在一个"小"字，一个小队少至五六人，多至八九人，微型的组织迫使每一个学生分工合作，承担起自己的职责。一次次的小队活动，使学生的能力得到了锻炼。但是，由于种种原因，小队活动还存在着一些不如意之处，如队员间意见不统一、活动目标不一致、家长不支持等，这些问题也影响着小队活动的开展。要切实、有效、长期地开展小队活动，就应注意以下几点：

1. 逐步"放权"

从二年级开始，班级活动中就已经有了小队组织。此时的小队活动大都是在老师的指导下、家长的参与中进行的。小队成员以居住在附近的学生为主，开展的活动都有家长陪同，相当于亲子活动。此类小队活动的主动权集中在老师、家长手中，队员们很少有话语权，大都只是出席活动而已。进入三年级后，小队组织形式有了改变，具有相同兴趣、爱好的队员组合在一起，他们迫切希望摆脱老师、家长的束缚，自由开展感兴趣的活动。老师在学生有自主的需求时一般采取两种做法：第一种做法是放任，完全让学生自主。由于没有成人的引导和指导，学生的小队活动呈现"玩"的倾向，没有组织，愿意来就来，不愿意来就拉倒；也有没相对聚焦的活动主题，整个小队活动流于形式，"做过了，就相当于完成了"。时间一久，这种松散的组织留存的可能性几乎为零。第二种是家长介入过于集中，较注重形式，但学生不喜欢的居多。我们说把活动的组织权全部放给学生，那么活动的安全性、教育性又如何保障？这里就牵涉老师和家长的引领。放权，并非是放任不管，而是结合班级、学校的主题活动有效"放权"：

（1）放小队的组织权。小队的成员如何而来，是固定不变还是随着活动的变化而变化？小队活动的频率是多久，是每周一次还是根据活动的推进过程及时调整？这两个问题是首先要解决的。

（2）放小队活动的形式权。小队活动的形式是什么样的？是不是每一次都

---

① 张向众，叶澜."新基础教育"研究手册 [M]. 福州：福建教育出版社，2015：10.

需要找一个地点大家集合在一起？在信息化背景下是否有可能借助网络开展互联网＋形式的小队活动？这些都是老师需要认真思考的问题，当学生们的小队活动采取从未有过的形式时，老师要及时作出准确判断，并给予恰当的指导。

（3）放小队活动的评价权。一次小队活动的成功与否谁说了算？以往的小队活动重活动过程，忽略活动评价，也缺乏评价方法。小队活动的评价也是一种尝试。在评价中应尊重与爱护每一个学生，以发展的眼光看待每一个学生；同时，也把评价看作是每一次活动的回顾、总结、反思。

关于评价，要注意以下三点：

（1）评价主体

评价不仅包括老师、家长对队员的表现进行评估，还有同伴互评和自评。这样的评价主体避免了评价的片面性，尽量从多角度去评价学生在活动中的参与度。

（2）评价内容

评价内容重在队员在活动中的感受和参与活动的广度，以及活动后的思考。这样的评价内容既有深度，又促使学生写下自己的活动感悟和体会。

（3）评价结果的表述

对于评价结果，老师与家长采用评语形式，队员们则采用五角星评价方式。老师在设计评价表的时候，要照顾到学生的能力水平，尽量用现有学生能理解的评价性文字或者是符号进行评价。

2. 及时介入指导

"放权"不等于"放任"，老师要及时、深入了解学生的活动情况。小队活动的初期阶段，学生对于主题的选择可能还不会出现较大的问题，问题往往出现在队员之间的合作中。活动的时间、地点、经费问题需要队员协商解决。当出现上述问题时，学生常常不知怎么解决，最简单的办法就是包办代替。时间一久，包办的学生感到力不从心，被代替的学生感到没有融入，小队成员之间渐行渐远。这时就需要老师适时介入进行引导。老师要搜集小队活动中最常出现且学生无法解决的问题，进行集体交流。通过集思广益，引导学生解决小队活动中常出现的问题。

随着小队活动的持续开展，学生的兴奋度降低，活动中的矛盾接踵而来，如相互不合作引发的要求换小队长、不要某名队员，组织过程中的不合理引起的家长不支持等情况。这一系列问题单靠队员是无法解决的，老师此时可提供有针对性的指导：小队活动之前，要有详细的计划才能"快乐出发"，特别是要在小队活动前明确各自的分工，懂得人人尽责。这样，小队活动才会成功，受同学欢迎。

3.借助各方资源

在"新基础教育"的研究实践中,大世界可以融入小班级之中,家庭、社区、自然与社会资源都可以成为班级学生成长的资源。小队活动的灵巧性、方便性提高了活动的趣味性,队员们也在各类活动中磨炼了自己。

(1)家长资源

家长们的工作涉及各行各业,有的家长自身素养较高,有一定的才华。小队活动可以聘请某位家长为辅导员,学习技艺;也可以以某一家庭为典型,了解家庭成员间的故事,追溯成长历程。在家庭中开展活动的目的是让队员知道自己是家庭中的一员,了解每个家庭成员对家庭的责任和义务,学会自己的事情自己做。

(2)学校资源

学校为学生的快乐成长搭建了教育平台,如学校的节庆活动、专项活动、特色活动,小队活动可以融合学校多样化的活动,扩大活动空间。

(3)社区资源

现在,越来越多的人重视社区教育,居委会也经常举办一些活动,这些活动有的属于公益性质,有的属于各类教育活动。小队活动可以结合社区资源,以社区为阵地,扩大活动范围,让队员从中获得服务于他人、服务于社会、实现价值的真实感受。

(4)社会资源

图书馆、博物馆、体育场、大学城……这些社会教育场所都面向社会开放,队员们可以利用这些场所进行读书、娱乐、体育等活动,既利用公共资源,又寻找到安全、有益的活动场所。

每一次小队活动,队员都要经过"小队策划——共同准备——自主开展——反馈提高"一系列环节,自主参与活动的整个过程,如活动前的策划,活动中的自我管理与协调,活动后的小结、交流,体现了队员在活动中的主体性,发挥了他们的创造能力,培养了他们的自主精神。这一过程看似烦琐,实则真正提高了小队活动的效率,为学生今后更多地融入班级生活和校园生活奠定了基础。

二、如何创造班级的新文化环境

班级是学生日常的生活场。低年级显性的班级文化环境建设,大多是在班主任的指导下完成的。进入三年级后,班级的显性文化建设应该更多地让学生参与。学生在班级的显性文化建设中,也在创造班级的隐性文化环境。如何让这两种环

"新基础教育"学生发展与班主任工作指导纲要

境的建设相互融合,共同促进学生的发展,江苏淮安的蔡舒老师从班歌的改编入手,建立了更为美丽的班级外部环境和更为和谐的班级内部环境。

案例

班歌班歌,哆来咪
淮阴师范学院第一附属小学　蔡　舒

升入三年级后,作为一个"老"班主任,我明显感受到学生的变化。他们的自我意识正在增强,与一、二年级相比,他们更爱在老师、同学面前表现自己。三年级的他们虽然具备了一定的组织能力、合作能力,但缺少方法。另外,他们虽有较强的荣誉感,但在学生个体与班集体间不能找到一个很好的平衡点和连接点。

察觉到学生变化的同时,我也在思考一个问题:一、二年级时制定的一些班级制度、创作的班歌等是否还能满足正处在低年级向中年级转型时期的孩子们的需要?三年级是班集体建设的重要阶段,也是形成班级文化氛围的关键时期,如何创建班级新文化环境呢?为此,我征询了学生们的意见。大家对这个问题表现出前所未有的积极性。于是,我们就决定一起努力建设"新"班级。从开学到现在,学生们已经通过自己的努力布置了教室,制定了更适合三年级孩子的新的班级常规制度,更新了班级的岗位制度等。

换班歌的主题就是在这个大背景下产生的。巧合的是,学校在11月份将有一个班歌比赛,所以就有孩子跟我建议换一首班歌。在随后的调查中,我发现班级50个孩子中有48个孩子想换班歌。有的说以前的班歌太简单了,有的说以前的班歌唱烦了,还有的说之前的班歌太幼稚了……升入三年级的孩子自身特点发生了很大的变化,以前的班歌可能已经满足不了孩子成长的需求,基于以上考虑,我们最终决定:换班歌!

这次活动是创建班级文化很小的一个方面,旨在让学生在活动中对班级凝聚力产生一种感悟和体验,从而把爱集体、爱班级的目标转化为一种自觉的自我行为,同时也能弥补不足,提升学生对音乐的鉴赏力。基于以上想法,我们准备把班级文化建设落实在本学期"特色班级,快乐五班"的系列活动中。

"特色班级,快乐五班"整个活动围绕着创建班级新文化展开,学生在活动中挑战自己,挖掘自身潜能,享受创造的快乐,同时增强班级向心力和凝聚力,构筑班级新文化的精神之"魂"。班级系列活动分为三个阶段:

第一阶段即开学第一个月——以快乐家园为主题。新学期伊始，我们制作班级新学期愿望卡，布置班级环境，重新制定班级常规制度、岗位制度，创编班歌，构建积极向上的班级文化。

第二阶段即学期中期阶段——以书香浸润为主题。与语文学科的读书活动相结合，读好书，荐好书，开展好书漂流和阅读分享活动，构建乐于分享、追求美的班级精神文化。

第三阶段即学期结束阶段——结合评价开展榜样力量系列活动。例如，开展"我是文明小使者""我是好学小天使""我是遵纪小榜样"等活动体现榜样力量在班级文化中的作用。

本次主题班队活动是对第一阶段班歌创编过程的总结，是在各小队选编、改编的基础上开展的，通过在班队活动中的探讨，选定适合的班歌。

决定换班歌后，学生们就行动起来，每个人都选择自己喜爱的歌曲。他们第一次选择的歌让我大吃一惊，真是五花八门，有的甚至还选择了《天路》。静下心想想，三年级的孩子已接触成人歌曲了，有这样的选择也是正常的。但是仔细想想，责任还是在我，在孩子选歌之前没有给他们提供建议。于是，我又带着孩子们一起讨论：什么样的歌才能作为班歌？什么样的曲调更合适三年级小朋友？讨论之后，孩子们开始重新审视自己选的歌曲，最后确定一首最合适的报送小队。接着，每个小队通过讨论再从中选出大家认为最合适的歌曲。

具体的推进过程如下：

活动环节	教师活动	学生活动	设计意图
谈话导入	导入：刚才放的那首歌，大家还记得它的名字吗？今天我们就要和它告别，选出更适合我们班级的班歌	认真倾听，明确活动主题	营造氛围，让学生明确本次活动的主题
故事分享，发奖	认真倾听学生发言，适时介入，对前期活动表现出色的同学给予肯定	1. 各小队通过小喇叭广播，分享创编小故事 2. 前期评选出贡献奖的学生上台领奖	帮助学生对做过的事情进行小结，不仅提高学生的总结能力，更教会学生学会思考。对活动中表现好的同学给予表扬，激励他们继续努力

（续表）

活动环节	教师活动	学生活动	设计意图
各小队展示候选班歌	1. 引导学生总结竞选班歌评价标准 2. 认真欣赏学生的展示 3. 注意倾听学生发言，分享学生的收获，肯定学生的努力与成长	1. 了解评价标准 2. 各小队分别展示候选班歌 3. 认真欣赏其他小队的展示，为选举环节作准备	给学生展示的舞台，让学生体验创作的快乐。明确评价班歌的标准，为选班歌作准备
评选班歌	再次提醒学生班歌评价的标准 （预设：旋律欢快、歌词优美）	1. 从各方面综合评价，每人投出两票 2. 选出最终结果 3. 说说投票的理由	给孩子自主选择的权利和机会，强化学生的自主意识，同时也为孩子明确努力的方向
总结提升	1. 活动小结 2. 布置后续活动	明确后续活动内容与要求	进一步提升本次活动的意义，为下次活动作好铺垫。

解读

"在班级文化建设过程中，必须将显性文化与隐性文化建设转化为具体的学生文化生活，让学生参与班级文化的体悟、积淀、推进与自觉。这也就意味着，小至班级墙壁上一张纸的张贴，大到班级文化符号的创造，都需要将这样的机会还给学生，让学生成为实践的主体，去思考、尝试、修正、形成。"[1] 学生作为班级生命的主体，在参与班级新文化建设的过程中，唤醒的是生命意识，是一个"建设"过程。

虽然只是创编班歌，但这其中蕴含着对学生策划、创造、反思、合作能力的培养。三年级孩子自主意识的加强又加深了选择的难度。特别是金柠檬小队，当其他五个小队都确定了自己的歌曲时，金柠檬小队因为意见不统一，迟迟不能确定。为了不影响班级的整体进度，老师只能告诉金柠檬小队的孩子，如果仍然不能确定，他们就只能到其他小队帮忙，或者换种形式为班歌创作出力了。接下来的两天，老师没有再过问金柠檬小队。令老师惊讶的是，两天后，金柠檬小队队长告诉她，他们的班歌不仅选好了，词也填好了，请老师提提意见。看着孩子们没有放弃，努力为班歌创作出力，老师被感动了，由衷地佩服这群不到十岁的孩

---

[1] 李家成. 班级日常生活重建中的学生发展 [M]. 福州：福建教育出版社，2015：188.

第三章 班级文化建设

子。当然,不仅仅是这一个小队让老师震撼、感动。紫葡萄小队选择的是一首原创歌曲,他们没有伴奏带,是一个孩子学会了,教给另外一个,就这样一个个教,一个个学,先不管孩子最后创编的歌曲能否被选中,这个过程就已经给孩子带来了"财富",在为班级努力的同时也感受到创造的快乐!

定好词,创编班歌,各小队又面临一个问题:用怎样的形式表现这首歌,才能让全班小朋友喜欢呢?有的小队请音乐老师提供建议,有的小队想出了用画画来帮助理解歌词……总之,一下课,孩子们就会到自己小队中去练习。从孩子们的表现能看出,他们都铆足了劲,准备在班歌竞选中大显身手。在这次活动准备的过程中,孩子们身上的很多潜能在不知不觉中得以开发,他们的能力在活动中得以提升。他们知道遇到困难不放弃,知道要为班歌出一分力,知道小队要齐心协力……这些努力与创生,将成为班级文化的基础性资源。

通过一首班歌的选定,老师想到了班级的显性文化建设。以前,班级环境总是以老师的意愿来布置、设计。学生们喜欢什么样的教室?是不是喜欢原有的样子,还是他们的心中有别具一格的布置方案?于是,老师就征求他们的意见。没想到,学生积极献策,"金点子"还不少,如增加"植物角"(不过后来又多了条小金鱼,变成了"生物角")、心情信箱等。蔡老师在学生积极性的感召下,索性大胆放手,把班级的环境布置全权交给学生。学生们欢呼雀跃,决定先分小队去其他班学习"亮点"。事情的进展就如老师所料:一下课,各小队纷纷召集队员,然后"呼"地冲出去了,最后满头大汗回来。但是,有的队只看了两三个班,有的队还不知道自己看了哪个班……问题百出。这时,老师介入,建议他们在行动之前先计划好行动方案,再想想可能遇到的困难及相应的解决方法。周同学提议一个小队看一个年级,得到大家认可。分好任务后,学生知道开始思考:先去班级分布图那看看各个班级在哪;要带纸笔记录"亮点";下午还可以带相机来拍……大课间时,七彩阳光队就迫不及待地拿着自己记录的"亮点"和拍的照片去办公室找老师商讨了!看着他们气喘吁吁却又激动万分的样子,老师比他们还要激动。老师知道,他们体验到了成功的快乐。学生们主要进行了两个方面的设计:

(1)桌面美化

每位学生桌面上都多了一张张精美的自制卡片,写上了其他同学对自己说的话:有督促自己学习的;有告诫珍惜时间的;有表达自己心愿的;有表达读书愿望的……桌面文化看似简单,却在无形中督促着学生,鞭策着他们去努力,去实现。

(2)墙面布置

墙面布置保留了以往的黑板报、学习园地,还增设了"图书中转站"和生物

角。"图书中转站"的创立颇为周折,因为图书角太小,根本放不下太多书。于是,学生们开动脑筋,通过交换书籍的方式,加快书籍的流通。图书角也两易其名,由"知识加油站"变为"图书中转站",还确定了四名图书管理员和两名替补图书管理员确保图书的借阅、归还工作。

另外,"生物角"中的植物都是学生从家中带来的,它们的养护管理工作也是一个难题。大家一起出谋划策,明确分工,责任到人。大家称带来植物的同学为"监护人",负责一起养的同学为"共同抚养人",这样可以更清楚地确定某株植物的"责任人"。每天早上都有两个学生负责把植物搬出去,晚上搬回来。班级走廊上总会见到一片盎然的绿色……

上述班级文化建设过程,就是学生成长与班级日常生活得以发展的过程。学生参与集体生活,创生文化……学生在布置教室、创编班歌的系列活动中,得到了班主任、其他小队队员、本小队队员的反馈、建议,并实施到活动中去,形成了具体的文化创造。学生的主动参与,形成了个体与个体、个体与群体、群体与群体、学生与老师、学生与家长、老师与家长的多维互动,推动了过程性资源的生成。学生也在过程推进中实现了从策划到实践,在实践中反思、完善,重新架构活动的能力。学生张扬的生命活力以及创造力、思考力也和班级文化的建立融合在一起。

建议

班级文化建设包含班级的显性文化建设和隐性文化建设两大类。班级的显性文化建设表现为班级中的设计与布置;班级角落的开发与利用;班级名称等传递班级文化的信息。隐性文化则表现为"班歌的内容、班徽的意蕴、班级口号的内容,班级学生对班级的自我认同与荣誉感"[1]等方面。在班级建设的过程中,班级的显性文化与隐性文化是紧密结合、相互融合在一起的。显性文化建设是班级文化的日常,是基石;隐性文化建设则是班级文化的灵魂,统领班级的氛围,是班级日常生活的文化渗透与体现。

1. 重视隐性文化的建设

"班级隐性文化建设体现为一系列不可见但可以体验到的班级文化精神的形成与发展。"[2] 班级隐性文化包括师生关系、班级学风班风、学生间关系等内容。

---

[1] 李家成. 班级日常生活重建中的学生发展 [M]. 福州:福建教育出版社,2015:185.

[2] 同上。

如何建设隐性文化？

（1）班级生活中的文化点化

在班级生活中，既有学生日常活动，又有其他各项活动的开展。从学生进校开始，班主任就应该捕捉日常中的文化因素进行教育。如对学生的行规教育，一定要正面引导，鼓励并强化他们的正确行为，进而养成习惯，形成班级风气，成为班级文化，在潜移默化中影响学生。在各类主题活动中，老师引导的文化渗透在具体的过程中，如班歌创编活动，老师就有意识地指导学生进行合作，培养学生集体主义精神。学生群体在不断磨合中，有了集体荣誉感，感受到创编过程的不易，享受到成功的喜悦，形成文化的自豪感。班级文化的构建是由一个个具体的点开始，正是一个个点状的事件，通过全班学生的参与，弥漫成班级的文化氛围，形成一个个具有特色的班级集体。

（2）老师群体的文化示范

言传身教，老师以其自身的行为和思维方式直接作出示范，成为文化榜样，影响着学生的言行，也影响着班级文化建设。之所以在这里提出老师群体，是因为每一个老师的言行都会对学生产生影响。这就需要班级的老师团队教育理念一致，即教育目的相同，以不同的教育方式教育学生，从而产生文化影响力。这里的老师不仅仅是指班主任，还包括所有学生接触到的学科老师和学生可能需求助的其他老师。老师对学生活动的态度极大地影响着学生的行为，老师的鼓励和支持能带给学生更多愉悦的感受。

（3）学生群体的文化感染

到了中高年级，同伴关系和友谊成为影响学生成长的重要因素，学生间的小群体交往更为密切。这时，老师不仅要关注学生小团体间的交往，还要引导学生建立正确的价值观。在班集体良好氛围下建立同伴间良好的交流关系，用已形成的积极向上的班级文化感染、影响学生群体。特别是三年级学生，他们喜欢竞争，为了获得胜利，有时会采取"非正常"手段攻击对方。在班级文化建设的过程中，老师要引导学生学会欣赏他人的长处，学习借鉴他人的好办法来完善自己。在班级中形成相互欣赏、相互学习的氛围，更有助于班级形成良好的人际关系。

2. 加强显性文化的建设

"显性班级文化建设体现在一系列可见的文化符号的创生与使用上，与日常语言中的'环境布置'有直接的对应性。"[①] 班级环境布置一般指黑板报、墙壁布置、

---

① 李家成. 班级日常生活重建中的学生发展 [M]. 福州：福建教育出版社，2015：184.

班级标语与口号、班级名片等,在建设班级"新文化"过程中该如何做呢?

(1)班级文化布置有特色

班级文化布置应该有这个班级的特色,而不是应付式布置。班级中的图书角可以让学生养成阅读习惯,不断丰富书籍的门类,拓展学生的阅读视野;生物角既可以培养学生的责任心、爱心,也可以让学生在养殖的过程中学习如何爱护和尊重每一个生命;班级的荣誉栏能增强学生的集体荣誉感和凝聚力;张贴的班级口号、班级公约要符合学生的心理需求,具有可操作性;学生的桌面布置,可以各有风格,彰显学生的个性。富有特色的班级布置,可以让学生产生班级归属感,形成极好的文化效应。

(2)班级文化布置有激励

在班级文化布置上可以引进激励机制。班级之星、每周一评的墙面布置一方面可以及时表扬有进步的学生,另一方面可以对学生的各方面表现进行反馈。学生也能看到自己和同学的成长轨迹,有奋斗目标,有前进方向。要注意的是,过分注重个体激励容易引发学生之间的不当竞争,在设置激励机制时要注意个体激励与集体荣誉之间的关系,个体激励最后应和班集体建设相关联。

(3)班级文化布置有生气

此处的"生气"是指班级环境布置一定要让学生参与,学生丰富的创意点子、童趣十足的作品都会给班级文化布置带来活力和生机,学生也更能接受这样的班级文化。班级文化布置时,要听取学生的意见,分块包干。如植物养护几乎是每个班级开学初都会做的一项班级文化环境的布置,但开学一个月后再去观察,就会发现班与班之间的植物会有很大的差别,有的班级植物生机勃勃,惹人喜爱;有的班级植物枝黄叶落,"奄奄一息"。为什么会有如此大的差异?原因就是老师只注重外部环境的建设,学生只是带来植物美化教室,而缺少隐性文化的建设,就是"养"的过程。养护植物的过程不仅可以起到让植物美化教室的效果,还可以通过养护,培养学生的责任心,建设班级的隐性环境,使班级这一小环境的生态更温馨,更有"家"的感觉。通过主动参与,日常维护,学生对于自己的作品更为重视和珍视,这些作品也会对学生产生影响。

3.融合外来文化

"班级建设中所有的内容,都必然能积淀为某种文化,并受制于已有文化的影响。"[①] 班级新文化不是孤立存在的,它又是社会文化、地域文化的具体化。

---

① 李家成.班级日常生活重建中的学生发展[M].福州:福建教育出版社,2015:184.

创建班级新文化也需融合其他文化。

（1）班级文化融合家庭文化

学生走进学校大门，并不是白纸一张，而是带着原生家庭的文化烙印，班级文化和家庭文化有一致之处，也有不同之处。班级文化应该和家庭文化互相融合，取其一致之处，包容不同之处，共同发挥教育作用。如请不同职业的家长分别担任班级的特色课程导师，让学生了解不同职业的艰辛和不可替代性，从而形成包容、尊重的班级隐性文化。

（2）班级文化融合学校文化

学校文化对班级文化的形成有一定的影响力，学校文化对班级文化的形成有着指导作用，班级文化应在学校文化的引领下逐步完善。比如，学校的校训和班级口号之间有什么关联？学校的办学特色与班级特色之间有什么关联？对于这些，老师在布置班级文化的时候要作一些思考和融合。另外，老师应把班级显性文化的布置和学校活动相关联，在活动中提升学生的实践能力，渗透班级文化，聚焦学校文化思想对班级文化实践的影响与转化。

（3）班级文化融合社会文化

学生置身于社会这个大课堂中，社会文化对他们的影响也不容忽视。应充分利用社会文化资源，比如社区开展的公益活动、爱心课堂，学生参加这样的活动，对于他们各方面的发展都有好处。他们会把在学校、书本中学到的知识运用到社会中，会发现学习不仅能给自身带来益处，也可以通过所学知识和技能帮助更多的人。这样的成功体验会促进学生的在校学习。另外，对于一些电视节目、网络媒体，则需要引导学生加以甄别。网络媒体中良莠不齐的内容和资讯太多，禁止是不可能的，毕竟这也是学习知识的一个渠道。社会文化和班级文化有机相融，能集聚资源，促进班级新文化的形成。

班级的文化建设不是班主任与班级学生之间的事情，它是需要班主任、学生、家长、学科老师乃至社会共同参与的一项系统工程。当这一工程中所有的"齿轮"转动起来时，班级才会形成生生不息的良好生态，为师生提供更优的成长时空。

三、如何通过"十岁生日"实现"我"与群体的共同发展

三年级学生进入人生的第一个十年。无论是学生个体、学生家庭还是学校都十分重视"十岁生日"。除了送礼物、吃蛋糕外，十岁生日是不是可以作为一个

承上启下的节点事件,引领学生走向新的发展阶段?每个学生的十岁生日与同龄人之间的发展有什么关联?上海市闵行区实验小学的陈涛老师及其团队一起为学生策划了一次不一样的"十岁生日"庆典。

案例

我们十岁啦!
上海市闵行区实验小学　陈　涛

"十岁"对学生们而言意味着很多。比如,他们即将走过第一个整十数;他们即将从儿童时代跨入少年时代,思维能力有了极大的发展,具有了控制情绪的能力;在学校里,他们已经迈入中年级行列,成了一、二年级小朋友的哥哥或姐姐,应该成为他们的榜样……因此,"十岁"是孩子成长过程中一个至关重要的年龄,不仅蕴涵着丰富的教育资源,也是家庭教育指导的最佳时机。因此,庆祝"十岁生日",对孩子们意义很大。

三年级学生正处在从低年级向高年级的过渡期,大部分学生基本上都养成了良好的行为习惯及学习习惯,也逐渐有了自己的想法,不再像一、二年级那样依赖家长和老师,独立的意识逐渐显现。

他们不再幼稚,具有了自己的兴趣和爱好,对事物形成了自己的看法,参与班级建设的愿望更加强烈了,会经常关注身边的问题,对班级建设甚至活动组织提出各种建议,自行策划、组织活动的能力增强,渴望在群体中拥有自我展示的舞台。他们已不满足于管理班级中的一些日常性事务,而是希望能在活动中承担更有分量和挑战性的工作。进入三年级后,学生们陆续迎来了十岁生日。我们以十岁生日为契机,在年级中开展"十岁生日我设计"系列主题班队活动。在活动过程中,邀请家长全程参与,让他们在参与体验中感受该从哪些方面关心孩子的成长。在整个活动中,学生们通过自主设计十岁生日庆祝活动的环节,体会成长的快乐,树立信心,形成进一步发展的动力,在成长中学会欣赏、学会感恩,体会成长的内涵,并且发展了自主策划、组织活动的能力。

整个活动围绕三年级学生的十岁生日展开,以一系列的活动设计为明线,以班级队员互相补充完善以及班主任指导为暗线。通过让孩子们自主设计活动,发展他们自主策划、组织活动的能力,这为升入高年级后自主策划校园活动奠定了基础。

第一阶段:"金点子"我来想。

（1）完成活动设计表格（可以请爸爸、妈妈一起参与策划）。

（2）以小队为单位，选定最有创意的设计方案，并完善。

（3）各小队轮流交流方案，其他队员互相补充，提出意见和建议。

第二阶段：好方案我完善。

（1）根据修改意见，各小队分头修改方案。

（2）分小队具体介绍方案，模拟活动流程。

第三阶段：好活动我展示。

在十岁生日当天的班级活动中，由各小队呈现修改后的活动展示。

在主题班队活动召开之前，班级中还针对学生和家长两个层面分别进行了问卷调查，了解家长与学生对"十岁生日"的真实想法。

家长问卷

十岁集体生日采访表	
十岁生日为什么特别？	
学校为什么要为孩子过十岁生日？	
你觉得孩子的十岁生日可以怎么过？	

学生问卷

我的十岁生日我做主			
姓名		班级	
我的设想1			
我的设想2			

在前期调查、汇总、提炼的基础上，各小队了解到队员们富有个性的设想以及家长们关于"十岁生日"的方案，队长们集思广益，聚焦队员和家长们的设想，各显神通，设计方案。这次主题班队活动就是对各小队设计的方案进行完善。

活动中，各小队展示了各自的"十岁生日"设计方案，每份方案都倾注着每一个队员的心血。四份设计方案各有千秋：第一小队的方案是在旅游途中度过"十岁生日"，有玩有吃，又能聚在一起；第二小队的方案是邀请爸爸、妈妈一起来过"十岁生日"；第三小队的方案是做公益活动，过一个有意义的"十岁生日"；第四小队则希望能让每一个队员展示自己，让大家看到"最棒的我"。

各小队的设计方案蕴藏着学生们的童心童真，表达了他们最真诚的愿望以及

对"十岁生日"的渴盼。但毕竟是才满十岁的孩子,思虑未曾周全,方案中都存在着实施中的问题,有的无法解决经费问题,有的缺乏具体安排……在各小队交流、讨论中,队员们有了问题意识,开始思考如何解决方案的具体实施问题。

在后续活动中,各小队邀请了部分家长共同参与"十岁生日"的策划,从而进一步修改方案。方案经过完善后,再由班级各部门进行商议,确定班级"十岁生日"的活动方案,递交学生成长部,为学校的"十岁生日"活动出谋划策。

具体的推进过程如下:

活动环节	教师活动	学生活动	设计意图
热身	播放学生进入小学以来参加的活动照片	观看活动照片,回味校园生活	感受集体的快乐
引入主题	1. 引入:上节课我们每个队员各自撰写了为自己十岁生日设计的活动方案,这节课我们就要一起来讨论,最后每个小队挑选出一个活动方案,推荐给班级 2. 重申活动规则:每个小队可以自主安排推选的方式,你觉得代表小队的活动应该满足哪些要求? (1)和十岁生日有关 (2)小队中人人能参与 (3)考虑时间和场地因素(白天、教室)	回顾前期活动;交流、确认活动规则	通过对前期活动的回顾,进入本次活动情境
汇报交流	1. 让各小队参照总结出来的活动要求,推选出一个活动方案,结合三个要求进行具体介绍(还可以说说这个方案是小队队员通过什么形式选出来的) 2. 老师和其他小队发现问题后及时提出问题,并通过集体的智慧解决问题,进一步完善各小队的方案 (预设:利用各种平台和资源;部门之间互相协作,遇到困难寻求帮助;具体落实器材、场地、多媒体以及人员安排)	1. 各小队派代表介绍活动方案 2. 在各小队介绍的过程中,其他小队的队员可以提出问题和建议,帮助这个小队改进方案	各小队推选出有代表性的活动方案,通过介绍和交流再次完善;小队之间互相发现亮点和缺点,在接下来的讨论中互相借鉴,进一步完善方案

第三章 班级文化建设

（续表）

活动环节	教师活动	学生活动	设计意图
总结提升	总结：通过今天的活动，每个小队的方案更加完善和具体了，并且产生了许多新的想法，老师把大家提出的想法和考虑到的细节都汇总在这张表格中，希望你们借助这张表格进一步完善和推进自己小队的活动，下次班队活动我们再来交流，让我们一起合作设计一个难忘而有意义的十岁生日	思考如何进一步推进、完善活动	鼓励学生积极地面对困难，并能发挥合作精神，从而圆满完成本次活动的筹备工作

解读

　　以往的"十岁生日"活动作为学校的节点庆典活动，都是由学校学生成长部策划实施，学生只是被动参与。这次让三年级学生自行设计活动方案并加以实施，作为班主任，心中是忐忑不安的。初期看到学生们脑洞大开，每个人一个方案，并为了实现自己的方案而在讨论中吵吵闹闹时，陈老师努力说服自己：给学生们自主发挥的机会，相信他们的能力，肯定他们的某些想法。当方案中出现问题时，陈老师不是居高临下加以指责、批评，而是引导他们分析、思考，小组合力解决问题，以完善方案。在一次次和队长们进行思维碰撞过程中，一次次感受到学生智慧的火花，也一次次被学生焕发的生命力所感动。这次活动，从策划到实施，整个过程将近三个月，老师、家长都助力到活动中去。大量的外部资源输入班级，被学生吸收、综合、转化、利用。同时，通过学生的实践活动，通过多元的关系形态，通过学生的直接介入，这次活动也影响着家长们的育儿观，他们看到了孩子们逐步成长并开始独立担当的一面。

　　在这个案例中，学生的变化是显而易见的。他们在活动中学会了设计方案的流程：前期调研——汇总整理——初步设计——交流分析——发现问题——合力解决——完善方案——具体实施。这样的思维品质，是学生们在实际解决问题过程中形成的，是他们的实践所得。在不断完善方案的过程中，学生们也明白了"个体"与"群体"的关系，每个人都需要在团队中成长。班级活动为每一个学生创建了成长的平台，活动中既需要学生的个性发展，也需要大家服从团队的需要。在整个活动过程中，个体自然地融于群体中，群体也打造了具有个性特点的鲜活个体。

　　学校层面的变化，在于敢于放权，能够把"十岁生日"的活动策划放手给学

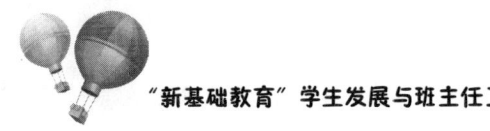

生，说明学校已经意识到学生是学校焕发生命力的主体，在活动中，不仅激发了学生的创造力、想象力，而且使学校的管理更具有民主性。

对于三年级学生来说，十岁是人生的一个新的起点，将告别稚嫩、天真，迈向青春和活力。把学生的十岁生日策划成一次庆典活动，它诠释了生命的意义，体现了教育的人性化，在活动的推进过程中，更让学生们体会一路的成长旅程；在庆祝自己十岁生日的过程中，体会亲人、师长、同伴等一路的陪伴和帮助，从而学会感恩，学会珍惜彼此的亲情；也能明晰在第一个十年的成长路上自己作出的坚持和努力，明白长大的意义。

建议

十岁，是人生旅途的一个站点，更是一个新的起点。为三年级学生举办一个难忘的"十岁生日"庆典，让学生通过感受、体验、参与和实践走向独立、获得成长，是老师、学生、家长共同的心声与期望。我们认为，好的"十岁生日"庆典一定会沉淀出若干个有价值的问题，例如，如何让庆典超越表面的光鲜而变得深刻？如何挖掘庆典蕴藏的巨大的教育功能？如何实现"十岁生日"庆典的意义……基于以上思考，作为老师要积极探索、挖掘、拓展这一仪式活动的文化内涵，尝试将"十岁生日"庆典与学校已有课程相整合，开展系列化庆典活动，实现活动的课程化实施。

1. 目标定位：从"根"的层面，深入挖掘庆典的精神价值

庆典，不能为做而做，而应深入探究其责任与意义，想清楚了再做。因此，定位很重要。我们认为，开展这样一个系列活动，不仅要让学生体验成长的快乐，更重要的是引导学生自主发展：在思想上，懂得感恩、分享与承担责任，懂得"十岁"在人生旅途中的特殊意义；在能力上，能够积极参与各类活动，和伙伴互帮互助，独立完成一些任务，看到自己和伙伴的成长变化，展示才干，增强自信心，为成长骄傲；在情感上，接受师长祝福，体验成长的幸福，了解社会、老师以及家长对自己的深情厚谊，表达感恩之情。通过对未来的期盼，初步形成对自我、对他人、对集体的责任意识。

由此可见，"十岁生日"庆典的系列活动不尺是热闹的活动，而是教育与洗礼、省行与展望。必须围绕学校的长期育人目标和核心文化，以学生在校时间为一个周期进行整体设计。

2. 形式内容：从"枝"的层面，充分获取载体的支撑作用

定位，决定了"做"的品位。清晰的定位，可以有效地保障庆典的多项活动在目标与形式内容上的一致性，找到与目标定位相匹配的载体呈现方式。

（1）课程局部渗透

学校里课程众多，基础型课程、拓展型课程、探究型课程都可以是活动的辅助平台。比如，闵行区某小学的引进课程"健康与幸福"是学校尝试以"互视·认同·大气"为基点，使学生心胸开阔、了解多元文化、加强国际理解、促进和谐共生的拓展课程。庆典前期，学校结合《健康与幸福》一书中"认识自我""对己负责""快乐交往""合理饮食"四大主题，构建了"十岁生日"的一系列前移课程，使仪式教育的过程性、长效性显现出来。在四大主题活动中，学生探究了"自我概念""生长发育""心理情感""解决冲突"等内容，进行了"独一无二的指纹画""快乐小队手拉手""作负责的决定"（秋游活动前期探究）、"我为家人做菜单"等体验活动。在这样一个思考探究的过程中，学生经历了把"我"变成"他"，而后又回到"我"的多重体验过程，这一过程对其发展极有意义。

同时，"十岁生日"庆典系列主题活动巧妙融合了语文课的感谢信、美术课的感谢卡、品德与社会课的孝心教育、音乐课的感恩歌曲传唱等，可以说三年级主题生日活动参与的不仅是学生，老师也是全情投入。大家一起融入庆典、接受洗礼，并生成了新的人文积淀。

（2）家校融合互助

一个好的主题教育活动，只有发挥家校合力，才能起到一加一大于二的效果。整个庆典活动，应该激发每一位家长、每一个家庭的参与热情，将家长对孩子的爱作为最强有力的资源融入庆典仪式，使家庭教育与学校教育紧密结合，充分发挥仪式教育所具有的丰富内涵。

我们再回看陈老师设计的系列活动，可以发现每一个阶段都有学生与家长之间的互动。在互动的过程中，爱的情谊在学生和家长之间相互传递，爱的气氛的弥漫，使整个系列活动温暖而有意义。

系列活动一："我成长"。学生在家长的协助引导下，搜集翻阅自己的成长照片，聆听成长故事，与父母一起找寻十年生活中最有意义的照片、最精彩的瞬间，并尝试把它们串起来，用照片和文字共同制作十年成长点滴录，建立自己的成长档案。

系列活动二："我感谢"。学生精心制作感谢卡，写下对父母真情感恩的话

语，通过感谢卡表达对家人的爱。

系列活动三："我十岁啦"。庆典活动当天，三年级所有学生家长手持孩子亲手设计填写的邀请函走进礼堂，共同参与"十岁生日"庆典活动。看到孩子有序地候场、自信地上台以及精彩的表现，家长流下了幸福的眼泪；听着家长温情的寄语、念着家长的殷殷期望、想着家长平时点点滴滴无私的付出，孩子不禁潸然泪下。当孩子把感恩卡送给家长，家长与孩子紧紧拥抱在一起，不需多言，在那感人的一刻，家长定能感受到孩子的成长，孩子定能读懂家长的付出，学会感恩与尊重，明白了要珍惜彼此的亲情。

系列活动四："我的家书"。仪式结束之后，我们邀请家长利用休息时间，回顾自己养育孩子十年来的点点滴滴，以家书的方式写下最想对孩子说的话，送上祝福。在现代化通信工具发达、沟通快捷的今天，有机会静下心来给孩子写上一封家书，家长也是嘘唏不已，感受颇深。

以上四项活动循序渐进、螺旋上升，让家长和学生都融入仪式之中，并在这个过程中共生，共长，共感动。

（3）仪式内涵丰富

仪式是庆典的秩序形式。通常，一个完整的庆典活动是由多个独立但又相互关联的环节组成。在设计这些环节时，要弄清楚每个环节的内涵及环节之间的内在关联。比如，上海市闵行区实验小学的"我们十岁啦"庆典现场，活动主要分为"生命萌芽""成长感恩""甜蜜祝福""成长宣言"四个版块。在"成长感恩"环节，学生通过照片、指纹画展现自己的成长变化、学习收获；从人、物、风景等方面汇报自己首次参加少代会，撰写提案献计献策，通过实践落实提案为校庆献礼、为校园添彩的过程，也表达了在学校快乐成长的美好心情，并向所有陪伴自己成长的人表示敬意和感谢。在"成长宣言"环节，学生将全班共同的愿望写在五颗不同色彩的"爱心"上，并一一郑重签名，贴在"成长树"上，然后在"成长树"下庄严宣誓，许下对未来的承诺。从这四个活动环节可以发现，第一个环节是对于十年成长过程的回顾，一件婴儿服、一双虎头鞋、一张满月照……传递的都是家人满满的关爱；最后一个环节是通过"成长树"的形式，畅想对未来的美好期望，是学生的宣言，是作为十岁少年的责任承担。每个环节都是独立的，都有其别具特色的呈现方式；各个环节之间又是相互关联的，联通了每一个学生的成长过程，架起了学校生活、家庭生活和社会生活的桥梁，使这三者之间更为紧密地联结在一起。

(4）争章记录成长

"争章活动"是上海市少先队的经典活动，也是一种评价手段，具有趣味性和激励性的特点，一直深受孩子喜爱。每一个系列活动都可以将活动的过程评价与争章相结合。学校少先队可以以"我们十岁啦"系列活动为契机，创设属于"十岁"的专属章目。同样以上海市闵行区实验小学为例，在活动的过程中，学校一共设置了四枚章目，每一枚章目对应的评价内容都与"我们十岁啦"系列活动的要求相整合。争章激励学生更为主动地参与到系列活动中，章目的取得也见证了学生在系列活动中的成长。

章目	评价内容	评价形式
自动章	主动参与活动；主动完成各项学习任务；主动帮助身边的小伙伴共同进步；在活动中有创新的做法和想法，及时增进自我认识，发挥个性特长	结合"十岁生日"庆典活动以及学校、班级活动的参与情况进行评价
安全章	在校遵守各项纪律，做到课间文明活动；出行注意交通安全、消防安全、饮食安全、防灾安全、人身安全等。树立安全意识，学会自我保护	结合行规、秋游、游泳课程等进行评价
家务章	坚持每天整理自己的床铺，打扫房间；在双休日洗自己的小件衣物；认领家庭小岗位并认真完成	结合"健康与幸福"课程中的"我是家务小能手""我为家人做菜单"活动进行评价
礼仪章	坚持做到微笑待人、主动问好、乐于助人，养成自觉使用礼貌用语的好习惯	结合日常行规进行评价

整个活动的争章内容与系列活动、课程学习紧密结合，具有可操作性。学生既能够明确努力的方向，又能看到自己行进的轨迹。

每所学校、每个班级都可以围绕"十岁生日"庆典活动创设学校（班级）特色章。章目的设定为学生活动指明了目标，也是对"十岁生日"庆典活动进行过程性评价的手段。

3. 实践收获：从"叶"的层面，全面萃取庆典的育人精华

当"十岁生日"庆典活动一项项地开展，老师要学会用画面、文字记载一次次结点事件的育人价值。

在"我们十岁啦！"庆典活动中，家长、老师和学生紧紧拥抱在一起，被

一张张感恩卡、一个个成长的画面、一句句感谢的话语感动得或是眼眶泛红，或是泪流满面。这些定格的画面，在每一届学生毕业典礼重现的时候都会带来新的情感的冲击，是家校关系融合的新契机。当那些坐在教室里的学生从老师手中郑重地接过神秘礼物——家长亲笔书写的"家书"时，从流泪到抽泣，直至后来的泣不成声，那久违的画面，让我们感慨万分。在如今安逸享受的环境下，对孩子们而言，还有什么故事和语言能够触动他们心底最柔软的地方？还有什么体验和力量可以让他们泪流满面？还有什么情境和经历可以让他们实实在在地感受到真情？这充满着家庭温情的一封封家书被细心留存的瞬间，保留的是一个家庭最美好的记忆。

同时，老师在"十岁庆典"活动中，应学会用仪式教育将育人目标细化分解，学会适当延长或缩短相关训练时间，设置可选内容，并在实施过程中不断修改、完善，追求每一个学生在共性中的个性发展。

"一个人是通过共同生活的过程来教育自己的，而不是被别人所教育的。家庭生活或氏族生活、工作或游戏、仪式或典礼等都是每天遇到的学习机会。"[1] "十岁生日"庆典活动，就是为了实现让学生在活动中自我教育的目的。它融感恩、合作、创造等教育于一体。试想，当学生全身心地参与到高情境化的仪式过程，全身心地融入高体验性的活动时，他的能力将得到提高，个性将得到发挥，此时，"十岁生日"庆典活动就有了新的价值或意义。

---

[1] 联合国教科文组织国际教育发展委员会.学会生存——教育世界的今天和明天[M].北京：教育科学出版社，1996：127.

第四章　学科资源整合

学生在校生活的每一天，学习生活都占了很大的比重。特别是进入三年级后，学习的难度增加了，学科上还开设了很多新的课程。学生如何兼顾学科学习与校园生活？这就需要老师，特别是班主任做"有心人"，把学科学习与校园生活进行整合，使学科学习和校园生活之间起到优势互补的作用。

一、如何对学生进行新增学科的学习指导

进入三年级后，各个地区都会在这个年段增加一些新课程。新开设的学科教学可以打开学生的视野，帮助他们更全面地认识世界。虽然地区之间增加的课程项目有差别，但对于每一个学生来说，每增加一门新的课程就是增加了学习的时间，而且进入三年级后学习的难度普遍增加，再加上新课程的学习，对每一个学生来说都是不小的困难。与学科资源整合的班级活动可以更快地帮助学生找到新增科目的学习方法，促进学生的学习。例如，上海市闵行区汽轮小学的吴周云老师在学生学习"健康与幸福"这门新课程时，尝试着把班级生活与新课程相关联，把新课程中的知识点延伸到日常生活中，促进学生的学习。

案例

做个负责任的家庭成员
上海市汽轮小学　吴周云

2012年9月新学年开始，我校三年级开始实施综合性的生活成长课程——"健康与幸福"的教学与实践，这对孩子的健康成长来说无疑是大有裨益。该课程将健康分成身体健康、心理和情绪健康、家庭和社交健康三大部分，并将学生成长中可能遇到的问题归并到这三个方面，着重通过十项生活技能的训练，帮助学生解决成长中遇到的烦恼。"健康与幸福"课程的教学形式也不同于一般的科目，

该课程通过学校、家庭、社区等多种途径,以自学、课堂教学、班会、主题活动、家庭教育的形式展开。最重要的是,不进行道德的说教,更重要的是通过学习、领悟、实践、体验,帮助学生更好地处理成长中的问题,满足每个孩子的成长需要,促进他们"健康、快乐、幸福"地成长。

我们对"家庭"这节课的教学内容进行了分析。本节课的内容主要分为三个部分:(1)什么是家庭?家庭意味着什么?(2)成为一名负责任的家庭成员的方法;(3)怎样用健康的方式适应家庭变化?

以上三个部分之间存在很强的逻辑联系,从了解知识到学习技能再到运用技能,体现的是一种层层递进的关系,学生水到渠成地掌握了用健康的方式适应家庭变化的生活技能。教材将对照指南判断、按照环节实施贯穿于整个学习的过程,具有很强的可操作性,符合三年级学生的认知水平。但是,教材中的一些用语和学生平时的语言习惯有一定差异,例如,对于"家庭价值观""学会自我控制"等概念,在教学过程中需要进行适当解释,转化成学生易于理解的语言。

汽轮小学三年级生源情况特殊,本地生源26人(包括外区县),外地生源73人。60%以上的家长文化程度为初中,大学文化程度只占8%左右;家长职业多以卖菜、开车、修理等个体经营和在工厂打工为主,因此,家庭类型也各不相同。为此,我在班级做了一份有关家庭情况的调查。本班一共24名学生,本地生源5人,外地生源19人。

家庭情况调查

家庭调查小问卷					
1.家庭类型	A.核心家庭	B.单亲家庭	C.混合家庭	D.大家庭	
2.你和谁住在一起	A.爸爸	B.妈妈	C.祖辈	D.兄弟姐妹	
3.你觉得谁是最负责任的家庭成员	A.爸爸	B.妈妈	C.祖辈		
4.当你有困难时,谁会关心你	A.爸爸	B.妈妈	C.祖辈	D.兄弟姐妹	
5.你的家庭是否发生过变化?如果有,你会……	A.寻找别人帮助	B.找人说说心里话	C.独自承担		
6.说说家庭中最幸福的一件事					

第四章　学科资源整合

根据调查分析，本班属核心家庭的有17人，单亲家庭1人，大家庭6人。在学生们的心目中，有19人觉得妈妈是最负责任的家庭成员，觉得是爸爸的仅仅5人。

他们认为当遇到困难时，妈妈总是及时关心，相反，爸爸就有些欠缺；15人觉得爸爸会关心自己。本班有4人家庭没有发生过变化，剩下的学生中倾向于寻求别人帮助的有3人，找人说说心里话的有16人，独自承担的有1人。最后一题比较开放，即说说家庭中最幸福的一件事，有7人觉得是家庭中多了一名成员，15人觉得是和父母一起出去活动，有2人觉得是拜访亲戚。

根据学生的年龄特征和身心发展规律，本年级学生均为十岁左右适龄儿童，逐步进入少年期，他们对外部控制的依赖性逐渐减少，但是自控能力又尚未发展起来，还不能有效地调节和控制自己的日常行为。因此，帮助他们成为"负责任的家庭成员"显得尤为重要，这将对他们的健康成长产生关键性的作用。因此，这次主题班队活动从学生的生活经历入手，通过一些事例的辨析和具体的指导，来培养学生的责任感，使其成为负责任的家庭成员，并用健康的方式适应家庭变化。

根据这些分析，我将课程学习与班级主题活动相结合，以主题活动的形式帮助学生重新认识家庭的概念。本次活动的目标确定为四个方面：（1）知道组成家庭的成员，懂得成员之间应该互相关心。（2）知道对家庭负责的几种方法，能适应各种家庭变化。（3）树立正确的家庭价值观，体会家庭成员之间的亲情。

针对本次活动的特点，我精心设计了一个创设情境、小组合作、展示交流的活动。让学生用自己的全家福或家庭生活照片，把生活中的欢乐情景搬到课堂上，唤起学生的生活体验，调动学生的学习兴趣，让全体学生参与其中。让学生在体验快乐的同时，了解自己的家庭及家庭成员情况，通过情境创设，使学生意识到自己是家庭的一分子，使每个学生在轻松愉快的活动过程中树立正确的家庭价值观，做一个负责任的家庭成员。这些活动不仅是一种道德生活的体验，更是一种亲情和人格的养成过程。

对于现在生活在"蜜糖罐"里的孩子来说，家庭是什么？也许就是爸爸、妈妈、爷爷、奶奶等长辈和自己的组合。他们不知道现在所处的家庭其实经历了很漫长的过程，不断发生变化。因此，活动前的准备自然是少不了的。我请孩子们回去访问自己的父母长辈，特别是访问祖父母辈，了解家庭成员，了解家庭准则。

在"做个负责任的家庭成员"主题班队活动中，学生们的话匣子打开了，或畅所欲言，或听别人说。孩子们通过活动前的调查、活动中的讨论，知道了很多

课外知识，从而更了解自己的家庭生活，也更爱自己的家，下定决心要成为一名负责任的家庭成员，也为"健康与幸福"这一门新课程的学习奠定了兴趣基础。

具体的推进过程如下：

活动环节	教师活动	学生活动	设计意图
我爱爸爸和妈妈，我爱亲人	1. 让学生说说家里有什么人，从而引出各种不同类型的家庭 2. 播放"三毛流浪记"片段，明确"家庭"的概念 3. 小结：有的学生是和父母住在一起，有的学生和爷爷、奶奶，外公、外婆住在一起。虽然成员不一样，但是都由于某种原因联系在一起，这就是"家庭" （预设：家庭的规模有大有小，由不同的家庭成员组成，每个家庭都有许许多多快乐的事情）	自由表达	创设情境，激发学生的活动兴趣与表达欲望
我是家庭中的小主人	1. 引入：每个家庭都有自己的风采，就让我们展示并分享一下吧。小组内，每人向组内成员介绍自己照片的来源和其中的故事，让大家分享那幸福的时光；并简单介绍照片上的家庭成员 2. 让每组选1—2名学生上台向全班汇报交流，老师随机点评 3. 出示思考题：有的学生说："家里的事情都是由大人们管的，我只是个孩子，不用管。"这种说法对吗？ （小结：上面的这一说法，认为自己是个孩子就不用管家里的事情，是缺乏家庭责任感的表现。作为一名优秀的少年儿童，应该具有家庭责任感） 4. 让学生想一想：我们为什么要对家庭负责任？	交流与讨论	1. 营造快乐的情境，把学生带入其中，让学生体验家庭的幸福温暖，在快乐中学习交流 2. 从学生对家庭责任感的看法入手，使他们明白不论年龄大小，对家庭都负有责任，要有家庭责任感

（续表）

活动环节	教师活动	学生活动	设计意图
我是家庭中的小主人	（小结：每个家庭成员都是家庭的主人。作为家庭的小主人，要与父母等长辈一样对家庭负责任，而且要为家庭生活的美满出一份力） 5. 提问：如何为家庭生活的幸福美满出力？并根据学生回答提炼 （板书：尊重、负责任、善解人意、学会自我控制）		
我做父母的好孩子	1. 过渡：上述都是具有家庭责任感的表现，但每个家庭难免会发生一些令人忧愁的事情或遇到困难。在这种情况下，一个具有家庭责任感的小主人，又应该怎样做呢？ 2. 出示事例：妈妈患有偏头痛，你该怎么做呢？（学生与家长演一演情景剧） （小结：当家庭遇到困难时，我们绝不能认为这只是父母长辈的事，而应尽自己的力量为家庭排忧解难） 3. 提问：你的家里是否发生过伤脑筋的事？让同学们来帮你出谋划策吧 4. 小结：大部分同学确实存在着这样的情况：一方面想尽力为家庭排忧解难，但另一方面又不知不觉地为父母增添了使其为难的事情（让学生与父母、同学手拉手互动10秒，说说心里话）	1. 合作讨论并回答 2. 手拉手，说说心里话	尝试运用成为负责任的家庭成员的三种方法来解决家庭中遇到的困难
总结	总结：大家刚刚都与自己的父母、同学悄悄说了自己的心里话，我们以后在尽力为家庭排忧解难的同时，必须经常告诫自己，不要给父母添忧添难	倾听	使学生初步懂得要做一个具有家庭责任感的人

■ 解读

"健康与幸福"是一门从国外引进的课程，课程的架构和设计与我国的国情

和学情有一定的差距。有些内容在现有教学结构的框架下较少涉及。其中的课程内容"做个负责任的家庭成员"对小学三年级学生来说是有一定难度的。我国大城市中的孩子处于家庭生活的中心,他们很少甚至是从没有考虑过"家庭成员"的身份。进入三年级后,学生的学业压力加重,但由于生活经验不足,他们在陌生、冲突、约束、遭受指责等情况下,容易产生紧张的情绪,自我调节能力比较差,难以释放心理的压力,这容易使他们情绪低落,因此家庭氛围的融洽与否对于他们有着很大的影响。同时,随着年龄的增长,他们对外部控制的依赖性逐渐降低,但是内部的自控能力又尚未发展起来,还不能有效地调节和控制自己的日常行为,容易好心办坏事,如何使他们在家庭中排忧解难,而不是添忧添难?上述案例给了我们答案。

对于这门新课程,学生充满了好奇:究竟要学什么?能学到什么?为此要作哪些准备?针对"健康与幸福"课程"与学生生活密切相关"的特点,作为班主任,首先对学生的家庭情况进行了一次小调查,了解学生对于"负责任的家庭成员"这一概念的理解,并给予学生充足的时间写下家庭中最幸福的一件事,感受家庭幸福带来的愉悦、温馨。三年级小学生对于"幸福家庭"这个概念的理解比较狭隘,在第一次交流时,学生大多认为一起去旅游、品尝美食、学会游泳、下雨时父母替自己撑伞等就是家庭最幸福的事。学生的简单认知阻碍了交流。此时,老师及时引导学生去发现生活中那些不被重视的"小幸福":父母辛苦工作一天后还要为自己检查作业,教自己学做家务,一起参与社区志愿者活动,哪怕是一次谈话、一次鼓励都可以是一件幸福的事。

学生得到启发后,思维拓展了,他们用心回顾着日常生活中的幸福瞬间。活动当天,学生带上自己的全家福照片,把生活中的欢乐情景搬到课堂上,让全体学生参与其中,唤起了学生的生活体验,调动了学生的学习兴趣。"台上",他们滔滔不绝地分享家中的趣事,令一旁的老师激动不已,学生在互相交流中已经实实在在体会到了幸福,为自己是家庭的一份子而骄傲,在轻松愉快的活动过程中树立了正确的家庭价值观——做一名负责任的家庭成员。

于是,老师趁热打铁,向全班抛出一个生活辨析题:"家里的事情是大人们管的,我只是个孩子,不用管。"这引起学生思维火花的碰撞,提高了他们的思辨能力。最后,学生达成共识:这种说法不对。继而讨论:"为什么要成为负责任的家庭成员?""如何为家庭生活的幸福美满出一份力?"学生们都陷入深深的思考中。一个接一个问题唤起他们对家庭责任感的认识,使他们学会尊重,负责任做事,善解人意,并学会自我控制,从而更有利于幸福家庭的建设。

第四章　学科资源整合

　　课下，学生们开展了实践活动，将"做一名负责任的家庭成员"这个技能运用于生活中，并记录下解决了生活中的哪道"难题"，把知识化为实践行为。有的学生说：妈妈头痛的时候，他就在一边安安静静地做作业，不打扰妈妈休息；有的学生说：在与同伴外出玩滑板时，做好一切安全准备工作，不让爸爸、妈妈担心，自己对自己负责；有的学生说：如果爸爸、妈妈做了违背家庭准则的事情，自己会勇于指出来……他们能真正将"知识"内化为"技能"，勇于表达自己的想法，做一名负责任的家庭成员，为家庭的幸福美满出一份力，而不再是以往的"不敢表达"的局外人。

　　在活动中，学生也会遇到一些棘手的难题：父母做错了事，说还是不说；有些对自己有利但不符合社会规范的事，做还是不做？他们也为此而伤脑筋。这是生活中常见的两难问题，如何作出取舍在于学生对于价值观的认识。三年级学生面对两难问题确实难以作出决定。这时"健康与幸福"课程就教会他们适当的时候可以寻求老师的帮助，在尽力为家庭排忧解难的同时，必须经常告诫自己，不要给父母添忧添难。学生一次次"艰难"地选择，也是在学习选择正确的生活态度。

　　在这个案例中，我们看到学生在刚开始学习新课程时显得有些拘谨，一方面是生活体验不够，思考比较单一；另一方面是觉得家庭小事较普通，不愿意与同伴分享。经过这样一个"相互交流与质疑、相互探究、相互补充"的系列活动后，他们逐渐乐于表达，自主探究，自主获取知识，真正实现效益最大化。可见，他们在学习这门新课程时也在努力着，他们学着发现生活中的幸福小事，学着关心家人，并将此付诸行动，学着对自己负责，对家庭负责。活动中，学生往往寻找到另外一个自己，这一系列活动不仅是一种道德生活的体验，更是一种亲情和人格的养成过程。

建议

　　当下的应试教育，分数俨然成了衡量一名学生"好坏"的标杆，成了老师能力的考核表。孩子全面、个性的发展反倒是次要的，这给孩子身心加重了负担，也让在一线工作的老师筋疲力尽。一门新课程的重要性在有些家长、学生的眼中就是"考不考试""有没有用"，而家长、学生评判有用的标准就是考试分数。如果让学生形成"有用"和"无用"的功利思想来判断一门新学科的价值，对学生今后的生活也会产生不利的影响。对于老师，在学生学习新课程的过程中，要做到以下三点：

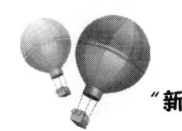

1. 充分了解新课程的知识目标和育人目标

课程目标是实现教育目标的重要手段，它具体地指示课程的进展方向，标示课程的范围，提示课程的要点，决定课程内容的选择和组织，指导教学评价工作，是实现课程宗旨的重要保证。现在，很多新课程的开发都是基于学生发展，追求在德、智、体、美、劳等方面都发生积极的变化，有明显的长进和提高。通过课程的学习，使每一个学生养成良好的品德，潜能得到开发，学力得到增长，智力品质和非智力品质都得到明显的提高。通过培养学生的创新精神和实践能力，可以全面提高学生素质，培养更多的人才，以大力推进社会的发展。

一门课程要达到诸多的目标，除了课堂学习之外，还需要有实践活动相辅相成。实践活动的形式是多样化的，有些是在课程学习之前，通过探究、交流激发学生对课程的学习愿望；有些是在课程学习的过程中，通过主题活动，解决课程学习中遇到的困难；有些是在课程学习后，对课程的育人价值进行总结，并把课程中学到的知识运用到生活中去。

老师在引导学生进行新课程学习的时候应注意：要平等善待每一个孩子，而不是只注重成绩；要营造一种具有感染性的催人积极向上的课堂氛围，而不是紧张且充满负面情绪的氛围，生动活泼、积极主动的课堂氛围能激发学生的学习兴趣，并把兴趣培养成一种心理需求；要建立和谐的师生关系，这不仅会形成生机勃勃的课堂气氛，而且也会形成一种愉快、生动活泼的校园学习气氛。例如，上述案例中的吴老师在课后经常就课程之中的知识点与学生进行交谈，会在吃饭时说一声"我们要合理膳食"；游泳时说一声"游泳可以降低脂肪，锻炼肌肉耐力"；当有的同学不小心摔倒时，他们会对他进行"急救"……这种情感是从内心发出来的，是从学习的过程中得到的快乐和幸福。

2. 规划新课程学习阶段班级生活的介入点

一门新课程的学习，学生有期待、有害怕，各种情感的体验源自学生对新课程的认知程度。老师要对学生新课程学习中遇到的问题进行预判，用预期学生行为的发展变化来表述课程目标。通过预期行为取向方式制定的行为目标比较具体、明确，有较好的可操作性，也便于进行评价。例如，在三年级开设信息课程之初，老师就对学生的信息素养进行调查评估，发现学生对于手机、平板电脑的操作功能非常熟悉，对于上网等操作十分熟练；但是对于如何制作一份漂亮的文字版面，如何实现快速的文字输入，如何在网络搜索中获取有效的信息等还是比较缺乏的。因此，可以在班级中开展"寻找电脑操作高手"的主题活动，通过小队展示小报、

共同完成探究报告的过程，引导学生掌握信息课程学习的重点和要点。

在学生进行课程学习的过程中，应使学生保持学习的积极性，从而积极参与实践活动，培养创新能力。如案例中的吴老师在学期开展的主题为"石榴花"的环保小卫士志愿大行动中，整合"健康与幸福"课程第十章"环境健康"的教学，要求学生开展社区环境、节约自然资源的调查研究，他们兴趣盎然，寻找生活中节约自然资源、少制造垃圾的行为，并提出健康生活倡议。活动开展得有声有色，意义实在。学生们有了学习动力后，再逐步指导他们进行资料查阅、实地调查、采访等活动，学生从中受到熏陶、感染、启迪，并有所感悟，从而提高悟性，增长智慧。他们在与老师的沟通交流中，正在快快乐乐地健康成长；在与同伴的合作策划中，正在逐步提高自己的分析判断能力……

在学生学习课程的过程中，老师要改变教育思路，转变世俗的眼光，善于发现学生的优点去加以肯定，即使是一闪而灭的火花，也应及时抓住，并使之成为星星之火。老师对每个孩子都应充满信心，营造温暖的氛围，让他们重新认识自己，扬起前进的风帆，驶向胜利的彼岸，拥有一个阳光般的灿烂人生。

3. 引入评价机制帮助学生完成新课程的学习

落实新课程不是一个简单的执行过程，而是互动的过程。由于受传统应试教育的影响，分数是学生的"命根"，老师的"法宝"，因而使得老师对学生的评价被狭隘地理解为对学生学习情况的评价，对学生学习情况的评价转化为用考试的方法得出考分。任何一门新课程的学习注重的不是学生外部行为变化这个结果，而是学生个体的身心发展，注重每个学生的智力品质和非智力品质的提高。由此所确定的课程目标是开放性的，学生在实际情境中的表现、解决问题的活动、认知灵活性以及兴趣动机等心理过程都在其列。课程的学习既应该有利于每个学生都得到全面的、最大限度的发展，又应该体现为对所有学生最低限度的要求。要扭转这个局面，关键在于打破单一的分数评价体系，让评价的形式多样化，评价学生的功能更加全面。例如，"健康与幸福"这门课程由于特殊的学习方式，以及为了减轻学生的心理压力和学习负担，可以不进行相关书面形式考试，而是运用"多样化"的评价方式实现对学生的全面评定。也就是说，评价学生，不能只看他的学习成绩，而且要看他的个性和兴趣发展，要关注他有没有想象力、创造力。同时，要全面客观地了解情况，尽可能防止"第一印象"等认知偏差的干扰，避免个人的偏见，这样才能实事求是地依据学生的表现情况给予恰如其分的评价。每周以专栏形式在学校橱窗展出；建立个人成长档案袋，在收集整理资料方面进

一步规范化；每月开展与课程相关的开放式主题活动，采用多种形式展示课程学习成果，激发师生对课程学习的兴趣。通过评价，促进学生生动、活泼、积极、主动地学习，促进学生全面而有个性地发展。只有倡导多方面发展的教育，才能让学生真正感受到学习的乐趣。

二、如何在活动中提升已有学科的学习内涵

三年级的学科学习进入新的阶段，在低年级知识积累的基础上向高层次学习（如综合运用和创新）发展，培养学生的高阶思维能力。学科学习往往跟社会实践等操作活动融合在一起，使学生学到的知识能够与自己的生活密切相关。学生的学科学习不仅仅限于书面作业的完成、考试的成绩，而且在于知识在生活中的灵活运用。在生活里运用知识的过程中，还可以促进学生的人际交往等社会性的发展。江苏省常州市虹景小学的汤寒阳老师通过读书活动，激发学生的阅读兴趣，拓展学生的阅读视野，实现了语文学科学习从输入到输出的完整过程。

案例

阅读乐翻天

常州市虹景小学　汤寒阳

在目前的语文教学中，存在着一个普遍的、不容忽视的问题，就是仍有少数老师重视课堂教学，忽略课外阅读，认为只要课本知识掌握好了，考试就"胸有成竹""胜券在握"了。但事实上，往往事与愿违。这种"出人意料"的失败使学生一筹莫展，也让一些老师疑惑不解。原因就在于这些学生平时很少进行课外阅读，长期把自己封闭在"课本"这个狭小的天地里，"以井底之蛙，观大千世界"。这使我校三年级学生的课外阅读现状与阅读标准存在差距。

三年级学生多数是独生子女，由于成长环境相对封闭，加上"自我中心"的角色导向，使得他们没有与人沟通的意识，也不会与人交往。就中低年级学生而言，与人沟通最大的障碍在于语言表达方面。他们常常会因为不能用恰当的语言表达自己的想法而灰心；常常会因为措辞不当与伙伴发生摩擦而苦恼。这些都极大地影响着年级学生在集体生活中的融洽度和自信心。

近几年，我校每个教室都配置了"童心书吧"，用来收藏课外书籍供学生阅读，有不朽的经典名著，有趣味盎然的童话故事，有激发兴趣的科普读物……从

第四章　学科资源整合

内容到题材，丰富多彩。通过阅读这些作品，可以培养学生的思维品质和文学素养，还可让更多的学生与名著见面，从中认识到它的"庐山真面目"，有助于激发学生的阅读兴趣，挖掘知识的本质，揭示知识的发展过程，启迪学生的智慧，教会学生阅读的方法。

三年级学生在完成学科学习之余，可以打开书吧阅读自己喜欢的书籍，从而激发他们的读书欲望，激活他们的思维。"童心书吧"享有"知识的宝库""信息的来源中心""学校的一道风景"之美誉。

我们首先根据学生的发展要求，让他们对接触最多的童话产生兴趣。因此，老师必须担任起读书活动的设计者、组织者和引导者的角色，让学生感受到阅读一本书不是随随便便的事，而是一件值得认真去做的事。我们的建议可使他们少走弯路，在迷茫时指导航向，使他们兴致盎然地阅读童话书籍，在不知不觉中提高课外阅读能力，锻炼表达能力，提高自信心。

童年阅读是孩子生命里的一片绿洲，而童话犹如一粒装载快乐的种子，播撒到孩子们的心田，生根发芽，渐渐长大。我国台湾儿童作家方素珍说："就像花婆婆把鲁冰花的种子撒到山坡小路上一样，我们这些快乐的说书人也是在撒种子，每一颗种子就像一个小精灵住进孩子的心里，而这个小精灵什么时候会起作用，我们并不知道。"但是我们知道，终有一天，这些种子必将长成参天大树，开出最美丽的花朵，结出最美丽的果实，在每一片长满了童年的原野里。

三年级学生翻开童话，已能轻而易举地读懂短篇和中篇童话故事，可以独自阅读较长一段时间。童话故事是孩子们最喜欢的一种文学形式，也是他们认识世界的窗口，这些童话故事的内容大多贴近孩子生活，以充满童真的语言来叙述，充满人性的光辉。然而，由于三年级学生兴趣爱好广泛，易受外界干扰，在这一阶段我们重点向学生推荐的是故事内容紧凑，既有一定变化和趣味，又有一定深度的儿童文学作品。通过引导和指导，学生们的阅读总量超过了课标要求的40万字。

在学生进行充分阅读的基础上，班级开展了"阅读乐翻天"主题系列活动。

系列活动一：听童话——我与童话零距离

我收集了丰富的童话音频资料，每天让学生听上三五个，一方面让学生有量的积累，另一方面也让学生在这样的过程中习得讲好童话的方法，为后续的"演童话"作好准备。

系列活动二：写童话——走进童话王国

我试着让学生输出，创设了一个"森林里过狂欢节"的情境，让学生自由编

写童话。但第一次的情况,让我有些失望,几乎所有学生编写的童话都是把某个小动物过节做了哪些事罗列了一下,没有情节,更没有意义。第二次,在指导之后,有部分学生编写的童话有主题了,但在表达上还存在很多问题,如语句不通顺、语言不生动等。第三次,四人小组合作编,选择最好的一篇,四人集体讨论把这个故事变得生动、有趣。在经历三轮的学生自主编写之后,老师正式参与编写,和学生一起商量,一起修改,反反复复之后,"有情境、有情节、有意义"的童话故事才算正式"出炉"。

系列活动三:演童话——我是童话的小主人

童话故事出炉后,就进入排演阶段。学生们根据故事的主题、内容,组建临时小队,并自主选定小队长。从小队成员分工到排演形式的选择都由临时小队自主安排。学生原生态的排演呈现出以下状态:

一是小队合作方面:大部分学生在排演的过程中都听从小队长的指挥,也能及时提出自己的一些想法和建议,对小队长布置的一些道具的制作也能积极响应,但个别学生比较"淘气",他们或者不参加排演,溜出去玩耍;或者在别人认真排演时故意捣乱;或者轮到自己排演时肆意大叫,这给小队长的管理带来了极大的挑战。一开始,小队长们几乎都想寻求老师的帮助,慢慢地,他们开始自己想办法解决,有的请队员联合管理,有的采用评价的手段。

二是表演设计方面:(1)表演形式单一,几乎所有小队都采用旁白+角色表演的形式。(2)学生大多游离于角色之外,如语速飞快,咬字不清晰,更没有语感;表演不到位,表情、动作都比较僵化。(3)内容切割有问题,人为地把紧密相关的内容割裂开来,导致表演不顺畅。

由于老师一直关注着排演的情况,在学生出现问题时能够及时介入,并提供指导和建议,这样小队能很快地吸纳意见,尽力呈现最好的自我。由于前期这样的锻炼比较少,提升的空间很大,但提升的速度较为缓慢。于是,老师就在学生的童话排演渐入佳境时在班级中开展了一次主题班队活动。

主题班队活动"森林狂欢节——自编童话表演"拉开了系列活动三的帷幕。本次主题班队活动旨在创设情境,为学生提供口语交际、语言表达的平台,鼓励并引导学生自信、规范地表达,体验丰富的表达(表演)的快乐。以童话为载体,在故事讲述和表演中明理导行。通过活动,提升临时小队成员之间沟通、协商的意识和能力。

在这次主题班队活动中,全班学生先畅谈编童话、改童话的收获。有的学生觉得自己的写作能力得到了提高,像个大作家一样能编童话故事了;有的学生觉得通过这样的反复修改，能够体会童话作家写出一篇佳作的辛苦；更有甚者，通过与队友们一次次排练，感受到团结合作的重要性，提高了自己的沟通能力。看到学生们兴致勃勃地诉说着前期创编童话故事的过程，我觉得这个活动已经成功了，已经在他们的心里烙下了印记，已经让他们成长了。本次主题班队活动的重点在于童话表演，即各个小队将前期自己创编的童话故事演出来。虽然表演稍显稚嫩，但是我看到了他们都在努力地诠释着自己的角色，通过自己的语言、自己的表演让其他同学走进他的角色，感受这个故事的魅力。表演结束后，表演的学生脸上闪着自信的光彩，观看的学生学会了欣赏对方的表演，学会了赞美他人，在这样浓浓的氛围之下增强了班级的凝聚力。

具体的推进过程如下：

活动环节	教师活动	学生活动	设计意图
热身	与学生同唱《熊出没》主题曲	唱《熊出没》主题曲	活跃气氛
导入	总结前期活动，导入新活动	说一说在编童话、改童话过程中的收获	导入新活动
童话表演	1.组织开展活动 2.组织点评互动	各小队轮流表演：《小仓鼠的心愿》《换国王风波》《一辆自行车》《小猪闹肚子》《小猫请客》《小猪变形计（二）》。小队间相互点评，提出问题和建议，发现其他小队的优秀之处时及时赞扬	1.创设情境，提升学生的语言表达能力 2.在故事讲述和表演、欣赏、互动中明理导行 3.通过活动，增强小队成员之间沟通、协商的意识和能力
总结	1.组织学生交流活动感受 2.活动总结	1.交流活动感受 2.倾听老师总结	总结活动收获，鼓励学生在今后的学习、生活中敢于表达、善于表达

解读

在童话表演结束后，学校对三年级学生家中的藏书作了一项调查，发现一个奇怪的现象：到了中年级，由于作文的起步和学习负担的加重，他们的书架上堆满了小学生作文书和各种教辅材料，儿童文学作品很少。学生书包里更是没有一本儿童文学作品，有两三本习题册反而是司空见惯。

要给学生创造时间和条件进行阅读，课外阅读主要利用的就是课余时间，课外阅读能力的提高就是在平时点点滴滴积累中达到的。为了让孩子们自由地驰骋

在书海中,老师平时不布置回家作业或者是少布置回家作业,减少双休日的作业,用课外阅读代替作业,开设每周一节阅读课,使得孩子们阅读兴趣日益高涨,愿意主动阅读,收到了明显的成效。

"童话阅读"活动激发了学生主动参与课外阅读的兴趣。学校年初对三年级全体学生进行了一次课外阅读小调查,在接受调查的 97 名学生中,对课外阅读非常感兴趣的有 90 名,占 92.78%,其余是一般感兴趣,不感兴趣的没有。相比前一次的调查,当时对课外阅读不感兴趣的有将近 25% 的学生,数字的变化说明开展"童话阅读"活动以来,学生们参与课外阅读的热情越来越高涨,读书蔚然成风。早晨、午间,甚至短短的 10 分钟课间休息期间,都可以见到学生书不离手的身影。通过学校的调查与家长的反馈,90% 的学生已基本养成每天阅读课外书半小时的好习惯。

好多学生在话语里或是日记里流露出喜欢童话的感情,都说童话给他们的生活带来了一缕温暖的阳光,这是快乐的享受。通过活动,汤老师相信,只要班级"童话阅读"活动持续开展,学生们定能满载而归。

"童话阅读"活动一开展,学生就充分利用一切课余时间,主动去阅读。或独自一人潜心默读,或三两成群轻声朗读,或课前两分钟集体诵读,或在家中与父母一起温馨阅读。在琅琅读书声中,学生直接与文学大师面对面对话,感悟大师的深邃情感和美好心灵;在苦思冥想中,学生静心思考着句与句之间的关系,探索着语言的奥秘。学生感觉舒适自在,有好奇的心境,有探索的乐趣,有成功的喜悦。阅读,让学生的思维花朵绽放,在"润物细无声"中悄悄地提高了阅读的积累量。

通过童话表演,学生将优美的文字转化为包含情感的声音,挖掘了文学作品的思想情感和作者所寄托的美好愿望,锻炼了自己的口头表达能力,培养了语言感知能力,丰富了情感。大部分学生现在无论是在平时的交谈还是习作中,都初步显示出童话对他们的影响。不少学生自豪地奔走相告:坚持阅读童话、做读书笔记让自己会说话了,会写作文了。

学生每周都搜集有关阅读的名人名言,张贴在黑板报的一角,同时还会贴出本周推荐阅读的童话书目以及学生阅读时的温馨提示。为了养成良好的阅读习惯,学生在中午可以自主阅读书籍,每天临睡前自觉阅读课外书半小时,并坚持天天做读书笔记,写下自己的所思所想。为了让学生真正进行阅读活动,让学生意识到"不动笔墨不读书"不再是空喊的口号,能深入学生内心深处并付诸行动时,才称得上是真正享受阅读。

在初始阶段,老师只要求学生做摘抄式读书笔记,积累书中优美的段落。随着

第四章 学科资源整合

活动的推进，学生在浓浓的书香氛围中逐渐养成良好的阅读习惯，这时老师对读书笔记提出了更高的要求：首先要认真阅读一本书或一篇文章，做到边读边想，哪些地方令你激动不已，哪些地方令你浮想联翩？然后把读完这本书的感受与体会写下来。

阅读，使孩子们成了主动学习的人，使他们能够自主探究学习过程中出现的各种问题，通过各种信息渠道来解决问题；阅读，使孩子们成了生活的主人，他们的独立能力、自我意识在多姿多彩的读书活动中日益彰显；阅读，使孩子们成了善沟通、会合作的人，他们的团队合作意识、责任感在逐步形成；阅读，使孩子们成了有思想、有个性的人；阅读，更使孩子们懂得了学无止境的道理。

建议

上述案例是与语文学科中的阅读教学相关联的。在校园中，每一门学科都有其特有的育人价值。老师要善于创造各种机会，借助学科教学的平台带领学生开展丰富的班级活动，使学科的育人价值在班级生活中得以实现；同时，与学科相结合的班级活动又能促进学科的学习，达到知识学习与学生全面发展的双赢目标。

1. 学科与班级活动的区分与融合

在学校中开展活动，老师最多的疑虑是什么？班主任担心一次活动过后，学生在学科方面发展了，但对于班级文化的形成没有任何助益；学科老师担心活动只是为了学生的全面发展，学科知识没有在活动中得以落实。这些疑虑不是没有道理。老师一定要想清楚几个问题：首先，活动能不能促进现有学科的学习？现有学科学习的最大问题是什么？其次，用什么样的方式介入学科学习？在开展班级活动的过程中，学生的人际交往能力、问题解决能力等能否得到提升？最后，要预设活动的效果。活动过后，班级形成的新文化是什么？学科学习有了哪些改善？要获得这些改善，班级活动的形式又要注意什么？只有想清楚这些问题后，教师的顾虑才会被打消。

2. 班级活动中学科老师的主动介入

这里要特别提醒的是，学科介入的班级活动中要引导学科老师主动介入。例如，某学校开展了"小实验大学问"的科技节主题活动。在"小实验大学问"主题引导下，各个年级开展相应的学科活动。三年级开展的是"航天飞机安全着陆"实验。学生要借助辅助手段，让"航天飞机"（鸡蛋）从三楼稳稳地降落到地面，不仅要安全降落，还要向"观战"的"观察员"说清楚其中的科学道理。对于班主任来说，在指导学生的过程中也会缺乏相应的科学知识。这时，科技老师可以利用课程学习的机会，主动引领学生进行航天知识的学习，把空气动力学原理用学生易懂的语言进行介绍，帮助学生理解。通过一次次实验，学生们理解了"摩擦"的概念，也明白了科学不是纸上谈兵，光有毅力是不够的，还需要有科学精神。

班主任不是"全才师傅"，学科老师的主动介入，能够提升班级活动的质量。反之，正是因为学科老师的主动介入，学生对于学科学习才有了更浓厚的兴趣，这对学科学习也有促进作用。要促使学科老师的主动介入，班主任要建立起班级教师团队。老师作为某一门学科的任教者，有专业的身份意识，但缺少作为教育者的身份。"回归到学生立场，班级是学生发展最重要的单元，基于一个班级学生发展的相关教师，是对于这个班级学生而言最重要、最直接的教师团队。"① 任何一位学科老师都在学生的发展过程中起着举足轻重的作用。班主任作为这一团队的核心人物，要在班级的建设中组建教师团队，促成班级日常生活与学科学习的综合融通。

3. 班级活动要将学科学习引向更高的层次

班级活动要滋养学科的学习。从上述几个案例发现，在班级活动结束后，学生在学科学习的某一方面都表现出高度的兴趣，学习的状态有了很大的改变。当节点式的班级活动落下帷幕时，班主任要善于把活动中学生对学科的兴趣继续保持下去，固化为一种学习习惯，形成学生能力发展与学科学习齐头并进的良好生态。

班主任要组织学科老师一起参与班级日常生活的策划、交流、讨论，形成发展的共识。毋庸置疑，学科学习占据了学生大部分的在校学习时间，因此，班主任有责任关心学生的学习状态，对学科老师反馈的信息进行汇聚、梳理，在班级活动中提升学生的学习能力，促进学科学习，为学生的发展服务。

三、如何运用学科资源培养学生的德行

《国家基础教育课程改革指导纲要》指出，课程改革的核心目标是课程功能的转变，即：改变课程过于注重知识传授的倾向，强调形成积极主动的学习态度，使获得基础知识与基本技能的过程同时成为学生学会学习和形成正确价值观的过程。即从单纯的注重传授知识转变为引导学生学会学习，学会合作，学会生存，学会做人，打破传统的基于精英主义思想和升学取向的过于狭窄的课程定位，而

---

① 李家成. 论班主任作为教师团队的关键人——基于学生立场的教师团队建设之思考 [J]. 教育研究与实验，2010（5）.

第四章 学科资源整合

关注学生"全人"的发展。每一门学科都在不同程度地强调学科德育,笔者认为,学科德育最终的体现是学生行为的改变,称为德行的培养。学科融合背景下开展的班级主题活动有一项重要的任务就是学生德行的培养。山东省青岛市崂山区石老人小学的韩春艳老师借助游戏创编,注重对学生的德行培养。

案例

游戏创编　玩出精彩

青岛市石老人小学　韩春艳

我们班的学生大部分是外来务工人员子女,他们有较强的独立性、自主性,喜欢体育,劳动积极,不怕脏、不怕累。经过小学一、二年级的学习生活,他们在学校逐渐养成了一些良好的行为习惯和学习习惯,班级岗位建设已经过渡到现在的小队建设,各小队队员之间互相协调、互相帮助,具有极强的集体荣誉感和责任心,每次校级比赛中,我们班都名列前茅。自从进入三年级,我们班的学生不再那么冒失,显得较有主见,他们对事物形成了自己的看法,会关注身边的问题,也开始关注社会。他们明显长大,自行策划、组织活动的能力增强,渴望拥有自主管理的权利。

为了培养学生主动参与体育活动的兴趣和爱好,提高他们的组织、策划、合作、创新的能力,上学期我们学校的大课间活动由原来的做广播操、亮眼操和集体舞改为周一会操日、周二至周五参加自己喜欢的兴趣小组活动,并且每周的周五是挑战日,具体来说每个月第一周的周五是挑战自己,第二周的周五是小组挑战,第三周的周五是班级挑战,第四周的周五是学校挑战(挑战"吉尼斯")。这次大课间活动的变革受到了全校师生的喜爱和好评。

活动一开始就得到了学生们的热情参与,大家踊跃报名参加。每当到大课间活动的时候,他们就在各小队长的组织下拿着自己喜欢的器材在各自的区域活动,尽情地施展自己的拿手绝活,校园里呈现的是孩子们的笑脸,是一片欢乐的海洋。这样就没有了以往大课间的追逐打闹现象。一个学期下来,有的学生得到了一项或多项"吉尼斯"记录。有的学生对活动熟悉之后,会觉得有些单调、枯燥,甚至想换组。为此,几个小队长商量,广泛征求组员的建议,经过开会讨论,他们决定在传统玩法的基础上,创编更多的新花样,这样就可积极地调动学生们的兴趣。

根据对主题班队活动的分析,我确定本次班队活动要实现以下三个目标:

（1）各小队队员在各项活动的传统玩法上进行创新，玩出新花样，让学生初步明白要让想象变为现实，必须通过自己的实践，还需要在实践中不断调整。

（2）在创新玩法的过程中，组员间彼此合作，智慧共享，在小组交流过程中，小组之间取长补短，完善本组的创新设计。

（3）让孩子们体验创新的乐趣、成功的喜悦、合作和坚持的重要性，增强队员的自信心。

系列活动一：团结合作，确定游戏

即成立临时小队，每个小队准备自己的活动工具（跳绳、呼啦圈、篮球、空竹）。

系列活动二：智慧共享，创新玩法

即各小队通过上网查资料、看视频、请教老师等形式，不断创新玩法。

系列活动三：加强练习，玩出精彩

即师生共同利用大课间活动进行创新玩法的练习，加强对创新玩法技巧的掌握。

本次主题班队活动是对三个系列活动的总结和反馈。通过各小队的展示与互动，让学生懂得了不管做什么事情，遇到困难都要及时想办法解决，并让学生体验团结合作的重要性。在很多时候，都需要大家团结起来，心中不仅仅想着自己，也要想着他人，想着大家团结一致，只有这样才能把事情办好，才能取胜。

活动环节	教师活动	学生活动	设计意图
开放式导入	1. 出示照片，回顾大课间活动内容 2. 引出主题"游戏创编，玩出精彩" 3. 提问：截止到11月份，我们班在五项活动中拿到了"吉尼斯"挑战记录，硕果累累，你们高兴吗？进入12月份，各小队在传统游戏的基础上进行了创编，你们想不想看呢？	学生解说： （1）大课间跳绳，师生同乐 （2）踢毽子小队挑战赛 （3）足球赛张同学独进4球，我们班以6比0领先 （4）刘同学1踢毽子、刘同学2打乒乓球和颠球、刘同学3大摇绳、曲同学转呼啦圈挑战"吉尼斯"成功	通过对先前活动的回顾，让学生感受创新过程的点点滴滴和精彩瞬间，激发他们的创新热情，从而引出主题
汇报交流	1. 快乐篮球小队 （1）介入：你们能够做到团结与合作，真棒！	1. 快乐篮球小队 （1）导入：大家好！我们是快乐篮球小队，我们的口号是：篮球！篮球！快乐篮球！下面请欣赏我们	现在的孩子都有自己的特长，通过表演可以展示他们的创

80

（续表）

活动环节	教师活动	学生活动	设计意图
汇报交流	（2）提升：你们看，其实在游戏当中不仅锻炼了我们的身体，让我们体验到快乐，而且提高了我们的沟通能力，可谓一举多得 2.花样跳绳小队 （1）介入：同学们，你们有没有发现花样跳绳小队向我们展示的这些花样是由易到难？你们瞧！这小小的跳绳在他们的手里竟然能跳出这么多花样，你们从他们身上学到了什么？你们想不想上来试一试？ （2）提升：你们瞧！这小小的跳绳看起来很简单，却蕴藏着大智慧，如果想玩出花样，就要不断地尝试、不断地挑战、不断地学习改进，所以，不管做什么，先要行动起来，光想不练，什么也干不成。我们其他小队也要学习花样跳绳小队的团结和创新精神	创编的花样篮球 （2）小队长解说： ①跨球；②转球展示；③三人背对背传球；④双人高低传球；⑤圈内拍拍传球（需要全体队员围成一个圈，每人拿一个篮球互相传给对方，每人只能拍三下） （3）小队长提问：看了我们创编的这些花样，你们有没有好的建议？ （4）同学追问：你们会参加吉尼斯吗？你们之间闹过矛盾吗？你们之间有没有发生过有趣的事情？ 2.花样跳绳小队 （1）导入：大家好！我们是花样跳绳小队，我们的口号是：跳绳！跳绳！跳出我风采！下面请欣赏我们创编的花样（播放音乐《大家一起来》） （2）小队长解说：①单脚跳；②双人跳；③麻花跳；④双人跑跳；⑤双人双绳跳；⑥三角跳；⑦大小绳套跳；⑧一字跳（一个人和十人连续跳） （3）小队长提问：看了我们的花样跳绳，你们有什么感想或启发？ （4）同学回答：看了你们小队创编的花样，我觉得你们小队很聪明，也很团结；你们创编了这么多花样，特别是最后的一字跳需要同学之间的配合 （5）台下队员纷纷上台体验一字跳，但都未能成功	新成果，提高他们的技巧和自信心。但是现在的孩子大多都是独生子女，加上生活在城里的原因，孩子们之间缺少团结与合作的精神，也缺少创新精神。所以想通过快乐篮球小队的展示与互动，让学生们知道不管干什么事情，遇到困难都要及时解决；通过花样跳绳小队的展示，让学生们懂得团结合作的重要性；通过抛出精彩空竹小队的展示，让学生体验到运动与协调的技巧；通过创意呼啦圈小队的展示，让学生感受游戏中的智慧与技巧

(续表)

活动环节	教师活动	学生活动	设计意图
汇报交流	3.抛出精彩空竹小队 （1）介入：老师真没想到，你们小小年纪就能抛出这么多花样，老师太佩服你们了！你们想夸夸谁？ （2）追问：你们听出来了吗？他说一有时间就练习，一有时间是指什么时间？你们看在这短短的时间里他就练得这么好，就练了一两天吗？ （3）提升：是呀！其实不管做什么事情，只要你坚持不懈地练习，不断琢磨、总结，就会掌握技巧，最后一定能成功 4.创意呼啦圈小队 （1）介入：看了她们的展示，你们觉得简单吗？谁想来挑战一下？ （2）追问：这是个好办法，那其他小队在练习时有没有发生过矛盾？ （3）提升：在游戏中发生矛盾时，我们要学会及时反思，想办法解决，方法总比困难多。你们瞧！其实游戏中也是有智慧的，动脑筋想一想、玩一玩，你就会在游戏中收获更多	3.抛出精彩空竹小队 （1）导入：大家好！我们是抛出精彩空竹小队，我们的口号是：空竹！空竹！快乐你我！下面请欣赏我们创编的花样（配乐《好日子》） （2）小队长解说：①回头望月和蚂蚁上树；②天平秤；③蝴蝶；④自行车；⑤盘丝；⑥棉花；⑦猴子捞月；⑧舞龙 （3）小队员提问：我想采访一下娄同学，你是我们班今年新转来的同学，你的空竹玩得这么好，是怎么练习的？ （4）娄同学回答：我是一有时间就练习，再加上老师的指导，还有一些花样是我平时边练边想出来的…… 4.创意呼啦圈小队 （1）导入：大家好！我们是创意呼啦圈小队，我们的口号是：开心玩转呼啦圈，尽情舞动金童年。下面请欣赏我们创编的创意呼啦圈表演（配乐为英文歌） （2）每个队员互相解说）：①用腿转；②360°转；③跪着转；④胳膊转；⑤跑着转；⑥跳舞转；⑦脖子转；⑧5个呼啦圈同时转；⑨8人胳膊接力转 （2）同学到台上体验转呼啦圈 （3）同学提问：你们闹过矛盾吗？ （4）队员回答：我们小队练习圈内拍传球时，有些同学只顾自己，不看下一个人是否传完了，练习时也总是互相埋怨 （5）同学提问：你们是怎么解决的？	

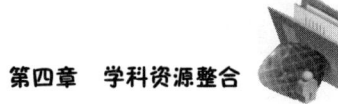

（续表）

活动环节	教师活动	学生活动	设计意图
		（6）队员回答：我们小队长说大家在心里喊"一、二、三"，数到"三"时同时传，这样就好多了 （7）同学提问：你们的胳膊接力转是怎么想到的？你们会挑战"吉尼斯"吗？ （8）队员回答：我们是通过曲菲的胳膊转想到的。我们会在12月挑战一下胳膊接力转的"吉尼斯"，小队全员参加，挑战团体项目的纪录	
活动拓展	小结：刚才各小队都展示了精心创编的游戏，老师觉得都很好玩，下面我们就选出你最喜欢的游戏，喜欢哪个游戏你就站到他们的海报前面	学生选择自己最喜欢的游戏并站到相应的海报前，并现场选出小队长。	经过四个小队的表演及互动，孩子们在心目中已经有了自己喜欢的节目的选择。通过评选，可以真实地看出孩子们最喜欢的运动，这样既提高了他们的参与热情，又找出下一步的努力方向，有利于该项活动的创新及在全校的推广
活动延伸	总结与提升：看了你们四个小队的展示，同学们表现得都很自信。今后我们要学习快乐篮球小队的遇到问题及时解决、花样跳绳小队的团结和默契、抛出精彩空竹小队坚持不懈的精神、创意呼啦圈小队的智慧等优点。希望你们在新组建的小队里进行尝试，然后在级部里推广，还可以在校园、社区里推广，如何推广，我们会继续讨论	倾听并认真体会	在更大范围内，推广自己的创新游戏，提高了孩子的成就感，锻炼了孩子的综合能力，进一步激发了学生参与后续活动的热情

解读

　　小学生都热爱体育运动，变革后的大课间活动更是受到全校师生的喜爱和好评。活动一开始就进行得热火朝天，每当到了大课间活动的时候，学生都会在各小队长的组织下拿着自己小队的器材在各自的区域活动。久而久之，老师发现学生脸上的笑容减少了，他们对课间的体育活动提不起兴趣来。班主任敏锐地发现，是学生正用实际行动与校园的课间活动制度进行着斗争。起初，老师苦口婆心地与学生讲大道理，还特地开展了一次"全民健身，快乐你我他"的主题班队活动，学生虽然明白体育运动能强身健体，也能放松自己，让自己收获快乐，可是内心还是充满了对每周"机械化"体育活动的反感。所以，老师又进行了一次问卷调查，了解学生是否喜欢变革后的课间活动，罗列出几条喜欢的理由和不喜欢的理由。这次问卷调查让学生有了表达的渠道，大家都一吐为快。归纳下来，不喜欢此类活动的原因有：（1）每天课间活动都是进行同一项体育运动，时间长了觉得枯燥乏味。（2）每天课间活动时，难免与同伴产生矛盾。在找到学生不满意课间活动的根源后，老师就着手思考如何对体育活动进行第二次变革，从而激发学生的兴趣，调动他们参与活动的热情。为此，班主任召集几个小队长商量，广泛征求大家的建议，经过开会讨论，他们决定在传统玩法的基础上，创编更多的新花样，这样就可以积极地调动学生的活动兴趣。

　　在上述案例中，我们看到，学生的变化是明显的。起初，学生对于课间活动有不满意见的时候，并没有向班主任或者学校管理者大胆充分地表达出来。当班主任通过问卷的形式引导学生充分表达后，他们都能静心、深入思考"体育活动"该如何开展。学生在前期确定好每个小队的游戏项目后，彼此合作，贡献了自己的智慧，而且创新游戏，玩出新花样。学生们每天都抓紧时间训练，当遇到矛盾时，能与同伴商量、磨合。这次主题班队活动是在学生充分准备的基础上开展的，通过在大家面前展示自己精心创编的游戏，他们的脸上都绽放了笑容，自信的光辉在他们身上闪耀着，他们也逐渐明白：对于不感兴趣的活动，也可以通过自己的创新将它变得有趣。

　　经过四个小队的表演及互动，学生在心目中已经有了自己喜欢的项目选择。通过评选，可以真实地看到他们最喜欢的运动和创新。这样既提高了他们的参与热情，又找出了下一步努力的方向，从而有利于该项活动的创新和在全校推广。在更大范围内推广自己的创新游戏，能提高孩子的成就感，锻炼孩子的综合能力，进一步激发其参与后续活动的热情。

第四章　学科资源整合

建议

在我国现行的教育体制中，德行的培养被放在非常重要的地位。各级各类学校也都非常重视学生的养成教育。这么重视，教育效果到底如何？笔者认为有两种发展趋势：一种是言行合一；另一种是阴阳两面。走进学校，基本上都可以看见学生彬彬有礼，遵守规则。走出校门后，会发现某些学生呈现出另一面。为什么会出现这样的现象？还是在于学生在学校中习得了有关德行的要求，但缺少实践的体验。一旦脱离了师长的督促，回归到自然的、真实的、不加约束的环境中，书本上学来的德行要求就显得不那么管用了。

班级活动可以破解这一难题。一个班级，在组织形态、活动内容、活动方式上，就如同一个微型的社会，有着丰富、完整的关系。要开展班级活动，就必须有完整的组织，同内部、外部发生联系。

这次的班队活动人人参与，真正体现了为了每一个学生的发展，形式多样，而且有创新。每个小队上台展示创编的花样游戏时都自信满满，每个学生都表现得很投入。老师追问前期准备过程中所遇到的困难时，学生都乐意分享最真实的体验。活动不仅仅提高了学生的自信心，更是教会了其思考并解决问题的方法，激发他们主动、积极地参与学校的活动。

校园生活丰富多彩，呈现出的资源多种多样，那作为班主任的我们应该做什么？每次活动是不是都聚焦同一内容？应从活动中提炼、迁移，分析本次班队活动对于学生发展的内在价值。本次班队活动所带来的价值提升，不应该仅仅停留在合作能力、问题解决能力等方面，而应发现对于三年级学生成长有推进、有价值的方面，并进行聚焦。本次班队活动应该聚焦于活动的创意思维，引导学生互相学习，发现生成创意思维的不同逻辑，并从中受到启发。例如，这个组的创意是怎么想出来的？还可以从哪些角度提出创意？从别的组中你学到了什么？再回过头来看看自己所在的组，有什么新的启发？等等。班主任要不断打开学生的思维，从而提高学生的现场学习力。

德行的培养要根据学生不同年龄段的特点，遵循由浅入深、循序渐进的原则，针对不同活动的内容和要求，对学生进行爱国主义、集体主义、社会主义和世界观、人生观、价值观以及科学精神、科学方法、科学态度等方面的教育。学生在学校约 4/5 的时间，都是在课堂上度过的，各科教材中蕴含着丰富的德育因素，为老师正确引导学生提供了重要的素材。有的老师重视学科中的育人价值，但不

知如何去培养，实施中往往忽视学生的思想实际和内在需要，找不准切入点，生搬硬套，牵强附会，缺乏启发性、针对性、实效性；有的老师对德行教育的认识还存在"重智轻德"的倾向，"说起来重要，做起来次要，忙起来不要"的现象仍然存在。德行的培养应该摈弃说教的方式，通过学生在活动中的体验领悟到某些德行的重要性。学生在活动中可能会出现很多问题，这时，老师要引导学生思考解决问题的办法，让他们先从改善自己的角度来解决问题。"体恤他人、换位思考"是德行培养的一个重要方面。

老师还要在活动过程中为学生做一个好的表率。在学生面前，老师的一切都是德行的表率。老师在学生的心里往往是神圣的、完美的，学生会有意无意地模仿，老师的一言一行都潜移默化地对学生产生影响，所以其言谈举止、音容笑貌等都是潜移默化的德行教育。

第五章　学校活动参与

经过两年的班级岗位的锻炼，三年级学生已经具有了担当难度更大的学校工作的可能，他们在老师的帮助下参与到学校生活中。他们担任校级的自主当家岗位，在校级活动中崭露头角。学生在参与校级活动的过程中要承担更多的责任，还要与更多的人接触，形成新的关系网。学生参与学校活动的方式有多种，有的是自主报名，参与学校活动的部分管理工作；有的是学校活动在班级的落实。后一种情况能让更多的学生参与到学校活动中，在活动中提升各方面的能力。

一、学校活动如何在班级中有效落实

三年级学生开始逐渐介入学校生活中。从"校园当家"开始，学生在学校生活中承担更多的责任。在学校组织的各类活动中，他们中的个别人凭借自己的能力和特长在活动中突显出来，也因此获得更多的参与学校活动的机会。同时，每一次学校活动都需要各个班级落实到位，需要每一个学生的倾情投入。如何使学校活动在班级中有效落实，并带动学生新的发展，江苏省常州市局前街小学的薛娴老师开展了一系列的活动。

案例

激情运动会，给力！
常州市局前街小学　薛　娴

校园运动会开战在即，我们班的学生展现出极高的参与热情，小主人的意识也让他们对组织与开展此次体育节活动跃跃欲试。此前，随着校园科技节、读书节的开展，孩子们已然对组织主题节活动产生了兴趣，也有自己的想法。但由于前两个主题节活动与将要开展的体育节活动在组织的形式和工作量上相比，都有很大的不同，所以，这次体育节活动的组织与开展，对我们小彩虹中队来说是一

次很大的挑战。前期,我们就开展了"小彩虹备战体育节""小彩虹喜迎运动会"等活动。在这两次活动中,中队长、活动部长与同学们商量后决定根据运动会的特点成立临时部门,有运动员组、拉拉队、搀扶组、摄影组、宣传组(负责写稿件、联络)等。各组先招募组长,然后由组长招募组员。临时部门成立后,便分头制订工作计划,作准备。画加油牌,准备巧克力,运动员每天坚持训练,确定摄影人员等,大家忙得热火朝天。由于组织工作到位,所以运动会两天期间,我们班在各部门的通力协作下,勇夺第一,夺得了"三连冠"。两天的激情运动会,嗓子喊哑了,手拍红了,运动员奋力拼搏了,总之,孩子们的集体荣誉感在那时那刻涌现出来,留下的只有感动。三年级的孩子们真的又长大了,他们拼搏和加油的每一个镜头,都让我深深感到,孩子们已与集体紧紧联系在一起,集体荣,我荣! 运动会,是班级凝聚力的又一次升华。

这样一次大型的组织活动,让我再次深刻感受到孩子们的成长。因为他们是第一次组织参与大型运动会,有些工作完成得很好,在今后相似的活动中可以借鉴,也有一些工作做得不够好,值得反思。

以这次主题班队活动为交流平台,意在既让孩子们通过反思学习如何让主题节活动组织得更有序,计划更可行,提高班委的组织活动能力和反思能力;也期望通过临时部门的反思与交流,提高所有学生参与班级活动和班级管理的积极性,增强学生的班级主人翁意识。回顾运动会,回放精彩镜头,评选彩虹英雄,感受集体荣誉与个人荣誉的息息相关,促进同伴间的互相欣赏,激发更强的集体荣誉感和集体凝聚力。同时,我也希望通过对这次活动的总结和反思,为彩虹班委和全班小彩虹更好地策划并参与艺术节活动打下基础。

从大家的汇报中可以看到,在组织活动的过程中,各部门都作了充分的准备,预设了许多可能发生的问题,也提出了相应的解决方案。当然,到底还只是三年级的孩子,由于经验的不足以及能力的欠缺,还是留下了不少遗憾。可喜的是,他们能在反思中,在聆听其他小组的工作总结中,在其他同学的帮助下,在老师的点拨下,及时意识到自己小组工作的不足,并通过讨论,商量出较为合理的解决方案。学生的成长是这次体育节活动以及这次主题班队活动最大的收获。

具体的推进过程如下:

活动环节	教师活动	学生活动	设计意图
课前常规活动	播放运动会照片	观看照片	唤醒学生的回忆,创设班队活动的情境

第五章 学校活动参与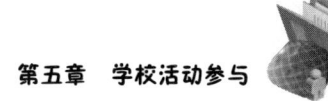

（续表）

活动环节	教师活动	学生活动	设计意图
板块一：激情运动会	1. 简介运动会的情况 2. 出示"第一名"的锦旗 3. 揭示主题：激情运动会	1. 再次回顾运动会的情况 2. 现场领奖	从图片到语言，从回忆到领奖，强化学生运动会中成功的体验，奠定积极的心理氛围
板块二：运动会给力	有序组织各临时部门负责人汇报工作，并及时点评	1. 各临时部门负责人对自己的工作进行总结和反思 2. 全班参与互动交流	通过交流，反思活动准备与组织的情况，促进学生在自我评价和同伴评价中反思、成长
板块三：彩虹英雄榜	1. 根据孩子们的提议将"彩虹"名称贴入英雄榜内 2. 现场颁奖（读一组颁奖词）	1. 参与彩虹英雄榜提名，说出提名理由 2. 学写颁奖词	结合学校的表彰要求，立足班级实际，促进同伴间相互欣赏，树立榜样，进一步提高集体凝聚力

解读

通过上述案例可以看出，学生们在成长的过程中所呈现的一种生命发展需求，就是对自主管理的需求。升入三年级以后，很多学生发现，他们在学校里开始扮演更多的角色，有了更多施展才华的机会；老师对待他们的态度更像在对待一个小大人……在各种潜移默化的影响中，学生们产生了一种长大的自豪感，他们有迫切展示自我的渴望，有独当一面的憧憬。在校园内，老师要关注学生的心理变化和日常生活实践，因为育人价值往往就蕴藏其间。一个善于发现育人价值的老师，他的视线不会只停留在课堂教学、基础的班级建设活动中，他的眼界要足够广，能够挖掘整个校园内的育人资源。

进入三年级以后，薛老师就尝试将一些班级文化建设工作和学校活动整合在一起，策划开展了"聪明系列"主题班队活动。通过一系列活动的开展，全班学生的做事能力得到了很大的提高，孩子们更能干了。同期，班干部的成长也尤为突出。经过期初班级主题活动计划的制订，一期期地从扶到放指导他们开展班队活动，学生成长得非常快。他们能事先确定好班队活动主题，提前作好准备，小主人意识逐渐增强。

而在前段时间开展的科技节与读书节活动中，薛老师发现学生在参与过程中

对自我想法表达的渴望。他们不再满足于只做参与者，产生想要组织开展体育节活动的念头。这是成长过程中的一个必然阶段，身为老师，就应该利用这种积极的心理来促进学生的成长。认真倾听他们的想法后，老师发现他们对活动的开展有很多见解与建议，尽管不成熟，但是有着孩子们自己独特的视角，较之老师组织策划的活动内容，有一种因童真而更显有趣的味道。那么，为何不能让学生尝试去自行组织一次活动呢？

机会很快就来了，学校体育节开始了。体育节作为学校层面开展的大型活动之一，其蕴含的丰富教育价值不言而喻。一方面，通过体育运动，能够提升学生的运动意识，激发学生的运动兴趣，增强学生的体质；另一方面，因为是以班级为单位开展竞赛，有助于增强班级凝聚力和集体荣誉感。这类校园大型活动，各班要承担的任务也不轻——配合学校方案开展宣传工作、项目报名工作、运动员动员工作、拉拉队准备工作等。是像以往活动一样，由班主任包办组织，学生负责执行？还是全部交给学生自行组织？从实绩与效率来看，自然是第一点更轻松。但是，从学生角度来看，自然是第二种方法更能激发他们的积极性，也更能实现有价值的成长。于是，在征求"小彩虹"们的意向后，老师将组织此次体育节的工作交于他们，自己则退居二线，做一个指导者。

因为有了前期策划夕会课的经验，学生们并不显得慌乱无章。在几个能力较强的班干部的带领下，根据自我意愿组合成几个临时部门：运动员组、宣传稿组、拉拉队、摄影组、搀扶组、联络组。经过讨论和商量，确定了负责人和主要工作内容。此后，利用夕会课和课余时间，各小组又进行多次小组会议，确保工作的顺利开展。在组织工作中，自然也会遇到不少困难。此时，一些小组寻求老师的帮助，还有一些小组咨询家长，可见学生有了正视困难的意识和初步解决困难的能力。由于比较到位的组织工作，班级在运动会中取得了第一名的好成绩，三度问鼎冠军的宝座。而从学生们的反应来看，这次运动会比以往的更让他们激动、喜悦。这种心情不仅是因为取得了佳绩，更是因为他们在这次运动会中扮演的角色。

如果本次活动就在"第一名"的欢呼声中戛然而止，那就不能称为一次成功的育人活动。我们需要一个平台，让学生回顾自己在这次活动中的表现，发现自己的优势与不足，从而让老师和学生自己更加明确今后的成长方向。因此，"激情运动会，给力！"主题班队活动就应运而生。

经过这样一次主题班队活动，学生们总结了自己在活动中积累的宝贵经验，反思了各阶段的不足，为以后开展类似活动提供经验支持。活动中，班主任带着学生们一起回顾了整个运动会的精彩时刻。"第一名"的称号既能激发孩子们的集体荣誉感，又能让他们产生付出后得到回报的满足感，为今后参与同类活动奠定积极的情感基础。各种方式的汇报勾起了学生对组织活动过程的回忆，在谈话交流中，他们阐述了所遇到的困难以及解决的方法，激起自豪感的同时也让学生意识到做事情不能轻易气馁，要想方设法去解决；部门之间的相互评价以及其他老师的评价给了学生们鼓励与肯定，也让他们看到今后改进的方向。接着，各部门讨论并整理活动中出现的问题、收获的经验以及改进措施，为之后艺术节的组织开展提供经验支持。最后，现场表彰活动为学生们树立学习的榜样，而英雄榜的张贴也是整个"聪明系列"活动的特色单元。英雄榜包括许多奖项，评比的范围极广泛，为的就是让每个学生都能有上榜的机会，从中获得自信。事实上，仔细观察班级的英雄榜，确实有一些惊喜：成绩不好但动手能力极强的学生；平时内向但在活动中大胆提出金点子的学生；总是捣乱让老师头疼却为班级争得荣誉的学生……在这样的活动中，每个学生都看到了自己闪光的一面，这种愉快的体验将使他们更好地享受校园生活，享受成长。

建议

每个学期，学校都会开展各种各样的主题活动。班级是实施学校主题活动的重要载体。三年级学生处在转型阶段，他们有主动参与活动的愿望，但缺少参与活动的策略和方法。老师要学会合理安排参与活动的人员和节奏，使学校活动化为班级的活动平台。

1. 要充分考虑每一个学生的能力特点

三年级是培养小干部的最佳年段，同时也是班集体建设的重要阶段，是形成班级组织、营造班级文化氛围的关键时期。三年级学生组织建设的发展目标是形成自主管理的班委。同时，三年级学生开始承担一些学校工作，这也就要求学生有一定的担当能力。可以说，三年级对于学生来说，不管是个人成长，还是集体观念的深化，都是至关重要的时期。作为班主任，在这一时期，带领学生开展丰富的班级活动，并及时指导学生总结经验，亲自感受成长的快乐，从中树立正确的价值观，是非常必要的。因此，应结合学校大型活动，设计并开展有班级特色的系列活动，对此，很多班主任都在研究、实践。但是，要真正行之有效，实现育人价值，就必须回归到对学生与集体关系的研究。

"集体的建设过程是学生的成长过程，班级群体个性的形成是为了有助于群

体中每个人的发展,而不应倒过来理解,个人的发展是为了群体的发展。"① 班级活动的设计要从学生能力需求的发展来考虑,而不是以集体所欠缺的方面为初衷来设计。在本次运动会的前期组织活动中,根据学生自身能力的不同组建不同部门,就是借集体建设的机会来促进学生的发展。

因为先前有班级岗位制度作为支撑,所以学生在部门分编后,承担工作时有较高的责任意识。这种责任意识的背后蕴含着育人价值。责任使人成长,一些学生因为肩负着集体的"重托",而激发了斗志,做起事来特别认真,任务完成度超过老师的预想。这个过程可充分挖掘,让学生发现自己身上无穷的潜力,继而收获自信;或者从他人身上感受到成长的魅力,从而努力向上。所以,在主题班队活动中,部门的工作汇报可以不局限于负责人对部门工作的汇报和反思,而是从集体角度出发,谈谈在与部门伙伴们合作的过程中同伴的进步,或者在同伴帮助下自己的进步……这样可以使学生们树立一种观念——集体,是我成长的摇篮。

2. 要让学生体验到参与活动带来的价值

依笔者的经验,班主任最不喜欢参加成为"活动背景"的活动。这样的活动既没有参与的成就感,也很少有收获。针对这样的体验,我们在把学校活动落实到班级的过程中应充分考虑每一个学生参与活动的体验和感受。这种体验和感受建立在活动中各种关系的基础上。活动中新关系的建立与发展,会带给学生能力的新发展。老师要思考:本次活动的价值、意义是什么?我们要让学生在事后思考起这个问题时,不仅从集体,更从自身发展找寻答案。在三年级这样一个关键时段,让学生明确集体与自我的关系,也可为今后开展更有挑战性的活动打好基础。

3. 活动的设计要融合班级的特性和学生的特点

学校大型活动是舞台,更是平台,学生参与组织是偶然,更是必然。要充分利用大型学生活动所具有的重要价值,充分预设学生在活动中积极参与所呈现出的开放、多元的局面,需要每一位班主任用心研究活动的过程,以集体带动个体,方能突显活动的意义。以校园艺术节为例,班级中具有艺术天分,最终能够登上学校艺术舞台的是少数学生,那么对于大多数学生而言,可以做什么?于是,老师策划了班级系列活动:第一阶段"每周一歌大家唱";第二阶段"班级歌手擂

---

① 张向众,叶澜. "新基础教育"研究手册 [M]. 福州:福建教育出版社,2015:230.

台赛"；第三阶段"小小组合创意展"。通过集体——个体——集体这样不断变化的形式让每一个学生都有机会接近艺术，走进艺术。在这一系列活动中，参与形式的多样化，不仅让喜爱艺术的学生有了一展才华的机会，也让一些艺术素养较弱的学生有了"英雄用武之地"。他们之间互相促进，共同成长，体验合作的快乐，为今后参与更高层次的活动打下良好的基础。

二、如何让学生在校园生活中有所担当

三年级学生自主发展的愿望很强，自我表现的欲望也很强，他们期望得到更多人的认可。校园活动的开展让更多人被认可的愿望有实现的可能。他们积极踊跃报名参加学校开展的各类活动，希望通过学校活动的平台获得来自班级以外的评价。

案例

科普大擂台

淮阴师范学院第一附属小学　陈　玲

开学已经近四个月了，班级的孩子经过两年多的相处由陌生转为熟悉，由开始的个人参与转为现在的部门合作，孩子们已经有了新的归属感。特别是经过班级秋季综合实践系列活动的四次班队活动、小团体周末的集体活动以及学生社团和日常参与学校各项评比的历练，孩子们越来越能融入班集体，都愿意为班级荣誉尽职尽责。我越来越发现学生已经不是一、二年级时单纯的小朋友，他们的自我意识明显增强，开始慢慢有了自己的主张。他们更希望自己通过各种方式展示自己，期盼通过自己的表现得到老师和同学的认可。他们喜欢自我表现，让自己显得聪明，几乎对任何体验都充满着好奇，他们愿意参与各项活动，并且愿意在集体中出谋划策、展露自己。之前的班队活动，主持人比较固定，更多的孩子在班队活动中扮演着"跑龙套"的角色。课后，很多孩子纷纷表示，想有一次主持、协调、参与管理班级的机会。从之前一味服从，到现在主动要求发展，我看出孩子们四个月以来的变化。在感到欣喜的同时，我也深深地知道，面对孩子们主动要求发展，作为老师，有责任和义务给予他们更多的机会。我开始思索以往的管理模式和活动视角，从中发现需要改变的"点"，去满足学生的成长需求。这样的思维才是真正站在学生立场。总之，在"新基础教育"把班级还给学生的理念

支持下,老师的变化,带来孩子的变化,孩子的变化又促使老师向着更高的目标前进。

科普节是我们学校的传统节日,学校每年都会开展一系列活动。这已经是第七届了,本次科普节启动仪式上,我就和孩子们商量,今年我们要过一个实实在在的、有实际意义的科普节。经过一番思索,孩子们有的说要做小发明,有的说要画幻想画,因为正逢语文课学习的是科普童话,有的孩子甚至提出要演科普童话剧。通过交流,孩子们对科普节的兴趣得到了提高。但是,如何将班级的活动与学校的大活动进行协调,有条不紊地进行,成了我和孩子们首先要考虑的问题。

一、二年级时,因为缺乏整合意识,很多活动只是在当场即时参与,基本是走过场,给孩子们留下的印象不是特别深刻。为了让这次科普节更加深入地走进孩子的心里,我吸取了本学期秋季综合实践系列活动的经验,决定把学校科普节主题活动与班级主题班队活动相整合,借班队活动,促进校科普节活动的开展,同时,也希望科普节的各项活动可以通过班队活动予以准备和实行。我想借活动的开展,让孩子真正走进科普节,丰富自己的科技知识,同时也为孩子提供发展创新能力的舞台。

"快乐科普节"系列活动包括:

活动一:科普节来啦!(班级科普节启动);

活动二:头脑风暴之动力小飞机起飞;

活动三:头脑风暴之科学幻想小画家;

活动四:低碳生活我先行(以小队为单位在班级内部推广低碳生活);

活动五:科普大擂台(各小队总结科普节情况及展示成果)。

本次班队活动是"科普大擂台"活动的总结,各小队以自己独特的方式回顾了整个活动的过程与收获。毕竟还是三年级的学生,在科普节这样的活动中,不要苛求他们的科技展现方式,也不要追求科技项目的含金量,而要关注学生参与的积极性与他们的成长变化,让他们对今后开展同类活动保持同样的热情。因此,在指导小队长们交流的过程中,我有意识地引导他们汇报的方向,多谈收获,多肯定队员。虽然队长们的发言很稚嫩,也不全面,但毕竟是第一次,已经足够让人欣喜。

具体的过程如下:

活动环节	教师活动	学生活动	设计意图
导入	总结上次活动,明确本次活动内容	倾听老师总结,明确本次活动内容	让学生明确本次活动内容

（续表）

活动环节	教师活动	学生活动	设计意图
小队交流、分享	1.组织各小队交流 2.分享学生的收获，肯定学生的努力 3.适时介入、点评，帮助学生提升对本次活动的认识	1.各小队分别展示 （1）督查小队：汇报在校园内外发现的不低碳行为，并提出解决的方法，同时征求大家的建议 （2）宣传小队：介绍宣传工作思路及宣传效果。提出在宣传工作中出现的难题，寻求大家的帮助 （3）行动小队（环保组、发明组）：两队合作介绍低碳生活的新创意，以及后续关于以家庭为单位的低碳生活的评价单 （4）推广小队：汇总值得推广的低碳生活小妙招。拟借助儿歌、板报在校园中推广。重点说明在推广过程中的人际互动问题 2.小队间进行交流	各小队采用自己独特的交流方式进一步了解低碳生活，也给学生提供了展示自己的舞台
总结提升	1.总结 2.布置后续活动	1.谈谈活动收获 2.明确后续活动内容与要求	进一步提升本次活动的意义，为下次活动作好铺垫

解读

班主任工作一向纷繁而琐碎，但是班主任却又担负着育人的重责。这就要求班主任有一双慧眼，能从校园生活中发现所蕴藏的育人价值。大到校园各类集体活动，小到一个岗位安排，善于发现的班主任让琐碎的活动成为育人的工具。

本案例以科普节作为育人资源，设计并开展了一系列面向整个集体、所有学生的教育活动。活动以促进学生的综合发展为最终目标，在充分解读三年级学生的成长需求后进行设计。

科普节一直广受学生的欢迎，活动中既能动手又能动脑，其乐无穷。但是，由于之前低年级学生对科技的认知度还不够深，仅仅是动手体验乐趣，对其所蕴含的科学原理等不甚了解。这样就导致活动意义仅停留在表面，没有深化到内涵。如果这时班主任不能把握育人资源来策划具针对性的活动，那么科普节的价值就没有得以充分挖掘，学校的活动也就没有真正落到实处。

那么，从三年级学生发展的角度来说，该如何利用科普节提升自身的发展呢？三年级是课业学习的转折点，相较于一、二年级，此时的课程难度骤然加大，对学生抽象思维的要求提高。课堂上，游戏活动也随之减少，智慧挑战增加，学生可能产生学习兴趣方面的变化。[①] 此时，部分学生会感受到挑战的乐趣，也在不断的成功中激发成就感，这种成就感不仅让他们在学习中更加积极主动，也会让他们有信心面对更多的校园挑战；然而，部分学生可能是因为学习能力不足，也可能是由于从小缺乏他人的鼓励，导致处事消极，当在学习上遇到挫折时，就更容易产生负面情绪，甚至会连带对校园生活产生消极情绪。不论哪一类学生，都需要有一个可以施展才华的平台。前者可以在活动中获取更多的自信和为人处世的经验，为今后更好地成长打基础；后者需要在活动中收获积极的能量，感受校园生活的乐趣。

基于这样的考量，在整合科普节与班级活动时，老师首先考虑的是如何激发学生的兴趣，激发他们对科技的热爱，而获取丰富的科学知识为次要任务。因此，前三次活动可以说是在一片热热闹闹中开展的。

活动一是启动科普节。歌声飘扬中，班主任宣布班级科普节正式拉开序幕，利用 Flash 软件制作的动画形式的科普知识大问答，既充满生趣又富有知识性；当一个个生活中的科学小知识通过喜欢的卡通人物的嘴巴说出来时，学生们的激动之情溢于言表；请往年科技小品表演赛中拔得头筹的哥哥、姐姐做友情演出，幽默的语言，有趣的科学实验，都让学生们感到津津有味……一个个精心设计的环节让学生参与的热情愈发高涨，对科技的兴趣也越来越浓厚，此时，不就是宣布班级科普节的最佳时机？

活动二和活动三都是以学生参与、实践为主。活动二是折纸飞机比赛，这对于学生来说，并不陌生。每个学生都有折纸飞机的经验，但是他们没有想到的是，折纸飞机的背后也蕴含着科学原理。当然，对学生面面俱到地解释其背后的科学

---

① 李家成，王晓丽，李晓文. "新基础教育"学生发展与教育指导纲要 [M]. 桂林：广西师范大学出版社，2009：199.

第五章　学校活动参与

原理是没有意义的，毕竟他们的知识水平有限。但是通过这样一个活动，不仅可以告诉学生"科技无处不在"，打破学生认为科学遥不可及的认知，还可以让学生体验不断探索、不断尝试的乐趣，这是一种难能可贵的精神，也是科技节所蕴含的育人价值之一。

三年级学生在语言表达上还是有所欠缺，相较于文字，他们更擅长用图片或图文并茂的形式来表达。因此，在活动三的设计中，让学生来画一画他们幻想中的未来城市。这次活动也为之后开展低碳教育作好铺垫。

本次学校科普节的主题围绕"低碳"展开，因此，在第四次活动中，老师将"低碳"作为关键词。由于学生已经在本校经历了两届科普节，对"低碳"二字并不陌生，但是由于年龄的限制，了解得并不深入。因此，老师指导学生通过网络、书籍、采访等方式了解低碳的含义。也是从本次活动开始，学生从个人参与变成组队模式。督查小队走到校园各处，检查校园内有没有浪费现象；宣传小队搜集低碳资料，制作宣传小报，设计宣传标语等；行动小队更是不得了，利用自己的小发明（如饮料瓶变花瓶、冰棒棍变笔筒等）来告诉大家回收利用的重要性和趣味性；推广小队则是将各小队作品汇总，布置在班级文化墙上，将科技环保事业继续推广下去……

最后的主题班队活动是对本次系列活动的价值提升。各小队以自己独特的形式来展示他们的活动成果和作品，交流参与活动的收获、经验，感受自我的成长。虽然学生表现的方式稍显稚嫩，也会有紧张到忘词的情况发生，但是，由于是自己亲身经历的，因此，再稚嫩的语言也有其说服力和感染力。

最初，老师设计整个活动的目的就在于真正开发科普节内涵的育人价值，将校园活动的教育目的落到实处。科普节的活动目的是激发学生积极参与科技节相关活动的热情，增强学生从小爱科学、学科学、用科学的意识，提高学生的科技素养。从学生在活动中呈现的状态来看，这次活动还是较好地完成了预期目标。很多时候，学生都是自发自主地参与活动，不再需要老师和队长的督促，可见，兴趣是最好的老师。而他们在活动中所展现出来的好奇心、想象力等，正是不可多得的科学素养。可以说，在活动中，老师看到了一个个颇有姿态的小科学家。

此外，老师也希望能够依托科普节活动的推进，使学生感受到自己在一次活动中得到的成长。所以，在最后环节谈收获时，老师引导学生说说自己的进步在哪里，使其真正感受到原来一次活动能够给自己带来那么多的收获，从而更有动力参与今后的活动。

校园内从来不缺乏育人资源，班主任要及时把握、精心设计、用心观察，才

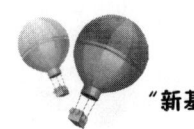

能真正发挥这些资源的价值。

建议

"三年级是培养小干部的最佳年段,同时也是班集体建设的重要阶段,是形成班级组织,营造班级文化氛围的关键时期。"[①] 三年级学生的成长变化,可以说是小学阶段最大的。从学生的变化来重新思考这次班队活动,有以下几点建议:

1. 活动角色的设计要有梯度

一次成功的校园主题活动应该是人人都沉浸其中的活动。在引导学生参与到校园生活的过程中,老师首先要做好两件事:第一,了解每一个学生的个性特点;第二,了解每一个学生最近的自我发展需求。只有当老师充分地了解学生,才能"设计"好每一个学生在活动中的角色。老师在引导学生积极参与校园活动的过程中,要挖掘不同活动的不同价值,发现适合每一个学生发展的"点位",满足学生的发展需求。例如,宣传组可以分为宣传方案策划、宣传文案撰写、宣传图画设计、对外联络宣传等不同的岗位。通过不同角色的设置,让每一个学生都能在校园活动中有事可干。

2. 活动过程中老师要及时介入

三年级学生在校园活动中开始承担责任时,会遇到很多他们从来没有遇到过的难题。比如,活动过程中出现分歧需要各个部门协商解决,但到底应该找学校的哪个部门?还是直接找班主任解决?笔者认为,需要班主任及时介入并为学生指点"迷津"。还有活动中,三年级学生既需要向低年级弟弟、妹妹介绍活动流程和方法,还要进行指导,什么样的言辞能够让低年级的小伙伴接受呢?在与高年级哥哥、姐姐交流中又要注意些什么呢?这些都需要不断的磨合调整。当学生遇到挫折的时候,班主任及时帮助和鼓励能使学生树立起战胜困难的信心。

3. 活动评价方式要多样化

在认知发展上,三年级学生开始由形象思维转化为抽象思维,图像、影音依然可以吸引他们的视线,但是开始接触更多文字表达。这不完全是他们主动的行为,教材上也不再是图文并茂,而是以文字表达为主;三年级学生的推荐书目,也更倾向于文字表达为主的书籍;老师上课减少了游戏、视频等,更多采取语言

---

① 李家成,王晓丽,李晓文. "新基础教育"学生发展与教育指导纲要[M]. 桂林:广西师范大学出版社,2009:200.

表达……这些也是促使学生转化思维的方式。有些学生乐于接受这样的转化，有些学生并不能立即接受。如果强行让所有学生立刻接受这种变化，可能会导致那些不肯接受的学生产生厌学心理。因此，老师在设计活动时，要顾及所有学生的感受。在一些班队活动中，小队之间互动交流、评价时，还是以语言表达为主，这对于三年级学生来说，其实是有难度的，很难达到预设的评价目标。其实，可以设计多样化的评价方式，如利用画画、贴纸、分数等进行评价，将预设的评价维度通过文字或图像表达出来，让学生以不同方式去评价他人或自评，这样的评价指向更明确。

4.拓展评价的时空，使评价者多元化

三年级学生的自我意识开始觉醒。他们非常爱表现，也渴望得到更多人尤其是师长的关注。另一方面，他们开始有了自己的主张，试图脱离师长的控制，师长过多的管控会导致他们产生逆反心理。这看似与之前说的矛盾，其实还是一种渴望得到他人关注的表现。老师要重视学生的这种心理变化，只要善加引导，就是促进学生与师长关系的绝佳时机。

笔者参与了很多班队活动，评价大多停留在师生、生生的正面评价上，也就是说，学生得到的认同感、满足感仅来自于班主任和自己的伙伴。既然是学校的大型活动，不妨给予评价者多元的身份。可以是科技老师，因为是科普节活动，他的评价在学生眼里，可能更具权威性；可以是同年级学生，得到不同班集体的同龄人的好评，不仅是对自己的认同，更是对自己所在班级的认同，可激发集体荣誉感；可以是家长、亲人的正面评价，这是促进亲子关系的重要环节……

学校的一次大型活动，要落实到班级活动中，活动策划、组织、开展、总结、评价等，都缺一不可。每一个环节都要从学生出发，充分考虑学生心理成长的需要。学校里的一切，最终都要归于育人。

三、如何让学生在学校活动中有所贡献

三年级学生开始参与校园层面文化活动的各个方面，包括校园日常秩序的维护、校园广播台的主持、校园主题活动的参与。这里要特别提到少先队的活动。有些全校性的活动是少先队组织的，活动的组织者和参与者大多是学校的大队委员和各个班级的中队委员。但是，只有当更多的学生参与到少先队活动中时，才可能建立一个完整的校园新生态。

案例

祖国发展·我成长 "我为校园支一招"
上海市汽轮小学 吴周云

小学三年级是学生各方面自主性发展都比较迅速的一个年段，学生开始有规划自己学习与生活的想法和意识，开始理智地分析问题，能从事的角度评价他人和自我，并开始独立解决学习、人际交往等方面出现的一些问题。他们即将告别儿童期，迎来朝气蓬勃的少年时代。学生的自主意识逐渐增强，初步形成集体观念，已经意识到自己是班集体中的一员，逐步把集体的要求当作自己的要求，把集体的荣誉当成自己的荣誉，服从集体的要求，完成集体所交给的任务。经过前面两年的磨合，班级组织已经开始形成，组织建设的重点在于进一步提升小干部的策划能力，使他们的工作空间进一步得到扩展。

上海市闵行区汽轮小学三（2）班的学生乐于参加学校、社区活动，在实践中不断学习交往与合作。三年级第一学期，我们结合重大节日，开展了主题鲜明、形式多样的班队活动，丰富了学生的校园生活。每次活动，学生都能做到有计划、有记录、有总结，都在原有的基础上有了很大的提高。我发现，学生已有判断能力，能对某些事物提出一些意见和建议。但是，他们缺少合理的方法，往往对合理的诉求用不合理的方式表达，结果造成截然相反的效果。

在"我为校园支一招"少代会提案中，学生们主要调查了校园的发展情况，收集第一手资料，帮助班级中其他同伴了解学校，激发学生的爱校情感，增强他们的自豪感，培养少先队员的自主自动能力是队的要求，更是对人的要求。老师不仅要去培养，更要注重引导学生学会辨析和表达自己的观点，从而使学生形成真正的民主意识，最终达到为班级、为学校、为社区做实事的目的。

第一阶段：祖国成就我了解

我们伟大的祖国有着悠久的历史和灿烂的文化。活动中，引导学生主动去寻找"家乡之最""最让中国人扬眉吐气的十件大事""最值得世界刮目相看的十位中国科学家""最能体现中国人骨气的十件历史事件""我国历史文化遗产"等。每个小队搜集两个不同方面的关于祖国的成就，并制作成PPT与全班同学分享交流。在后续的活动中，各小队将自己了解到的收获与结对的二年级弟弟、妹妹分享，传递爱国情怀。

第二阶段：祖国未来我展望

祖国近几十年来发展迅速。那五年、十年以后，祖国又会是什么模样呢？我们引导学生去展望"我理想中的新农村"，想象"我最想请神七搭载什么"，等等。小队通过走访社区，进行社会调查，用自己的笔画出对祖国的美好憧憬。同时，让学生思考未来美好愿景中不可缺少的"人"应该具备哪些素质，通过描绘自己的"能力花园"，寻找成为"未来人"的最近发展点，为自己制定一个可行、有效的发展计划。

第三阶段：祖国明天我行动

这是活动的落脚点，从前期的制订计划，发展为我现在可以做什么，使学生更为明确，作为学校的一员可以为学校的发展做什么？这个学期，我们围绕少代会写提案的过程，指导学生辨析自己的需求，学会合理表达诉求。在这一过程中，学生以探究的方式，调查校园环境，自主查询资料，采访学校相关部门，寻找校园生活中需要改进和完善的地方，然后再由小队分组汇聚问题（课堂教学、校园活动、安全防范、卫生环境方面），讨论提案的可行性，并提出相关的可行性建议，为召开少代会提案发布会作好准备。活动过程中，老师组织、引导学生积极参加提案调查、填写工作，切实解决一些与学生成长息息相关的问题，培养学生的民主意识以及未来接班人的责任感。

通过这一系列的活动，使学生感受到祖国的美好和强大，更感受到一代又一代的人为祖国的建设所作出的努力。真正激发学生为祖国而自豪的情感，产生为建设祖国而认真学习的动力，并在这一过程中，形成初步的职业理想。在拟订"为少代会支一招"提案的过程中，学生调查身边的世界，作出初步的判断，勇于提出合理化的建议，形成小公民的意识。特别是在"支招"的过程中，学生通过辨析、评判过程与结果的关系，学习以规范的、法制的方式追求美好的结果。我们期望学生能在这一系列活动中，从自己做起、从身边做起、从小事做起，以小见大，一点一滴积累，自觉践行社会主义核心价值观。

具体的推进过程如下：

活动环节	教师活动	学生活动	设计意图
热身	组织学生活动	1. 各小队整队 2. 出旗 3. 全体学生敬礼 4. 唱队歌	调动学生的情绪,使学生以认真的态度对待本次少代会提案发布会
情境导入,引出提案	1. 让学生看一组小队拍摄的有关环境卫生方面的照片,并思考这是什么现象 2. 引导各小队提出自己的少代队提案	观看并交流	从学生捕捉到的校园一组镜头引入本次活动,贴近学生生活实际
讨论交流,现场互动	1. 组织各小队轮流发布少代会提案,包括发布教育类的问题、家庭方面的问题、安全防范与卫生环境方面的问题 2. 组织队员讨论提案的价值和可行性 3. 组织评委对提案进行点评,评选出优秀提案和最满意答复提案 4. 中队辅导员出示少代会提案要求:提案要有可操作性;要从少先队员学习、生活实际出发;要有事实根据、有数据支持;不仅能提出问题,还要能够在此基础上提供解决方法 5. 组织各小队修改提案	1. 小队长发布提案 2. 中队长宣布获得"优秀提案奖"和"最满意答复提案奖"的名单 3. 小队讨论并修改提案	通过与评委们的互动交流,学生逐步学会了写少代会提案的方法,提高了主人翁意识
总结提升	倾听学生总结	1. 中队辅导员作出总结:此次活动展现了我们少先队的风采……我们要用实际行动呼吁更多的人保护环境,早日实现我们的中国梦 2. 呼号 3. 退旗 4. 敬礼	通过总结,使学生再次从中受到教育,受到启发,得到激励,从而达到知行统一的活动效果

第五章 学校活动参与

解读

我们在开展教育活动的时候，就要注重活动的生成性和常态性，如果让学生经常参与到活动中，让学生尝试自主设计或是策划活动，那么学生的活动积极性和能动性就会逐步提升，这样的活动才是有意义的。换言之，当开展不同类型的活动时，学生就会主动且兴致高昂地参与、思考和设计，如此一来，学生才能在活动中得到提高，那么也就说明这样的校园活动的开展是扎实的。上述案例中，这些三年级的学生们结合少代会的活动提出了相关的提案，培养了主人翁的意识，体会到愉悦感、成功感，这也是学校教育活动观念的更新：只要有行动，就会有收获。

"新基础教育"对班级建设有这样一些要求：（1）学生能自主参与到班级建设中，体现出学生的主人翁意识；（2）班级建设中让每一个学生都拥有自己的岗位，培养学生的责任感；（3）关注每一个学生的发展，体现发展的均衡性；（4）班级建设中要体现学生的创新与特色；（5）关注学生在班级日常生活中的质量；（6）班级群体中对学生的评价要多元化；（7）班级建设中要有家长的参与。升入三年级后，班级组织已经建立，班干部在班级活动中有了责任担当意识，需要进一步提升的是小干部的策划能力，扩展小干部的工作空间。在一系列的班级活动、校园活动中，要让更多学生参与到全校性的学生活动策划、组织以及承担校园文化建设的工作中，让每个学生都有自己的职责，而这份职责又和班中甚至是年级组中的同学联系在一起，如此一来，各项活动就能在多层次、多元化的组织中有序开展了。上述案例让学生通过讨论提案的价值和可行性来体会学校是值得大家建设的，在此基础上，升华学生对学校的感情，使学生懂得可以通过多种方式来表达对学校的爱。在提案的提出过程中锻炼了学生的能力，使他们在寻找校园问题时有进一步发现问题的强烈要求，同时也会更加主动地投入校园生活中。

建议

三年级学生通过参加少代会，撰写少先队提案，开始真正地参与到学校的活动中。刚刚承担学校活动的他们，往往有参与的热情，但缺少参与的方法。他们要在参与学校活动过程中学习重新与"他人"相处。

1. 学生参与要有"度"

在案例中，班主任发现部分学生的提案"好高骛远"，缺乏实质性的建议；当老师提出修改建议时，他们又坚持己见。他们认为，只要是想到的事都是可以

实现的。这些问题的出现和学生所处的生长环境息息相关。学生在日常生活中被家人和师长呵护得比较多,他们的某些创意和想法会有成人帮助他们完成,他们还没有经历真正的大型活动。

学生为学校活动做贡献涉及两个层面:一是思维层面,可以贡献金点子;二是行动层面,也就是可以做些什么。三年级学生还不能清晰认识自己的能力。他们从"旁观者"到参与者,这其中的跨度可大可小。跨度太大,容易挫伤学生参与活动的积极性;跨度太小,又容易损伤学生的兴趣。因此,老师在让学生参与学校活动的过程中,一定要清晰三年级学生的普遍发展水平,知道他们可以做什么,哪些有难度需要扶持,哪些暂时还需要放一下,等学生具备了基本能力后再付诸实践。老师应引导学生"量力而行",全情投入,这样才会给学生带来真实的情感体验,使学生获得自我成长的满足感。

2. 学生参与要有"人"

不论学校开展何种活动,老师都要明白为什么要开展这样的活动,应如何开展,活动对于学生而言有什么提升点和价值。同时在推进活动的时候,老师也要及时介入,给予学生一定的引导和指正。家长也要知晓活动的开展过程,保证活动开展的完整性。上述案例没有体现出家长的参与。提案共涉及三方面的问题:(1)教育类的问题;(2)家庭方面的问题;(3)安全防范、卫生环境方面的问题。其中,对于家庭方面的问题,可在前期开展活动时让家长参与,以使提案的内容更加丰富多元;同时也可以借助家长资源,让家长作为校外辅导员一起来出谋划策,让家长不只是学生学习的督促者,更可以是朋友,从而促进亲子关系。

3. 活动整合重实效

三年级学生学业负担加重,而且刚开始建立班委,班级中的活动还处于"初级阶段"。可以结合"十岁生日"这个主题,有效地解决学生在成长中遇到的一些问题。少代会活动是三年级学生在小学生活中第一次参与的一项大活动,可以结合少代会写提案的活动,开展一些调查和探访活动,为全校性活动提供合理化建议,表达自己作为一名少先队员的情怀。

4. 活动后要及时总结与反思

对于活动而言,开展之后还要善于反思,如学生是否全员参与,小队活动开展得是否有效率,家长介入是否使活动资源更丰富,老师引导是否及时等。同时,老师要把活动的操作权下放给学生,做到重心下移,使活动的架构具有开放性,不再单一。这样就避免了在活动开展过程中出现以下情况：因为动力内化不够，导致活动走过场，敷衍了事，学生没有得到提升和帮助；只有能干的学生起到主力军的作用，但对于班级中绝大多数学生而言印象不深。因此，开展活动的时候，要有老师的"引"，引着学生去调查校园的发展情况，收集第一手资料，帮助班级中其他同伴了解学校；之后让学生放手去做，除了了解校园发展史，更可以通过一些活动，如和低年级牵手活动、结对活动，让更多的同学来知晓，这样的活动才具有可操作性。学生在参与的过程中能力得到提高，参与班级建设的愿望也就愈发强烈了。

  在上述案例中，各种提案是通过小队合作来呈现的。这是三年级学生的特点，他们有了集体意识，能客观地评价他人和自己，能和兴趣相投的同伴一起学习、互动，形成朋友关系。队员之间通过各种活动的开展有了一定的默契，能够做到合理分工，责任心也比以前要强很多，但是勇于承担和独立思考的能力还有待提高。再者，还需要从学生的需求和活动的有效性出发，在设计活动时着眼于学生的发展，而不仅仅只是关注短暂的需求，如只是为了完成少代会的提案。无论是方案的制定、实施还是资源的开发、反思和重建，都要有清晰、具体、可实现的目标，这样才能开展真实的、有效的、精彩的班队活动。

第六章　自然性与社会性资源开发

　　学生的校园活动主题不限于学校，还可以走出校门融入自然与社会，让学生在更为广阔的空间里自由成长。我们发现，越来越多的学校重视和开发社区资源，将社区资源引入学校生活和班级生活中。这一方面弥补了校园生活的单一性；另一方面使学生在学校学到的知识和能力有了用武之地，学生对自然和社会的关注也为学生今后成为社会人奠定了基础。

一、如何实现校园自然环境与班级生活的整合

　　校园环境建设中，我们往往重视人文环境的建设，而自然环境的建设会被忽视。一方面是由于校园的自然环境建设是学生入学前就已经存在的，不需要作多大的改善；另一方面是人们会对每天看见的东西"熟视无睹"。自然环境中孕育着多样的育人价值，就看老师怎样去发现和利用。

案例

校园植物共探秘
上海市汽轮小学　顾燕华

　　三年级是儿童成长的关键期，是从低年级向高年级的过渡期。这时候的学生开始转变思维方法，从过去对事物有笼统的印象转变为有具体的分析，偏重对自己喜欢的事物进行进一步探究，对周围的动植物和自然现象尤为感兴趣。同时，他们开始从被动的学习主体向主动的学习主体转变，小时候看不懂、听不懂的一些知识，现在可以逐渐搞明白，知识增长速度明显加快，对知识的需求量也大大增加。同时，他们的独立性逐渐增强，渴望能够由自己去处理一些简单的事情，但对家长和老师仍有依赖。

　　我们班的孩子，随着"自我意识"和"独立性"的增强，逐渐变得不愿受大

第六章 自然性与社会性资源开发

人控制，有一点叛逆。进入三年级下学期后，我发现，对于他们不愿意做的事，再鼓励、再表扬，也没有用。无论是班级小岗位还是校园小当家，主动参与的永远是一部分积极上进的同学，其他人永远是旁观者，无论是成功或失败，好像和他们都无关。分析原因固然有部分是性格使然——学生个体差异大，部分学生较自卑，害怕失败，所以很多事都不愿意参加，总是采取逃避的方式来应对。同时，由于度过了近三年的校园生活，他们对于平凡的学校活动缺乏新鲜感，参与部分校园活动时积极性不高。还有一部分学生害怕班级和校园活动占用时间，影响自己的学习。我想，只有班级活动、学校活动有新意，才能激发学生参与的积极性，让孩子们在活动中有"xin"（新、心）的体验，有新的发展。

校园"科技节"是校园四大节庆活动之一。孩子们已经参与了三年，这次在前期动员时，我发现学生热情不高。针对此情况，我考虑将"科技节"与"大手牵小手"两大传统活动整合在一起，因此设计了"大手牵小手，植物共探秘"系列活动。

本系列活动的目的是培养学生自主管理能力、实现生生互动、丰富学生情感。活动前期，以"做好一名小辅导员"为抓手，学生们确定辅导项目、组建辅导部门、认领辅导岗位，并开展了一系列辅导活动。伴随着一年级小朋友的成长，部分小辅导员们在岗位上也获得了丰富的体验，同时也对我的教育指导方面提出了新的挑战。

活动共分四个阶段：

阶段一：大手牵小手，小岗位共成长

根据低年级学生的特点和需要，我班学生设立了若干辅导员小组。低年级学生依照自己的喜好与特长报名参与，充分发挥自主性和积极性，从而帮助弟弟、妹妹尽快在自己的"小岗位"上成长起来。

阶段二：大手牵小手，科技节共探秘

结合校园"科技节"活动组成新的探秘小组。各辅导小组带领弟弟、妹妹积极开展丰富多彩的校园植物探秘活动，在自己完成任务单的同时，辅导弟弟、妹妹完成他们的任务单。

阶段三：大手牵小手，体育节共锻炼

结合校园"体育节"活动组成新的体育小组。以小组为单位，带领弟弟、妹妹锻炼身体，教会他们跳绳、拍球等，并能自主设计新颖、有趣的体育小游戏，和弟弟、妹妹一起锻炼。

这次主题班队活动"'xin'的发现"是基于活动第二阶段"大手牵小手，科技节共探秘"开展的。

"'xin'的发现"是总结型班队活动，从多个角度梳理、展现、探讨了学生在系列活动中的表现，就像是一面镜子，让学生仔细地审视自己，用心地体会得失。从学生们在本次活动中的表现来看，他们确实收获了丰富的知识和满满的成就感。活动之后，我班学生继续保持与低年级学生"手拉手"一起做活动的传统，同时，也具备了自主探究校内外自然环境中的奇妙知识的能力，参与此类活动变得更加积极了。

具体的推进过程如下：

活动环节	教师活动	学生活动	设计意图
导入	谈话导入：前段时间，我们开展了科技节的科学探秘活动。同时，我们也结合"大手牵小手"活动，带领弟弟、妹妹开展了科学探秘活动	欣赏照片	通过照片回顾，体验活动中的快乐
核心推进	1. 我们的探秘 （1）导入：我们分成四个小组，分别对校园进行了科学探秘，完成了探究报告。请大家来交流一下，你们的新发现 （2）提问：你们觉得自己小组做得最好的是哪些方面？ （3）介入：看看科学老师是怎样评价我们的？（板书小结） （4）引导各组讨论哪些方面可以改进？ 2. 和弟弟、妹妹一起探秘 （1）导入：带领弟弟、妹妹进行了校园探秘，认识植物，完成了任务单 （2）提问：老师知道探秘的过程可不是一帆风顺的。（情景再现）你们发现他们有哪些做得好的地方？ （3）导入：弟弟、妹妹要来夸夸我们呢！（播放视频） （4）请学生夸夸自己或小组里的伙伴	1. 四个小组进行探究报告展示：大树、鲜花、灌木、班级生物角。小组讨论，大组交流（预设：分工合作，积极参与） 2. 观看颁奖录像并交流 3. 各组讨论改进方法。（预设：观察仔细，信息处理） 4. 观看弟弟、妹妹任务单 5. 情景表演，互动交流（预设：做事有耐心，会想办法） 6. 观看视频并小组交流	1. 利用对探究报告的评比，进一步引导学生明确科学探究的过程和报告的要求，提升学生科学素养 2. 通过情景再现活动中的困难，引导学生发现自己和同伴的进步。同时，利用弟弟、妹妹的夸奖进一步提升学生的自信心
总结提升	总结：马上要到"体育节"了。和弟弟、妹妹一起锻炼、一起游戏，相信会更有挑战性，更有趣	明确后续活动	激发学生继续追求自我发展的内在动力

第六章 自然性与社会性资源开发

解读

在本次以"小手牵大手,科技节共探秘"为主题的活动中,老师和学生一样,有了不少新发现。

老师发现学生活动与老师指导的密切关系,不管是在活动前期、中期,还是后期,老师的及时介入和指导,都会影响学生在活动过程中的发展速度和发展轨迹。

活动初期,在学生自主探究植物的过程中,老师发现,有的学生根据过往经验随意判断植物名称,有的学生误将《校园植物图谱》当成学校专属的植物图谱,在缺乏实践考察的基础上,根据参考资料展开了研究……种种问题,反映出学生探究素养和探究精神的不足。这导致在他们进行"大手牵小手"——带领弟弟、妹妹认识植物活动的过程中,暴露出诸多问题。同时,也引起老师对自己的反思:我们是不是高估了学生探究学习的水平?是不是没有充分预设他们能力上存在的不足?是不是在活动初期介入得过少?于是,在失败的基础上,班主任和自然老师共同指导学生展开了新一轮的探究。他们启发学生去借助老师辅导员和学长辅导员的资源,向科学老师寻求探究方法和制作调查报告的注意事项,向高年级同学寻求辅导的方法。在第二次指导过程中,几位老师也和学生一样变得更加慎重,思考得更加周全了。

由此可见,只有用一丝不苟的专业精神来引导学生探究问题,才能让他们在活动中收获最基本的制定科学调查报告的方法,更让学生在这样一种坚持原则、追求专业性的处事风格中,学做事、做人的道理。我们的教育,不就应该像这样,在"成事"的基础上,促成"成人"吗?老师的这样一个小细节,正是奉行了这种教育原则。所以,我们发现,老师在学生活动过程中的指导不管是对于促进活动顺利开展而言,还是对于造就学生一系列良好的学习品质而言,都是至关重要的。

本次活动中,老师还惊喜地发现学生的成长大大超乎预料,可见,活动对于学生成长的意义是多元的。

经过充分的准备,在第二次"大手牵小手"活动中,学生从最初的照着稿子读,发展为带着肢体语言的童趣化演示;从一人介绍时其余人站在一旁无所事事,发展为能够帮助同学关照弟弟、妹妹;一开始认错植物,在洋相中收场的小队,不仅找对了植物,还介绍了多种植物,并制作了铭牌,让弟弟、妹妹更易记住植物的名字;就连每位学生给弟弟、妹妹介绍植物时的态度都越发诚恳和自信了。

经历两次"大手牵小手"活动的学生们,能明显从自己和同伴的进步中感受到,通过努力可以产生进步,加强责任感才能得到弟弟、妹妹的认可,小队团结合作才能使活动更完美。同时,两次"大手牵小手"活动的对比,更让他们学会了反思,激发了他们进一步提升自己的欲望。学生们在班队活动中还相互提出了更好的建议:在向弟弟、妹妹介绍植物的时候,不必将自己探究到的全盘教给他们,而要从他们的兴趣出发,选择合适的进行讲解;在将来做小辅导员的过程中,要坚持教会他们学习的方法,做到不包办。学生的某些进步之处,也许是源于老师不断地指导和提点,而更多的进步,在老师没有预设到的方方面面悄悄地发生着。这种多元的成长和收获,令人十分感动。

在活动中,老师还深刻感受到班主任工作的繁杂,但她发现,只要是用心组合各个类目、各个层级的活动,就能化繁为简,提升主题活动的效率。

本次班队活动在总结系列活动阶段性成果的同时,还开启了下一阶段有关"大手牵小手,体育节共锻炼"活动的序幕。应该说,与学生共同参与这样一个跨年级、跨学科的系列活动,是十分辛苦的。老师不仅要先学生一步,充实自己在科学素养方面的不足,还要兼顾每个小队不同特色的成长模式,更要指导学生学会辅导弟弟、妹妹,让他们从责任感出发,做好每一次辅导工作。

这一切尽管辛苦,但当老师看到学生在共同探索时越来越注重科学性,在小队合作介绍PPT时能够按照报告的几个方面进行分工合作,在辅导弟弟、妹妹时甚至比老师还要细心和耐心,老师心头的感动与喜悦早已冲刷了那份辛苦。同时,结合校园内的大型节日,将年级活动融入校级活动中,并整合各科老师、各年级学生的资源,共同促使三年级学生获得成长。这些使得班主任越发觉得自己的工作变得游刃有余。所以,老师们都十分期待下一阶段的活动,期待发现更多能够促使学生进一步成长的新资源,期待看到更多意料之中与意料之外的学生的成长。

针对上述案例,班主任进行了反思,发现了值得进一步研究的方向:(1)学生要从自然老师的评价中明白制作探究报告的科学方法有哪些。视频中老师的评价比较成人化,且缺少可视化的辅助,建议在录这样的不仅具备评价激励作用且具有指导提示作用的视频时,老师可以将语言组织得更童趣化一点,同时结合"获奖小组"的具体报告进行更直观的讲解。(2)弟弟、妹妹评价学长的环节,大多讲得比较空泛,对学长而言,能感受到的激励作用不是很大。老师可以指导弟弟、妹妹在评价的过程中具体到人和事。(3)课堂上有诸多学生讨论的环节。活动前期,学生自己制作了一份探究报告,且指导弟弟、妹妹也制作了一份。如

第六章 自然性与社会性资源开发

在本次班队活动中发给他们,让他们在讨论过程中有据可循,更有助于他们回忆活动过程。

建议

"自然性资源是指自然世界中较少受人类活动直接影响的动物、植物、空间、环境等。在学校空间中,相关自然性因素通过绿化及养护、环境布局、蔬菜种植、相关自然现象等而存在;在学校空间之外,则无限的自然世界就长久存在着、发展着。"[①]可见,无论在校内还是校外,都充满了能够开拓学生眼界、挖掘学生思维的自然性资源。这些自然性资源相比其他各类资源,有着不可替代的作用,学生与自然性资源的交流、互动,显然更能激发他们热爱自然、热爱生活的情感,更能自然而然地让他们懂得书本所不能传达的哲理。所以,挖掘校内外的自然性资源,让学生在与此类资源的"互动"中收获成长,是很有必要的,班级生活与校园自然环境应自然、融洽地整合在一起。

三年级学生通过一系列相关自然知识的学习,对植物已经具备初步的认识,然而,他们还缺乏更专业、更准确的相关知识,缺乏探究相关自然知识的技巧,更缺乏主动将自然环境与班级生活融合到一起的意识。"通过对社会性与自然性资源的开发,班级日常生活的空间、资源、内涵可以有新的发展。在其中,班主任是最为核心的组织者;班级也是重建学校与社会、自然关系的最为核心的微观细胞。"[②]因此,当学生缺乏相关意识的时候,班主任应是班级里最具备此种意识的人,且运用最佳的教育教学方式让学生参与到这项意识的培养中来。班主任如何引领学生关注自然环境,如何带领学生一起实现自然环境与班级生活的整合?或许可以从这三个方面入手:

第一,从班级环境布置与小岗位机制入手,让自然环境的建设成为班级建设中的重要一部分。班级中的植物角是班级文化建设很重要的一部分,可利用"植物角"开展班级生活,使学生的生活世界与自然世界实现初步的打通。如在养护植物时,可以带领学生探究班级植物的种类,看看哪些植物适合养护在教室里?哪些植物需要更多的阳光和空气?然后根据班级的朝向调整植物摆放的位置。还可以研究班级植物与人类的关系,看看哪些植物释放氧气、吸收二氧化碳,适合放置在班级中?哪些植物会释放刺激性气味,不适合放置在班级中?通过学生各

---

① 李家成. 班级日常生活重建中的学生发展[M]. 福州:福建教育出版社,2015:207.
② 同上。

个角度的探究，引发学生对班级环境建设更深层次的思考，让自然环境的布置营造更为温馨的班级文化氛围。

第二，可结合季节变换，定期开展相关探究活动，培养学生良好的探究能力，树立学生严谨的探究精神，激发学生更多的探究自然环境的欲望。通过系列的、递进的探究活动，让学生养成随时关注自然环境的习惯，让学生对自然环境的探索和发现成为班级生活的一部分。例如，植物的四季状态如何？闵行区福山实验学校的孩子们就开展了一项自然观察活动：确定一株植物，根据二十四节气的变化，每个节点在同一地点拍摄这株植物的照片，记录它的点滴变化。在活动中，学生们惊喜地发现，植物比人类更早感受到天气的变化。在"立春"时节，"人们还穿着厚厚的棉衣的时候，月季花已经萌发出小小的红色的小芽，向人们报告春的消息"。连续的自然观察活动，不仅要求学生有毅力，还考验着学生的观察力和表达力。他们要学会用相机、用画笔、用语言宣传所看到的植物变化。在这一过程中，学生的各种能力均得到发展。现在，他们已经不满足于观察一类植物，而是把视角伸到生活世界，他们发现小区内的桂花一年开了好几茬，只要温差一大，桂花就会孕蕾开花。但是只有秋天的桂花香味最持久，花开得最多。学生们对自然的敏锐观察力，源自班级活动的切实推进，让学生养成思考、探究的良好习惯。

第三，将对自然环境的认识和探索融入各类习惯养成教育、思想品德教育，让自然环境在潜移默化中形成一股不可替代的教育能量。"在三年级，促进学生内在动机的发展和培养学习的责任感是非常重要的。要让学生能够面对困难不放弃，能坚持下去；还要让学生学会学习，能够体验到努力之后的成就感和迎接智慧挑战的乐趣。"[①] 学生们在走进社区探究植物的过程中，发现小区内有些植物每到一个季节都会出现休整的现象。有些植物是轻剪，只是修去一些残枝败叶，而有些植物则被修得面目全非。学生们觉得很诧异。通过与绿化工人的交流才知道：重剪那些树木是因为它们长得太高，影响了小区居民的光线、通风等。在学生们感到可惜的时候，他们也在思考一个新的课题：小区植物的种植密度和种类。学生们通过自己的视野和方式参与到社会生活中，承担力所能及的社会责任。可见，在三年级，借助自然环境提升教育的品质和力量是极为必要的。

---

① 李家成，王晓丽，李晓文."新基础教育"学生发展与教育指导纲要[M].桂林：广西师范大学出版社，2005：169.

二、如何借助养殖活动丰富班级生活

在自然资源合理开发和利用的过程中,班级的养殖活动是深受学生喜爱的。养殖活动可以是植物的养殖,也可以是小动物的养殖。养殖活动较之自然资源的探索活动,需要有更多的专业知识的指导,在养殖的过程中需要学生有更多的责任感和耐心。养殖过程中会出现其他活动中没有的困难,学生们将通过自己的努力、通过向更多人寻求帮助、通过主动学习专业知识等办法来解决一系列的问题。养殖活动不仅可以丰富班级生活,还可以积极促进班级隐形文化的形成。

案例

我和我的蚕宝宝
上海市曹行小学　陆婷婷

现在的小学生大多是独生子女,从小被父母呵护着,一向过着饭来张口、衣来伸手的生活。在学校里,我也有感于学生平时的表现,很多同学存在丢三落四的现象:作业本经常找不到,讲台的抽屉里塞满了"无家可归"的红领巾、铅笔、橡皮……这些"毛病"都是由于生活上过分依赖家长,缺少自理能力造成的。因此,当他们在学习、生活中遇到种种困难时,往往第一个想到的是寻求老师或家长的帮助,缺少自主解决问题的能力。产生这些现象的根本原因就是:孩子身上缺乏自我责任意识,缺乏自我解决问题的方法与能力。所以,在这个万物生长的春季,我引导学生开展了养蚕活动,希望学生在亲身经历养蚕的全过程中,了解养蚕的相关知识,强烈地感受到养育小生命的意义,了解生命的可贵与来之不易,更能学着自己开动脑筋解决遇到的困难,提高解决问题的能力,享受克服种种困难后养大蚕宝宝的喜悦与欢乐,养成认真做事的好习惯。

第一阶段:我和我的蚕宝宝(个人活动)

组织学生以个人的力量开展养蚕活动。了解养蚕的基本知识,知道孵化蚕卵、喂养幼蚕的方法,懂得养蚕过程中遇到问题时,要通过主动探究、反复尝试,多角度地寻求解决办法,明白只有认真负责才能做好一件事,享受养蚕的乐趣。

第二阶段:我们和我们的蚕宝宝(小队活动)

组织学生以小队的形式共同开展养蚕活动。小队成员一起喂蚕、养蚕,继续观察蚕的变化,提升他们在合作中的问题解决能力。

第三阶段:蚕宝宝结茧了(小队活动)

组织学生以小队形式探究蚕茧的作用。小队成员收集蚕茧资料,做成探究小

报,从而提升学生的集体合作能力和探究能力。

具体的推进过程如下:

活动环节	教师活动	学生活动	设计意图
热身	引入:近阶段,我们开展了养蚕活动,同学们都积极参与,我们一起来回顾下(播放视频)	观看视频	通过直观的展示,激发学生主动参与和主动思考
谈话导入	1. 揭示主题:我和我的蚕宝宝 2. 总结并板书养蚕的过程	1. 明确主题 2. 交流:孵化、造窝、喂养……	引出主题
交流互动	1. 组织学生分组展示为蚕宝宝制作的窝 2. 请个别学生交流造窝时的设计想法和取名意义 3. 组织学生交流孵化蚕卵时遇到的问题。鼓励没有孵化成功的学生改进方法继续孵化 4. 让学生知道孵化蚕卵时需要技巧和耐心 5. 选取养蚕日记部分片段,交流喂养幼蚕时遇到的困难,以及解决的方法 6. 引导学生遇到困难,要自己寻求解决办法 7. 让学生明白养蚕不是一件容易的事情,要认真、负责、坚持	1. 分小队展示蚕窝 2. 交流造窝时的想法以及窝名和蚕宝宝名的意义 3. 孵化不成功的学生,寻求帮助,改进方法 4. 孵化成功的学生,交流经验:孵化时需要注意温度、地点 5. 探讨:对孵不出来,直接购买幼蚕的情况进行交流 6. 探讨困难: (1)桑叶难找,如何解决? (2)蚕宝宝拉肚子了,怎么办? (3)怎么清理蚕窝? (4)怎么协调养蚕与学习、玩乐的时间?	1. 让学生体会到对蚕宝宝的喜爱,享受养蚕带来的快乐 2. 鼓励失败的学生遇到问题主动探究、不断尝试。给成功的学生展示自我的机会,使其在分享经验的过程中享受养蚕带来的乐趣 3. 让学生知道可以通过主动探究、反复尝试等方法来解决问题,提高了学生的问题解决能力,使其体会到养好蚕需要认真、负责的态度
总结提升	1. 请个别学生交流在养蚕过程中最开心的一刻 2. 引出后续活动:下阶段是小队成员一起喂养蚕宝宝,大家来商量下小队养蚕需要注意些什么?	1. 个人交流 2. 小队交流	通过谈亲身体会,让学生发掘更多养蚕的乐趣,激发学生对后续活动的热情,鼓励学生继续行动

第六章 自然性与社会性资源开发

解读

在上述案例中，学生开展的是以养蚕为主题的班级活动。与一般的班级活动相比，在养殖活动的基础上开展的探究活动更需花费时间和精力，同时，也能让学生在整个活动过程中收获更多知识和感悟，尤其是对"生命"的认识。

学生对于"生命"的认识，一直都是比较"感情用事"的，对于自然界中的动物存在着明显的喜恶。他们偏爱可爱的小动物，偏爱漂亮的植物，还有极少数学生存在着欺负小动物和破坏植物的问题。可见，学生对于"生命"的认识不全面、不深刻，珍爱生命、保护生命、尊重生命的意识也比较薄弱，这是一个非常值得重视的问题，如果放任其自然发展，则有可能使学生发展成不懂得自我保护、不尊重他人、漠视生命的一类人。因此，班主任设计并带领全班学生开展了上述案例中的养殖系列活动。

活动第一阶段，每位学生都领养一定数量的蚕宝宝。虽然有一部分学生并不喜欢蚕宝宝，但他们有强烈的参与活动的热情，所以也积极投入活动中，对他们而言，整个活动的考验就更大了。学生们独立开展养蚕活动的过程中，遇到了许多问题：有的同学因蚕宝宝孵化失败，为了要"赢"，便从其他地方购买了一批刚孵化的蚕宝宝。当同学们知道这一消息时，纷纷指责他"作弊"。这种行为有功利的成分，但也有积极的一面：学生积极参与班级活动，不因为遇到困难就放弃的精神值得鼓励，但是采用"投机"的办法解决困难的手段却是不值得提倡的。另外，蚕宝宝的窝如何打造？哪里采摘桑叶？……这些问题都等待解决。在第一阶段活动结束后，班主任引导学生围绕第一阶段的喜悦和困惑在全班进行分享与讨论，最终在班级中形成共识——遇到困难要积极想办法解决，还要注意办法的合理性，不为了结果而采取不适合的手段。这一阶段的总结活动推动了第二阶段活动的开展。

在第二阶段的活动中，学生们通过小组合作，有效地解决了一系列的养殖难题，尤其是在桑叶的采摘这个问题上。但是在第二阶段又出现了新的问题——小队成员间的合作问题。当养蚕成为小队的合作任务后，小队中出现了不和谐的"音符"。有的小队采取轮流看护的方法，在轮到某一同学时，正好桑叶用完了，他想寻求小队伙伴的帮助，小队伙伴却认为"今天是你看护，所以桑叶的问题自己解决"。有的小队在蚕宝宝状态不佳时相互指责，小队成员之间矛盾频发。此时，班主任适时介入，开展了第二次主题班队活动。在这一次班队活动中，班主任组织学生针对小队认养活动中出现的问题进行讨论，通过小队之间相互启发、相互

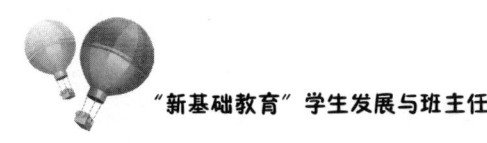

学习,学生们明白大家应该为着同一个目标共同努力;当出现问题的时候,首要任务不是找原因,而是找解决办法。看着学生们在活动中健康成长,班主任觉得比蚕宝宝的健康成长更让人高兴。

活动进行到第三阶段的时候,随着蚕宝宝先后结茧,学生们的养殖任务也先后告一段落。此时,有一部分学生收获了满满的成就感,也有一部分学生遭遇了挫折。他们自发地探讨起养殖过程中的酸甜苦辣,在此基础上开展的主题班队活动"我和我的蚕宝宝",正是学生们盘点自我、启发他人的一个机会。

在这次班队活动中,学生们通过积极讨论,自然而然地复习、巩固了养蚕的相关知识,也总结了合作探究的方式方法。更重要的是,他们通过情感的表达,激发了对生命的认识,明白了生命的伟大与脆弱,知道了责任心的重要性。他们意识到,对生命应有尊重、珍惜和爱护之情,而这些情感不应该被生命的表象轻易左右。

在本次系列养殖活动过后,学生们对这种相对静态的生命也有了新的认识,自主开展了养护植物的活动。在养植活动中,学生能够站在审视、关爱生命的角度为自己所负责的那棵植物尽心尽力,可见本系列活动的意义和作用是比较明显且深远的。

建议

三年级学生对于"生命"这个概念已经有初步的认识,知道生命应该被珍惜、被保护,但是涉及具体的各类生命,他们中的很多人会表现出不同的对待方式,有人喜欢可爱的动物,有人喜欢美丽的植物,有人不爱不会明显活动的生命,有人不爱养殖过程麻烦的生命……这看起来是个人喜好,似乎无可厚非,但其中种种与"生命"相关,就不应是"个人喜好"至上了。在三年级这个特殊时期,老师应有意识地引导学生正确认识生命的多样性,激发学生热爱各类生命的情感,更重要的是培养学生保护生命的责任意识。相比单纯的概念性的灌输,开展各类养殖活动是达成以上教育目标的最佳途径,也是最有利于提升三年级学生学习能力、感知能力的教育方式。如何借助养殖活动丰富班级生活,同时促进学生更深入地认识生命,激发学生更主动地热爱、保护生命呢?或许可以从以下几个角度展开尝试:

1. 培养学生对生命的关怀

首先,应通过各种方式建立学生与被养殖生命之间的关系,让学生在养殖活

动的最初阶段认清自己的责任和使命。"每个人的精神世界都能体验和认识相互的关怀,或者说,人类有着对他人关怀与关怀他人的天然之敏感。教育者需要做的,是呵护、发展其敏感性,增强其关怀他人的能力和建立关怀关系的能力。"[①] 所以,老师首先应在"呵护、发展其敏感性,建立关怀关系"这一点上多作思考,可将养殖活动与岗位机制、与评价、与竞争机制相结合,让养殖成为学生的一种责任与使命,并在精彩的、充满竞争的养殖活动中进一步发展学生对于生命的敏感性,培养学生的责任意识。

学生参与养殖活动,最初可能是任务驱动,是为完成一项使命而开展的主动行动。他们很少会注意到养殖的动植物是具有生命的。记录是诠释生命成长的较好手段,应鼓励学生记录在养殖过程中的点滴变化(通过拍照、绘画、写日记等方式),每过一个阶段都进行总结,引导学生发现养殖过程中的"他"的成长,感受成长的喜悦与不易。学生对生命的情感会在养殖过程中自然生发,如果老师再加以适当引导,这样对于生命的尊重和关怀的种子就会在小小的养殖活动中生根发芽。

2. 培养学生的科学精神

养殖活动是一种综合活动,仅有热情是不够的,还需要有科学的方法。笔者多次看到班级学生在小心翼翼地给各种植物浇水,其中有些植物需要浇透,可学生只给一点点"甘露";有些植物不需要经常浇灌,学生却每天照"浇"不误。一段时间再去看,班级中的植物"死伤"无数,养殖活动以失败告终。因此,班主任需要借助多方力量,帮助学生学习养殖中的科学知识,提高学生参与养殖活动的能力。不科学的养殖方法也是对被养殖体的不尊重,学生如不能积极主动地探求科学的养殖方法,那么养殖活动的意义就失去了一大半。因此,在学生形成"积极主动地探求科学的养殖方法"之前,老师应引导他们树立科学养殖的意识,帮助他们寻求养殖方法,点拨他们面对养殖过程中存在困难时该怎么做,并且设计相关的活动,让学生在竞争、互助中逐渐明白科学养殖的重要性,知道如何真正做到尊重生命,并树立积极主动地探求科学养殖方法的意识。

3. 借助活动推动学生更多元的认知

老师可尝试结合重大节庆活动以及历史人文故事,丰富学生的精神世界,深化学生对养殖、对生命的认识。养殖活动是学生认识生命、树立意识的平台,

---

① 李家成. 班级日常生活重建中的学生发展 [M]. 福州:福建教育出版社,2015:207.

即使离开养殖活动,学生的这种认识和意识也应不间断地发展,所以应在其他活动中也充分挖掘养殖活动的后续意义。"在相关主题活动与文化建设中,如结合重大节庆活动,或者在相互协作中完成了某类重大任务,或以互助、友爱、关怀为直接主题的教育活动,都会直接影响学生的精神世界。"① 比如,在冬天花卉养殖的选择上,水仙、迎春、银柳成为首选。这其中的门道,学生们在养殖初期并不知道。应引导学生主动探究养殖与自然节气、人文历史之间的关系,使养殖活动更具人文情怀。可见,养殖活动促成了丰富的、富有生命力的新的生活世界。

4. 把个体的养殖活动与班级文化相融合

养殖活动中会出现其他班级主题活动中没有出现过的问题,比如"投机取巧"地追求结果问题;相互推诿造成养殖的动物、植物"牺牲"问题……老师要充分预估养殖活动中可能出现的学生成长问题,开展在班级文化引领下的活动评价,并把班级文化融入养殖活动的各个层面,最终达到活动与班级文化相融。

三、如何依托社区资源开展班级活动

从三年级开始,学生进入主动探索的少年阶段。他们在校级岗位的实践中探索着与更多人的交往;他们在校园活动的参与中探索着作为"主人"的责任;他们在班级活动的开展中探索着同伴之间多种形式的合作……在他们眼中还有一个全新的领域等着他们去探索——社区。探索社区活动的过程能满足学生"获得更多人认可"的心理需求。学生在社区中开展主题活动,能更多地接触社会、了解社会。

案例

小强强古镇探秘

上海市明强小学 郭 芳

三年级学生有强烈的好奇心,对周围的新鲜事物都很感兴趣,喜欢探究;同时,他们对集体活动表现出极大的热情,集体荣誉感也很强。我班学生对于集体探究活动的参与热情很高,但是对于具体参与的方法、解决问题的方法等了解与掌握得很少。如何充分发挥群体效应,使自己最大限度地投入活动,发展个体能

---

① 李家成. 班级日常生活重建中的学生发展 [M]. 福州:福建教育出版社,2015:161.

第六章 自然性与社会性资源开发

力、学会合作等，对我班学生显得尤为重要。

结合我校三年级学生工作"学做聪明人"的主题，我班开展了系列活动：9月——收集、交流书中聪明人的故事；10月——发现伙伴学习中的聪明做法；11月——了解长辈生活中的小窍门；12月——古镇探秘，感受家乡人民的聪明才智。最后一阶段的"古镇探秘"活动，无疑是对学生在前阶段活动基础上所培养的探究考察能力、合作交流能力的一次大检验、大提升。

"古镇探秘"活动恰逢"学习中国传统文化"的热潮，加之前阶段活动的作用，此刻学生们对于校外场所的探究欲望呼之欲出。学生们最感兴趣的探究对象之一就是近在咫尺的"七宝古镇"——一个千年文化古镇，有着古老的传说、丰富的物产、隽永的风俗，我校就坐落于这片美丽富饶的土地上。于是，我引导学生从身边的小事做起，了解七宝古镇的地域特色、民俗文化，感受七宝人民的生活智慧和对美好生活的追求，并开展了"古镇探秘"系列活动，旨在让学生通过自主活动，激发其主动参与的热情，提升其个体的考察、探究、交流能力，引导其在小组活动中学会沟通、分工、合作等技巧，初步培养小干部在小组合作探究中的工作能力。同时，也引导学生在本次活动中深入感受七宝古镇的文化魅力，感受七宝人民在劳动创造中的智慧。

在本系列活动的整个开展过程中，无论是方案的设计、实践探究的分工，还是成果展示的方式，都是由学生自己讨论决定的。学生主要围绕"衣、食、住、行"这几方面开展探秘活动。

活动一：自主开展一次古镇游览活动，集体讨论确立古镇探秘的内容。

通过在班级里交流讨论，最终将探秘的对象确立为：汤圆、木桶、中国服饰、住宅、皮影艺术。

活动二：讨论"古镇探秘"的前期准备工作：明确分工、制定小组合作纪律等。

活动三：利用课余时间分小队开展探秘活动。

活动四：各小队分别汇总探秘结果，讨论展示的形式。

活动五：召开主题班队活动，以小队为单位汇报交流探究的过程和结果。

后续活动：各小队独立开展假日小队活动，继续发现七宝古镇的宝藏，学习七宝人民的智慧和创造精神。

"小强强古镇探秘"主题班队活动属于上述活动中的第五环节。

通过"小强强古镇探秘"主题班队活动，学生们在自主的交流过程和实践基础上，对七宝古镇有了更清晰、更深刻的认识。在他们的日常交谈中、习作中，时常会看到有关七宝古镇的内容，自豪感也表露无遗，可见，活动已深入学生心

中。更可贵的是，通过这样一次较大型的小组合作探究活动，学生们的探究及合作能力有了明显的提升。在日常琐事中，他们能够自觉运行更民主的解决方式，基本具备了一定的沟通协调、分工合作的能力。在之后的班级系列活动中，他们的探究能力与合作能力并驾齐驱，不断进步，越发能够很好地运用一系列探究技能和合作技巧，接受一次又一次新的挑战。

具体的推进过程如下：

活动环节	教师活动	学生活动	设计意图
热身	播放音乐	齐唱《七宝童谣》	烘托气氛，通过童谣，让师生共同走进"古镇"的世界
引出主题	导入：七宝老街有着哪些神奇的力量吸引众多游客不远千里赶来游玩呢？让我们一起去揭开古镇那神秘的面纱吧！	简单地说一说自己在此次探究过程中对"七宝古镇"最深刻的印象	引出班队活动主题，为学生提供交流的平台，通过初步的简单交流，进一步激发学生的参与兴趣与热情
交流互动	随机点拨、评价、提升	各小队交流古镇探秘的情况，随机进行小队间的互动 小队一： （1）介绍特色小吃：汤圆（重点）、方糕、羊肉…… （2）介绍特色小吃背后的故事（发明过程、制作过程、在时代背景下的特殊意义） 小队二： （1）介绍皮影戏，讲述"非物质文化遗产"的重要意义 （2）现场演绎一段简单的皮影戏 （3）邀请其他同学尝试操作，谈一谈参与体会 小队三： （1）介绍古镇建筑，包括艺术特色、科学原理等 （2）开展知识竞答，考一考学生有关古镇建筑的基本常识	让学生们大胆地运用最合适的汇报形式，汇报自己小队的探究过程和结果，在此过程中梳理、巩固自己通过探究得出的知识。同时，以不同的方式参与其他小队的探究活动，在生生、师生互动中碰撞出智慧的火花，得到更多启发，对于七宝人的智慧和创造精神有了更进一步的认识

第六章　自然性与社会性资源开发

（续表）

活动环节	教师活动	学生活动	设计意图
		小队四： 介绍古镇特色物件——招牌（有趣、乡土气息……），木桶（造型各异、有保健作用……） 小队五： （1）介绍蓝印花布的艺术特色和受欢迎程度 （2）邀请同学以小组形式合作，仿照传统印花，用纸笔设计个性印花	2. 让学生在通过各种方式进行汇报和参与的过程中，提高表达能力。对他们而言，通过一对一交流、小队内交流、中队内交流所得到的锻炼是不同的。同时，他们也在聆听其他小队汇报的过程中自觉学习他人的合作经验，在无形中进一步激发了其对于小队合作的认识，为下一环节的探讨作铺垫
点拨提升	引导学生从自己的收获和困惑两个角度谈一谈在此次活动中有关"小组合作"的感悟	谈体会	通过对"小组合作"的有关探讨，引导学生感受到这不仅仅是一次对人文、历史等知识的考察，更是对小组合作探究学习能力的考验，让他们在交流中取长补短，收获更丰富的合作经验
总结延伸	1. 总结 2. 指导开展后续活动：各小队独立开展假日小队活动，继续发现七宝古镇的宝藏	对后续活动作好心理准备	帮助学生感悟"古镇探秘"的真正意义，激发学生进一步探究的兴趣

解读

三年级，是学生从"小家"走向"大家"的一个重要阶段，他们即将有更多机会走出校门，展开一系列了解社会、了解家乡、了解祖国的活动，他们对此也充满了热情。不过，三年级学生在探究能力和合作能力方面都不成熟——他们尚未掌握科学的探究方法，其中包含设计方案并制订计划的能力，收集、整理、运

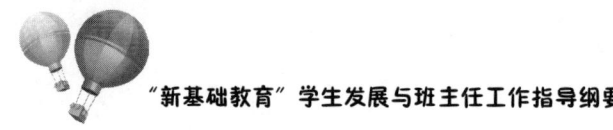

用资料的能力，整合、修改、制作探究报告的能力等；他们的合作能力也相对较弱，虽然在一、二年级已初步尝试各类简单的合作，但面对走出校门的小组合作探究活动时，新的问题层出不穷，会困扰他们。正因如此，在这样一个关键时刻，寻找最合适的契机和方法将他们带入这扇合作探究的"大门"成为班主任的重责。在一番精心设计与充分预设后，班主任带领学生展开了上述案例中的活动。

在确立活动主题的过程中，老师考虑到这是学生们初次尝试合作探究校外知识的重要关卡，他们的诸多活动环节将脱离班主任的视线和指导范围，师生都需要许多"帮手"来协助完成此次探究活动，因此，本次活动势必要选择最近的资源展开，这样，不仅可以降低探究难度，更能够充分调动社区中的资源、家长中的资源，让学生在迈出第一步时得到更多帮助。因此，班主任在对学生探究兴趣进行调查的基础上，制定了"古镇探秘"的基本主题。在上述班队活动中，老师融入"小强强"的概念，让每一个参与汇报的学生都更具归属意识，更为身为"明强小学"的一员而感到骄傲。

在"古镇探秘"活动的开展过程中，老师充分参与每个小队的活动，从探究方法与合作方法两个角度展开指导。可以说，在这次班队活动的背后，老师付出了大量的时间与精力，只为带领学生走好这关键的第一步。过程虽然稍显艰辛，但我们都知道这不仅是必要的，更是值得的。

有关科学的校外探究方法，班主任引导学生去请教品社和自然学科的老师，向他们学习探究经验以及制作探究报告的几大要素，并通过一次班队活动，指导学生进一步学习和巩固校外探究的方法和注意事项。学生们由此掌握了一些校外探究的方法。他们知道本次活动可以借助社区资源、家长资源，同时可以依靠网络、书报等媒介；他们知道探究活动要尝试深入挖掘，了解其内在的深刻意义；他们知道在交流汇报的过程中，要甄选内容，要寻求新颖并且合适的形式，要重视互动……与此同时，他们还初步了解了"版权意识"（在汇报中尽量介绍资料出处），了解了游览古镇的基本文明守则，了解了与社区人员、社会人员沟通的基本礼仪和注意事项等。在这些"知道"和"了解"的基础上，学生们的参与热情显得更高了，底气也更足了。

有关小队合作的指导，老师并没有过多展开，主要抓住小队合作出现矛盾的契机进行适当点拨，必要时组织某小队队员通过小队会议进行探讨，同时也允许小队会议后若仍存在合作疑难问题，留待班队活动交流解决。学生在进入小学后就在不断地尝试与人合作，因此，三年级的他们是有"合作基础"的孩子。故而在本次全新的合作过程中，老师给他们留下了较大的空间，让他们体验合作中产

第六章 自然性与社会性资源开发

生分歧、不满,甚至尝到失败的滋味。因为老师清楚地意识到,三年级学生已经开始进入从"只关注老师的评价"到"更关注同伴的评价"的过渡阶段,在这一阶段,伙伴之间的相互评价产生充分的碰撞与作用,能够让他们更直观地感受到自己在集体中的重要责任,更能在与伙伴的合作过程中主动约束自己。本次合作过程中,依旧出现了大大小小的合作问题,有个别学生以"家里没电脑""作业未完成"等为借口,消极地参与活动,有的学生在小队实地考察过程中不遵守约定……对于种种合作问题,老师一方面引导学生回顾以往的各类合作,看清合作的基本原则,寻找解决问题的方法;一方面引导学生相互之间进行客观、公正的评价,最后提醒他们在队内无法解决问题时,可以寻求班级全体成员的帮助。

通过这一系列的活动,学生的变化较为明显,尤其是在上述案例的呈现过程中,学生的自信与自主让每一个参与者都感到惊讶。班主任发现,每一个孩子在合作交流的过程中都表现得极为认真负责,力求表达得最清楚、流畅、完整,有部分孩子更是一改往日腼腆的形象,表现得非常大方。这其中有多种因素在产生作用:首先,这是他们熟悉的身边事物,且经过自己的亲身考察所得出,说起来尤其有滋有味。其次,这是他们初次尝试自主探究校外内容,老师的干预少了,他们更能表达自己想表达的了,自然更为自信。同时,自己的研究项目区别于别队同学,能够像小老师一样去填补他人的未知领域,使他们有一种特殊的使命感。另外,队内成员的期望、队与队之间的竞争,也在无形之中给了他们一副重担,不得不逼迫自己充分准备,好好表现。以上这些因素,不从教科书里产生,不从老师的话语中产生,而是在他们的整个活动过程中悄悄滋长,悄无声息但却意义重大。老师和家长都为他们迈出了如此稚嫩却也扎实的一步而感到高兴。不过,学生们在小队合作探究能力上更多的变化产生于后期的各类校外探究活动,他们继续依托社区资源开展各类班级活动,每一次活动就好像是一个台阶,让他们的探究与合作能力有了逐步的提升。这一个又一个的校门口合作探究活动,为他们今后看得更远、走得更远打下了良好的基础。

建议

"三年级学生处于形象思维向抽象思维转变的发展阶段。他们接受信息的兴趣也开始发生变化。这种个性和认知发展的转折状态与学习的难度变化相一致,如果学生的参与积极性和学习积极性未得到适当调整和组织,会加剧课堂学习状态的两极分化。一部分学生因为经常受挫,会出现自卑心理甚至产生游离和对立

的情绪。"① 可见,三年级学生对新鲜事物的探索需求不仅仅是出于好奇,也是源于潜意识中拓展自我、肯定自我的需求。此时的学生对低幼的信息逐渐不感兴趣,对于高深的知识却也无法理解。对他们而言,亲身参与校内、校外的各类活动是增长见识、提升自我的最佳途径,尤其对于在平时课堂上得不到成就感的学生,这样的机会尤为可贵。所以,我们要积极设计和指导开展各类实践探究活动,引导学生逐渐从校内走到校外,丰富自我,发展自我。

1. 社区资源的有效开发

在指导学生初步尝试校外探究活动时,社区资源是最为宝贵的财富。学生最容易接触到的社区资源就是住宅小区以及周边与学校有相对稳定关系的街道、企业,包括与之相关的真实的自然世界。"在当前信息化时代,教育资源丰富又芜杂的浪潮中,学校教育不可能是独立运行的孤舟,善用校外资源,则舟行海上顺风顺水,形成教育合力;不善用,则风吹浪打,消解教育力量。"② 因此,要充分、合理地利用社区资源,其中不仅包含场地、设施、文化等资源,更包含社区居委相关人员、社区居民、学生家长等"人"的资源。用好社区资源,能适当降低学生初步探索社会的难度,也能使学会捕捉、利用资源,同时也能影响家长及其他社会人员主动参与到学生的校外活动中来,成为教育的一员。

2. 社区活动的有效指导

学生初次尝试小队合作模式下的校外探究,在探究能力方面一定是有所欠缺的,此时,授予学生相关知识是极为重要的一步,不过,这一步不应通过"讲授"的方式强行给予他们,而应耐心地一步一步引导学生进行思考:相关知识应该向谁求教?哪些方面是需要请教的?未来的其他探究项目是否也可以这样操作?……

"学生需要学会'学习',提升其学习力,无论是在学生时代,还是在之后的社会生活中。"③ 学生的学习能力"包括捕捉、判断、开发、利用、积淀各类资源的能力,包括借助外部信息实现自我认知、情感、思维、行为、人格综合生成的能力,也包括通过语言、行动、物品而外化自身素养的能力等。这类学习能

---

① 李家成,王晓丽,李晓文."新基础教育"学生发展与教育指导纲要[M].桂林:广西师范大学出版社,2005:170.

② 张向众,叶澜."新基础教育"研究手册[M].福州:福建教育出版社,2015:254.

③ 李家成.班级日常生活重建中的学生发展[M].福州:福建教育出版社,2015:169.

第六章 自然性与社会性资源开发

力,主要不是应试的能力,而是在真实的生活中自我更新的能力"①。教学生"学习",教他们主动"自我更新",这一步是艰辛却也极为重要的,也是能为学生将来的各类校外探究活动带来更多帮助的关键一步。

3. 处理个体与群体之间的关系

社区对于一些学生来说可能是熟悉的"主场",而对于另一些学生来说是陌生的"客场"。主客之分会让学生在活动中有截然不同的表现。"三年级学生处于儿童期向少年期过渡的时期,个性发展的转变常常在交往状态的变化中表现出来。他们开始有了自己的主张,不再以简单服从师长权威为最大的荣耀,对教师、家长的依赖减少,试图从师长的控制中走出来;自主意识强,但自我管理能力还不够。学生的集体意识明显增强,他们逐渐渴望同伴的认可,希望在团队中发挥作用,特别是小干部,在活动中热情饱满,但由于缺乏工作的策略与方法,反而容易造成干部与同学之间矛盾的激化。"②因此,在小队合作方面,老师应该在幕后随机干预,不应主导学生的交流、沟通。最需要引起老师重视的是小干部策划、管理能力的培养,尤其是在管理能力方面,要注意对其进行适当的引导,以免小干部与小队队员的矛盾激化,导致他们对整个活动失去兴趣和信心。

学生依托社区资源开展班级活动是学生社会化的重要环节。在这一阶段,学生在积淀自我的发展,更是在具体化的社会中实现个人经验的累积。这些经历和经验,会为学生发展提供新资源、新平台、新世界。

四、如何走出校园开展小公民行动

当学生进入社区参与社会活动后,学生的身份发生了变化,他们从学生成为小公民。《进一步加强和改进未成年人思想道德建设的若干意见》倡导学生做"五好"小公民,在社区和公共场所做爱护公物、讲究卫生、保护环境、遵守秩序的"小卫士"。学生的公民意识体现在哪里?一定是学生力所能及的小事情中。老师如何指导学生走出校园实践公民责任?上海市闵行区实验小学的陈晓蕾老师开展了一系列主题活动。

案例

---

① 李家成. 班级日常生活重建中的学生发展 [M]. 福州:福建教育出版社,2015:170.

② 李家成,王晓丽,李晓文."新基础教育"学生发展与教育指导纲要 [M]. 桂林:广西师范大学出版社,2009:196-170.

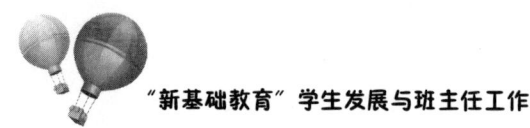

垃圾分类我能行

上海市闵行区实验小学（景城校区） 陈晓蕾

本班学生自二年级上学期开始组建小队。在小队建设初期，我们主要依据日常班级生活和学习，以小队为单位开展各类评比、竞赛活动，帮助学生了解同伴、深入交往，并初步形成小队意识。进入二年级下学期，围绕小队建设，我们主要依托校园主题节、学科探究等活动，引导各小队在参加各类校园活动的过程中体验分工与合作。通过一年多的小队建设，学生们已经具备了强烈的小队集体意识，能独立开展各种小队活动，活动中能合理分工、相互协作。这也为三年级的班级发展、小队建设打下了扎实的基础，同时也提出了新的挑战。三年级是学生自我意识迅速萌发、综合能力快速增长的阶段，更需要为孩子提供适切的途径，让他们有更广阔的活动空间，去尝试、去锻炼、去成长。因此，我通过拓宽小队活动空间、丰富小队活动内涵，提高小队活动品质，依托小队，为每位学生在校内和校外打造一片新的成长舞台。

经过三年级学期初的一番校外实践与探索之后，学生们对以小队为单位开展的校外活动有了比较全面的认知，能够熟悉每次活动的主要流程，合力设计方案、解决问题、总结提升，也知道一些基本的注意事项，可以说，他们基本能够自主地开展一些较为简单的对校外新鲜事物的探究活动。学生们逐渐从校门内走到校门外，尝试接触社会、融入社会，积累了更多的能力，增长了更多的见识，属于他们的身份也在悄悄变得多元、丰满。他们逐渐意识到，自己不仅仅是校园里的一名学生，还是社区的一员，更是国家的小公民。公民意识恰恰是现代化民主社会的核心价值，也是社会成员必备的品质，包括对公共社会的自觉监督，强烈的社会责任感，对社会公共责任的主动担当，重视、融入、达成良好的社会合作关系等。因此，在这样一个学生们初步认识、了解公民意识的关键时期，我将学生的校外实践活动与小公民责任感培养行动结合在一起，引导学生在探究中增长知识，更在实践中增强公民责任意识。为此，我们结合学校大型活动设计了"蒙蒙正正进社区"的班级系列活动，旨在进一步提升学生的校外合作探究能力，激发学生对社区、对社会、对国家的热爱之情，自觉树立公民责任意识，愿意积极主动地履行公民义务，并参与到公益活动中去。由于这是学生们首次开展以"小公民行动"为背景的校外实践探究活动，因此我将活动开展的主要场合设定在社区之中，这样就适当降低了探究活动的难度，同时更便于学生从最熟悉的身份入手，自觉培养公民责任意识。

第六章 自然性与社会性资源开发

第一阶段：我爱我社区

（1）社区探究我计划（探究指导）

（2）社区探究进行时（实践活动）

（3）社区探究收获大（主题班队活动）

第二阶段：社区公益我能行

（1）垃圾分类我能行

（2）垃圾分类我行动

（3）一份冬衣一份情

第三阶段：我是社区小明星

在第一阶段，学生们能在老师的指导和家长志愿者的带领下自主地走进社区居委，开展对学校所在社区的探究活动。通过活动，他们对学校所在的社区有了一定的了解，初步具有"我是社区小主人"的意识。

本次主题班队活动是在第一阶段活动的基础上所生成的新的活动——垃圾分类我能行，依托社区目前启动的"垃圾分类"行动展开。

通过"垃圾分类我能行"主题班队活动，学生们清楚地意识到自己肩上的责任不轻。他们在前期自己参与社区"垃圾分类"活动的过程中，已经掌握了一定的垃圾分类知识和技巧，树立了一定的意识。然而，本次活动对他们提出了更高的要求，要求他们站在公民角度，为整个社区的垃圾分类活动出谋划策，解决难题。他们的出发点不再是个人或者小队如何参与、如何做好这件事，而是如何引导大家一起为社区、为国家的资源再利用做贡献。本次班队活动是学生进行实践活动的预热，极有价值，学生们通过课前的参与和走访以及在课上的交流讨论，了解到现存的许多问题，比如，垃圾分类活动的主要参与对象是学生，而有一大部分成年人并未参与其中；社区居民对垃圾分类的相关知识和技巧还不熟悉；有的站点参与人员过多，导致工作人员工作量倍增，而有的站点却备受冷落……针对这些问题，学生们在课堂上展开讨论，在小队讨论、班级讨论的基础上，制定了几条初步方案，分别为：制作有关"垃圾分类的意义"以及发达国家在资源再利用方面所作的相关努力的宣传海报；在人流量大的站点参与志愿服务活动并设立标语，引导居民前往人流量小的站点；制作小报，演示垃圾分类技巧；变废为宝，巧手制作环保小礼物，赠予参与率高的居民。学生们以小队为单位认领了其中一条，并在本次班队活动中制订了具体的计划。在学生的相互帮助和我的引导之下，他们制订的计划较为完善，每个队员的参与热情都非常高。他们将这份高涨的热情带到后续的实践活动中去，完成得较为出色，也收获了明显的效果：社

区居民的参与热情有了明显提高，每个站点的人流量变得较为平均了，居民们的垃圾分类方式越来越科学合理了。

这样一次活动，有着非凡的意义，不仅非常实在地解决了生活中存在的问题，更重要的是，激发了学生参与社会公益活动的热情，点亮了他们的小公民身份，让他们在校外实践活动中明确义务，担起责任，并且从奉献中收获成就感与快乐。

具体的推进过程如下：

活动环节	教师活动	学生活动	设计意图
热身	组织开展垃圾分类小游戏	参与游戏	通过游戏，调动学生参与班队活动的热情，同时让学生对"垃圾分类"有初步的认识
活动导入	1. 针对前期活动进行简单总结 2. 导入：前不久，孙同学和何同学作为班级同学代表，去居委会了解了居委会针对小区开展的新活动，请他们来介绍一下所了解到的情况 3. 引导其他学生参与互动，即时开展现场调查，了解学生及所在家庭执行"垃圾分类"的情况和所面临的问题	1. 个别交流 2. 学生代表交流 3. 其他学生参与互动	引导学生进一步学会观察社区变化，看到目前自己和社区其他成员在参与社区行动中的实际表现，也使后续活动更有针对性
核心推进	1. 师："垃圾分类"意义重大，是一项需要在全社会提倡的行动。课前，我们也进行了一定的探究。那么，作为社会小公民，社区的一员，我们可以做些什么呢？（即时帮助提炼：力所能及，符合小区实际情况）	1. 个别交流：为什么要进行垃圾分类？如何进行垃圾分类？（相互补充） 2. 小队内交流，推选一个大家认可的金点子。全班交流，说说为什么选这个金点子（小队间互动点评）	1. 展开有关"垃圾分类的意义"的探讨，为学生之后制订活动计划作好知识储备的同时，更从一开始明确活动的目标，清楚自己的责任 2. 学生第一次尝试制订小公民行动计划，对活动前期准备、如何安排活动等无法充分预设，所以，老师以一

(续表)

活动环节	教师活动	学生活动	设计意图
核心推进	2. 指导制定活动方案，随机选取一个小队，引导思考：你们打算怎么做？（根据学生回答梳理任务单） 3. 小结：要将一个想法转化为实际行动，需要做周密的考虑和计划 4. 巡视，随机指导 5. 组织交流并细化任务单，作好周全的准备，以便于落实 6. 引导学生感受到计划的制订需要得到大家认可，每一个人都要考虑到集体	3. 各小队根据"金点子"共同设计小队任务单	个小队为例，进行具体指导，为其余小队提供示范。而学生只有在具体制订计划时，才会进一步发现问题。老师进一步的指导建立在学生尝试之后
总结提升	让大家以小队为单位，进一步完善活动任务单，并根据任务单的要求自主开展活动	倾听	通过对"小组合作"的有关探讨，引导学生感受到这不仅仅是一次对人文、历史等知识的考查，更是对小组合作探究学习能力的考验，让他们在交流中取长补短，收获更丰富的合作经验

解读

三年级学生开始初步尝试接触社会、探索社会，校园外的各种新鲜事物对他们而言有着极大的吸引力，他们极渴望在自主的探究过程中认识这个社会。学生们在学习校外合作探究的过程中，已经掌握了一定的探究方法、合作技巧，随着探究的面越来越广，接触的校外事物越来越多，学生们的所思所想也一定越来越丰富，他们正处于这样一个"知其然而不知其所以然"的年纪，有关社会、国家、世界的思索越来越多，简而言之，这是学生们初步树立"三观"的重要时刻。所以，我们要在他们接触社会、认识社会、参与社会活动的过程中，潜移默化地去影响他们，帮助他们，让他们形成良好的道德观念，培养责任感，树立正确的"三观"。作为这个社会中的一员，学生首先要树立正确的公民责任意识，而一次次

参与校外探究活动正是树立这份责任意识的最好机会。上述案例中系列活动的设计、开展正是基于这样的思考。

责任意识的培养不同于各类能力的培养,既不能落于口头和纸笔,也不能一蹴而就,它要求老师和学生明确活动的目的和意义,要求活动能够循序渐进地作用于被教育者。所以,在上述案例系列活动的设计过程中,班主任尤其重视本次主题班队活动的设计,可以说,它是后续一系列"垃圾分类"活动的"火车头",如果"火车头"跑错了方向,后续活动的意义就微乎其微了。在本次班队主题活动中,班主任重点引导学生认清"垃圾分类"的重大意义和现存的问题,并指导学生制订较为合理的后期活动计划。

其实,学生在前期参与社区"垃圾分类"活动时,就已经了解了相关的知识。此次,有了班主任的参与,更是使学生扩充了知识,对"垃圾分类"的重要性有了更深刻的认识。在此前提下,当学生们从部分参与调查的同学口中了解到很多社区居民仍旧漠视此项环保活动,看到有的居民将垃圾分错类导致将好事变成坏事,听说每个站点的人流量不均等情况时,他们打心眼里着急,改变现状的决心也就由此悄悄产生。正是因为这样深刻的认识与糟糕的现状相互碰撞从而激发了学生的内动力,本次主题班队活动才得以真正有效地推动下去,后续活动才能够真正有效地开展下去。

学生在班队活动中制订计划的过程进行得较为顺利,这得益于前期多次的校外合作探究活动。不过,本次的活动计划不同于以往——以往学生只从知识探究和队内合作角度去考虑,而这次要充分考虑到与社区居民互动的相关事宜,这对他们而言是较为陌生的,也是老师需要重点进行点拨的。令人感到欣慰的是,学生们在激烈的讨论之中迸发的点子层出不穷,其中有许多点子都可圈可点,比如,他们最后确立下来的"制作海报、小报"的方式有很大的宣传作用,"志愿参与站点工作"的方式使得学生对自己提高了要求,有很好的示范作用。在学生们讨论如何让更多的居民主动参与到活动中来时,他们遇到了一些困惑,毕竟他们所要带动的对象是各行各业的成年人,对于孩子的话他们会听吗?微小的声音能入他们的耳吗?直接提出"要求"的话恐怕更招人烦吧!于是,班主任提醒他们可以换一个角度,尝试换位思考,大人和孩子的想法其实差不了多少。他们受到启发后,再次热烈讨论,终于,具更高水平的活动方式应运而生——"变废为宝鼓励积极分子",这一方式不仅身体力行地推广了资源再利用的理念,更可贵的是把思维定势下的"要求""建议"变成了"倡导""鼓励"。最终,深刻的认知催生了优良的活动计划,进而推动了活动的

第六章 自然性与社会性资源开发

开展，活动开展过程中的收获让他们忘却了付出的艰辛，感受到承担责任的快乐。

在整个活动的设计过程中，班主任思考得最多的是如何帮助学生与社区居民展开良好的互动，尽可能让整个活动开展得较为顺利，保护学生的参与热情。除了在学生制订计划的过程中进行引导与点拨之外，老师还主动与校方、与社区进行沟通，希望能从各个层面得到帮助。正因有了校方的努力，社区居委的配合与帮助，学生们在制作并张贴海报和小报的过程中才做得比较规范和顺利，有关"变废为宝小礼品"的发放宣传也落实到位，有了实效。本次活动中，社区居民的积极配合也是推动活动顺利开展的重要因素，或许"小礼物"并不具备十足的吸引力，但居民们参与环保事业的热情以及对孩子们的支持与厚爱在本次活动中体现得淋漓尽致，他们不仅很好地履行了自己的公民义务，也帮助这一批小公民收获了成长的喜悦。最后，还得把功劳归于这批无私付出的孩子，比起那并不完美的海报、小报和小礼物，他们的真诚、善意、责任感是最为打动人、最具影响力的。

今后，在学生参与以"小公民行动"为背景的校外实践活动时，班主任会逐渐将"保护伞"移开一点，毕竟他们更需要面对社会上形形色色的人，学会与之打交道，感受碰壁的滋味，体验挫折，主动反思，学习更好的沟通技巧和行动方式，在做好合格小公民的基础上，努力变成更有领导力的人。

建议

"小公民行动"是能够激发学生社会责任感和公民道德意识的一种实践活动，具有重要的作用，是学生接触社会过程中必须要上的重要一课。开展怎样的活动能真正具备这样伟大的意义和重要的作用呢？

1. 小公民行动要形成有效的组织体系

在引导学生走出校园开展小公民行动的过程中，班干部的作用尤其重要，他们在一定程度上分担了老师的部分工作，更可贵的是，他们的"领导"能产生老师意想不到的良好效果，更能促使学生自主自觉地参加活动、遵守纪律、努力竞争。"一、二年级时，班队活动由教师组织策划较多，班干部只是帮助教师做事，没有真正去组织策划活动。到了三年级，要让班干部真正以小主人的姿态，分工合作，开展各项中队活动，培养班级层面的小干部，让班委和中队委员学会自主管理集体生活。经过二年级的小队建设，学生的能力有所提高，至少已经出现一部分较为优秀的且具有担当班委的基本能力的学生。在三年级建立班委时，要打

破小队间的隔绝状态。"① 所以，想要让班干部在活动中发挥良好的作用，就要在对班干部工作的指导上下较多工夫。而诸如此类的公益性活动，更要求班干部具有优良的素质、能力，他们需要时刻提醒与引领队员认清活动目的，必要时调整活动策略。所以，在指导班干部设计活动的过程中，首先要让他们明确活动目的，只有作为团队领头人的班干部对活动意义有明确的认识，整个活动的设计和执行才不会"跑偏"。在班主任不能及时干预的情况下，中队长、小队长等应站在相对其他同学而言更高的层面把握活动主旨，使活动有意义地开展。在活动前期的访问、调查过程中，可以指导班干部们组成一支小队"打头阵"，只有对现象和问题有切身体验，才知道要带领队员做什么、避免什么。其次，要在活动前期的班队活动中打破小队与小队之间的隔绝状态，将队内探讨与小队之间探讨相结合，如此既能充实、丰富活动方案，也能在潜移默化之中提醒队长多学多看，吸取他人宝贵经验，避免故步自封。

2. 小公民行动引导关注"人"的资源

小公民行动一定是基于学生自主的观察、体验、思考，在学生内动力的促使下积极开展的活动。"这需要将投入社区的活动建立在学生自主发现、思考乃至于研究的基础之上。学生可以为社区做些什么？不同年段的学生、不同特质的社区，有着哪些特殊要求？这都需要调动学生的积极性，而不是通过上级部门的安排或学校的传统方式进行。学生可以通过走进社区，感受与发现问题，通过发现、思考、交流、对话，甚至是与社区居民、管理人员的直接沟通，形成参与社会发展的项目设计。这样的过程，是学生发现问题、分析问题、开展策划、主动对话的过程，应得到充分的重视。"② 所以，小公民行动开展前期，要让学生参与大量的调查、探讨，要在明白其中意义、了解其中问题的基础上开展，不能简单随意地推进，否则，整个活动的意义和效果可能是极为微小的。

此类公益性活动与学生熟悉的探究性活动的区别在于它会涉及更多的"人"，既有影响他人行为的可能，又有受困于他人行为的可能。因此，老师在指导学生开展活动的过程中应注意两个方面的问题：首先，要提醒学生学习"换位思考"，思考如何在推动公益活动的过程中不给别人增添更多麻烦。如果学生具备良好的活动策划能力，则可以激发他们进一步思考：如何影响更多人积极、主动、愉快

---

① 李家成，王晓丽，李晓文."新基础教育"学生发展与教育指导纲要[M]．桂林：广西师范大学出版社，2009：170-171．

② 李家成．班级日常生活重建中的学生发展[M]．福州：福建教育出版社，2015：212．

第六章 自然性与社会性资源开发

地参与到活动中来。其次,要告诉学生他们可能会面临的"炎凉",指导他们正确看待社会现象,鼓励他们不轻易被挫折打败。

"学生工作的多元融合,从校内外的维度看,至少包括校内外的家校社合作,校内跨级、跨部门合作,学生工作和课堂教学的跨域合作等。如果说校内多层面、不同领域的合作,表明了'学生立场'的重要性,那么校内外的多元合作,则表明了'社会的教育责任'之重要性。"[①]所以,此类活动远不仅仅是班主任一人的重要责任,更是整个学校、整个社会的重要责任。"学校要善于将各种优质教育资源积聚到为学生主动、健康发展的学校实践中来,同时又要将自己的优质资源向社会、同行辐射,以提高学校教育资源的效益,实现学校向社会的汇报和交流中的互惠。"[②]可以说,学生走出校园开展的小公民行动就是这样一种极具意义的互惠活动。"学校为了培养'主动、健康发展'的新人,主动从内部各领域、向外界各方面挖掘教育资源,形成多元合力;反过来,社会也应该为了自身的持续、健康发展,主动关注教育,担负起社会的教育责任。"[③]因此,班主任应主动与校方、家长沟通,推动活动;学校应主动与社区、社会各界人士进行沟通,为学生活动护航;整个社会更应担负起教育重责,为学生自主开展的公益活动创设更好的环境,所有社会人此时皆为教育者。

[①] 张向众,叶澜."新基础教育"研究手册[M].福州:福建教育出版社,2015:254.

[②] 叶澜."新基础教育"论——关于当代中国学校变革的探索与认识[M].北京:教育科学出版社,2006.

[③] 张向众,叶澜."新基础教育"研究手册[M].福州:福建教育出版社,2015:256.

本册后记

作为一名一线教师,这是我第一次独立承担一册书的写作工作。在写作的过程中,我常常会产生这样的疑问:本册书是否值得大家去读?带着诚惶诚恐的心情,经历两年的编著、修改、再修改的过程,终于在今天写到了"后记"。

成书的过程也是我回顾参与"新基础教育"学生工作的过程。

18年前,当我第一次接触"新基础教育"的时候,我抱着怀疑的态度自问:什么可以改变班主任工作"起得比鸡早,抹布不离手,进班就是吼,事情天天有"的状态?从最初的怀疑,到最后成为"新基础教育"忠实的追随者,我感受到教师职业给我带来的欢愉。参与"新基础教育"实践研究的过程中,我理解了以前学习时教科书中那些深涩的理论,学会了从人的角度去看待学生的发展,看待学生成长中出现的各种问题;学会了重新审视日常每一天的教育教学活动,寻找还需要完善的各种教育教学的行为。最大的改变莫过于能够从容面对教育中出现的各种问题,并能积极想办法解决。

本书基于案例,其中的案例大多来自于最早加入"新基础教育"研究队伍的上海、常州、淮安三个地区多所学校的实践。在此过程中,得到了这些学校及老师的大力支持。为了满足写作的需要,我仔细阅读了"新基础教育"理论的相关书籍,想从中为实践研究找到理论的支撑点。但终究还是浅薄,理论分析不够系统和完整,仍缺乏严密的逻辑关系。

首先要感谢李家成教授对我的信任,选择我担任本册书的作者。在淮安,我们大家聚在一起,确定了本册书的写作框架。在写作过程中,确实产生过打"退堂鼓"的念头。担心完不成任务的焦虑、理论功底的缺少、拖拉的恶习一直让我有"退"的念头。每当这个时候,李家成教授耐心、真诚的鼓励又让我有了继续的动力。其次要感谢三个地区负责"新基础教育"学生工作的老师,尤其是上海市闵行区汽轮小学吴周云、蔡颖、顾燕华、蒋燕怡、华艳老师的帮助。正是由于所有人的倾情相助,才有了今天的成果。

今天,终于完稿。整理三年级班级活动的案例,旨在为参与"新基础教育"

实践的朋友们提供一些参考资料。其中，有些内容带着某些城市的烙印，还不成熟，期望在今后的教育实践中，能够得到进一步的补充和完善。同时，也希望这一集聚大家智慧的实践研究成果，能够给致力于学生未来发展的每一位可敬的老师带去帮助。

谢晓东
2018年1月10日凌晨于上海

本书编委会

主　　任　李家成　张　永

副 主 任　（以姓氏拼音为序）

　　　　　　郭　芳　陆燕琴　束　彦　谢晓东　袁文娟

编委会成员　（以姓氏拼音为序）

　　　　　　白　露　蔡　颖　陈　静　陈　玲　陈晓红　高兴蕾　戈雯婧
　　　　　　龚雪婷　顾　俐　顾燕华　郭玉琴　胡韵雯　华　艳　嵇文佳
　　　　　　姜丽霞　李　隽　李晓玲　林小燕　陆　敏　唐　红　王　蕙
　　　　　　王　珏　王　奕　韦云成　吴周云　谢　晖　徐　晨　薛　娴
　　　　　　叶　喜　尤兆蕾　赵　霞　朱卉婷

李家成　张　永 | 总主编

"新基础教育"
学生发展与班主任工作指导纲要

（四年级）

陆燕琴 / 等著

"New Basic Education"
Guidelines of Student
Development and Banzhuren Work

北京大学出版社
PEKING UNIVERSITY PRESS

四年级目录

第一章 概述 ... 1
 一、认识四年级学生的发展环境 ... 1
 二、理解四年级学生的发展潜能 ... 6
 三、明晰四年级学生的发展目标 ... 9

第二章 班级岗位工作与组织建设 ... 13
 一、如何建设双班委制度 ... 13
 二、如何建设班级学生社团 ... 19
 三、如何实现校园值周岗位的升级 ... 24
 四、如何启动并开展"大手牵小手"活动 ... 30

第三章 班级文化建设 ... 35
 一、如何建设个性化的班级文化标识并予以实践转化 ... 35
 二、如何建设民主、平等、悦纳、共生的班级人际氛围 ... 42
 三、如何设计并实施班级个性化评价制度 ... 48
 四、如何引导学生建设班级特色文化活动 ... 55

第四章 班级建设与学科教学整合 ... 63
 一、如何关注学生学习效率的提升 ... 63
 二、如何将学科活动拓展与延伸到班级主题活动之中 ... 68
 三、如何建设班级学科特色活动 ... 75

第五章 学校活动参与 ... 81
 一、如何指导学生参与学校的重大仪式庆典活动 ... 81
 二、如何指导学生主动参与学校少代会 ... 87

  三、如何以班级为单位创造性参与学校大型主题活动 …………… 92
  四、如何引导学生关注校园常规建设的更新 …………………… 96

第六章　自然性与社会性资源开发 ………………………………… **103**
  一、如何运用自然性资源开发班级主题活动 …………………… 103
  二、如何开发传统节日资源的育人价值 ………………………… 109
  三、如何运用家长资源对学生进行职业启蒙教育 ……………… 115
  四、如何在走进学校周边地区的活动中帮助学生了解社会 …… 119
  五、如何通过社区实践活动提升学生的问题解决能力 ………… 124

本册后记……………………………………………………………… **131**

第一章 概述

小学四年级，既是前三年发展的延续，又会形成新的蓄势待发之状，等待着有心的师者去开发，去引领。学生成长内含基本规律，他们踩着成长的节点而来，我们的教育也要顺着节点而去。笔者试图展现四年级学生发展的全貌，以帮助更多班主任形成"节点意识"，更好地认识这个年级的学生以及他们所处的环境和所拥有的关系世界，形成清晰的年段发展目标和教育工作策略。研读学生是班主任必须具备的第一项基本功，因此，每一位班主任都需要借助这些抽象的认识，学会走进自己所带的班级，了解自己班级里的每一个学生。

一、认识四年级学生的发展环境

学生的成长离不开自身所处的环境。环境既是一个客观存在，又会在与主体的双向互动中彼此产生作用。学校教育就是要帮助学生在与环境的交互作用中积累更多经验，使其成为适应环境而非单方面顺从环境的成长个体。[①] 因此，认识四年级学生所处的环境尤为重要，这会成为促进学生发展的前提。

（一）解读其所在的班级环境

1. 个体标签逐步形成

随着四年级学生自我意识的增强以及班级群体生活的进一步深入，他们对"我是谁""我有怎样的优势和弱点""我在班级中的学习成绩处在怎样的位置""我对于班集体的价值何在"等的认识逐渐清晰；同样，他们对同伴的认识和判断也慢慢趋于一致。在这样的前提下，每一个个体在班级群体中都会被贴上相对稳定的"个体标签"。"学习优秀""富有领导力""歌唱得好""人缘好"等正面积极的标签能提升孩子在班级中的认同度和存在感；同样，那些被贴有"学习困

---

① 李晓文. 建构学校文化生态——基于"新基础教育"学生发展工作改革实践的思考 [J]. 基础教育，2010（5）.

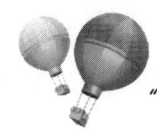

难""作业拖拉""调皮捣蛋"等负面标签的孩子,无形中就会产生消极的心理暗示。

学生绰号也就在这样的背景下产生了。"绰号是群体内部根据某一成员的相关特征对他的别称,是班级内部的一种文化现象,在某种程度上反映了群体对某一个体共同的情感和认同。"① 同学之间既借助于这种方式表示相互之间的友好,也有可能用来进行调侃、戏谑或嘲笑。积极的标签固然能促进孩子某一方面的发展;但消极的标签,则会给孩子心灵造成一定的伤害。每个孩子的成长过程,都难免会产生问题,过早地给他们贴上负面的标签是不可行的。因此,在这个阶段,更需要班主任帮助学生形成一种多元评价的视角,多多看到自身和他人的闪光点,帮助孩子突破"定型"的重围,获得自由成长的一片天地。

2. 同伴交往相对集中

进入四年级之后,学生交往的重心由家庭逐渐转移到学校,班级成为他们人际交往中最重要的场域,几乎每个孩子都可以在班级中找到与自己合得来的朋友,朋友数逐渐减少,交往圈日益集中。相比于低年级,他们对班级中谁能成为自己的"朋友",有了更加深入的理解,不再简单地把一起玩的伙伴都当成朋友了,他们会根据自己的标准选择"朋友",更加追求与朋友在兴趣爱好、想法观点、性格经历等方面的一致。同伴交往成为每一个孩子精神上的重要依托,他们从中感受到来自朋友的关心、帮助和认可。

班级中也因此出现了一些小团体。小团体的出现是一种自然现象,它能满足学生归属感的需要,增强同伴之间的情感支持。但是,当小团体的利益和规则与班级的利益和规则相抵触时,或者因为小团体的活动过于频繁而影响班级内正常的学习和生活时,就会对学生乃至班级的发展带来负面影响。

另外,由于学生交往圈的相对集中,班级中还会出现一些被孤立的对象。这部分孩子游离在小团体甚至是班级之外,精神上缺少一定的安全感,他们可能就是班级中"那几个"学习比较困难、个性比较孤僻的孩子。无论如何,每一个孩子被班级及同伴悦纳的程度都是班主任需要关注的重要因素,因为这成为衡量孩子班级生存状态的最重要的指标之一。当前,我们所追求的全纳型班级,就是希望每一个孩子都能在班级中拥有其自身的价值和存在感。

---

① 李晓文. 建构学校文化生态——基于"新基础教育"学生发展工作改革实践的思考 [J]. 基础教育, 2010(5).

3. 班级文化业已成形

班级从一年级开始组建而成，一开始，每一个学生的学习储备、家庭背景不尽相同，大家都是带着各自的初始习惯走进这样一个组织单元，可以说是"机缘巧合"才共同走进这个班级的。经过三年共同的学习生活，无论这种生活有没有经过"雕琢"，都会在自然磨合中，或者在师生有心的建构中，形成一种基本成型的班级文化。而这样的文化本身就会对学生产生潜移默化的影响。正如史华楠等学者所认为的："所谓班级文化，是班级成员通过多种活动而形成的集体心理氛围、班级组织和交往行为，以及通过班级所体现出来的群体价值取向、意志品质和思维方式、思维能力等。学生对于班级文化的学习是一种潜在的学习。"[①]

班级是具有凝聚力的还是相对松散的？班级是学习唯上还是鼓励多元发展？班级人际关系是民主平等的还是等级分明、强制高压的？不同文化特质的班级带给学生的影响显然是不同的。一个具有聚合力、鼓励学生多元发展、人际关系民主平等的班级，其日常管理也会是有序的，人人都愿意为班级尽职，个个都为自己是班级的一员而感到自豪。在这样的环境中，学生会变得更自律，更上进，更有幸福感；相反，如果学生生活在一个缺乏集体凝聚力，以学习唯上，等级界线分明的班级，其集体规则意识就相对淡薄。如果一个学生不是一个学习优等生的话，集体带给他（她）的促进作用就会微乎其微，他（她）对班级、对同伴的情感也会大打折扣。当然，对一个班级文化现象的分析，本身是一个复杂的过程，但是作为班主任，至少可以从这样一些视角和维度去分析，无论是自己带上来的班级，或是其新接任的班级。

（二）分析其身处的学校环境

1. 学校文化对学生的影响逐渐突显

四年级孩子对外部世界的认知不断提升，他们会更加理性地看待每天身处其中的这个学校，因此，学校文化对他们的影响逐渐突显。学校崇尚怎样的教育理念？是以学生发展为本还是读书考试唯上？学校日常活动中，学生是以怎样的方式参与的，是被动卷入还是主动创生？学校的学生组织能否满足孩子多元发展的需要？学校的制度设计，是为了管理和约束学生还是为了更好地引领和发展学生？学校的师生关系、班级关系是融洽的还是紧张的？学校与社区、家庭的联系是紧密的还是松散的？也许这些对于低年级还不会思辨的孩子来说，影响不是很

---

① 吴春燕. 班级文化建设研究综述 [J]. 考试周刊，2009（19）.

大;但是对于已在小学生活了三年的四年级孩子来说,则有较大的影响,因为他们已开始学会分析、质疑、选择和批判。

例如,他们会对学校要求学生每天穿校服的制度开始有想法,认为这样的制度不合情理;他们会对学校每年重复举行缺乏新意的大型活动不那么热情;尴尬的家校关系会让他们与学校之间产生隔阂。当前,学校文化在教育中的功能应该得到提升,它将是学生认识周围世界和自己的一种积极而明智的、富有情感的、具探索和创造意识的重要资源,是开发学生生命潜能的一种力量。①

2. 校园活动时空拓展,成长期待加大

经过前三年的积累,四年级学生逐渐适应了校园生活的规则和秩序,成为校长、老师眼中"最派得上用场"的,因为他们既没有五年级学生学业的牵绊,也不再像三年级时那样冒失,参与学校活动变得驾轻就熟,逐渐成为学校活动的主力军。

学校也给予这个年段学生更多参与活动的时间与平台,要求学生走出班级,承担起更多学校层面的管理工作,如校园值周活动,大手牵小手活动,以及担任学校重大活动如运动会、科技节、"六一"游园会等的志愿者工作等。学校在进行重大活动的策划时,无论是活动内容,还是活动要求,都希望能充分发挥这个年段孩子的能量,期待这个年段的学生能够协助学校开展一系列活动,在活动中做好示范,并以自身的变革创新来引领学校活动的创新,提升学校活动的品质。

学生们在这个过程中,可以走进学校更多的场所,熟悉更多的部门,认识更多的老师和同学。这些都促进了四年级学生实践能力、交往能力的提升以及自我意识的觉醒,使他们获得更多积极的成长体验。当然,不断丰富的校园活动,也给四年级孩子的自我管理带来了问题,他们需要在学习和学校活动这两者之间找到平衡,尤其是一部分综合能力发展相对滞后的孩子,想在低年级学生面前好好表现自己,却常常顾此失彼,因为时间管理、学习压力等问题而"掉链子"。

(三)了解其社会、家庭环境

1. 信息社会对学生成长的影响优劣并存

当今社会瞬息万变,信息技术的发展,使得地球被称为"村",别国发生的事情与信息通过多种通信渠道的快捷传递,犹如在邻家发生的事情那样随时可知。在这样一个时代,开始关注社会的四年级学生的学习时空得到延展,他们变得更

---

① 叶澜,李政涛等."新基础教育"研究史[M].北京:教育科学出版社,2010:13.

通晓"世间大事",大到美国总统竞选,以及"禽流感""空气污染"等影响人类生存的疾病和环境问题,小到某个明星的"婚变",都可以第一时间了解到。然而,这些不断更新的信息和新型事物也给他们的成长带来了问题和挑战。

（1）社会价值观的单一主流状态被打破。信息的高速流动、变化和互联网的普及,加速了全球化的进程,促进了不同国家、不同地域、不同族群、不同阶层之间文化的交流和扩散,形成了价值观多元并存的局面。这在一定程度上会影响四年级学生的视听,扰乱他们对主流价值观的学习、选择和判断。例如,当前"二胎"正成为四年级孩子可能面对的一个问题,网络上对于这个问题铺天盖地的讨论以及自媒体流出的相关段子,会给他们带来一些价值观的冲突和心理上的困惑。

（2）学生日常学习、生活及交往的方式改变了。随着信息技术被广泛运用到社会生活的方方面面,人类的生存方式也在慢慢发生变化。四年级学生也因此会被更多地要求"网上查找资料""制作PPT""通过微信群与同学进行沟通"等等。在这个过程中,孩子们常常会被许多电子产品所吸引,部分孩子就会陷入虚拟的网络世界之中,"网瘾儿童"开始出现；学生们可以在"度娘"上找到很多答案,自主完成作业就成为对孩子们的一种挑战；许多网络流行语,对于渴望标新立异的四年级学生来说很有吸引力,有些不文明的网络语言成为学生交流中常用的语言,有些学生甚至还为自己能运用这类语言而沾沾自喜。

2. "高速运转、急功近利"的社会带给学生成长压力

随着城市化进程的加快,社会竞争日趋激烈,急功近利成为这个社会的整体通病。为投家长所好,各类学习培训班、兴趣班、考级班如雨后春笋般出现,市场火热之程度,给马上要进入"小升初"备战状态的四年级学生及家长以无形的压力。学生以及家长为了能够进入一所优质初中,都会不遗余力地做各种准备,充实自己的"个人履历",一个四年级孩子的"个人履历"可以厚到让人叹为观止。

3. 家庭给予孩子前所未有的空间和物质保障

基于"不输在起跑线上"的考虑,随着小升初学习压力的一再前移,四年级是家长进入"临战"状态的一个重要阶段。绝大多数四年级学生的家庭把家庭教育的重心放到提升学生的学业成绩上。为了保障这一目标的达成,家长们不遗余力地给予孩子各种物质上的保障,相比幼儿园和小学前三年,大多数四年级孩子会有独立的房间、安静的学习场地、不断补充着的辅助类学习读物,以及各类学习所需的电子设备等。这些物质环境的创设在给孩子提供更好的学习条件的同时,

也给孩子带来学习的压力。"妈妈不让我出去玩""做完学校作业还要再做课外作业"成为很多四年级孩子最真实的家庭生活状态。

4. 有欠缺的或不正确的亲子沟通

家长应对四年级孩子成长的做法，大都体现为给予孩子更多学习的支持。他们往往会通过物质的支持来消减自身的压力，获得自我安慰。然而，与丰富的物质储备相比，亲子沟通就显得有些"势单力薄"，而不得法的亲子沟通正成为四年级孩子的主要烦恼。四年级孩子的家长一般也正处于事业发展的上升期，他们往往忙于自身的工作，而无暇顾及孩子；随着二胎政策的放开，家里二孩的出生，也使孩子和父母坐下来好好聊天的时间变少了。另外，中国家庭中，父母双方往往选派一人负责照顾孩子，而父亲一般会成为较少参与孩子成长过程的一个角色；加上现代社会离婚率的不断上扬以及"留守儿童"现象的普遍，单亲家庭、隔代教育等都增加了亲子沟通的矛盾。家庭是四年级孩子最重要的精神家园，然而父母的缺位或者指责、体罚、不关心以及不理解等成为孩子与父母发展亲密关系的绊脚石，也阻碍了孩子情感世界的健康发展。

二、理解四年级学生的发展潜能

学生的发展有着明显的年段特征。分析四年级孩子身处的外部世界之后，作为教育者，要在这些真实存在的多元现象里，觉察出这个年级的孩子在成长过程中积聚了哪些积极的力量，出现了哪些普遍的问题，有着怎样的困惑，以及可能引发学生发展的点和使学生可能形成质的飞跃的点在哪里。另外，觉察学生发展的可能性，还需要建立关于成长的系统性观点：从多种关联中去认识成长问题，即认识内在需求和行为表现、成长经验以及环境中人际交往之间的特定关联。[1]应该让教育不再简单教条，而是回归到学生真实的成长情境之中，让教育走在学生发展的前面，以更好地激发学生成长的潜能。

（一）四年级学生发展的积极倾向性

1. 活动能力增强，喜欢尝试具有"挑战性"的活动

经过前面三年的学校生活，四年级学生明显长大了，他们不仅适应、熟悉了学校的生活，而且在各种学校活动中开始发挥重要作用。他们的校园活动空间得

---

[1] 李晓文. 教育要从学生的成长需要出发[J]. 人民教育，2010（6）.

到进一步拓展，自行策划、组织活动的能力增强，不再满足于从事班级和学校内简单的劳动岗位，渴望拥有自主管理的权利，喜欢尝试具有挑战性的活动，在活动过程中愿意展示自己的兴趣爱好和个性特长，并以此为荣。他们逐渐成为校园活动的主力军。

2. 独立意识明显，情感向内控、深刻和自觉方向发展

四年级学生身体开始发育，女生尤为明显。随着身体的长高，他们的独立意识也明显增强，认为自己已经长大，变得不那么依赖于父母和老师，甚至跟父母、老师产生疏离感，凡事不再喜欢向老师汇报，开始学着独立思考问题，有了自己的主张；自我管理和自我控制能力明显增强，对自己有了一定的了解，能选择适合自己的集体工作；遇到事情能明确表达自己的想法，可以和老师、同学开展较为理性的沟通；渴望得到别人的认同，情感变得丰富而细腻起来，重感情，易感动；同伴交往有了较稳定的圈子，同伴间开始形成心灵上的相互认可和理解，同伴成为他们成长中的重要他人。

3. 学习方面的困难不再明显，思辨意识萌发，学习主动性明显提高

适应了三年级学习上的转折期，四年级学生基本养成了良好的学习习惯，并开始琢磨适合自己的学习方法，竞争意识增强，不甘落后，更关注学习成绩，对于学习优秀的同学开始产生敬佩之情。除了学科学习质量出现重要变化外，他们对自然和社会也表现出强烈的探索激情和求知欲望，乐意接受新鲜事物，开始留意时尚和流行文化，关注社会的各种信息，思辨意识开始萌发，开始对事物形成自己的看法，也开始关注社会。

（二）四年级学生发展中存在的问题

1. 日益突显的"自我"与"他人"关系处理之间的矛盾

如前所述，四年级孩子认为自己已长大，就是个小大人了，他们有了自己的是非判断标准。强烈的自我意识，使他们不愿意接受命令式的教育，他们一方面想摆脱父母，自作主张，另一方面又必须依赖家庭。在这种矛盾的心境中，如果父母还把他们当小孩来看待，无微不至地"关怀"，反反复复地"叮咛"，他们就会感到厌烦，觉得伤了自尊心，从而产生反抗的心理，萌发对立的情绪。如果父母在同伴面前管教他们，他们的"逆反心理"就会出现。

此外，四年级学生开始有了自己相对稳定的朋友圈，部分学生的交往面会变窄，局限在一个小圈子里面，甚至会排斥那些与自己在兴趣爱好、个性特点方面

有明显差异的同伴,致使班级中个别学生被孤立,有时还会引发小群体之间的冲突。封闭的交往,带来的可能是心胸狭隘、眼界受限,这些都会影响孩子完美"自我"的进一步形成。再加上当今快节奏生活的影响,学生们倾诉的渠道受到挤压,父母等长辈如果再不善于倾听的话,则会使他们陷于一种莫名的无助与烦躁中,尤其是开始进入青春期的女孩子,更会产生不安全感。

2. 扑面而来的"多元世界"与学生"已有认知"之间的矛盾

四年级学生的成长更多地反映在他们与周围世界的互动之中。相比于前面几年,他们与周遭世界的关系变得更加紧密。他们需要走出班级,走向学校生活的多个层面;社会生活中开放而多元的信息,也正时刻影响着他们的思考与判断。这同时对四年级孩子的成长提出了更大的挑战。他们有应对更广阔时空的各种能力吗?他们的组织能力、策划能力、领导能力足以让他们以"学长"自诩吗?他们有足够的理性分析问题、解决问题的能力吗?在综合复杂的问题情境中,他们有足够的应对策略吗?在各种信息横飞、多元价值观充斥的当今社会,他们有足够的信息判断能力吗?他们具有相应的信息素养和正确的价值观吗?这个直面而来的外部世界既是孩子成长的资源,但也与孩子已有的认知之间形成强烈的反差。在这个关键节点,如果四年级孩子不能很好地成长以应对这个开放的时空的话,他们就会变得无所适从,变得不够自信,甚至主次不明、是非不分。四年级孩子急需一场真实的成长和蜕变。

3. "狭隘的学习"与学生真实的"成长需要"之间的矛盾

这个开放多元的世界需要孩子们不断提升综合素养,孩子们也愿意面向这个世界敞开他们的求知欲望,展开多元学习。然而,现实中以"应试"为主的狭隘的教育充斥着孩子们的成长空间,阻碍着他们的发展,与他们真实的成长需要之间形成强烈的反差。这时,孩子们已经进入小升初的准备期,因此,他们更多的时候被困在"应试的牢笼"里,每日面对的是题海,是各类补习,是逐渐呈现的高利害性的竞争。上海市闵行区七宝明强第二小学四年级班主任崔姬老师对他们班45位孩子进行的"最近最烦恼的事"的调研中,有10人表示"妈妈不让我出去玩",有10人表示"做完学校作业还有课外作业",有6人表示"作业太多",有5人表示"考试紧张"。也就是说,一个班超过2/3的孩子陷入"学习的苦海"之中。这些困扰既阻碍了孩子们的综合发展,也可能让孩子们对学习失去兴趣,产生心理困扰。如何将这种不安化解在孩子们所渴望的对自然和社会的探索过程中,进一步激发他们的求知欲望和探索热情,提升他们的综合学习能力,将是四年级教育中亟待解决的问题之一。

三、明晰四年级学生的发展目标

对学生外部环境及内在发展潜能的分析,是为了让教育不脱离学生的真实状态和成长背景,让教育与学生的内在主体性需求相吻合,进而搜索出四年级孩子的发展预期与理想,并将这些发展目标转化为具体的教育工作策略,落实在班级建设之中,让教育因此更切中学生成长的要领。每一位班主任都可以依据这些发展目标和教育策略,结合自己班级学生的具体情况,创造性地加以实施与运用,更好地体现班主任工作的专业性。

(一)学生发展目标

在二十多年的"新基础教育"研究中,结合"生命·实践"教育学派的理论与实践,我们初步形成对班级学生发展机制的认识。在这里,对学生的发展不再简单地从"知识""道德"的意义上来思考,而是在实践、关系、自觉中,将其化为具体的素养,并形成反馈的力量,生成新的实践、关系和自觉。[①] 因此,笔者也试图围绕这个逻辑框架形成四年级学生的"成长图景"。

1. 实践素养的提升

这里的实践素养指的是学生全身心投入活动中的一种综合表现,具体反映在思维品质、行为方式、精神境界和自主学习等几个方面。面对不断扩大的外部活动空间,不断复杂的活动情境,以"成事"为中心,四年级学生需要达成的目标是:

(1)在思考问题、解决问题中形成初步的理性素养。即对某一个问题或者某一项活动,能通过开展科学调研,尝试以多元的视角、关系式的思维确立活动目标,策划推进活动,智慧地解决过程中的问题,并能进行理性的总结,善于从事情的表象中寻找问题的根源。

(2)初步形成长程性的行事素养。即依据小队、班级、跨年级、校级不同层面的活动情境,有确定活动目标、活动程序、活动条件以及活动预案的能力,创造性地开展活动,学着面对活动中的突发情况,尝试自主解决问题,动态调整活动预案,并养成总结反思的习惯。

(3)行事中培育开放、包容、自信、进取的精神素养,形成正确的价值判断。

---

① 李家成.班级日常生活重建中的学生发展[M].福州:福建教育出版社,2015:62.

在自我意识飞速觉醒的这一年,学生需要在具体的实践活动中,以开放的心态面对复杂的时空与人事,学会包容不同于自己的人、不同于自己的观点,面对可能遇到的困难、失意、挫折,敢想敢为,始终相信自己,以坚定的行为投入实践,并在此过程中清晰主流价值,明辨是非。

(4)继续培育多元学习素养。要在实践活动中培育四年级学生对学习的敏感性,引导他们在学习、比较中形成新的思路,不断更新自己的行为方式、思维方式,丰富精神境界,形成正确的接受网络信息的能力,从而综合提升相应的学习能力。

2. 交往关系的完善与丰富

"个人的正常的生命活动不仅要求与环境交流信息,而且还要求同环境建立某种有情感意义的关系。"① 学生在班级及校园日常生活中与物理环境、社会组织和文化等建立着多层次的关系,关系的质量体现着学生发展的状态;关系的发展就意味着学生的发展。② 因此,需将四年级学生发展的一个重要关注点落在交往关系的进一步完善和丰富上。

(1)与同伴形成悦纳、欣赏、学习、共进的关系。打破相对封闭的班级交往圈,在班级多元组织建设的背景中,与更多的同伴建立起良好的关系,正确处理与同伴间的矛盾,辩证认识彼此相左的观点,学会悦纳他人,欣赏和学习他人的长处;同时,在与异性交往的过程中,强化同伴间以及男女生之间的积极影响,形成共进的人际氛围,这份同伴情会滋养孩子们未来的人生。

(2)与父母、师长形成相互理解、民主、平等、相长的关系。四年级学生在家庭和校园中的地位开始出现一些变化,他们与父母、师长关系的处理方式正影响着他们的发展。在这一阶段,师生、亲子各方都应该在相互理解的基础上,学会以民主的、平等的对话方式进行双向沟通,孩子们也应学会以合适的方式参与到良好的师生关系、家庭生活的建设中来,用发自内心的言行去表达对父母、师长的感激和爱,也感受父母、师长的不易,体会平凡工作中的付出和获得。良性的互动关系可以促进彼此的成长,使这份情谊积淀为孩子们终身成长过程中的重要财富。

(3)对学弟、学妹起到尊重、包容、关爱、示范的作用。在跨年级交往中,应引导四年级学生建立一种不同于以往的全新人际关系,使其从前面三年一味接

---

① 科恩. 自我论[M]. 佟景韩,等译. 北京:三联书店,1986:367.
② 李家成. 班级日常生活重建中的学生发展[M]. 福州:福建教育出版社,2015:70.

受关爱的状态中走出来，学会蹲下身子，以学长的身份，尊重低年级学生的"幼稚"，感受"童真"的美好，包容他们的"不听话"，并依据低年级学生的实际，以自己坚实而富有创造性的工作，与学弟、学妹一起创造崭新的校园生活，起到榜样示范的作用，并在此过程中学会担当，感受成长。

（4）拓展与家庭、学校以及社会不同人群的交往关系。四年级学生还需要在与外部世界的互动中，进一步拓展关系世界，如与家庭内同胞兄妹的关系，与班级家长志愿者之间的关系，与校内老师的关系，与社区人士的关系。在不断拓展的人际关系中，四年级学生走进无限丰富的校园生活和社会生活，在更多的他人处发现"世界"和"自我"，丰富情感和认识，真实地改变自己的交往行为，也尽可能地承担自身在其间的新责任。

3. 自我意识的明晰与增强

所有的实践与关系，都需要通过学生的自我建构而变为学生发展的现实，无论是认知与情感，还是行为与思维，都会因为自觉的力量而被唤醒。没有主体的自觉，是难以有学生高质量而持续的自我发展的。[1] 那么，对于四年级学生来说，他们需要形成怎样的自我建构呢？

（1）自我体验与觉醒。四年级学生在日常生活实践中，锻炼了原有的能力与技巧，形成了新的能力，丰富了情感体验，增强了意志，建立了新的交往关系，拥有了崭新的生活世界，不仅要对他们的这种发展变化了然于胸，更要引导他们在这些连续性的事件中，积淀自身成长的体验，从而对自己的发展形成正确的认识，这也有助于处理好自我与他者的关系。

（2）自我总结与反思。引导学生在自身的实践与交往后，开展不同层面的，即群体的、个体的自我总结与反思。通过这种有意识、有组织的专题活动，给学生提供观察、记录、整理自己及团队实践的机会和平台，从而正确认识自我的得失，在积极的自我肯定中，提升自信，建立与周遭世界的信任关系，明确自身在群体中的存在感和价值；也在理性的分析中，了解自己的不足，从而生成未来自我发展的可能性。

（3）自我设计与规划。如果说自我总结与反思是对自我过往的一种明晰，那么自我设计与规划则是学生对未来自我发展的认识和具体规划，从而心生积极的发展意愿，对未来充满向往和期待。我们应该让四年级学生跳出当下，看到自己更多创造的可能、发展的可能，对未来的发展形成正确而恰当的设计和规划，

---

[1] 李家成. 班级日常生活重建中的学生发展 [M]. 福州：福建教育出版社，2015：90.

生出继续前行的内在力量,从而勇敢面对不可知的未来。

(二)班级工作策略

根据四年级学生实践能力、交往关系、自我精神世界发展的需要,班主任在班级建设的过程中,应顺势而为,不断调整班级工作的策略。

1. 班级岗位的结构转型

岗位对于学生,特别是小学生的发展具有养成性价值,岗位种类的丰富程度、岗位挑战性的变化曲线,往往折射出一个学生成长变化的轨迹。根据学生发展的基本规律,四年级岗位建设需要转型,由以前的以日常生活管理为主的岗位结构,转变为以丰富班级精神文化生活为主的岗位结构,增加与学科学习相渗透、可拓展交流信息、发展学生多元个性、提升班级精神生活品味的岗位。

2. 班级组织建设、文化建设的创生

对于学生来说,无论在哪一个组织单元内生活,都需要与这个组织内的各个成员保持和谐的关系,并且需要依靠自己的创新推动组织的创新,从而创生富有个人意义的生活世界。因此,四年级的班级工作应该在丰富班级组织建设方面加大力度,以丰富学生的多元角色体验,满足学生个性发展的需要。另外,以学生的个性化发展带动班级文化个性的形成,让学生真实参与班级文化的建设过程,经历班级文化意象形成、建设和积淀的过程,强化班级良好人际氛围的建设与发展,更好地处理个体与班级群体的关系,从而建设更加主动上进、多元开放的班级主流文化。

3. 学科学习与实践活动的多元整合

为改变学科学习"一统天下"的局面,也为关照学生学业质量提升的现实需求,在四年级班级活动的设计中,应多多体现学科学习与多元实践活动的整合与融通,既养成学科学习的习惯、提升学习效率,也改变"两耳不闻窗外事,埋头苦读圣贤书"的现实生境。在学科学习与学生综合实践活动中,应进一步激发学生探究自然、了解社会的热情,提升学生的思维品质,发展学生的综合素养。

第二章 班级岗位工作与组织建设

班级组织建设包括班级小岗位建设、小组（小队）建设、班委会培育以及班级非行政性社群的建立等内容，是"新基础教育"班级建设过程中重要的内容之一，是学生创造性地参与班级及学校日常生活最重要的组织保障。随着学生进入四年级，班级中出现了很多学生自发形成的小群体，这些小群体通常决定着班级的舆论风气。面对小群体泛化的现象，老师不能简单地打压，而是要积极变革班级的组织形态，让这些群体"合法化"。四年级岗位工作与组织建设的基本策略在第一章中已经有所涉及，那么如何将之落实到具体的班级工作中，发挥其真正的育人价值呢？本章提供了多个案例，既体现了四年级学生组织建设功能转型的基本路径，也较好地体现了班级岗位工作与组织建设的育人价值。

一、如何建设双班委制度

双班委制度是由上海市闵行区实验小学的闵志华老师首创的。所谓双班委制度，即一个班委承担直接领导班级工作的任务，另一个班委则主要负责提出建议，集中反映同学对班级工作的要求和意见，并协助前一班委开展工作，两个班委在职位设置上形成合作机制。[①] 双班委制度让更多的学生参与到班级自组织建设的过程中来，丰富角色体验，提升创造性领导和管理班级的能力，并在彼此的评议中取长补短，相互学习，既实现班级自主管理的有序性，也实现学生个体及群体的多重发展。经过十多年的双班委制度建设的实践，很多班主任了解了双班委制度建设的基本工作路径。例如，开学初，通过自由组合和竞选建立两套班委，以后轮流当家，每月或每周轮换一次。不轮岗的班委成员，回到自己所属的小队和部门，听从当家班委的领导，配合他们的工作；同时，和全班同学一起监督和评价班委的工作，在监督和评价的过程中，以旁观者的身份学习他人的经验。两套

---

① 叶澜."新基础教育"论——关于当代中国学校的探究与认识[M].北京：教育科学出版社，2006：310.

班委的同学既是竞争对手,又是合作伙伴。

上海市闵行区华坪小学的陆敏老师在推进双班委制度建设方面又有了新的发展:

案例

利用双班委实现学生间的多层、多向、多群互动

上海市华坪小学　陆　敏

进入四年级,我发现班级里出现了由学生自发形成的各类小群体。第一类是积极性群体,这类群体各方面比较突出,但是平时不愿意与其他群体过多接触,造成平时活动的形式和谈论的话题比较单一,主要集中在学习层面,思维越来越狭窄,不利于他们的综合发展;第二类是中间层群体,这类学生对感兴趣的集体活动就关注,不感兴趣的就不关注,这使他们在各方面得不到进一步发展;第三类群体是消极性群体,因在班级中受到忽视和排斥,他们对班级活动产生抗拒心理,他们关注与谈论的话题可能是远离班级生活的娱乐性电视节目或玩具等,慢慢就成为对班级发展不利的一个群体。而班干部选举大都采用的是竞选上岗制,在选举过程中,学生一般会选择各方面表现优秀和进步较大的同学,也就是说,当选的干部往往属于第一类群体中的成员。长此以往,就会在中间层群体、消极性群体和班委会成员之间形成一道鸿沟,造成目标不一致,影响班级凝聚力的形成。班级的组织应该兼顾不同群体的学生,要让不同群体的学生都融入班级的正式组织中来,一起参与策划活动与管理班级,这样更有利于班级活动的开展。而班干部特有的"榜样性",也会使得不同层面的学生注重自我在同伴中的形象,从而对个人的行为习惯起到很好的约束作用,促使他们更好地控制自己,并在潜移默化中形成自觉行为,促使消极性群体中的成员也能在原有基础上有所进步,使中间层群体成员主动发展,积极性群体成员优质发展。

首先,我们开展了"寻找身边榜样"的活动。通过活动,学生认识到班干部应该是班级学生的榜样,班干部是为集体服务的,每一个学生都有做班干部的权利和义务。这一活动改变了学生对班干部的模糊看法。

其次,我们制定了班干部分层竞选的原则,即先由从未当过班干部的学生进行竞选,由学生投票先选出一套班委,再让曾经当过班干部的学生上台竞选,投票选出另一套班委。这样的分批竞选,使得每一个层面的学生都能参与到班级竞选活动中来。

第二章 班级岗位工作与组织建设

最后，把两套新选的班委打乱，重新分成 A 班委和 B 班委，在组合时，注重能力强弱的搭配，既可以把不同群体中的好朋友放在一套班委中，便于他们互相合作；也可以把相同群体中的好朋友拆开，分布在不同的班委中，促使两套班委既竞争又合作。

所选的两套班委按月轮流管理班级，即当 A 班委进行工作时，B 班委对对方的工作进行观察、督促、提醒、考评，反之亦然。每月的月末召开一次小干部会议，由两套班委对工作进行总结与反思，并通过主题班队活动的方式呈现给所有学生，如学生在 B 班委的带领下对 A 班委进行评议，总结 A 班委在工作方法中的亮点，提出改进的建议，学会支持班干部工作等。

具体的推进过程如下：

活动环节	教师活动	学生活动	设计意图
干部述职	点评（预设：（1）做好一件事，需要认真和坚持；（2）班干部的工作需要全体同学的支持与配合；（3）碰到问题，不能用暴力来解决，要讲道理）	班长引入：我们 A 班委已经工作一个多月了，今天我们来汇报这一个月做得好和不足的地方： （1）学习部门 ①学习委员汇报：每天认真记录，进行评比。负责学习园地的内容设计，能动员同学一起参与，感谢三位同伴一起帮助我 ②宣传委员汇报：动员同学积极参与出黑板报，但不够美观。于是，就到别的班级去看黑板报，拍成照片，进行改进 （2）活动部门 ①体育委员汇报：负责体育节和艺术节活动的准备工作，每天带领同学进行锻炼，为艺术节活动寻找比赛的歌曲。但有一次，由于某同学没有听自己的建议，就动手打了他。后来认识到自己的错误，不能用暴力来解决问题，向全班同学道歉了 ②组织委员汇报：负责班级的争章活动，组织争章小讲座，还买来奖品等，受到同学欢迎 （3）生活部门 ①生活委员汇报：每天及时分发午餐，认真做好中午的生活小岗位工作 ②劳动委员汇报：每天督促劳动小岗位的同学做好该做的工作，负责放学后的值日工作	每个部门分享工作中的故事，交流背后的辛苦和经验，反思不足及原因

（续表）

活动环节	教师活动	学生活动	设计意图
		（4）纪律部门 纪律委员汇报：认真负责每天的评比工作，同学遇到问题或犯错误时找其谈心，给予鼓励和帮助（表演小品《小沈转变了》） （5）班长汇报：每天检查各部门的工作，协助纪律委员。担任劳动委员期间，看到同学劳动方法不正确，于是组织了一次关于劳动方法的介绍活动	
同伴评议	小结：希望B班委能学习A班委的好方法，比一比哪套班委工作方法更有效	1.B班委组织学生进行小组讨论：你们最喜欢哪个班干部，给他评个奖，再提出一个建议 2.评奖： （1）认真负责奖 （2）勇于改进奖 （3）足智多谋奖 3.B班委交流体会：学习A班委工作中的一些比较好的方法，避免他们曾犯的错误，争取下个月做得更好	分享发现的最美的人和事，提出建议，营造良好的班级人际氛围
总结提升	1.发布下月重要活动 2.对B班委提出期望和要求	1.举行两套班委交接仪式 2.A班委及所有学生对B班委的工作提出希望	总结得失，为B班委的后续工作作好铺垫

本次班队活动之后，班级管理工作自然移转给B班委。因为有了这样的一次主题班队活动，A班委的管理经验可以使B班委少走很多"弯路"，B班委也会更加自信地投入后面阶段的班级管理之中；而无论是哪套班委进行管理，普通学生与小干部之间良好的互动关系都已基本建立，这才是班级民主管理的根本目的。

解读

1. 双班委制度让更多学生成长为管理班级的主人

"双班委"制度改变了班级内"科层制"的管理形态，打破了小干部"终身

制"的局限，使每一个学生都有担任班级领导职务的可能，并在制度上予以保障。如本案例中，不同发展状态的学生都被卷入班级自主管理的洪流中来，每一个学生都可以成为班级自主管理的主人。强者能够自如地面对自己在班级群体中地位的变化；原本所谓的"吃瓜群众"，也不再只是被管理者，他们也可以在承担班级管理岗位的过程中，锻炼和发展自己的才能，多方面发展自己和认识自己。

"新基础教育"班级建设的最主要方式是全体学生创造性地参与，双班委制度的实施就是在建设这样真正体现全纳性的班级。因此我们说，教育场景中的小干部的选拔，应该不仅仅以能力为标准，而应以能力发展为最终目标。从上述案例可以看出，通过班队活动集中性的述职和评议，孩子们学会了不以简单粗暴的方式管理同学；面对管理中出现的问题，他们在尝试中学习，在坚持中提升，懂得理性应对；而不当值的那些学生也能以同理心进行学习和评议，所有学生真正成为班级自主管理的主人。

2. 双班委制度加强了不同群体学生之间的良性互动

如我们在第一章中所论述的那样，随着年龄的增长，四年级学生的交往圈子逐渐变得集中起来。在上述班级中，学生自然分成三个群体，有学习优秀、参与班级事务积极的一类；有处于中间层、全凭个人喜好参与活动的一类；还有相对落后的一类。物以类聚、人以群分固然是自然现象，但对于发展中的无论处于哪个群体的学生来说，狭隘的交往圈势必会限制和阻碍他们更好发展。

陆老师在两套班委的人员安排上，考虑到不同群体学生之间的搭配，这样的分类既互补，又相互融合，孩子们可以在共同的实践过程中，在为达成共同目标而努力的过程中，坦诚相对，更客观全面地看到每一个同伴的优势。这种互动打破了男女生的界线，打破了班级生活中固有的"人群分类"，让学生的人际交往变得更加丰富，精神世界也因此丰盈起来。

主题班队活动的召开更是促进了这种良性互动。在班主任的引导下，学生们自我剖析，真诚对话，不同"阵营"里的伙伴此时已经没有竞争，只有如何把班级管理好的决心和信心了。通过这种互动，学生们对"认真负责""勇于改错""足智多谋"的榜样人物又有了很多新的认识，从而也会影响自己的行为。

3. 双班委制度建设的是更加和谐共进的班级文化

双班委制度让不同群体的学生都参与到班级新生活的创建中来，面对日复一日的班级管理工作，因为有了两套班委之间的无形竞争，孩子们开始"变着法子"把事情做好。A班委的学习委员开辟的学习园地，让班级学生能真正参与其中进

行互动,放大了学习园地的效果;宣传委员针对黑板报质量不高的问题,前往全校所有班级进行学习比较,提升了黑板报质量;组织委员能结合争章活动,组织讲座,以奖励的方式吸引学生参与,等等。在这样的过程中,孩子们获得成长,变得上进、变得豁达、变得更有智慧;他们对同学、对班级的感知也变得更加丰富和多元。这些美好的人与事凝聚的恰恰是班级的一种正能量。此次主题班队活动临近尾声时,班主任发布下月主要活动,当B班委在A班委和所有学生的期待中正式挂牌上岗的时候,不仅B班委的孩子们踌躇满志,所有学生对下月的班级生活都满怀憧憬。这样的班级生活是充满活力的,是满含情谊的,慢慢就会生长出班级文化的基因。班级的组织运行方式,不仅仅是一种班级行事的方式,同时还会孕育出一种和谐、上进、民主、平等的班级文化气质。这应该是班级组织建设的最终目标,正与本书第三章"班级文化建设"的内容融为一体,使班级建设变得更加有机灵动。

建议

1. 双班委制度的实施需要一系列班级运行机制予以保障

要保障双班委制度的推行,班级需要由下至上讨论并生成一套完整的运行机制。首先是在班级中强化班委会成员的"榜样"作用,引导所有班委会成员都注重自我在他人心目中的形象,约束自己的行为习惯,促使自己在学习、劳动、参与班级活动方面走在前列,并在潜移默化中内化为自觉的言行;其次是建立多层竞选机制,即所有学生都可以参与班委会竞选,尤其是向从没当过班干部的群体倾斜,可以先在没做过班干部的学生中竞选,再在做过班干部的学生中竞选,既可据此形成新旧两套班委,也可优化重组形成两套崭新的班委。另外,在双班委制度实施过程中,还要关注两套班委之间的"竞争""合作""督查""互助"等。如果是一老一新两套班委,可以以"师徒结对,互相学习"的模式,开展"聪明师傅与徒弟结对"的活动,由老班委成员做师傅,带领新班委成员熟悉日常的班级管理,初步养成对待工作的责任心与主动性。通常,第一次活动由老班委示范,新班委观摩;第二次活动由新班委策划,老班委指导修改;第三次活动由新班委独立策划,老班委全程观摩评价。一个月后,师傅班委和徒弟班委利用班队活动对一个月的结对工作进行自评、互评,再由其他学生对新、老干部进行评价。这样,不但新、老干部明确了如何以自己的实际行动达到聪明师傅与徒弟的标准,而且也让全班学生学会如何做干部,如何"教徒弟",为以后干部轮换过程中的"师徒结对"打好基础。如果是完全重组过的两套班委,则可以建立一定的交流

第二章 班级岗位工作与组织建设

合作机制，强化彼此之间的竞争与合作，具体做法可以由班主任自行创造。

2. 双班委制度成熟后还可实施"三班委""四班委"制度

双班委制度实施的目的是让更多学生投入班级自主管理的建设中来，并以此提升他们的综合能力，加深他们对同伴、对班级的感情。如上述建议中提到的，双班委制度的实施可以在不同阶段采取不同的组合方式，班主任可以自主创造。当双班委制度实行到一定阶段之后，如果一味延续原先的班委会值班做法，则会让学生的发展陷入瓶颈。因此，可在此基础上，开发出"三班委""四班委"制度，让所有学生都参与班级管理。

二、如何建设班级学生社团

班级学生社团是以班级核心文化为引领，在班主任、学科老师以及家长志愿者的指导下，为了实现共同意愿，满足个人的兴趣爱好与需求，由学生自愿组成并按照一定章程开展活动的非行政性组织。对于学生来说，无论在哪一个组织单元内生活，都需要与这个组织内的各个成员和谐共处，用自己的创新推动组织的创新，从而创生富有个人意义的生活世界。因此，班级学生社团建设是班级文化建设的重要载体，在班级生活中扮演着十分重要的角色，它不仅是孩子们兴趣的集合，也是孩子们的第二课堂，已成为丰富班级情趣、塑造学生完整人格、发展学生综合素养、培养学生融入社会能力的重要力量。江苏省常州第二实验小学的白露老师一直致力于班级学生社团的建设，积累了丰富的经验，也收获了学生多方面的发展。

案例

我们班的社团建设

常州市第二实验小学　白　露

我们太阳花中队的孩子进入四年级后，各方面都得到了较好的发展：他们不仅热爱集体，有较强的集体荣誉感，乐于为集体服务，而且自我意识、独立意识增强，开始有自己的思想。这些与同年级孩子的发展状态基本吻合。因此，我又有了新的设想：能否在班级行政性组织相对完善的时候，建立班级非行政性组织——社团，从而丰富班级活动内容，拓展学生的视野，尽快提升学生之间的合作能力？前阵子，班级学生有幸参加了常州野鸟会组织的自然军校，这一绿色组织主要是以观测、保护鸟类和环保教育为内容，建立和传播珍爱生命、保护鸟类、

热爱自然的绿色思想。随着军校活动的开展、家长的参与、社会的关注，孩子们的视野打开了，对自然、生命的理解、欣赏、热爱，潜移默化地影响着孩子们的价值观、生活观，改变着孩子们乃至家长的生活方式。于是，班级有了第一个社团——自然社。随着孩子们在社团中的逐步成长，家长力量的介入，我们又相继成立了文学社和百灵社，以及爱心社和生活社。每个社团承担的职责如下：

（1）文学社：组成"小编辑部"，培训社员编辑班刊，把班级中涌现的优秀习作整理成册；组建小记者团，培养社员采写稿件，加强各方面的信息交流；出好每月一期的电子小报《太阳花小报》，倾吐孩子的心声，锻炼孩子的能力，促进家校沟通；积极向各级各类刊物推荐稿件，拓展习作发表的空间；组织读书小队，开展读书、演讲、写作等活动，鼓励孩子爱上阅读。

（2）百灵社：根据同学的要求，开展了"班歌大PK""我来唱班歌"等主题活动，经过多轮角逐，确定了新的班歌，提高了孩子们的演唱水平和对音乐的鉴赏能力；推荐大家看舞台剧《三毛流浪记》，开展了课本剧的表演，并根据本学期读书活动——读《走进三国》，开展了"走进三国"舞台剧的编写和演出，大大提高了孩子们对艺术的鉴赏能力。

（3）自然社：放眼社会，放眼全球，关注世界上的重大问题，在环保等领域与更大规模的志愿者团队合作，贡献出更多的力量。比如，与自然军校合作开展"阳光花园"志愿者活动，得到世界环保绿色组织的关注；邀请社会志愿者到学校进行有关绿色生命教育的主题讲座；带领同学体验生活："周末，小戴老家鱼塘，又被一群小姑娘、小伙子搅局了！走惯了城市水泥路面的小脚丫，深入泥潭，当回小渔民，体验渔家乐，满身鱼腥，嗯，这才是江南孩子的味儿！"

（4）爱心社：成立爱心基金会，积极参与到爱心活动中。如母亲节，孩子们把送给妈妈的爱，具体化成手工小制作；节假日，孩子们来到独自照料出车祸的周某某姐姐家，送上爱心社的爱心基金……

（5）生活社：为了锻炼体魄，组建了班级篮球队，每周体育课上集中训练；管理班级网站，建立彼此交流的平台；负责每次奖品的购买和发放；开展一些生活技能的比赛……这个社团似乎是班级的大管家，不求回报，只知付出，默默地为大家服务是他们的不懈追求。

我们以学生社团为组织单位开展了很多主题活动。例如针对孩子们十岁生日铺张浪费的现象，开展了"我们的生日这样过"的系列活动：[①] 系列活动一：他

[①] 关于"十岁生日"主题教育活动，有的学校是三年级开展，有的学校则是在四年级开展。

们的十岁怎样过（社团调查行动）；系列活动二：我们的十岁怎样过（社团策划行动）；系列活动三：我与十岁有个约定（社团展示活动）；系列活动四："邀你见证我的十岁"（社团亲子活动）。

在第一个系列活动中，通过社团调查，学生们了解到同龄人的生日一般是这样过的："吃一顿大餐""旅游一次""互赠礼物""放烟花"或者简单地吃碗面、吃块蛋糕，等等。但很少有孩子想到为自己的父母做点什么。在后来的交流中，孩子们都感觉这样过生日意义不大。

在第二个系列活动中，我们讨论了"我们的十岁怎样过"，大家一致认为，十岁生日是很重要的，应该过得快乐、有意义、难忘，能留下深刻的印象，最好能与更多的小伙伴一起度过。

在第三个系列活动中，各个社团就怎样有意义地过好十岁生日分组进行深入的讨论，最终共同提出一个活动方案。

体悟到社团活动的乐趣，既帮助学生过一个有意义的"金色生日"，也进一步促使班级社团活动获得良性发展。

在第四个系列活动中，我们组织家长联合开展了"邀你见证我的十岁"庆典活动，让家长也来见证孩子的成长。

具体的推进过程如下：

活动环节	教师活动	学生活动	设计意图
常规活动	组织学生唱生日主题歌	唱响主题歌	通过唱主题歌，引发队员的自豪感
开放式导入	创设情境，回忆前期的社团行动	进入情境，明确主题	营造氛围，引发队员参与活动的兴趣
社团交流、互动点评	1.组织各社团交流（课前了解各社团的活动进展以及现场展示方式） 2.适时参与学生讨论并点评	1.各社团以自己的方式展示活动过程及成果 （1）文学社：以展板、创作诗歌等形式交流成长故事 （2）百灵社：为妈妈过节 （3）生活社：学做家务 （4）自然社：参加自然军校活动 （5）爱心社：完善基金会 2.社团间互动交流	展示各社团的活动成果，在交流互动中进一步明确自己的行动目标，自主体验成长的快乐，感受十岁生日的内涵

（续表）

总结提升	1. 总结社团活动情况 2. 介绍后续活动	1. 倾听老师的评价 2. 爱心社赠送礼物 3. 准备投入后续活动	鼓励学生继续开展"我十岁啦"系列活动，以求达到更好的活动效果

解读

1. 班级学生社团让孩子们形式上"走出"了班级

班级学生社团的建设丰富了班级内的学生组织形式，弥补了班级行政性组织相对封闭、一成不变且以班级事务性管理为主要参与方式的局限。社团将具有相同兴趣与特长的学生组合在一起，这是对前三年班级组织形式的一种补充。

在白露老师的班级中，学生们因为有了社团组织，开启了不一样的学习生活，他们开始更多地"走出"班级，向外延伸，他们走进社会上的自然保护组织，走进边远渔村，走进需要帮助的同龄人家庭，走进更多媒体宣传部门；他们的交往圈子变得异常丰富，不仅需要与社团成员进行合作沟通，还需要与家长、社会上的各类人群进行交流互动；他们的精神境界也得到了提升，开始关注环境保护问题，关爱社会弱势群体，也学会了在生活中制造小小的情趣。

班级学生社团帮助孩子们打开了一扇认识社会、认识和发展自己的门。社团让孩子们"走出"班级，极大地满足了四年级孩子渴望长大，渴求探究这个社会以及个性发展的需要。

2. 班级学生社团让孩子们实质上更好地"回到"了班级

班级学生社团的建设以拓宽孩子的视野、发展孩子的个性特长为价值追求，在引导孩子以社团组织的方式"走出"班级的同时，还要引导他们"回到"班级生活之中。考虑到四年级学生的年龄特点，以及此时的社团还是班级层面的社团，班主任需要将社团建设的重心始终纳入班级建设的整体之中。

如案例中所讲到的那样，虽然自然社、爱心社、生活社、百灵社、文学社开展的活动内容各异，使学生的个性得到不同的发展，但是更多的时候，他们还是会聚合在班级建设的整体意向之下，以"丰富生活，张扬个性，促进成长"为建设目标，用自身所长共同为班级建设服务。

3. 班级学生社团的活动资源不断丰富

在班级建设的实践中，我们发现孩子们对社团活动持积极态度，参与欲望较强烈，他们希望社团是一个民主、温暖的立体场，好玩、有趣的快乐园。然而，社团活动的主题没有现成的，活动的过程也没有固定的模式，这些都需要班主任和社团成员共同去创造。

通过上述案例，我们可以看到，在社团活动开展的过程中，他们关注与身边的学科资源、校园资源和社会资源的整合等。例如，自然社利用社会性场馆"自然军校"开展活动；爱心社结合传统节日"母亲节"开展活动；百灵社借助学校读书节开展"戏剧表演"等。此外，各个社团还利用社会热点问题"禽流感的预防"开展活动；还充分利用家长和社会人士的资源，来丰富社团活动的内容、提升社团活动的品质，社团活动的资源因天地人事而变得更加丰富起来，也不断生成更加丰富的社团生活和班级生活。

建议

1. 加强学生社团的过程管理

为确保社团活动的正常开展，各个班级需要逐步规范社团的管理。各个社团应该分设团长与副团长，负责日常的社务管理，以广泛的会员需求为基础开展活动。社团组建的流程是，队员根据自己的特长、爱好先报名参加一个社团，在后期的活动中，也可根据自己的爱好参与到其他社团的活动中，各社团的人员是不固定的。与此同时，各社团根据实际情况聘请一些家长作为社团导师，指导社团的活动开展、人事组织等工作。各个社团定期开会，团长之间互相交流，争取目标统一。

白露老师的班级在开展社团活动时，遵循的原则是"三个有""三个能""六个点"。三个有是"有太阳花般的自信、有太阳花般的执着、有太阳花般的超越"；三个能是"坐下来能写，站起来能讲，走出去能干"；六个点是"做事多一点、学习勤一点、胆量大一点、微笑多一点、思考深一点、嘴巴甜一点"。同时，每个社团都有自己的目标和制度。从活动实施的步骤来看，一般是收集信息、拟订方案、明确目标、实施计划、成果展示、活动总结。

社团建设还需要不断更新，后期需要吸纳更多的社团成员，并继续完善和改进社团制度，让社团建设真正引领学生的阶段性发展。

2. 构建学生社团的评价体系

为促进社团品质的提升，还需要指导社团制订社团活动计划，明确各社团的成果展示方式：一种是过程展示，指在活动的过程中不定期地进行展示，如通过班级网站及黑板报等宣传阵地，阶段性展示他们的活动成果；另一种是集中展示，指组织开展社团活动，展示社团风采和学生个人成果，为大家提供交流与展示的平台。

此外，为鼓励优秀社团的发展，白露老师的班级还出台了《太阳花社团评比办法》，根据各社团一学期的活动情况及目标达成度，开展了"太阳花少年""太阳花社团"等评比活动。将学生社团的评价与班级核心文化的建设进行整合，这也是值得各班主任学习的地方。

三、如何实现校园值周岗位的升级

校园值周也称"校园当家"，是学生进入三年级后开始实践的一个全新岗位，岗位时空从班级生活延伸到学校生活的各个领域。这一全新的岗位体验，充分调动了学生的主体意识，引导学生以主人翁的姿态参与学校日常的管理与服务，对学生岗位实践能力、交往能力、自我认知能力的提升均具有重要价值。然而，进入四年级之后，如果校园值周岗位还是沿袭三年级时的组织运行方式，对于班主任工作来说固然减少了诸多麻烦，但势必会使学生进入一种机械循环之中，而使这一岗位工作缺乏新的生长点。为了更好地丰富四年级校园值周岗位的育人价值，班主任需要充分发挥专业智慧，努力实现校园值周岗位的升级，从而引领学生真实而全面的发展。上海市闵行区古美学校太阳花中队在这方面做了积极而有意义的探索。

案例

小当家岗位在升级

上海市古美学校　丁心玲

自一年级开始，我们就创立了太阳花中队，中队共有33名学生，其中男生17人，女生16人。"向着阳光，快乐学习，自然生长"是我们中队的口号。"阳光自信，快乐成长"是我和孩子们一起制定的班级目标。在这样的口号和目标的影响下，孩子们阳光般幸福快乐地成长着。到了三年级，学校施行"值周班学生

第二章 班级岗位工作与组织建设

自主管理制度",于是,太阳花中队开始实践校园小当家岗位。初次体验校园小当家岗位,他们的服务热情非常高,每天按时到岗,热情地为全校学生服务,积极地做每一件事情。可是慢慢地,他们对此失去了兴趣,岗位的责任感也渐渐缺失。进入四年级后,学生们变得更加有主见,情感也更加丰富,岗位的服务意识、责任意识随着认识的加深表现不一,有一小部分学生十分负责,每次都能尽心尽责地完成自己的小岗位工作,而且服务质量好;但有一部分学生面对困难无力解决,在岗位上没有成就感,应付了事,失去了工作的热情;更有一部分学生对自己的岗位工作三天打鱼、两天晒网,经常忘记自己的岗位工作,缺乏责任感。如果一味地以完成任务的方式去推进新一轮的校园值周岗位,那学生们一定会觉得很无趣。该寻找一个怎样的突破口将学生们潜在的创造能力、实践能力在校园值周岗位中重新激发出来呢?为此,我首先对四年级校园值周的岗位建设作了长程的设计,将"小当家岗位在行动"活动划分为几个阶段:

第一阶段:我是校园小当家。依托新学期新一轮的校园小当家岗位实践活动,在班队活动中继续引导学生认识到值周活动的意义和重要性,指导学生学习值周的工作细则和具体要求,发挥学生的主动性,引导学生积极认领岗位和自主调整岗位,做到人人有岗位,调动每一个学生的值周热情。结合具体的岗位观察和真实的岗位体验,总结班级学生在校园小当家活动中的成果与经验,包括问题与不足。

第二阶段:小当家岗位在升级。通过前期的切身体验和反思,结合太阳花中队的班级核心文化,以小队为单位,优化岗位,引导学生从小当家岗位的职责、实施过程和评价等几个方面各抒己见,提出合理的意见和建议,引导学生以主人翁的态度积极参与学校管理,发挥校园小主人的作用。在班级核心文化的重塑和班级特色打造的基础上,锻炼学生多角度思考问题和解决问题的能力,从小当家岗位的职责、实施过程和评价等几个方面提出升级小当家岗位的策略方法。

第三阶段:小当家岗位再体验。在升级小当家岗位的基础上,鼓励学生将这些优化岗位的意见和建议落实在新一轮的小当家工作中,帮助学生进一步明确自己的岗位职责,增强岗位的责任感和荣誉感,更积极地投入工作。

在第一阶段的活动中,学生对自己值周工作中存在的问题进行了梳理和总结。他们发现,一些学生对岗位职责不是很明确,喜欢钻空子;一些学生遇到同学不听从、不配合情况时,不知道该怎么管,时间久了就觉得很烦、很无奈,内心充满了挫败感,结果就随意应付了事;一些学生因在校作业没有完成,害怕老师责罚,就不愿意再花时间去做岗位工作了;还有一些学生认为学校每次表扬的优秀小当家名额太少,觉得做好做坏都一样,反正肯定不会表扬自己,内心缺乏成就感等。这样的梳理为后一阶段的岗位升级作好了铺垫。

在第二阶段的活动中,班主任有意识地渗透班级文化的教育,引导学生思考:如何在活动中体现太阳花精神,让值周活动质量升级?学生们为此展开了一次特殊的值周之旅,他们在设计和实践值周的过程中,既付出了智慧,也收获了快乐,对班级文化也有了更深的认识。例如,凌云小队对岗位职责进行了重建。原先的岗位职责是学校统一制定的,而现在的岗位职责是太阳花中队自己制定的。这一制度生成的过程本身就是对"太阳花"中队"积极、阳光、自信、乐观、坚强"精神的一次再构,具有生成性的价值。据此,梦蝴蝶小队还自制了太阳花中队胸牌,以及值周过程中用于奖励其他班级学生的贴花。快乐小队则根据校园值周岗位升级过程中的体验,草拟了相关建议,作为少代会提案上报学校。例如"礼仪小当家"的岗位职责重建:

太阳花中队礼仪小当家岗位职责重建

管理岗位	岗位职责(修改前)	岗位职责(修改后)
礼仪小当家	1. 佩戴绶带,按时上岗,精神饱满 2. 检查小学生领巾佩戴,及时提醒 3. 检查放学路队是否整齐	1. 佩戴太阳花中队胸牌,面带微笑,阳光服务 2. 佩戴绶带,按时上岗,精神饱满 3. 检查同学领巾佩戴情况,温馨提醒 4. 友情阻止进校奔跑的同学

太阳花中队胸牌

太阳花中队奖励贴

主题班队活动"小当家岗位在升级"应时而生。本次活动的目标为:(1)结合太阳花中队的班级精神,提出优化岗位的方法与策略,增强多角

度思考问题、解决问题的创新能力。（2）通过互动交流，把班级精神中的正能量传递到校园小当家实践活动中，形成对班级核心文化的再认识和认同。

具体推进过程如下：

活动环节	教师活动	学生活动	设计意图
热身	播放班歌《我们自己是太阳花》	齐唱班歌	烘托活动气氛，宣传班级文化
回顾活动，揭示主题	1.播放PPT，回顾小当家实践活动 2.提出活动的要求	欣赏各小队前期准备的照片	进入情境，明确主题
展示交流，互动提升	1.组织小队交流展示岗位升级的一些设想及成果 2.适时参与，及时点评 （预设：（1）身在岗位，微笑服务，真诚用心；（2）面对困难，坚强乐观，敢于创新；（3）面对挑战，勇往向前，智慧化解）	结合太阳花中队的精神文化，各小队提出岗位升级设想： 1.凌云小队：讨论岗位职责大升级 2.阳光小队：表演小品《当家的滋味》 3.梦蝴蝶小队：展示岗位升级成果太阳花温馨提示卡、太阳花奖励贴），表演快板"我当家，我能行！" 4.御风小队：表演三句半，交流自己在做小当家岗位过程中遇到的挑战和困惑 5.快乐小队：围绕"我向学校提建议"展开讨论，包括红领巾广播、写信、提案等方面	通过交流互动，将中队阳光、自信、乐观、坚强、勇敢的精神文化内化到岗位升级中
总结提升	1.总结 2.提出下一阶段"小当家岗位再体验"活动及要求	表演舞蹈《我真的很不错》	使学生吸取有效经验，提升活动效果

解读

1.基于班级学生发展需求的"岗位升级"

岗位对于小学生的发展具有养成性价值，岗位种类的丰富程度，岗位挑战性的变化曲线，往往折射出一个学生成长变化的轨迹，班主任需要在岗位的不断升级中开发出丰富的育人价值。

本案例中的丁老师，首先基于四年级学生的发展需求对岗位进行合理的升级。经历了三年班级小岗位的锤炼，四年级学生的岗位能力得到进一步的提升，他们开始对劳动类的岗位失去兴趣，喜欢尝试具有"挑战性"的活动，也逐渐成为学校活动中的主力军。针对这些四年级孩子的发展状况，如果还是简单地让孩子执行班级布置的值周岗位，只是一味关注学生的岗位责任和岗位合作教育的话，孩子们会觉得疲于应付，这显然难以满足四年级孩子的成长需要。

为此，丁老师在三年级值周的基础上对值周岗位进行了"升级"，变简单重复的校园值周工作为富有创生性的校园值周活动，将校园值周岗位的建设与孩子们对班级个性文化的探究结合起来，与孩子们的校园民主生活结合起来，与孩子们的创造性开发结合起来。学生们在这个升级的过程中，学会思考和策划，学会沟通和协调，学会有效化解值周过程中的各类矛盾，于是，值周岗位实践本身的育人价值就被开发出来了。

2. **基于班级核心文化引领的"岗位升级"**

在这个案例中，班主任非常巧妙地将校园值周岗位的升级同班级核心文化的建设融为一体，以太阳花中队"阳光、自信、乐观、勇敢"的文化精神引领岗位升级行动，使值周岗位的升级有方向、有目标。

班主任很好地布置了校园值周岗位升级这道"题"，符合学生们的年段特点，既激发了学生们的参与热情，也在这个过程中帮助他们建立了正确的行为方式和交往方式，使其对班级文化有了更深刻的体认。

在班级建设的过程中，只有将班级文化的核心追求嫁接到班级的每一项活动中，才能逐渐强化班级文化，并真正让文化产生教育力量，影响学生的发展。基于班级核心文化引领的"岗位升级"，使班级的组织建设与文化建设水乳交融，使学生的发展与班级事务的处理始终相依相循。其他班主任也可以在这个案例中找到属于自己班级的"岗位升级"之路。

3. **基于全体学生累进式参与的"岗位升级"**

岗位建设，从不同年段即纵向上看是一个整体建构的长程系列，内含一定的发展逻辑；从同一年段即横向上看，是一个需要系统打磨的循环往复的过程。在上述案例中，班主任对这个年段的校园值周工作作了一个系列化的推进。

首先，班主任对三年级的校园值周工作作了认真的总结和分析，在此基础上，找到新的岗位生长点，年段之间既有承接，又有发展。

其次，班主任将岗位升级的过程梯度式划分为三个不同的阶段，每一个阶段

第二章　班级岗位工作与组织建设

均对学生提出相应的要求，使得学生们在每一阶段都有新的体验，新的成长。三个阶段相互对接，是一个真实的"升级"过程。

最后，每一个阶段都会通过班队活动做一次集中式的提升，通过交流分享，让学生对不同阶段的校园值周工作都能形成一定的共识，在行为上得到有力的指导和落实。每一个学生参与其间，每一个阶段都在前一个阶段的基础上有新的发展，这样的"岗位升级"才是名副其实的。

建议

1. 多角度开发校园值周岗位升级的"触点"

上述案例非常巧妙地找到了以班级文化引领校园值周岗位升级这一"触点"，激发了学生们的兴奋中心，引发他们不断去开展创造性的值周工作，这是非常值得借鉴的。事实上，除此之外，我们还可以多角度开发出更多适合四年级学生发展的岗位升级的"触点"。

例如，可以以组织方式的变革引领新一轮值周岗位的升级，从传统的以行政小队为单位，变为以学生自由组合的方式开展；还可以跳出组织方式变革、班级文化引领的视角，如以"不一样的值周，不一样的发现"为主题，引导学生尝试变革，深度体验，获得成长；还可以开发并组织一项校级特色活动，以此为引子，带动整个校园值周工作的升级等。

2. 校园值周岗位升级的"成效"可得到多层面的反馈

如何评价学生的校园值周工作？他们的岗位"升级"成效如何？对学生岗位工作及时而全面客观的评价，会帮助学生更好地认清自己的岗位工作，从而得到更好的发展。

校园值周岗位是一个校园全时空范围内的岗位工作，因此，学生们需要得到更多人员的反馈，因此，班主任不仅需要引导班级内的学生对岗位工作中形成的创造性的实践成果以及具体的实践行为进行自评和互评，还要充分调动各类评价主体参与到对学生的校园值周升级行动的评价中来，不同的角色、不同的视角就会带来不同的评价，这样的反馈也一定会帮助学生走出原先的自我，真正站在他人的立场上去做好校园值周工作；同时，多层面的反馈既可以丰富主题班队活动的内容资源，也会真正促进学生在岗位工作中的"升级"。

3. 校园值周岗位升级需要得到学校层面的多方支持

校园值周岗位升级是一个需要学生不断改变、不断体验的过程，而这个变革的过程不是封闭的，需要与学校各个层面相互作用。要真正让学生在这个过程中得到发展，班主任还需要协调好与学校各层面的关系，尽可能得到学校层面的支持。

作为四年级的班主任和学生，应该有这种主动参与学校变革的自觉和意识，以班级的积极变革推进学校各方面的发展。作为学校，应审视自己的制度和方案，倒逼自己跟着学生的发展一起变革，这对学生校园值周岗位升级既是支持，也是一种积极的互动与回应。

四、如何启动并开展"大手牵小手"活动

大手牵小手，是四年级组织建设中的又一项重要内容，是为满足四年级学生的成长需求而生发出的又一组织形态。很多学校都会在这一学年的开学典礼上，通过结对仪式，使四年级学生与一年级学生一对一结对（即"一四结对"），建立互助关系，辅导的内容从儿童团知识到包括游戏、学习、礼仪、岗位服务等在内的全方位的校园生活。四年级孩子在帮助一年级小朋友更快、更好地融入小学生活的同时，自己也更好地提升了实践能力，丰富了人际关系，从而更好地认识和发展自我。各校的"大手牵小手""一四结对"活动，大都由学校少先队大队部组织并策划，对每一阶段的结对工作提出细致要求，便于班主任组织实施。然而，班主任在落实这项工作的时候，还是需要结合自己班级的实际，予以针对性的开展，以放大这一活动的育人价值。上海市闵行区汽轮小学顾燕华老师就将一四结对与学校科技节活动相结合，引导四年级的孩子们带着弟弟、妹妹们一起"探秘"，不仅享受科技的魅力，也感受结伴的欢乐。

案例

科技节结伴探秘"xin"发现
上海市闵行区汽轮小学　顾燕华

"大手牵小手"活动是开展学生自主管理、实现生生互动、丰富学生情感体验的一种组织方式。我们班级就以"作好一名小辅导员"为抓手，进行了辅导项目确定、辅导部门组建、辅导岗位认领等一系列的辅导活动。伴随着一年级小朋友的成长，部分小辅导员在岗位上也获得丰富的体验，对老师的教育指导提出了

第二章 班级岗位工作与组织建设

新的挑战。

校园科技节是校园四大节庆活动之一，孩子们已经参加过3年。今年在进行活动前期动员时，我发现学生热情不高。我们将学校各项大型活动与"大手牵小手"活动整合在一起开展，并对各个阶段的活动作了系列化的安排。

活动系列一："大手牵小手""小岗位"共成长

根据低年级学生的特点和需要，班级设立若干辅导员小组，学生依照自己的喜好与特长报名参与。这样可以充分发挥学生的自主性和积极性，帮助弟弟、妹妹尽快在自己的"小岗位"上成长起来。

活动系列二："大手牵小手"科技节共探秘

结合校园科技节活动，组合新的探秘小组。各辅导小组带领弟弟、妹妹积极开展丰富多彩的校园植物探秘活动，在完成自己任务的同时，辅导弟弟、妹妹完成他们的任务。

通过校园科技节的探秘活动，学生们体验了科学探究的愉悦，提升了科学素养；在交流"大手牵小手"活动体验时，老师引导学生发现自己和同伴的进步，树立学长自信心，并以积极的评价帮助学生内生后续体育节活动的动力。

具体的推进过程如下：

活动环节	教师活动	学生活动	设计意图
导入	谈话导入：前段时间，我们开展了科技节的科学探秘活动。同时，我们也结合"大手牵小手"活动，带领弟弟、妹妹开展了科学探秘活动	活动照片展示	通过照片回顾，体验活动中的快乐
展示交流（一）	1."我们的探秘"小结 （1）我们分四组分别对校园进行了科学探秘，完成了探究报告，请大家来交流一下你们的新发现 （2）你们觉得自己小组做得最好的是哪些方面？ （3）看看科学老师是怎样来评价我们的？（小结，板书） （4）各组讨论哪些方面可以改进 2."和弟弟、妹妹一起探秘"小结 （1）带领弟弟、妹妹进行了校园探秘，帮助他们认识植物，完成了任务 （2）探秘的过程可不是一帆风顺的 （情景再现）	1. 四个小组展示探究报告：大树、鲜花、木、班级生物角 2. 观看老师颁奖录像 3. 交流、讨论改进方法	1. 利用对探究报告的评比，进一步引导学生明确科学探究的过程和报告的要求，从而提升学生的科学素养 2. 通过情景再现活动中的困难，引导学生发现自己和同伴的进步

（续表）

活动环节	教师活动	学生活动	设计意图
展示交流（二）	导入：你们发现他们有哪些做得好的地方？ （1）弟弟、妹妹要来夸夸我们呢 （2）夸夸自己或小组里的伙伴	1. 观看弟弟、妹妹的任务单 2. 情景表演 3. 交流	利用弟弟、妹妹的夸奖进一步提升学生的自信心
总结提升	总结：马上要到体育节了，和弟弟、妹妹一起锻炼、一起游戏，相信会更有挑战、更有趣	倾听	激发学生继续追求自我发展的内在动力

"大手牵小手"的活动内容可以是班级日常管理方面的，也可以是学校的大型活动。通过这样系列性的活动，学生们认识到了自身作为小辅导员的价值，也在这个过程中实现了多方面的发展。

解读

1. "大手牵小手"活动需要学校层面的协调、统筹和保障

"大手牵小手"一四结对活动因为涉及两个年段，是两个年段共同需要关注的一项重要工作，因此需要学校层面对这项工作予以协调、统筹，并作出相关制度上的保障。

学校层面的集中组织、策划和管理，因为贯穿两个年段的学生发展，考虑问题更加全局，同时也会对各班的系列性推进予以指导，既为一四结对渲染了良好的校园氛围，也保障了科学性的推进；既减轻了班主任的工作负担，也为班主任的创造性推进指明了方向。

2. "大手牵小手"活动更需要班级层面的个性化推进

"大手牵小手"活动是一项由学校层面整体设计、组织、管理的活动，但更多需要班级层面的个性化推进。因为学校层面虽对岗位内容、岗位人数、岗位要求、岗位评价等作了安排，但是，"大手牵小手"活动的岗位对于自己班级的学生意味着什么，不同的岗位应安排哪些学生，学生在这些岗位上有怎样的困惑和发展，如何利用这些岗位更好地促进班级自身的建设等，诸如此类的问题都需要班主任自行来策划。

案例中的顾老师，就是在班级建设的过程中，发现学生参与学校一年一度大

型活动的热情不高，于是就将大型活动与一四结对活动结合起来，引导学生带领一年级小朋友走进校园，共同开展探秘活动，体现不一样的"xin"发现。同样的科技节，因为组织方式不同了，参与伙伴变化了，活动要求有新意了，就调动起了学生的参与热情，他们变得更加主动，在引领一年级小朋友的过程中，对自身的角色也有了更丰富的体验。失败的体验促使他们不断更新，成功的体验则不断强化他们的自信心。因此，任何一项活动都需要根据班级学生的发展现状，并予以班本化的推进，才能回到班级建设、学生发展的本原上来。

3．"大手牵小手"活动更看重的是四年级学生的"获得"

"大手牵小手"是由学校层面组织并要求四年级学生去完成的一项活动。如果班主任仅仅将之看成一项工作任务，那么可能就是安排几个学生去实施，关注更多的是四年级学生是否帮助了一年级学生，而对四年级学生在其中的发展视而不见，因而白白错失了这么好的教育资源。

案例中，孩子们带领一年级小朋友一起去校园进行植物探秘，这有助于提升他们跨年段交往的经验，增强他们对低年级孩子的关切之情。顾老师在主题班队活动的第二个环节，就重点围绕这一育人目标予以交流、互动，帮助孩子们回顾这段历程，点出他们在这个过程中的挑战与收获。而低年级小朋友对他们的积极评价，则进一步强化了他们在此过程中的"获得感"，激发了他们继续带领弟弟、妹妹投入学校教育新生活的信心。这样的一四结对，才真正具有教育情怀，充满浓浓的成长气息。

建议

1．班主任需要认真解读学校一四结对的活动方案和评价要求

在组织实施一四结对活动的时候，四年级班主任要认真解读学校相关的活动方案，全面而深刻地把握方案中涉及的活动目标，将这些育人目标全面转化到活动的推进过程中去。对方案中不同岗位对于学生的职责要求，以及不同岗位在不同阶段的要求，班主任要了然于胸，只有这样才能在学生深入一年级前，作好前期的宣传指导，帮助学生明晰不同岗位的要求，做到带着要求进入一年级。

同时，也只有这样，才能引导孩子们对照要求，结合自己的实践体验进行相互评价和自我评价，全面提升学生的问题解决能力。

2．对结对过程中各阶段学生的发展目标有更加清晰的聚焦

学生的发展是累进式的，学生在一四结对活动中的发展亦是如此。班主任工

作的专业性恰恰体现为教育中的"步步为营",对学生在这一过程中的每一步发展做到"条理清晰"。

案例中,顾老师对四年级学生在科技节中与一年级小朋友交往时应该提升哪些实践能力,发展哪些更加积极的情感态度,获得哪些自我认知等,都有前期的思考。班队活动中如果对这一目标要求还不够明确的话,交流互动就会笼统牵强。如果班主任对这个阶段的要求比较清晰,就会找到下阶段—四结对共迎体育节的活动中四年级学生发展的增长点。因此,学生的发展,依赖于班主任对学生实践体验的清晰把握,依赖于班主任对不同阶段活动的目标预定,这些都是班主任在每一项活动中需要锤炼的基本功。

第三章 班级文化建设

当前有关班级文化建设的理论成果主要涉及班级文化的内涵、特征、构成要素、功能以及建设途径等。大多数研究者在阐述班级文化建设路径时,都依据还原论思想,对班级文化中的物质、制度、精神等构成要素作分门别类的探讨,"在静态的研究中横向地切割班级文化,对于班级文化各要素在班级这个具体场域中的融合几乎没有提到"①。班级文化应全息渗透于班级生活的各个方面,各要素之间相互作用,同时进行整体布局,有机推进。②而不同年段的班级文化建设也因班级发展阶段以及学生发展需要的不同而有其独特性。本章将以四个案例来阐述四年级班级文化建设的基本要点和具体策略,从而体现班级文化育人的教育追求。

一、如何建设个性化的班级文化标识并予以实践转化

如果班级文化太过虚无就无法在班级日常生活中扎下根来,需要将之转化为具象的可言说的班级文化标识。班级文化标识,包括班名、班标、班级口号、班歌等,各类文化标识既彼此独立,又相互印证,无论从哪一个视角切入,都可以在这些班级文化标识的交汇处看到一个丰富多彩的文化世界,实现班级文化的整体描述。

然而,仅有这些文化意向还不够,还需要将之系统转化为四年级学生最日常的班级文化建设实践,真正以文化的实践与体悟来引领学生的发展。班级文化建设不是一成不变的,需要依据班级发展的进程和学生发展的进程作出动态调整,需要师生共同创建。一年级之后的每一个年段都应在原来的基础上有传承,有创新。如第一章所言,四年级学生追求标新立异,喜欢尝试具有挑战性的活动,那么到了四年级,我们完全可以把理解班级已有文化主旨,重建班级个性化文化标

---

① 许瑞瑞. 我国班级文化研究十年:回顾与反思 [J]. 基础教育, 2012 (5).
② 陆燕琴. 复杂科学视野下的班级文化建设 [J]. 中国德育, 2015 (5).

识的任务交给学生,让学生在讨论、设计、理解、实践的过程中创建班级新文化。上海市闵行区莘松小学杨青影老师就带领孩子们开启了一段属于自己班级的文化建设之旅。

案例

班级文化,我们来共建

上海市莘松小学　杨青影

中途接班,如何让自己这个新任班主任快速融入学生中去?如何更好地调动学生的发展潜能?如何更快地对这个班级产生一种归属感?如何让班级的日常生活集结在一个积极向上的文化意向之下,让班级生活更富有教育的品质?我急需理出一条工作思路,整体带动和推进班级及学生的发展。恰逢学校接受"新基础教育"中期评估之际,我作为执教主题班队活动研讨课的老师,得到了来自区域研究所、生态区组以及学校等方方面面的指导。在大家共同研讨后,我们确定了"共建班级新文化,实现学生新发展"的带班策略。而我也和孩子们一起开启了一段有趣的教育新生活。这一学期来,我们分阶段开展了如下活动:

第一阶段:"我们是小小设计师"

这一阶段主要引导学生思考并形成班级的个性化班名,再据此设计班级标识。在班级名称确立前,我特意开展了一次名为"我们是小小设计师"的主题班队活动。我事先准备了几个自己认为既贴近学生年龄又具有积极向上意蕴的班级名称,如"小海豚""小脚丫""小帆船""书香班级"等。可是,这么多班级名称,孩子们都不满意。于是,我把这个问题又抛了出去,征求学生的意见。大家你一言我一语,讨论得热火朝天,可到最后都没有获得满意的结果。于是,我请学生们课后以小组为单位继续设计富有个性化的、喊出来朗朗上口且富有丰富内涵的班级名称,并承诺被采纳的小组将获得意外的奖励。这下,孩子们参与班级名称设计的积极性更高了。在第二次班队活动中,小组长们带着自己小组的智慧结晶上台比拼。最终,"蒲公英"这个特别的名字在众多的班级名称中获得了最高票,成为我们的班名。

紧接着,我们要进行班级标识的设计。小组长们又热火朝天地忙开了。有请组内绘画水平最高的同学设计的;有请家长帮忙设计的;甚至有请专业的设计人员进行构思、美化的……最后,在一番比较与甄选后,郭同学小组设计的蒲公英标识脱颖而出,得到大家的一致同意。

第三章 班级文化建设

第二阶段:"我们是小小解读员"

班名确立了,紧接着,学生们要了解蒲公英的相关知识,以及作为班级文化标识的蒲公英的丰富内涵。学生们通过收集资料、制作手抄报、观看录像等方式了解蒲公英独有的坚强、勇敢、智慧的精神品质。

结合对蒲公英内涵的理解,同时在学校"正直、自信、坚毅、高洁"八字校训的引领下,我们的班歌也出炉啦!

"在那蓝蓝的天空下,有一群快乐的小娃娃,就像那洁白的蒲公英,海角天涯都能安家。在那暖暖的太阳下,有一群勇敢的小娃娃,就像那金色的蒲公英,风风雨雨都不害怕。一起学习,共同长大,正直高洁,坚韧不拔,有一粒种子,正在发芽,莘松就是我们的妈妈。在那暖暖的太阳下,有一群勇敢的小娃娃,就像那金色的蒲公英,风风雨雨都不害怕。一起学习,共同长大,正直高洁,坚韧不拔,有一粒种子,正在发芽,莘松就是我们的妈妈。"

在此基础上,孩子们还谱写曲子、制作 MV 等。

第三阶段:"我们是小小蒲公英"

这一阶段主要以班级文化为中心加强岗位和部门重建。小岗位建设是个动态的过程,随着年段的变化可进行增删、轮换或合并,以满足学生的发展需求。当原先班级的小岗位不能引起学生的兴趣,不能满足学生的成长需求时,我们利用午会、晨会等班队活动时间对其进行重新设置。在设置前,考虑到四年级学生自我意识觉醒明显,我们结合"蒲公英中队"这一特定的班级文化,从学生的实际情况出发,充分尊重学生的个体需求,设计了"蒲公英在行动"岗位调查表。

蒲公英在行动

小朋友,作为蒲公英中队的一员,你是否已经做好坚强、独立的准备了?低年级时,你还那么稚嫩,蒲公英妈妈拥抱着你,保护着你。如今,你已经长大了,要离开自己的妈妈了,你需要自己去面对各种挑战了,尝试各种新鲜事物了,加油,孩子们!

我现在的班级小岗位是_____,我还想担任_____小岗位。如果班级里有_____小岗位就好了!

姓名:_____

通过问卷调查，孩子们的积极性变高了，有的孩子选择保持原来的岗位，有的希望班级增加"小小摄影师""小小啄木鸟""图书推荐员""协调员"等岗位；同时根据学校文化，还可以增设"桌椅一线美""学习小顾问""勤劳的小蜜蜂"等岗位。

在岗位调整的同时，我们设立部门，并让部门名称与班级文化相互映衬。孩子们通过调研蒲公英的生长机制，知道蒲公英的成长需要阳光、雨露、沃土，更重要的是还要有风的帮助。于是，我们在班队活动中给每个部门取了极富班级文化特色的部门名称——阳光部、雨露部、和风部和沃土部。

经过讨论，大家一致认为，沃土部主管学习，雨露部主管卫生，和风部主管宣传，阳光部主管后勤。同时，选出了部长、副部长，确定了部门口号、宣言等。具体如下：

（1）阳光部：万物成长都离不开阳光，蒲公英也不例外。我们阳光部负责班级的方方面面，哪里有需要，哪里就有我们的身影。我们主要负责班级的后勤工作，我们是阳光，我们普照每个角落！

口号：灿烂阳光，温暖你我！

（2）和风部：风决定了蒲公英的去向，和风就像蒲公英的引路人。我们主要负责班级的宣传工作，我们是和风，我们来啦！我们让蒲公英一边旋转一边飞向那遥远美好的远方，小小的蒲公英就像一个个舞者，飞向那湛蓝的天空，坚持不懈地追逐着自己的梦想！

口号：和风和风，力量无穷！

（3）雨露部：洁白晶莹的雨露滋润着蒲公英，让它快快长大；我们还是干净的标志，瞧，这雨露多晶莹剔透啊！我们主管卫生。

口号：雨露晶莹，清洁一新！

（4）沃土部：土壤让蒲公英的生命得以延续，肥沃的土地更是蒲公英健康成长的保障。只有不断汲取养料，不断学习，才能享受到更多的阳光和雨露，最终生根发芽！

口号：沃土滋养，帮助成长！

岗位确定后，岗位职责要及时明确。每个部门也有自己的部门职责，部长根据每天的观察、记录，以每周为单位对部门内部成员进行考评。一周一反馈，一月一总评，并根据集星数进行颁奖，给予表彰。

为更好地表彰先进，积淀蒲公英精神，我们在前期岗位转型及升级、部门形成和相互评价的基础上，又开展了一次"蒲公英在成长"的主题班队活动，对个

体性岗位、群体性岗位进行民主评价，同时将学生形成的岗位约定拓展延伸到后续的校园活动中。

具体的推进过程如下：

活动环节	教师活动	学生活动	设计意图
热身	播放班歌	小朋友以自己喜欢的方式唱班歌	通过唱班歌创设氛围
表彰优秀个体岗位	通过视频播放本月大家民主推选出的优秀个人，颁发奖状	说说选他的理由，并在自己部门内寻找同样出色的小朋友	通过对典型榜样的学习，学生能看到别人身上的闪光点，同时能用同样的标准去寻找身边更多的例子，体会蒲公英坚毅品质的珍贵
表彰明星部门	根据本月大家的投票，为优秀部门颁发奖杯。提示学生思考：看了情景剧，你有什么感触？自己部门为什么做得还不够好？	1. 四大部门展示自己部门的风采 2. 阳光部表演情景剧 3. 开展讨论	通过观看优秀部门的情景剧表演，使其他学生学习该部门的优点，同时对照自己部门存在的问题进行反思、整改，体会学习、反思、重建的重要性
总结延伸	总结各部门遇到的问题及困惑	部门之间进行讨论，将汇总的方法用到后续的校园活动中	通过学习其他部门的优点，初步懂得团队的力量是无限的，团队的智慧是无穷的

解读

1. 把班级个性化文化标识的设计权、选择权交给学生

四年级学生追求个性、崇尚自主。然而现实中，我们都习惯于随大流，习惯于一刀切，学生从小到大所接触到的班级文化标识几乎千篇一律，千"班"一面，给学生造成审美疲劳，难以浸润学生、熏陶学生，因此也难以收到理想的教育效果。充满个性的班级文化才是学生们乐意接受并真正向往的。

上述案例中，老师充分尊重并信任学生，把班级标识的设计权、选择权交给学生。班名、班标、班歌、部门名称、部门口号等班级文化的标识设计，无一不是从学生中来，体现着学生的智慧。我们说，只有充分调动学生的积极性，变被动接受文化意象为主动去理解和鉴别其中的深意，这样的班级文化产品才能够真正浸润学生的心灵。

在班级文化个性的建设过程中，老师不能过于以自己的意志为转移，一味地说教，一味地灌输，而要充分尊重学生的自主创造、实践和体悟，只有这样，形成的班级文化才是真正具有班级个性和人文色彩的。否则，班级文化还是会免不了游离于学生生活之外，成为脱离学生行为和思维的外在物。让学生主动参与班级形象的设计、班级环境的布置、班级制度的建立与维护、班级活动的组织与推进，这种参与越广泛、越长久，文化创造得越多，积累得越丰厚，学生个体越能自然融入班级共同的价值目标和取向中，这才是学生自己的文化反映和文化创造。①

2. 把班级个性化的文化意象落实在班级建设实践中

班级个性化的文化标识只是一个具象的表达，是班级个性化文化建设的一个部分，只有将这些设计中的文化意象转化为真真切切的班级生活方式，班级文化建设才能真正进入"深水区"。叶澜教授指出，"学校教育中的文化也要被作为动词来理解，文化在学校教育中将活化"②。而要让文化意象在班级建设中落地生根，需要切实将之系统架构在班级的自主建设中，并实现横向的关联和纵向的递进。

在杨老师带领的蒲公英中队的文化建设中，蒲公英中队全体队员在调研了蒲公英的生长机制之后，将传统的班级卫生部、宣传部、后勤部、学习部更名为"阳光部""和风部""雨露部""沃土部"，对每一个部门的职责要求进行了重新确定；各部门职责分明，并据此进行自我评议和相互评价。从组织建设到制度评价都聚合在班级统一的文化意象之下，极具班级个性。在此基础上，每一位学生还根据部门职责，申请了自己感兴趣的和能够胜任的岗位，通过岗位，在自己和班级之间建立了一种关联。这种关联既是一种鼓励，也会带来冲突，学生能在这样富有情境的实践中感悟班级文化，体验成长。

3. 在班级个性化文化标识建设过程中实现事与人的相互玉成

班级个性化文化标识的形成和建设过程，既是凝练班级精神风貌，提升班级建设品质的需要，更是促进学生自主发展的需要。上述案例中，班主任很好地抓住了这一过程载体，实现了事与人的相互玉成。

一方面，通过这一建设过程，很好地拉近了师生之间的距离，让班级的岗位

---

① 陆燕琴.复杂科学视野下的班级文化建设[J].中国德育，2015（5）.

② 叶澜.世纪之交中国学校教育文化使命之思考[J].教育参考，1996（4）.

建设和部门建设更加主动并富有精神内涵，班级的组织管理秩序得到有效的保障。

另一方面，孩子们在诸如绘画、设计、歌唱、文字表达等方面的天分也得到了充分展示，活动促进了学生主体的回归，张扬了学生个性，培养了学生独立自主的能力，让班级的每一个角落都会说话，使学生受到文化的熏染。班级文化个性的形成和建设过程本身就是一门潜在的课程，具有无形的教育力量，对学生个体及群体良好精神面貌的获得、班级凝聚力的形成都起到了至关重要的作用。

建议

1. 班级个性化文化标识还有许多存在形式

上述案例中所列的班级个性化文化标识包括班级名称、标识、班歌、部门名称、部门口号等，但这还不是班级个性化文化标识的全部。班级的个性化文化标识还可以通过班级板报、网站和微信群等加以凝练；还可以呈现在班级每一次的校级层面的集体亮相中，如升旗仪式、运动会入场式的展示等。

班级个性化文化标识应相对稳定，不宜频繁更换。但是可以根据年段学生的成长需求作一些动态的调整。例如，有一位实验老师带的"青蛙班"，二年级时，其班级标识是两只青蛙合撑一把伞，意喻同伴间的合作互助；到四年级时，则将班级的标识演绎成"一只荷叶上的青蛙"，意思是希望师生能像"荷叶上的青蛙"那样，要么侧耳倾听，要么呱呱欢叫，学会倾听，学会表达。

2. 班级个性化文化标识的建设和实践需要班主任不断提升专业素养

"班主任在班级文化建设中发挥着文化引领、文化渗透、文化点化与文化开发的作用，并以自身的文化实践实现着文化示范。"[1] 在班级建设实践层面，班主任要将对班级文化精神的理解，转化为班级建设的重要思想和具体方法。

班主任在突发事件的处理中，应具有高度敏感性，能顺势而为，突显班级文化建设的主旨要义；在建设自成一体的富有个性的班级文化过程中，班主任需要形成的相应素养包括科学复杂的思维品质，整体融通的组织、策划能力，文化建设的敏感和教育自觉等。

---

[1] 李家成. 班级日常生活重建中的学生发展 [M]. 福州：福建教育出版社，2015：186.

二、如何建设民主、平等、悦纳、共生的班级人际氛围

心理学研究表明，个人交际的范围愈是广泛，他同生活各方面的联系就愈是多样，深入到的社会关系也就愈深刻，他自己的精神世界也愈丰富。正义、爱心、慷慨等品格，从来不是某个孤立学生的品质，它们必然是在人际交往过程中受别人影响而成，进而也对他人施以影响。在班级中建立一种和谐的气氛，使师生之间、同学之间的关系和睦融洽，心心相印，能有效地调动每一个学生的积极性，在令人愉快的教育情境中消除学生诸多不健康的心理因素，使学生全身心地投入学习，促进学生奋发向上、健康成长，还可以形成良好的集体意识。因此，在班级文化建设的众多目标中，建立和谐的班级人际关系是一个重要方面。

对于成长中的四年级学生来说，良好的同伴关系的建立对其当前阶段的发展显得尤为重要。作为班主任，在四年级诸多班级建设的过程中，如岗位建设、部门建设、社团建设以及各类学生活动包括班级评价制度的设计中，都需要有意识地去营造一种民主、平等、悦纳、共生的人际氛围，帮助学生走出狭隘的交际圈，以更加平等、开放的心态去接纳身边每一个不同于自己的个体，并在相互的学习、赏识、鼓励中使班级形成一种催人向上的磁场。上海市闵行区鹤北小学的朱卉婷老师，就将班级人际氛围的形成同传统文化教育、学生社团建设等有机整合起来，让学生之间有了更多的"亲密接触"。

案例

与每一个可爱的你"亲密接触"

上海市鹤北小学　朱卉婷

我们班共有37名学生，他们对事物有自己的看法，会关注身边的社会问题、潮流文化等。同时，班上的四支小队整体日趋成熟，风格鲜明，自行策划、组织活动的能力也进一步提升，队员之间的凝聚力增强。假日里，小队活动精彩纷呈，随之也出现了与这个年龄段孩子的发展特点和成长需求相符的情况——出现较为稳定的自发小团体，交往对象和活动轨迹较为单一，仅仅局限在各自的小队和朋友圈内。他们开始形成自我评价的意识，但是这种自我评价在很大程度上还依赖于别人的评价，同伴关系和友谊成了影响孩子成长的重要因素。作为班主任，该如何通过新一轮的活动去引导学生打破交往的局限，建立良好的交往关系，强化同伴间的积极影响，促进班集体的进步呢？

第三章 班级文化建设

当品社学科的学习进入第二单元"千年文明，独具神韵"后，我发现班上的孩子对"传统文化"表现出强烈而浓厚的兴趣，因此应通过课后拓展活动与班级活动的紧密融通来提高教育效果，在弘扬民族精神、传递传统文化魅力的同时，抓住四年级学生的成长需求，包括交往的困惑与问题，肯定他们之前的优点及进步，大胆尝试打破他们固有的小队探究格局，跨小队重新组建探究小组，扩大他们的人际交往圈，促进队员间的合作交往能力，从而重新构建起"四通八达"的班级人际交流圈。

于是，便有了以下系列活动：

第一阶段：与可爱的你"再见钟情"

（1）结合校园"小不点"民俗日系列活动，引导学生积极参与各项校级活动，丰富对民俗节日的体验，为后续活动作好铺垫。

（2）在班级整体进入品社学科第二单元内容的学习的背景下，尝试初步的、小范围内的跨队合作，开展"中华珍宝大搜索"拓展活动，选择最感兴趣的一样传统文化珍宝进行课外探究。

第二阶段：与可爱的你"亲密接触"

（1）展示在"中华珍宝大搜索"探究活动中的收获，感受传统文化的魅力，激发对我国传统文化的喜爱与自豪之情。

（2）充实班级"微社团"种类，成立4个民俗文化小社团——"龙"社团。

第三阶段：与可爱的你"现在有约"

（1）进一步打破格局，扩大人际交往圈进行"微社团"活动。

（2）与低年级友谊班结对，招募社团小成员，扩大社团的活动规模与影响。

本次主题活动为第二阶段的第一次活动，通过展示在"中华珍宝大搜索"探究活动中的收获，感受传统文化的魅力，首要目标是激发对我国传统文化的喜爱与自豪之情；同时，更重要的一个活动目标是在完成探究任务的过程中提升学生的合作交往能力，使其学会彼此悦纳，彼此欣赏，彼此学习和彼此鼓励，创设和谐共生的班级人际交往氛围，提高班集体凝聚力。

具体的推进过程如下：

活动环节	教师活动	学生活动	设计意图
热身	播放音乐，组织集体做操	跨组调换同伴后做操	体验交换同伴后不同的感受，调动参与后续活动的积极性

（续表）

活动环节	教师活动	学生活动	设计意图
导入	播放前期参与学校民俗日活动和探访丝绸制品销售情况的照片	观看前期活动的照片集锦	通过一张张照片来回顾前期参与的与中华民俗文化相关的活动情况，营造活动氛围，引入今天的成果展示活动
核心活动推进提升	1. 组织4个小组汇报活动情况并互动追问 （1）为什么会选择这个小队？（预设：对探究任务的兴趣；他人的邀约；无奈的选择等） （2）遇到了哪些问题？怎么解决的？ （预设：热门的中医问题引发"选择障碍"；新小组中的分工与配合；跨过男女生合作的"尴尬坎"等） （3）你对他（她）或自己有哪些新的认识呢？ （预设：对同伴的正面评价与肯定；自己的触动和自我激励等） 2. 总结各小队的汇报 （1）缤纷性格齐接纳 （2）万种风情都欣赏 （3）他人长处善学习 （4）同伴互助渡难关	1. 小梨园探访团——京剧 （1）表演《说唱脸谱》片段 （2）介绍面具的制作及颜色内涵（不同的颜色代表不同的人物性格） 2. Magic Scissors——剪纸 （1）作品集展示 （2）现场挑选热情观众，进行剪纸互动教学 3. 博医战队——中医 （1）小品再现《对话名中医》中医院采访活动片段 （2）分享组建新小组时"招聘会"的故事（依据的标准，操作过程的公平与公开） 4. 武魂梦之队——武术 （1）配乐朗诵自编的诗，表演五步拳 （2）分享练习中印象最深的一幕，夸夸我的异性新伙伴	1. 通过4个小组的探究成果展示及生生之间的互动提问，再次激发学生心中对于中国传统民俗文化的喜爱与自豪 2. 将传统文化的特色内涵与人际交往的秘诀巧妙结合起来。通过对活动过程的追问，挖掘跨小队活动中形形色色的小故事。对这些故事的再次分享、解读与换个角度的回味，使学生感受到跨小队合作中因为了解、走近更多的同学而收获的意想不到的惊喜。同时，引导他们明白人际交往中的一些要点：学会彼此接纳，彼此欣赏，彼此学习和彼此鼓励
总结延伸	1. 总结：这一路，因为每一个人的精心准备和创意展示，我们感受到中国传统文化的魅力，我们是自豪的。这一路，我们跨小队合作，扩大自己的朋友圈，	对照标准，明确要求，对后续社团活动做到心中有数，激发新一轮的成长动力	推进班级后续活动，展开新的成长历程

（续表）

活动环节	教师活动	学生活动	设计意图
总结延伸	有了非同寻常的感受与启发，我们是幸福的。在接下去创办"龙"社团的过程中，希望你们能把步子迈得更大一点，走近更多的伙伴和群体 2. 出示组建社团的"4D"和"2G"要求，提出下一轮活动期望（4D即定人、定点、定时、定工；2G即有计划、有记录）		

解读

1. 优化日常集体生活背景，建构成长型的班级人际关系

温馨协调的人际关系是孕育学生完美个性的肥沃土壤。一个班级良好的人际氛围不是一朝一夕就能形成的，也不是仅仅靠班主任的耳提面命就可以快速促成的。班级人际文化的培育，应该与班级的组织建设同步，与班级的系列活动推进同步，应该回归班级日常生活的常态之中。

本案例中，朱老师充分运用各种组织手段为学生提供日益扩展的交往范围，建立丰富多彩的生活联系，从而使每个同学自觉或不自觉地参与到集体建设中去，使他们的精神世界更加充实。例如，在系列活动中，不仅活动内容日益丰富，老师还有意识地对学生的交往圈进行了精心的设计，从原先的"行政性小队"，到跨小队以项目引领的"探究小组"，再到带领一年级弟弟、妹妹共同建设的"龙社团"，学生们在班级日常生活中有意识地变单人活动为多人合作活动，从固定的团队，到以项目引领的动态性团队，交往情境不断变化，也日渐丰富，学生对同伴的认知和体验逐步加深，对同学的情谊也在不断地酝酿、发酵中升温。

2. 以探寻传统文化之"根"，实践班级人际交往之"魂"

如上所述，以"民主、平等、悦纳、共生"为核心价值观的班级人际交往文化的习得，不是一种简单的道德认知的传授，而是需要将此融合在学生真实的实践体验中，帮助学生进行自我建构。本案例中，朱老师非常巧妙地将学生跨小队

的交往与"传统文化"——京剧脸谱的学习、中医与西医的比较鉴别、中国武术的精神等有机结合起来。

例如,探究京剧的小组表演的是《说唱脸谱》片段,他们在探究的过程中,着重关注脸谱艺术,通过研究,他们发现不同颜色的脸谱代表不同的人物性格特点,五彩缤纷的性格成就了一台台精美的大戏,而我们日常的生活世界也正是如此。

中医小组带回很多养生知识,他们在小品中着重表演的片段是解析中医和西医的不同点,这和人际交往也是不谋而合的,要在和谐共生的基础上善于学习他人的长处。

武术小组的表演传达的是一种坚韧的、守望相助的武术精神,他们在小队练习的过程中也的确感受到遇到困难时,同伴的鼓励和支持就是这种精神的最好体现。

朱老师充分挖掘传统文化的精髓,引导学生在自主实践中亲身感受和体验人际交往的精神内核,这样的设计有"一语双关"之妙,教育也就在无痕中流淌开来。

3. 班级人际文化建设映射的是班主任自身的人文思想

班主任的人本思想,如学生观、交往观等都会成为班级人际文化建设的一粒种子,在班级这个场域开花结果。班主任如何看待班级中的每一个学生,是否在每一项活动中都能关照到每一个层面的学生,对学生之间的交往持一种怎样的态度,有着怎样的鉴别等,这些都会影响班级人际文化的走向。

上述案例中,朱老师认为,班级中的每一个学生都是充满灵性的生命个体,无所谓"优劣贵贱"之分,都应平等参与班级学习和生活,分享老师及同伴的关注、尊重和爱护。于是,她打破了校级活动兼顾不到每一个学生的局限,班本化地推进"中华珍宝大搜索"探访活动,让班级内的每一个成员都有一定的探究任务,都参与成果汇报展示,最后呈现的报告方式也是人人参与的形式;她还在活动中用心去读懂每一个孩子的独特之处,通过活动的精心设计,让不同的学生都参与且展示不同的个性,让不同个性的优势展露无遗;她还努力创建以平等对话、合作互助为主要特征的班级交往共同体,使学生既能从班集体中获得满足,同时也能给这个组织以发展的力量,给他人以努力向上的力量。只有班主任都相信"百花齐放才是春""风情独具为个性""取长补短新飞跃"的时候,才能真正建设班级内的和谐人际文化。

建议

班级建设是一种教育实践,以促进人的发展为价值追求,是"直面人的生命、

第三章 班级文化建设

通过人的生命、为了人的生命"的光辉事业。就班级建设中的主体参与和创造形态、关系形态而言，学生之间应是一种相互成就的关系形态。个体是在依赖和交往关系之中发展的，人类个体的发展必须在"普遍期望的环境"里，在与师长、朋友的交往关系中产生，人类个体朝向理想水平的发展主要是在互动过程中建构起来的。

1. 以倾听交流为平台进行积极引导

到了四年级，非正式群体大量出现。结群的缘由多种多样，有的与学生在集体中地位层次的自我认定有关，有的与兴趣爱好类型的选择有关。这些现象既在某种程度上反映出学生的自我确认和选择，又显示出他们将来可能出现的变化趋势，包括问题的苗头和发展的时机。这种非正式群体，既可能导致小群体的封闭和交往的狭隘，也可能使学生在新的层次上打开眼界、丰富内心。孩子们都渴望拥有更多的朋友，只不过年龄、心智和经验尚浅的他们不知道如何可以交到更多的朋友。这样的成长当口，也是教育的最佳契机。针对他们这方面的困惑，我们可以开展以"花开的声音"为主题的系列活动，在小队成员之间、小队之间通过运用"会听、善听"这一本领，搭建起更畅通的交流平台。例如：

第一阶段：解读最好的听众——认识倾听的重要性，体验不同的倾听态度和倾听行为带给人的不同感受，分析好的倾听者应该具备的要素条件。

第二阶段：谁是你最好的听众？——有意识地利用所学内容指导自己的生活，培养自己成为一个良好的倾听者，投入"金耳朵"评选活动之中。

第三阶段：打造更好的"金耳朵"——组织各小队以自己的方式，打造队内的"金耳朵"，以此鼓励小队内各个层面的学生在原有基础上挑战自我，有所突破。

2. 以积极的评价反馈促进班级交往观念的不断内化

步入四年级后，学生普遍出现了独立性意向和参与社会活动、受人尊重、友谊和交往等需要。这种社会性的需求，引起人际关系的重大变化，出现了一种疏远父母和老师的"闭锁性"趋向，以及寻求能坦言相告的伙伴的"开放性"趋向。这使得每一次活动过程中及活动过后的即时点评与互动反馈显得格外重要。无论是一句真诚的感谢，还是一个鼓励的拥抱，或者是一次最佳团队的评选，又或者是一阵阵发自内心的给予进步同学的掌声，这些积极的评价反馈，创设的都是友好的交往情境，帮助学生在友好中自觉清除交往障碍，从而强化班级人际文化，并帮助学生更好地加以体认和内化。

有关评价制度的设计,评价结果的反馈与应用,包含着班级人际文化建设的细枝末节,同样需要班主任用心予以关注。例如,青蛙班班主任通过"星蛙心愿"评论栏下的一行小字:"如果集满15颗星,我们一起助你实现一个小小的心愿",将班级建设成一个充满情谊、充满友爱的家园。通过这些设计,每个同学真正认识到他人的存在对自己来说不是可有可无的,而是必不可少的。见识到他人的魅力,对于自身又何尝不是一种极大的鼓舞与促动?

三、如何设计并实施班级个性化评价制度

前文已述,班级人际文化的形成需要一定的评价反馈机制予以保障,由此可见评价制度的设计与实施是班级文化建设中的重要一环。班级个性化评价制度的设计与实施,是为了在班级日常生活中对学生作出评价,是为促进班级学生个体和群体发展而作出价值判断的实践过程,带有鲜明的班级文化属性。内生于班级建设中的学生评价,显性的目标是提高班级的自组织水平,保证班级之事完成的质量,帮助班级建立秩序,形成主流文化,提升班级的内外形象。

而与之相随的隐性目标,或者说终极目标,是要在深度观察、分析学生表现的过程中,将学生作为一个生命体的整体发展纳入评价目标之中,关注学生实践能力的提升、交往关系的拓展、自觉意识的觉醒以及综合素养的发展等。上海市闵行区江川路小学"向日葵"班以"向日葵币"作为评价载体,其加减分通过收支行为来体现,加上统计平台"向日葵银行",奖励机制"向日葵超市",班级的评价方案形成一整套有机的体系,班级也因此呈现出阳光、向上的"向日葵"特质。

案例

"向日葵银行"那些事儿

上海市江川路小学 邱 苗

我接手四(6)"向日葵"班以后,发现这个班级的学生总体来说比较乖巧听话,能够遵守学校的各项规章制度,但缺乏竞争意识和自主意识,不论是学习上还是生活上,都需要老师和家长时时督促,否则就用拖拉或消极的态度对待。在遵守班级公约与学校规定方面,如果老师不经常提醒,他们就会不自觉地违反,如缺

交作业、个人卫生不合格等。

　　针对班级学生主动性不够、自觉性有待加强的特点，我借鉴当前很火的"星期八小镇"模式，在班级建立了一个"向日葵银行"。这个"向日葵银行"其实是班级的一套评价制度，将学生日常行为的各个方面都纳入"向日葵银行"的评价范围。学生在学习、锻炼、卫生、行规、活动等方面作出努力，就能获得代表正向评价的"向日葵币"；然后学生可以将这些"向日葵币"存入"向日葵银行"，积累一定数量之后在班级的"向日葵超市"进行消费，从而达到激发学生的主动性、促进他们养成良好的行为习惯的目的。

　　我希望借由"向日葵银行"的评价体系，对学生的习惯养成起到一个督促与引导的作用，更希望能以这个活动为载体，内化学生的主动意识。

　　"向日葵银行"作为班级的评价体系，主要由两部分组成：第一部分是"银行"：对学生每天的学习习惯和行为规范进行评价，即时发放"向日葵币"，学生将之存进个人"账户"，随着每日个人目标的完成，"账户余额"也越来越多，这对学生来说起到很好的激励作用。第二部分是"消费"，即"向日葵超市"：在固定时间内开放（一般为一个月一次），学生可以用自己积累的"向日葵币"兑换奖品或者消费项目。在消费的过程中，学生可以切身体会到自己通过日常努力达成目标后的满足感，这对他们将"行规"内化成"习惯"是一种促进。

　　"向日葵银行"的评价方案大致如下：

标准项目	自评	互评	师评	家长评
按时完成作业				+1
作业获得 A+	+1			
上课主动举手回答问题并回答正确			+1	
课间文明活动		+1		
讲究个人卫生		+1		
路队两操认真		+1		
劳动值日认真			+1	
午餐光盘		+1		
认真参与小队活动				+1
……				

可见,评价的内容包括学习、行规、劳动、卫生、活动等多方面,评价的主体包括学生、家长和老师,力求尽可能客观、多角度对学生进行评价,肯定他们在日常学习生活中的每一点进步,并对这点滴进步进行强化,让他们关注学习与生活中的细节,肯定自己在各方面的成长。

以学习习惯的培养为例。每天学生在家完成作业的情况是由家长考量的,如果学生的表现达到家长和孩子共同拟订的每日家庭学习目标,家长会在备忘录上签名,一日一次。签一周后,学生即可在"向日葵银行"管理人员处兑换相应数量的"向日葵币"。学生可以自行保管这些"向日葵币",也可以存入银行获得"利息"(利息很低,一方面是为了增加趣味性,另一方面也是老师想探索"延时奖励"机制对学生会产生哪些作用)。每个月的最后一个周五,学生可以取出自己积累的"向日葵币",到"向日葵超市"消费自己心仪的物品。

"向日葵银行"在班级成立后,通过"向日葵币"换奖励的激励机制,使学生的自主能动性得到激发,这在一定程度上能够帮助他们养成良好的学习习惯。同时,通过"我的银行我做主",让学生自我管理,自我服务,也促进了学生能力的发展。

一个学期下来,"向日葵银行"起到的作用是积极的,但随着学生对银行规则的熟悉,加上学生自我意识的迅速增强,他们开始自行对银行的游戏规则进行修改,开始争取自我发挥的空间。有的学生认为现行的消费项目已经不能满足他们的需要,还有的同学对"向日葵银行"的管理方式有自己的一套想法。总之,面对"向日葵银行"方方面面的问题,学生们有很多话要说。于是,我在四年级第二学期开展了"向日葵银行那些事儿"主题班队活动。

通过这次班队活动,我们针对"向日葵银行"在班级出现的种种新情况,现场解决了学生评价中存在的各类问题,同时在学生中澄清了一点:"向日葵银行"只是一种评价手段,而自我的习惯养成和真实成长比得到奖励本身更重要,因此应该坚决杜绝"假币"问题。大家通过讨论、交流、辨析的方式逐一解决了班级评价制度中发现的问题,既提升了学生解决问题的能力,也进一步提高了班级民主管理的氛围,最终商讨出新的"向日葵银行"相关条款,充实了班级公约。

我更惊喜于学生的变化。"向日葵银行"确实给班级注入活力,促进了学生多方面的发展。但当某些学生的需求与"向日葵银行"之间存在差异时,他们并没有通过一种合理的方式提起诉求,而是采取"私下交易"这种非正常手段为自己争取最大化的权益。在班队活动中,当这些问题被提出来时,学生们并没有因为自己做过这些"不光彩"的事情而羞于启齿,相反,能大大方方表达自己的观点与动机,也正视自己当

第三章 班级文化建设

初存在的问题,这说明平时班级中民主、平等的话语氛围给了他们勇于表达的信心。

具体的推进过程如下:

活动环节	教师活动	学生活动	设计意图
导入	请班长宣布班队活动主题	倾听	揭示主题,引入后续活动
分享快乐	1.引导学生畅谈"向日葵银行"成立以来给自己带来的各种快乐 2.适时点拨	1.用学生喜欢的方式展开讨论,在讨论中展示自己搜集到的资料信息,用以支持自己的观点 2.小组展示 3.师生互动	通过学生间的交流和师生间的互动,展示学生的各种快乐,让学生体会"向日葵银行"带给学生的积极意义
说说困惑	1.引导学生说出"向日葵银行"在使用过程中出现的各种问题 2.组织讨论 3.归纳问题 (1)奖品可以私下交换吗? (2)如何看待"假币"现象? (3)消费项目价格是否太贵? (4)消费项目是否太少了? 4.将学生的困惑进行提炼并归因	1.交流各自遇到的困惑 2.观看视频,讨论交换奖品的现象 3.生生互动并提出异议 4.在交流中深入思考并解决问题	随着各种问题的出现,让学生思考"向日葵币"和"向日葵银行"的意义是什么,怎样通过正确的渠道取得"向日葵币"并进行消费,以及当个人的需求得不到满足时,能否用一些其他手段实现它,等等。让学生在观点的碰撞中体会到,自己不仅要解决实际问题,还要学习思考问题和获得解决问题的方法
想想对策	组织学生进行讨论,并对讨论结果进行补充完善	1.分组讨论,提出解决问题的方法 2.集体交流	使学生通过"向日葵银行"问题的解决,明白养成好习惯的方式很多,作用也很大,从而提高解决问题的能力
总结	总结	倾听	使学生得到进一步发展

解读

1.以学生发展为本,设计班级评价制度,凝练班级文化个性

班级建设中的学生评价是为学生的发展而开展的,班主任需要在评价与学生

发展之间建立有意义的联系，明确学生发展为本的评价理念与立场，始终将学生作为评价活动过程中的价值主体。

上述案例中，班主任在新接手班级后发现学生的主动性不强，对班级各项学习活动参与不积极时，不是直接向学生提要求，以"命令"的方式促使学生行动，而是采用学生喜闻乐见的形式，设计了"向日葵银行"这样一个综合性的"评价—积累—消费"机制，以此激发学生的内在动力。

为此，评价的内容包括学生学习生活的方方面面，除了听课、作业、卫生、两操外，就连午餐光盘、好人好事、在家表现等（老师在评价表中还以省略号表示存在更多评价内容），都是日常评价的积分点；评价的重心不断下移，不再局限于老师一人，还包括生生互评、小组评价、家长评价等，拓宽了评价者的范围，让评价结果更加客观、全面；将评价制度的实施过程也全权放手给学生，学生在全面参与"积分管理员""银行行长""消费管理员"等多种岗位的过程中，内化了评价标准，增强了对班级的认同度，也提升了自主管理的能力。

2. 在交流互动中重建班级评价制度，澄清班级评价的主流价值

"评价"作为一个动词，意味着需要互动，需要在班级中建立一种"对话场景"。具体的学生评价，起点可以是生成的，也可以是预设的。但是就具体的推进机制而言，需要班主任、学生在交互中对过程有清晰的、共同的认识。国外教育学者指出："对学生成功影响最大的教学决策，实际上是由学生自己作出的。"[1]在班级建设和学生发展过程中，班主任不能替代学生，不能以所谓专家的观点替代学生的主体参与，而是要理解、尊重、激发、促进学生个体和群体的高质量参与。评价的过程应促进班级情境中个体和群体的对话，而不是单方面的命令、鉴定和信息传送。[2]

本案例中，一个学期以后，学生熟悉了"向日葵银行"评价体系，也渐渐产生了"审美疲劳"，他们对评价方式，尤其是消费项目和消费方式都产生了自己的想法。针对班级里出现的私下兑换奖品、制作"假币"消费等现象，邱老师不是简单地斥责制止，而是在充分地调查和了解班情的基础上组织开展了"'向日葵银行'那些事儿"主题班队活动，让孩子们在充分的互动交流中，阐明自己的想法。大家通过讨论、交流、辨析的方式逐一解决了班级评价制度中发现的问题，

---

[1] Richard Stiggins.*Student-Involved Assessment for Learning*[M].Boston：Pearson /Merrill Prentice Hall, 2005：18.

[2] 李家成.班级日常生活重建中的学生发展[M].福州：福建教育出版社，2015：252.

既提升了学生解决问题的能力，也进一步增进了班级民主管理的氛围，最终商讨出新的"向日葵银行"相关条款，既充实和完善了班级评价制度，也在学生中澄清了一点："向日葵银行"只是一种评价手段，而自我的习惯养成和真实成长比得到奖励本身更重要，因此应该坚决杜绝"假币"问题。

3.注重评价结果的有效运用，提升班级精神品质

班级日常生活评价需要文化引领，强调爱与被爱共存，让学生在一个和谐愉悦的时空中，在与一系列人、事的交互作用中得到个体内在素质与外在素质的发展。在上述案例中，对学生评价结果的运用，没有简单地以奖励或者惩罚终结，而是将持续作用于学生和班级的发展。"向日葵币"可以交换的不仅仅是物品，在学生们的建议下，还包括很多学生喜欢的"体验类活动"，以及"换同桌券""邀请老师共进午餐券""当电脑管理员一个星期券"等五花八门的消费体验券等。学生从"向日葵超市"获得的满足感超越了物质层面，精神世界也因此得以丰富起来。注重学生评价结果的合理使用，既满足了每一个学生的成长与发展，也为班级创设了健康、和谐、向上的文化氛围，学生将在这样的集体环境中焕发不一样的生命光彩。

建议

1.应确立基于学生发展的、全面多元的评价内容与标准

对于学生而言，为学生提供具体的、特定阶段不可或缺的生命时空、群体与组织关系以及实践活动，①也是评价其发展状态的最真实情境。班级建设的实践内容，既包括班级组织建设、文化更新中的事务处理，又涉及班级活动推进中的学习与参与，这些都拓展了学生评价的领域，丰富了评价内容。我们在进行评价内容的选择、评价标准的制定时就要充分地解读学生、尊重和理解学生，既要突显个性发展的需要，又要体现学生整体发展的需要，关注评价的多样性和激励性。②

同时，结合"生命·实践"教育学派对班级学生发展机制的认识，即班级学生的发展是在实践、关系、自觉中化为具体的素质，并通过评价形成反馈的力量，生成新的实践、关系和自觉，③在确定具体的评价内容之后，还需要从"学生—

---

① 李家成．班级日常生活重建中的学生发展 [M]．福州 福建教育出版社，2015：30．
② 梁红梅．中小学评价的伦理问题研究 [D]．长春：东北师范大学，2014．
③ 李家成．班级日常生活重建中的学生发展 [M]．福州 福建教育出版社，2015：62．

实践""学生—交往""学生—自我"三个方面来形成更为清晰的评价维度,既关注学生对实践之事的认知、改造能力,又关注学生的交往能力,还关注学生的自我更新式发展。依据中外教育学者对21世纪能力构成的认识,笔者对班级学生的评价标准作了具体展开。

班级学生评价的内容与标准

评价内容	评价之经	评价之维
组织建设、文化更新、活动推进	实践	陈述性知识、程序性知识
		信息素养、创生性行为、批判性思维、精神性品质
	交往	沟通合作、对他人的理解、社会性责任
	自觉	反省认知

2. 应形成过程放大、形式多样的评价策略与机制

明确班级学生评价的内容与标准,仅仅只是一个基础性前提。对于班级学生评价来说,最难的是以教育的眼光放大评价过程,生成评价策略与机制,以持续满足学生多元的发展需求。

首先,不应当用一把尺子来衡量所有学生,而应该充分考虑学生个体发展的独特性,以因材施教的方式生成评价过程,促进个体价值最大限度的实现。①

其次,应下移评价重心,注重主体参与策略,把评价的权利和责任还给学生,让学生成为评价的主体。因此,班主任不能替代学生,而是要理解、尊重、激发、促进学生个体和群体的高质量参与。

最后,相对于评价结果而言,更应注重评价过程中的"形成"与"建构",鼓励学生不断去尝试,不断去修正,从中获得成长的体验,促进学生的真实发展。班级学生评价是指向学生在整个班级内生活状态的评价,反映了师生最平常的共同生活的过程。

3. 应建设民主平等、同生共长的评价习惯与文化

回归班级日常生活,关注学生主体自我教育以及尊重班级多主体互动的学生评价,还应该是一种"绿色的、健康的、和谐的"教育评价。

在进行班级学生评价的过程中,首先,要形成平等的对话习惯,强调评价过程中师生互动的质量,② 去除评价者和被评价者的两分状态,尊重、理解每一个

---

① 苏启敏. 价值反思与学生评价 [M]. 北京: 北京师范大学出版社,2010:62.

② 杜明翀. 学生评价中的师生沟通问题 [D]. 芜湖: 安徽师范大学,2006:4.

第三章 班级文化建设

具体的学生，进入每一个个体特定的背景之中去理解其丰富多彩的经历、愿望和想法，避免千篇一律、程式化的评价。

其次，关注评价中有关生命关怀、公正以及共同体建设和实践理性的问题。班级内的学生评价应该是低风险，甚至是无风险的，应该是以爱和理解为前提的学生评价。营造民主、友爱、自由、平等的班级氛围，既是评价本身的需要，也是班级文化建设的主张，而这样的班级文化本身也会成为重要的评价人的力量。①

最后，还要强调评价过程中的同生共长性，让学生在评价他人和被他人评价的过程中，在与一系列人与事的交互作用中获得个体内在素质与外在素质的发展。

四、如何引导学生建设班级特色文化活动

班级特色文化活动是在班主任正确的建班理念的引领下，在师生共同的班级建设实践中长期创生、积淀与演化而成的，属于本班的独特文化，是精神和个性的体现。为打破千班一面的局面，需要我们的班级形成自己的文化，衍生出属于自己班级的特色文化活动。进入四年级之后，班级已经逐渐形成自己独特的文化现象，有心的班主任可以就目前自己班级中师生的状态以及他们在班级生活背景中形成的文化特征进行整体的把握和辨析，并在此基础上，提炼和形成体现和适应本班学生发展的特色文化活动。班级特色文化活动既是精神的，更是实践的，它必须获得学生的认同，并转化为学生自主的、创造性的班级建设实践。江苏省常州市武进区戚墅堰东方小学的夏旭静老师，就在认真分析班情的基础上，从班级实际出发，以"交往、责任"为班级育人目标，和孩子们一起建设属于自己班级的"盼啊论坛"。"盼啊论坛"既是班级文化建设的实践载体，也慢慢成为丰富学生精神生命的文化体现。

案例

我们班的"盼啊论坛"
常州市戚墅堰东方小学　夏旭静

我们班的孩子在课堂上、活动中爱表达、会表达，这似乎成了我们班的一个特点。从三年级下学期开始，孩子们的"说"进入一个新阶段，他们有了明显的想对身边人、身边事谈谈自己独到看法的意识。于是，我有意鼓励孩子们在兴趣爱好、学科学习、小岗位工作等班级日常生活体验中寻找话题进行自由表达。孩

---

① 李家成. 班级日常生活重建中的学生发展 [M]. 福州：福建教育出版社，2015：253.

子们尽管认识水平有限,但他们"知无不言,言无不尽",有着敢说敢为的勇气。随着交流的深入,他们对身边的人、事多了一份自发的关注和思考,更积极地融入班级的生活中。

到了四年级,孩子们开始敏锐捕捉新兴事物,很快就引进了"论坛"这个词。在孩子们的建议下,我们利用信息课上网接触网络论坛,了解相关知识和资讯。论坛的自由言论气息和时尚的组织方式,活跃了孩子们"妄想"独当一面的细胞——他们不再满足于老师主持话题交流的方式,希望创建自己的论坛,由自己采集话题、主持互动。我尝试着引导四个班委部门展开论坛热身活动,发现孩子们对这种沟通模式的确很感兴趣。他们通过调查采集到诸如"音乐课代表和体育委员都是女生,她们在协助老师考查我们的课堂表现时包庇女生""要不要制止同学们在学校迷看漫画书""圆明园被摧毁后,应不应该重建"这些话题,并设置版块,争当版主。同时,我发现我们班的孩子和同年级其他班级相比,打上了明显的班级烙印。另外,因为孩子们的心智发展差异显著,同伴间交往时有矛盾。这种矛盾披上了年龄的外衣,虽然显得内敛了,但却变得复杂了,一方面需要提高他们的认识能力,另一方面需要形成良好的交往品质,养成伙伴间真诚沟通的好习惯,而有组织、有规范的论坛活动正是建设班级沟通文化的良好途径。于是,借助模拟网络论坛的交流平台,我们开始建立基于班级日常生活的伙伴沟通模式。

论坛建设分为如下几个阶段:

第一阶段:创意论坛名

作为班级的特色文化活动,当然要给论坛取个有班级代表意义而又别致的名字了。孩子们脑洞大开,一时班级信箱里装满了孩子们投入的写有论坛名称的小纸条。我们把这些名称整理出来,让大家讨论推选。我也悄悄地参与了名称征集活动,借别班孩子的字迹投递了匿名纸条。我们是七色彩虹年级中的青松中队,"松树"的英文名为"pine","盼啊",我想到了"盼啊论坛"这个名称,即"充满希望的论坛"之意。没想到,孩子们一致选中了这个名称。一番"打破砂锅问到底"后,孩子们知道了我的秘密,他们非但没有为自己的创意落选而失望,反而很好奇,也很喜欢老师以同伴的身份参与他们的公平推选。

第二阶段:版主擂台赛

论坛由我们全班共同创建,我被孩子们选为管理员。版主是论坛组织的核心力量,应该从孩子们当中产生并领导论坛活动。我引导学习部和文体部联合成立了版主招募组委会,拟订招募条件,发布招募信息。将"自我介绍"贴在黑板报上,同学们在选中的"自我介绍"下留下自己的姓名,再通过公开投票选举出8位候

第三章 班级文化建设

选人。最后这 8 位候选人每人主持一个话题和同学们互动，根据同学们对他们现场表现的评价，第二轮选举产生 4 位版主。

第三阶段："盼啊论坛"的约定

孩子们在总结版主擂台赛活动时提出，候选版主在主持话题过程中出现了混乱的场面，进而引发制定论坛活动规则的思考。小队分头讨论后，由学习部和新晋版主们把大家的想法汇总、归类，最后发现同学们想得很周到，但一条条读起来较麻烦。于是在我的建议下，他们对这些规则进行筛选，还编成顺口溜：有什么说什么，只要大家不讨厌；发帖子有秩序，听完他的说我的；不跑题，不攻击，有说有辩才精彩。此外，事先做几块"提醒牌"（如"一个一个说哦""话题跑远啦""想不通就别想啰""换下一个话题了""版主歇会儿吧""千万要淡定""精华帖""置顶帖"等），适时举一举。

同时，班级中还进行其他丰富多彩的活动。开学至今，我们和思品、综合实践以及其他学科整合，以"交往、责任"为核心育人目标，开展的如下活动为论坛提供了丰富的讨论素材：

（1）"我十岁啦"成长礼活动。在经历了一个暑期的酝酿和准备后，成长礼活动在秋色缤纷的校园里拉开了帷幕。活动由"忆——童心如歌""感——真爱似水""追——少年情怀"三个篇章组成。现场的师生、家长们一起欣赏"成长相册"，回顾孩子们三年多的小学校园生活，每一幕都弥足珍贵。和家长一起读信的环节和亲情游戏"心手相连"把活动推向了高潮，热泪盈眶与欢欣喜悦交织着，令人动情动容。《游子吟》《感恩的心》等才艺表演传递了孩子们的感恩之情。成长为少年的他们和家长、老师一起分享了意气风发的少年心愿。学校领导、全校师生以及家长代表们给孩子们送上了诚挚的祝福，现场互动温情感人，使孩子们的心中再一次涌起了爱的暖流，坚定了对少年目标的追求。

（2）"我的岗位我做主"岗位调整活动。应孩子们的要求，增设新的岗位，包括用于交流信息、提高精神生活品味的"新闻播报员""书香少年"，培养交往能力、改善伙伴关系的"文明调解员"等。这些岗位对孩子们有一定的挑战性，不过因为有参与活动的自觉和活动能力的提高，他们都很乐于在这些特殊的岗位中表现自我。

（3）"桂花雨"系列活动。学完课文《桂花雨》后，"桂花雨"的美好令孩子们神往。正值校园里十几棵桂花树含香吐蕊之际，于是在科学老师的帮助下，我们一起开心地玩起"摇花乐"，并把摇落的桂花制干后仔细收藏起来，学着泡制桂花茶、做香囊。我们聘请了家长辅导员，利用校园食堂活动体验基地的优势，热热闹闹地开展了做桂花糕活动。真正做成功的小队并不多，但即使失败了，孩

子们的笑容还是由衷地甜。

（4）"少年攀登营"评价活动。作为班级显性文化的一部分，这样的评价栏目每学年都在呈现。这学期根据学情，我们改变了评价形式和奖励形式。《"少年攀登营"评价表》激励学生在学习、行规、岗位、活动各方面努力进取，依次摘取到绿旗、黄旗、红旗后攀上"山顶"。每摘到一面旗就可以到我们的"pine 奖励超市"中选领一种奖品。因为评价标准明确，操作简单，所以评价表全部交给学生自主管理。但也因此出现一些问题，例如，有同学为了超越别人，自己偷偷"爬山"；奖励超市里可以选领"岗位体验证"，大家都选"纪律督察员"等，这些恰好可以作为教育的资源。

（5）寻找"心灵之美"读书活动。读书可以丰富我们的生活，充盈心灵的空间。在"心灵之约"读书活动中，孩子们通过交流推荐，走进《夏洛的网》《乌云背后的阳光》《警犬拉拉》《中国历史故事》《三国演义》《智慧背囊》等书中人物的心灵世界。夏洛的善良、卓越，张立勇的善于思考、坚持，"管鲍之交"的体谅包容、深明大义，"桃园三结义"的萍水之谊、胸怀天下，还有狗对人类的忠实情感，让孩子们体会到"从心底发出的爱是世界最美的感情"，这些都是孩子们一生受益的心灵财富。他们还把阅读所得做成读书卡，展示在班级文化墙上。

在这样的背景下，我们班的第一次正式论坛开始啦，以下就是这次班队活动的过程：

主题班队活动过程			
活动环节	教师活动	学生活动	设计意图
导入	1. 播放照片，回顾前期活动，重拾活动记忆 2. 出示前期为论坛征集的优秀话题。介绍论坛管理员和本期版主	1. 简单交流：从这些活动中找到了一个怎样的自己？ 2. 聆听论坛主题，作好心理准备	1. 激发情感，使学生面对话题有"帖"可发 2. 从学生立场出发，话题应当从学生中来
论坛上半场	适时参与讨论，进行总结提升	1. 版主出场，宣布论坛规则，并相继抛出三个话题： （1）十岁成长礼，让我看到了自己和身边伙伴的变化 （2）第一次做桂花糕，发生了点遗憾的事	1. 有目的地选择话题，引导学生从不同方面展开讨论，在思想的触碰中，收获心灵的成长

论坛上半场	适时参与讨论，进行总结提升	（3）做"心灵之美"读书卡，但没收到多少像样的作品。有些同学说："唉，不是我不愿做好，是我学习太忙，真没时间啊！" 2. 自由"发帖"，版主适时介入评价： （1）自我认识、伙伴赏识、真诚悦纳 （2）在小组利益面前，应该尽力克服个人的困难 （3）虽然学习忙，但参与集体活动也一样要有积极性。怎么处理学习和活动的关系？——统筹安排时间，利用点滴时间，利用信息技术，善于与伙伴进行合作等 3. 版主离场前进行才艺展示	2. 继续培养群体中的骨干力量，期待他们在今后的活动中更好地发挥能动性 3. 调节现场气氛，展示版主的个人魅力，鼓励同伴学习
论坛下半场	适时参与讨论，进行总结提升	版主公布两个话题，同学们选择自己感兴趣的进行讨论（自由发帖，版主适时介入评价） （1）如果让你选择5位同学和你组成一个班级服务岗小队，他们必须各具特点，你最愿意选择哪5位？ 版主进入：这里有一张很特殊的合作单，李同学1写的。她选择了两个在岗位合作中不受大家欢迎的同学。想问问李同学1是怎么想的，为什么愿意选择他们，不怕拖自己小队的后腿吗？ 李同学1回答：很多同学一开始觉得李同学2不会做，不愿做，所以就一直排斥他（大家看向李同学2，他难堪地低下了头），其实他在慢慢改变。他有时排不好桌椅并不是因为马虎，而是不太会排。我会说服组员一起帮助他，我相信他一定会有进步 （李同学2露出感动的眼神） （同学们若有所思） 版主小结：岗位合作，选择队员固然重要，但你和队员合作的方法和团结一致的心态更重要 （2）在"少年攀登营"中，有的同学已经"翻越"第二座"山"了，可有的同学连一面绿旗也没摘到，有的同学则不太喜欢"pine奖励超市"里的奖品，嚷嚷着要采购小组重买	直接指向伙伴关系，引导团队合作和集体竞争中"我"的正确定位

(续表)

论坛下半场	适时参与讨论，进行总结提升	唐同学：没摘到"旗"有什么关系？我从不羡慕那些摘到"旗"的同学 王同学：怎么没关系？一个人如果没有进取心是很可怕的。你不是不想摘"旗"，而是你不愿努力，所以摘不到"旗"…… 宋同学：我们当中有同学看到自己落后了，就自己动笔悄悄"爬山"，结果被大家发现了。这是不诚实的行为，应该靠自己努力争取 版主小结：不仅要敢于参与集体竞争，而且面对周围的竞争对手还要有积极、健康的心态	
总结提升	1. 引导学生评价自己或他人今天在论坛中的表现 2. 提问：除了这些，通过今天的论坛还有哪些收获？ 3. 鼓励学生策划下期论坛	交流	1. 通过评价总结，加深学生对活动的认识 2. 引导后续论坛活动的开展

解读

1. 班级特色文化活动的由来：分析、吸收、传承、创新

班级特色文化活动不是信手拈来的空中楼阁，它的形成应该是有班级实际基础的，需要班主任在分析本班现状、传承本班文化传统的基础上，吸收社会上不断出现的新的有利于学生发展的文化内容与方式，并通过自身创造性的实践慢慢积淀形成。

本案例中的班级之所以会选择创设这样一个特色文化活动，首先源于师生对"青松文化"的执着追求。全校师生对"有创意，有活力，小小青松茁壮长。二木林，三木森，林涛阵阵响校园"的班级文化主旨有着始终如一的理解和认同，并且将之转化为不同年段的发展目标——敢说乐说、声音响亮的低年级；坦诚开朗、气质"响亮"的中年级；服务集体、影响校园的高年级。"盼啊论坛"这一特色文化活动是有班级基础的，因为班级学生已经普遍呈现出会说、"乐"表达

第三章 班级文化建设

的状态；同时，这一特色文化活动又是指向学生未来发展需要的，因为"同伴关系和友谊成为影响孩子成长的重要因素"①。此外，班级论坛的建设很好地吸收了网络论坛的自由民主之风，在借鉴的基础上形成班级论坛的一系列制度与机制。

可以说，"盼啊论坛"这一班级特色文化活动是带着班级原有的因子，带着社会时尚之因子，从班级实际的土壤中生长出来的，是班级文化建设的产物，也是对学生成长需求的积极回应。

2. 班级特色文化活动需要转化为本班学生自己的实践与体验

班级特色文化活动是基于学生发展中存在的问题而形成的，只有将之转化为班级学生自己的实践与体验，才能在学生发展和班级特色文化建设中形成良性循环。

从上述案例中我们看到了学生在班级特色文化活动中的角色地位。他们参与论坛名称的选择，竞选论坛版主，自主制定论坛规则，更重要的是，所有论坛的话题均来自于最日常的班级生活，有的涉及班级组织建设、评价制度中的敏感问题，有的涉及学生当前正在参与并体验着的大型活动。关于每一个议题的讨论都是学生之间真实思想的一次交流和碰撞。

例如，在议论"少年攀登营"评价活动这个话题时，一部分学生有着自信、进取的竞争心理；一部分同学反映出既希望有这样的评价活动，又害怕竞争的心理，所以出现了偷偷晋级的现象；还有个别同学则表示无所谓，不在意落后评价。有争论，就会有学生站出来试着解决矛盾。班主任和版主介入后，学生们对这个价值观问题的理解越来越清晰。这样的论坛交流，既提升了学生们的问题思辨能力，形成班级主流价值，同时也渐渐使学生们接受了这种民主自由的言论之风，他们变得勇于表达、乐意表达、真实表达，对自我的认识和对班级"青松文化"的认识也在这个过程中得到发展。

建议

1. 班级特色文化活动不能一成不变，需要在积淀中不断发展

文化是"开发学生生命潜能并具有生命意义的一种力量"，"文化是人的活动，它从不停止在历史或自然过程所给定的东西上，而是坚持寻求增进、变化和

---

① 李家成，王晓丽，李晓文."新基础教育"学生发展与教育指导纲要 [M]. 桂林：广西师范大学出版社，2009：189.

改革"①。作为班级文化建设的载体,班级特色文化活动的组织和开展也要不断创新,不断深入,让学生参与其中永远有挑战,永远有热情。

比如,在论坛的交流方式上,不要只局限于口头发帖,还可以利用班级文化墙,创建书面论坛,便于更有质量地交流;寒暑假,可以引导学生创建正式的网络论坛,拟定特别针对小学生网络论坛的制度,包括上网时间的规定等,让网络论坛成为学生交流学习收获、展示兴趣爱好、分享假期生活的健康平台;在论坛的组织上,刚开始可以邀请学科老师加入,渐渐地发展为定期策划好论坛主题,特约具有一定影响力的人物来加入,如学生中的"小名人"、学校领导、家长、社会人士等。总之,班级特色文化活动的建设应该成为承载着学生发展的源头活水,永建常新。

2. 班级特色文化活动的建设需要在学校层面形成互动、产生影响

班级特色文化活动的建设是开放的,与学校其他文化活动息息相关。由四年级学生创生的班级特色文化活动,完全可以成为促进学校主流文化发展的重要内容。因此,应开放班级特色文化活动,增加班级特色文化活动与学校文化活动之间的互动。例如,论坛活动可以与学校的升旗仪式、值周工作、红领巾广播建立关系,从而扩大班级特色文化活动的影响力。只有由内而外形成一种转化,才能使班级文化和学校文化在沟通中相互滋养、共同发展。

3. 班级特色文化活动的建设也是班主任文化个性的展现

班级特色文化活动的建设还应该体现出班主任自身的文化个性,与班主任自身的学科背景、个性特长等结合起来。

例如,喜欢唱歌的班主任可以将歌唱元素融入班级文化特色的创建中来,以每周一歌、每周一歌星介绍等特色活动作为载体,发展学生的个性特长,提升学生的鉴赏能力,更重要的是形成班级欢乐和谐的人文环境;又如,数学老师做班主任的话,可以将数学活动带入班级生活,开展"你我24点""难题挑战营"等文化活动,提升学生的数学思维,也将数学思维的魅力转化为班级建设的品质等。

---

① 叶澜."新基础教育"论——关于当代中国学校变革的探索与认识[M].北京:教育科学出版社,2006:374.

第四章　班级建设与学科教学整合

按照"新基础教育"对学科育人价值和班级建设育人价值的理解，这两者虽属于两个不同的工作领域，但其目标指向都是学生作为一个完整生命个体主动、健康的发展。由此可见，学科教学与班级建设在育人目标统整的意义上存在彼此沟通融合的可能。从四年级学生的发展需要来看，如第一章中所言，为改变学科学习"一统天下"的局面，也为关照学生学业质量提升的现实需求，应该实现学科学习与班级建设之间的整合，既使学生养成学科学习的习惯，提升学习效率，内生学习动力，也改变学生"两耳不闻窗外事，埋头苦读圣贤书"的现实生境，发展学生的综合素养。当然，在这个过程中，需要班主任与学科老师在沟通层面上，强化班主任的学科意识和学科老师的班级意识，形成老师层面对具体班级、具体学生综合素质发展的整体关注，积极重建改革主体的教育对象观、教育价值观。本章涉及的三个案例很好地诠释了班级建设与学科教学整合的目标实现和路径选择。

一、如何关注学生学习效率的提升？

对于四年级学生来说，学科学习的压力初露端倪。虽然他们的学习能力较之低年级时有了很大的提升，但是如果他们缺乏对学习时间的有效管理，或者缺少应对多学科学习的有效方法，同时缺乏内在的学习热情和学习动力的话，学科学习就会成为阻碍他们发展的一个绊脚石。他们会与班上那些拥有良好的学习习惯，自信心很足，同时又具备超强学习力的学霸们拉开很大的一段差距，而一旦这种差距形成，并且逐渐影响孩子们在班级群体中的形象，那么事情就会变得更加糟糕。

因此，作为一个有心的班主任，需要协同学科老师、家长共同来关注学生学习效率的提升问题，可以组织有关学科学习的班队主题活动，直接聚焦于学生的学习兴趣、学习习惯、学习能力等，帮助学生多方面地提升学习效率，获得积极的学习体验。上海市明强小学的郭亚熙老师就带着孩子们一起研究时间管理问题，他们以小队为单位，一起去实践和体验时间背后的"魔法"。

"新基础教育"学生发展与班主任工作指导纲要

案例

时间魔法棒

上海市明强小学 郭亚熙

四年级学生的情感开始向深刻细腻的方向发展。他们在周记中经常提到自己的烦恼，主要集中在课业负担重（大部分是家长自行布置的课余作业）、没有自己的时间和空间等方面。对于学生的烦恼，我想分步骤有序地解决：首先，从改变学生自身出发；其次，让学生学会与父母、老师和同学沟通；最后，使学生明白有了自己的时间和空间后，再合理安排自己的课余生活。

在前期的调查中，我发现同是一个班级的学生，在如何安排自己的时间，怎样有效地学习方面差别很大。有的孩子已经有一套科学合理的方法，让自己能够学习、活动两不耽误，而有的学生即使学习到很晚也完不成学习任务，更别提休息玩耍了。针对这种情况，我们开展了本次系列活动，让学生在解决问题的过程中提升交往、合作的能力。同时，尝试利用团队的智慧解决实际问题，找到合适的方法，更好地安排、利用时间，从而提高学习效率。通过一段时间的实践后，在"雏鹰争章"——惜时章的自评、互评、家长评等评过程中，逐步改变不良习惯，学会珍惜时间的策略和方法。据此，我们班开展了如下系列活动：

第一阶段（9月）：在班级开展"抓紧时间不拖拉"活动，对学生提出在校内排队、吃饭、订正作业等方面做事不拖拖拉拉的要求；在校外自行进行"按规定时间完成作业"的达标活动，由学生发现自身的不足，努力实践并改进，帮助学生自我反思，自我重建。

第二阶段（10月），在班级开展"我的时间我做主"活动，以小队为单位共同探究时间管理策略，发现典型事例，让会合理安排时间的同学介绍经验，成为其他同学的榜样。开展班队活动"时间魔法棒"，让学生养成时间观念，学习珍惜时间的方法。同时，通过小队合作方式解决实际问题，培养学生探究、合作的能力。

第三阶段（11月、12月）：开展"爸爸妈妈，我的时间我做主"活动，引导学生和父母交流，向他们倾诉烦恼，积极争取学习之外的自主活动时间，进行为期一个月的"合理利用业余时间"的达标活动，并结合活动开展班队活动"业余时间带给我……"帮助学生不断放大时间效应；同时使学生懂得，要想获得尊重和理解，就要学会合情合理地表达和沟通。

第四阶段（1月）：由学生自己制定寒假作息时间表，并在寒假中努力实践。目的是让学生真正拥有自己的时空，做自己喜欢的事情。寒假结束后，进行"寒假生活精彩ing"的班队活动，继续引导学生更加开放自主地管理好自己的时间，综合提升时间效益，明白时间的真正价值。

为了顺利达成第一阶段的活动目标，我首先让家长在孩子的备忘录上记录孩子完成作业的时间和上床睡觉的时间，通过查看学生的备忘录，可以看出孩子之间的差距。为此，我在班级让学生以按规定时间完成作业为目标开展为期一个月的自我评价。

在学生反馈的基础上，我和班委会共同梳理出学生的主要问题：

（1）做作业时，忍不住玩铅笔、橡皮，有时甚至忘记做作业。查字典时，查着查着，就被字典上的内容吸引了，以至于忘记做作业。对于这些情况，他们自己也想控制，但控制不了。

（2）做作业时，一会儿喝水，一会儿小便，一会儿吃零食，很不专心。做完作业后，家长检查时发现错误百出，随后订正又花了很多时间。

（3）书包里杂乱无章，书桌上学习用品摊得到处都是，需要花很长时间才能找到需要的学习用品。

（4）做作业时，先完成听英语录音的作业，然后上网查找数学资料，后来一看备忘录，发现语文录音还没听，听完录音后，又发现英语小报没做，只好再次上网查资料做小报，手忙脚乱。

针对上述学生中出现的普遍问题，我召开了以"时间魔法棒"为主题的班队活动，引导各小队先行通过自己的讨论交流拿出一个时间管理的好方法，并通过自己喜欢的方式在班队活动中呈现出来，各小队之间在此基础上展开相互学习与交流，以下是当时活动的全过程：

活动环节	教师活动	学生活动	设计意图
热身	组织学生背诵古诗	背诵古诗	激发学生情感，调动学生参与活动的热情
问题导入	1. 老师出示两本备忘录，备忘录上注有家长写的自己孩子每晚的休息时间。组织学生通过小品的形式呈现晚睡的原因 2. 组织讨论交流	1. 表演 2. 欣赏 3. 讨论交流	引起学生的兴趣，寓教于乐，让学生观看表演，了解浪费时间、学习用品凌乱等的危害性

(续表)

活动环节	教师活动	学生活动	设计意图
交流互动	1. 组织各小队交流 2. 对学生讨论的结果进行梳理并板书	1. 各小队展示 （1）做实验 （2）背名言 （3）写卡片 （4）教方法 2. 在互动交流中呈现解决问题的方法和策略	1. 在讨论问题、解决问题的过程中懂得珍惜时间的重要性 2. 在互动交流中培养学生的动脑、动口能力 3. 在小队活动中提高学生探究、合作的能力
总结提升	为每个学生发自我测评表	齐唱《明日歌》	让学生懂得养成一个好习惯需要长期的坚持

解读

上述案例通过同伴之间的相互学习，使学生们学会利用团队的智慧共同解决实际问题，找到合适的方法，更好地安排、利用时间，从而提高学习效率；同时在解决问题的过程中，学生合作交往的能力得到了提升；在"雏鹰争章"——惜时章的自评、互评、家长评等评价的过程中逐步改变了不良习惯。通过一段时间的实践，学生们逐步习得较好的管理时间的策略和方法，这为后续两个阶段业余时间自主管理以及寒假生活自主管理的实践推进打下了坚实的基础。

1. 发挥班级团队力量，通盘考虑，提升学生学习效率

在班主任的视角中，学生学习效率的提升不是一个简单的学科教学问题，而是一个综合性问题，是需要架构在班级组织、制度、文化建设的基础之上通盘考量的。一个有着热爱学习，同伴间互助氛围浓厚，并有着激发学生上进机制的班级，才会不断唤醒学生学习的热情和潜能，不断提升学生的学习效率。

本案例就是一个关于时间管理的问题，班主任将之渗透到整整一个学期的教育进程之中，从调查研究入手，再引导学生进行自我剖析，找到自身在时间管理上的问题；以小队为单位，对问题进行攻坚，并通过主题班队活动进行集中讨论，形成时间管理上的一些共识。待这些阶段完成之后，引导学生与父母沟通，争取拥有更多的自主管理时间，丰富时间的内涵。活动延伸到整个寒假期间，让学生在真实的情境中再度感知时间的效用，明白时间对于人生的真正价值。

在这个过程中，既有评价工具的跟进，如通过评价量表引导学生自评，组织

家长参评等，还有小队伙伴之间的互助。整整一个学期聚焦一个核心问题，扎扎实实地推进，让孩子们始终带着对时间问题的思考前行。这样的教育比一堂简单的"论时间的重要性"的认知课来得更有价值，充分发挥了班级团队的教育力量，这种教育意蕴是真实的，也是宽厚的。

2. 不断扩大"学习"的内涵与外延，班级教育要有"综合立意"

班级建设与学科教学进行整合，不是让我们仅仅将班级建设的育人价值定位在为学科学习服务上。如果仅限于此，我们的教育眼光就会变得短浅，就会跟不上孩子真实发展的需要。

本案例对时间背后的价值进行了有效的挖掘，使孩子们发现时间不仅仅是用来做题背书的，不是说在规定的时间里做完应该做的事情就可以了，时间还可以用来做许多有意义的事情，如锻炼身体、培养兴趣、丰富生活等。

与此同时，老师在引导学生开展对时间问题的研究中，还将小队之间的交往和互动、学生与家长之间的沟通也融合在其中，使时间管理的内涵和外延得到充分挖掘。

班级作为一个重要的教育单位，其蕴含的育人价值应该是多元的、综合的、丰富的。其意义越是深厚，对孩子们的影响越是"深刻"。如果仅仅拘泥于功利性地解决孩子们在学科学习中的问题，反而会窄化班级教育，起不到事半功倍的效果。

3. 整合多方力量，共同提升学生的学习效率

在班级建设过程中，可以利用多方力量整体提升学生的学习效率。

本案例中，对时间管理问题的讨论在小队同伴间进行，同伴中对时间自主管理能力较强的学生，将时间安排得有条有理的学生，时间背后的效应非常丰富的学生，都会成为学习的"资源"，成为学生改变自身问题的积极力量。

此外，家长的介入也是一股重要的支持力量。他们会在活动的指引下，陪伴孩子们一起加强时间管理，共同更新家庭时间观，从而帮助孩子实现质的提升。

当然，还有一股重要的力量可以介入，那就是学科老师。本案例虽没有涉及，但是相信有了学科老师的共同关注，对孩子们的指导和引领就更全面了。

建议

1. 提升学生学习效率归根结底是要提升学生的学习力

从班主任站在整体提升孩子综合素养的立场出发，要提升四年级学生的学习

效率，除了增强学生时间管理的能力之外，还需要关注学生的学习动力、学习毅力、学习能力和学习创新力。

应帮助学生建立健康向上且可持续发展的学习动机，积蓄内在动力；还应在班级中开展学习方法的探讨，不同的学科、不同的学生应该形成属于自己的学习方法，学习方法的获得是一个学生学习能力的体现；当然，还要帮助学生形成良好的意志品质，如刻苦、自律、坚持等；同时鼓励学生在学习中勇于表达自己独特的思想和见解，积极创新。

班级中的"学习"是一个"大学习"的概念，是无处不在的，岗位中有学习，社团活动中有学习，课间活动创意设计中有学习……要多开展自主学习、探究学习和合作学习，在实践过程中综合提升学生的学习力。

2.将学生学习效率的提升渗透在班级建设的方方面面，建设"学习型班级"

如上所述，学生学习效率的提升是一个综合的漫长过程，需要组织的保障、制度的跟进和班级文化的引领。因此，班主任应该始终致力于营造一个学习型班级，跳出应试教育的樊篱，不是将学习仅仅看成一种急功近利式的知识储备过程，而是将学习看成丰富学生精神生命的可持续发展过程。

在班级目标、个人规划、组织文化、人际关系和资优学生培养等方面制定发展策略，逐渐完成学习个体由"他律"到"自律"再到"自觉"的发展，最终实现"学习型班级"的价值追求。班主任最需要关注的是在班级中营造一个积极向上的学习场，鼓励学生知难而上，永不放弃，始终保持积极的心态；帮助学生找到学习带来的内在的尊严和欢乐。

二、如何将学科活动拓展与延伸到班级主题活动之中

在现实的学校教育中，班主任既要承担学科教学的任务，又要承担建设班级的任务，这样的两项工作往往让班主任在精力分配上捉襟见肘。为了避免班级工作影响自身在学科专业方面的发展，很多老师并不愿意承担班主任一职。其实，班主任工作和学科教学不是相互封闭和隔离的两个领域，它们是相互融合的。教师既可以利用学科教学的资源开展班级建设工作，也可以通过班级建设提升学生学科学习的质量和整体发展的水平，形成教育的综合效应。

实践证明，学科教学与班队主题活动的融合，既能丰富学生学科学习的资源，促进课堂教学高质量地完成；也能丰富班队活动的主题，提升班队活动的质量，

第四章 班级建设与学科教学整合

整体改善班级建设。同时，这种融合还能促使老师形成新的思维方式、行为方式；促使新的以班级为核心的教师团队的形成；促进学生更为有机、综合的，富有教育品质的新生活的建设。上海市闵行区华坪小学陈跃老师作为一名具有数学学科背景的班主任，在学校"三爱"教育活动推进的过程中，就很好地将数学学科教学与班级活动相整合，既充分发掘学科的育人价值，提升学生的数学能力，也让学生在相关数字的解读探究中，进一步认识社会，认识自己的国家，爱国情怀也在其中得到酝酿。

案例

会说话的数字

上海市华坪小学　陈　跃

爱学习、爱劳动、爱祖国，明确了青少年健康成长的要求，充分体现了以习近平总书记为首的党中央对青少年的亲切关怀和殷切希望。我们学校也积极响应"三爱"教育的号召，鼓励各年级各班创造性地予以实施。9月开学之初，在临近国庆节的前一个月，我想先从爱国主义教育做起，分析学生的情况后，找准一个活动的推进点，让爱国主义教育融入其中。

经过前面三年的教育，学生已能够从家庭、学校、社会等方面了解一些祖国的变化，也已具有一定的爱国情怀。但对于一些涉及数据的常识性知识知之甚少。例如，对于"我国国土面积有960万平方公里，居世界第三"这样最基本的数据，不少学生不清楚；而对于祖国发展以及发展中所存在的问题，更加缺少理解和辩证思考的能力。这首先是学科设置本身的问题，因为小学阶段没有专门的历史、地理等课程，只是将这些内容渗透在其他学科中，学生因而很少以系统的思维、理性的思考去认知，国家意识也就变得模糊起来。学生对于爱国更多的是停留在感性认识上，缺乏理性认识。

我在与学生的接触中发现，大部分学生都比较喜欢上网。四年级数学教材将大数量作为重要学习内容，而国家各个具体领域内存在大量的数据资源，在网络上就可以寻找到这些数据，对这些数据资源进行解读就是很好的爱国主义教育的过程。同时，通过这个过程，还可以提升孩子对良莠不齐的网络信息的鉴别能力，提升他们的网络信息素养。

在这样的思路下，四年级第一学期的班级主题活动应运而生。为了能够让学生们在活动中更好地体悟到祖国的强盛，我融入数学学科、信息学科、品德与社会学科的资源，设计了一系列的活动。

第一阶段：祖国环境，在我们心中

（1）开展"无车日"践行活动，调查、收集、整理、分析相关数据，宣传、设计承诺书等。

（2）开展主题班队活动"低碳出行我最棒"。

第二阶段：祖国变化，在我们眼中

（1）开展寻找祖国变化的活动，收集数据、整理数据、分析数据，撰写成报告。

（2）开展主题班队活动"会说话的数字"。

第三阶段：热爱祖国，在我们的行动中

（1）进行"节约从身边做起，改变自己一点点"的活动。

（2）主题班队活动"改变从身边做起"。

第二阶段活动目标为：

（1）各小队运用多种方式交流我国交通工具、航天技术、粮食产量变化发展的相关数据，感受祖国的发展变化。

（2）在互动碰撞中，使学生学会运用数学的思维，辩证地思考问题等；同时，在此过程中，提升网络信息素养，感受自身、同伴的成长与变化。

学生以小队为单位，选择自己感兴趣的一个角度去调查国家的变化。他们通过网络，自己去收集、整理、呈现、使用一系列的数据，通过数据感受和体会国家的变化和发展。

其中，飞行小队与星之光小队都选择"航天"技术作为自己的调查角度，但各自的切入口不一样：飞行小队从世界各国航天技术的排名入手，星之光小队从火箭发射的成功率入手，对这两组数据的解读就存在思考的价值。

飞行小队调查结果：

国家航天技术排名

国家	技术排名
美国	1
俄罗斯	2
日本	3
中国	4
印度	5

星之光小队调查结果：

火箭发射成功率

国家	火箭发射成功率
美国	87%
中国	90%
俄罗斯	88%
日本	78%

水精灵小队选择调查人口与粮食问题，他们从网络上了解世界缺粮的现实状况；同时，联系校园生活实际，对全校各年级一周的粮食浪费情况进行统计。

华坪小学各年级一星期浪费粮食情况

年级	浪费粮食重量（千克）
一年级	20.45
二年级	22.78
三年级	23.12
四年级	18.64
五年级	20.22

在这一系列活动中，学生们走进网络世界进行数据的搜集、整理，提升了数学能力；联系生活实际进行比较思考，在对数据加深理解的同时也加深了对祖国各行业的理解，爱国的思想和情怀也在其间酝酿开来。

各小队搜集的数据、信息，为班队活动的互动讨论提供了丰富的资源。具体的推进过程如下：

活动环节	教师活动	学生活动	设计意图
热身	播放乐曲《大中国》	随音乐一起感受	营造氛围，让学生进入情境
交流互动	组织小队汇报交流，并随机点拨、	1. 蓝精灵小队 （1）呈现小队收集的有关交通方面的数据资料，讲述相关的故事 （2）组内互动交流	1. 各小队运用多种方式交流，分享活动成果，感受祖国的发展变化

(续表)

活动环节	教师活动	学生活动	设计意图
交流互动	提升技术	（3）小队间交流收获 2. 星之光小队、飞行小队 （1）联合演绎小品《我们心目中的中国航天》：呈现两个小队各自收集的有关中国航天技术发展的数据，以及活动中发生的故事 （2）两个小队进行互动 3. 水精灵小队 （1）介绍有关耕地、人口方面的数据资料，了解粮食、人口的变化趋势 （2）介绍学校浪费粮食的相关数据 （3）全班互动	2. 在互动碰撞中，引导学生学会运用数学思维辩证地思考问题等，并在此过程中，感受自身、班集体以及非正式群体的成长与变化
总结提升	总结并提出后续活动要求	随着中国地理版《小苹果》的音乐一起舞动	感悟提升，明确后续活动要求

解读

1. 将学科活动有效拓展延伸为班队主题活动

班队主题活动是没有现成内容的，需要班主任用心去开发。大多数班主任会将班级事务性管理、学校大型活动、自然性和社会性资源以及学科拓展性活动等转化为班队主题活动内容。而学科活动因为符合学生的认知规律，又是学生日常最重要的学习内容，往往能顺理成章地被借鉴到班级主题活动中。

本案例中，陈老师作为一名数学学科老师，敏锐地捕捉到大数量是本期数学教材中重要的学习内容，于是巧妙地将大数量的学习与学校当前推进的爱国主义教育相结合，设计了"以小队为单位，在网络上搜集相关数据，以此数据作支撑，寻找和感受祖国的巨大变化，并以自己的方式汇报交流"的主题活动内容。将一个单纯的学科学习内容，拓展延伸为一个综合性的班队主题活动，既回应了学生数学学科、信息学科学习的需要，又渗透了班级的组织建设，同时也非常恰当地体现了爱国主义教育这一主题。

学生们在小队长的带领下，需要找准一个感兴趣的角度，进行数据的搜集、解读，进而做好活动结果的呈现和表述。这样的活动为学生感知大数据、筛选网络信息、小队内的分工合作，以及进行创造性实践等提供了丰富的情境，活动过程中自然也会生成诸多育人资源。

站在班主任的立场上来说,学科学习的资源可以成为班队主题活动的内容,也可以丰富班队主题活动的呈现方式,提高班队主题活动的质量。例如,我们可以引导学生运用探究课上所学的方法开展班级活动;用在语文学科中学到的知识、方法、能力来编写童话、创作诗歌,将之运用到班队活动中;借助音乐、美术的力量让学生更加丰富地表达自己的情感。

2. 在班队主题活动中放大学科学习的育人价值

将学科学习内容转化为班队主题活动,并不是让班主任将这一活动的育人价值仅仅窄化为"道德教育"或者"班级管理",如果能在此过程中开发出其对学生学科核心素养的培育价值,那么学科教学与班队主题活动的融合效应就被开发出来了。

本案例中,学生对各个行业如交通、航天、粮食等方面的具体数据的解读与分析过程,锻炼和考查的正是学生对数字的敏感,以及思辨的精神、创新实践的能力、合作交往的意识等。小学数学新课标指出:"有效的数学活动不能单纯地依赖模仿与记忆,动手实践、自主探索与合作交流是学生学习数学的重要方式。数学活动不但可以激发学生学习小学数学的兴趣,帮助学生形成小学数学概念,获得小学数学知识和活动技能,培养观察和活动探究的能力,还有助于培养实事求是、严肃认真的科学态度和科学方法,同时也是培养小学生合作意识的土壤。"

将学科学习内容转化为班队主题活动,也就是将学科书本学习转化为丰富的学科活动,这极大地弥补了课堂内学习的不足,真正综合开发出学科丰富的育人价值。

3. 在学科教学与班队活动的融合中实现教育的全息渗透

叶澜教授在《"生命·实践"教育学派的教育信条》中指出,教育不是培养工具人、技术人、知识人或运动人,而是培养多方面整体发展的人。学科教学与班队活动不是非此即彼的"对头",也不能相互替代。学科教学是基础,为综合活动提供发现、研究新问题的基础能力和保障。因此,学科教学与班队活动真正的融合点应该是学生真实而全面的发展。

在上述案例中,孩子们以数学学习为基础,进行了综合性的探究活动,班主任老师没有将这一活动的目标拘泥于数学知识及素养的获得上,也没有片面地放在爱国主义思想的熏陶下,而是在这样一个具体的活动情境中,将数学学习的目标与学生道德的养成以及班级建设的目标融合在一起。活动带动了班级的组织、

制度和文化的创生,帮助形成学习型班级,综合提升了学生实践、交往等多方面的能力,此时的教育已经全息渗透于班级日常生活之中,不分彼此。从某种程度上说,此时,学科教学与班队活动的融合已经跳出"彼此利用"的功利性思想,真正聚焦到学生的发展之上。

建议

1. 可以由单学科显性融合向多学科隐性融合发展

叶澜教授指出,学科教学是学生人生中超越个体经验束缚,跨进人类文明宝库的捷径;是综合理解人类各项社会活动,进而研究问题、解决问题必不可少的基础。建议班主任在将学科与班队主题活动融合的过程中,跳出单一学科融合的局限,使学科渗透更加多元且无痕,以更多学科的学习作为基础,从而丰富学生多方面的活动体验,提升学生参与活动的质量。

例如,在闵行区华坪小学陆敏老师所开展的"一张纸的旅行"的主题班队活动中,陆老师对语、数、音、体、美等诸多学科的内容进行拓展,并勾连到学生对纸张的探究、理解和表达中来,课堂上孩子们的体悟是丰富的,也是深刻的。

2. 在全面育人价值观引领下形成整合融通式思维

对于班主任而言,学科与班队活动、班级建设的融合已经成为一种工作的常态,而在这种常态中,需要班主任形成一种整合融通式的工作思维,即跳出"点对点""就事论事"的简单思维,充分认识事物之间的关系,做到由此及彼。[①]

在班级建设过程中,应该始终坚持班级主题活动的多内容构成原则,自觉探索班级教育活动与学科教学的自觉融合,这体现的是班主任对班级主题活动和学科教学两者"关系"的尊重,体现的是班主任对学生作为一个生命体的整体发展的尊重。班主任应该在学生整体发展的视野下,看待学科教学与班队活动这些局部,并且强调这些局部之间的融通,而非简单叠加。如果只关注其中某一个方面、某一个视角、某一个维度的话,往往会顾此失彼,找不到核心。

3. 建立一个以班主任为核心的教师团队

学科与班队活动的融合不是仅靠班主任一己之力就可以完成的,这种融合需要有以班级为单位的教师团队的共同努力。而在这个过程中,班主任是其中最为核心的力量所在。

---

① 李政涛."新基础教育"研究传统[M].福州:福建教育出版社,2015:115.

第四章 班级建设与学科教学整合

班主任的任务是向教师团队发布班级系列活动的设想，倡议学科老师以不同的方式参与到班队活动中来，帮助学生以自己学科独特的视角和表达方式去呈现活动内容，表现活动过程，揭示活动结果等。

在班主任的引导下，学科老师同样打破学科的分界，更多关注学生在活动中多种成长体验的获得，让学生感受多领域切入的丰富的班队活动，享受班队活动全程参与、自主实践的自由，体会所有学科老师带来的有情有义的班级生活。

班队活动因为有了直指学生身心发展的目标，有了学科学习奠定的文化基础，有了教师团队的支持，就一定能满足更多学生自我发展的需要。而在这个过程中，所有的学科老师也会自然而然感到学生在学科学习中的变化，这是一种水到渠成的回馈。

三、如何建设班级学科特色活动

学科与班队活动的融合可以是以学生发展为目标的面上的整体融合，也可以是以班级学生某一学科学习特长为背景，长期有序地开展与这一学科相关的拓展活动，从而将点上的这一学科活动，建设成为班级面上的特色文化活动，实现学科学习这一"点"与班级建设这一"面"的融合。这个过程不仅可以培育班级学科骨干，提升学生该学科学习的核心素养；更为重要的是，还可以通过这一学科的实践活动来锻炼人、凝聚人、陶冶人，使之成为学生在班级中的一种文化生活方式，浸润学生的心灵。此时学科与班队的融合，已经回归班级生活的常态，融入师生交往的细节与班级生活的点滴之中。

例如，作为班主任和语文老师的常州市新北区龙虎塘实验小学的徐彩芬老师，以班级日常生活为经，以班级班报的撰稿、出版、评议、改进为纬，提升学生的写作、编辑、出版、评议等综合能力，营造的既是一种积极向上的学习氛围，更是一种民主友爱的群体精神。此时，学科特色活动已经成为富有班级个性的文化活动了，它体现的既是学科育人的价值，更是文化育人的力量。

案例

我们的班报，我们办

常州市龙虎塘实验小学　徐彩芬

2013年9月，我接手了这个新的三年级班级。因为三年级是学生们初学写

作文的阶段，而且学生和我之间比较陌生，在情况不明的前提下，我们没有盲目地编班报，而是通过班级 QQ 群，将孩子们的"每日一记""每周一稿"中的优秀片段与大家一起分享，受到学生和家长的一致欢迎。到三年级的第二学期，通过征求家长对班报编辑的意见，得到家长的大力支持。于是，我们出版了第一期班报，班报名称为《小春笋》（因为我们班是"春笋中队"，寓意孩子们像小春笋一样茁壮地成长）。班报主要由两部分组成，分别是"每周一稿精选"和"每日一记精选"，前者为整篇文章，后者是片段的呈现。对第一期班报，学生表现出空前的热情，对班报爱不释手。

进入四年级，我们一起讨论，明确了班报投稿、刊用、佳作发奖、小作家考级的各项要求，班报一月一刊。每期班报的投稿内容来源于"每周一稿"和"每日一记"，只要是每周评选出的优秀作品，都可以参与投稿，我利用语文课、午会等和孩子们交流点评这些优秀的作品。经过投稿、选稿、编辑、校对，最后我们的班报顺利地出版了。这中间，一部分家长参与到编辑、校对的过程中，对班报提出了建议并进行改进。

班报的出版并不意味着结束，更重要的是后期的阅读、讲评。通过赏析、讲评、发奖让学生感受到作文给人带来的快乐、尊严和荣耀，提升学生的阅读感悟，以及理解、欣赏和评价文字的能力；在这个过程中，引导学生谈谈对班报的总体印象，重点是学会欣赏和学习点评他人的文章。同时，根据班报内容的特点，帮助归纳写作中有意或无意流露出的写作技巧，对之进行提炼与训练，如新颖的题目、精准的用词、恰当的修辞、个性化的表达等。除此之外，第一期还重点训练了对"人物活动"的描写。

第二期班报接受了学生和家长的一些改进建议，增强了版块意识，将原先的两大版块改为"生活大舞台""童眼看世界""热点速递""妙笔变、变、变"四个版块，最后还增加了"编者的话"。版面的不断丰富，既满足了"小作家们"的发表需求，也满足了学生们的阅读需求，更是将版面布局与班级生活有效链接，让班报从内容上体现出班级的个性。

整个班报从组稿、编辑、出版、品读到最后的评议，一般会在班级中经历这样几个阶段：

第一阶段：我投稿，我编辑

我们鼓励学生对日常的点滴记录进行整理和积累，对于投稿的文章进行适当的修改，颁发刊用证书，这样既激发了学生写作的兴趣，又是对学生最好的肯定，让学生感受到自我价值的实现。征稿结束后，开始班报的编辑工作。考虑到学生的编辑能力,由老师主导,成立编辑俱乐部,学生逐步参与到编辑过程中。学生从被动到主动,使班报的编辑工作成为班级生活中重要的一部分。

第二阶段:我来读,我来品

学生用自己喜欢的方式来品读班报,可以摘录,可以点评,也可以圈圈画画,写下自己的感受,并且选出自己最喜欢的一篇文章并为其点赞,获得点赞最多的将参与到佳作评选中,为后期的班报讲评作准备。

第三阶段:班报大家来讲评

通过班队活动进行评奖、赏析、讲评,让学生感受到作文给人带来的快乐、尊严和荣耀;通过观、说(对话)、写、评、赏等形式提升学生运用语言文字以及理解、欣赏和评价的能力。与此同时,提升学生对班级生活的关注度,在对班报的具体事项进行集中商议的过程中,提升学生自主实践、自我改进的能力,也使得整个班集体更为民主、和谐。

第四阶段:后续持续改进

一次班报的讲评,有相对集中的主题,除了对相关片段的修改,还能为后一期班报的改进作铺垫。后续,无论是投稿、编辑,还是评议等,都会汇总学生的改进建议,以便对下期班报的征稿主题、版面编辑,甚至是点评、讲评的方式等进行积极的改进。

本次主题班队活动围绕第三阶段展开,具体的推进过程如下:

活动环节	教师活动	学生活动	设计意图
作家我来秀	导入:同学们,我们新的一期班报新鲜出炉啦!让我们来一睹它的风采。这一期班报有哪些同学的作品榜上有名呢?我们大声叫出他们的名字,把热烈的掌声送给他们!	1. 欣赏班报 2. 喊出作品被选登的同学的名字,把热烈的掌声送给他们	让发表文章的同学感受到文字带来的光荣,也对未发表的同学产生一种积极的引导
三言两语评班报	1. 组织学生评价班报 2. 小结:大家不仅关注了班报的形式,更注重它的内容(投稿、编辑、版面)。下期,我们将会继续改进	谈谈对本期班报的看法	引导学生从整体来评价班报,并为后期班报的改进作准备
精彩赏不停	1. 组织学生以四人为一个小组交流自己的阅读感受和点评赏析,随后每个小组推荐一位学生进行交流	小组内交流前期的阅读感受,并由一位组员汇总,进行班级交流。交流要点如下:	1. 通过重点指导、全班赏析,帮助学生归纳作品中的佳句

（续表）

活动环节	教师活动	学生活动	设计意图
精彩赏不停	2. 小结：大家的欣赏眼光不同，但是我们都有一双发现美的眼睛，老师为你们点赞	（1）修辞恰当，例如："滋啦！"鸡蛋清顿时鼓了起来，蛋黄则嫩黄嫩黄的，就像一轮刚升起的太阳，好看极了 （2）有个性的语言，例如：我先把青菜切成一段一段的，再学着妈妈的样子猛切，拿着菜刀的我兴奋得控制不住自己。"没想到切菜这么累。"我用手撑在墙上说 （3）精彩的结尾，例如：今天早上真是有惊无险哪！平时磨磨唧唧40分钟的事，今天8分钟就全部搞定了。看来，压力就是动力，绝对的真理！	2. 针对写作技巧进行训练，如新颖的题目、精准的用词、恰当的修辞、个性化的表达等，使学生从内心产生对写作的向往
人物活动我来改	指导学生描写人物活动 （1）小结：大家都关注到了小作者精妙的动词，它们不仅让文章生动起来，更让人身临其境 （2）引导回忆上次描写的跳长绳活动 （3）出示"妙笔变、变、变"中的片段，指名读一读，说一说 （4）组织学生交流修改的片段	1. 体会用词的准确、生动，找到相关的段落读一读，进行点评 2. 回忆上次描写的跳长绳活动，感受动词的精妙 3. 读一读出示的片段，说说需要修改之处 4. 演示当天的制作场景，四人小组进行修改 5. 反馈交流	结合班级活动与生活中的细节，体会用词的准确、生动
颁奖进行时	引入：同学们有没有发现，在点评作文时，很多人都是英雄所见略同。这期班报佳作的获得者是谁呢？（请上期的佳作获得者为他们颁奖）	1. 颁佳作奖 2. 合影留念	通过发奖，让学生感受到作文给人带来的快乐、尊严和荣耀

第四章 班级建设与学科教学整合

解读

1. 学科特色活动的建设不是空穴来风

一个班级的学科特色活动之所以能成为特色，一定不是班主任凭一己之力随意想象出来的刻意而为，而是有一定的班级基础。这种基础可以是一批学科学习骨干，他们引领班级学习的潮流；也可以在班主任的有心经营以及家长的全力支持下慢慢形成。

上述案例中，小春笋班之所以能真正意义上出版班报，源于他们班在三年级第一学期就已经形成写"每日一记""每周一稿"并通过网络和大家一起分享的习惯，这可以说是班报的雏形；也源于三年级第二学期，在家长们全力支持下懵懵懂出世的第一期《小春笋》；同样源于学生对第一期《小春笋》的爱不释手。

班主任敏锐地捕捉到这种积极的力量，并借机发力，在此基础上，利用班级学生自己的智慧和努力，出版了一期又一期的班报，逐渐培育出一个学科特色活动。既在此过程中提升了学生的语文学科素养，也在具体的班报编辑、出版、评议、重建的过程中提升了学生的综合实践能力，实现了学生对班级的深度认同。

2. 学科特色活动是在师生的持续创生中发展起来的

并不是某一种学科活动在班级里日复一日、一成不变地开展下去就可以成为特色活动。所谓班级学科特色活动，是需要师生和家长长期的创造性付出，在循序渐进中不断积淀发展起来的，是融入全体师生共同的情感体验的。

本案例中，《小春笋》的版面内容在不断创生中丰富起来。全体师生，有的是作者，有的是编辑，有的是组织协调者，每一个人都在班报的出版、发展过程中融入自己的思考和实践。班报的出版逐渐成为班级大家的事情，成为大家表达自我、彼此沟通的一个平台。这一学科活动的特色在大家的共同努力下不断得到彰显，逐渐获得认同。因此，要在班级中建设一个学科特色活动是需要长期用心去经营的。

3. 学科特色活动具有学科属性，更具班级属性

学科特色活动首先姓"学科"，它是带着"学科"的属性走进班级这个时空的。它或许来自于班主任自身的学科背景、学科爱好，或许来自于班级学生的学科特长，初衷也许只是为了培育班级的优势学科。

然而，当这一学科活动长期以班级特有的方式组织，并融入班级制度，承载着班级精神的时候，学科特色活动就更具"班级"属性。此时，与其说它是学科

特色活动，不如说它是班级特色文化活动了。《小春笋》的出版，已经不是简单的学科学习，而是学生们围绕班报所要开展的一系列班级内部的活动。所有学生、老师、家长要做什么，为什么做，怎么做，什么时候做，做到什么程度，和谁一起做等问题都需要运用集体的智慧来解决，这早已经超越了学科学习本身的范畴。

建议

1. 综合定位班级学科特色活动的育人价值

班级学科特色活动的"班级"属性预示这一活动承载着丰富的育人价值，然而很多老师可能更关注的是它的"学科"属性。

上述案例中，我们更多看到的是学生对写作技巧，如修辞方法、个性化描写等的评议，较少看到学生对班报编辑、出版、发送、评价体验的交流，"班级"这根经线在这里体现得不够明显，在"班报文学"这根纬线的过度关照下，"班级意蕴"反而有些黯然失色了。如果班主任能站在一个更加综合的立意下，这次班队活动就不会只拘泥于写作技巧的评判了。而在一个综合的育人价值的引领下，学生学科学习的提升一定会是水到渠成之事。

2. 要建设一个牵一发而动全身的学科特色活动

班主任要智慧地选择一个能牵一发而动全身的班级学科特色活动，并不是所有学科活动都能延展出它的班级属性，但好的学科学习活动与班级建设之间是有最佳融合点的。比如，举办"班级讲坛"活动，在演讲与班级舆论之间找到一个很好的融合点；建设一个"班级难题挑战营"，在数学学习与永不放弃的班级精神之间找到一个融合点。

总而言之，我们要建设的学科特色活动，它不是只有几个学生可以参与，而是要全体学生都能以不同的方式参与；它不是临时的，而是持续的，是可以不断创生的；它不只是学科学习活动，更可以蔓延为一种班级的文化生活。相信有心的班主任一定可以找到这种具有无限开放性和可能性的学科特色活动。

第五章 学校活动参与

学校层面的学生工作既包括指向学生日常管理与评价的活动，学生组织的建设，各类仪式庆典活动，如体育、艺术、科技等专题活动，也包括与外部世界直接相关的主题教育活动等。如第一章所述，四年级学生完全可以成为学校层面学生工作的中坚力量。四年级孩子不再以被动参与的方式介入学校学生工作，而是以更加自主的方式介入其中。班主任要充分发挥这个年段孩子的能量，让他们在介入学校层面的学生工作的过程中，做好示范，建立起更广泛的校园交往关系，提升实践能力，并以自身的变革创新引领学校层面的学生工作的创新，进一步增强其校园获得感，进而促进班级及学生更好地发展。班主任需要将这些学校层面的学生工作与四年级学生最日常的班级生活直接相连，使之成为班级生活的重要起点、构成以及结果，将学校的学生工作作为班级建设最重要的资源。[①] 本章所选案例，从不同维度阐明了四年级学生介入学校学生工作的基本路径和价值追求，以及班主任需要在其间形成的工作策略与方法。

一、如何指导学生参与学校的重大仪式庆典活动

《小王子》一书中有这样一种界定：仪式感，就是使某一天与其他日子不同，使某一时刻与其他时刻不同。为了让孩子们拥有更多不同于往常的体验，学校一般都会安排很多仪式庆典活动，如升旗仪式、入队仪式、十岁生日仪式、开学典礼、毕业典礼等。仪式庆典活动是学校教育中非常重要的内容与形式，有着多方面的意义和价值：一是通过仪式庆典教育，有效地帮助师生学习社会公认的价值规范，促成师生的社会化；二是仪式是一种依托，必要的仪式会让师生动情、动心，会留下深刻的印象和美好的愿望；三是仪式是文化的表征，也是文化的载体，甚至可以说，文化因仪式而得到彰显、提升和传播。

---

① 李家成. 班级日常生活重建中的学生发展 [M]. 福州：福建教育出版社，2015：203.

然而，很多学校的仪式庆典活动都存在各种各样的问题：一是对仪式的重要性认识不够，缺乏仪式教育意识；二是仪式的形式化、模式化程度过重，忽视了仪式的文化内涵；三是仪式形式单一、内容陈旧、缺乏新意，教育意味不突出；四是仪式的类型很少，老师和学生的参与程度很低；五是仪式氛围不浓、缺乏互动，没有体悟，没有心灵的震撼力。

每周一次的升旗仪式是学校里常见的仪式教育活动，承载着对学生进行爱国主义教育的重要使命，是学校德育的主阵地之一。在整个升旗仪式的过程中，每一个环节都被赋予深远的含义：出旗和敬礼体现了对国旗、国家的崇敬；而唱、奏国歌是对这种庄严情境的渲染；主持人的讲话则是对教育精神的传达。理想状态下的升旗仪式严肃而规范，能使所有参加者的心灵得以升华，并激发起勇气和使命感，心生对国家的热爱之情。然而，现实中，升旗仪式也遇到诸多问题。江苏省常州市花园小学就对学校每周一的升旗仪式进行了变革，学校学生工作部负责人陈晓红老师就这一变革案例作出总结。

案例1

变革升旗仪式，挖掘育人价值

常州市花园小学　陈晓红

细细观察和思考每周的升旗仪式，长久以来似乎陷入约定俗成的模式：早晨，全校师生在操场集合，升旗仪式结束后，由负责国旗下讲话的领导或老师作专题演讲，内容包括历史故事教育、时事政治教育，也有结合学校活动进行的开幕式或表彰仪式。虽然其教育功能和教育效果不容小觑，但一次又一次的重复，已渐渐显露出机械性和形式化的特点，许多学生，甚至包括一部分老师并不明白升旗仪式的真正含义，升旗仪式的教育价值正逐渐被淡化。同时，升旗仪式的教育内容和形式看起来丰富多彩，但仍然是以说服教育为主要形式，不能让学生产生多大的共鸣。同时，各年级学生认知程度差异较大，也大大削弱了国旗下讲话内容的教育针对性，导致"讲话"时常常有学生思想开小差、讲话、做小动作等，活动的育人功能也大打折扣。仪式庆典教育需要学生的实践和参与，只有抓住学生的成长需求，开展学生喜闻乐见的活动，挖掘孩子的潜能，促使他们全身心地投入，才能使枯燥的文字和简单的图片在学生心中留下鲜活的印象，从而达到教育目的。

综合以上因素，我们大胆地对每周一的升旗仪式进行改革，改变以往由学校

第五章 学校活动参与

统一安排、学生被动听说教的形式,将每周的活动策划权、组织权还给班级,以班级为单位,围绕主题,自主策划并开展活动,把最庄严的舞台、最神圣的时刻还给班级、还给学生。

改革后的升旗仪式首先从活动能力最强的高年级开始,精彩纷呈的介绍内容让所有学生眼前一亮,改革似乎取得了成功。但冷静下来仔细一想,发现活动的形式虽然有所改变,但活动的主体和以前并无差别,登台亮相的还是班里那几个出色的孩子,得到锻炼的仍然是班里的精英分子,而多数学生仍然只是观众,更多的时候还是需要抬起头仰视自己的同学。

教育是面向全体学生的教育,班级活动当然也是班级全体学生共同的活动。如果班级活动只是几个能力强的学生唱独角戏,那么所谓的集体活动也就失去了教育意义。因此,我们对活动的参加主体进行调整,明确承办活动的班级要关注全体学生,要针对不同能力水平的学生安排相应的工作,让每个孩子都动起来,从根本上改变集体活动只是"精英会"的局面。通过"群英会"的形式让学生全员参与,让每一个孩子都能在升旗仪式的舞台上找到自己合适的位置。

通过不断的研究、改进和调整,现在的升旗仪式上,每个班级都是全体学生集体亮相,不同的内容由不同水平的学生展示。虽然孩子们很羞涩,所呈现的节目也不一定很精彩,但从学生的脸上我们看到了专注与喜悦。

随着活动的深入推进,升旗仪式的改革又遇到瓶颈:由于活动主题和内容相对单一,越来越多的承办班级将这项活动看成额外的任务。活动前,学生们都很认真地组稿、排练,一旦升旗仪式结束,班级的相关活动就立即停止,活动所带来的各类育人资源被搁置,白白浪费了。

为此,我们组织班主任专门针对活动的内涵和外延进行研讨,将升旗仪式上的亮相与班级建设有机结合起来。凡是承办的班级,都要充分分析学生的成长需求,精心策划活动形式和内容,并思考如何将发展学生的个体能力、合作意识、责任意识、岗位建构、小干部培养等育人目标与承办活动的准备过程相结合,针对不同水平的学生设计不同的活动。活动结束后,要开展活动评价,及时总结和反馈活动的效果,同时对活动中学生呈现的状况作评价。渐渐地,在学生部的统筹调控和班主任的策划组织下,活动在师生参与方式、参与程度、设计思路、形式与内涵、关系协调等方面都作了一定的改革和尝试,丰富了校园文化的建设内涵,拓展了学生与班级成长的资源,在一定意义上实现了对"升旗仪式"教育功能的提升。

一次尝试,使传统的升旗仪式焕发了新的生机,也使更多的学生和班主任得

到锻炼和提高。因此,我们在此基础上又开展了第二轮改革活动。这一次,不设统一主题,而由各班自主设定和安排。为了让活动更易于操作,在其他要求保持不变的基础上,我们建议分设四个版块:"英雄故事传""校园放大镜""班级风景线""自主空间秀",各班可根据建议结合班级实际自主调整。"英雄故事传"——整合"民族精神代代传"活动,让"英雄"更贴近孩子;"校园放大镜"——引导学生关注学校,以主人翁姿态参与学校的活动和管理;"班级风景线"——结合各自班级建设的实际,展现班级风采;"自主空间秀"——结合学校、家庭、社会等多方面资源进行内容的自主设计,给足班级和学生展示实践的机会。

我们坚信,始终坚守学生立场开展系列变革的花园小学,终将成为学生、教师快乐成长的精神家园。

案例2

组织学生参加变革后的学校升旗仪式

常州市花园小学 薛燕萍

我们班学生大多"眼高手低",说得多,做得少。只有少部分学生能在别人的评价中发现自身的价值,产生兴奋感、自豪感,对自己充满信心;还有个别学生对自己评价偏高,甚至有时"目空一切"。相反,个别学习能力弱的孩子由于成绩不良或某个方面的缺失,时常受到班级同学的歧视,往往对自己评价过低,对自己失去信心,没有主见。大部分学生的状态是活动时有自信、有热情,但是缺少有效的方法和策略。因此,我们班在学校科技节、读书节、艺术节等各项活动中,各方面表现都不如同年级其他班,在完成某项任务时学生各自为营的情况比较多。近阶段,我们学校对升旗仪式进行变革,把主持升旗仪式的主动权还给学生,由各班轮流主持。这是一个非常好的让学生主动参与学校活动,从而提升实践能力、正确认识自我、最终获得成长的过程。基于此,我明确了升旗仪式活动的育人目标,希望通过这次升旗仪式,培养学生主动参与学校活动的意识,并在活动中提升学生的策划能力和合作能力,培养出一批骨干力量,促进班级内部的自我管理。

为了更好地实现上述目标,我将一次节点性的升旗仪式上的亮相设计成班级一系列的活动,围绕升旗仪式的准备、进行和总结,召开了三次班队活动。

第一次是"我们齐动脑"——升旗仪式策划会。即围绕学校主题要求,对我班在升旗仪式上的主题进行讨论,达成共识,同时集合大家的智慧,形成我班升

旗仪式的呈现内容和呈现方式;并依据具体工作内容,形成几个项目小组,有对外联络组、节目组、宣传组、后勤保障组等。对外联络组负责联系家长共同参与班级活动;节目组负责整个升旗仪式上的主持与排演工作;宣传组负责活动的整个报道工作;后勤保障组负责活动全程中的服务工作。策划会上,学生们积极发言、提出了很多新点子。他们还推选了每一组的组长,组长一般由前期班级活动中的积极分子担任,为了带动本组同学的积极性,组长们还挑选了助手并委派重任。通过策划会,活动得以有条不紊地推进。

第二次是"我们同准备"——升旗仪式改进会。这次班会是由各个小组来汇报交流各自的准备情况,并请全班同学就他们的准备情况进行点评,提出进一步修改的建议。这次活动中,既肯定了孩子们分头所做的工作,也就如何做得更好再次进行讨论交流,帮助学生提升活动策划的能力。

第三次是"我们共分享"——升旗仪式交流会。在升旗仪式结束之后,即时进行总结交流,总结升旗仪式上的收获,也反思升旗仪式活动中的不足。本次交流会使全班同学以更加开放的心态看待得失,对自我在其间的成长有了更好的认知。

此次由全班学生集体参与的升旗仪式活动,不仅提升了学生们的活动能力,更加重要的是,全班80%的家长也投入其中。家长们看到了孩子们在活动中的真实变化和发展,这也进一步改变了家长们"唯有读书高"的教育观念;此外,也改变了班级的人际文化,增进了同伴间的理解与互助。

解读

在上述案例中,花园小学对每周一次的升旗仪式作了如下变革:首先是由学校领导、老师主讲变为以班级为单位主讲,活动重心进一步下移;其次是变班级少数学生参与为班级全体学生参与,活动主体进一步扩大;再次是变班级的点状参与为将点上的参与与班级的整体建设紧密结合,活动的内涵和外延得到进一步拓展;最后将升旗仪式的主题从单一的爱国主义教育变革为更加综合和多元的主题,使仪式教育更贴近学生生活,让教育变得更加实在而丰富。

1. 将学生的发展真实融入升旗仪式的组织策划之中

上述案例中,班主任不是简单地应付学校的工作调整,而是主动应对学校的变革,较好地领会了学校的意图,并及时将之转化为班级具体的教育行为,降低了活动重心,使得班级内所有学生,包括患有阿斯伯格综合征的孩子,都能以不同的方式参与其中。

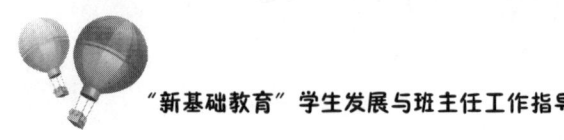

同时，基于班级学生自我感知有偏差、实践能力较缺失等问题，班主任为学生们创造了丰富的活动情境，也对学生们提出了更高的发展要求。学生们在宣传报道、对外联络、节目编排的过程中，因为融入自己的创造、激发了自己的思考、加强了与更多人的交往，角色体验变得更为丰富，发展变化显而易见。他们对同伴的认识，以及对班级的认同，也会在这个过程中产生变化。学生们对患有阿斯伯格综合征孩子的理解、尊重和关爱，正是孩子们成长变化的体现。

由此可见，班级的组织和策划保障了学校大型活动育人价值的充分发挥，班主任基于学生发展的教育眼光在其中尤为重要。

2. 整体系统地组织和指导学生参与升旗仪式

对于学校的大型活动，如果只是将之当成外在于班级发展的一个独立事件的话，相对应的班主任的工作方式就会是即时的、点状的；如果将之当成班级发展的丰富资源，与班级的组织建设、文化建设、家校合作等紧密整合的话，一个点状的升旗仪式活动就会在班级有机的组织下，变得更加系统。

例如，花园小学的薛老师围绕短短20分钟的升旗仪式，设计了一个系列性的活动，对学生们各个阶段中不同的参与方式进行组织、协调，发挥了孩子们自主参与的积极性，也帮助孩子们积累了不同的成长体验，并通过班队活动予以肯定，使其沉淀为班级学生共同的成长经历，丰富了班级的精神生活；同时，学生们在进行升旗仪式策划时所形成的行为方式、交往方式等，会进一步反哺班级后续的自组织管理，如此，班级也在参与大型活动的过程中，有序、有效地积蓄着班级的内生力。

3. 班级的介入推进了学校变革的持续深入

以班级为单位介入学校的升旗仪式变革中，一方面，需积极领会学校变革的意图，作出积极的回应；另一方面，要以一个班级的创造性来推进整个学校变革的深入，这是一种更加富有意义的介入方式。

花园小学的薛老师在前面班级经验的基础上引入家长资源，共同参与学校的升旗仪式，让家长更好地理解学校的育人理念，促进了家校协同。这一做法，不仅给其他班级主持升旗仪式提供了一个更新的思路，也为学校在这一领域的变革发展提供了班级基础。

建议

以班级为单位介入学校仪式庆典活动更需要突显活动的仪式感。我们往往会

第五章 学校活动参与

将活动的重心放在活动的内容以及组织形式上，而较少关注如何增强四年级学生参与这一活动的仪式感。我们要通过这一活动加强四年级学生在这一仪式上不同于其他年级学生的独特角色体验。不能让仪式庆典活动变成一个简单的主题教育活动。比如，能否在四年级学生参与升旗仪式的时候，更多地强化"学长意识"，形成更加强烈的校园责任感？庄重的音乐背景、响亮的誓言、台上台下的互动、老师的嘱托等，这些都可能会促成四年级孩子的"成长感"。总之，一次仪式庆典活动的教育价值应更多地回到每个年级孩子真实的成长之中。

二、如何指导学生主动参与学校少代会

少先队代表大会，简称"少代会"，是由少先队大队或大队以上组织和机构召开，以队员代表为主体参加的会议，是同级队组织的最高权力机构。它有商讨、决定一个时期队的重大事务，选举产生队工作领导委员会的权力。学校少代会每年召开一次。少先队代表大会是队组织实施民主集中制领导和管理方法的具体体现，是少先队员实施民主权利、当家做主的保证，是队员学习民主、发扬民主、培养民主能力和主人翁精神的重要载体。因此，每一所学校的少先队组织都会按时、认真筹备召开少代会，少代会成为少先队队长和队员代表一年一度最重要的组织生活之一。上海市闵行区中心小学蒋元清老师就以"少代会提案"为抓手，进行了一次"班级总动员"。

案例

我向少代会提提案

上海市闵行区中心小学　蒋元清

我们班没有特别调皮的学生，也没有特别有个性的学生，大部分都听从老师的教导，所以整个班级给人的印象就是一碗温水——温和而平静。但是，进入四年级后，这碗温水开始沸腾了，他们开始变得有思想、有个性。他们会在私下谈论周围的人、事。比如，对于某个同学的表里不一，他们会明确表达出不满；对于老师的一些言辞，他们会觉得不赞同，并大胆向老师表达出自己的想法；对于学校的变化会特别关注，并且议论纷纷……班级的氛围不再是一言堂，他们敢于表达自己的意见，乐于共同讨论，也愿意听取他人的建议。他们渐渐不满足于被限制在班级，希望能为学校、同学做些事情。基于此，正逢第24届少代会召开，

为挖掘他们内在的领导能力，培养他们的民主意识，我们开展了"我的阵地我做主"系列活动。

系列活动一：我们的代表我们选

学生初步了解少代会的相关知识，并明确少代会代表的当选条件、职责，通过各小队民主推选的方法，初步落实学生的"民主"权益。

系列活动二：我向少代会提提案

通过提案的拟订，培养学生的民主参与意识，提高学生拟提案的能力。同时，激发学生爱同伴、爱学校的情感，加强自身的责任心，为建设丰富多彩的校园生活出谋划策。

四个小队（茉莉花小队、雏菊小队、白玉兰小队、向日葵小队）刚开始对于提案的拟订感到非常迷茫，每个队员都根据自己的需求拟订了提案，有的觉得需要改善午餐，有的觉得需要扩大教室空间，有的觉得需要增加阅读量，还有的觉得需要减少作业量……内容虽多，可是杂乱无章，都是从自身需求出发，并没有考虑到大部分队员的心声。在此情况下，班主任及时介入，建议各队长带领队员们通过不同方式（如访谈、问卷调查、观察等），了解全校队员现在最需要的是什么，学校活动的开展缺少什么，哪些现象是长期固有并需要改变的，哪些是影响队员校园生活质量的……于是，各小队在队长的带领下，进行校园大调查，听取队员、老师、家长的意见，在了解队员需求的基础上，筛选出大家普遍关心的重要问题，初步拟订了提案。

系列活动三：我们的利益，自己争

学生积极与大队部交涉，了解各提案的落实情况，并及时调整、修改，努力满足队员的需求，争取自己的利益，初步培养学生的领导能力。

主题班队活动"我向少代会提提案"是"我的阵地我做主"系列活动的第二个阶段，本次活动旨在引导队员积极参与提案的制定和解决，切实提高队员拟提案的能力，进一步培养学生的民主意识。

本次主题班队活动通过三个环节展现学生的民主参与意识和拟订提案的能力。第一个环节"我们的少代会"是对本次系列活动第一个阶段的回顾，让学生了解少先队代表少年儿童的根本利益，有任何想法和建议都可以通过拟提案的方式上呈大队部，并在少代会上商讨、决议。这是为了今后他们走入社会时，能学会通过正确的渠道向有关部门提出自己的意见。第二个环节"我们的心里话"也是本次活动的重点。四个小队共拟订三份提案，并在交流过程中进一步明确提案制定的要求，以及落实的可能性。各小队分别给予改进建议，为下一环节的推进

作好铺垫。第三个环节"我们的行动",是针对同学提出的建议进一步完善提案,课后交给少代会代表,再由代表上交到大队部。通过本次活动,学生们具有了民主参与意识,也提高了拟订提案的能力,进而激发了学生参与学校改造的愿望。

具体的推进过程如下:

活动环节	教师活动	学生活动	设计意图
课前热身	播放歌曲《童年》	倾听	渲染气氛
我们的少代会	1.巩固少代会知识 2.出示照片,回顾前期活动	1.学生交流 2.说说前期活动	通过回顾少代会知识,再次了解少代会的作用,让学生知道自己作为学校的小主人有义务参与校园生活建设,更为接下来的活动作好铺垫
我们的心里话	1.组织以小队为单位,提出有效的完善校园生活的方案 2.小结:提案是否可实施?事先要进行大量的数据调查,特别是要深入同学,搜集同学的意见	1.茉莉花小队、雏菊小队互动交流 (1)茉莉花小队:相声展示(第一份提案:建议班级里安装空调的提案) (2)雏菊小队:列举装空调的弊端,并重新拟订提案(第二份提案:建议解决教室冬冷夏热问题的提案) (3)学生互动交流改变提案的原因 2.白玉兰小队互动交流 (1)座位设计图展示(建议调整校运会学生座位的提案) (2)学生互动交流更喜欢哪种座位 3.向日葵小队互动交流 (1)PPT展示(建议有效开展午休活动的提案) (2)学生互动:试行下来,你们觉得在户外开展活动效果如何?哪里还需要改进?	通过各小队形式多样的展示交流,队员之间相互了解,分享观点,感受为同伴、学校出谋划策的快乐,提升队员的责任心;初步培养学生的民主参与意识,提高学生拟订提案的能力,激发学生参与学校改造的愿望,留下他们成长的足迹
我们的行动	1.完善提案 2.总结与提升	1.修改提案 2.倾听感悟	进一步完善提案,并落实后续问题

解读

1. 做好前期宣传是指导学生参与少代会的前提

每年的 9—10 月，各校少先队大队部都会进行大队委员的选举、少代会代表的推选、提案的拟订等一系列活动。为了让每个队员都清楚地了解少代会的流程和自己的权益，班主任需要通过午会、班队活动，结合大队部在少代会期间开展的相关活动，向全体少先队员宣传少代会的知识。做好前期宣传是班级自觉参与少代会活动的前提。

本案例中，第一阶段"我们的代表我们选"环节，让队员民主选举代表，但不是乱选。队员们经过相关资料的查找和讨论，发现各班的两名代表应该既有干部代表，又有群众代表；既有女生代表，又有男生代表，这样才能真正体现民主、平等、和谐。这使学生意识到，自己的活动自己策划，自己的事情自己做，自己的队员自己帮，自己的需求自己解决，自己的权利自己争，自己的会议自己办，将民主落到实处，让民主在队员心里扎根。

2. 关注班级提案的生成与发展过程

拟订提案是少代会召开期间的一项重要内容，也是队员实现民主权利的重要保证。队员通过提案来实践民主、发扬民主，培养自身自主、自律、自理和参与社会决策的能力。

上述案例中，队员对于提案的认真态度，充分体现了他们的主人翁精神和民主精神。拟订提案的过程更是队员们自我成长的过程。队员们学会发现问题、提出问题、解决问题，学会从大众的角度考虑问题，学会关心集体与社会。这些都是学生将来走向社会必备的品质和能力，更重要的是他们尝试自己掌握决策权，潜意识里激发了领导能力，感受到民主的氛围。

3. 落实班级提案的提交与反馈

本案例中，两位少代会代表将拟订的三份提案上交到大队部，由大队部对全校提案进行分类、整理，最终形成提案报告，并根据提案内容涉及的领域，交由学校相关行政部门进行决策，给予答复。两位少代会代表随时跟进，关注校方最终答复。

（1）关于建议解决教室冬冷夏热问题的提案，少代会上学校总务主任给出了明确答复，由于各校维修资金的配备问题，安装电扇有些困难。在今后学校进行大修时，一定分配出一部分资金用于电扇的安装。（2）关于建议调整校运会学生观看座位的提案，学生发展部在征询体育老师的意见后，同意以后开校运会

第五章 学校活动参与

时按照学生提案中的座位图安排,并根据实际情况进行相应的调整。但关于流动座位的安排被驳回了,原因是有些专用场地的比赛项目,本身场地空间有限,可能造成拥挤,影响运动员比赛,也可能造成主场空无一人,部分学生还可能不遵守秩序随处溜达,不方便管理。(3)关于"合理运用午休时间"的提案,课程发展部对语、数、英三门课的老师进行了访谈,老师们觉得如果学生能在午休前完成课堂作业,那么中午可以由学生自己进行合理安排;但是如果无法完成课堂作业,老师走进教室则是非常必要的。综合考虑,这一提案未被采纳。

提案能让校方全方面了解队员的心声和需求,并积极制定相关方针、对策,服务于少年儿童的健康成长。而提案从征集、处理、答复到落实,又渗透着民主教育的痕迹,是学校开展民主教育的有利平台。

建议

1. 强化宣传,建立平台,了解队员心声

在少代会召开前,大队部可以通过各种途径加强宣传,特别是为提案的撰写提供参考。例如,建立QQ群、微信群、网络信箱等,让大队干部定时进行信息的整理和统计,按队员们的需求进行排列,并公布需求前10名排行榜,最后让各班认领,拟写提案。这样的提案就避免了只符合小部分人群的需求和喜好,提案内容重复单一、涉及面狭窄等弊端。

2. 加强交流,落实提案,完善问责机制

学校所征集的提案,很多都是当下队员所急需解决并有利于学生成长的,但最后真正落实的却少之又少。各班拟好提案以后,也对提案的落实情况毫不关心,少先队代表也没有很好地履行其职责,没有进一步去与校方交流。为此,最好由队员参与,与校方共同制定问责机制,监督校方有关执行部门对提案的落实过程。同时,建议在少代会代表中再推选出两名学生代表,参加提案的最终决策会议,第一时间知道校方对这些提案的想法和意见,对于无法通过的提案,及时反馈给队员,再根据校方的意见进行修改、调整,使队员的民主权益真正得到落实,让提案不仅仅是停留于纸上的文字表达,而是一个个能落实的重要项目。

3. 提高少代会代表的领导能力,加强民主监督力度

少代会代表都是通过民主推选或是自荐产生的队员,都深得其他队员信赖,具备一定的能力。但是,有些代表却毫无作为,对于自己的职责不是很清楚。因此,对于少代会代表能力的培养至关重要,特别是要让他们有大局意识,能领导

各中队队员进行提案的制定；有交涉的能力，能与校方提案负责人作好沟通、交流，关注、督促提案的落实。有些提案，不能马上执行，有些提案的实施有一个过程，此时代表们应该自己组织成小队，轮流记录、观察提案的落实情况。如发现提案在实施过程中校方有所懈怠，队员应立刻与校方交涉，积极履行自己的职责，加强民主监督力度，让少先队民主教育成为队员看得见、摸得着、切实存在的东西，而非虚无缥缈的伪民主。

三、如何以班级为单位创造性参与学校大型主题活动

一年又一年、一季又一季学校组织的大型主题活动，往往带有鲜明的学校教育理念与核心文化的意蕴。而每一年、每一季的大型主题活动，无论是与学科拓展活动相关的读书节、体育节、艺术节、科技节，抑或是某些特色主题活动，如游戏节、感恩节、狂欢节等，都需要在传承中有所创新，在积淀中追求新的生成，这也是循序渐进建设和形成学校新文化的过程。可以说，学校大型主题活动的开展为不同年段的学生提供了成长的机会和平台，是学生校园生活中最重要的实践经历。每一次学校大型主题活动，都因为班级强大的自组织而焕发出师生生命成长的气息。班级是学校开展大型主题活动最基本的组织单位。每一个班级都应该在此过程中，引导学生创造性地参与。对于四年级学生来说，创造性的参与应该成为这个年级最独特的参与形态。以班级为单位创造性地参与学校大型活动的过程，既提升了学生们的创新精神和实践能力，也进一步了提升他们在班级及校园中的获得感。上海市闵行区新梅小学是一所以陶艺教育为特色的学校，在本年度开展的陶文化节活动中，四年级班主任周琴老师期待着学生们有怎样的发展呢？

案例

陶香陶韵陶娃乐

上海市新梅小学　周　琴

我们班学生经历了增强独立意识和注重自我表现的三年级班级生活后，到了四年级，已不再那么冒失，显得比较有主见。他们有明显的兴趣和爱好倾向，对事物形成了自己的看法，会关注身边的问题，也开始关注社会。他们明显长大，自行策划、组织活动的能力增强，渴望拥有自主管理的权利。

结合学校的陶文化节，以学校开展的"小小陶品拍卖会"为契机，我鼓励队员打破原有的小队模式，根据自身的性格特点和兴趣爱好，重新组建了五个部门：

培训部、宣传部、质检部、后勤部、活动部。队员们以共同的兴趣爱好为基础，自主选择喜欢的活动主题，促使大家能更加积极主动地参与小队活动，在活动中进一步认清自己的优缺点，明确自己努力的方向，提升自控力、责任心及班级的凝聚力。在活动中，提升队员的各种能力以及各部门之间的协调沟通能力。围绕这一大型活动，我们班开展了如下系列活动：

系列活动一：小小陶品制作会

各小队利用自己的巧手制作心仪的陶艺作品，并挑选优秀的作品进行展示评比。

系列活动二：陶品拍卖策划会

各小队为班级的陶品拍卖贡献一个金点子，根据兴趣、特长重新组建部门。各部门交流活动开展情况，通过互相补充与建议提高各自的行动力，进一步完善拍卖会前期准备工作。

系列活动三：小小陶品拍卖会

各部门总结前期陶品拍卖准备活动的成果，不断完善，举行小小陶品拍卖会主题活动。同时，学习成功的方法，交流失败的体验，促进学生活动能力的整体提升，进一步提升班级的凝聚力。

本次主题班队活动主要针对系列活动二"陶品拍卖策划会"开展，具体的推进过程如下：

活动环节	教师活动	学生活动	设计意图
热身	播放视频	观看视频	回顾新梅小陶娃的成长足迹，体验快乐
谈话引入	引入本次活动主题	明确本次活动主题与要求	通过简要回顾，体会小队活动的快乐，感受同学间的情谊，激发学生积极参与活动的热情
交流分享	1. 请五个部门分别介绍各自活动的情况 2. 组织学生相互评价，并及时提炼，使学生进一步感受拍卖的意义	1. 培训部：通过PPT介绍拍卖相关知识，并安排竞拍知识抢答 2. 宣传部：介绍宣传海报、宣传小册子以及礼仪导购情况 3. 质检部：介绍陶品制作过程中发生的小故事 4. 后勤部：介绍幕后工作花絮 5. 活动部：表演拍卖情景剧，谈拍卖感受	各小队在活动方案相对成熟的基础上进行汇报交流，并再次完善。同时让队员们明白团结互助的重要性，从而提升班级的凝聚力

（续表）

活动环节	教师活动	学生活动	设计意图
总结	肯定学生的收获，明确后续努力方向	思考如何进一步推进并完善活动	对学生的努力与付出给予肯定，同时鼓励学生不断完善方案，争取拍卖获得成功

解读

1. 以班级为单位有组织地指导学生创造性地参与学校大型活动

班级活动是学生认识客观世界、认识他人与自我、适应学校生活与社会生活的重要途径，也是建设良好班集体的重要组成部分。班级目标的实现要靠班级中每个成员的共同参与，班集体的形成需要通过一系列的教育活动来实现。周老师对于班级活动的有效开展，主要依托学校的大型主题活动，进而创造性地设计班级主题活动。

新梅小学将陶艺开发作为校本课程，即"以陶育德，以陶育人"。该课程分为低段"陶艺陶趣"、中段"陶艺陶情"、高段"陶艺陶志"，将这些校本课程与美术课程有机结合，带进学生的课堂。校园里，巨大的壁画和雕塑再现了学校的陶艺特色，橱窗里陈列着学生们制作的栩栩如生的陶艺作品。学生们在"陶陶乐"里，陶艺制作能力得到了培养，陶艺情趣得到了熏陶，在玩中做，做中学，做学之中求创新，体会陶艺乐趣。学生们徒手和泥、玩泥、泥条、泥块、拉坯……在活动中领悟陶艺的独特价值，培养想象能力、实践能力和创造能力，以及发现问题、解决问题的能力，塑造热爱美好、崇尚美好、表现美好的健康的思想意识，从而培养热爱生活、奋发向上的思想品质。学生在陶艺的认识、赏析、学习、制作的全过程中陶志、陶趣、陶情、陶行、陶乐。

2. 在班级内部放大参与活动的过程，开展过程性评价

以往每年的陶文化节，学校都要举办陶品交易会，对于这个传统项目，学生已经驾轻就熟了。但是这次的陶文化节，四年级和五年级的学生要举办一次陶品拍卖会。拍卖对于学生来说还是一个新鲜事物，从没接触过。前一阶段，他们中队开展了"小小陶品制作会"活动，各小队利用自己的巧手制作心仪的陶艺作品，然后挑选优秀的作品进行展示评比，最后评选出 5 个陶艺小能手。在陶品拍卖准备阶段，各小队先策划金点子，然后由各小队经过讨论商量，最后集中起来，就是本次主题班队活动中呈现的五个部门。大家在活动过程中能相互配合，通力合

作，完成部门任务，责任心和班级凝聚力也增强了不少。后期也就是第三阶段，他们将举行小小陶品拍卖会的活动，奉献一份爱心，为贫困地区学子出一份力。

3. 体现班级个性，强调班级对学校大型活动的贡献

班级打破了原有的小队模式，根据学生的兴趣爱好和特长重新组合成五个部门，各部门紧紧围绕陶品拍卖会展开前期准备工作，包括拍卖知识的培训、陶品拍卖会的宣传、制作有价值的陶品、拍卖会的幕后工作，以及拍卖情景剧表演。其中，最精彩的莫过于拍卖情景剧的表演了，介绍师美轮美奂的介绍，让大家有了竞拍的欲望；拍卖师激情洋溢的拍卖演讲，则把拍卖推向高潮，整个拍卖过程涌动着浓浓的爱意。这种班队活动不仅锻炼了学生的活动能力，让他们学习分工合作、集思广益、齐心协力，成为学校大型活动中一道美丽的风景线，并且永久留存下来。

建议

班集体是教育活动的基本单位，每一个学生都和班集体紧密联系在一起。因为只有在一个良好的班集体中，全体成员才能畅所欲言，各抒己见；才能赞赏、质疑和探索；才能创新和发展。可以说，班集体是学生科学精神形成的沃土。结合学校的大型主题活动，班级可以开展各种各样、丰富多彩的班级活动。

班级活动为学生提供了一个可以发挥无限想象力的空间，一个可以充分展示自身才智的机会。让学生充当活动的主角，真正成为活动的策划者、组织者、实施者、评价者，尽情展现自我，使学生在参与的过程中激发出越来越强的自主创新意识。如该校多年来开展的陶文化节活动，以提高学生的创新意识，培养学生的动手能力为宗旨，为学生提供创新的空间，让学生在活动中去发现、去创造。

在开展班级活动的过程中，学生不仅需要"鱼"，更需要"渔"，必要时教给学生活动方法，这是有效开展班级活动的关键。由于学生年龄小、认知水平低等多种原因，学生在活动中所采取的方法有一定的局限性和片面性，需要老师根据活动的目的、内容和学生的特点，教给学生简单适用的方法。例如，在实验基地教给学生不同蔬菜的不同种植方法：萝卜、黄瓜、豆角等是用种子种植的，而西红柿、辣椒、茄子等是需要栽秧的，再让学生给每一种蔬菜设计不同的标志牌；在开运动会时教学生制作拿在手中的装饰物；母亲节时教学生为母亲制作贺卡等，让学生在活动中会做、能创新。

班级活动在促进班集体建设和学生个人发展方面具有十分积极的意义。但如

果一味因循守旧、不思求变求新，其固有的功能不仅得不到发挥，而且会在日复一日地重复自己和别人的行动中逐步趋于萎缩和弱化，所以，培养学生的创新精神是对班级活动功能的深度挖掘和开发。为最大限度地发挥班级活动在培养学生创新精神中的重要作用，在设计和开展班级活动时，应遵循以下原则：

一是在对班级活动的价值判断上，既要注重"现在时"价值，又不能忽视"将来时"价值。因为班级活动的价值对学生的发展往往不局限于一时一事，尤其是那些令人心动、难以忘怀的活动，对学生的影响可能将持续一生。

二是全面认识班级活动价值的表现形态。既要重视其价值形态显露性的一面，又要重视其价值形态潜在、迁移性的一面。

三是活动价值的形成是一个过程，是多因素相互作用的结果，不可急功近利。

四是班级活动应坚持以学生为本的理念。该理念应贯穿于班级活动的全过程，把关心、爱护、尊重、发展学生作为活动的出发点和归宿。效果最好的教育是具有人性化的教育，是能引起学生思想共鸣的教育。以学生为本就是要在活动的设计、实施、评价等一系列环节充分尊重学生的兴趣、爱好、个性和发展，充分考虑学生的利益选择，使每个学生的潜能、智慧、创造力得到完全的发挥，使他们的生命价值具有社会意义。

五是班级活动要"活起来""动起来"，即活动内容要丰富多彩，不断推陈出新。无论哪个方面都应贴近学生的生活实际，跟紧时代要求，面向学生未来的发展；否则，会适得其反。

四、如何引导学生关注校园常规建设的更新

学校是由老师和学生组成的，学生是其主要成员。他们按年龄大小等基本规则组成班级，与学科老师、班主任一起按照一定的时空转换规则，有节奏地、周期性地进行学习活动。此外，一个运转正常的学校还需要通过一定的制度来保证在各领域建立秩序，规范学生和老师的言行，这些都是学校的常规制度建设。已开展二十多年的"新基础教育"研究强调，学校既需要形成秩序，又要能推进变革，而作为校园生活之主体的学生，也需要班主任引导其不断去理解、体悟、认同校园常规制度背后的思想、价值和目标。

对于四年级的学生，在引导他们关注校园常规制度更新的基础上，应培养他们的校园主人翁意识；让他们在参与学校常规制度重建的过程中，不再将这些制度当成外在的规定性存在，而是在其中实现秩序对于人而言内在意义上的自由和

第五章 学校活动参与

解放。上海市闵行区江川路小学历来注重引导学生参与校园常规建设的更新过程，引导学生提出问题、分析问题，对校园制度建设始终有参与的能力和自觉性。

案例

有话大家说——在学校是否有必要每天穿校服
上海市江川路小学　李　隽

我班学生在一年级至三年级时，对老师的教育大都言听计从，这对培养学生良好的生活习惯、学习习惯、行为举止等起到了一定的辅助作用。步入四年级，我发现学生的思想意识、行为举止逐渐发生变化。例如，学生穿着校服到校，但进教室后，立即脱去校服外套，露出自己的衬衣、背心，或在校服外面套一件自己喜欢的外套等。曾经听到部分学生悄悄谈论是否能不再穿校服等问题。学生逐渐形成独立的个人意识是件好事，但个人意识的形成不应以"悄悄抗衡"制度为代价。因此，应该创设民主的氛围，引导学生正确对待自己的想法和诉求，并学会充分地表达，使他们学会接纳集体的共识。于是，我便着手设计了班级的系列活动。

系列活动一：代表大家选

学生们以表决的方式选出参加少先队代表大会（以下简称"少代会"）的代表，初步培养民主意识。

系列活动二：有话大家说

学生们以辩论的方式发表自己的意见，逐步培养民主意识。

系列活动三：活动我策划

学生们在自主设计活动方案的过程中，民主意识逐渐增强。

主题班队活动"有话大家说——在学校是否有必要每天穿校服"拉开了系列活动二"有话大家说"的帷幕，在本次主题班队活动开展之前，我们先通过问卷调查了解全班学生对"穿校服"的真实想法。

调查显示，学生们对"在学校是否有必要每天穿校服"的不同看法主要体现为四个方面：校服好看与否；穿校服节约与否；在学校天天穿校服是否算强迫；春游、秋游时是否应穿校服。

同时，通过问卷调查，学生们对于这一话题有了自己的深入思考。

在本次主题班队活动中，学生们针对"校服"问题分四组撰写提案。第一组的提案主要针对"各校校服相同，如何体现学校特色"这一主题，建议将我校的校名和校徽绣在校服左上角胸口处。第二组的提案主要针对"校服如何体现班级

特色"这一主题,建议将我班的吉祥物——喜洋洋绣在校服上。第三组的提案针对的是"一周五天要穿校服,穿自己衣服的时间太少了,自己的衣服小了,怪可惜的,是否能在周五不穿校服"这一主题。第四组的提案主要针对"能否将校服设计得更漂亮些、更活泼些"这一主题。主题班队活动后,少代会代表将提案递交学校少先队大队部。

经过学校开会讨论,最终决定全校同学周一至周四穿校服,周五可以自由选择服装。此后,学校还在校服的款式、颜色等方面进行了重新设计,邀请学校家长委员会的委员们一同确定新款校服式样。最终,我校的新款校服一改过去千篇一律、毫无特色的模样,款式新颖、漂亮,并在校服的左上角胸口处绣上了我校的校名和校徽。

具体的推进过程如下:

活动环节	教师活动	学生活动	设计意图
热身	出示本届少代会活动照片	学生欣赏、回顾	回顾上阶段的民主活动,引出今天的主题
亮出我的观点	1. 提出"在学校是否有必要每天穿校服"这一话题,请学生亮出自己的观点 2. 调整学生座位	1. 亮出自己的观点 观点一:在学校有必要每天穿校服 观点二:在学校没必要每天穿校服 2. 根据支持的观点分成两大阵营,重新按"相同观点者坐在一起"的原则调整座位	引发学生思考,并表达两种不同的观点,充分体现出学生作为独立个体的个人意识
说说我的心里话	组织学生围绕各自支持的观点进行辩论。由于前期进行了问卷调查,对调查结果进行统计、分析后,预设辩论点如下: 预设一:校服好看吗? 预设二:春游、秋游时是否应穿校服? 预设三:在学校天天穿校服是否算强迫? 预设四:穿校服节约吗?	学生围绕各自支持的观点进行辩论	使学生充分表达、交流各自的想法,并学会接纳集体的共识

（续表）

活动环节	教师活动	学生活动	设计意图
写写我们的提案	1. 组织学生分组讨论针对校服和"穿校服制度"的改进建议，并将建议写成提案 2. 组织学生针对提案进行交流	1. 分组讨论并写提案 2. 交流提案内容	通过写提案的方式引导学生充分表达自己的诉求
总结提升	1. 总结本次活动 2. 在班中设立"喜洋洋信箱"	1. 倾听 2. 了解"喜洋洋信箱"的作用	通过设立"喜洋洋信箱"，形成班级民主建设的长效机制

解读

"在校需穿着校服"原本是学校的一项校园常规制度。在上述案例中，起初，四年级学生是用自己的行动与这一校园常规制度"悄悄抗衡"。学生们的想法和做法对当今的学校管理者和教育者们提出了新的思考：校园常规制度建设是否需要更新？如何更新？当个人对校园常规制度有不同看法时，该如何正确而充分地表达出来？如何引导"个性张扬"的学生个体在校园常规制度面前融入集体生活，学会接纳集体的共识？上述案例给了我们答案。

1. 正确理解学生对于校园常规制度的"悄悄抗衡"

作为班主任，李老师在发现班中学生用自己的实际行动与校园常规制度"悄悄抗衡"时，并没有置之不理，或直接训斥学生并讲一番大道理后逼迫学生必须遵守校园常规制度。因为这样做不会达到让学生更理解这一制度的效果，相反，只会让学生对这一制度更反感，学生或许不说，但背后会坚持"抗衡"。所以，她通过两次问卷调查，了解学生对于"在校需穿着校服"这一制度的真实想法，并让学生充分表达自己的观点。

在这样的民主氛围中，班主任召集全班学生展开了"有话大家说——在学校是否有必要每天穿校服"主题班队活动，主要采用辩论的形式展开。通过当堂辩论和当场写提案，学生们明白了应如何正确对待自己的想法和诉求，并充分地表达出来。为了方便学生们对校园常规制度建设和班级常规制度建设提出建议，学校设立了"校长信箱"，班级中设立了以班级吉祥物命名的"喜洋洋信箱"，这些举措对于形成民主建设的长效机制有着更为深远的意义。及时发现学生中出现的问题，深入查清问题的根源，灵活采用学生易于接受和理解的方法，为学生搭建可以表达自己诉求的平台，引导学生利用这一平台达成共识或充分表达自己的诉求，以此培养学生的民主意识，这对班主任而言，是一环紧扣一环的挑战。

2. 在引导学生重建校园常规制度的同时使学生得到发展

上述案例中，学生的变化是明显的。起初，当学生对"在校需穿着校服"这一项校园常规制度产生不同的看法时，并没有向学校管理者和教育者们大胆而充分地表达出来，只是以"打擦边球"式的个体行为与制度"悄悄抗衡"。当班主任通过两次问卷调查引导学生深入思考这一校园常规制度后，学生们对这一制度或静思，或讨论，或准备材料，主动思考与探究，十分认真。学生们在前期充分准备的基础上，通过激烈辩论，逐渐明白："校服代表了学生身份""穿校服不仅看上去整齐，而且让我们感到自己是这个集体中的一员"……在辩论中，学生们逐渐接纳了集体的共识。当然，他们还是就这一问题通过写提案的方式向学校提出了合理的建议。学生们在班主任搭建的平台上充分表达自己的诉求，从而分析问题以及透过事物表象看到事物本质的能力在这个过程中得到了明显的提升。引导学生重建校园常规制度，不仅是为了让学生认同并遵守学校的制度，更为重要的是，在这一认知冲突的解决过程中发展了学生的综合素养。

3. 学校层面要以开放的心态尊重学生在制度重建中的主体地位

在上述案例中，不可忽略的还有学校管理团队功能的变化。原先的管理团队主要负责制定制度、计划，做好管理角色，但当校园常规制度建设需要随着时代的发展、学生需求的发展而不断更新时，学校管理团队也应适时进行角色的扩展与调整，由单纯的管理者向倾听者、接纳者转变。

例如，在上述案例中，学校管理团队在认真审阅了学生们的提案，倾听了学生们对校服的个性化需求之后，开始考虑在不违反原则、学校可承受的范围内，以及更能体现学生民主意识的条件下，尽量满足学生们的个性化需求。因此，学校的管理团队经过讨论最终决定：重新设计校服，更新了有关"在校需穿着校服"这一校园常规制度。经历了这场校园常规制度建设的更新后，如今，学校管理者欣喜地看到，学生、家长对款式新颖、漂亮，更具学校特色的校服的满意度大大提高；因为有了周五可个性化着装的制度，学生中与"在校需穿着校服"这一校园常规制度"悄悄抗衡"者逐渐减少；越来越多的学生愿意通过教育者搭建的平台表达自己的想法，提出自己的诉求；学校的民主氛围越来越浓，学生们的民主意识越来越强。也正是因为由学生作为主体参与的制度重建真正得到学校的认同和采纳，学生们才有了如此真实可喜的变化与发展。

建议

1. 引导学生参与学校制度重建需要教育者转换教育立场

李伟平老师认为:"把教育看作是一种生命关怀,就应该'读懂'学生,为其生命成长提供适切的服务。要'读懂'学生,首先要转变的是教育的视角。我们常常以'成人立场'来从事教育,把儿童视为仅仅是教育的对象,忽视了儿童发展的主动性。教育者常常从成人的角度出发,用成人的眼光看待儿童,用成人的思维思考儿童,想当然地要给儿童什么,希望儿童按照成人的意愿去做,儿童只是被动接受的'机器'。"[①]

如何转变教育的视角?激励学生参与学校制度建设更新的实践为我们提供了一条途径。学校制度建设的更新绝不应只依靠学校的领导者、管理者和广大教师,从学生生命成长的意义出发,调动每一个学生的积极性,激励每一个学生主动参与学校制度建设的更新,才是真正转变了教育的视角。作为学校的领导者和管理者,应该充分相信学生,并为学生创造主动参与学校制度建设更新的时间和空间,培养和提高学生的民主意识。

2. 系统引导各年级学生参与学校的制度重建

要引导四年级学生参与到学校制度的更新与重建之中,绝不是一朝一夕的事情,需要将这一思想渗透到小学五年的教育过程之中,并实现前后的关联和递进。根据不同年级学生的不同特点,建议分阶段、分层次地引导学生参与到学校制度建设的更新中来。

年级	参与学校制度建设更新的目标
一年级	了解并初步体验学校制度
二年级	在了解、体验学校制度的过程中特别关注班级制度建设,并提出相关的更新建议
三年级	在体验学校制度的过程中特别关注年级制度建设,并提出相关的更新建议
四年级	在体验学校制度的过程中特别关注学校制度建设,并提出相关的更新建议
五年级	在体验学校制度的过程中特别关注由学校制度建设引申出的家庭制度建设,并提出相关的更新建议

3. 使学生在制度重建中形成过程结构和方法结构

---

① 李伟平. 教育是一种生命关怀[M]. 南京:江苏人民出版社,2012:6.

对某一项制度进行重建,并不仅仅是为了让学生理解制度、认同制度,更是为了提升四年级学生科学决策、自主管理的能力,增强他们民主参与公共生活建设的意识。为此,班主任需要帮助学生在一系列制度重建的过程中获得相应的过程结构和方法结构。

首先,指导学生在了解学校制度的过程中关注自我和同伴的体验、感受,通过交流,全面客观地认识这一制度的合理性及其不足。其次,发现问题后指导学生开展调查、讨论,思考并寻求解决问题的方法。最后,指导学生从表达途径、表达方式等方面将建议以书面形式呈现出来并递交学校。

随着校园生活的不断丰富,学生的活动也越来越丰富。例如,四年级学生先后经历的"校园小当家""当小辅导员为低年级弟弟、妹妹服务""午间俱乐部"等活动,这些贴近学生需求、新颖有趣的活动一经推出便深受学生们的欢迎和喜爱,丰富的活动也同时引发了学校相关制度建设更新的需求,而一旦学生们掌握了相应的制度重建与更新的过程结构和方法结构,他们就会自下而上,全情投入。此时,我们才可以说,他们是学校生活真正的主人。

学校的制度建设不是为了控制和约束学生,而是为了激活学生生命的可能性。"学校教育的关怀,意味着信任,意味着介入,意味着唤醒,意味着促进,意味着通过学校教育,使学生成长得更好。""任何人都具有生存、成长和促进自身发展的各种需求。""只要提供了适当的环境,这种倾向便会显现出来,从可能转化为现实。"[①] 由此可见,学校制度建设的更新是必要的,它引导学生参与到校园管理和制度建设中来,既满足了学生成长和自身发展的需求,培养了学生的民主意识,又使学校制度建设有了民主化、人性化的创新,使学校制度建设具有生命的活力。

---

① 李家成. 生命关怀:当代中国学校教育价值取向探[M]. 北京:教育科学出版社,2006:231.

第六章 自然性与社会性资源开发

自然性资源和社会性资源长久地存在着、发展着,四年级学生的成长与发展离不开与这些现实世界资源的互动。学校要善于将各种优质的教育资源集聚到使学生主动、健康发展的学校实践中来,同时也要提高学校教育资源的效益,实现学校向社会的辐射,实现互惠共生。① 班级是重建学校与社会以及自然关系的最为核心的微观细胞。通过自然性与社会性资源的开发,班级日常生活的空间、资源和内涵都可能有新的发展,而班主任是其中最为核心的组织者。② 基于对四年级学生成长需要的把握,我们认为,将社会性、自然性资源引入班级日常生活可以帮助学生形成与自然、与社会的健康关系,增进学生对自我、对自然、对社会以及对关系的理解,同时也体现出对学生行为的指导与情感的养育,对学生思维方式的更新,对人的生命质量的关怀。本章结合多位班主任的班级建设实践案例,主要阐述班级运用自然性资源、社会文化传统资源、家长以及社区资源的过程中,具体的价值追求、工作策略及其活动成效等,以期给更多的班主任以启发。

一、如何运用自然性资源开发班级主题活动

庄子云:天地有大美而不言,四时有明法而不议,万物有成理而不说。自然界四季分明,节气贯通,于静穆之中有无限大美。对人类而言,重要的是发现其规律,去欣赏、遵从、适应并合理地利用。然而,当今社会,科学技术以及文化经济的迅猛发展,已渐渐地把人的学习、生活与生长不经意地裹挟进快速甚至是机械性的节奏中,人与自然的关系渐渐失衡。因此,对于学校教育和班级建设而言,需要发现并遵循生命成长的规律,充分运用自然性资源,顺时而为、依季而

---

① 叶澜."新基础教育"论——关于当代中国学校变革的探究与认识 [M]. 北京:教育科学出版社,2006:235.

② 李家成. 班级日常生活重建中的学生发展 [M]. 福州:福建教育出版社,2015:207.

育，让孩子们的成长应着自然的韵律焕发出更灵动的生命光彩，让班级教育也氤氲于自然之中、融合于生活之中。上海市闵行区华坪小学陆敏老师就运用自然性资源巧妙开发出适合四年级孩子发展需要的主题活动，让他们与自然走得更近，也进一步回到自我的内省与发展中。

案例

我们的种植活动

上海市华坪小学　陆　敏

2011年9月，作为四（1）班新上任的班主任，我首先对班级情况展开了全面的调研，感觉这个班的学生有热情，学业成绩良好，但行为习惯比较差，主要表现在：上课较随意，缺乏自制力等，尤其是对自我缺乏正确的认识与评价，往往会高估自己，自以为是。为此，针对班级学生的现状，设想运用目标激励法，引导他们学会正确认识自我，能一分为二地看待自己与他人，不仅要看到长处，还要看到短处，从制定自我发展目标做起，积极寻求自我发展途径，激励自己不断进取，从而主动健康发展。

因此，上学期，班级里开展了"读你，读我，共进步"的活动，先指导学生寻找班级存在的问题，制定班级奋斗目标；然后指导学生根据自己的实际情况，学会制定适合自身需求的"最近发展"目标及行动计划，把班级整体发展目标和个人目标有机融合起来；接着通过"我们是智多星"活动，让学生懂得达成目标所需要的方法，并结合学校的"大手牵小手""小松鼠踢跳比赛"等活动，启动争"后援星""健康星"活动，让学生体悟，在活动中获得的真正快乐不只是源于目标的达成，也源于实现目标过程中所付出的努力、他人的相助、自我能力的提高等。经过这一系列的活动，班级的整体面貌有了一定的变化，大部分学生有了较好的自我管理能力。

在此基础上，本学期进一步深入开展"争目标星"活动，把学生个性化的要求也融入班级建设的目标中去，在促进每一个学生个性化发展的基础上，不断推进班级整体发展。

为此，开学初，我引导学生寻找自己还存在的问题，以及需要进一步发展的方向，再制定出个人目标——所要争的"目标星"。从学生制定的目标来看，所涉及的发展方向非常丰富：有的学生想展示跳舞方面的才艺，有的学生提出为大家服务的设想，有的学生则提出想通过帮助他人来实现目标，有的则准备继续实

第六章 自然性与社会性资源开发

现上学期还没有达成的目标……经过梳理可分为以下几类"目标星"：自信星、减肥健康星、智慧星、认真星、效率星。接着，在个人目标制定的基础上，我们讨论出班级总目标，并以学校、班级活动为载体，让学生在实现集体争星过程中促进班级的进步。

系列活动设计如下：

（1）"我们是美丽星"活动之一：在制定个性化目标的基础上，形成班级共同目标。

指导学生制定个性化的目标及行动计划，在此基础上，讨论形成班级集体目标，把个人的发展与集体的发展结合起来。根据不同争星内容，我们把学生分成六组，由班委的各个部门负责具体的考评，开设"星星银行"。

（2）"我们是美丽星"活动之二：在争目标星过程中，明白要运用正当的手段和方法。

① 根据学生制定的个性化目标，开展"21天挑战训练营"活动。

② 结合植树节，启动"种植星"即"为班级添一份美丽，送一丝花香"活动。

引导学生认识到争目标星是为了促进自我与班级的真实发展，不能弄虚作假，要采用正当的方法。

（3）"我们是美丽星"活动之三：在学会正确评价的同时，不断促进自我品质的完善。

① 根据学生制定的个性化目标，开展"60天自我挑战训练营"活动。

② 结合学校阅读节，启动"阅读星"即"享受阅读魅力"的活动。

让学生找出在目标达成活动中自己最欣赏的同学并交流，学会欣赏他人、欣赏自己，在评价他人的同时，也完善对自我的反思评价，不断促使自我品质的日益完善。

（4）"我们是美丽星"活动之四：在收获成果时，体验成长中的积极情感。

对一年的争目标星的活动进行总结，让学生选出最能代表这一年收获的作品进行展示，学会感谢自己、感谢他人，甚至感谢竞争对手……

同时，结合春季种植这一自然性资源，我们开展了"为班级添一份绿色，送一丝花香"活动，要求以小队为单位种3盆花，进行争"种植星"的活动。具体的活动目标：一是让学生通过形式多样的方式交流争"种植星"活动中的小故事，进一步懂得在目标达成过程中，不仅需要坚持不懈的精神，也需要运用科学知识与正确的方法。二是让学生在活动过程中不断感悟生命的可贵，体验成长的快乐，并把自己的成长与班级的发展联系在一起。

由于"种植星"属于集体性质，为了让各自的小队获得"种植星"，学生的积

极性尤为突出,精心播种,每天呵护,面对花苗不能发芽,很多学生学会了耐心等待、主动寻求帮助等。但在这个过程中,班级也发生7起拔花事件,有的孩子因为自己的花没有发芽,就偷拔其他小队的花苗,种在自己小队的盆里;有的故意把其他小队长得健康的小苗折断;还有的因为好奇花苗的根是什么样的,进行拔苗研究……

针对学生的问题,我们开展了主题班队活动"我们的种植活动"。

班队活动中,学生们对几次拔花事件进行了充分讨论。有的说:我们也没有种出花,但没有去拔花,因为这是别人辛苦劳动的成果,不是自己的不能要;有的说:我们也没种出花,我们争"种植星"的目的是让班级环境更好,让我们有进步,如果去拿其他人的花,会有损班级的形象;还有的说:我们也没有种出花,我们找老师商量后又重新种了一盆。可见,大家一致认为,目标实现过程中若遇到失败,可以寻找原因再次努力,但不能弄虚作假……

由于种植活动是全班每个孩子都参与的,人人都有深切的感受,在活动过程中那种真切实在的互动与交流,唤起了学生发展的内动力;那几个拔花的孩子都表示在后续的争目标星活动中,如果再遇到失败,一定会诚实守信,用正当的手段达成目标。

但面对那位拔花去研究根的同学,班级中出现了两种意见,有的是支持的,认为一个人有好奇心对将来的发展有好处,可以拔苗作研究;而反对的同学则认为,作研究可以采取更好的方式,如查资料、问老师,或者采用无土栽培。种植星是一个小队的目标,如果个人用于研究,小队的花就少了一棵,不能为了达成自己研究的目标而破坏小队目标的达成,建议这位学生可以去研究怎样让花长得更好。最终,同学们达成共识:"种植星"是一个团队的目标,团队目标的实现需要每个人努力付出以及团队合作。

活动的具体推进过程如下:

活动环节	教师活动	学生活动	设计意图
热身	出示前期活动中评选出的学生印象最深刻的话	欣赏、互动	回顾前期活动,激发学生参与活动的热情
导入课题	本学期我们开展了争"美丽星"活动,同学们为自己制定了不同的目标。今天,我们将围绕"我们的种植活动",以形式多样的方式来交流在争"种植星"活动中的小故事,以及感受体验等	倾听	引入活动主题

(续表)

活动环节	教师活动	学生活动	设计意图
交流互动	在学生交流过程中给予点评： 1. 小品《等待的辛苦》点评：目标实现过程中需要坚持不懈的精神，也需要运用科学的知识与方法 2. 故事《发芽的喜悦》点评：目标实现过程中要能动脑筋想办法，不受干扰 3. "拔花事件"点评：目标实现过程中需要运用正当的方法，要诚信守信 4. 诗歌朗诵《感谢……》点评：目标实现过程中需要相互帮助、支持、鼓励……	1. 小品《等待的辛苦》（预设：等待后成功或失败的原因讨论） 2. 故事《发芽的喜悦》（预设：分享各自在种植活动中的体悟） 3. 发表对"拔花事件"的看法 4. 朗诵诗歌《感谢……》（预设：现场采访被感谢的同学）	使学生懂得在目标达成过程中，不仅需要坚持不懈的精神，也需要运用科学知识与正确的方法

解读

1. 应时顺势地运用自然性资源

在上述案例中，我们可以看到，陆老师对自然性资源的运用是适时的、应景的。三月万物复苏，正是种养植物的最好时机，"为班级添一份绿色，送一丝花香"活动也如火如荼地开展起来。此时的活动，与身边的自然资源相契合，孩子们真实地投入种植过程中。他们为了种子能够顺利发芽，学习了种养的知识和技能，花费时间和精力，克服重重困难用心照顾植物，并在小组与小组的竞赛中感受到比较带来的矛盾和困惑，这一切已经与学生真实的生活相融通，自然性资源可以说已经无痕地转化为富有内在统一性的教育资源，使学生得到成长。学校必须呈现现在的生活，即对于孩童来说是真实而生气勃勃的生活。整合天时地利的优势，巧妙运用自然性资源，可以丰富四年级学生的生活世界，提升孩子们对自然的敏感性，也滋长着他们对班级日常生活之外的广袤天地和世道人事的向往。因此，作为一位班主任，只有时刻保持对自然的敬畏和敏感，才能巧妙地加以运用，并将之转化为丰富的教育资源。

2. 将自然性资源的运用纳入整个班级建设的系统之中

上述案例中，自然性资源的运用是为整个班级建设服务的。陆老师将孩子们的种植活动纳入从四年级就开始的争"目标星"的系列活动之中。争"目标星"是陆老师接班时结合班级实际问题以及学生发展需要而设计的班级活动主线。运用自然性资源开发的学生种植活动就成为这一活动主线的节点之一，而且这一活

动与前面一项活动("21天挑战训练营")和后面一项活动("60天自我挑战训练营")之间形成内在关联,主旨都是为了促进学生个体与班级群体的真实发展。陆老师还将学生分成6个小组开展种植活动,由班委的各个部门负责具体的考评工作,同样将小队种植活动的情况纳入班级"星星银行"的评价系统之中。由此可知,自然性资源只是班级建设的一个素材而已,要真正为班级所用,还需要班主任作出整体设计。

3. 综合开发自然性资源的育人价值

对于自然性资源在班级建设中的开发,班主任不能只盯着其中的"自然教育"元素。如上所述,自然性资源被应用到班级这个时空时,已经与整个班级生活相连了。"种植活动"中渗透着孩子们多方面的发展。在班队活动的讨论中,孩子们了解到科学的种养方法和技能;享受到动脑筋想办法解决种植中遇到的问题后的喜悦,对自我有一种新的认识;体悟到队员之间相互帮助、支持、鼓励带来的情谊;对种植活动中损人不利己的行为也展开了辨析,最终达成共识——目标实现过程中需要运用正当的方法,要诚实守信。这些实践中的体验和班队活动后的习得,远比那些生硬的认知性学习生动得多。结合"生命•实践"教育学派对班级学生发展机制的认识,这样一项与自然性资源相关的班级活动,能够提高孩子们的实践、社会交往以及自我觉醒能力。班主任在推进这些活动和捕捉孩子们活动中的资源时,要综合开发其中的育人价值,不要让因之而来的育人资源白白溜走。

建议

1. 班主任需要对自然性资源的构成有一定的认知储备

作为班主任,对何为自然性资源要有一个全面的了解。在字典中,自然性资源是指自然界中对人类有利用价值的物质。教育中可利用的自然性资源不仅包括静态的自然界中的物质,如水、土地、煤矿等;还包括自然界的气候、天相,如分明的四季和与之相随的风霜雨雪;还包括与自然相关的活动,如春天放风筝、秋天登高等;还包括祖先留下的与自然相关的非物质遗产。对于四季,我们需要知道的是万物在春天生发,在冬天宅藏,在秋天收敛,在夏天成长;对于已经被列入联合国教科文组织人类非物质文化遗产代表作名录的二十四节气,我们需要知道,它体现的是古人对四季变化转换规律的总结,古代农民借助于节气,将一年定格到耕种、施肥、灌溉、收割等农作物生长收藏的循环体系之中,将时间和

第六章 自然性与社会性资源开发

生产生活定格到人与天道相印相应乃至合一的状态，"日出而作，日落而息"就是最好的说明。只有对何为教育中的自然性资源有一个整体的认识，才能逐渐形成运用资源的敏感性。

2. 班主任要充分理解自然性资源与培育时代新人的内在关联

自然性资源自古皆有之，它与我们的教育工作究竟有着怎样的关联呢？自然性资源与时代新人的培育之间应该建立起怎样的联系呢？二十四节气之所以越来越被人们所重视，是因为反观当今社会，人类与天地、自然逐渐隔绝，当代人为社会、技术一类的事务所裹挟，对自然生物的世界如天时、地利等渐渐失去了感觉，也越发远离道法自然的本质。将自然性资源运用于教育中，可以使学生丰富对生命、自然、宇宙的认识，发现其规律，去欣赏、遵从、适应并合理地利用这些资源，触摸到人与自然和谐共通的生命韵律，启迪他们将分化的"天地人事"与"生命自觉"交融在一起，从而发挥强大的、不可替代的学校育人之整体价值。

二、如何开发传统节日资源的育人价值

传统节日蕴含着极为丰富的精神文化价值，是中华民族悠久历史文化的一个组成部分。从这些流传至今的节日习俗里，还可以清晰地看到古代人民社会生活的精彩画面。但随着社会文化的变迁，古老的节日文化面临着边缘化、形式化与物质化的困境。在这样的背景下，教育者们需要思考和探索的是：充分运用这些传统节日资源，将之转化为班级有组织的节日活动，帮助学生通过当下的节日主题活动，逐渐理解传统节日文化的精神要义，从而真正在这一代学生身上实现文化的传承与发展，同时也以此滋养和丰富学生的精神世界。上海市闵行区浦江第二小学李芳老师就结合传统节日——重阳节，根据四年级学生的问题现状以及活动能力，开发了一系列主题活动，既引导学生了解这一传统节日，又在节日的氛围中开展了一系列关爱老人的行动。

案例

让我来爱您

上海市浦江第二小学　李　芳

九九重阳，因为与"久久"同音，九在数字中又是最大数，有长久长寿的含义，况且秋季也是一年中收获的黄金季节，所以重阳佳节，寓意深远。1989年，

"新基础教育"学生发展与班主任工作指导纲要

我国把每年的九月九日定为老人节,从而使传统与现代巧妙地结合。

如何过今年的重阳节,我们又可以为身边的长辈做些什么呢?现在的孩子大都是家庭的中心,由于被家人长期呵护,他们总觉得别人给予爱是理所应当的,不太懂得感恩,也不懂得如何去爱他人。在日常交往中,有不少学生对待自己的爷爷、奶奶不够尊敬,如通过言语顶撞爷爷、奶奶;用生硬的态度命令爷爷、奶奶;放学后看到爷爷、奶奶后就把书包扔给他们背……调查下来:36位学生中,与爷爷、奶奶同住的有14人,不同住的有22人,由爷爷、奶奶负责接送的有11人,一年只和爷爷、奶奶见1—2次面的有17人;没有为爷爷、奶奶做过事情的有19人,做过的有17人,但也只是偶尔做过几件。这些数据表明:学生和爷爷、奶奶之间接触很少,更不要说去孝敬了。为此,在这个老龄化现象日益突显,遗弃老人、留守老人、孤老等问题也越来越多的大背景下,加强对学生的感恩教育,帮助他们更好地认识和理解爷爷、奶奶,引导他们为爷爷、奶奶做一些力所能及的事非常必要。

为此,我以重阳节为契机,组织学生开展了以"爱在重阳"为主题的系列活动,活动分为三个阶段进行,历时一个月。

第一阶段:通过各种渠道,了解传统节日——重阳节的来历、习俗等文化。重阳节和大多数传统节日一样,有着古老的传说和深厚的传统文化,所以先让学生了解这个节日的来历和习俗,同时让学生认识到孝亲敬老是我们民族引以为荣的传统美德。孩子们通过上网了解关于重阳节的知识,来历、别称、习俗等都是大家探究的内容,其中重阳节的习俗是大家最感兴趣的,登高、赏菊、吃重阳糕、饮菊花酒、佩戴茱萸是古人过重阳节的主要习俗,登高是为了强身健体,而且山上空气新鲜,菊花酒可以祛病,茱萸温中止痛、理气驱寒……这些和时令相关的习俗也让孩子们深深地佩服古人应对季节变化的智慧。今天的人们已经淡化了这些习俗,除了吃重阳糕这一习俗一直有所保留,有的孩子到街上买重阳糕品尝,有的孩子和家长一起制作重阳糕,在品尝与制作的过程中,体验节日的乐趣。

第二阶段:走进社会,了解社会上的各类"爱在重阳"行动,充分感受全社会浓浓的敬老爱老氛围,弘扬敬老、爱老传统美德。通过交流、观察,他们发现社会对老年人提供了各种关爱措施:医院里有专门为70岁以上老年人设立的优先收费通道;公交车、地铁上有老弱病残孕专座,有老年人免费坐车的公交卡;社区里有老年人活动室……这些举措体现出社会对老年人的关心和爱护,体现了中华传统美德。孩子们通过了解体会到:其实重阳节要爱老、敬老,并不是喊口号,并不是仅在过节这一天去关爱老人,而是应落实到每一天,体现在每一处细节中。

第三阶段:开展"爱在重阳"小队实践活动,建立长辈档案,了解爷爷、奶

第六章 自然性与社会性资源开发

奶对社会的贡献和对家庭的付出，感受爷爷、奶奶身上折射出来的传统美德；帮助爷爷、奶奶开展圆梦行动，用实际行动回报和感谢爷爷、奶奶的爱，并将关爱行动延伸到身边的每一位老人，落实在每一天。具体要求是：

（1）利用假日，完成一份长辈档案（档案内容尽量详细，如身高、体重、生日、工作单位、所取得的成就、爱好等），以此增进对长辈的了解，因为了解是沟通的基础，在了解中也可以拉近我们和长辈之间的距离，让长辈感受我们对他们的关心。

（2）请长辈讲一个故事。长辈还是一本书，累积了丰富的人生经验。他们最高兴的事是能为我们提供一些帮助。所以我们请长辈讲一个他们认为对同学们有所启迪的故事，这既有助于对孩子们进行感恩教育，同时也让长辈感受到他们对我们来说是非常重要的，他们的存在是有价值的。

（3）了解长辈的一个愿望，通过自己的努力帮助长辈完成愿望（长辈在外地的孩子，通过打电话的形式和长辈沟通，和他们聊天）。

（4）开展假日小队活动，去敬老院进行社会实践活动，为老人们表演节目，陪他们聊天。

第三阶段活动结束之后，结合学生的实践体悟，班级内开展"爱在重阳"主题班队活动，各小队汇报本次活动中的收获，在交流互动中得到感悟，传承敬老爱老传统美德。

班队活动中，孩子们以小队汇报的形式进行交流，"爷爷、奶奶真辛苦""我们圆梦行动"引起了大家的共鸣。孩子们通过前期调查发现，现在家中的这些长辈每天就是为家里洗衣做饭，可他们年轻的时候，也曾在自己的工作岗位上发光发热，有的当过海军，有的是饭店的厨师长，有的是乡村医生。长辈们年轻时为社会做贡献，现在年纪大了，有的仍坚守岗位，有的做起小区志愿者，有的在家为下一代尽心尽力。孩子感受到长辈为自己、为家庭长期默默付出，做了很多事，十分辛苦，对长辈开始心怀感激之情。开展圆梦行动前，孩子们对长辈们的愿望作了调查，发现很多长辈的愿望就是希望下一代能健康、快乐地成长，他们以孩子们的快乐为快乐；也有些长辈希望继续学习或故地重游。孩子们针对这些愿望付诸行动，有的从自身努力出发，有的发动爸爸、妈妈帮忙完成愿望，有的和长辈一起完成，孩子们尽自己最大的努力帮长辈圆梦，即使没能完成，但也用实际行动表达了自己的一份爱。

在这次活动后，我们欣喜地看到学生与长辈之间的关系更加融洽了，还经常帮着长辈做一些力所能及的事。这是孩子心灵的成长。当然，活动不能随着节日的结束而结束，尊老爱老的美德应该渗透到每一天中。为此，我们制定了延伸内容，即坚持每天为长辈做一件事,经常陪他们聊天,微笑面对长辈;长辈在外地的孩子要定期给长辈打电话。同时,增加雏鹰假日小队的成员,每月至少去敬老院一次。

本次主题班队活动具体的推进过程如下:

活动环节	教师活动	学生活动	设计意图
热身	出示"爱在重阳"前期系列活动照片,边欣赏边唱班歌	边欣赏照片边唱班歌	回顾重阳节活动过程,为后续活动作铺垫
回顾导入,揭示主题	引入:上个星期的今天,是一年一度的重阳节。为了让今年的重阳节过得更有意义,我们开展了"爱在重阳"系列活动。大家和爷爷、奶奶一起度过了一个快乐而又难忘的重阳节。今天就让我们一起分享你们的实践活动成果,感受你们在"爱在重阳"活动中的点滴成长	倾听并回忆	激发情感,导入主题
小队汇报,感悟活动主旨	组织学生进行小队汇报交流。在此过程中,随机点拨、提升	1. 喜洋洋小队 (1)队长介绍小队活动任务以及队员爷爷、奶奶的职业 (2)小队互动,使其他小队队员深入了解该小队队员爷爷、奶奶为社会做出的贡献 (3)其他小队队员交流感受(预设:为爷爷、奶奶对社会做出的贡献而骄傲) 2. 麦兜小队 (1)队长介绍小队活动任务 (2)快板表演《爷爷、奶奶的爱》 (3)其他小队队员交流爷爷、奶奶让自己最感动的一幕(预设:为爷爷、奶奶给我的爱而感动)	1. 通过了解老一辈对社会做出的贡献,感受爷爷、奶奶身上折射出来的传统美德,激发对爷爷、奶奶的尊重与热爱之情 2. 通过了解老一辈对家庭的付出,感受爷爷、奶奶对家庭和自己的爱,激发学生对爷爷、奶奶的感恩之情

第六章 自然性与社会性资源开发

（续表）

活动环节	教师活动	学生活动	设计意图
小队汇报，感悟活动主旨		3.超人小队 （1）队长介绍小队活动任务 （2）队员汇报圆梦行动 （3）其他小队队员交流能为爷爷、奶奶所做的事 （预设：在关爱爷爷、奶奶的同时自己也收获了快乐） 4.皮卡丘小队 （1）队长介绍活动任务 （2）播放和敬老院的爷爷、奶奶一起过重阳节的录像 （3）队员交流和孤老过重阳节的感受 （预设：学会关爱身边的每一位老人）	3.通过圆梦行动，引导学生用实际行动感谢并孝敬爷爷奶奶，并收获"快乐他人也快乐自己"的成长感悟 4.通过和敬老院老人一起过重阳节，引导学生学会关心身边的每一位老人
总结提升	总结：这次"爱在重阳"活动，让我们充分感受到爷爷、奶奶对社会、家庭和你们深深的爱，希望大家能把这份爱不仅仅落实在重阳节这一天，更落实到每一天……最后让我们在爱的歌声里结束本次班队活动	齐唱歌曲《爱的奉献》	鼓励学生将中华传统美德积极落实于今后的日常生活中

解读

1. 变简单"认知"传统节日为引导学生"体验"传统节日

对于传统节日教育，一般各个学校包括很多班级都会有所涉及，但是传统的节日教育，更多是引导学生通过探究知晓这个节日的来龙去脉以及文化内涵；或者以学校或班级组织的方式即时性地开展一些学生可以参与的活动，比如，重阳节帮家里的老人做一样家务；清明节组织学生前往烈士陵园扫墓等。这些活动因为仅仅停留于认知层面，或者只是短时性的，所以很少能给孩子带来更大的触动。上述案例中，李老师围绕重阳节这一传统节日开展的教育活动，更多转变为孩子

们全方位的"体验"——他们不仅跟父母上街一起去买重阳糕；还走进社会了解社会关爱老人的一些细节；通过问卷调查了解自己爷爷、奶奶曾经的职业，并和父母一起开展了帮助爷爷、奶奶实现心愿的行动。学生们在其中的体验是真实的、深刻的，从而引发学生产生后续行动，使其把体验内化为真实的言行，促进孩子真正成长。

2. 依据学生发展需求系统设计传统节日"体验"点

每一个年级都可以围绕传统节日开展一定的教育活动，怎样将传统节日资源的运用与不同年段学生的成长更好地融合？班主任需要依据学生的发展需求系统设计传统节日的"体验点"。上述案例中，李老师结合重阳节文化传统的精髓，对学生与祖辈的亲近关系以及尊老敬老现状进行充分调研，在发现四年级学生普遍存在的问题后，有针对性地设计了系列活动，帮助学生重新认识自己的爷爷、奶奶，并主动加入"为爷爷、奶奶达成心愿"的家庭敬老行动中来。学生们在活动中自然而然拉近了与祖辈的关系，并努力把关爱老人的行动付诸实践，获得了多方面的成长体验，活动取得了较好的效果。

3. 整合各类资源，放大传统节日的教育效应

在运用传统节日资源对学生进行道德教育、品行养成教育以及文化熏陶的过程中，也需要统筹运用各类资源。本案例中，活动的推进以"传统节日"资源为核心，李老师在组织各环节活动时还有机运用了社会资源、家庭资源等。只有各类资源加以综合运用，才能丰富学生对传统节日的感悟，以此放大传统节日教育的效应。

建议

1. 充分解读并领悟各传统节日的内涵

中华民族的传统节日文化源远流长，博大精深，内容丰富。每一个传统节日都有它的历史渊源、美妙传说、经典诗文、独特情趣。节日承载着传统文化，传递的是人间温情。

除了重阳节的敬老爱老传统，其他传统节日也都蕴含着奇特的含义。例如，端午节，活动形式上虽为划龙舟、吃粽子，但在本源上却暗含着屈原强烈的爱国主义精神和忧国忧民的情怀；清明节是中国人扫墓祭祖的日子，在这一天人们缅怀先辈、寄托哀思，也激励后人；在中秋节，人们以赏月、吃月饼为形式，表达乡思、乡恋之情，也蕴含民族大团结、祖国统一的思想内涵；春节是重要和隆重

第六章 自然性与社会性资源开发

的传统节日，除夕夜的团聚和年夜饭则是春节最重要的标志，离家在外的人们克服一切困难，赶在除夕夜之前到家，为的就是一家人在除夕夜吃团圆饭，团圆表达的既是一种情感，也是中华民族凝聚力的具体体现。

2. 注重长程设计传统节日教育活动，关注节日教育的前移后续

传统节日蕴含着丰富的育人资源，可以帮助孩子们在认识并实践中国传统文化的过程中提升道德素养，增强行为能力，形成主流价值。然而，在运用传统节日开展活动时，不能只拘泥于在传统节日这个时间点，还要引导学生真正将传统节日的精髓落实到学生每一天的实践之中，落实到学生思想的深处。因此，班主任在设计这些活动的时候，要克服功利、短视的局限，长程设计系列活动，在教育的时间和空间上保持连续性，重在追求学生在具体活动过程中的真实发展。

三、如何运用家长资源对学生进行职业启蒙教育

职业是人生存的必需，帮助每一个小学生开展职业探索、寻求适合其发展的职业之路，是世界各国普通教育改革与发展的重点内容之一。而当前我国对儿童职业启蒙的教育关注甚少，相关研究也屈指可数，具体实施更是无从谈起。但从儿童发展心理学和国外职业教育实践的最新进展来看，人在婴儿时期就具备进行职业启蒙教育的条件了。尤其当学生进入四年级之后，他们对职业及社会生活的认知能力已经发展到一定的高度，这个时期可以引导学生对自己的兴趣、爱好、个性、能力有所了解，对一些职业涉及的专业知识、理论基础、社会实践进行一些探索，这样就能帮助学生逐步明确自己以后想要从事的职业，那么他们在选择职业时就不会盲目，在职业生涯发展道路上就会少走很多弯路。而家长作为学生成长过程中重要的伴随者，他们所从事的职业五花八门，无形中，家长可以成为对学生进行职业启蒙教育的重要资源。以班级为单位，让四年级学生家长作为孩子们互动的主要对象，其职业态度、情感、体验等会很自然地传递给孩子，这样的互动活动本身也会影响整个班级的建设，职业启蒙教育也就在班级建设的意义上启动了。上海市闵行区实验小学陈静老师就开创了这样一个先河。

案例

阳光中队"梦想秀"

上海市闵行区实验小学 陈 静

当学生升入四年级后,他们的自我意识明显增强了,在各类活动中开始有自己的想法、自己的意愿,他们的需要有了改变。另外,前几年的小学生活,让他们对学校各类文化活动有所了解,也渐渐失去新鲜感和积极性,校园文化活动已经不能满足他们的成长需求。但是,现在的孩子大多不明白学习究竟是为了什么?究竟要学些什么?所以,我觉得很有必要为孩子们创造"职业梦想教育"的机会,让学生从小就了解自己,了解社会分工,早一点知道自己适合做什么、喜欢做什么,然后才能努力去做。

经过这样的思考之后,我在班级中开展了系列性的活动。

(1) 组建小队

结合学生的生活经验以及品社学科学习的基础,我们对社会分工有了初步的认识,对不同职业的不同特点有了初步的了解。了解了社会分工和各种职业之后,也挖掘出学生的深层需求:这个社会有这么多的分工,有这么多的职业,我长大后想做的职业是什么呢?通过对学生职业梦想的调查,大致了解到本班学生的职业梦想可以分为以下几类:老师、医生、厨师、警察、设计师、明星、赛车手、航天员等。

在和学生讨论后,我们达成共识——建立"梦想小队",提前规划自己的职业梦想。班中共有46位同学,拥有相同或相似梦想的同学自由组建小队,有"SJ"小队——长大想成为设计师;"机械"小队——长大想成为赛车手、飞行员、宇航员;"守护者"小队——长大想成为医生、护士、律师、警察等;"明日之星"小队——长大想做演员、编剧、作家等;"星厨师"小队——长大想做厨师;"魅力校园"小队——长大想做老师。

(2) 聘请"梦想导师",开展小队活动

为了使小队活动更有效,每个小队都邀请了一位家长做"梦想导师",在小队活动时可以进行指导、传授经验。

"SJ"小队聘请的是从事室内装潢设计工作的家长;"机械"小队聘请的是从事航天工作的家长;"守护者"小队聘请的是从事警察工作的家长;"明日之星"小队聘请的是从事幼教工作的家长;"星厨师"小队聘请的是一位队员的奶奶;"魅力校园"小队聘请的是从事教师工作的家长。大约两周一次的活动,主要由队员自己安排时间、地点、内容,每次活动中都有"梦想导师"进行指导。

第六章 自然性与社会性资源开发

以下是班级具体的小队组织及活动情况。

（3）为班级生活插上"梦想"的翅膀

"梦想小队"组建以后，各小队在"梦想导师"的指导下开展了丰富多彩的活动："SJ"小队借助乐高玩具，完成一个大型军事基地的拼搭，在拼搭的过程中了解设计者的基本素养；"机械"小队开出模型赛车和模型飞机，在练习的过程中了解汽车、飞机，了解赛车手和飞行员的基本素养；"守护者"小队通过网络收集相关知识，了解行业规范；"明日之星"小队通过排演小品，亲身体验职业特点；"星厨师"小队一起制作美味佳肴；"魅力校园"小队走近老师，了解平时"看不到"的老师……

几次小队活动之后，学生对自己所向往的职业更有了解了，他们需要一个平台，分享体验和收获，于是有了阳光中队"梦想秀"。活动目标：通过各小队的"梦想秀"展示，明白实现梦想需要努力、坚持、克服困难的勇气和他人的帮助等。这次活动收到了非常好的效果，大家挖掘了职业背后的职业精神，感受到实现梦想的道路上有困难，也有快乐，激发了他们努力实现梦想的决心。

本次主题班队活动的具体推进过程如下：

活动环节	教师活动	学生活动	设计意图
热身	播放视频	观看	点燃学生实现梦想的激情
谈话导入	引出各"梦想小队"开展的活动	师生互动回顾	开门见山，切入本次活动的核心环节
"梦想小队"展示交流	预设： 1. 实现梦想的过程中，离不开家人、朋友的影响和支持 2. 梦想不是空想，而是需要脚踏实地，而且和自己现有的兴趣、特长有联系，需要较高的综合素养 3. 实现梦想需要付出许多艰辛，要好好学习文化知识，同时也要有强烈的责任心 4. 梦想不需要高大上，平凡的梦想也能给自己和身边的人带来快乐	1. "机械"小队：航模、车模表演 2. "魅力校园"小队：播放情景剧视频 3. "明日之星"小队：交流视频的制作 4. "SJ"小队：作品展示 5. "守护者"小队：知识问答 6. "星"厨师小队：小队活动介绍	借助各"梦想小队"的活动展示和交流，让学生了解到梦想和现实之间的联系，明白实现梦想需要努力、坚持、克服困难的勇气和他人的帮助等，感受梦想实现过程中带给他人和自己的快乐

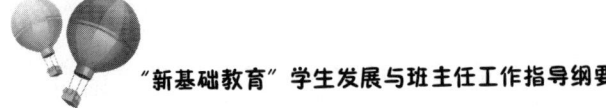

| 总结提升 | 小结 | 歌唱《梦想》 | 激发学生为实现自己的梦想而努力 |

解读

1. 合理开发家长的职业资源，助推学生职业启蒙

对学生进行职业启蒙教育的过程中，家长的职业是最好的教育资源。上述案例中，陈老师为了助推学生的职业启蒙，首先组织学生对家长的职业进行调研和分析；其次，还将家长的职业资源与班级学生的梦想进行有效对接，帮助学生认识个人的爱好、梦想与职业之间的关系。班主任对家长职业资源的利用是合理有序的，同时也不断开发出这些职业资源对于学生成长的意义。另外，老师与学生在进行家长职业分类的过程中，也始终进行职业没有贵贱之分的价值引领，即这些富有差异的职业背后是共同的职业精神。这些都能帮助学生更好地了解社会职业的价值。

2. 聘请家长为小队活动的导师，增进学生对职业的理解

家长的职业体会、专业技能、行事风格等会对学生产生影响。陈静老师在活动中不仅组织学生了解家长的职业，还让家长深入不同的小队活动中，让学生与家长通过活动有更加深入、全面和立体的接触。学生对职业的感知不是平面的，也不是仅仅停留在简单认知上的，这些活生生的职业生命体对学生而言更能增进他们对职业的理解。不同职业内含的社会价值，不同职业丰富的精神生命体验，才是更好的教科书。学生们在这样近距离的接触中，能够真正感到职业人的特点、精神，从而达到职业启蒙教育的最终目的。

3. 将家长资源的运用融合到学生个性培育、班级组织建设的过程中

对家长资源的运用不是即时的、点状的。上述案例中，老师将家长资源的运用融合到班级建设之中，逐层推进。在系列活动的设计中，我们看到了家长职业资源的多重运用，同时也看到这些资源被卷入学生个性发展、班级小队建设的过程中来，学生们既得到了职业的熏陶，也认识和发展了各自的特长，丰富了小队活动的内容，教育的综合性、整体性在这里得到充分体现。

第六章　自然性与社会性资源开发

建议

1. 延伸实践"职业启蒙教育"

如果想让活动取得更长时有效的效果，可以继续引导学生进行职业体验活动，鼓励他们走进父母、亲戚、朋友的工作环境，对自己喜欢的、感兴趣的职业进行初步体验，进一步了解职业特点，了解自己，了解为了实现梦想还需作出哪些努力。

2. 开发家庭"职业启蒙教育"

父母是孩子的第一任老师，是职业生涯启蒙教育中不可或缺的力量。家庭是孩子健康成长的沃土。四年级学生在认知、情绪、自我意识、兴趣爱好等方面很大程度上受家庭环境的影响。在这个时期，小学生通过游戏、玩具、书籍、收听或收看多媒体以及网络等渠道，对于职业的种类、内容等方面有了一些模糊的认识，对于未来职业生涯有了憧憬。然而，受高考指挥棒的影响，大多数家长认为，小学生接受教育的唯一目的是为将来进入大学深造打基础，考虑职业问题是将来的事。在我国家庭教育中，家长的职业生涯教育观念普遍比较淡薄，应建议他们开发利用生活中唾手可得的教育资源，营造出适合儿童职业启蒙教育的环境，主动对孩子进行必要的职业生涯启蒙教育。

3. 重视学校"职业梦想教育"

目前，还没有关于职业生涯教育正式而系统的课程内容。小学虽然有劳技课，但主要以让学生体验劳动乐趣、做生活的小主人、培养学生动手动脑的习惯等为目标，与小学生职业生涯规划教育相差甚远，并且每学期的课时也相当少，评价体系也不完善，很难保证其有效实施。职业生涯教育和其他科目一样，也有其内在的规律和体系，需要专业教师对其内容和方法进行准确的把握和演绎。职业生涯规划教育有别于学历教育，需要大量的社会体验和实践来支撑。调查表明，学校很少组织学生开展关于职业生涯教育的社会考察活动。因此，需要班主任借助班级日常生活对学生渗透职业梦想教育，以弥补学校教育的不足。

四、如何在走进学校周边地区的活动中帮助学生了解社会

随着经济社会的发展，由于信息传播手段的现代化、大众化，学生接受教育的渠道日趋多样化，对学校教育提出新的课题。学生的学习、生活、成长离不开社会的影响，形形色色的言行都会直接或间接影响学生，要积极引导学生对不同的社会信息进行正确的反馈，使学生在复杂多变的社会环境中不断提高分析能力

和应变能力；同时鼓励学生深入社会大课堂，体验各种不同的社会角色，学习社会规范，扩大社会交往范围，把学生的兴趣爱好、个性特征引导到实际生活中，从而形成社会主流价值。学校不是孤立的存在，不是"象牙塔"，新型学校需要不断在与社会的互动中寻求到教育之合力。学校周边地域的场馆、人物以及形成的文化，都是帮助学生进一步走进社会的最好资源。华东师范大学附属紫竹小学的季晓薇老师就利用学校周边地域的资源，以志愿者行动为载体，带领学生走进更丰富的社会生活之中。

最美守护人
华东师范大学附属紫竹小学　季晓薇

紫竹小学康乃馨班自一年级起，就将"志愿者活动"作为班级特色来创建，并以假日小队活动为依托，开展一系列家长携手学生参与的志愿者活动。通过前三年的志愿者活动，学生已经学会了自主策划一次完整的活动，并养成了定期参加活动的习惯，初步感受到志愿者服务的内涵及从中获得的快乐。自四年级起，随着学生认知的提升以及情感的变化，其对于志愿者活动的认识也需要更好的引导和鼓励，故需要不同程度地拓展相关资源，使得孩子们在活动的过程中尽可能多角度、多维度地去接触和认识现实社会的情况，并通过自己的思考架构出对于志愿者活动的自我意识和正确的价值观。

我校所在的吴泾地区，地处黄浦江上游，是上海主要水源地之一，镇上的吴泾公园处在湾流边上。十多年来，为了维护清洁的水源，江边出现了许多自发而来的打捞者，并渐渐形成志愿者团队。其中，王显明、吕信荣、张更大夫妇这几位老人志愿者为三代环保志愿者代表，共同谱写了"一根捞竿传三代，环保奉献放光彩"的动人篇章，向社会传递了环保理念和奉献精神，形成了吴泾地区志愿者服务以及环境保护的良好文化氛围。我们的学生之所以会向往这一活动，也离不开这一文化氛围的熏陶和感染。为此，我们班级结合学校亲子旅游节，开展了"品秋"主题活动。在活动中，让学生去寻找秋天的各种美。在这个过程中，学生想到了非常熟悉的优秀志愿者张更大爷爷，希望在重阳节之际去看望这位身边的志愿者榜样。不料，却得知张爷爷在不久前去世了。我们通过回顾张更大爷爷的志愿服务事迹，一起缅怀了这位熟悉的故人。据此，我们班开展了"最美守护人"活动，旨在通过活动进一步向张更大老人学习，让学生学会体会他人和自己行为中的"美"，将满腔激情转化为更加理性而持续的行为，并感染周围的人，

第六章 自然性与社会性资源开发

做真正的传承者和守护人。活动分为三个阶段：

第一阶段：寻找身边最美——结合学校亲子旅游节，引导学生去寻访心目中最美的志愿者榜样——张更大爷爷。利用学校、社区、网络等资源，从多方面进一步了解张更大爷爷和吴泾地区其他志愿者个人及团队的事迹，并在班队活动中进行分享交流，共同缅怀故人，表达哀思，引出关于"如何传承志愿精神"的问题。

第二阶段：学做最美守护人。根据前期提出的问题，结合康乃馨班志愿者特色，各小队认领任务，分头进行。同时利用班队活动，反馈交流，感受张更大爷爷和其他志愿者个人及团队守护的信念，开展长期的志愿者活动。

第三阶段：歌颂身边最美。为了让这志愿之"美"得到进一步发扬，鼓励学生以诗歌创编形式去歌颂志愿者及志愿者行为。

在第一阶段，学生寻访了张更大爷爷的生平事迹。一开始，他们仅仅通过互联网去收集资料，而互联网上的内容仅限于一些简单的事迹报道和照片，并不全面。因此，我引导学生关注学校和社区资源，让他们以小队的形式，通过与学校相关负责人以及社区相关人员进行联系，进一步获取更多信息。在与校外人员联系的过程中，学生起初十分茫然，不知如何入手。于是在学校大队辅导员的帮助下，为学生安排了一次对吴泾镇团委负责人进行采访的机会。为了把握住此次采访机会，学生前期认真思考采访内容，并在采访过程中作了翔实记录。通过此次采访，学生不仅对张更大爷爷有了进一步的认识，而且了解到更多本地区的志愿者团队，同时感受到志愿者精神需要传承和发扬，为后续活动的开展奠定了基础。

在第二阶段，学生扩大了志愿者活动的范围。他们联系到友爱中学的"友中号"志愿者团队的相关负责人，并与之结队；同时，还加入吴泾地区"保卫母亲河"志愿者团队，跟随他们一同前往黄浦江畔进行垃圾打捞工作。但学生也意识到，对于目前的他们来说，在黄浦江里打捞垃圾并不是一件简单的事，甚至还存在危险。因此，他们改变原有的想法，改做一些自己力所能及的事，例如，帮社区中的其他成年志愿者推垃圾车，收拾地面垃圾等。

在此过程中，我们开展了"最美守护人"主题活动，活动目标为：一是通过深度探究张更大老人的志愿者行为及其影响力，感受他热心环保、热爱家乡、坚守信念以及以己之力影响周边人的志愿精神之美。二是小队交流讨论所开展的志愿者活动，进一步学习张更大老人，并将满腔激情转化为更加理性而持续的行为，做真正的传承者和守护人。以下是班队活动过程：

活动环节	教师活动	学生活动	设计意图
揭示主题	播放张更大爷爷有关事迹的视频	观看视频，回顾前期活动并交流	明确本次活动主题
核心推进	1. 通过对数据的解读，感受张更大爷爷在志愿者工作中克服自身困难、持之以恒的精神，以及行为背后对家乡的热爱和对保护环境的执着 2. 通过与"友中号"团队之间的交流，感受到志愿者行为是公益性的，是有感染力和影响力的，值得我们去传承 3. 有满腔热血是做好活动的前提，但更重要的是，在志愿者活动中，我们应该去做一些自己力所能及的事，并且坚持下去，这也是一种美 4. 身体力行地去做好志愿者活动，才能影响、感染更多的人，把"美"的信念传播得更远，使每个人都能成为最美的守护人	1. 根据所查资料呈现张更大爷爷19年来在江边捞垃圾所花费的时间 2. 以"新闻播报"形式呈现与"友中号"团队的交流，并简单介绍吴泾地区其他志愿者团队 3. 表演小品《一起去捞水葫芦》，提出关于"我们去捞水葫芦合适不合适"的问题 4. 通过三句半形式说说他们的倡议 5. 简要介绍各小队的活动（如每天放学后，在校门口捡拾垃圾），以及活动带来的变化 6. 采访小队队员：在活动过程中有哪些小队以外的人参与？	进一步提升学生的认识与感受
总结提升	1. 总结本次活动 2. 对接下来的活动提出要求	回顾本次活动的收获	为后续活动作好铺垫

解读

通过利用社区资源，为学生开发有针对性的探究活动，可以实现对社区的深入认识和深化情感体会。在本系列活动中，老师结合活动目标——培养热爱家乡、热爱社区的思想感情，增强环保意识和服务社会意识，组织学生分小队对"吴泾镇志愿者联盟""吴泾地区志愿者队伍""保卫母亲河志愿者团队"以及"友中号志愿者团队"进行调查并参与结对，进而提升学生主动了解社区、关注社区的意识，培养其对社区的自豪感和责任感。经过前两个阶段的走访和体验活动，学生深深地体会到身为志愿者的他人及自身的"美"，进一步加深了对志愿者内涵的理解。借此契机，他们将感悟化作一份份文学或艺术作品，让志愿之"美"

第六章　自然性与社会性资源开发

更加隽永。

1. 引导学生走向社会

传统的班队活动主要是基于学生在校生活而开展的。然而，学生不仅仅是学校中的一员，更是社会中的一员。所以，必须鼓励学生深入社会大课堂，实现社区多重教育资源的整合。

在这个案例中，班主任所设计的活动的出发点是让学生在了解学校生活的基础上，放眼社会。例如，在寻找身边的"美"这个活动中，刚开始，学生发现的"美"仅仅停留在实物上，后来通过班主任的引导，学生开始关注人的"美"，进而联系班级特色，想到了社区优秀志愿者身上的"美"。于是，在追寻"美"的过程中，他们借助社区资源，投入到社区志愿者活动中。在此过程中，学生的社会责任意识得到了很大的提升。

2. 引导学生走向更高程度的自主

班队建设的目的之一，就是培养学生的自主能力，让学生学会主动发现、主动承担、主动总结。然而，在大部分班队建设中，很多班主任为了快速达成教育目的，往往会直接指派学生完成相应任务。通常，学生对任务本身并不熟悉，只是被动地接受；即便部分学生有些了解，但是在老师的主导下按部就班执行，缺乏自主性。走向社区的教育活动，需要引导学生更加自主地参与。

在本案例中，班主任首先带领学生了解此次活动的目的，并将活动的任务进一步细分，让学生进行自主认领。然后，利用课余时间，带领学生参观社区，聆听工作人员对本地志愿者活动的介绍，让学生在整体上对社区资源有一定的了解。班主任发现学生对任务本身以及社区资源了解得越深，越能发现问题并试图自己解决。比如，他们对于志愿者捞取水葫芦的时间、工作量、采用的工具等问题提出了疑问，并利用之前获取的社区资源联系方式去探究与总结。

建议

1. 学校与社区的合作需形成长效机制

虽然这个系列的班队活动开展得较为成功，学生自主挖掘资源的意识、主动探究问题的能力都得到了显著提升，然而在整个过程中，如果要切实有效挖掘社区资源、形成教育合力，应该在学校与社区之间形成长期有效的良性互动的状态。这种状态的内涵是丰富的，首先，从实施主体上看，社区不仅仅是为了配合学校开展各项活动而提供一定的资源，也可以成为活动的倡议者，将社区资源整合到学校的校本课程或系列活动之中。其次，从活动开展上看，可以通过与社区协商，形成一系列活动。这就要求活动的开展在时间上应该是长程式的，而不只是为了完成某一系列活动；在内容上，可以通过与社区沟通协商，形成分主题、分学段等一系列的校本特色活动。所有这些都可以以文件的形式予以规范。

2. 扩大社区内涵

本案例涉及的社区资源其实是狭义的，只是针对社区内部原有的资源，如本地区志愿者团队和政府部门。而对于与社区相关的企业、文化服务机构，如当地的图书馆、博物馆、科技馆、展览馆等，并无涉及和开发。比如，可以针对不同的企业性质与企业文化，建构相应的活动或课程。这样，学生参与的积极性会更高，学生的视野也会得到进一步的开拓，从而真正了解社会、走进社会、奉献社会，成为社会公民。

3. 进一步优化学校与社区的合作模式

目前，相关志愿者活动的开展还存在着较为严重的单向性问题，通常都是学校主动寻求社会资源，难以形成长期有效的良性互动的状态。后续需根据学校与社会资源间的现实情况和实际需求，双方联动，形成共赢，有针对性地围绕主题设定分阶段的活动内容。在活动过程中，让双方求同存异，不断深化了解，力求建立资源共享平台，开发出一种适合双方的最优合作模式。

五、如何通过社区实践活动提升学生的问题解决能力

社区是养成教育的一个重要基地，也是学校德育的一个十分重要的场所，是学生体验社会的主要阵地。社区的自然环境和人文环境在学生的成长过程中有着重要的意义。充分利用社区教育资源，把学生带进社会大课堂，对于发展教育、促进学生健康成长有着举足轻重的作用，而学生的参与也为社区建设提供了鲜活的力量。四年级学生对事物已经有了自己的想法和看法，自主意识逐渐形成。他们喜欢新鲜的事物，勇于创新，敢于挑战。他们非常乐意参加学校的各种活动，这方面的需求也非常强烈。那么，如何通过社区实践活动提升学生的问题解决能力？江苏省常州市新北区新桥实验小学吉咪中队就在这方面作出了积极而有意义的探索。

第六章 自然性与社会性资源开发

案例

端午真情再延续

常州市新桥实验小学　叶　凌　苗小芬

　　吉咪中队的孩子们在前三年小队活动、班级活动及学校大型活动的锤炼中，已经积累了一定的校内社团活动的经验。他们善于合作，会合理分工，小队长也具备一定的领导力。在三年级假日系列活动的开展中，大部分学生已经能够合理安排节假日学习、娱乐、休息的时间，想方设法参加各种校外活动，使自己的节假日变得丰富多彩。我们知道，社会实践活动能使课堂教育与实践教育相结合，可以让学生从不同的角度、不同的层面都受到教育，让学生在活动中学，在实践中学。以社区为课堂，以实践为教材，让学生在社会实践中接受基本教育和锻炼，不断提高学生认识和解决实际问题的能力。于是，到了四年级，我们决定将学生的活动主阵营由校内向校外拓展。

　　到了四年级，我们的视野发生改变，大家开始思考：除了使假日过得有意思之外，怎样使我们的假日过得有意义？

　　于是，我们开始开发"爱上中国节"社团系列活动：

　　系列活动一：元宵节制作花灯；

　　系列活动二：清明节寻访老党员；

　　系列活动三：端午真情再延续（包粽子、编网兜、腌制咸鸭蛋、义卖鸭蛋献爱心）；

　　系列活动四：重阳节敬老院献爱心。

　　三年级的时候，我们围绕"爱上端午节"为主题，拉开了学期社区活动的序幕。在活动之前，我们作了问卷调查，了解端午习俗的传承情况。为了赋予传统节日更多的意义，孩子们走进社区孤寡老人的家，为老人送上自己亲手包的粽子、亲手编的网兜，听老人讲他们的故事。这次活动不仅让学生了解了端午节的来历、习俗，增加了对传统节日的理解，继承和发扬了传统文化，也激发了他们对社团活动的兴趣，体会了在合作、分享、改进过程中慢慢收获成长的快乐，而且丰富了学生的假日活动，使他们的假日过得有意思、有意义，更为四年级开发社团活动新项目提供了契机，同时也使学生活动与社区产生了勾连。

　　盛郢小学是安徽省阜阳市阜南县洪河桥镇的一所普通小学。那里经济不发达，交通闭塞，民风淳朴，不受外界关注。2015年，我的朋友去那里担任村支书，

为了改变落后现状,他自己创设了微信公共号——关注就是力量,通过朋友圈向外界发出求关注的信号。正是通过这个平台,我了解了那里的情况,也将目光投射到盛郢小学。今年的端午节适逢"六一"儿童节,为了发扬和继承传统文化,新桥小学四年级"爱上中国节"社团的同学们自己动手腌制了咸鸭蛋。为了让自己过一个有意义的儿童节,同学们决定开展端午义卖募捐活动,所得资金将用于给盛郢小学的孩子们准备一份特别的儿童节礼物。随之而来的问题是:活动在哪里开展?怎样开展?需要哪些支持?鉴于以上思考,我们将活动的主阵地定在社区。活动目标:

(1)继承和发扬传统节日文化,在学会腌制咸鸭蛋、编织网兜的基础上,为传统节日增添新元素,激发学生爱上中国节的感情。

(2)激发学生参与社团活动的热情,体会在社团中合作、分享、成长的快乐。

(3)开发社团活动新项目,丰富社区假日生活。

本次端午义卖募捐活动,社团成员都能积极参与。从准备新鲜鸭蛋、腌制鸭蛋的材料,搜集腌制鸭蛋的方法,到自己装饰、分装鸭蛋,成员们亲力亲为,锻炼了能力,开阔了眼界,增长了知识;家长们也纷纷加入活动中,教授孩子腌制鸭蛋的方法,或者帮助孩子查询腌制鸭蛋的方法,更有家长帮助制作义卖宣传广告牌,并通过自己的QQ空间、微信朋友圈对义卖活动进行宣传。在义卖活动当天,家长充当起摄影师,一路跟随,捕捉义卖活动的精彩瞬间,更是慷慨解囊。义卖活动中,店家纷纷捐款!800多个咸鸭蛋,不到一小时,便销售一空。

滴水成渊,聚沙成塔,本次义卖募捐共筹得善款8000余元!小小鸭蛋,拳拳爱心,汇聚成幸福的暖流,流淌在每个人心中。

本次活动受到媒体的关注,《常州日报》以及常州电视台生活频道都对本次活动作了报道。学生们走出班级生活,融入年级生活,融入社会公益活动,尝试不一样的学校新生活。为了动员全社区的力量来支持我们的义行,学生们作出了很多努力和尝试,无论是体验传统习俗过程中的各种辛苦,还是义卖过程中的甜蜜和快乐,带给我们的都是在传承文化的同时不断创新改进以及奉献爱心的满满的幸福之感。

本次端午节活动结束后,我们开展了相关的主题班队活动,具体的推进过程如下:

第六章 自然性与社会性资源开发

活动环节	教师活动	学生活动	设计意图
热身	播放视频	主持人带领大家一起回顾三年级的端午节活动	系列活动的设计,赋予传统活动新的意义
传统习俗的继承和发扬	导入:不仅是腌制咸鸭蛋这一习俗,还有其他传统文化活动,如民间剪纸艺术、元宵花灯展等,这些传统文化需要我们代代相传,不断创新改进,使其在继承和发扬中更加灿烂辉煌	学习部交流: (1)为什么要吃咸鸭蛋? (2)交流咸鸭蛋的不同腌制方法	让学生明白使传统习俗不断传承和发展的意义
宣传活动汇报	总结宣传对于一个活动的重要意义	宣传部交流本次义卖活动的宣传过程;交流宣传海报设计意图;分享宣传过程中的趣事	使学生懂得活动宣传的意义,要做到资源利用最大化
义卖募捐活动汇报	1.适时分享其中一个孩子的成长故事,引导学生交流活动中的收获 2.播放照片	1.活动部通过小品展示义卖活动 2.各部门汇报活动过程	各部门汇报活动过程,并反思和改进。在汇报过程中,引导学生关注活动中的感受、收获,关注自己的同伴,为以后的活动提供指导
年级募捐活动交流	导入:学生应走出班级生活,融入年级生活,融入社会公益活动,尝试不一样的学校新生活	1.其他班级学生代表交流 2.年级文学社团招募	使班级活动与年级活动融通,赋予学生不一样的年级生活
奉献爱心活动交流	1.播放受捐小学接受六一儿童节礼物图片 2.引导学生交流	1.生活部统计微心愿 2.准备礼物	学生通过自身的实践活动,感受到付出爱心是一种幸福,爱是能传递的
总结提升	总结	认真倾听	提升活动的育人价值

解读

1. 拓展活动空间,提供更多问题解决情境

社区是学生了解社会,培养创新意识、实践能力的重要场所。上述案例中,家长在活动方案出台之后,纷纷点赞,认为这是一次有意义的爱心之旅,并鼓励

孩子积极参与。

社区实践活动拓展了学生的实践活动空间,同时给学生提供更多的问题情境:端午义卖的咸鸭蛋哪里来?怎么腌制?义卖的场地安排在哪里?怎么宣传?需要做哪些准备工作?等等。这次义卖活动无疑提高了学生发现问题和解决问题的能力。

义卖活动中,有的学生比较胆怯,家长鼓励他们勇敢地与陌生人沟通。义卖活动结束后,家长们纷纷感慨这是一次有意义的活动,不仅促进了学生口语表达能力的提高,而且提升了学生与人交际的能力,这样的活动应该多举办。

2. 相机利用资源,形成问题解决的支持力量

上述案例中,为了获得各种社区力量的支持,社团成员做了许多工作,首先成立了学习部、宣传部、活动部和生活部四个部门。四个部门联动,互相合作学习,推动活动的有序开展。

(1)学习部:针对端午节吃咸鸭蛋这个习俗,搜集资料并进行整理;联系盛郢小学,了解并拍摄照片。

(2)宣传部:部门内部分工合作,先制作了宣传单,请学校帮助印刷;接着,分组绘制三幅宣传义卖海报;然后,制作四个募捐箱;最后,联系社区工作人员帮忙制作横幅。鸭蛋腌制成功之后,成员们还在鸭蛋上绘制出各种爱心以及笑脸图片,用来表示对参与活动的爱心人士的祝福和感谢。同时,宣传范围也在不断扩大,刚开始只在自己班级进行宣传,后来分成四个小组,利用晨会在年级组每个班级进行宣传,最后扩大到全校,利用晨会到所有班级进行宣传。

(3)活动部:义卖活动前,活动部核心成员利用课间、班队活动模拟义卖现场,指导组内表达能力以及与人沟通能力较弱的同学,期望帮助同伴最快完成义卖任务,获得活动资金。义卖活动中,核心成员及时关注同伴,协助同伴完成义卖任务。活动中,还为参与活动的热心人士派送爱心贴,以表示对他们的感谢。

(4)生活部:联系盛郢小学,收集盛郢小学学生的微心愿纸条,并对他们想要的礼物进行归类整理,绘制了数据统计图,方便后期准备礼物。

活动不是放羊式的,而是带着目标,带着问题,逐步有序推进的。叶老师带着研究的意识,充分挖掘活动中的育人价值。通过班级部门的建设,引导学生分工合作,给学生提供了舞台,调动了他们发现问题、解决问题的积极性,他们在相互指导或相互合作中,也提高了策划、服务、合作、评价等能力。这也许就是真正做到了"把班级还给学生",并且让每个学生都得到多方面的锻炼机会吧。

第六章　自然性与社会性资源开发

3. 全面辐射能量，教育有机循环

根据外在表现形式，可以把获得的支持分为以下三种类型：

（1）资金支持。一是家长的资金支持，义卖活动前，家长出资购买新鲜鸭蛋以及腌制鸭蛋的材料；制作宣传广告牌。义卖活动中，家长们也纷纷自发捐款。二是社区居民的资金支持。义卖活动中，社团成员走进小区，小区居民非常乐意参与我们的活动，并慷慨解囊；同时也得到社区里店家的资金支持，店家纷纷购买咸鸭蛋或者直接参与募捐。

（2）情感支持。一是家长的情感支持。义卖活动中，有的学生比较胆怯，这时家长会给予鼓励。二是社区居民的情感支持。在义卖活动中，社区居民耐心听社团成员的活动介绍，并对本次义卖活动的意义表示认同，甚至鼓励自家孩子多向社团成员学习，多行善。三是社区店家的情感支持。在义卖活动中，店家对社团成员们的到来表示欢迎，对社团成员的表现表示赞赏并慷慨解囊。

（3）服务支持。一是家长的服务支持。义卖活动前，家长教授孩子腌制咸鸭蛋的方法。义卖活动中，家长全程参与孩子的安全监督工作，并做好视频和照片的拍摄服务等。义卖结束后，家长帮助整理、汇总募捐所得资金。二是学校的服务支持。如帮助印发了 500 份活动宣传单。三是社区工作人员的服务支持。活动前，社区工作人员帮助制作大型横幅，然后联系城管帮忙悬挂，并对当天的义卖活动场所的秩序进行维持和管理。

学生的社区实践活动给社会带去了正能量，同时社区力量的支持又反过来激励孩子，形成一种教育的有机良性循环。

建议

1. 综合与融通

（1）班级活动与校内外活动的融通。孩子们的生活从校内走向校外，与社区活动进行融通，开拓出校外的新生活。本次活动基于上学期五年级的爱心公益活动——"同在蓝天下，共读一本书"开展的，孩子们深刻感受到付出爱是一种幸福。

（2）班级活动与年级活动的融通。在以往的年级活动中，我们往往有意识地打通班级的界限，让班级融入年级之中，结合每个年级的培养目标开展丰富多彩的年级活动，如三年级时的"十岁成长礼"，四年级时的"六一游艺活动庆典"，五年级与一年级联合举行的"学长礼"等，每一个活动都在孩子的心中打下了深深的烙印。我们融合各班特色，为学生提供走出班级、融入年级的机会，为他们

创造不一样的年级生活。

（3）班队活动与其他学科的融通。"新基础教育"研究表明："学生工作需要与学科教学保持自觉的沟通。"例如，孩子们在设计海报时，与美术老师共同探讨，以求设计出最佳方案，等等。

2. 长程与组织

四年级学生能在未来目标的引导下学习，发展的主动性增强。我们可以引导学生建构更加丰富的生活，使其活动尽量与学科学习相整合，从而既能促进学科学习，又能让更多学生通过社团活动锻炼组织、策划和合作能力。社团可以在同一年级各个班级之间形成合作，也可成为学习的组织，使成员在互动中提升学习效率。老师还可以开发班级组织和社团的力量为全校性活动献策。如何整体规划、长程开发社区实践活动是需要重点考虑的问题。

3. 价值与提升

（1）学生素养。四年级学生对事物已经有了自己的想法和看法，自主意识逐渐形成。他们喜欢新鲜的事物，勇于创新，敢于挑战。他们非常乐意参加学校的各种活动，这方面的需求也非常强烈。本次活动满足了孩子的年段需要，提高了孩子的综合策划能力、思维能力、与人沟通交往的能力，并且使他们了解到社会上的人形形色色，对社会有了多角度的认识。

（2）班级生活。上述案例中，班级生活的丰富性使得学生在参与班级生活重建的过程中，感受到自己意见的重要性、参与的重要性，提高自信心，在班级生活中体验、认识自己的发展，从而能够在自觉的策划与实践中实现自我价值。

社区实践活动中不仅应关注孩子的问题解决能力，还关注孩子的社会责任感、公民意识。上述案例充分挖掘并利用了社区资源。那么在以后的活动中，我们还可以怎样开发社区资源？班主任可以继续作出尝试和努力。

本 册 后 记

从酝酿主题、讨论框架,到搜集案例、形成文字,我们前后花了三年多的时间。2017年12月30日,当我在电脑键盘上敲下"后记"两个字的时候,内心除了"如释重负"之外,头脑中更多进行的是应时应景的"全面盘点",郑重得如在举行一场仪式一般。

更准确地说,这份花三年多时间编写而成的书稿,是基于上海、常州、淮安等地"新基础教育"研究共生体学校的自我创造性实践。我们以师生的主动、健康发展为本,在创生更富教育意味的班级新生活的过程中,坚守学校教育的"魂",寻找班级教育的"体"。通过一次又一次的主题班队活动,力图在教育同行面前呈现我们所走出的这条有血有肉的教育之"路",让大家从中既读出班级建设的整体布局,又明了班级建设的系统构成,深切体会到班级教育的力量蕴含在对班级内外多种关系、多重资源的积极建构之中,蕴含在丰富的班级生活情境之中。因此,书稿背后的实践创造者是更重要的撰稿人,尤其是案例的提供者。

作为本册书稿的作者,我现在虽不是一线班主任,但我也经历了班主任岗位的"摸爬滚打",更是在十多年"新基础教育"的研究实践中成长起来。作为负责区域持续推进"新基础教育"研究的专职科研人员,我参与了书稿中多个案例的讨论和形成过程,对这些案例的来龙去脉有着深切的体悟。因此,案例的"解读"与"建议"部分,也自然而然带有我个人的思考印记。但个体的思考,往往难以穷尽案例作者背后所要表达的丰富内涵。好在所有的解读与建构,只是一个"引子",希望能带动读者思考,因为阅读本身就是一个个性化领会的过程,是文字与读者对话的过程。

由于笔者水平有限,书中难免有不足之处,敬请读者指正。

陆燕琴
2017年12月30日深夜于家中

本书编委会

主　　任　李家成　张　永

副 主 任　（以姓氏拼音为序）

　　　　　　郭　芳　陆燕琴　束　彦　谢晓东　袁文娟

编委会成员　（以姓氏拼音为序）

　　　　　　白　露　蔡　颖　陈　静　陈　玲　陈晓红　高兴蕾　戈雯婧
　　　　　　龚雪婷　顾　俐　顾燕华　郭玉琴　胡韵雯　华　艳　嵇文佳
　　　　　　姜丽霞　李　隽　李晓玲　林小燕　陆　敏　唐　红　王　蕙
　　　　　　王　珏　王　奕　韦云成　吴周云　谢　晖　徐　晨　薛　娴
　　　　　　叶　喜　尤兆蕾　赵　霞　朱卉婷

李家成　张　永 | 总主编

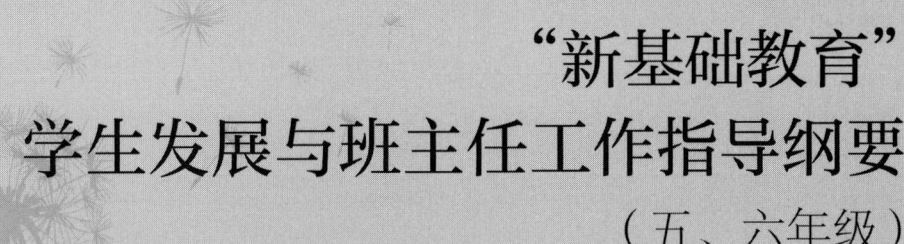

"新基础教育"
学生发展与班主任工作指导纲要
（五、六年级）

束彦 / 等著

"New Basic Education"
Guidelines of Student
Development and Banzhuren Work

北京大学出版社
PEKING UNIVERSITY PRESS

目 录

第一章 概述 ... 1
- 一、认识五、六年级学生的发展环境 ... 2
- 二、理解五、六年级学生的发展潜能 ... 6
- 三、明晰五、六年级学生的发展目标 ... 8

第二章 岗位工作与组织建设 ... 13
- 一、如何让高年级学生保持岗位体验的热情 ... 13
- 二、如何让组织建设与学习活动互促并进 ... 21
- 三、如何拓展组织建设的岗位空间 ... 26
- 四、如何在组织建设中多方兼顾，体现"教育公平" ... 33

第三章 班级文化建设 ... 41
- 一、如何实现班级文化与社会文化的健康互动 ... 41
- 二、如何实现男女生之间的沟通互动 ... 53
- 三、如何创造性地开展活动以实现班级精神的升华 ... 60

第四章 班级建设与学科教学整合 ... 73
- 一、如何激发学生的学习潜能 ... 73
- 二、如何培养学生学科学习的意志品质 ... 83
- 三、如何培养学生综合运用学科资源解决问题的能力 ... 90

第五章 学校活动参与 ... 97
- 一、如何丰富岗位体验活动 ... 97
- 二、如何丰富校园节日活动 ... 101
- 三、如何创新校园节日活动 ... 105

　　四、如何组织校级主题活动 ·················· 109

第六章　自然性与社会性资源开发 ················ **114**
　　一、如何利用地方文化资源提升班级文化建设的品位 ······ 114
　　二、如何通过社会人力资源提升社团建设的品质 ········ 120
　　三、如何在参与解决学校与社区问题的过程中提升学生的综合能力 ··· 124
　　四、如何利用家长等社会资源改善亲子关系 ·········· 129

本册后记 ································ **136**

对班主任工作专业标准研制的建议 ················ **138**

第一章　概述

学校是个生命场，要有生命质感，就要不断向外吸收，向内转化。生命场里最鲜活的生命就是学生，为学生规划未来，打造生命底色，理应是教育者的责任。我们编写本册书的目的就是要探究在五、六年级这个独特的生命场，学生生理、心理的发展变化；学生在知识经验、价值取向、情感体验、人际交往、自我发展等方面的可提升空间，努力形成本年段独特的生命质感。

那么，本年段学生基本状况如何？他们具有怎样的鲜明特点？

一方面，该年段学生的知识储备达到一定程度，与社会的接触也更为广泛，独立及自我意识更加强烈，交友动机发生改变，生活情趣也有了更高的追求。他们的独立能力、自主判断意识以及竞争意识增强，开始选择追赶目标；他们能紧跟时代步伐，顺应社会潮流，主动融入周围环境。

另一方面，学生跨入新的成长阶段，由于自我意识越来越强烈，知识积累越来越深入，学习任务越来越繁重，开始厌倦紧张、枯燥的学习生活。加之家长的期望越来越高，孩子的负担也越来越重，厌学、焦虑、孤僻、逃避、叛逆也就越来越突显，由此而来的心理问题越来越表面化。据统计，目前小学生存在的心理问题一般来说主要分布在五、六年级（注意：由于各地情况不同，不同地区学制也存在一定的差异，有的地区施行小学五年制，有的地区施行小学六年制；五年制的学校，五年级即为毕业年级），这也是由这个年段的学生特点决定的。

另外，他们在学习中还会遇到许多来自自然和社会方面的问题，由于他们没有实践操作经验，很难准确理解其中的意涵，如何培养他们的学习兴趣，使其保持主动学习的状态，去迎接将来更复杂的挑战，这也是值得关注的。

一、认识五、六年级学生的发展环境

（一）社会生态环境

1. 社会环境竞争激烈

市场经济条件下，要素竞争、地缘竞争、人力竞争越来越激烈。"择校热""辅导班"等引起社会、家长的极大关注，成为媒体热词。五、六年级孩子即将毕业，面临升学压力，要让孩子将来在竞争中处于不败之地，家长会动用一切可能的资源，采取一切可能的手段，使孩子首先在学校选择上、在学业水平上不落人后。

一是择校热持续升温。由于受经济发展水平的制约，多数地区教育发展水平仍很不均衡，优质教育资源相对短缺。家长首先努力让孩子就读尽可能好的学校，接受尽可能好的教育。更多的家长期望自己的孩子进入优质学校，或者想方设法让孩子成为理想学校的一员，甚至不惜花费财力购得期望施教区的房源。中心城区家长文化程度相对较高，对优质教育资源的需求也更强烈，因此更愿意把孩子送到最好的学校就读。而目前，有条件的农村家庭也会选择让孩子去条件好的城市学校就读，外出打工的父母更是干脆将孩子带到打工城市上学。从对小学生户籍所在地的调查统计来看，绝大部分为本省市户籍，上海、江苏等地部分学校外省籍学生占比较高。可见，越往南方，经济越发达，人口流动性越大，学生来源也越多元。更确切地说，更多的打工一族将他们的孩子带到自己工作的城市，不仅是为了便于照顾，更是希望孩子接受相对优质的教育。

二是补习班大量出现。家长都想方设法让孩子在升学考试中成为赢家。社会的竞争带来家庭的竞争，由此又触发孩子与孩子的竞争。家长对学校教育并不满足，这山望着那山高的心理促使家长为自己的孩子课外"加餐"、周末"恶补"。据对孩子参加校外辅导班的数据进行统计分析，绝大多数家长为孩子报了学科类辅导班，其中有的家长甚至为孩子报了至少3个辅导班。顺应家长的需求，这一类辅导班也如雨后春笋般涌现出来。

2. 家庭环境喜忧参半

一是家庭教育投入持续增长。家庭软环境对孩子的影响某种意义上属于先天的；作为家庭环境的另一个方面，即家庭陈设、教育硬件的配备水平等这些家庭硬环境的营造也可以给孩子带来很多正向的改变。大部分家庭对孩子的投入大、期望高。大多数孩子拥有相对独立、安静的学习环境，家长愿意为孩子提供电脑、复读机、儿童读物等学习资源。据统计，城区学校绝大多数孩子手头都有经典文学作品及儿童读物，更有家庭订阅了各类报刊。可见，当下无论是家庭阅读需求，还是对孩子的阅读要求都有所提高。绝大多数家庭重视阅读投入，重视增加孩子的阅读量，重视孩子阅读能力的提升，重视孩子将来的发展趋向。即使是农村地区，随着国家教育的投入逐年加大，义务教育实施水平不断提高，加之农民的收入水平也在持续提高，家庭的生活质量得到了一定程度的改善，教育投入也相应增加，孩子的基本学习条件逐渐得以改善。但是，如何正确、合理使用电子设备，成了家长和孩子必须面对的问题。

二是家长素质良莠不齐。分析孩子的素质，家长的受教育程度是重要参照指标，因为家长是孩子的第一任老师，是最直接的老师。家长的文化程度，对孩子的影响是显而易见的。调查表明，城区热点学校的学生家长学历为高中、专科的比例较高，初中以下、本科以上学历占比较低，纯农民身份的几乎为零，职业为党政机关工作人员或企事业单位管理人员的占比较高，职业为公司普通职员的也占有一定比例。学历层次错落或职业的差别，一方面导致一些家长因知识水平和自身能力所限，很难对五、六年级的孩子提出专业要求，很难对其进行实质性辅导；另一方面，一些家长一味追求孩子的好成绩，但结果适得其反，导致亲子间产生矛盾。而在孩子的人际交往、心理疏导方面，很多家长也心有余而力不足。

三是教育氛围日趋民主。无论家庭硬环境、软环境如何，每一位家长都会尽己所能为孩子营造良好的家庭教育氛围，努力在家庭教育中助孩子一臂之力。到了小学高年级，随着孩子的思想日臻成熟，视野不断开阔，对知识的渴求也愈加强烈。家长也逐步适应教育环境的变化，挤出时间带孩子去书店购书、看书，更多家长还能陪孩子一起学习、活动。陪孩子学习、监督孩子学习、指导孩子学习、检查孩子学习任务完成情况渐渐成为家长的自觉行为，这是家长关注孩子教育的基本方式，是老师对家长的建议、要求，也是目前我国教育的现状。与此同时，家庭教育民主意识也在不断增强，一味说教已不能产生好的效果，对自主意识越来越强的现代孩子来说，也逐渐行不通。家长设身处地为孩子着想，多从孩子角度看问题显得越来越重要。发展地区的家长由于受传统观念影响较深，更主张通过严格要求孩子，使孩子养成良好的行为及学习习惯，最终成人成才。

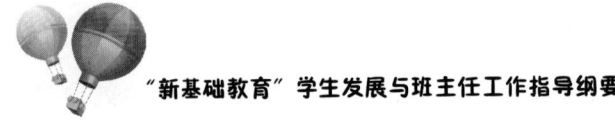

（二）学校教育环境

1. 关注综合素质

回顾近几十年教育的发展历程，学生的主体地位不断突显，教育改革不断深化。综合素质提升更加引起关注，走班上课、对话教学、技能展示等多元教育模式精彩纷呈，从20世纪90年代开始的"新基础教育"研究更是引领基础教育改革不断走向深入。无论是从"班级管理"向"班级建设"的转换，还是从"学校德育工作"向"学校学生工作"的转换，都更加体现学生与老师的合作，注重学生健康及主动发展，注重学生综合素质的提升、核心素养的培育。

经过四年的努力，学生已初步适应小学的学习生活，养成了良好的学习习惯，掌握了基本的学习方法；逐步认识到学习的意义，对自己的学习和发展有了初步的规划。这个阶段之前，学生学习的压力还不大，各项活动丰富了学生的生活，使他们能够充分地展示自我，释放自己的心灵，他们感受到的更多的是校园生活的轻松与愉悦。到了五、六年级，学校教育更加关注成绩。更多的孩子，尤其是毕业班的孩子希望自己上课认真听讲，学习成绩有进步，可见，毕业年级学生面对的升学压力很大，由升学压力带来的成绩至上质量观已潜移默化地影响着学校的每一位师生。与此同时，应多阅读课外书籍，多看电影，多外出旅行，以拓宽知识面，同时释放自己、缓解压力，这既是学生的美好愿景，也为更多的学生所实践。

家长对孩子的学校教育更是关注。家长除希望孩子身心健康发展外，主要就是希望孩子的学习成绩得到提高，将来有更好的前途，同时也对孩子自理能力的提升有较大期待。因此，成绩优良是家长最希望看到的，在此基础上，才会希望孩子的个性特长能有一定的发展。由此可见家长希望孩子在学校能有发展、能学有所成的迫切心情。

2. 重视活动安全

随着时代的进步、社会的变革，学校更加意识到生命的价值、安全的意义。在素质教育强调活动、生命教育强调安全的情况下，安全显得高于一切。当涉及安全时，学校宁愿放弃质量确保安全，谁都不愿看到因工作疏忽而引发的安全事故。班主任普遍喜欢行规好、守纪律的学生，也反映出班主任对班级管理求稳、怕出事的心态。更多的班主任希望按部就班地工作，目的是使学生听话，不出事。高年级的升学压力某种程度上降低了活动、安全的重要性要求，同时又让学校、老师对活动组织更加谨慎小心。这一定程度上反映出教育行政部门、学校、

家长对孩子安全要求之高，班主任管理压力之大。

到了五、六年级，学生参与学校活动的机会变少了，课外活动越来越单调了，学生的朋友圈变窄了，与其他年级同学交往变少了，与老师的互动频次变低了。另一方面，学校和班级生活更机械、刻板了，缺少创新，学校与老师也懒得创新，而由于升学压力的加剧，成绩比拼也更残酷了，班级与班级的关系也因单纯的成绩竞争而变得缺少人情味。

（三）班级人际环境

1. 干部选拔重视能力

在班级人际环境中，班级干部是重要的一份子，他们既要与班主任、学科老师发生关系，即执行老师的指令，又几乎要与每个同学产生关系，即贯彻政策、布置任务。所以，那些管理能力强、大方自信的学生就会脱颖而出，成为班级管理的明星，班级人际的主轴和催化剂。班主任渴求班级管理助手，希望有更多能力强的学生协助自己管理班级，希望把自己解放出来。但同时也存在消极功利的倾向，有些家长认为，到了五、六年级，面临着升学考试和择校，孩子只要学习好就行了，其他事越少越好，担任班级干部既花费时间，又容易被纷繁复杂的班级事务纠缠，甚至还会陷入不必要的矛盾和纷争之中，最终影响孩子的学习；另外，家长鼓励孩子参与班级事务，其根本目的不是为孩子创造锻炼成长的平台，发展孩子的能力，而是认为，担任班级干部可以得到老师更多的关注，在同学之间拥有更多的话语权，甚至可以获得更多的奖励和发展机会。所以，班主任应该及时洞察学生的心理，加以合理地引导。

2. 班级管理追求规范化

在班级管理中，大多班主任都追求规范化，缺少创新。"创造性""精神力量""领导力"少有提及，提的最多的是纪律和行规，可见，纪律、规范已经成为班主任班级管理的基本要求。另外，应试教育的一味灌输也没时间让孩子们有创新，命题答案的整齐划一、标准化也不允许孩子们有创造，升学的压力更是封堵了孩子走进自然、走向博物馆的大门，创造、创新从何谈起？加之整个社会信仰某种程度缺失，有些班主任自己都对精神力量表示怀疑，何谈引导学生追求崇高呢？班主任唯一能要求学生的，就是听话、守纪，不出乱子。

3. 兴趣爱好更加广泛

学生不同的兴趣爱好，反映了其不一样的关注点，也自然形成了班级学生的

兴趣组合，构建了班级的新型人际关系。

一是拓展兴趣爱好。具体表现为由直接兴趣向间接兴趣转化，五、六年级学生随着认知能力的发展，对学习目的性的认识有所提高，开始产生间接的兴趣；兴趣广度得到拓展，学生的选择趋向更加多元，对明星、时事新闻、动漫画人物更加关注；兴趣稳定性提高，到了高年级，学生兴趣持续的时间长了，甚至有些兴趣爱好会对他的终身发展产生影响。

二是开始关注异性。学生开始对男、女交往产生好奇心。男女生因正常学习、活动而产生的彼此愉悦、仰慕的单纯情感本不足为奇，甚至应该被保护，但往往却被"曲解"。男生、女生开始关注身边的同龄异性，这应该引起老师和家长的关注，如何正确引导就显得尤为重要。应该更加重视对小学高年级学生的青春期教育以及心理健康教育，引导孩子正确、理性交友，培养孩子的理性思维能力。因为理性思维能力的提升会使学生激发思维兴趣，增强审美体验，提升欣赏能力，进而区分"早恋"与"友谊"。

三是产生交友群体。应该说，该年段学生对交友、对人际关系构建有了自己的理解，兴趣爱好的不同使他们自然划分群体。学生更希望与能在学习、生活中给予自己帮助的同学交往，选择与心胸开阔、善于沟通、有幽默感的同学交朋友。如果所交往的朋友大度、善容忍、易交流，与他们交往时心情也更加放松，精神也更加愉悦。

四是自我意识增强。该年段学生更加关注所交往的朋友与自己是否有共同爱好、话题，是否"志同道合，谈得来"。但不得不说，与对学习之外的多元兴趣的关注相比，名誉、奖励、榜样示范的作用在孩子们心中显得苍白无力。如何既保护学生强烈的兴趣取向，又能激发他们对荣誉的追求，对榜样的尊崇，这应该是我们教育者要认真思考的。

二、理解五、六年级学生的发展潜能

（一）积极倾向明显

五、六年级是小学的转折期、关键期，是孩子知识储备的积淀期，个性、人格的初步养成期，新的交友观念的形成期，情绪情感的提升期。

一是目标意识强烈。学生在学习、活动、个性发展中有了比较自觉的自我发展要求。他们在个性形成中不知不觉发展特长爱好，并开始有了初步的目标意识，有了短期甚至长期的发展目标，进而形成人生目标，产生职业倾向，并立志为之不懈努力。

二是重视集体建设。学生对参与班级建设产生兴趣，对个体在班级中的角色更加在意，希望在班级中不断展示自己，促进自身的多方面成长。岗位建设、干部培养让学生受益匪浅，班级文化构建、班级活动组织更让学生形成良好的人际关系、个性品质。

三是更加关注社会。学生更希望在实践中、在社会活动中锻炼自己、展示自己。这方面，城里的孩子、比较自信的孩子得到的机会更多，而农村孩子、相对内敛的孩子展示的平台就少多了。虽然不少班主任不喜欢善交往、朋友多的学生，担心他们制造麻烦，但农村孩子居多的学校的班主任，对善交往、朋友多的学生并不反感，这说明对农民工孩子、农村孩子需要予以特别关注，需要为他们搭建更多的平台，给他们更多的机会，使他们各方面能力得到提升，逐渐缩小他们与城市孩子的差距。

（二）发展问题突出

该年段孩子有积极的发展倾向，同样也有不可回避的发展问题，需要引起关注。

1. 学习倦怠，缺乏动力

五、六年级学生不能像低年级孩子那样整天被各种有趣的活动所包围，而是面临沉重的升学压力、直接的同伴竞争，这导致其对学习产生厌烦心理。

他们面临的主要问题是学习压力大，学习兴趣不高。面对升学压力，如何激发孩子的学习动力，增强他们的目标意识；如何通过活动缓解孩子的压力，这是高年级老师的责任。他们还面临与学习直接相关的偏科、厌学问题，更有想培养更多兴趣而时间又不允许的困惑。因此，老师如何指导学生科学统筹时间，合理培养兴趣；如何引导学生平衡学科发展，在小学高手段保持各学科齐头并进，对孩子们顺利升入初中就显得非常必要。

2. 活动偏少，阻滞能力

同样，由于升学的压力，到了高年级，孩子们的活动越来越少，这是老师希望的，也是家长希望的（这是现实的尴尬处境造成的，并非老师、家长的本意），但却不是孩子希望的。照理说，随着年龄的增长，能力应该随之增强，但对于高年级孩子来说，其活动能力的发展却因活动的减少受到阻滞。某种意义上来说，高年级成了孩子活动能力发展的停滞期，这不能不引起关注。

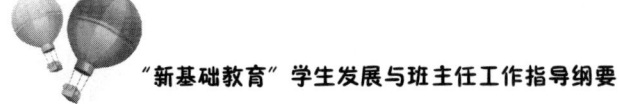

3. 情绪不稳，阻隔父母

五、六年级学生正处于青春期心理发展过渡的关键时期，学习与生理变化给他们带来不小的压力，这些压力更多地反映在与家长的矛盾冲突中。孩子与家长关系不稳定，时而冷战，时而缓和，这种矛盾胶着的关系困扰着家长，更深深地影响着孩子。不良情绪能不能得到及时缓解，不断累积的心理压力如何化解，考验着孩子们。如何做好与家长的双向沟通，化解与家长的误会，考验着家长、班主任，更考验着孩子。

认识到躁动、易怒、情绪易失控是处于生理发育、心理发展特殊阶段的高年级孩子的普遍心理特点这一基本事实，重视孩子的生理特点，关注孩子的心理健康，引导他们善待他人，与他人和睦相处，对他们将来的健康发展是很重要的。

三、明晰五、六年级学生的发展目标

（一）提升实践能力

五、六年级学生的逻辑思维能力和处事能力都得到一定的发展，他们逐渐学会自我调控，冷静面对困难、挑战，自主力、批判力都得到一定的提升。但是，他们毕竟年幼，涉世不深，经历尚浅，遇到相对棘手、未曾经历的问题时往往显得手足无措、难以判断，需要通过参加各类综合实践活动来增强应对能力。

到了五、六年级，升学压力大了，时间也更紧迫了，但是孩子们却对学习、考试、成绩厌倦了，对活动反而更期待了。他们希望走出校园、走进自然，调研社会、走访百姓，开阔视野，提升自己。

如何顺应孩子的期盼，满足孩子的要求，提升孩子的活动体验能力，需要学校、老师作出抉择。改变是必然的，是必须的。如何改变，老师要拿出勇气，拿出智慧。

1. 提供适切学生发展的岗位，激发岗位锻炼热情，实现岗位的育人价值

应鼓励、激发、满足学生得到多岗位锻炼的愿望，提供孩子通过各种自主活动锻炼才能的机会，增强孩子的岗位责任感和担当精神。根据高年级学生的生理与心理特点，应将岗位设置由班级向学校、家庭和社会延伸，进一步明确和提升岗位职责要求，要求学生不仅参与岗位锻炼，贡献自己的力量，同时还要积极地提出自己的见解和主张，能够创造性地完成岗位任务，并积极反思，不断优化和改进自己的行动方式，以取得更好的成效，使岗位锻炼最大化地发挥育人价值。

2. 开展多彩多元的活动，培养学生的活动组织能力，体现活动的育人功能

应顺应学生在学习、升学压力下渴望通过活动减压的需求，给学生更多参与活动的机会，引导他们养成策略意识，掌握活动策划技巧，放手让其自主组织活动，锻炼其活动策划、组织能力。一方面，老师要明确告诉学生，参与活动不仅可以调节身心，也是一种学习，要指导孩子学会合理地安排时间，提高单位时间的利用率，给参与各项活动留下足够的时间和空间；另一方面，老师要引导学生充分发挥自身的主动性和创造性，在活动中不要只满足于做一个参与者，要有清晰的角色意识，更多地承担具体任务，在实践中锻炼自己，提升自己。

3. 融入丰富深刻的情感元素，增强情感体验能力，激活情感的驱动意义

创造条件，提供机会，引导学生深入细腻地感受内心世界，自觉理性地作出判断，形成对友谊、精神、感恩等情感元素的特殊理解，提升审美体验与欣赏能力，进而提升自我发展目标的选择水平。同时还要积极关注情感的外在表现和作用，以饱满的热情投入五、六年级紧张的学习和活动中去，积极化解随时产生的消极情绪；以真挚的友情善待身边的伙伴，建立良好的人际关系；以由衷的真情去感恩父母、老师和国家、社会，自觉将感恩化为具体的行为。真正让情感既涵养学生的品格心灵，又能成为学生生命成长的阳光雨露，让学生以一种完整的人格姿态健康行走。

4. 建立科学合理的评价体系，提升判断评价能力，发挥评价的导向作用

通过活动帮助学生形成审美标准，陶冶他们的情操，愉悦他们的身心，增强他们对是非、善恶、对错的评判能力。建立多维评价指标，根据五、六年级学生的特点，既要有总体的评价标准，还要根据具体的活动设计有针对性的评价指标，指标的设定要有弹性空间，充分考虑参与学习活动的主体的差异性。评价应以质性评价为主，既要注重结果，更要注重过程，还要引导学生学会自我评价，发现问题能够适时地调整自己的心理预期和行为方式；同时对评价结果及时进行收集整理和分析反馈，以充分发挥评价的导向功能。

（二）丰富人际关系

五、六年级学生的人际交往能力有了较大的提升，主观判断能力也得以增强，独立性更加突显。如何丰富学生的人际关系，提升其人际交往的质效，决定了学生将来的人际交往水平。

1. 建立并发展基本道德观念

要帮助他们学会辨别、评判善恶、美丑，多发现别人的长处，多以赞美、仰慕的心态看待学习、生活中的榜样；能以一定的标准客观地评价父母、老师、同学、他人；养成讲文明、讲礼貌的好习惯，培养诚实、守信、勤劳和艰苦朴素的品质，形成大方、好客、不自私、与人友好相处的品格和勇敢、坚强、活泼、开朗的性格。

2. 推动多元人际交往

该年段学生信息的多元性、思维的多重性、压力的多面性致使其人际交往的多维性。一要在他们择友时为他们提供指导，引导他们慎重择友，择友重质，提升他们的人际交往能力；二要在他们与父母交流出现状况时，架起一道家校合作的友谊之桥，让班主任成为家长与孩子沟通的"红娘"，教育孩子敞开心扉，畅通与父母交流的渠道，积极、主动与父母沟通，引导他们体谅父母的难处，关心、体贴父母，学会感恩，从而化解亲子心头之"结"，使家庭教育与学校教育形成合力；三要在他们出现焦虑情绪，有挫败感，甚至患得患失、自暴自弃时，教育他们不放弃，此时可向老师倾诉，或者寻求同伴安慰；四要在面临繁重的学习任务和压力时，为他们提供活动的空间和展示的平台，让他们在活动中减压，在活动中寻求同伴帮助。

3. 理性看待男女同学间的友谊

应加强对学生的青春期教育、性心理疏导，引导学生正确看待与异性的交往，增强互动体验，学会与异性同学求知探讨，互帮互助，友好相处，共同进步。

（三）追求精神满足

1. 了解学生需求

由于独立意识增强，高年级学生虽然内心渴望与人沟通、交流，渴望被理解，但又常常封闭自己。面对升学压力，他们更希望得到关注，得到肯定和表扬，得到温馨的慰藉。所以，老师要善于站在学生的角度，蹲下身来，倾听学生的心声，了解他们学习的苦与乐，成长的幸福与烦恼。只有真正走进学生的心灵世界，才能够听到最美妙的回声。

2. 满足学生期待

在保持物质奖励的同时，老师更要注意满足学生的精神需求。老师要善于引导和帮助学生通过实际行动实现目标，形成有效努力，增强他们的自我愉悦感、自我满足感，驱除他们心灵的灰色地带，让他们的心灵呈现更多的亮色。

（四）增强自我意识

叶澜教授在《"新基础教育"论——关于当代中国学校变革的探究与认识》一书中指出：培养学生积极的自我意识是学生进行自我教育的前提条件；关注学生成长需要的满足与提升，又是增强学生发展内动力的重要方面。"新基础教育"理论明确以发展学生自我意识与满足学生成长需要，增强他们的内在力量为班级建设的深层目标，而学生的自我意识是通过活动在与他人、群体的多种形式的合作与竞争、相互作用与自我反思中形成的，因而班级建设在促进学生自我意识发展上有巨大的潜力。研究还发现：学生的自我意识有助于其在共生关系中实现独立，在活动中发展自我。

五、六年级的孩子更加关注自我，更加注重愉悦自我，也会更加封闭自我。该年段的孩子已经有了朦胧的目标意识，对未来有了初步的人生构想。此时，老师需要积极引导学生在活动中规划人生，在竞争中品味人生，在集体中成就人生，使得学生在面对各种困难、失败或新情境时，养成不仅分析、评价外部状态或条件，同时还能对自己的状态或条件进行分析的习惯，进而达到自我意识增强的目的。老师要让学生在班级建设及各项活动中养成四种能力：

1. 自我辨别能力

由于独立意识增强，学生虽然内心渴望与人沟通、交流，渴望被理解，但又不愿意倾诉，此时，老师既要保护学生的独立、自我意识，又要让他们认识到任性、孤僻、逆反、自我封闭绝不等同于独立；要让学生在具体的情境体验中发现自己的长处和不足，树立自信心但又不失理性，学会自我反思、自我调适。

2. 自我担当能力

要通过活动让学生发现自我，发展自我，进而培养其担当精神，让他们勇于承担，乐于承担。要组织孩子到大自然中去，到社会中去，让他们在生态环保调

查以及核心价值观宣讲、爱心募捐、热心义卖等社区公益活动中发现自己的长处和闪光点，体验自我的价值，承担管理的责任，学会担当。

3. 自我调节能力

引导孩子敢于、善于面对挫折，提高耐挫力，勇敢面对学习压力、心理压力，初步掌握缓解压力的方法，并能通过自我调节化解心理危机。老师要创设融洽的集体环境，营造健康、民主、和谐、宽松、进取的氛围，注重指导学生进行情感表达，让学生学会用适宜的方法表达情感，同时让他们能够正确地认识自我，进行有效的自我评价。

4. 自我评价能力

当自我与他人做同一件事，但所采取的方法或者最后达到的结果或效果不一致时，自我反思、自我评价就在比较中产生，此时，老师要不断引导学生锻炼通过比较评价自我的能力。当然，老师也要善于引导孩子养成健康的审美观、礼仪观，既注重仪容仪表，又不刻意追求时尚、打扮，分散学习精力。

总之，发展学生的自我评价能力就是帮助学生正确处理好自我认识与自我调节的关系，并内化为学生自我发展的助力，引导、帮助学生用积极的自我、健康的自我投入学习、投入生活。

通过深入分析五、六年级学生所处的社会、家庭环境以及学校和班级人际环境，我们对该年段学生的发展环境有了比较清醒的认识。通过研究其发展的积极倾向、优势领域，存在的发展问题，我们基本把握了五、六年级学生的发展潜能，在此基础上，明晰了他们的发展目标。如何引导、帮助孩子实现目标，走好小学中最关键的这一步，正是我们编写本书的初衷。

我们将通过关注岗位建设，重视班级文化建设，不断整合学科老师与家长资源，扩大学校活动参与面，加快自然与社会资源开发的步伐来促进学生发展目标的达成，让学生自我发展的意识和能力在小学的最后阶段得以增强，学生的才情、智慧、人格得以发展，灿烂的生命底色得以呈现，"内生力"得以发挥，"以行促自成"的目标得以实现。

第二章　岗位工作与组织建设

小学高年级学生正处于由儿童期向青春期过渡的关键时期，也处于心理发展的骤变期。这个阶段学生的自我意识、独立意识明显增强，逐步依靠内化了的行为准则来调节和控制自己的行为，情感日益丰富，在学习成绩、人际交往及在集体中的地位等方面的情感体验比以往要深刻、稳定得多。不过，成长中因面临各种人生课题而产生的烦恼和焦虑，也随年龄的增长而增多：学业压力、同伴关系、亲子关系、师生关系、自我概念界定等，都带给小学高年级学生很多烦恼。他们开始意识到不当的情绪表达可能产生的后果，开始有意识地调控自己的情绪，但仍缺乏自我分析和自我调节的能力。

在岗位锻炼方面，很多学生由初次体验时的兴奋慢慢转变为倦怠，常表现为：学生虽然能完成岗位工作，但较多地停留于"应付"状态，对于岗位轮换的兴趣也不大。分析其原因，大概有以下方面：第一，学生认为平常的岗位工作失去了原有的挑战性，如多媒体管理员、绿色天使、图书管理员等岗位，已不能满足他们不断提升自我的内在需要；第二，各科学习压力明显增加，转移了他们注意的重点，冷却了他们的岗位热情；第三，评价机制没有更新，不能再吸引学生为之努力。

为了在高年段继续发挥岗位教育的功能，让学生的综合能力在岗位等组织建设中得到进一步提升，拓展岗位内涵、变革岗位评价体系势在必行。

一、如何让高年级学生保持岗位体验的热情

高年级学生在组织建设方面积累了很多经验，增长了自己的见识和水平，组织能力和自我管理能力因为岗位锻炼得到提高。某班调查显示，班级里原有的5个部门共计40多个岗位，有95%的同学体验过8个以上岗位，有3%的同学体验过6个以上岗位，100%的同学5个部门的岗位都体验过。其中最为热门的岗位，如值日班长、路队长、眼操管理员等，92%的同学有过体验的经历。岗位体验经

历的丰富，带来的是体验热情的丧失，再加上高年级学习负担加重，升学压力出现，导致学生在高年级岗位体验进入"瓶颈期"。有的实验学校在进行岗位申报时，出现多人不申报、多个岗位无人问津的现象，使得岗位锻炼失去了竞争和优选的可能。

高年级学生岗位体验热情的冷却，由多方面原因造成，既有学生因素，也有岗位因素。随着高年级学生认知水平的提升，他们对事物的认识、判断能力以及处理问题的能力也在不断提升，这时的岗位一定要更具挑战性，才能调动他们任岗、做岗的兴趣。另外，经过四年的岗位实践，高年级岗位体验基本上按照选岗、任岗、升级、轮换、评价等程序进行，但为了适应高年级学生的心理特点和成长需要，应更加注重内涵的拓展和延伸。班级中应开展小队制、多班委制等多组织建设，增加岗位体验的丰富度；岗位设置上，应注重设置联结全校活动的岗位，或者向校外拓展的岗位，以赋予岗位更大的空间。岗位的升级与评价机制应在四年级基础上实现转型，从单一到多元、从平面到立体、从稳定到轮换，让高年级的组织建设更多样、岗位体验更丰富，从而调动学生岗位体验的兴趣。

案例

浅谈小学高年级岗位体验"瓶颈期"的突破

淮阴师范学校第一附属小学　高兴蕾

从四年级开始，我班就以创建自主管理型班级为目标，以"慎独"作为每位同学道德、言行的最高准则。一年多下来，很多同学都已经做到了自信、自主和自律。根据现状，班级开展了一次主题为"岗位升级进行时"的班队活动，对现有的岗位做了"加减法"，先减后加，删减了以前的上课铃声提醒员、放学提醒员、卫生提醒员等行为监督岗位，给大家以充分的行为自觉的空间。与此同时，应学生发展需要，班级又适时增设了新的岗位。其中包括：与学生能力或心理发展水平相适应的岗位，如报纸编辑、记者、新闻播报员等；为了迎接某次活动而临时增设的岗位，如为了迎接我校科技节，准备了"科技小达人"擂台赛，安排了小评委、会场布置、纪律督查等岗位；向年级部、学校或社区延伸的岗位，如专门负责利用校信通这一平台发信息给家长的"家校通"岗位、各社团负责人；还有因为班级岗位做得好，向年级、学校层面推荐的岗位。

今年，我校五年级部成立了"活力鸾娃自主管理委员会"，向全年级招募成员。得知消息后我班同学积极参与，最后有6人成功进入管委会，其中1人还被选

第二章 岗位工作与组织建设

为管委会的主席。另外，班级还有3人担任学校的娃娃校长，16人担任校报编辑、记者等。如此一来，学生不仅能力得到肯定，岗位实践的信心也得到了增强。

以上岗位变动均是由学生在班队活动中进行讨论并根据需要所作的调整。下表是我班四年级下学期和五年级上学期的岗位设置表。

四年级下学期岗位一览表	五年级上学期岗位一览表
班长 1 名	班长 1 名
一、学习部部长 1 名	一、学习部部长 1 名
语文课代表 1 名	语文课代表 2 名
数学课代表 1 名	数学课代表 2 名
英语课代表 2 名	英语课代表 2 名
美术课代表 1 名	美术课代表 1 名
体育委员 2 名	体育委员 1 名
音乐委员 1 名	音乐委员 1 名
书记员 4 名	书记员 4 名
语文组长 4 名	领读员 5 名
数学组长 4 名	语文组长 4 名
英语组长 4 名	数学组长 4 名
学习结对小组	英语组长 4 名
新闻播报台评审 5 名	学习结对小组老师 10 名
图书管理员 1 名	常规积累搜集员 5 名
二、纪律部部长 1 名	新闻播报台评审 5 名
值日班长 5 名	英语对话搜集员 1 名
早读班长 5 名	数学报分发员 1 名
课间文明监督员 5 名	学习检查员 4 名
眼保健操监督员 5 名	杂志分发员 2 名
领操员 5 名	课文背诵检查员 4 名
红领巾监督员 1 名	接力作文组组长 10 名
路队长 4 名	考试分析员 1 名
上课铃声提醒员 1 名	二、纪律部部长 1 名
放学提醒员 1 名	值日班长 5 名
放学整理员 2 名	早读班长 5 名
调解员 2 名	眼保健操监督员 5 名
	路队长 4 名
	领操员 5 名

（续表）

四年级下学期岗位一览表	五年级上学期岗位一览表
三、卫生部部长1名	三、卫生部部长1名
卫生提醒员1名	卫生记分员2名
卫生记分员2名	值日生（全班）
值日生（全班）	健康大使1名
健康大使1名	四、宣传部部长1名
四、宣传部部长1名	板报小组（设计、组稿）
板报小组	班级文化布置小组（设计、张贴）
班级文化布置小组	班队活动策划组（策划、创作、编导、演员）
班队活动策划组	班报编辑部（主编、美编、采写、校对）
五、内务部部长1名	家校通
电灯管理员1名	各社团团长
电风扇空调管理员1名	
打扫工具整理员1名	
讲台整理员1名	
展台管理员1名	
开关门大使1名	
饮水机管理员1名	

解读

1. 岗位升级既指对原有岗位的增删合并，也指拓展岗位原有内涵

随着年级的升高，学生在岗位工作中会出现"倦怠"现象，因此在岗位建设中应不断拓展岗位内涵，提升岗位建设目标。也就是说，要让岗位建设贴近学生各阶段的成长需要，不断丰富和提升岗位，使之更精细化、深入化和清晰化，以激发学生新的工作热情。上述案例根据学生能力发展特点，删掉了上课铃声提醒员、放学提醒员、放学整理员、调解员、图书管理员等常规性岗位，因为这些岗位是出于维持班级常规需要而设立的。高年级学生常规纪律已经走上正轨，根据班级现状，这些岗位已没有再保留的必要。与此同时，增加一些适合高年级需求的新岗位，这样更容易调动学生的做岗热情，比如上例中增加的"家校通""社团团长""接力作文组组长"等。

岗位可以根据学校和班级的实际需要创造性增设。如上海市闵行区实验小学范向华老师针对五年级学生自主管理能力强、策划愿望强、榜样示范作用大等

特点，保持了与四年级相同的岗位设置，将部分岗位持续升级，提升岗位操作要求，增加岗位内涵。班委在原有基础上适当轮换，同时，参与校园活动的设计、策划与开展。例如，开展迎新生入学仪式、与一年级手拉手等系列活动，让五年级学生在具体的任务承担中增强校园主人翁意识，以自己所做的贡献增进对母校的情感，强化毕业生的责任意识。与此同时，更关注小岗位实施过程中的管理与评价，通过跨部门的日常评价、部门工作的每周反馈、基于日常检查的每月评优等多元评价方式，给学生的班级生活创设更富激励和挑战的氛围，使学生更加积极向上，也使班级生活充满活力。

2. 因需变岗，班级组织结构随班级现状、学生需要而升级

在岗位体验之初，班级岗位大多由老师提供，这些岗位应着眼于班级需要，囊括班级管理的方方面面，如学习方面，设置课代表、组长、学习互助小组；纪律方面，设置值日班长、早读班长、课间纪律管理员等；卫生方面，设置卫生提醒员、卫生计分员等。到了高年级，在学生有一定体验经历和实践能力的基础上，可以考虑组织学生自主设岗，让学生自主发现班级现有岗位中多余的岗位或是缺少的岗位，发挥学生的主动性。总之，班级岗位因需而设，遵循"人人有事做，事事有人做"的原则，保证班级岗位能面向全体学生。

岗位的职责要明确，上岗前先对相关人员进行培训，明确职责，这样才能有的放矢地开展工作。如淮阴师范学院第一附属小学（简称"淮师一附小"）束彦老师在带领学生将班级原有岗位进行增删合并之后，又重新制定了各个岗位的职责及考核评价标准，在她们班的《岗位设置一览表》上，既有常见的岗位名、岗位承担者、职责要求、轮换周期等项目，还标注出岗位在四年级基础上的升级形式（合并或删除），岗位内涵的升级模式让人一目了然。

3. 岗位升级的目的是构建以学生为主体的班级自主管理模式

在低中年级的基础上实行岗位灵活升级，主要指向班级民主化管理，并通过不同形式的岗位体验，为学生创设展示、锻炼、体验的平台，促进他们健康个性的形成与发展。一方面，通过岗位升级，充分调动和发挥学生的主体性，不让一个同学成为旁观者。与此同时，构建立体的、交互的岗位体验网状模式，互相评价，互相促进把班级所有的事情分给每一位学生，在岗位管理的过程中使其敢于表现自己，善于表现自己，使每个学生都能根据自己的个性特长有所归属，让每个学生的潜力得到开发。小岗位，让学生有了大责任，唤醒了他们沉睡的主体意识，也有利于形成良好的班风。

建议

1. 更换组织建设过程中关注学生的负面情绪

通过适时增减岗位,带给学生更多新奇感,在一定程度上激发其参与体验的兴趣。不过,在这一过程中还需对学生进行恰当的心理疏导,如果学生对被删除的岗位念念不忘,不妨让他继续担任,让他通过亲身实践明白这个岗位确实已没有存在的必要,并引导其及时认领新岗位。

例如,学生小朱是上学期的红领巾佩戴监督员,责任心强,管理时铁面无私。本学期,他还准备申报该岗位,可是应大多数同学的要求,此岗位被撤销。从那以后,他几乎每天向老师汇报一次:"老师,××今天没戴红领巾!""老师,今天有好几个人没戴红领巾!""老师,班级里有越来越多的人不戴红领巾了!应该惩罚他们!"……针对小朱的行为,老师在班级里组织了一次讨论:红领巾该为谁戴?首先,全班同学达成共识,红领巾应该戴,因为它是少先队员的标志,不过,遇有特殊情况也可以不戴,如体育课、天气炎热等,而有些场合如升旗仪式、校外活动,红领巾则必须佩戴。接下来,全体同学讨论第二个问题:红领巾的佩戴是否必须安排专人监督?经过讨论,大家纷纷表示,这一行为应养成习惯,自觉内化为各自的行动,即使忘戴,也不应该以惩罚的方式提醒,否则会让同学们对红领巾的佩戴产生反感,玷污了红领巾的纯洁与美好。小朱听了大家的讨论,也意识到自己不能在此问题上钻牛角尖,于是,他自告奋勇申报形象大使的岗位,并自觉调整工作思路,由惩罚为主变提醒和发现优点为主。在他的提议下,班级还开展了"寻找身边的明星"主题班队活动,有两位同学因为无论何时何种场合都坚持佩戴红领巾而进入他的"慧眼",被推举为班级"礼仪之星"。

2. 可实行双班委或多班委制

和四年级实行的双班委或多班委制不同,如果说四年级时的双班委制是处于同轨并行新模式适应阶段的话,五年级就要努力让各个班委(部门)综合运作、协调统一,共同为班级发展服务。在这过程中要主动关注班级中出现的"小团体"现象,积极利用,引导其往有利于班级的方向发展。

随着学生年龄的增长,班级中出现了很多学生自发形成的小群体,这些小群体通常决定着班级的舆论风气。面对小群体泛化的现象,老师不能简单打压,可以让这些群体合法化,组建成班级小队。由队员自己推选队长,自己制定小队目标和个人目标。这样一来,原本躲在幕后的各个小群体就正式走到台前,小群体

中的核心人物也开始发挥作用。

小队成立初,队员们在小队中找到了归属感,难免会对班级岗位体验渐渐失去信心,急需成立"权威机构"与小队力量相抗衡。这时可以在班级实行双班委或多班委制,由小队和班委共同管理班级、策划组织活动。小队和岗位成为班级两条并行的管理制度,它们互不干涉,但也需要分工协作、相互监督、相互牵制。通常情况下,班级岗位负责班级日常性事务,如学习、常规工作等,小队负责丰富学生的业余生活,如每周一次的班队活动的组织策划、突发性活动的协调安排。

3. 建立多元评价体系,激发体验热情

高年级岗位在认领时之所以经常出现"无人问津"的现象,其原因有二:一是学生怕岗位体验影响学习;二是岗位评价不具备激励作用。高年级岗位建议采用多元评价体系,既符合学生的认知心理,又尊重学生的主体个性。多元评价体系包括:(1)评价主体多元,由生评(自评、小组评、班委评)到师评(班主任评、学科老师评),再到家长评,人人参与评价。(2)评价内容多元,可对评价客体的到岗情况、做岗效果等多方面进行评价。(3)评价方法多元,有主题评价、能级评价、星级评价等方法可供使用。经过这样的多元评价,学生对于评价结果更易于接受;在岗位认领时结合岗位评价的结果,更容易让学生产生岗位的自豪感,也更愿意去体验岗位。岗位评价中被评为"优秀"的同学在岗位认领时可以具有更多的选择权;岗位评价中的优胜者可以成为新一轮岗位体验中的"导师"等。上海市闵行区华坪小学陆敏老师在班级创设了"师徒结对,互相学习"的模式,开展"聪明师傅与徒弟结对"的活动,主要是由老班委做师傅,带领新班委熟悉日常班级管理工作,初步培养对待工作的责任心与主动性。通常,第一次活动先由老班委示范,新班委观摩;第二次活动由新班委策划,老班委悉心指导;第三次活动由新班委独立策划,老班委全程观摩评价。在整个过程中,班主任也会进行提升性的指导。几次活动后,班级开展"聪明的师徒"主题班队活动,让师傅和徒弟对一个月的结对工作进行自评、互评,再由其他学生对新、老干部进行评价。这样不但新、老干部明确了如何以自己的实际行动达到"聪明师傅"与"聪明徒弟"的标准,而且也让全班学生学会了如何做干部,如何"教徒弟",为以后干部轮换过程中的"师徒结对"打好基础。

> **链接**

班级岗位组承办班级活动安排表
淮阴师范学院第一附属小学　束　彦

能干鸾娃在行动（一）					
时间	专题活动	策划组	主持人	活动地点	效果
3月份	三八妇女节，争做孝心鸾娃	好学鸾娃组	潘同学 常同学	五（4）班教室	A-
3月份	岗位故事分享会	活力鸾娃组	马同学 司同学	五（4）班教室	A+
4月份	我与自然灾害面对面	踏实鸾娃组	许同学 吴同学	班队活动室	A+
4月份	三国故事分享会	温馨鸾娃组	王同学1 郭同学	五（4）班教室	A-
4月份	公仪休拒收礼物	勤奋鸾娃组	王同学2 陈同学	五（4）班教室	A+
5月份	岗位之星我最棒	热心鸾娃组	徐同学 陆同学	五（4）班教室	A+
5月份	一同成长——家长会	快乐鸾娃组	刘同学 蒋同学	五（4）班教室	A+

能干鸾娃在行动（二）			
时间	板报内容	设计组	效果
3月份	与自然灾害面对面	好学鸾娃组	A-
4月份	劳动最光荣	活力鸾娃组	A+
5月份	快乐"六一"	踏实鸾娃组	A+

第二章 岗位工作与组织建设

二、如何让组织建设与学习活动互促并进

要解决高年级学生参与岗位热情退却的问题，除了岗位需要推陈出新、不断升级外，还要加大与学习相关的岗位体验力度，将学习与做岗相结合，打消学生"因做岗而耽误学习"的顾虑。

案例

学生驱动的"幸福作业暑假版"研究报告
常州市龙虎塘实验小学　顾惠芬

六（8）班在2015年暑假时，共有学生48名。"幸福作业暑假版"的研究共经历了六个阶段：

第一阶段：前测——暑假作业的理解与变革需求（6月30日—7月2日）

学期期末，暑假前，我们对整个年级8个班的学生及家长发放了问卷，并与六班自主要求参加的学生进行座谈，主要围绕"您对以往的暑假作业有什么感受""您对今年的暑假作业有什么想法和建议"两个问题，了解学生、家长对以前"暑假作业"的看法以及对2015年"幸福作业暑假版"的期待。

第二阶段：一次动员与策划——"走进社区，幸福牵手"小队活动（7月3—8日）

7月3日，下发"暑假幸福作业总动员"以及"走进社区，幸福牵手"的活动策划表。学生们利用期末学业测试结束至举行休业式之间的休息时间，尝试作出初步的策划。在这个阶段，各小队的组队工作基本完成。个别能力比较强的小队已能开展社区调研，确定活动项目，填好策划表，还绘制了活动的"思维导图"。

第三阶段：二次动员与策划——与"小队"同行，秀"幸福达人"（7月9—10日）

在小队纷纷开始策划暑假"社区研究活动"的时候，部分家长通过"幸福8班家长群"和邮件向老师表达了内心的一些担忧：他们的孩子在学业成绩方面相对处于班级中下游位置，这样一个共同的小队活动作业是否会占用孩子太多学习时间？是否会对自己的孩子胜任即将到来的六年级毕业班的学科学习形成阻碍？

7月9日上午，学生回校参加休业式，语文老师将这些意见传递给学生，引导学生再次讨论，进行了"幸福作业暑假版"的二次动员和策划。这次，学生在小

队活动的基础上,进一步完善了针对自身现状的"个人策划",依据自己的薄弱项目设计相应的作业形式、数量,语文老师也再次和其他学科老师沟通,给出相应的"建议",家长则根据自己的能力所及,在孩子的"个人策划"中自主确定共同参与作业的方式。通过两次策划活动,"幸福作业暑假版"形成了基于"社区项目研究活动"的"小队作业"与"个人作业"双线并行且相互融合的模式。

第四阶段:实践与指导——多元创造、互助与合作(7月11日—8月30日)

"幸福作业暑假版"随着暑假的开始进入实践阶段。学生们依照自己的策划,走进社区,开展活动,创造着自己的"作业"。"幸福8班学生群"成了他们分享和"求助"的主阵地:向同学请教,小队和个人的优质资源和经验就得到了相互的借鉴、吸纳;向老师请教,老师在线指导、有问必应成为常态机制,尽可能对小队活动和个人作业作出具针对性的点评。家长们也会以"志愿者"身份参与小队活动或亲子活动,并把遇到的问题传递到"幸福8班家长群",与老师、其他家长展开讨论。

第五阶段:展示与评价——个人、团队风采show(9月6—10日)

9月,开学季,学生们带着"幸福作业"和期待的笑脸回到班级。展评活动主要分三个版块:一是材料展示。二是活动汇报。班队活动中,各小队依据一次策划中的分工,以不同形式展示了小队社区研究活动的过程、成果,进行了组际的分享、学习和进一步讨论。三是互动座谈。老师以及自愿参加的家长、学生代表与"班级建设考察万里行"的成员就"幸福作业暑假版"进行互动交流。

第六阶段:数据搜集——价值评估与改进空间(9月11—21日)

9月11日,我们对48位学生发放了"幸福作业暑假版"主题调查问卷,回收有效问卷48份。9月18日,我们又对48位家长发放了"幸福作业暑假版"主题调查问卷。问卷用55个"等级选择题"向学生、家长了解两个主题:对幸福作业的理解以及幸福作业的效果;又通过5道开放题总体了解学生、家长对"幸福作业暑假版"及实践过程中的人、事印象最深刻的地方。所有问卷的数据统计由学生完成,开放题目的回答内容由华东师范大学研究生李燕等帮助分析。

解读

1. 不同岗位体验的合作与融通

老师、家长、学生的合作参与,使得这一研究活动全息体现着三者对暑假作业的理解、需求和向往,尤其是学生,因为成了合作中的驱动力量,他们的真实"视界"才得以真正融入。也因此,"幸福作业暑假版"呈现出极大的综合融

通性：学校学习与家庭生活、社区生活融为一体；学科与学科之间知识能力综合介入；小队与个人共同提升……这种融通与独特使轻负高效、乐于体验成为可能。最后，问卷调查结果显示，100%的学生否定了"幸福作业暑假版很多"的观点，100%的学生不赞成"幸福作业暑假版很难"的观点，100%的学生和94%的家长否定了"此项作业改革活动只跟语文知识有关"的观点。

2. 岗位体验中呈现出的开放与信任

首先，"幸福作业暑假版"丰富了老师、家长、学生的合作关系。除了基于每个学生个体的三者合作，还有基于小队各自的组织结构和各小队活动内容的特殊性所建立的新的关系世界。每个小队除了本班的学生，还聘请了家长志愿者，邀请了非本班学生、邻家小伙伴、亲戚等。而小队研究内容的特殊性又使小队成员进一步接触独特的交往对象，如社区干部、幼儿园老师及身边一些有才艺的同学。关系世界的打开，使得老师、家长、学生三者的合作由单线走向合纵交融。因此，100%的学生否定了"幸福作业暑假版把我困在了家里，一点也没机会到社区或社会上参加活动"的观点，100%的学生表示"这项体验活动让我不再害怕与父母及家人之外的陌生人打交道"。

其次，本次体验活动由学生驱动，充分尊重学生的主体地位，合作由此真正发生。从设计到评价过程中的每一步更是坚持建立在民主的原则上，由老师、学生、家长共同讨论并决策，建立了深厚的合作关系。这种合作关系的开放与信任，使得老师、家长与学生的关系得到进一步改善。92%的学生和100%的家长表示"让彼此关系变得更好了"。而在开放题中，学生、家长也都表达了感恩之情，还有很多同学记下了自己的成长心得。

3. 岗位形式的多元与创生

首先，岗位实践中个体参与的多元与创生。从学生层面来讲，通过此项活动，使学生丰富了活动体验，并且学会在任何活动中都能更新以往经验，对旧的形式加以创新。如在对此项活动的回顾梳理阶段，有的学生创造了"为家长开一场个人新闻发布会"的新形式，把自己在小队活动中的所做、所思、所得与家长分享；还有的将所有作业综合形成一本"书"，根据自己的策划形成相应的目录，邀请他人为自己写"序"。在家长、老师的参与层面，他们一方面是主体角度的个性参与，另一方面又因为学生参与的变化不断生成新的参与方式，如老师应学生的需求，通过QQ随时进行在线指导，也应学生的邀请参与现场活动等，可见，家长、老师的参与职能在学生的驱动下也更加多元化。

其次,岗位实践的平台得到拓展。本次活动中各岗位的锻炼平台突破了一般意义上的班级层面、年级层面,甚至是学校层面,走向社区,走向社会各个阶层,将不同层面的岗位用一个共同的目标串联起来,编织成一张大大的岗位体验新网络。参与岗位实践的有个人、小队、家庭、班级,不同的组合,带着不同的任务,在分工和合作的不同体验中满足高年级学生喜欢新鲜、喜欢挑战的心理需要。

建议

高年级学生学习负担加重,对于岗位体验的热情难免冷却,这时可以将学习与岗位相结合,协调两者间的关系,使之达到互相促进的效果。比如,针对学生热衷学习的特点,增设学习方面的岗位,并加大对学习岗位的考核力度;开展与学习有关的岗位体验活动,既帮助学习,又锻炼能力(参考上述案例);充分保证学生岗位体验的时间,尽量不被学习完全占用;指导学生智慧做岗位,合理安排岗位体验与学习的时间,等等。

1. 增设与学习有关的岗位

高年级学生认岗做岗的热情之所以退却,很大程度上是因为怕耽误学习。针对大家的担忧,可以增设更多与学习有关的岗位,如学习结对小组、语文常规知识搜集员、英语对话搜集员、负责批改默写作业的书记员等。事实证明,这些岗位一经推出,就会受到高年级学生的欢迎,很多岗位甚至需要通过竞争才能上岗。通过增设学习岗位,可以大大改善学生不乐意进行岗位实践的现状,将学生们的岗位体验热情由常规管理类慢慢引导到学习上来。

2. 组织建设的体验、轮换、评价与学习相结合

当学生们都开始关注学习部门的岗位,认岗人数较多时,岗位认领的细则制定就显得非常重要。如淮师一附小的高兴蕾老师就发现,当班级推出"学习结对小组小老师"的岗位后,学生们都很感兴趣,都想认领,于是班级举行了名为"我是称职小'老师'"的主题班队活动,专门就这个热门岗位讨论制定了标准。学生们将学习部岗位分三个层级,每一级岗位有不同的认领标准和评价标准,一级岗位得到优秀的评价后才可以申报二级岗位,依此类推,让岗位的认领促进学生的学习。下表是高兴蕾老师班级的学习部岗位层级表和各级岗位评价标准。

学习部岗位一览表		
一级岗位	二级岗位	三级岗位
岗位及人数： 语文组长 4 名 数学组长 4 名 英语组长 4 名 领读员 5 名 常规积累搜集员 5 名 英语对话搜集员 1 名 数学报分发员 1 名 杂志分发员 2 名	岗位及人数： 学习检查员 4 名 课文背诵检查员 4 名 语文课代表 2 名 数学课代表 2 名 英语课代表 2 名 美术课代表 1 名 体育委员 1 名 音乐委员 1 名	岗位及人数： 书记员 4 名 学习结对小组老师 10 名 新闻播报台评审 5 名 接力作文组组长 10 名 考试成绩分析员 1 名
评价标准： 1. 按时到岗，主动开展活动组织同学学习 2. 组长、分发员收发作业及时，态度谦和、以身作则 3. 领读员和搜集员要提前作准备，不应付、不推诿 4. 在工作时注意配合其他岗位维持班级秩序	评价标准： 1. 责任心强，主动到岗进行督促检查 2. 以身作则，要求别人完成的任务自己必先完成且效果好 3. 工作中态度谦和、有耐心、讲究方法	评价标准： 1. 能理解、宽容别人，态度谦和、有耐心 2. 工作认真细致，批改或辅导中不能有明显错误 3. 公平公正，不偏袒，不以公报私

3. 智慧做岗，合理分配实践与文化学习的时间

很多家长担心，进入高年级还担任班级岗位，会耽误学习，影响学习效果。其实，只要改变工作方式，将岗位体验与学习二合一，就既能锻炼学生的工作能力，又可提高学生的学习效率。如学习督促员在检查别人背书的同时，自己也跟着一起背；书记员批改别人的默写作业的同时也是复习巩固；早读管理员由读得好、读得熟练的同学担任，利用多余时间进行工作；常规纪律要求人人自觉，尽量不占用管理员时间；学习结对小组要做到互相帮助，不能仅仅是老师陪伴学生学习，学生反过来也要对老师进行学习上的督促检查……

如此，班级里不仅会形成浓厚的学习氛围，还会使原有的常规监督岗位的工作轻松完成，可谓一举两得。每个人都把岗位体验当成学习的一部分，把学习当成帮助别人、关心集体的必备条件，学习和岗位体验水乳交融，成为不可分割的一个整体。

三、如何拓展组织建设的岗位空间

班级社团岗位向校级社团岗位升级，是社团发展的需要，更是学生成长的需要。当高年级学生在班级岗位中经过充分的实践锻炼，能力得到大大提高时，他们急需更广阔的舞台施展自己的才华，而学校也需要更多高年级学生参与校级社团体验，给低年级孩子以更多引领和示范。从学生、学校、社团等多个角度来看，高年级的社团由班级升为校级，是岗位建设的有效途径。

案例

班级社团蜕变记

深圳市光明新区实验学校　黄柳娟

孩子们还有一个多月就要毕业了。一天，太阳花种植社团的团长小骆跟我说："有一个四年级的班级想在我们的菜地接着种下去，这样我们的社团就后继有人了。"是的，我们班有九个班级社团，毕业了，这些社团就悄无声息地结束了？总要留下点痕迹吧。我很欣慰，孩子们比我早想到这个问题。除了传承，还可以做什么？

2016年5月30日，全国"新基础教育"共生体学校班队工作研讨会召开，我校承办了其中的大型研讨活动。当时，拍摄现场照片由现有的学校社团——新视觉摄影社负责，但缺少录制视频的团队，这对于我们班级社团来说是一次展示的机会：我们班的"欢乐剧场"社团在成立一年的时间里已经制作过几个质量较高的视频，技术上应该没问题。于是，我与该社团的孩子们商量，询问他们是否有兴趣在这个研讨会中露两手，为学校拍活动现场的视频，也使社团活动完美收官。有那么大的场合作为拍摄资源，孩子们很兴奋，本来以为他们会有一丝丝的退缩或犹豫，但他们有的只是兴奋。我不得已再次提醒他们这是全国性的活动，一定要提前作好策划和分工。"没问题的，老师，这是一个小case"，大大咧咧的小钟自信地说。看来不自信的是老师！

接下来，在团长小韦的带领下孩子们进行了分工，分成四组，每一组负责一个场地的拍摄。因为后期制作的学生水平不一，小韦是该社团最专业的后期制作师，所以由他对其他三组的同学进行集训。考虑到数码相机视频上传到电脑的速度很慢，就决定用iPad来拍，几十兆大小的视频通过iPad上传到电脑只需要十几秒，于是，孩子们向全班同学征集了iPad。后来又遇到新问题：他们需要四台电

第二章　岗位工作与组织建设

脑用于后期制作、一台电脑做终端，没有这么多电脑怎么办？"这个任务就交给我吧，由我向信息科组的老师借。"我主动请缨。

在信息科组老师那里，我无意中得知我们学校初中部刚刚成立了一个校园电视台，脑子里的细胞立刻被激活：这是一件天大的好事，孩子们马上就要上初中了，如果加入校园电视台，他们就可以继续做他们喜欢的事了。我赶紧给校园电视台的胡老师打电话，向他推荐我们班欢乐剧场的学生。胡老师听到我的介绍感到很惊喜，非常乐意接收他们，同时也告诉我，校园电视台刚刚成立，由于一开始指定的专业指导老师调走了，所以还没有开展过活动，换句话说，这个组织机构是空的，而且没有专业的指导老师。尽管如此，胡老师很愿意在全国展示会中启用电视台，作为电视台的首秀，他对欢乐剧场的孩子们是热烈欢迎的。

我该怎么跟孩子们说呢？一种方式是说"你们太幸运了，你们可以从班级社团转化为校级社团，直接升级了"。另一种方式是说"你们运气真不好，虽然校园电视台接收你们，但一无所有，从零开始"。这两种方式都不太妥当，直接升级得来太容易，缺乏挑战；现实虽不乐观，但悲观式的表达会影响孩子们的情绪和发展。再把眼光放到欢乐剧场的孩子们身上，他们是快乐的、自信的、喜欢挑战的。但一年来的社团活动没有发生质的改变，孩子们一直在做一些自娱自乐的事情，现在要通过一个关键事件将社团由一种状态转变成另一种状态，虽谈不上浴火重生，但也要经过打磨历练，走向成功。所以，我决定跟孩子们说："你们要破茧成蝶，蜕变了。"

现在的活动，已然不再是一个小打小闹的班级社团活动，而是以校园电视台的名义亮相的综合性学生活动组织。电视台的胡老师为大家提供了硬件设备和电脑技术支持，并组织孩子们一起讨论如何把组织建立起来，如何比较专业地运转起来。针对目前只有技术组，缺少主持人组、现场小记者组和文稿组的现状，孩子们建议让我们班另一个社团——叮叮铛新闻社团一并加入其中，承担主持人的工作，协助写稿件，而现场小记者可以通过海选的形式招聘。建议得到采纳后，组织迅速得以成立，小记者也被分到各拍摄组。短时间内，一个有模有样的"电视台"就在师生共同努力下得以成立并开始运转了。接下来要考虑的是专业性问题，比如播放视频的时间，原来计划不在现场播放，但孩子们经过多次练习，认为时间来得及，只要把时间算好，便可以在现场拍、剪、播。一场新的历练开始了，向学校要场地分布图、小记者培训、主持人前期制作、采点、试拍、试剪，这是一个全新的组合，有不同的意见，有不同的做事方式，大家在不断的磨合中形成新的默契。

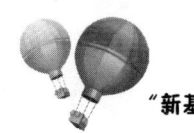

在活动过程中进行电视台的现场展示,一定会有很多不确定的因素,要争分夺秒,要讲团队合作。如在活动召开的前几天,摄影师小庄扭伤了脚,他负责的是低年级游园场地,为了整体效果,他坚持留在自己的岗位。当然也会有遗憾,当天最大的遗憾就是视频效果不太理想,因为终端设备是活动前一天才安装好,所以无法试效果,现场渲染的速度异常慢,而且音效不好,这样的情况下,是否于现场播放又是一个抉择。最后大家决定"播"。在经过一系列的努力之后,结果在大家眼中似乎已经变得不那么重要,"播"是自我肯定和自我激励。因此,校园电视台有了自己的首秀。

我们班的社团是以学生的兴趣爱好为基础建立起来的,兴趣能激励孩子们形成积极上进、善于发现、勇于探索的品质,并在过程中提高解决问题的能力。随着活动的开展,一开始为了好玩的目的已经淡化了,转向对新事物、新校园生活的创造,对美好未来的渴求。每一次的探索和挑战就是一次蜕变,孩子们就是在一次次蜕变中体验生命的活力。

解读

1. 班级社团向学校社团转化得益于社团活动的长期有效

班级社团的有效开展,是班级社团向年级、校级社团转化的前提。高年级学生经历了几年的社团活动,组织能力和协调能力得到了锻炼和提高,此时再让学生涉足校级层面的社团策划和组织,便是水到渠成、顺理成章了。突击性的校级、年级任务,"抓差式"的校级、年级岗位体验方式,都无益于活动的开展,甚至会让学生产生厌倦、逆反情绪,结果事倍功半。有调查表明,长期持续的社团活动能够增强学生的责任心、增进集体凝聚力,更重要的是不仅能锻炼学生的组织协调能力,而且还能使学生发挥自己的兴趣特长,可以说是一举多得。

2. 学校岗位实践以兴趣为主,尊重学生需要

学生社团建设,对培养学生的团队合作精神,培养学生发现问题、分析问题、解决问题的能力都将起到极大的促进作用。它是学生积极参与学校民主管理、大胆展示课堂内外独特才华的舞台,更是一个学生最佳的道德实践基地。在这特殊的组织里,学生相对成了不受约束的"自由人",他们充分自主,可按照自己的意愿行使自己的选择权,自由地思考、探索自己关心的各种问题,可以表现自己独特的兴趣、爱好、需要。在这自由的时空中,学生不必压抑、胆怯和拘谨,可让自己的想象和创造思维尽情地驰骋,让个性、特长尽情地展示。在这种个性化活动方式中,

能使每个学生充分体验到学习活动的乐趣。例如，上海市闵行区实验小学"丫丫俱乐部"的成立充实了学生的校园学习生活，俱乐部下设丫丫舞精灵、丫丫精武馆、丫丫小百灵、丫丫画坊、丫丫琴童社、丫丫书社等多个社团，让学生在学习之余发挥特长、施展才华，为其终身持续发展奠定扎实的基础。淮师一附小的金娃娃艺术团、鸾娃合唱团、鸾娃航模社团，将学生社团与地方文化资源相融合，既发展了学生的兴趣特长，又挖掘了地方文化，将学生社团发展为学校特有的文化记号。

3. 升级蜕变过程中强调多个社团、多个部门的分工合作

当班级社团向学校社团升级蜕变时，每个社团成员所接收到的任务更具挑战性，对学生的能力也提出更高的要求。对于其中单个社团无法完成的部分，老师可以指导其他社团或部门参与，各自发挥特长，各司其职，在老师的统一协调下，共同完成学校社团的目标任务。例如，上海市闵行区汽轮小学相继开展了"人人争做小管家""人人争当精管家"的班级岗位体验活动之后，在年级、校级层面开展了"人人争做灵管家"的岗位升级活动。班级中设立五个职能部，即策划部、宣传部、文娱部、信息部、后勤部。全班同学根据自己的爱好加入各职能部。各部门各司其职、分工合作，共同策划组织年级、校级活动，比如结合重大节日定期举办主题班队活动、红领巾易购书市、手拉手争章活动等，培养学生的自信心、自豪感、自我认识能力。针对年级情况和学生兴趣开展有效的教育活动，有助于学生锻炼意志，培养良好品质，陶冶情操，增长知识。淮师一附小陈玲老师在带领学生策划学校元旦社团活动时，就综合考虑了绘艺社团、益智社团、唱响社团、历史社团、烹饪社团各自的特长，各有分工，最后策划出独具特色的元旦活动。

建议

1. 以班级为单位进行学校值周活动

在创新班级建设、丰富班级管理岗位的同时，不断拓展学生自我教育、自我发展的空间，开展各类丰富多彩的校园活动，鼓励学生走出教室，走向校园，参与校园管理，开展"我为校园值周""我为校园献策"等活动，激发学生的校园主人翁意识。在活动过程中始终关注学生参与各种活动的状态，根据学生及学校的需要适时调整活动方案，提升学生的自主管理能力。上海市闵行区实验小学以"校园小当家"活动为载体，引导学生积极参与学校日常工作的管理与评价。每周由一个班级承担学校一周的日常学生活动、各项常规检查工作，如周一的升旗仪式、周三中午的创新大播台等。引导学生在参与校园当家的活动中，根据自

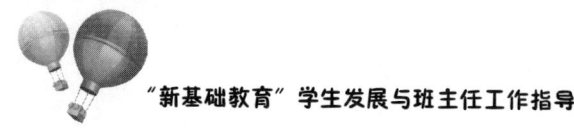

身特点，选择适合自己的岗位，发挥自己的优势，学习为学校、为他人服务，获得"我当家，我快乐；我服务，我快乐"的真实感受，学习和提高自我管理的能力。再如，上海市闵行区汽轮小学开展"手拉手活动"，把活动拓展到"友谊班"，服务岗位更加多样，有"小老师""辅导员""故事员""宣传员""管理员""保洁员"等，他们帮助指导弟弟、妹妹们完成黑板报和做家务。除此之外，他们还邀请全班同学都来当小老师，每天中午轮流到"友谊班"教弟弟、妹妹们练字，读拼音，帮他们默生字，让他们和自己一起进步。

2. 积极开发校园主题活动，提供岗位锻炼的平台

丰富多彩的活动是培养学生自主管理能力的重要渠道。每次开展校园主题活动，我们都非常关注学生的主体意识，积极改进活动模式，"老师搭台、学生唱戏"，让学生参与策划、实施、反馈、小结等活动的全过程，给更多的学生提供自主参与、自主管理的机会，努力培养学生的创新精神和实践能力，全方位、多层次地开展每一次活动，让每一个孩子的潜能得到最大程度的开发。

以上海市闵行区实验小学开展的一次"六一"庆祝活动——"迷你世博会"为例，从活动策划到实施，以及"迷你世博会"的隆重举行，老师们始终关注过程中每一个班级、每一个学生的积极主动投入的状态。从对承办国家的探究到活动方案的制定，从绒面板的宣传到展馆的布置，从活动的策划到当天的组织实施，每一个学生都动了起来，他们不仅在欢乐的情景体验、游戏活动中，了解了世界各国的乡土风情，还懂得了"快乐可以用自己的双手创造"，同时也体会到世博会与自身的密切联系，激发了他们强烈的主人翁意识。

再以淮师一附小为例，学校层面有一个颇受欢迎的岗位——"娃娃校长"。娃娃校长周五可以总结全校的情况，周一可以在学校雏鹰电视台栏目《一周综述》中露面。许多学生都觉得这个岗位很神气，可以像"校长"一样参与学校管理。但参与锻炼了就会觉得并不容易，需要利用课余时间进行检查反馈，需要有一双会发现的眼睛，发现问题后尽可能及时解决。如发现哪个班需要改进，要和这个班级的班长或班主任交流，还要尽自己所能提出建议。每周的值周总结要认真撰写。还有，娃娃校长的任职是有期限的，一般一个学期就要换届选拔。当然，做得好的可以被聘评为"培训人员"，对下一届娃娃校长进行岗前培训。娃娃校长惠同学说："做娃娃校长的经历使我懂得学校需要我们每个人的努力，每个人都有权利和义务让学校得到更好的发展。"

3. 班级岗位向社区岗位渗透

高年级学生的岗位体验不应只局限在班级内部，还应该向学校、校外延伸。

第二章 岗位工作与组织建设

这时需要多一些平台让学生展示,比如社团活动、年级管理委员会、社区公益活动等,都应尽可能多地锻炼学生的能力,增进学生的社会体验。在开展社区活动时可以遵循"就近组团"原则,以居住地划分成员(同一个小区、同一条街道等),既方便开展活动,也有助于学生间的协调沟通。

例如,江苏省常州市第二实验小学基于对六年级孩子发展需求的分析,拓展了岗位教育的内容,将岗位的空间从学校延伸至社区,设计了"小小放大镜""社区我能做点啥""我是社区小主人""责任勋章大家争"四项活动,让每个队员在自己所在的小区或楼道先寻找一个小岗位,如"红领巾卫生岗""小小监督员"等,使每个队员以主人翁的姿态参与社区管理,寻找社区在卫生、服务、绿化、小区管理等方面存在的问题,在自己力所能及的范围之内,为社区建设贡献力量。比如在常州创建全国文明城市的时候,孩子们就走进社区,宣传文明常识,倡导文明行为,争当文明小使者。节假日,在校内外辅导员的带领下,学生走进小区广场的车展现场,宣传酒驾的危害,宣讲交通安全法律法规等,以此激发队员潜能,锻炼队员能力,培养他们作为一个合格公民的社会责任感和使命感。①

链接

"我为校园支一招"少代会提案发布会
上海市汽轮小学 吴周云

活动的具体推进过程如下:

活动环节	教师活动	学生活动	设计意图
报告人数,准备活动	中队长:全体起立!立正!稍息,立正!各小队整队报告人数!(小队报数) 中队长:报告中队辅导员,五(2)中队应到21人,实到21人,活动准备完毕,请允许我们开展活动 辅导员:接受你们的报告,祝你们活动成功!(中队长宣布活动开始) 中队长:全体立正!出旗!敬礼! 中队长:唱队歌! 中队长:礼毕!请坐!	1.各小队整队 2.报告人数 3.出旗 4.全体学生敬礼 5.唱队歌	调动学生的情绪,使其以认真的态度对待本次少代会提案发布会

---

① 参见王小娟、李闰洁所做的《少年队小岗位分层教育研究》报告。

（续表）

活动环节	教师活动	学生活动	设计意图
情境导入，引出提案	1. 看一小队拍摄的照片（关于环境卫生方面），思考这是什么现象 2. 中队长引导小队提出自己的少先队提案	交流	从学生捕捉到的校园一组镜头引入本次活动，贴近学生生活实际
讨论交流，现场互动	1. 中队长发言，宣布"我为校园支一招"少代会提案发布会开始 2. 各小队轮流发布"少代会提案" 3. 队员发布提案后，讨论提案的价值和可行性： （1）发布教育类的问题 （2）发布家庭方面的问题 （3）发布安全防范、卫生环境方面的问题 4. 评委们对队员提交的提案进行点评，评选出"优秀提案"和"最满意答复提案" 5. 中队辅导员出示少代会提案要求： （1）提案要有可操作性 （2）提案要从少先队员学习、生活实际出发，要有事实、有数据 （3）提案不仅能提出问题，还要能够在此基础上提供解决的建议或者方法 各小队根据评委点评修改提案	1. 小队长交流提案 2. 中队长宣布获得"优秀提案奖"和"最满意答复提案"奖 3. 小队讨论并修改提案	通过与评委们的互动交流，使学生逐步学会写少代会提案，培养其主人翁意识
实践活动，解决提案	1. 中队辅导员总结 2. 中队辅导员带领队员呼号	1. 中队长宣布：之后各小队按照拟定的少先队提案，寻求各部门的帮助和支持 2. 退旗，中队长宣布活动到此结束	通过队员们的实际行动，呼吁更多人关注校园，激发学生关爱学校、用心生活的欲望，调动少先队员的主人翁意识

四、如何在组织建设中多方兼顾,体现"教育公平"

处于小学高年段的少先队员告别了儿童期,刚刚跨进少年期,他们的自主意识逐渐增强,初步形成集体观念,把集体的荣誉当成自己的荣誉。当然,在集体生活中,学生有了自己的判断能力和公平意识,能对一些事提出意见和建议,也能对不公平的现象予以反驳,但是他们缺少合理的方法,往往对合理的诉求用不合理的方式表达,造成刚好相反的结果。

案例

岗位建设促进教育公平的原则与路径

淮阴师范学院　石明兰;淮阴师范学院第一附属小学　韦云成

当前,班级岗位建设的实践状态表现为境界不高、立场不明、实践不力,学生在岗位竞聘、岗位实践、岗位轮换与岗位评价等过程中遭遇一系列不公平现象。

1. "被"动做岗问题突出

有的班主任基于班级管理的需要,而非学生成长的需要,只关注学校对自身及班级的评价,学校要求什么,他们就做什么,岗位建设意识明显不足,班级工作沦为机械的说教、强制性的管理。学生不能自主选岗,只得被动做岗;班主任偏爱"好学生",某些劳动强度大的岗位倾向于让那些性格内向、发展落后的学生承担;有的学生主动性不够,没有竞争岗位的勇气与魄力,只能做同学选后剩下来的岗位。

2. 性别不平等

班级岗位建设中存在明显的性别差异,体现为班主任想当然地分派。主持人、领读员、学习等岗位女生偏多,劳动、卫生等岗位男生偏多。比如,某班级宣传岗位组包括板报小组、班级文化布置小组与班队活动策划组,全是女生;内务岗位组包括讲台美容师、橱柜管理员、饮水机管理员、电灯管理员、空调管理员、教室钥匙保管员、图书管理员以及劳动工具整理员,全是男生。

3. 岗位轮换不公平

岗位轮换没有形成机制,轮换不及时,影响学生的积极性;轮换周期长短不一,对学生的锻炼程度不同,学生明显感到受重视程度存在差异。岗位升级中,

包括岗位拆分、岗位合并、岗位升级标准的确定,在升级与平级的轮换中带来的成功与失落,都对学生有比较大的影响。比如岗位合并后,被取消的岗位的原有成员被同学们嘲讽,导致他们的积极性与创造力受到打击,出现"失序"现象,不知道自己该做什么,行动游离,缺乏具有安全感的寄托,很快就趋于消沉,个性也随之僵化。

4. 岗位评价不公正

受传统班级管理的影响,班主任掌握评价权,班干部拥有评价权,评价的主体显得比较单一,影响学生岗位锻炼的积极性。班长或班委占据管理岗,他们最有权利评价他人,普通学生对管理岗位没有评价权。班主任比较呵护或重视的岗位在评价中总是会得到一定程度的强化,学生在评价中显得唯唯诺诺。"报酬是有正向价值的行动,报酬越多,就越有可能引发意欲的行为。惩罚是具负向价值的行动,惩罚越多代表行动者越不可能去展现不被意欲的行为。"频繁的不合格会使学生志趣降低,使他们确信自己没有能力达到最高标准,安于现有的地位。这正被奥地利作家卡夫卡说中:"也许所有的教育不外乎两件事,首先,回避孩子们对真理的强烈追求;其次,轻轻地、不知不觉地、逐渐地把自卑的小孩子带入谎言之中。"

5. 岗位实践不公平

在岗位实践中,常会听到以下反映:"她太凶了,老是对我们指手画脚。""他自己不做,老是让我们几个人做。""你有什么了不起,下次等我做值日班长也记你的名字。"当前,岗位建设的实践状态表现为境界不高,依然能感受到那份中国几千年封建社会留下的"官"味。班主任想当然地先入为主,认为某些人做某些事更好,比如,班干部总是一部分比较优秀的学生,他们成了"老干部",实事求是地讲,他们的确优秀,但无形中剥夺了其他同学的机会,导致"阶层"固化。班主任对班级的各项常规更为上心,对管理岗位也更为重视,因为这直接影响着每周"流动红旗"的归属,影响着年级、学校对班级的评价,因此管理岗位也更受到孩子的青睐。班主任对服务性岗位则比较轻视,特别是卫生值日方面,这种轻视不是体现在卫生工作最后的结果上,而是直接体现在从事服务性岗位的人员安排上。

解读

在狭隘的教育观影响下,岗位建设的教育性定位发生偏差甚至错误,其育人

第二章 岗位工作与组织建设

价值难以真正实现，岗位建设的内容、方式与方法的设计也就缺失了基础。

1. 班主任欠缺岗位建设的专业知识与专业能力

班主任重视班级岗位，但带领学生进行岗位实践的能力不足。班级常规管理需要全班学生人人有岗，这种观念早就深入师生心里。可是，很多班主任对浸润民主公平意识的岗位建设理论学习与内化却远远不够，对学生岗位实践的认识只停留在浅表，导致岗位教育应具有的突出的社会价值和深刻的个体生命价值没有得到明显体现，教育显得"短视"，更多看到的是现在，缺乏学生立场。

2. 师生双方缺少平等公正意识

某些班主任民主意识淡薄，没有形成教育平等观念，实践中粗线条，对学生成长的发展性、对学生发展的差异性、对岗位建设的内容结构都缺少深入的思考，出现了岗位建设中的"不公平"现象。老师之所以偏爱女生，是因为男生比较顽皮，语言发展稍逊于女生，注意力易分散，不好领导；而女生活泼可爱、乖巧顺从、伶牙俐齿，比较好领导，因此，女生在多种活动中往往能得到更多的机会。

3. 班主任缺少学生立场

老师是否具有学生立场影响着班级岗位的强权与弱势。岗位本无贵贱，但在岗位实践中，有的学生过于顽皮或者过于自闭，如果不讨老师喜欢，又被班级其他同学排斥，就有被边缘化的倾向，感受不到集体的温暖，没有归属感。

4. 班主任的权利运用过度

班级管理岗与学习岗之所以是学生心目中的权威，受学生青睐，受家长推崇，是因为其背后有着权威的影子。管理岗背后有班主任与班长，学习岗背后有学科教师，这两种岗位在实践中带有更多的权威性与压制性。同样，权威性与压制性影响班级教育资源的合理分配，优秀的学生享受更多的优先选择权、表达权，得到更多的表彰机会。那些发展慢一点的学生会失去第一轮的机会，总是默默出现在后面。

建议

1. 正视组织建设中的"不公平"现状

岗位建设要实现价值公平，师生双方都要具有教育公平的"惯习"，要形成教育公平的心智或认知结构，并用这些结构处理班级生活；在班级建构一种"场域",保障岗位实践中各种客体之间体现公正、平等、民主的网络关系。

（1）班主任要树立科学的公平观

学校加工"知识",也加工"人"。在客观条件限制下,班主任完全可以通过自己的努力促进教育公平。首先,班主任要具有教育公平观,保证学生在班级内或年级内受教育权与各种受教育机会、班级公共资源配置、教育质量以及班级内部群体之间的公平公正。其次,班主任要树立正确的学生观,在班级教育中公正地对待每个学生,不应有任何歧视,让每个学生的个性在各自的基础上得到充分的张扬与发展。最后,班主任要提高自身素养,这是消除班级岗位建设不公平的核心和根本。班主任应以身作则,身体力行,杜绝个人专断,树立公正形象,使学生心悦诚服。

（2）对学生进行岗位实践公平观教育

无论岗位设置与竞聘之前的岗位启蒙,还是岗位实践过程中的上岗教育,亦或岗位轮换、岗位升级、岗位组建设与岗位评价,班主任都要持续对学生进行公平观教育,培养学生的公平理念,让学生主动维护公平,遵守公平的原则;引导学生理解岗位建设的重要价值,培养未来公民的责任意识与责任能力。设岗过程应体现学生的主体地位,择岗程序能够关注每个学生的个体成长需要,岗位实践能够引领学生的健康发展,岗位评价可以逐步唤醒学生的自我意识。

（3）力保组织建设的起点公平与过程公平

首先,在设岗、选岗环节要保证岗位建设的起点公平。按需设岗,按班级生活之需与学生成长之需设岗;自主竞聘,按"动员、演讲、投票、公布"程序进行,确保班级人人有岗。其次,形成制度,岗位定期轮换,每个人都有获得在班级所有岗位进行锻炼的平等机会。最后,关注岗位实践中的弱势群体,特别是性格比较内向、能力相对较弱的学生,可以一岗多人或成立岗位组,强弱搭配,男女搭配,以老带新,分工合作,同学之间互相学习,以保证岗位实践的过程公平。

2. 改变固有观念,增强班干部服务意识

班主任工作是一项烦琐的工作,仅靠班主任单枪匹马,想把几十个生龙活虎、个性不同的学生管理好是远远不够的。要把班级建设成一个团结友爱、积极向上的班集体,必须有一个坚强的班级核心——一支团结在班主任周围的得力的班干部队伍。通过四年的小班主任实践和岗位轮换活动,小干部的工作能力有了很大提高。但是当学生迈进高年级后,他们的自我意识开始增强,有较强烈的自

第二章 岗位工作与组织建设

我表现欲望，渴望展示自己的成长；但是通过对于以往五年级学生的观察，我们发现学生间、学生干部间的发展都是不平衡的，而且存在着明显的差异。主要表现为以下三个方面的问题：一是小干部独立工作意识不强，班干部大多数是班主任意识的执行者，缺乏工作主动性；二是普通学生对班级产生的问题往往熟视无睹，主动关心班级的意识薄弱，还有一部分学生认为管理班级是班主任和班干部的事情，采取事不关己的态度；三是班级中男生工作热情高，但多是三分钟热度；女生胆子小，不敢大胆开展工作。针对这种现状，上海市闵行区汽轮小学开展了"基于学生成长需求的小学高年级班干部选拔和培养策略的研究"，通过一系列活动选拔出班干部，让他们发挥各自的才能去组织和管理班级同学的学习与生活；吸引同学一起参与、策划班级活动，设计更贴近学生生活的活动；并大胆放权，发挥他们的主观能动性与工作的积极性，使他们有一个宽松的工作环境。在策划活动的过程中，学生的思维得到发展，考虑问题越来越全面，而且能够充分调动一切积极因素来达到活动的目的。活动的策划还激发了每个学生的积极性，让每个学生充分发挥自己的特长，原来那些不善言谈或者成绩平平的学生在活动中往往有出人意料的表现，使同学、老师刮目相看。这些学生也从中发现了自己的能力，在大家的肯定中获得了自信。而有些平时成绩优秀的学生在活动中会偶尔碰壁，他们也会因此发现自己的不足，及时调整自己的行为。①

3. 灵活设岗、因势评价，为能力弱的学生提供更多机会

老师要引导学生调整评价体系，把主观公平和客观公平标准统一起来。第一，岗位评价不仅要关注学生岗位实践的现实表现，更要重视学生的发展。第二，承认学生在发展过程中存在着个性差异及水平差异，构建一种促进每个学生在已有水平上发展的评价机制。第三，注重学生岗位实践的过程与变化，如重视学生学习态度的转变、学习过程和体验情况；重视学生对方法和技能的掌握、学生之间的交流与合作、动手实践和解决问题的能力、创新精神和实践能力的发展状况等。第四，采取多元化评价。评价主体多元化，学生评价有自评、互评、小组评、班级共评，同时把学生评价与老师评价、家长评价结合起来。另外，评价内容丰富，评价方法多样。

淮师一附小束彦老师采用岗位动态轮换机制，在岗位建设初期，采用"扬长避短"的原则让学生任岗，以保护学生的自尊心，激发学生工作积极性。到了

---

① 参见冯敏撰写的《基于学生成长需求的小学高年级班干部选拔和培养策略的研究》（未公开发表）。

岗位建设中后期,以"扬长补短"的原则鼓励学生自主选岗。比如,动员能力强的孩子选择甘于奉献的服务性岗位;鼓励内向的、不善交际的孩子选择管理岗位;鼓励调皮顽劣的孩子选择规范礼仪岗位……此时的岗位建设重在挑战,重在补短。

两年多的日常化推进,惊喜连连。说话脸红,从不和班主任主动交流的男生杜同学担任课程提醒员后活泼开朗;令体育老师头疼的捣蛋鬼周同学担任体育委员后,成了老师最得力的助手;丢三落四的徐同学担任班级管理员后做事井然有序;学习成绩平平的张同学担任学习委员后成绩优异……束老师一直有一个愿景:在班级岗位建设的有力推进下,把49位学生培养成49位班长。老班长许同学因为丰富的管理经验和随和的性格,在班级享有威望,每次竞选都以全票通过,成了班级里年轻的"老干部"。为了能让更多学生得以锻炼,许同学退居"二线",担任班主任助理,专门指导新班长的工作。学期初,在她的"带、帮、扶"策略下,已有8位班长先后成熟起来,其中4位升级担任学校"娃娃校长"和年级部"鸢娃管委会"成员。1月,班级实行4组班委制。由4位班长各自组建成员,设立班委会。4套班委会每周一轮换,每月一评比。这4位班长同样起到帮扶指导作用。3月底,便有25位班长能够胜任工作。胜任后的班长便退居到"班级理事会",对新班委的工作起到督促、协调、评价作用,促使班级三级管理制度环环相扣。最终,49位学生都有了做班长的成功体验。①

链接

在细节中完善岗位评价

淮阴师范学院第一附属小学　刘玲玲

在岗位星级考评活动中,我发现学生们对不同岗位的反响不同,一些从事简单、省事岗位工作的同学在考评中很容易得到四星甚至五星,如"节能小卫士""窗台清洁员""黑板美容师"等,这些岗位对合作和创新的要求低,比较容易达标;而一些复杂、难度高的岗位,如"课间文明监督员""领读员""路队长"等岗位由于容易得罪人,很难得到大家的一致认可,往往是"吃力不讨好"。可见,中年级使用的岗位"星级评价标准"是有缺陷的,它并不完全适合所有的岗位。岗位评价不仅仅要考虑满足学生成长的需要,还要考虑学生自身与

---

① 参见束彦撰写的《"岗位轮换"滋生班级建设初态美》(未公开发表)。

第二章 岗位工作与组织建设

岗位的关系。如何让学生乐意在不同的岗位上保持较高的工作热情，并能得到最大限度的锻炼与成长呢？

我想，既然学生能力的差异是客观存在的，而岗位工作的难易程度也是客观存在的，那么能不能给不同的岗位设定相应的等级，让学生找到适合自己的岗位，并在岗位工作中寻找自身的价值，实现自我发展呢？于是，我在班中开展了"我为岗位定星级"的活动。我以班中目前做得最好的岗位"纸篓更换员"和存在问题最大的岗位"课间文明监督员"为例，引发学生思考：为什么一个岗位做得好，而另一个岗位问题那么多？学生纷纷举手发表意见，大部分学生说到了"纸篓更换员"做事负责，而四名"课间文明监督员"工作不认真，有时自己都会在教室内奔跑；但也有一些学生提到因为"纸篓更换员"每天只要上岗1—2次，工作简单，而"课间文明监督员"每次下课都要进行管理，比较辛苦。几个"课间文明监督员"更是满脸委屈地说不是他们不管，而是每次提醒同学们别跑，他们都不听，为了追赶奔跑的同学，自己有时也不由自主奔跑。

在这些问题、矛盾、委屈、埋怨交织于孩子们心头的时候，我因势利导，让学生们知道，任何一个岗位要做好首要的条件就是认真、负责，但不是每一个岗位都能很轻易地做好。首先要认识自己选择的岗位，了解它之后才能想办法做好。岗位工作有难易的差别，每个同学的能力也是有大有小的，我们可以根据自己的能力，从力所能及的岗位做起。随后，我引导学生根据岗位的难易程度进行定级。如果把我们的岗位按照难易程度分为五星级的话，"纸篓更换员"和"课间文明监督员"可定为几星级呢？经过一番议论，同学们把这两个岗位分别定为"二星级"和"四星级"，学生对岗位难易程度形成了较为客观的认识。在接下来的一星期，我利用夕会和班会，让学生围绕两个问题来给自己的岗位定级，一是向大家介绍自己的岗位；二是说说给自己的岗位所定星级的理由。在这一过程中，我充当组织者、参与者与指导者的角色，当学生自己定的星级与同学们的标准有出入时，便让大家互相评议加以表决。

经过两三次的引导后，我发现学生对岗位工作难易程度的评价大都比较客观，并在此基础上，学会了参照、对比，思维能力得到了训练与发展。例如，在评定"窗台清洁员"与"地面美容师"星级时，我的想法是两个岗位工作性质差不多、难度相仿，最多定"二星级"。果不其然，"窗台清洁员"给自己岗位定的就是"二星级"，理由是虽然每天只上岗一次，但每次擦窗台之前，都要先把抹布洗干净，而且窗台上的窗框有凹槽，擦起来不太方便。可是"地面美容师"却给自己定了"三星级"，这引起了大家的不满。"地面美容师"的理由是每天

打扫地面以后，还有很多同学会不自觉地往地上扔纸，需要"地面美容师"经常检查并打扫。这时有一名同学补充道：我同意她定"三星级"，因为"窗台清洁员"是两个人，而"地面美容师"只有一个人，结果全班同学都同意给这个岗位定"三星级"。这个定星级的过程，成了同学们相互交流岗位工作、熟悉班级岗位的过程。孩子们在这一过程中学会了表达，学会了分析与思考，更学会了如何判断岗位工作难易的程度。

如今，"星级岗位"已得到全班学生的认可，大家对自己的岗位也有了进一步的认识，为以后的轮岗、岗位晋级打好了基础。但与此同时，"星级岗位"给岗位评价工作带来了一定的难度。怎样评价才能兼顾不同星级的岗位，促使每个层面的学生得到发展呢？于是，将"星级岗位"与"岗位星级"加以整合的想法在我的脑海中产生了，我在班级开展了"我爱我的小岗位"的一星级至两星级评价活动。一星级的评价标准是了解自己的岗位，能经常性地开展岗位工作；两星级的评价标准是熟悉自己的岗位，主动开展岗位工作。临近学期结束时，我对岗位工作达到两星级的学生予以表彰，并冠以一至五星级"岗位小能手"的称号。这不仅能调动每个星级层面学生开展岗位工作的积极性，而且给那些承担较高星级岗位工作的学生带来了一种激励与荣誉感，使岗位工作能真正服务于每一位学生的发展。

第三章 班级文化建设

班级是学校最基本的单位，是学生受教育的主要场所，是师生生活的家园。在班级文化建设领域，可以同时加强隐性与显性两方面的文化建设工作。李家成教授强调，要"创建富有生命气息的班级"。与中低年级相比，高年级的班级文化更强调个性。学生通过发挥创造精神更多地参与到班级文化建设中来，这会让班级文化的内涵和实际更加契合。同一个班级，年级由低而高，学生的年龄由小而大，抽象思维能力的提升可以为学生参与文化活动提供相当广泛的发展可能。参与班级文化建设的程度由浅而深，师生共同经营让班级文化内涵处于动态发展、不断丰盈的过程中，到高年级已经成为一个有序列的完整系统。因此，发挥好班级文化建设独特的育人功能有助于学生的成长、发展。本章节的三个案例将从高年级班级文化建设的基本要点和具体策略，以及如何体现班级文化育人的教育追求方面加以阐述。

一、如何实现班级文化与社会文化的健康互动

随着社会环境的变化，社会文化的形态越来越丰富与多元化。对于这些多元文化，以前，学校、班级多采取"堵"的方式，但新生事物的力量是不可阻挡的，化"堵"为"疏"势在必行。如能充分挖掘社会文化的积极层面，巧妙地与班级文化互动融合，不仅没有坏处，反而能对班级文化的发展起到积极的促进作用。

案例

潮

常州市局前街小学 陈 旻

"潮"在字典中的解释为：比喻大规模的社会变动或运动发展的起伏趋势。

在现实生活中,学生将其理解为"流行""时尚"。孩子们眼中的"潮文化"在校园中已成为普遍现象。电子游戏人见人爱,流行歌曲脱口而出,灰色童谣迅速传唱。这样似大非大、似懂非懂的学生,他们喜欢追星,各种综艺节目伴着过暑假;他们幻想"穿越",动笔创作网络小说;他们说"潮"语,在QQ群与微信群里天马行空;他们做"潮"事,用iPad发微博;他们让经典也时尚:历史人物会说English,传统人物会穿现代装,神话人物能用现代武器……时尚的"潮文化",对学生产生深远的影响。可是,他们选择和处理信息的能力还不强,还不善于正确地进行判断与辨析。面对纷繁复杂的"潮文化",只是一味地去迎合,去追逐流行,盲从时尚。更有甚者,在班级里开始散播低俗的"潮文化",如娱乐"八卦"等。

作为班主任,我选择迎"潮"而上:调查学生的"潮",进入学生的"潮"。前期,通过对"潮文化"的交流,发现班级学生对"潮文化"的关注点大有不同,尤其是性别方面存在差异:女生普遍关注穿着时尚、打扮前卫的明星,男生则关注乔布斯、比尔·盖茨等IT界的精英;女生关注吃、穿、用,男生关注社会现象、新闻事件;共性是对"潮文化"的理解比较肤浅,比较分散。

在调查的基础上,我开始引导学生穿越时空,去搜集不同年代的"潮",打开他们相对封闭的时空视野,去接触不同领域、不同年代、不同类型的"潮文化",从而提升他们对"潮"真正内涵的了解。学生以小组为单位调查后,我发现学生的关注点聚焦为四类:潮人、潮事、潮物、潮语。于是,我基于这一分类标准帮助学生重新调整了合作小组的成员,让他们以各种形式来汇报自己找到的"潮"。

班队活动中,我期望学生在呈现出各自研究结果的基础上,能发现"潮"的共同点——有价值、有改变、有创造。当学生达成共识以后,让学生带着这种认识重新审视自己的班级生活,重新审视班级中的"潮文化",最终完成一份有价值、有改变、有创造的"潮计划"。

具体的推进过程如下:

活动环节	教师活动	学生活动	设计意图
热身	播放PPT	看时尚的图片集，感受现代多元"潮文化"的魅力	创设交流情景，引导学生进入交流氛围
看"潮"	了解并指导各小队进行交流： （1）认真组织各组汇报 （2）及时介入并提升	各小队分别介绍"潮文化"研究成果： （1）"潮语"大串烧 （2）"潮物"大联展 （3）"潮事"大家谈 （4）"潮人"大亮相	通过交流，打开学生的视野，引导学生多角度了解"潮文化"
议"潮"	1. 引导学生交流对"潮"的认识，挖掘"潮文化"的价值 2. 及时总结并提升	1. 各抒己见，畅谈对"潮"的认识 2. 辨一辨身边的"伪潮"现象 3. 寻找班中的小"潮人"	引导学生了解"潮文化"的真正内涵，反思班级里的"潮文化"，实现与班级生活的对接
赶"潮"	1. 引导学生制定"潮计划"的标准 2. 鼓励学生以个体或小组为单位制订"潮计划"	1. 制定"潮计划"的标准 2. 制订"潮计划"	从旁观者的身份转化为进入者，带着全新的认识，实现自己的价值，获得真正的成长

解读

青少年具有偶像情结是其发展自我价值和寻找自我认同的过程；随着年级的升高，来自学习的、人际交往的压力等超负荷心理负担，使得"偶像"成为他们的精神支柱，成为他们的情感寄托。这时，合理引导很关键。当高年级学生喜欢追"潮"——潮物、潮语、潮事、潮人的时候，当"潮文化"涌入校园的时候，班主任选择从班级文化引领的角度出发，迎"潮"而上，和孩子一起接触不同领域、不同年代、不同类型的"潮文化"，提升了孩子们对时尚文化的正确理解，从而引导孩子们用正确的观点来判断真假"潮"，而不是盲目地去追"潮"。

本次活动，体现了这样一些特点：

1. 通过聚焦汇报"潮文化"，引导学生正确认识时尚文化，初步树立正确的人生观、价值观

进入五、六年级以来，学生们越来越独立，越来越有自己的想法，不喜欢老师、家长把他们当小孩对待，个体发展似乎呈现出一种胶着的状态：既客观上离

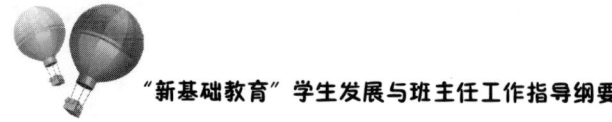

不开老师、家长,又主观上渴望独立做主,独立行动;既不能完全理解社会的一些前卫表现,又为了显示自己的特立独行,不自主地被牵着走。这种通往成年过程中的"小大人"是教育过程中特别需要智慧介入、智慧引领的教育对象。

学生通过看"潮"环节,对流行文化中的"语、物、人、事"进行分类展示,对"潮文化"有了初步的认识;通过议"潮"环节,解读"潮文化",捕捉新的教育资源,剖析"真潮"与"伪潮"现象,从而正确认识时尚文化,有利于学生对自我认识的反思,也让他们在审视自我过程中树立正确的时尚观,进而形成正确的人生观、价值观。

2. 通过迁移转化"潮"文化,营造良好的班级氛围,引导学生在班级内做有创造、有价值的事情

来自学习的挑战不能完全满足学生的发展需求,因此自我感觉过于优越的他们常常喜欢在自以为是的"时尚"中显山露水,表现一番。而这些时尚往往是点状的、浅薄的,不利于学生的良好发展。同时,班级里的性别小群体日趋稳定,个人受同伴的影响也越来越大,他们不大愿意接受老师或家长的直接评价,往往会故意表现出逆反行为。因此,小群体文化的积极与消极因素直接影响班级文化的发展。班队活动中应对此进行恰当引导。

通过前期活动与集中的主题活动,班级打破了男女生小团体的非行政组织形式,采取以同观点、同内容的小组为单位开展活动。在男女生放下性别芥蒂之后,就有可能在互动中发现对方的优点,取长补短,增强对同伴的欣赏,更好地发挥男女生合作的优势,进一步推动活动的顺利开展。这样不仅能在班级中形成积极的环境,创造良好的班风,还能优化班级原有文化氛围。

3. 通过开展推进"潮"活动,给学生自由展示的空间,满足学生的发展需求

"新基础教育"关注的是所有学生的成长,是在全体学生发展的背景下认识个人和群体相互制约、相互滋养的一种关系。纵观整个活动,老师一直在用文化引领孩子成长,通过潮流感十足的展示方式——"潮语"大串烧、"潮物"大联展、"潮事"大家谈、"潮人"大亮相,给孩子展示自我的舞台。学生用现代气息浓郁的方式展示,中间还插播广告,使人忍俊不禁的同时又引发思考。可以看出,老师对学生的发展需求有清晰的认识,老师知道学生在想什么、说什么、做什么、关注什么;老师也是"潮"的,并不是游离于学生活动之外,而是放下身段,走进学生,从学生的展示中寻找积极因素与消极因素,再加以引导,让学生

说出观点，加以辨析，以促进班级文化建设的进一步发展和完善。

4. 通过开放感受"潮"文化，打开学生的关注视野，丰富学生的班级生活文化

在开放的过程中让学生把视野打开，让生活融入更多有内涵、有价值的资源，从而让孩子们重新反思自己现有的生活，自觉改善品质，提升品位。

老师在班级开展了一系列开放性的活动，引导学生做"弄潮儿"，挖掘"潮"的内涵和积极意义，用文化引领学生成长。

（1）开放班级岗位——"太阳特别行动队"。学生从班级生活的需求出发，通过岗位升级、岗位明星评选，培养责任意识。

（2）开放课题研究——"太阳小课题研究"。学生从喜好出发，通过自主的小课题研究，培养合作学习、自主学习的能力。

（3）开放班级讲坛——"太阳讲坛"。学生从感兴趣的话题出发，通过一期期的主题演讲，打开视野，锻炼口才。

（4）开放班队活动——"太阳行动"。从学生的现实生活出发，引导学生去发现与之相关的更有价值、更有内涵的资源，在交流分享中实现提升。

5. 通过比较剖析"潮"文化，挖掘潮流背后的精神力量，提升班级文化内涵

上述案例中，老师在议"潮"环节，通过对"潮人"的辨析，提升学生对"潮"的内涵的认识；再通过赶"潮"环节，制订"潮计划"，将追赶时尚提升为用自己的行动与改变促进生活的进步和人类的发展。学生从觉得潮文化新鲜、有趣、时髦，到领悟到这些人、事、物身上都蕴含着当时的人们对改变与创新的探索与追求，从而将"潮文化"中的积极力量提炼出来，用来提升班级文化的内涵。

建议

时代在发展，学生不会生活在真空世界，在象牙塔中建立的班级文化已不能适应新的社会环境下学生的需求。怎样将两者有机结合，实现班级文化与社会文化的健康互动值得讨论与探究。

1. 正确看待社会文化对班级文化的冲击与影响

（1）网络文化

近年来，随着信息技术的普及与发展，网络正以迅猛的速度介入学生的生活。网络以其亦真亦幻的虚拟现实、信息资源的快速共享、引人入胜的互动情境，展示了美好的数字化世界，极大地满足了学生的学习、娱乐需要和社会化要求。网络文化对于喜欢追星捧月、个性张扬的小学高年级学生而言，更是具有诸多"挡不住的诱惑"。然而，网络文化是一把双刃剑，在带来方便、快捷、乐趣的同时，也对学生的身心健康带来了许多负面影响。对电脑游戏的过度迷恋，导致部分学生学习成绩下滑；电脑特有的独享空间，使孩子的人际关系逐渐淡化；网络文化中有害信息的戕害，弱化了学生的道德意识，给他们带来社会化的障碍；网络文化的直接化和形象化对学生惯有的思维方式产生极大的冲击，从而影响孩子的健康成长……这些，也对班级文化产生了冲击与影响。

（2）偶像文化

偶像是学生们崇拜、追捧、模仿的对象，不同时代，学生的偶像是不一样的。经调查，现在的大多数学生崇拜的偶像是娱乐明星，年轻化、娱乐化、世俗化、网络化表现突出。他们听偶像的歌曲、看偶像的影视作品、买偶像的周边产品、谈论偶像的日常生活等。这些偶像，从意识形态到生活追求都对学生产生巨大的影响，甚至有的学生听到同学说自己的偶像一句不中听的话，就会产生争执。他们不管偶像身上表现出来的是优秀品质还是不良行径，都一股脑儿地接受，甚至模仿学习，这对班级文化的影响也是显而易见的。

（3）外来文化

开放的社会，带来了大量的外来文化，对学生产生了或正或负的影响。通过调查发现，大部分学生比较重视传统节日，但是对西方的万圣节、圣诞节等节日也十分热衷；在影视文化上，大多数学生更加偏好国外的作品；在饮食文化上，中国传统食物并没有明显占据优势，洋快餐以及比萨、意面等西方传统食物似乎更加受到学生的喜爱。

以常州陈旻老师对学生的调查为例，76.8%的学生知道春节的由来，而知道圣诞节由来的则有80.5%，54.9%的学生有时过圣诞节，18.3%的学生每年都过圣诞节。可以看出，学生对本国最重要的传统节日还是比较了解和重视的，但外国文化的影响却在不断地扩大，这是个不容忽视的现实。影视文化方面，就电影而论，54.3%的学生喜欢中国电影，80.5%的学生喜欢外国电影。尤其是近年来，中国动画电影、儿童电影的没落与成人化、娱乐化趋势，造成中国传统文化

的缺失，对学生的兴趣激发与保持产生着极大的影响。

多种社会文化的强势介入，对学生的班级生活产生极大的冲击。学生在班级中，经常讨论的是网络新人、新事，对班级日常生活不感兴趣。制定班级制度的时候，他们要求有充分的自由，不愿受到约束；创建班级精神文化的时候，他们用网络语汇、歌曲等来表达自我；他们追求个性，却不知怎样分辨良莠。

但是，我们不应只看到这些社会文化的不良影响，还应看到它们对学生影响积极的一面。

网络为学生的学习、交往、合作、竞争提供了全新的环境，更主要的是它能让孩子们永远保持好奇心，有途径来解决他们遇到的问题，同样也为学生的世界观、人生观和价值观的形成提供展示的舞台。偶像文化中的确涌现了一批优质偶像，善加利用，则可以引导学生学习他们身上的优秀品质，向善向美。应使传统文化与外来文化互动交流，通过系列活动使之产生正向作用，对学生产生积极影响。

2. 利用班级文化的示范引领作用帮助学生辨析社会文化的利与弊

班级文化是老师、学生、家长在共同生活中凝练而成的，体现共同的目标、行为导向。在社会文化冲击下，班级文化不应退缩，而应迎难而上，发挥示范引领作用。班主任要引导学生在具体的活动中辨析社会文化的利与弊，让学生自己摒弃社会文化中的消极因素，发挥积极因素的力量，共同发展进步。

例如，淮师一附小孙晗老师设计的"阳光鸾娃辩论会——小学生上网利大还是弊大"主题班队活动，正是将网络与学生的关系摆在他们面前，引领学生自己剖析、自己抉择的有益尝试，具体过程如下：

活动环节	教师活动	学生活动	设计意图
热身	组织学生唱班歌《奔跑》	唱班歌《奔跑》	营造活动氛围，让队员感受到集体的温暖与积极向上的氛围
辩论	根据学生的状态适时介入	1. 主席公布辩题并宣布辩论赛开始 2. 介绍参赛代表队及所持立场，介绍参赛队员 3. 介绍评委及点评嘉宾 4. 辩论比赛 5. 观众自由提问	按照辩论赛的规则及流程进行

（续表）

活动环节	教师活动	学生活动	设计意图
颁奖及点评	1. 评委评议 2. 嘉宾点评 3. 评委宣布比赛结果并为获奖选手颁奖	认真倾听	表扬先进，发挥榜样的示范引领作用
总结提升	对本次活动进行总结提升	认真倾听、思考	老师对学生在活动中的成长予以鼓励，使学生清晰地认识到本次活动的意义

在上面的活动中，老师分析：势不可挡的网络热潮涌入校园，引起班级学生的极大兴趣和踊跃参与。他们在网络上玩游戏、发E-mail、交友聊天，他们在网络上学习社交、学习"生活"。网络世界对孩子们的影响，早已比真实世界更真实。作为一种极具感染力的信息传播工具，网络的影响力远大于任何一种传统教育手段。班级学生几乎没有不上网的，上网已经占据了他们生活、学习的部分时间，甚至有的学生出现了沉迷网络的现象。

有的学生坚持认为上网的好处多，他们认为，在这个包罗万象、生动活泼的"虚拟世界"里，可以不受时空制约，无拘无束地获取自己感兴趣的知识，从而开阔视野，拓宽知识面，满足个性发展的需求。例如，坐在家中即可浏览众多图书；几秒钟内，便可收到相隔万里的来信，获得各种详细的信息；通过学校开办的远程教育网可以了解更多的知识，等等。正是因为这些优点，网络才受到越来越多学生的青睐。

然而，网络就像一把双刃剑，它在帮助学生获取知识、了解社会、掌握技能、促进沟通的同时，混杂其中的不良内容又给青少年成长带来了不可低估的负面影响。与网络对小学生的正面影响相比，目前其负面影响显得更为突出和尖锐，更应引起关注。对小学生而言，上网有诸多弊端，如身体伤害、心理依赖、影响学业、社会角色及观念的改变等。因此，让小学生客观地认识网络的利弊、科学合理地利用网络显得尤为重要。

进入六年级，学生的逻辑思维能力有了明显提高，能够比较理性地分析问题。为了让学生认识到六年级的重要性，并且积极地投入学习中，摒弃那些不良的情绪与习惯，从依赖网络或抵触网络转变为合理地运用网络，并让网络有效地为自己的学习和生活服务，老师和学生一起组织了这次"阳光鸢娃系列活动"之阳光鸢娃辩论会——小学生上网利大还是弊大？

一开始，学生对比赛的规则、流程等不是很熟悉，对于资料的整合、辩论的方法等都存在困惑。比如，在前期查阅资料的过程中，如何对所查找的资料进行筛选、处理，并将其转化为自己所需要的内容？在辩论赛的过程中，如何掌握辩论技巧，使自己的辩词具有说服力，从而让自己所在方占有优势？老师组织辩手们观摩学习正规辩论赛的视频。通过这次观摩，学生收获很多，解决了他们的一些困惑。不过，俗话说，看花容易绣花难，辩论赛对于学生的语言、思维、团队合作等方面的要求非常高，因此要想把辩论赛进行得顺利、精彩，还需要做大量的工作。老师和家长也想通过这次辩论赛让学生能够客观、公正地认识网络，健康、文明地上网，让网络更好地为他们的学习和生活服务。

可以看出，老师通过辩论这一特殊形式，聚焦上网这一社会文化和班级文化之间的矛盾，让学生在辨析中发现网络文化的利与弊，从而达到导行的目的。

3. 发掘社会文化的积极因素，促进班级文化的发展与提升

社会文化并不是洪水猛兽，其中有许多积极的因素可以促进班级文化的发展与提升。关于网络文化的利与弊，早已有许多讨论，多数人达成的共识是只要善加利用，网络可以成为生活、学习的好帮手。

（1）化偶像文化为榜样力量

对于偶像文化，无须回避，淮师一附小李晓玲老师设计的"身边的偶像——榜样就是有力量"主题班队活动，就是对偶像文化的另一种解读，生活中也有许多偶像可以成为前行路上的动力。具体过程如下：

活动环节	教师活动	学生活动	设计意图
热身	播放歌曲《小小少年》	1. 齐唱歌曲 2. 主持人出场，引出主题	为活动热身
各小队展示自己榜样	1. 敏锐捕捉育人点 2. 适时介入 （1）周杰伦成功绝非偶然，他靠的是坚韧不拔的毅力，靠的是一步一个脚印的扎实努力，他是偶像，更是榜样 （2）人生有时的确有起落，成功过、失败过，如何面对，刘翔给我	1. 展示自己组的榜样 2. 展示榜样光鲜背后的努力付出 第一小队：明星榜样，明星的成长历程艰辛，但是坚韧不拔的毅力带来成功的喜悦（歌舞形式） 第二小队：明星榜样，	让孩子在汇报中了解榜样在面对挫折时如何克服，从而汲取前进的动力；明白面对困难、烦恼是人生的必修课，关键是如何

（续表）

活动环节	教师活动	学生活动	设计意图
各小队展示自己榜样	们做了榜样。那就是成功时警醒，失败时不气馁。可以失败，但不可以停下前进的脚步 （3）榜样其实身边就有，我们的亲人有可能就是值得学习的榜样（面对困难、挫折，不气馁，撑起家庭、事业一片艳阳天） （4）"努力"成为蔡同学的特征，榜样就在身边普通而平凡，但是同样给我们带来震撼。面对我们难以理解的困难，或许有过唉声叹气，但没有退却，通过努力，同样赢得了大家的喝彩	做一个乐观的人，面对讽刺打击仍然笑对，他们成功过、失败过，但从来没有倒下（辩论形式） 第三小队：亲人榜样（快板形式） 第四小队：身边的同学榜样（小品形式） 第五小队：以普通工作者为榜样，如门口的那位修鞋匠（演讲形式）	面对它；明白榜样其实离我们并不远，他们就在身边
总结提升	1. 总结提升 2. 组织学生唱班歌	齐唱班歌《向着明亮那方》	让学生感受集体的温馨、和谐

以上活动基于学生发展的需要，老师在对活动的前期分析中写道：一个暑假过后再和孩子们见面时，就觉察到孩子们变了：外表上，个头长高了，近1/3的孩子步入青春期；深入接触，了解到孩子的内心世界更加丰富多彩了。进入六年级短短的两个月，孩子的生活似乎越来越不快乐。经常会在晚上接到家长的电话，反映孩子的逆反心理，学校里一张张稚嫩的脸上也没有了从前那么多的微笑。在孩子的日记本和班级的"温馨小邮箱"里经常会收到孩子这样那样的"不吐不快"的倾诉，这还算是好的，勇于将自己的苦恼说出来，还有一部分孩子将苦恼写在脸上却不愿说出来。

下课的时候，发现很多孩子三五成群地叽叽喳喳，一看到老师走近，就立刻转移话题，是什么让孩子们表现得这么神秘？通过调查，才知道很多孩子都有了自己的偶像，他们是在分享关于偶像的小秘密；喜欢同一个偶像的孩子就自发形成了一个个小团体。要是有其他同学说了偶像的坏话，就会被群起而攻之。放学的时候，这些同学也经常去门口小店搜寻偶像的周边产品，带到学校进行交流，有的同学还经常在自己的小本子上写一些朦朦胧胧的表达对偶像倾慕之情的话语。

老师发现这是一个教育的契机，于是开展了上面的一系列活动，通过对偶

第三章 班级文化建设

像文化的解读，引导学生从身边寻找更多的偶像与榜样，并且正确看待自己的偶像，丰富学生对偶像的理解，从而能从偶像身上汲取正能量，形成班级舆论导向，进一步丰富班级文化的精神内涵。

（2）在传统文化中发掘新时代精神

传统的春节是我国最重要的节日，拿压岁钱是孩子们最高兴的时候。随着社会的发展，压岁钱似乎有点"变味"了，钱给得越来越多，怎么使用压岁钱成了大难题。使用不当，大手大脚，铺张浪费，互相攀比，都对学生的价值观产生极大的影响，对班级形成良好的班风造成阻碍。淮师一附小张茱老师设计的"压岁钱变奏曲"主题班队活动，在传统文化中发掘新时代的精神，借压岁钱为话题，实际上是对一种新型价值观的形成进行指导。具体推进过程如下：

活动环节	教师活动	学生活动	设计意图
主题导入	观看、倾听	主持人出场，引出本次班队活动主题	激发学生参与联谊活动的自豪感，提高学生课堂积极性
核心过程推进	1. 肯定压岁钱的重要意义，同时希望同学们不过分在意压岁钱的数额，更不能有攀比之风 2. 邀请家长代表就"压岁钱的管理权"现场发言 3. 邀请银行理财专家讲解"青少年理财"的相关知识 4. 倡议"为母校出一份力"，留下永恒的回忆	1. "放飞梦想"小队对六年级的寒假综合实践活动进行总结。 2. 情景剧表演《让我欢喜让我忧的压岁钱》 在情景剧中贯穿以下内容： （1）压岁钱来源 （2）长辈们小时候拿多少压岁钱 （3）长辈们获得压岁钱的方式 （4）"追逐梦想"小队利用数据汇报"同学们压岁钱拿多少" （5）"放飞梦想"小队利用数据汇报"同学们打算如何分配压岁钱""最终压岁钱的去向" 3. 现场辩论"压岁钱该由谁管理？父母or自己"	1. 通过对六年级整体活动的总结，呈现活动的序列性。让孩子的思绪回到春节，为接下来活动的进行拉开情感的帷幕。同时，将需要汇报的内容贯穿于情景剧当中，改变了以往小队汇报的传统方式，显得活泼生动，使人留下深刻印象 2. 通过问卷调查更好地聚焦问题 3. 现场辩论，阐述各自观点，碰撞思维的火花，从而产生强烈的生成感 4. 通过专家介绍，让家长和学生了解青少年理财的意义和重要性 5. 现场列计划表，检验学生的学习力

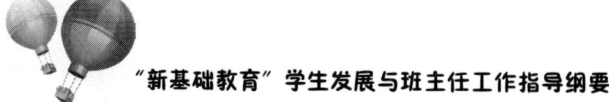

（续表）

活动环节	教师活动	学生活动	设计意图
核心过程推进		4.现场罗列压岁钱的使用计划，并发言	6.教会学生懂得感恩，增进他们对母校、对老师、对同窗的感情
总结提升	根据学生在一系列活动中的收获，并结合本班实际提出希望	齐唱班歌《大梦想家》	老师和学生一起总结反思，对他们在活动中的成长予以鼓励，并希望他们在今后的学习中也能相信自己，勇往直前

老师在前期准备中，这样说道：开学初，学校门口的小店无论上学、放学，都被学生堵得水泄不通。通过和店主私下交流，了解到学生们除了买文具，更多的是买玩具、买零食。后来，在班级经过调查，发现大部分学生过完年后，都有一部分钱可以由自己支配。这些钱，有很大一部分就是过年拿到的压岁钱。有的学生把钱存进银行或者自己保管，但更多的学生拿到钱以后便盲目地、无节制地买东西，不能做到理性消费。同时，通过和班级部分家长交流，老师了解到班级里的学生，有的是主动把所有压岁钱上交，有的是留下一部分后其余交给父母，但也有学生不愿意上交，有的甚至为了想自己保管压岁钱而和父母争吵。作为家长，其实不是不愿意，而是不放心把压岁钱交给孩子自己管理。他们认为孩子还小，虽然嘴上说不会乱花钱，可真正看到想买的东西，只要有钱还是会忍不住去买。所以，老师想通过本次活动，让父母和孩子都能了解"青少年理财"的重要意义，帮助学生树立正确的消费观，初步形成理财的意识。

所以，老师就和学生商量，一起策划了这一次以"压岁钱变奏曲"为主题的班队活动。活动前，各小队的队长首先安排好每位同学的任务，有的负责与其他班同学沟通，有的负责发放表格，有的负责统计汇总数据，有的做现场讲解。每个小队成员之间都能互相配合，和谐相处，遇到问题，也能及时找老师和其他同学解决，整个过程井然有序，没有出现争吵的现象。最让老师感动的是，并不是所有学生都有现场发言的机会，但每个小队都以民主的形式选出在活动课上发言的队员，大部分学生甘当幕后英雄，做好本职工作。

还有四个月，六年级学生就毕业了，老师也想通过本次活动，让学生学会感恩母校，在母校留下永恒的回忆。于是，借助本次活动，老师想到了让每个学生

第三章 班级文化建设

从压岁钱里拿出1元钱，为母校成立一个基金会。今后每年的毕业班同学都捐出一元钱，让这个基金一直在一附小延续下去，同时也让压岁钱变得更有意义。

压岁钱在我国传统习俗中有着重要的作用，而且一年只有一次，意义特别。但老师想通过本次活动，让学生懂得压岁钱更是一种亲情的体现，无论多少，都是心意，不能对压岁钱的数额过分在意，更不能形成攀比之风。

从以上案例和老师的阐述中，不难看出，通过活动，学生们认识到压岁钱是一种文化传承的象征，是长辈对晚辈的一种美好愿望，无关数量多少，怎样合理使用才是需要精心安排的。理财方法的学习、毕业基金会的成立，都对学生产生了积极的影响，在班级形成了良好的氛围。

（3）从"潮文化"中汲取丰富内涵

"潮文化"的产生与流行，总是有其意义所在，谁也无法逆潮而行，可以对其进行进一步解读，发掘其中的丰富内涵，为我所用，使之成为丰富班级文化的精神力量。

例如，在本小节中引用的第一个案例《潮》中，就可以对"潮"作出进一步的探讨，将教育聚焦到其光辉的一面。相对于时代而言，勇敢、创新是一种"潮"的表现。创新要与时俱进，追求完美，服务大众，有担当精神和责任感，可以利用梅兰芳的例子。每一种"潮"的诞生，都不是轻而易举的，那么在其诞生过程中所吃的"苦"也应该是"潮"的一部分，可以结合卓别林的例子，看看卓别林是怎么"潮"起来的，引导学生明白只有吃得了"苦"才有机会"潮"。还可以通过一些过去是"土"现在是"潮"的人、事、物，如离开城市到大山里改造荒山、用废旧杂物制作生活用品、过一种"零垃圾"的生活、穿汉服学古琴、深山武当传人的生活等，来拓展学生对"潮"的认识。最后，再呼吁学生做"弄潮儿"，汲取"潮文化"的真正内涵。

这样的思考，最后会通过学生的行动表现出来，在班级文化中形成一股潮流，"积极""进取""创新""责任"这些词语将不再空洞，将会实实在在内化在学生的生命中，成为生命成长的力量。

二、如何实现男女生之间的沟通互动

高年级学生逐渐步入青春期，开始关注异性同学，同学间也开始在私下讨论"谁喜欢谁"这样的话题。他们对于"喜欢"这个概念的认识和成人的理解有一定的偏差，和"欣赏"这个概念有所混淆，更多学生认为"欣赏某个同学"就是"喜欢某个人"，并没有什么成形的想法，仅仅对此类话题感兴趣而已。学生们比较困

感,既害怕这种心理对自己的学习产生影响,又希望得到别人的"欣赏"。而许多同学认为这是一种新奇事物,并将此作为同学间开玩笑的话题,产生了不必要的心理负担,在班级生活中男女生的交往变得有些敏感。如何实现男女生不同群体之间的良性沟通,是学生成长中遇到的问题,这一性别差异导致的问题在班级文化建设中同样不容回避。

人际关系再建构,男女生群体良性沟通、合理交往,同样体现着班级的文化气质。

案例

男生女生都很棒

常州市花园小学 陈茜

我们班开展的"我是花园毕业生"系列活动之二"男生女生都很棒"主题班队活动具体推进过程如下:

活动环节	教师活动	学生活动	设计意图
联系班级情况,引入主题	1. 引入:同学们,我们即将毕业,大家都感到依依不舍。可是,老师发现男女生之间相处没有以前那样和谐了。老师也很烦恼 2. 提问:班级里男女生间有什么矛盾?	1. 说出内心的想法 2. 联系实际,揭示存在的问题	呈现班级问题,引起学生思考
讨论交流,各抒己见	1. 组织辩论赛:你们认为男生优秀还是女生优秀?为什么? 2. 揭示班队活动主题:男生女生都很棒	发表观点	捕捉课堂生成的资源
整合资源,提升感悟	1. 情景再现:你喜欢哪个人物,不喜欢哪个人物? 2. 提问:优秀的毕业生应该具有哪些优点?(随机板书) 3. 小结	1. 观看 2. 讨论	提升感悟
寻找自我,完善形象	1. 提问:对照优秀形象,我们身上有哪些不足?你打算怎么做? 2. 小结:让我们团结起来,发挥各自的优势,相互合作,设计一个精彩的毕业典礼 3. 组织学生配乐诗朗诵	1. 自由发言 2. 配乐诗朗诵	为后续活动作准备

第三章 班级文化建设

解读

1. 保持对学生成长中男女生交往问题的敏感性

男女生交往，是孩子成长过程中的问题。在这方面，学生比较困惑，既害怕对自己的学习产生影响，又希望能够得到别人的"欣赏"。如何把握男女生之间交往的分寸感成为学生的烦恼。

传统学校教育与家庭教育在这方面的引导存在偏差，很多同学对于这方面的心理疏导往往不寄希望于老师和家长，很多同学选择的是放在心里，或者只和关系亲密的朋友交流，或者通过网络、媒体学习经验，可是这样的方法却使他们得不到正确的引导，从而造成他们在心理上患得患失。

班主任在关注学生常规教育和学习习惯培养的同时，还特别关注男女生交往问题，并想方设法给予正确引导，教会他们如何在班级和学校活动中互相学习、互相欣赏，发挥各自的优势，做一个优秀的毕业生。同时，以班队活动的形式开展教育，让男女生认清各自的优势，理性认识男女生关系，懂得只有男女生相互合作、取长补短，才能使班级显现出积极向上的精神面貌。同时，可通过开展班队活动，对学生进行青春萌芽期的教育，使学生摆正与异性同学交往的心态，正确看待男女生交往，并在生活中愿意主动与异性交往。

2. 系列化班队活动中建构男女生交往的合理性

任何教育方式的实行都不可能一蹴而就。男女生交往问题，是一个长久的话题，过去存在，现在存在，未来也存在，在所有班级都存在，又各有各的不同，所以针对班级情况"对症下药"尤为关键。老师在解决这一问题时，不是用"堵"的方式，而是进行"疏"，通过设计一系列活动解决这一成长中的问题，培养学生形成理性思维，寻找交往的合理性。

教育的长程视野强调系列活动的设计，花园小学的陈茜老师结合学校整体设计的"向上、快乐、自信"年级学生发展目标，在班级建设的过程中，根据班级学生的实际情况，以"我是花园毕业生"为主题，整合各项教育资源，规划了一系列活动。第一阶段：好书指引我前进——我是健康向上的毕业生。通过书香班级的创建，丰富了图书角的藏书种类，同时，学生参与推荐优秀读物、撰写读书笔记、诗歌朗诵赛、推荐读书小明星，充分感受到读书是一种快乐的体验，读适合自己年龄的好书让自己获益匪浅，也了解了一些这个年龄段异性同学的特点。案例中呈现的是第二阶段：男生女生都很棒——我是自信的毕业生。让学生懂得男女生在生活中各有优势，应学会相互合作，相互欣赏，取长补短，共同进步。

第三阶段：毕业典礼互合作——我是优秀的毕业生。让学生参与到毕业典礼的设计与编排中，在活动中男女生互相合作，发挥各自优势，用最精彩的篇章来感谢母校的栽培。这是后继活动，陈老师准备让男女生合作设计毕业典礼，让学生把从这次班队活动中获得的交往方法运用于实践，从而获得更感性的认识。这样一个系列的完整活动对学生成长更为有利。男女生交往的合理性，一是源于彼此的尊重与欣赏，悦纳彼此，保持适当距离。二是大方交往，单纯交往，就事论事。三是遵循宽泛原则，不局限于1名至2名异性同学，以群对群的交往最为合适。

3. 保持班级文化与男女生交往的良性互动

在高年级，女生的强势和敏感都呈现得非常明显。班级需要努力营造开放、民主、共生、发展的关系。上述案例没有就学生关系谈学生关系，而是通过具体的活动，提出具体的目标，有具体的发展愿景。班级文化建设中通过对优秀毕业男女生标准的讨论，达成共识，使得男女生都有了学习的榜样。

建议

1. 问卷调查，掌握第一手资料

随着社会物质水平的提高，高年级学生的身心得到快速发展，逐渐进入青春期。他们往往面临一门很重要的课程，即男女生的交往课程。然而，现实中有诸多因素，比如家长的误会、传统的男女生交往偏见等，都对异性间的正确交往造成一些阻碍，因此有很多学生会产生男女生交往的困惑。所以，了解班级男女生交往的问题具有现实意义。只有通过调查，才会了解班级实际情况，才能根据班级客观实际，对相关问题进行探讨与分析研究，并在此基础上提出一些建议和看法，这样班级才会形成更好的交往文化，班级的人际关系才更加健康。

链接

班级问卷调查

（　　）1. 你曾听到过班级同学议论"谁喜欢谁"这个话题吗？
A. 听到过　　　　B. 没听到

（　　）2. 你曾经参与过这样的讨论吗？
A. 有过　　　　　B. 没有过

（　　）3.你对于考虑或者讨论"谁喜欢谁"这样的话题的态度是：

A.没什么大不了，这是正常的　　　B.不可以，这是不对的

（　　）4.你听过别人谈论说"喜欢自己"这样的问题吗？

A.有　　　　　B.没有（如选择此项请跳至第8题）

（　　）5.你对于"别人'喜欢'自己"的态度是：

A.感觉不错　　B.不喜欢（选择此项请跳至第7题）

C.无所谓

（　　）6.第5题中你选择A的理由是：

A.说明别人认可我　　　　　B.喜欢这种感觉

C.其他

（　　）7.第5题中你选择B的理由是：

A.成为玩笑的话柄　　　　　B.会影响自己的形象

C.怕老师与家长误会

（　　）8.你有考虑过"自己喜欢谁"这样的问题吗？

A.有　　　　　B.没有（如选择此项请跳至第12题）

（　　）9.你对于"喜欢谁"的评价标准是什么？（本题可多选，请按照你认为的重要性依次列出）

A.相貌　　　　B.性格　　　　C.成绩　　　　D.人缘

E.家庭条件　　F.其他

（　　）10.如果你有"喜欢"的人，你会采取以下哪种方式？（本题可多选）

A.写信或传纸条告诉他　　　　B.只和好朋友说

C.什么也不说，放在心里

（　　）11.你觉得有这样的想法后，给你带来什么烦恼？（本题可多选）

A.注意力不集中，上课会时不时走神

B.总是特别关注某一个人

C.朋友渐渐疏远了

D.被同学嘲笑

E.其他

（　　）12.你不考虑"喜欢谁"这个问题的理由是什么（本题可多选，请

按照你认为的重要性依次列出）

A.会影响学习　　　　　　　　B.家长和老师反对

C.会影响同学关系　　　　　　D.会被人议论

（　　）13.你希望成为"被人喜欢"的同学吗？

A.希望　　　　　　　　　　　B.不希望（请简述理由）

（　　）14.对于其他同学"喜欢谁"，你认为老师应该采取的态度是（本题可多选）

A.采取措施，禁止谈论　　　　B.对于此同学应找其家长谈话

C.开展专门的班队活动讨论一下　　D.这是正常现象，不希望老师干预

E.其他

2.举办青春期讲座，了解彼此

不知不觉间，孩子到了高年级。在成长的过程中，难免会有困惑、有烦恼……这些困惑与烦恼同样伴随着家长和老师。如孩子正逐渐进入青春期，父母、老师需要和孩子交流关于青春期的话题吗？青春期会带来身体、心理的变化，心理变得敏感的孩子该如何与家长、老师、同伴融洽相处？如何看待男女生间的相处？如何把握男女生之间相处的合理分寸？如何看待开始出现的叛逆行为？

这些问题需要专业的回答，学校可以请相关专家举行青春期讲座，对孩子的生理和心理进行指导，让孩子了解自己的变化，也了解对方的变化，了解成长过程中遇到的问题，并得到一定的指导，促进男女生之间、不同群体之间的良性交往。

淮师一附小六年级部特邀市第一人民医院护理部主任孙春霞为六年级学生作青春期的健康知识讲座。本次讲座分为男女生两场，主题分别为"羞答答的百合静悄悄地开"和"小小少年，快乐成长"。孙主任以通俗的语言、轻松的气氛，图文并茂地从青春期的概念、青春期的心理和生理特征、青春期的卫生保健知识等方面进行讲解，并详细地解说了男女生关注的敏感话题，同时还引导学生正确处理异性关系，正确认识青春期身心的发展变化，并收获对于青春的更多感悟。

此次讲座使正在发育中的孩子们及时、全面地了解了青春期的必备知识，消除了部分学生对青春期生理变化的恐慌心理，对学生的成长起到良好的引导作用，有助于学生以更加积极、健康的心态度过青春期这一人生成长特殊阶段。

3. 不回避问题，引导合理交往

链接

六（4）"非诚勿扰"
淮阴师范学院第一附属小学　束　彦

下课铃响了，看到"调皮大王"挤坐到女班长椅子上，一同津津有味看起了课外书；女生"大肥"搂着两个男生出去玩了……此时，我内心涌起一股暖流，多单纯的孩子们，多温馨的画面啊！

上课铃响了，这是一节品德课，我迫不及待地分享了自己的感动："经常听到其他班级的老师和同学议论班级有早恋现象。让我欣慰的是超级六（4）没有，大家是这么温馨融洽……"我话还没说完，便被爆笑声淹没。我第一次发现，我和他们有了距离，他们有了只有我一直不知晓的秘密。我平息了内心，一个念头油然而生，询问学生："你们看过江苏卫视的《非诚勿扰》吗？"学生的回答是肯定的。"你们喜欢看吗？"何止是喜欢，对女嘉宾可谓如数家珍。于是我宣布："今天这节课举行《非诚勿扰》超级六（4）专场。"在学生的惊呼声中，活动拉开了帷幕。我发出邀请函，提出以下要求：想参加专场的男女嘉宾必须在纸上开诚布公地写出自己的心动男生和心动女生，并写出心动理由。结果，50名同学全员参与。

活动正式开始，先有20位女嘉宾大声爆出自己的心动男生的名字，被点到的男生陆续上台。20位女嘉宾共选出了8位男生，最高得票数是8票。男生在台上站定之后，我依次邀请女嘉宾说出喜欢的理由，最后将理由进行汇总：风趣、幽默、随和、儒雅的男生最受欢迎。男生专场也是如此，最后得出结论：性格温柔、心胸豁达开朗的女生最受欢迎。

得出了结论，也就有了价值导向。在一个完整的人身上，理性思考与情感体验存在着密切的关系，理性思维的提升会提高理解水平和思维兴趣，提升美感体验与欣赏能力，从而提升自我发展目标的选择水平。我还告诉他们，其实这不是你们认为的早恋，这是真正的友谊。只有到了你们这个年龄，真正的朋友关系才能出现。因为你们已进入相对独立的状态，加上临近毕业，恋恋不舍，更强化了对友谊的体验。这也说明你们长大了，你们的身心是健康的。

朋友角度的干预对于五、六年级的学生影响最大。他们会为朋友的成败而高兴或难过；朋友的高兴或难过能够促动自己的目标行为。于是，我继续说：作

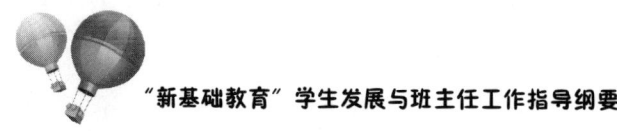

为好朋友一定期望友谊天长地久,但是我们眼前面临的就是小升初严酷的现实,你们可能因为成绩的差异,不能上同一所中学,甚至连见面的机会都没有,友谊更难以保持。所以,为了你们的友谊,手拉着手,肩并着肩,向着你们的理想中学,共同奋进!在这里没有训导,没有压制,只是提供了一个释放的空间,一个平等交流的舞台,一个听起来不错的建议。

青春期不是洪水猛兽,男孩与女孩的成长都需要恰当引导,应利用好男女生性别上的差异资源,为良好班风的确立奠定基础。班主任就是一个编织者,在忙碌工作的同时抬起头来看看呈现在我们面前的教育资源:将学生间的性别差异作为一种资源,追求教育的融通。这样一来,综合利用资源的特色也逐渐渗透到孩子们的心中,他们在策划活动的时候,也会敏锐地捕捉各种资源为班级活动所用。

三、如何创造性地开展活动以实现班级精神的升华

"教育的目的应当是向人传送生命的气息。"我们每天的学校教育活动,都在见证着一个个生命成长的过程。学生的生命成长面临着两个世界:知识的世界和生活的世界。"知识的世界"引导学生获得知识,开启智慧,拓展心智视野;"生活世界"启迪、培养学生的生活感受力,增进、丰富个人的生活体验。"知识世界"与"生活世界"相互融合才能培养完整的人。而班级活动恰恰是把"知识世界"与"生活世界"联系起来的纽带。活动中,注重对孩子的思想、品德、人生观、价值观的正确教育与引导,并把这种教育和引导贯穿于学生生命成长的每一个阶段。我们通过设计全程、系列、日常并有个性的班队活动,努力提升学生的班级生活质量,促进孩子的主动健康成长。班主任站在学生立场,和孩子一起出发,一起策划、设计、开展一次次的主题活动、社团活动和个性活动,享受孩子们的成长幸福。因此,我们认为班级活动的成功开展无论是对学生的个性发展还是对班级文化建设都有着至关重要的作用。

案例

"电脑——是敌是友?"系列主题班队活动方案

上海莘城学校 姚锐莉

"电脑到底是敌人还是朋友?"主题班队活动具体推进过程如下:

活动环节	教师活动	学生活动	设计意图
引入主题	反馈前阶段收集到的一些关于班级同学上网或是玩游戏的事件,提出活动主题"电脑到底是敌人还是朋友?"	聆听各种"事件"	引出主题
畅谈体验	1. 反馈调查问卷情况,了解现状,初步发现问题所在 2. 罗列哪些是利用电脑解决学习或是生活中的问题,证明电脑的确是"朋友" 3. 罗列哪些使用电脑的行为已经影响了正常的生活和学习,证明电脑是"敌人"	1. 各小组将汇总的情况进行汇报 2. 交流以下内容: (1) 和在外地工作的父母视频;查文学资料;不会做的题目上网查;制作10分钟队会PPT;上传电子稿作业等 (2) 上网聊天,一聊就是很长时间;暑假里一天要用电脑玩五六个小时游戏;作业没心思做,总想着玩电脑;不会正确使用,有时会把电脑弄坏或是使其中毒等	让学生清楚电脑可以用来做什么,我目前在用电脑做什么
深入感悟	1. 肯定正确使用电脑的现象,当场为一些好的案例颁发"充分利用奖" 2. 播放上网对青少年造成危害的视频 3. 邀请家长代表说说自己的建议	1. 部分学生接受奖励 2. 观看视频,畅谈感受	1. 肯定电脑的正面影响 2. 用直观的方式让学生清楚上网不当的害处
延伸铺垫	1. 根据学生的真实情况,总结电脑有时是"朋友",对我们帮助很大;有时是"敌人",会影响生活、学习 2. 到底该如何用好电脑?引出下次班队活动主题——合理使用最要紧	交流感想	总结并为后续活动作铺垫

"合理使用最要紧"主题班队活动具体推进过程如下:

活动环节	教师活动	学生活动	设计意图
回顾引入	1. 反馈前次主题班队活动后一些学生的课后补充意见 2. 引出大家都急需解决的问题——怎样用电脑才能使它成为我们真正的好帮手 3. 揭题"合理使用最要紧"	交流	有效衔接,引出今天的主题
交流互动	1. 提问:在玩游戏或是上网时还有什么是自己无法控制的? 2. 请家长补充看法	交流自己的困惑	梳理问题
商定相关做法	1. 提问:使用电脑时有哪些要注意的地方? 2. 组织学生、家长一起创建合理使用小妙招	1. 讨论并汇总成班级"使用电脑小建议" 2. 和家长一起帮助喜欢上网和游戏的学生制订改善计划	形成切实可行的改善方法和策略
强化巩固	1. 采访一个上网打游戏较多的学生,让他说说近几日的改变 2. 总结,鼓励学生合理使用电脑	交流	深化本次活动主题,使学生牢记在心

"电脑和我们的生活"主题班队活动具体推进过程如下:

活动环节	教师活动	学生活动	设计意图
激励引入	1. 表彰前期表现突出和进步很大的学生 2. 引出本次活动主题	部分学生接受奖励	肯定学生前期的行为,激发他们的兴趣
拓展视野	1. 播放视频,让学生了解信息时代,电脑科技发挥的巨大作用 2. 信息大搜罗:现代生活哪些方面离不开电脑科技	1. 观看视频 2. 交流	开阔学生的视野
创意提升	在不断发展的时代,信息科技可以让我们的生活更美好,你有什么创意可以使我们的明天更美好	交流、展示(有条件的学生可在家长协助下用电脑来展示自己的设想)	提升学生对电脑科技的认识
活动总结	总结	倾听,强化本次活动的意义	使学生深化本次活动的意义

第三章 班级文化建设

解读

1. 基于学生成长需要开展系列活动,解决学生成长中的实际问题

高年级学生在假期上网聊天或是玩游戏司空见惯,开学后仍然沉迷其中的亦不在少数。当班主任接到学科老师的"投诉"、家长的求助电话,当玩电脑游戏在班级已经成为普遍现象时,对孩子们作出正确的引导尤为重要。对于高年级的学生还一味地用以往的灌输式教育方法,直接告诉或命令他们不能上网,不能玩电脑游戏,只会使他们更加叛逆。上述案例中,姚老师通过一系列的主题式活动,让学生一吐为快,实实在在地感受到电脑有什么功能,自己身上有什么问题,到底该怎么正确使用电脑。

第一次主题班队活动前,姚老师在班级里作了问卷调查,内容包括:你家有电脑吗?你喜欢玩电脑游戏吗?你最爱玩的电脑游戏是什么?你的爸爸、妈妈通常用电脑来干什么?等等。通过调查发现学生使用电脑中存在的问题——但凡使用电脑的,80%都在上网玩游戏,而且有些学生喜欢的程度已经很深了,觉得自己一玩就会停不下来。从家长层面来看,有的家长自己也是经常上网聊天、玩游戏;有的家长用电脑,但是会避开孩子。不管家长是如何做的,都一致不支持孩子经常上网,这些都为开展本次主题班队活动提供了前提条件。

有了前期调研,姚老师将活动目标确定为:

(1)通过调查问卷,更清楚地知晓学生现在使用电脑的情况。

(2)通过主题班队活动,了解学生什么时候需要用电脑。

(3)通过主题班队活动,让学生知道不良使用或是过度使用电脑会产生严重的后果。

针对目标,在第一次主题班队活动中,姚老师让学生清楚自己使用电脑的情况,从中发现问题,了解使用电脑的正面作用以及过度上网或是玩游戏的害处。是不是到此结束呢?发现问题后还要分析解决问题。在第一次班队活动结束时又布置了下次班队活动主题——合理使用最要紧。

学生关注电脑仅仅是因为玩游戏过瘾和方便快捷,能带给他们快乐,但是对于使用电脑的正面作用却很少关注。姚老师很敏锐地认识到这一点,因此她进一步引导学生去了解电脑在现代社会的正面作用,让他们除了会玩电脑游戏外还试着开发电脑的其他作用,进一步放大电脑的育人价值。于是,姚老师设计了第三次主题班队活动——电脑和我们的生活,活动的目标为:

(1)将前期的班队活动推向一个更高更广的层面,让学生知道当今社会发

展离不开科技信息,科技信息从电脑网络开始。

(2)了解电脑对生活和整个社会更深层的作用。鼓励学生好好学习,将来可以将电脑作为创造美好生活的必要工具。

三个活动围绕一个主题,通过活动让家长和学生共同参与,一步一步、扎扎实实地解决了班级的"电脑"问题。

2. 引入家长资源,全面看待问题

在学生沉迷电脑游戏这件事上,姚老师敏锐捕捉到一个有意思的现象:站在学生立场,他们普遍都喜欢电脑,而且表现出一股非常强烈的热情;站在家长立场,他们多数反对学生使用电脑,对此有很多担忧,多反映为影响视力、沉迷以后影响学习等,且这些情况得到学生承认。老师在此基础上让学生看了沉迷电脑的一些不良后果的视频,学生的确有了很深的感触。有一个学生说:双休日他总会因为要玩电脑而和妈妈闹得不开心,现在他知道了妈妈在担心什么,所以他决定要改变自己。作为老师,对学生的引导比管理更加重要,不要只是一味地告诉学生该怎么做,不该怎么做,而是给予他们适当的引导,让学生自己体会效果更佳。

第一次班队活动后,学生已经知道了电脑对于他们来说是有利有弊的,明白了其中的道理,但未必有自律的能力,所以紧接着要让孩子们通过班队活动具有一定的自我控制能力。其实,孩子沉迷电脑游戏从另一方面看是由于家长疏于管教和引导。单从提高学生自律能力方面入手还是太过片面。第二次班队活动中,姚老师让家长一起参与,通过讨论、辩论、采访等途径,一起协商如何使用电脑以及掌控时间,制定切实可行的使用电脑的方法,起到事半功倍的效果。

第二次班队活动中,姚老师发动学生和家长一起参与制定使用电脑的注意事项,对一些玩游戏比较严重的还制订一个改进计划和进步激励反馈表,让孩子们养成合理使用电脑的好习惯。通过班队活动的讨论交流以及意见的汇总形成了切实可行的行为指导方案。

下表为家长和学生一起制定的改善妙招:

基础项目	评价			备注
周一至周四不玩电脑游戏	★	★★	★★★	
用电脑解决生活难题	★	★★	★★★	
会制作和学习有关的PPT，下载有用的信息、文章	★	★★	★★★	
加分项目	评价			备注
学会自我控制时间	★	★★	★★★	
能用电脑信息技术做有意义的事情	★	★★	★★★	

我们常说："孩子就是家长的一面镜子。"孩子身上存在的问题与家长是有密切关系的，姚老师在帮助学生解决沉迷电脑游戏问题的时候，从学生和家长两方面看问题，发动家长参与活动，双管齐下，收到事半功倍的效果。

3. 肯定更丰富的学生世界，张扬学生活力

班队活动中，班主任对学生的现状是有预设的，而且一般比较全面。可是，课堂经常有惊喜，学生说到自己利用电脑的地方还真是不少，特别是iPad，大家对它的使用热情可谓空前高涨，一谈至此，全班学生仿佛触到了一个兴奋点，炸开了锅，因此老师首先对学生在调查中反映出来的细致和热情加以肯定，同时自己也觉得在设计活动时应该对整体性和局部性考虑得更加全面一些，活动中的新生资源，为后面主题活动的开展提供了线索和内容，在后续活动中应予以关注。

4. 长程意识，导向明确，提高学生的分辨能力，凝聚班级精神

对于高年级学生，班队活动的意义不仅仅局限于判断"对不对""好不好"，更重要的是在一系列的主题班队活动中，培养学生明辨是非的能力。姚老师设计的三次主题班队活动中，教给学生的不仅仅是将目光停留在玩游戏不好、查资料有益等，而是让他们知道自己通过今天用心的学习，也许可以创造出更美好的明天。所以，第三次班队活动后，孩子们已经将目光转移到发掘电脑的更多功能上，这就是班队活动育人价值提升的一种体现。

一次次主题活动的策划与开展，为孩子搭建了展示成长的舞台，为孩子体验多彩生活提供了最佳的路径，为孩子的自身发展提供了广阔的空间，让孩子的综合素养在活动中得到发展，实现在成事中成人、以成人促成事的发展目标。

这样一来，学生的精神状态、学习状态都会有很大改变，进而无痕地提高了班级凝聚力，对于面临毕业的一群学生而言意义重大。

建议

1. 明确活动指向,系列活动要连贯

班队活动的主题要来源于学生切实的需要,是为了解决问题。活动的指向要明确,一次活动达成一个小目标,整个活动的前移后续要扎实有效,形成系列,达成总目标。姚老师针对开学以来班级存在的学生沉迷电脑游戏影响学习和班级风气问题,根据实际情况进行系列班队活动的推进。可以看出,她设计的系列活动是有推进逻辑的,从"电脑到底是敌人还是朋友"到"合理利用最要紧"再到"电脑和我们的生活",逐步实现指导学生解决问题的目标。

2. 彰显学生的存在感

高年级学生思维偏向理性,班级的名称、口号、班歌要适时进行调整,可以开展相应的主题活动,由班级学生共同来完成升级。淮师一附小孟耀昌老师所带的班级从四年级升入五年级,他们通过主题班队活动对班徽进行了完善和升级,如下图所示:

　　四(8)班班徽　　　　　　五(8)班班徽

四(8)班班徽设计图案为阳光和绿芽,表示班级同学沐浴着爱的阳光,团结一心,奋发努力。五(8)班班徽中大写的"八"恰到好处地与"五"融合在一起。变形的"五"第一笔转化为一个人头形状,这两个变化的"八"字像是班集体齐心协力奔向前方。这个标识还像是一轮红日冉冉升起!象征班集体追寻人生理想,追求光明,同时也昭示着班集体要像这轮红日,通过自己的努力,将更多的光明辐射给更多需要关怀的人。

四(8)班到五(8)班,同一个班级,同一群孩子,同一位班主任,年级在升高,学生在成长,班级文化内涵也在不断走向深入,班级凝聚力和内生力也在增强。班徽的变化体现班级文化建设的内核不断升级。班徽设计出自学生之手,从四年级到五年级,班徽得到完善,学生思维品质得到提升,能力得到发展,班级意志更为清晰,凝聚力更强。学生的思维品质、个人能力经过几年的培养和锻炼已经发展到一定高度。在班徽设计中，学生发挥了自己的智慧，展示了自己的能力，主观能动性进一步得到提高。他们的设计丰富了班级生活，同时也渴望有更多丰富的活动来充实自己的学校生活。学生对班级事务的参与度提高，对班级内涵的理解更为深刻，学生的主人翁意识也在提高，他们希望通过一次次的活动，展现自己的存在感。

在高年级创造性地开展主题活动以彰显学生的存在感，还体现为担当意识和责任意识。

淮师一附小六（5）班班主任戈雯婧老师带着孩子们与一年级小朋友开展了手拉手活动：开学第一周，每到下午大课间，50个孩子按照小队分到一年级16个班，手把手教一年级小朋友打扫卫生、整理书包，为丰富他们的课间生活开发课间游戏，专程找校长协商解决"跳格子"难题；还发动全校同学同出一份力开展一年级图书角活动，他们冒着寒风、顶着雨雪，出海报、发倡议书，到各班级宣讲，两天时间为一年级各班筹集了四百多本书。这是来自高年级哥哥、姐姐对弟弟、妹妹的一份关爱和责任。

关爱一年级弟弟、妹妹是一份责任意识，胸怀宽广、目光远大，将关爱的目光投向与自己同龄的特殊儿童，又是另一维度的诠释，例如，淮师一附小六（11）班的孩子们在植树节前夕与淮安市特殊教育学校的伙伴们开展植树联谊活动。孩子们在《播种幼苗 见证成长 心手相牵 共享阳光》中写道："春天，万物复苏，大地充满了一片生意盎然的景象。3月8日上午，伴随着一年一度植树节的即将来临，淮师一附小六（11）班来到市特殊教育学校，和那里的孩子们举行了一次植树联谊活动——播种幼苗，见证成长，心手相牵，共享阳光，这次特别的活动给三月的校园也平添了几分绿色。"

植树活动开始了，同学们拿起工具热火朝天地干起来。他们互相合作，努力地将坑挖到合乎要求，仔细地把捆绑在小树苗根部的塑料绳解开，轻轻地把小树苗扶正埋好……每一道工序都是那么井井有条。不一会儿，一棵棵小树苗就昂首挺胸地站立在阳光下，同学们还给它们起了好听的名字——"希望树""友谊树""爱心树"。这些小树苗，不仅见证了两校同学的友谊，更在他们心中播种下绿色的希望。

植树后，两校的学生们相约来到大礼堂，为彼此送上精心准备的节目：特校同学的一曲《感恩的心》让大家潸然泪下；六（11）班的小品《谁来扶扶我》道出了爱的真谛……最后联谊活动在一曲《友谊地久天长》中结束。淮师一附小的学生为他们的新朋友送上精心制作的卡片，特校的学生则教他们一些简单的手

语。也许是同龄人的缘故，语言的障碍丝毫没有影响他们的交流，孩子们三三两两聚在一起，似乎已经找到了心灵沟通的钥匙，你在我的手心写下你的名字，我在你的手心留下联系方式……会场里一股暖流在缓缓地流淌。

在采访中，淮师一附小的蒋同学高兴地说："这次活动给我上了生动的一课，从特校同学的身上，我学会了坚强，看着他们的笑脸，我知道，幸福有许多种，特校学生也有自己的幸福。"叶同学则另有一份感悟："叔叔，您知道我们为什么选择栽下桂花树吗？因为这象征着友谊和希望。我相信上帝在关了一扇窗的时候，一定会打开另一扇门。我相信明年这些桂花树一定会结出希望的果实！"小王同学补充道："这次活动也让我明白了植树可以尽快地赶走雾霾，我们的地球妈妈也会因此更健康。劳动本身就是快乐的，在劳动中奉献爱心的我们，也更加自豪。"

通过这次植树联谊活动，同学们有了爱绿、护绿和播绿的意识，也更加感受到保护环境的重要性。种下这些希望树后，从此就有了一个绿色的生命与孩子们一起成长，这些小树寄托了无限的希望和祝愿，孩子们约好以后每年都去看看亲手种下的小树苗，用自己的责任感和爱心浇灌它们。

这是同龄人之间心手相牵、共享阳光的期待和祝福。

3. 提升学生的成长感

（1）班级文化的生长

小学阶段是不会再分班的，经过五年或六年的共同生活，班主任可能会换，但不变的是学生，是班级的精神内涵。比如淮师一附小李晓玲老师，从四年级接班直到六年级，共陪伴孩子成长三年，"百合中队"这一中队名称却从一年级就开始陪伴孩子的成长，"百合"内涵六年来不断丰实。

百合花喜凉爽，较耐寒，吸收水分能力强，是一种从古到今都受人喜爱的世界名花，代表"单纯天真"，一、二年级的小百合们纯真善良，被老师、家长深深地爱着。到了三、四年级，百合中队的内涵进一步升级，百合花散发清香，寓意给别人带来清新舒爽，期待这样一群小百合能有奉献精神，让他人、集体因自己的存在而感到快乐。到了高年级，进一步探寻百合的价值——通过诵读林清玄的《心田上的百合花开》："一粒百合的种子，被无情地甩到了一个偏僻遥远的断崖上，野草诅咒她，蜂蝶讥讽她。可是百合说：我要开花，是因为我知道我有美丽的花；我要开花，是为了完成作为一株花的庄严使命，我要开花，是由于自己喜欢以花来证明自己的存在。于是，她努力地吸收水分和阳光，深深地扎根……终于，她开出了洁白的花，终于，她的种子飘满了整个山谷。"队员们形成深深的认同感，进而丰实班级的内涵，将班风扩展为"自信顽强、拼搏竞争、互助共赢"，学风拓展为"静心、勤奋、坚持、团结"。随之，班歌也升级为改编自《我们自己是太阳》的《我们自己是百合》：

不怕别人比我强
不管别人怎么想
向蜜蜂们学习勤劳坚强
像小蚂蚁啃骨头一样
不怕为梦想受伤
不管风雨有多狂
日升日落本来就很正常
风雨之后我们仍很顽强
相信我们自己是百合
相信我们执着的力量
只要我们能好好学习
就一定能天天向上
我们自己是百合
要开出世上最美丽的花朵
就算有困难有阻挡
我们也要努力散发芳香
我们自己是百合
如火的激情在我们胸膛激荡
我们有信心就有希望
自信的人才能展翅飞翔

这样的班级文化有了一定的深度，班级建设也就具有一定的高度。

（2）学生策划与组织活动能力的提升

毕业，是小学生活的结束。在最后一年里，尤其最后一个学期，毕业季文化和班级文化有机融合，提出共同愿景，共同奋斗，彰显班级文化的成长感和发展感。高年级学生已经具有理性思维能力，自我概念基本形成而且开始逐渐变得稳定。以主题活动的方式进行毕业教育，能更为集中有效地解决学生在面临毕业时可能出现的问题，满足学生在这一特殊阶段的成长需求，激发学生对未来生活的

向往,使他们能够以积极向上的心态,树立合理的目标,并能够为达到目标而努力。主题教育以"留下值得纪念的足迹"为主题,让全部学生参与到学校层面的活动,激发学生对小学生活的留恋和对未来生活的向往,并促使他们能够以实际行动去追求希望。

上海市闵行区汽轮小学的谢晓东老师以学校校庆为背景,结合毕业季策划系列性主题班队活动,放大毕业的意义。

链接

毕业季主题班队活动
上海市汽轮小学 谢晓东

"值得纪念的足迹"主题班队活动的具体推进过程如下:

活动环节	教师活动	学生活动	设计意图
热身	引入:同学们马上就要进入中学校园了,都在积极准备送给母校的礼物,现在让我们一起先用歌声和小学道别	歌唱《送别》	观看校园图片,激发学生参与热情
展示成果	引导学生用各种形式来交流活动成果,要求形式多样、活泼、与众不同	各个小组用不同的形式(诗歌、故事、录像、照片等)汇报自己分管的校史部分的工作: (1)回望60年 (2)寻访老教师 (3)采访老校友 (4)发展中成长 (5)我为你骄傲	交流过程既是对自己活动的展示,也是小组间的互相了解,要求学生不仅能够合作完成自己分管的校史收集和整理工作,更能够在活动中充分认识自己的能力与不足,促使每个人更好地自主发展
讨论评选	引导学生讨论设置的奖励(分他人和自己小组)	1.各小组交流讨论并评选 2.说说推选的理由	引导学生能够善于发现别人的优点,通过评价促进学生间的欣赏、合作、沟通
总结	总结	倾听	使学生明确努力的方向

第三章 班级文化建设

"毕业礼物策化"主题班队活动具体推进过程如下：

活动环节	教师活动	学生活动	设计意图
热身	引入：上次我们讨论了毕业礼物的事情，你们初步设定了方案，请班干部陈述理由，最终要获得全班同学的认可	班干部陈述选择校史馆建设的理由。全班同学表决参与	让学生统一意见，为今后的活动打下基础
确定活动项目	引入：1. 汽轮小学走过了60年，你们想了解什么呢？2. 将学生的想法归类整理，最终得出方案	各抒己见，寻找校史建设的切入点	从学生的需求出发，设计学生感兴趣的校史馆
自由分组	引入：方案基本成型，接下来，你们根据实际情况自由组合成5个小组，讨论进一步的活动方案	1. 自由组合 2. 讨论活动的具体细节： （1）调查哪些方面？ （2）去哪里调查？调查谁？ （3）设计调查问题	讨论具体实施方案的过程也是小组成员合作的过程。通过合理设置活动细节，让学生根据自己的兴趣和特长选择活动内容，发挥优势
提出评价机制	提出下阶段评价机制	讨论	通过评价机制的设置提出下阶段奋斗的目标

我们看到学生在两个活动的策划中提升了感恩母校、感恩成长的情怀。该班是谢老师从三年级带上来的，经过两年的锤炼，学生的策划意识和能力初具雏形。谢老师在学生分析中这样写道：经过两年的锤炼，学生具备了自主策划元旦晚会的能力，只要老师把学校层面的活动布置下去，学生就会自主确立目标，自主策划方案，自主去实践、去改变。然而，老师们并不满足于学生对于活动的策划，五年级上学期他们尝试让高年级学生思考和策划自己的未来。首先是理想教育，让学生谈谈自己的理想，激发学生对于未来的憧憬；其次是寻找自己家人曾经获得的荣誉，作为了解职业的切入口，感受亲人在职业生活中的成功以及获得这些成功的原因；最后让学生以小队的方式走向社会，进行社会调查，了解职业的性质和职业所需要的能力要求。当对这些外部事物有了充分的认识后，就是进入自我，为未来长远的职业发展作准备。每个学生都是独立的生命个体，他们从

活动中认识自我、肯定自我、学会自省，活出了内在的尊严。

学生通过对自己未来的思考和规划，明确了目标，对五年来自我的成长和发展有了更准确的认识和自我认同感，因此在五年级下学期的毕业季活动策划中表现出更加强烈的主人翁精神。

五年级下学期，学生面临毕业，又恰逢建校60周年，于是，老师结合毕业典礼，选择建立汽轮小学校史馆作为活动的切入口，一方面，想让学生在活动中产生自主了解学校的发展历程的愿望，引发学生"我以校荣"的思想感情；另一方面，也想通过活动进一步提高学生的策划能力和社会调查能力，在活动中让学生的沟通能力、合作能力得到进一步的提高。

通过了解学校60年的发展，走进校园中难忘的物件和场所。在寻找回忆中分享学校的发展历程，体会自己成长过程中的快乐。通过参观学校的景物怀念展，产生对母校的怀念之情，并在活动中充分展示自己的创意，省思在成长过程中印象深刻的人物，并能表示感恩，表达谢意及敬意。在审视学校发展的历程中，学生重新审视自我，了解自己的优点与不足，从而产生自我提升的动力；珍视既有的成就，发展自己的专长，珍惜自我成长的经历。通过精心设计"毕业典礼""毕业礼物"，加强学生的理想教育，使毕业典礼成为学生一生中难忘的、值得回味的事件。

不难发现，学生在共同合作完成活动策划的过程中走近了社会，提升了社会调查能力。在活动中提高了交往能力、合作能力，同时也能为自己与母校留下一份精彩。

综上，高年级学生思维在发展，能力在提升，在设计毕业季活动时，还要加强学生的理想教育，真正让生命得以成长。

第四章　班级建设与学科教学整合

小学高年级阶段的学生，逻辑思维能力有了显著的提高，能够更加理智、客观地分析问题，多角度寻求解决问题的策略。但是，受制于自身心理发展阶段的影响，很多学生呈现出独立性与幼稚性的矛盾冲突，在思维、认识、兴趣爱好等方面的差异日渐增强，学习中的两极分化现象越来越严重，交往中的小团体影响越来越明显，亲子关系日益紧张，对未来生活的期待与不安使得这一时期的学生表面看起来强大，其实内心比较敏感和脆弱。不管是学习、交往方面，还是生活、实践方面，学生都需要提升综合能力，将观察、实践、思维、整合、交流等能力综合发展到更高水平，从而应对成长的需求。

我们经常谈到班级建设与学科教学的整合，在低年级和中年级，更多的是利用各个学科的资源为班队活动的开展、班级文化的建设服务。到了高年级，怎样合理地整合，才能更好地促进学生的发展呢？高年级的整合，应该是多向的、复杂的而又有针对性的，指向的是学生成长中突显的问题和综合能力的提升。

将班队与学科资源整合，可以从多方面促进学生综合能力的提升：针对学生学习能力发展的需求，在整合中体验学科学习的乐趣，可以消除对知识积累的反感，形成适合自身特点的学习方法与节奏，更好地应对升学问题；针对学生心理发展阶段的特点，在班队与学科资源整合活动中，培养锻炼学生的意志品质，可以在有指向性的指导中形成健康、积极、乐观的生活态度；针对学生综合能力提升的需求，在多种资源介入的活动中，让学生体会分析、筛选、整合、创新的过程，由外及内，探究问题背后的奥秘，形成自我发展的无限潜力。

一、如何激发学生的学习潜能

获得理想的学业成绩，是每个学生都要面对的目标，对于小学高年级的学生来说尤其重要。升学的压力、家长的期待、自我发展的需要，使得他们提高了对学业成绩的关注度。班级中，因学习成绩差异形成的交往小团体增多，成绩优秀

的同学在同伴中的地位明显提高,"学霸"受到同学的追捧,成为很多同学的榜样;成绩落后的同学则容易丧失信心,失去学习的动力。学习成绩的起伏也影响着学生心理状况的波动,在班级和家庭中造成紧张的氛围。针对以上种种,通过班队活动与学科资源的整合,有的放矢,激发学生学习潜能,提升学习力,正是学生此时所需。

对高年级学生来说,经过低中年级的体验和锻炼,学习有了一定的规律与方法,大多数学生能够采用自己喜欢的方式学习,形成一定的学习能力。容易出现的主要问题有:部分学生进入学习倦怠期,对学习兴趣减弱;容易出现目标不明、缺乏计划、学习效率不高的状况;很多学生学习浅尝辄止,缺乏思维深度。

这些,可以通过相应的活动,对学生进行积极的引导,帮助学生度过这一困难时期,实现向中学学习的平稳过渡,为胜任中学的学习任务夯实基础。

例如,以下案例是淮师一附小五(14)班陈玲老师设计的"学习有'法'"主题班队活动,对学生进行学习方法的指导,就直接指向学生急需解决的问题。

案例

学习有"法"

淮阴师范学院第一附属小学　陈玲

"学习有'法'"主题班队活动的具体推进过程如下:

活动环节	教师活动	学生活动	设计意图
热身	观看视频	播放班级学习系列活动的视频	由以往活动导入,更快进入氛围
呈现问题	肯定学生前期做的调查准备工作,提出本次活动要解决的问题	1. 交流学习有"法"活动的前期准备工作 2. 提出本次班队活动要解决的问题	让班队活动聚焦,找到提升点
汇聚榜样的力量	预设提升点: (1)指出课堂40分钟的重要性,可通过记笔记、倾听、小组交流、总结提升等方法提高课堂学习效率	1. 听取经验、提出问题并进行思考补充 2. 孙同学总结课堂和问卷中存在的问题:	榜样引领,学法借鉴

第四章 班级建设与学科教学整合

活动环节	教师活动	学生活动	设计意图
汇聚榜样的力量	（2）学习要有目标，大目标是什么？小目标是什么？目标要有层次，学习要有计划，发挥长处，补足短处 （3）指出学习的完整过程及努力的重要性，可针对自己的不足有针对性地进行复习 （4）关注学习的主动性及方法的不断改进	（1）学习目标是什么？ （2）怎样合理安排学习时间？ （3）怎样制订适合自己的学习计划？ （4）怎样提高学习效率？ 3. 陶妈妈介绍关于家庭学习中存在的问题（预设点：主动学习，有计划地学习） 4. 陶同学介绍考试中存在的问题（预设点：平时学习有计划，复习也要有计划、有侧重） 4. 进步较大的同学介绍自己的学习诀窍（预设点：各有侧重）	
碰撞交流，解决自己的难点	1. 引导学生学会倾听，并交流自己的学习方法 2. 让学生学会提取有效信息，鼓励学生寻求并确定适合自己的方法	1. 小组之间交流自己的疑问和擅长之处，互补共进 2. 结合自己的思考与小组的交流及之前几位同学和家长的分享，制定自己关于某一类问题或者科目的学习方法	"高手在民间"，学习是个性化与共性化的结合，在共性中求个性
总结	1. 提出公式，关键在于学习的整体性 2. 提出后续活动，学习要有法，但也要具有个性 3. 介绍刘婷姐姐的建议	倾听并思考爱因斯坦的成功公式：A=X+Y+Z（即努力、方法、少说废话）	用榜样激励学生，让学生知道要有行动、有方法、有毅力，才能成功

解读

这个案例，是针对学生现阶段呈现的最大问题——学习困难而有的放矢开展的一次主题班队活动，呈现出鲜明的指向性和指导性。

1. 活动目标应基于学生需求

目标是预先设定的意欲达到的状态，无论是哪种类型的主题班队活动，都要达成一定的目标。目标的设定，是对活动主题进行剖析、具体化之后，根据学

生发展现状和需求,选择现阶段最有价值的内容进行聚焦,是整个活动的指导性纲领。

本次活动目标有三条:

一是学生之间互相借鉴学习方法,即制订计划、合理安排时间的方法;

二是学生在调查、汇报、总结调查结果的活动中提升思维能力;

三是学生通过活动初步完善个性化的学习方案,并对学习产生期待。

我们来看指导老师的分析:

班集体建设成效显著,学生的活动力较强,"活力鸾娃"名副其实。与孩子们一起成长,到现在已经快三个年头了。三年的时间,我们一起参与校园节日类的大型活动30余次;参与级部个性化活动约20次;参与班级主题活动及社团活动累计50余次;参与共同体班队活动7次。孩子们通过一次次活动变得自信了、大方了,他们有了较强的沟通与处理问题的能力。和孩子们相处一段时间,就会发现他们善于表达,并有较强的灵活性。在活动上,他们已经能够独当一面了。

但是,他们的学习情况不容乐观,学习主动性不强,学习方法和态度需要提升。通过对学生学习状态的调查,我发现很多孩子在学习上虽然有自己的方法,但是他们之间很少交流,大家各自为战。不少学生还是像中低年级一样,采用多背诵、多做题的方法,效率不高,提升较慢,导致对学习的积极性不高,主动性不够。即将升入六年级,学生对学习成绩关注度比较高,上几周学校举行了阶段性质量检测,因为试卷有一定的难度,所以整体分数不高。他们似乎也不满意这次测试的结果。周一开展的主题班队活动中,我们一起分析了测试的情况。当我询问他们关于考前复习的情况时,很多学生都说家长如何带自己复习,也有学生说自己只是看了看书本,不知道如何复习,花了很多时间但学习效果却不理想……我发现真正积极主动学习、会学习的孩子太少。他们很多都是在家长的引导下,按照老师的安排进行学习和复习,基本上没有自己的个性化学习。

老师还通过图表展现了班级学生目前面临的困难:

第四章 班级建设与学科教学整合

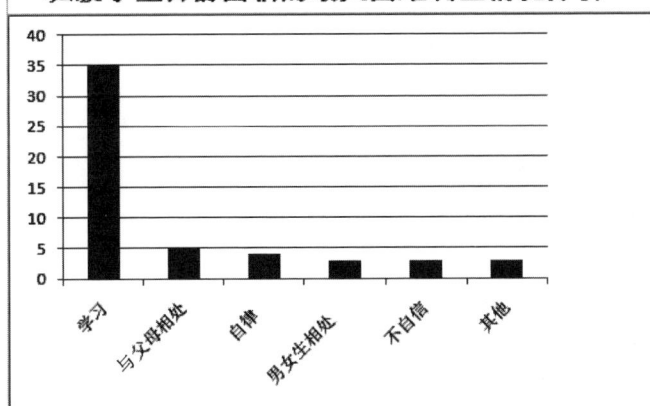

从以上分析可以看出，这样的一次主题班队活动是学生需要的。正因为如此，老师还设计了如下系列活动，从多个角度层层推进，使主题活动对学生的学习能力的形成产生更积极的影响，取得更好的效果。

"多方聚力，筑梦博睿"系列活动：

（1）（我要学）（外因）未来社会分析
（2）（我要学）（内因）点燃梦想
（3）（我能学）"只要在路上，总会遇到庆典"
（4）（我会学）学习有"法"
（5）（我有个性化学习方法）"我们不一样，我们都很棒！"
（6）（擂台赛）"共学共进共筑梦"

本次活动是系列活动之四，是一次汇聚交流的节点活动。

2. 呈现问题，准确把脉

学生进入高年级，自我意识越来越强，越来越不希望自己的学习被家长控制。部分学生能自己安排学习时间，有自己的学习方法，学得轻松高效；部分学生没有灵活的学习方法，倾向于死记硬背，做得很多，提高幅度却很小，表现出无奈与疲惫；还有部分学生学习态度不积极，缺乏科学的学习方法，目标不明确，遇到困难就退缩，遇到难题就回避，很难在学习上有根本性的提高。与此同时，很多家长也发生了变化，孩子进入高年级后，他们试图从以往"看""陪"的模式中解脱出来，不再像以往那样"陪着"孩子学习了。这就使部分不能自己学习、不会自己学习的孩子成绩出现滑坡。那些没有放手的家长也很苦恼，天天看，天天陪，什么时候孩子能真正会学习，会主动学习呢？孩子对于家长的过分

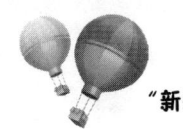

依赖、缺失既科学又适合自己的学习方法、消极懈怠的学习态度是这一阶段学生学习出现较大问题的原因,学会确立目标、制订计划就成为学生急需的本领和能力。

3. 目标明确,努力有方向

目标是引领行动的灯塔。低中年级学生大多没有明确的目标,为了让老师喜欢自己,为了让父母高兴,为了在同伴中有地位等,都能成为考个好成绩的目标。为了什么而努力学习,则是进入高年级的学生应该思考的关键问题。取悦他人,已经不足以打动学生为之努力。为了实现理想吗?这一阶段的学生普遍对曾经的伟大理想产生怀疑与动摇。这时,迫切需要引导他们找到目标。陈玲老师在活动初期,从外因和内因入手,激发学生学习的主动性和积极性,帮助学生明确目标。其中的外因是通过未来社会分析、梦想地的吸引力进行干预;内因是通过"点燃梦想",找到国内外最向往的两座城市或者大学所在地,发放与梦想地对应的大学书签,燃起学生的积极性,让学生变"要我学"为"我要学"。让他们知道,重视学习,积累经验,是实现梦想的必由之路。

其实,目标有大目标和小目标之分。实现大目标的前提是重视并努力实现小目标。例如,考上一所理想的中学是大目标,为了实现这一大目标,每天需要做多少道数学题、背多少个单词、积累多少词句等,这些都是小目标。小目标要落实到每一天的生活和学习中,指导每一次的学习,才能最大化发挥它的引领作用。

4. 方法科学,提高效率

我们常常和学生讲要有科学的学习方法,到底怎样的方法才是科学的呢?因人而异。综观许多成功人士的案例,都讲到了两个方面:一是计划安排合理,二是时间安排合理。

小学生的学习计划不能复杂,针对自己的学习状况,对预习、课堂学习、复习、检查反思这几个环节进行分析,看看哪一个环节出现问题,有的放矢,解决问题。陈玲老师在开展班队活动前,先让孩子们写出自己最擅长的某一科目的学习方法(加上老师、父母、朋友的建议),列出自己的学习计划,活动中充分发挥小组内部交流或者组际交流的作用,鼓励学生将他们自己的方法和其他人的建议进行汇总,形成自己的A、B两套学习方案。这正是为了引导学生学会制订计划,将科学的方法运用到自己的学习中。

第四章 班级建设与学科教学整合

建议

1. 活动指向要明确，活动系列要连贯

班队活动的主题要来源于学生切实的需要，是为了解决问题；活动指向要明确，一次活动达成一个小目标；整个活动的前移后续要扎实有效，形成系列，达成总目标。陈玲老师的案例中的前期调查用数据说话，根据实际情况进行方案的设计，由学生推荐分享人选，解决的是调查中呈现的主要问题，个别问题则通过小组交流分享形式来解决。可以看到，她设计的系列活动是有逻辑推进性的，从"要学"到"能学"再到"会学"，逐步实现指导学生解决问题的目标。

2. 善用家长资源和班外资源，合理利用差异资源

学习是一个家校、师生、生生共同合作的项目，家长资源、同年级的优秀学生资源、高一级学校的优秀学生资源都能启发、激励学生找到更好的方法来提高学习成绩，而班级进步较大的学生大多源于学习方法的改变，由成绩中下等的学生成为成绩名列前茅的学生。陈玲老师在活动中将这些资源进行整合，采取的措施包括家长介绍、"学霸"引领、进步大的同学简要说说自己进步最大的科目的最新学习方法，还安排十多分钟的小组交流。分组时，她采取互补的方式，发挥差异资源的最大作用，让班队活动成为学习方法交流的沙龙。

3. 学科教学与社团活动相互融合与促进

学科学习与社团活动本来属于两个体系，一个针对知识水平的提高，一个针对综合能力的发展。进入高年级，学生对知识积累的兴趣减弱，从知识学习中获得的成就感不足，渐渐对学习不那么积极了，不少学生出现了厌倦、消极的情绪。从低中年级开始开展的社团活动，也因为时间分配、学业压力、活动重复等原因，进入倦怠期，参与活动的人员不稳定，时间难以统一，渐渐地流于形式，难以得到提升。将社团活动和学科资源结合起来，正好可以解决两方面的矛盾，互相促进。

例如，淮师一附小的韦韬老师在开展班队活动"吟唱经典之美，传承国学精粹"后这样写道：

进入五年级，学生对语文课文的学习进入低潮期，不少同学对古典文学开始感兴趣。本学期，通过对班级学生歌唱、朗诵、古诗、表演等方面进行调查，我们决定在班级成立"婵娟诗社"。期待通过诗词吟唱活动，帮助学生对于诗词有更深的理解，发现语文学习的魅力，激发学生对于语文学习的兴趣，陶冶学生的

情操，使得古典诗词的魅力能够内化在学生的日常生活中，创造一种文化氛围，激励学生对传统文学的热爱。

社团的前期活动，是对于《水调歌头》和《甄嬛传》中古词新唱的《菩萨蛮》的学习。在学习的过程中，学生从孩子的视角去观察，在他们的观察与讨论中，逐步发现古诗词的风雅优美，并通过表演将收获展现出来。后期，通过观看古诗词吟诵大会以及和师院"采菊诗社"同学进行的互访活动，学生更是有了直观的感受，对吟诵古诗词产生了更加浓厚的兴趣，并且将之和学校的文明礼仪教育活动紧密结合起来，学习古典礼仪，重现古典生活。

在社团活动中，除了日常的古诗词吟诵的练习和交流，学生们还利用周末时间，自发地走进社会福利院，给福利院的孩子们带去自己的爱心，我们称之为"暖冬行动"。在这次活动中，同学们不仅送去了物质帮助，更送出了精神食粮。优雅的古诗词、优美的舞蹈、动听的歌曲，以及和福利院孩子们的友爱动情的互动，加之活动后期的总结讨论，孩子们真正将中华文明礼仪和文化内涵深化到内心，从理论走向实践，从校园走向社会。

其后，在学校的师德演讲中，诗社主动参与，诗社成员成为语文课前的"吟诵小老师"。同时，与安澜路小学联合开展了"绘本漂流，吟唱经典"活动，与淮阴师范学院"采菊诗社"的学生进行了多次联谊活动，班级逐步形成了一批朗诵和吟唱古诗词的骨干成员。

烦琐的课前预习加入有趣味的吟唱练习，语文学习变得更富有趣味，学生们会主动去找与课文相关的诗词，并结合最近学习的曲调进行练唱。在理解课文的时候，学生们养成了品词析句的习惯，对课文的理解也更加深入。在朗诵时，表现力也更加丰富。可以说，古诗词吟诵成为学生们语文学习的好伙伴。

可见，老师将学科教学与社团活动有机结合起来，概括而言，具有以下优点：

一方面，利用学科资源为社团活动拓展新的空间。学科的介入，拓宽了社团活动的范围，吸引学生积极参与。引入学习能力强、知识面广的同学的支持，有特长的家长的指导，使得社团成为受老师、学生、家长欢迎的非正式组织。

学科类社团因为和学科紧密结合，活动时间上也更加灵活，可以化整为零，利用在校的课间活动、学科活动、相关学科的课前积累等时间来实现日常活动的开展。

因为学科介入的关系，老师的指导作用更加明显。老师可以通过班队活动组织学生策划活动，大社团化为小社团，小小社团之间互动流通，打破小团体与小

第四章 班级建设与学科教学整合

团体、小团体与个人之间的壁垒，发挥团体的育人价值。而大社团只要定期以团体的方式开展活动即可。老师还可运用学科的专业知识对学生予以相应的引导，比如，从韦韬老师的案例中可以看出老师本身对于吟诵古诗词的喜爱，这对学生产生了积极的影响。

另一方面，社团活动也为学科学习注入新的活力。著名教育家苏霍姆林斯基说："只有能激发学生去进行自我教育的教育，才是真正的教育。"利用学科资源协助社团开展活动，到有针对性地建立学科性社团，围绕着学科知识开展社团活动，既满足了学生对知识的需求，又通过更加活泼的形式、更加宽泛的外延、更加灵活的互动来为日渐枯燥的学科学习注入活力，激发学生对于学科学习的兴趣。

在具体实践中，班主任是社团活动的直接指导者，不能局限在自己任教的学科，而要根据学生需要和意愿，开展学科社团活动，也可以多成立几个社团，多互动交流，使得活动不仅仅指向学生学习能力的提高，更指向人的发展。除了语文、数学、英语这几门主要学科，还可以成立与历史、科学、音乐、体育等学科相关的社团，也可以将学科老师吸纳进来，创建跨班级的学科社团，更好地发挥资源整合的作用。

4. 巧用学科综合实践活动，培养学生勤于思考的习惯

人类具有高度发达的大脑，我们的大脑以及身体每时每刻都在接收和感知大量来自外界和内在的信息，同时进行处理，这个过程可能是有意识的，也可能是无意识的，甚至是下意识（潜意识）的。大量教育理论已经证实，思考是学习力提升的关键因素。

例如，淮师一附小伍浩波老师组织的"玩数学游戏，做博学少年"数学游戏开发大赛就是一次有效的尝试。

伍老师将这次活动分为三个阶段：

（1）前期准备阶段

班级成员按自愿原则分成6—8个小组，每个小组通过研究，力推一个数学游戏，自制海报和游戏规则。

前期准备过程中，学生通过上网查找资料，阅读《可怕的数学》《经典数学游戏》等书籍，整理出本组同学感兴趣的数学游戏。有的小组到其他班级邀请同学进行试玩，测试活动效果；有的小组邀请家长参与，对经典游戏进行改编，使得游戏的思维含量更高；有的小组与小组之间互助合作，改进设计，使游戏更有

趣。大家八仙过海，各显神通，班级里洋溢着浓浓的数学学习氛围。各小组还进行合理的分工，根据自己的特长，将准备工作做到尽善尽美。

（2）班级活动会展阶段

每个组的团队分成两批，轮流在自己的展区进行宣传，带动现场的同学一起玩自己开发的游戏，其他人员流动观看其他展区的游戏，参与其他展区的活动。

评委组和老师根据相关游戏规则是否清晰、内涵是否有浓浓的数学味、参与的同学是否多等方面予以打分，决出最佳游戏开发奖、最佳游戏创意奖、最佳游戏参与奖等各个奖项。

（3）年级活动会展阶段

每个组到1—2个班进行游戏推广，邀请感兴趣的同学参与，形成新的团队，对游戏进行再创造。利用周四下午第二节课的时间，在2号楼下的广场进行年级活动会展，邀请本年级和五年级同学参与，将"趣味数学"的魅力带到更多同学身边。

活动后，再次评选"最受欢迎游戏"和"最具挑战性的游戏"。

通过游戏，可以培养学生的逻辑思维与应变能力，加强数学与生活的密切联系，让学生体会到数学应用于生活的价值，体验数学游戏与众不同的魅力。

通过将学科与班队活动整合，我们要激发的是学生自我思考的习惯，遇到问题先自己动脑筋想办法，从不同角度思考问题，解决问题，从而激发学习兴趣，提高学习效率，保障学习任务高质量地完成，形成自主学习的能力。创造性思维的特点是具有敏感性、独特性、流畅性、灵活性、精确性、变通性，这些都源自乐于思考、勤于思考的习惯。

在实际操作中，我们还要注意：

（1）培养乐于思考的习惯，贵在坚持

习惯的培养犹如逆水行舟，"一篙松劲退千寻"，所以培养习惯要坚持不懈，持之以恒。一般需要三周到三个月时间，具体情况因人而异，关键是不能半途而废，否则良好的"习惯之舟"就会搁浅，甚至倒退。

（2）培养勤于思考的习惯，重在长程

光靠一两次活动，是无法帮助学生养成乐于思考的习惯的，伍浩波老师的上述案例其实只是其系列活动中的第三个活动，还包括"立体图形学做创""我的数学梦知识大赛""魔术中的数学""生活中的数学"等活动。他是以活动为中心，延伸出许多方向，通过一次次的活动，以及活动与学科学习的交融互通，多方面形成合力，逐步推进学生思维习惯的培养。

第四章 班级建设与学科教学整合

（3）培养勤于思考的习惯，乐在整合

除了单学科与班队活动的整合，多学科的整合更能激发学生的兴趣，吸引学生参与，锻炼学生的思维，也更加符合高年级学生对于思维挑战的需求。

比如，淮师一附小在第十二届科技节中举办的"一站到底"知识竞赛，就在多学科整合上作出了成效。

链接

战科学擂主，做超级战神

来"一站到底"，比科学知识；战科学擂主，做超级战神。舞台上，李同学、左同学、徐同学等12名擂主严阵以待，他们是前期经过班级、年级的几次比赛后才产生的。用主持人的话来说，他们个个都是学霸，人人都是精英。

此次比赛全程采用"一站到底"之模式——擂主选择一名选手答题，与对手轮流答题；每位选手有15秒答题时间，答错者淘汰出局；挑战者获胜后成为新一轮擂主，站到最后者为胜利者。

答题内容涉及科技、节能环保、天文地理、自然与社会、生活常识等多个领域，全面考查参赛选手对科学常识的了解和掌握程度。比赛过程中，选手知识渊博，沉着答题；观众全神贯注，热情参与。比赛现场气氛紧张而激烈，不时爆发出阵阵掌声。经过激烈的角逐，最终五（5）班施同学力战群雄，成为"超级战神"得主。

驾一叶扁舟徜徉知识的海洋，擎一杆旗帜探索科学道路。"一站到底"科学知识竞赛圆满落幕，但同学们对科学的热情只增不减，对知识的求索永不止步。

这个活动中看似最精彩的是最后的擂台赛，其实对学生的成长来说，最重要的是每个班级为期三周的学习与竞争的过程。活动初期，每个班级结合科学课、数学课、健康教育课、品德与社会课的资源，进行了相关知识的梳理与筛选，题库来自于学生与家长、老师的合力，分组的学习与选拔，班级的学习与选拔，一次次的策划与推进，锻炼的是学生多方面的思维能力。

二、如何培养学生学科学习的意志品质

高年级学生逐渐进入青春期，叛逆、敏感、脆弱、承受力差，有的学生一旦有了缺点或遇到不如意的事，就禁不起批评，窝火憋气，怨天尤人，甚至自暴自

弃，丧失进取心。"志不强则智不达"。意志是自觉地确定目标，并努力克服困难，以实现预定目标的心理活动。意志的强弱对一个人的行为乃至一生，都有重大的影响。培养学生的意志品质，可以锻炼学生的意志，增强他们克服困难、战胜困难的信心，并有助于提高学生的学习成绩，促进他们全面发展。

学科学习中需要哪些意志品质呢？高年级学生需要学会进行有效的自我管理，疏解学习压力，并能坚强地面对挫折与失败。这些目标不是一两次活动便能够达到的，需要有计划、有针对性的系列活动的推进。

下面这个案例，就是上海市闵行区汽轮小学五（1）班班主任蔡颖老师设计的"种子在我心中"主题班队活动，主要针对学生自我管理水平不高而设计开展的，通过责任意识的培养对学科学习产生积极的影响。

案例

种子在我心中

上海讪汽轮小学　蔡颖

"种子在我心中"主题班队活动具体的推进过程如下：

活动环节	教师活动	学生活动	设计意图
观看录像，比对自身	引入：同学们，这儿有一组镜头，是三色堇小队队员们在校园、班级随机拍下的，你有过这样的行为吗？（播放视频）	1. 观看视频 2. 比对自身行为，寻找自身不足之处	很多学生在学习上存在拖拉、磨蹭、走神等不良习惯，但自己却意识不到，这段视频如镜子般让学生清晰地看到自身行为的偏差
意识不足，寻找对策	1. 引入：同学们在看视频的时候，有的红了脸，有的低下了头，有的若有所思，看来这段视频已引起你们的思考。请你们说说在学习中遇到的最大的问题是什么，写在你的"种子"本上 2. 倾听学生的交流，适时加以点拨 3. 引入：同学们刚才是在思不足，明确自身不足之处，该如何改变呢？有没有改变自身行为的策略、方法呢？ 4. 组织小队交流，并适时加以点拨	1. 思考记录 2. 交流 3. 小队讨论 4. 在"种子"本上写下改变行为的有效方法	使学生发现自身最大的不足并找出应对的策略，记录在绿色"种子"本上，形成行之有效的方案，督促自己改变

（续表）

活动环节	教师活动	学生活动	设计意图
积极改变，同伴互促	1. 提问：同学们找到不足，寻求到改变方法，那么如何来实施呢？ 2. 引入：刚才交流中，有些同学担心自己是三分钟热度，坚持不了几天，希望有人监督，各小队讨论一下如何设立这一对一的监督岗 3. 组织学生交流并点拨指导 4. 介入：各小队的一对一名单设得很好，但是一直靠同学的监督是不行的，能不能给这个监督设一个期限，最终学会自己对自己负责 5. 参与学生的讨论	1. 交流 2. 小队讨论 3. 各小队出示一对一监督岗名单 4. 各小队讨论监督岗的期限	有些学生缺乏自制能力，他们有改变自身的强烈愿望，但克服不了长期以来养成的惰性，所以在小队中设立一对一的监督岗，督促这些学生，最终让他们从他律走向自律，形成责任意识，明白自己该对自己负责
形成方案，落实行为	提升现在你们有想法、有方法，迫切想改变自己，做一个对自己负责的人。你们的绿色"种子"本上也播下了"责任意识"这颗种子，就从现在做起，改变自身	1. 在"种子"本上标上时间段 2. 贴绿色"种子"本 3. 交流	活动的最终目标是落实在学生的行为上，通过标时间、贴本子，让学生有责任感，切实改变自身的行为
总结提升	总结：一个人有了责任意识，才能把事情做好。班级的岗位工作更需要同学们的责任心。让责任的种子在我们心中生根、发芽	倾听	为后续活动作铺垫

解读

对于高年级学生来说，自我管理是非常重要的。我们从一年级开始就努力引导学生从"他律"走向"自律"，通过许多活动引导学生学会自我管理。到了高年级，应该从被动到主动，从低级到高级，从不自觉到自觉，进一步提升学生自我管理的水平，从管理自己的生活到管理时间、管理学习、管理情绪等。

1. 学会管理自己的生活

这主要侧重于培养学生的自理能力。例如，可以从管理家庭生活的角度引导高年级学生参与策划家庭出游路线，定期体验家庭财务管理，定期召开"家务会"，参与家庭决策，制订假期生活计划等，从而管理自己的生活。

2. 学会管理自己的学习

前文指出：引导学生制订科学的学习计划，就是管理学习的一个方面。管理自己的学习，还有特别重要的一点，就是学会做好时间管理。时间管理是一门学问，科学安排、更有效地运用时间，能帮助我们更好地达成目标。时间管理有很多方法，小学生主要存在的问题是不会安排时间，要么拖拖拉拉，要么急急忙忙，可以开展专门的班队活动指导学生合理安排时间，做时间的主人。

以下是上海市明强小学五（9）班班主任郭亚熙老师设计的"我的时间我做主"主题班队活动。具体推进过程如下：

活动环节	教师活动	学生活动	设计意图
问题导入	1. 出示两本备忘录，备忘录上注有家长写的自己孩子每晚的休息时间 2. 出示调查表	1. 背诵古诗 2. 讨论交流	1. 激发学生情感，调动学生热情 2. 让学生了解浪费时间、学习用品凌乱的危害性
核心推进	1. 组织各小队交流 2. 对学生讨论的结果进行梳理并板书	1. 做实验 2. 背名言 3. 写卡片 4. 教方法	使学在讨论问题、解决问题的过程中懂得珍惜时间的重要性，在互动交流中培养动脑、动口能力，同时在小队活动中提高探究、合作的能力
总结提升	1. 总结 2. 发给每个学生自我测评表 3. 组织学生歌唱《明日歌》	齐唱《明日歌》	让学生懂得养成一个好习惯需要长期坚持

郭老师在活动中通过榜样引领、小组交流、组际交流，引导学生从以下几个方面学习科学安排时间，对学生有良好的指导作用：

（1）集中精力完成最重要的学习任务；

（2）优先完成最重要的学习目标；

（3）为每个学习任务设置一个时限；

（4）试着为每天的学习制定时间表。

3. 学会管理自己的情绪

遇到不如意或遭遇突发事件时，孩子往往会表现为情绪不稳定，或者是大喜大悲，或者是做事不顾后果，容易冲动。需要引导学生知道情绪的体验是什么，应该怎样正确释放自己的情绪，怎样控制自己的情绪。

第四章　班级建设与学科教学整合

淮师一附小束彦老师借助专业的心理指导课"学会自我调适",对学生进行情绪管理的指导,就是一种比较有效的方法,步骤如下:

第一步,利用一段能引起强烈心灵震撼的音乐,创设一个新颖、独特的体验情绪的氛围。这段音乐由欢快、恐慌、悲伤、舒畅四个环节组成,学生在这段音乐中能够体验到情绪的波动,初步了解情绪会随着情境的变化而变化。

第二步,通过"转转盘,变变脸"活动帮助学生认识情绪,让学生明白有很多情绪都能带给我们幸福、快乐的感觉,对我们的生活、学习起到积极的推动作用,这些都是积极情绪。但也有一些情绪会让我们对生活感到厌烦,我们把这些情绪称为消极情绪或者不良情绪。然后分辨哪些是积极的情绪,哪些是消极的情绪。

第三步,利用"情景再现"的方式呈现案例并展开讨论,寻求控制不良情绪的方法。老师选取学生生活中最易碰到的,也最容易产生不良情绪的几种情况创设情境,让学生利用自己已有的知识经验与生活经验,寻找控制和调节情绪的方法,也让学生通过讨论明确在处理类似的情绪问题时,必须改变不合理的思维方式,重建合理的思维方式;同时,让学生给自己想的方法取个名字,这一环节非常适合小学生的年龄特点,他们认为自己能够为他人想方法、取名字,非常有意义,所以积极性很高,比起生硬地把心理学上的专业方法教给学生要有趣得多,生动得多,更能够给学生留下深刻印象,辅导效果也更好。

第四步,谈谈活动感受。心理辅导重在体验与参与。通过游戏,学生在课堂上亲身体验情绪的变化,而且老师讲述的这段话跟"情绪"这一内容有关,这样就将抽象的有关情绪的理论与趣味性的游戏相结合,学生在游戏的过程中,会把关注的焦点放在老师讲述的这段话上。老师趁此机会,在学生认识的基础上,灵活、适当地进行提升和总结,使学生更加明确控制和调节不良情绪的方法。这样,就达到一举两得的效果。

第五步,借助游戏"抓手指"帮助学生明确方法。学生围成一个圆圈,老师讲一段话,这段话里说到"情绪"两个字时,学生就用右手赶快去抓旁边同学左手的手指,自己的左手手指争取快速逃脱。

其实,控制情绪的方法多种多样,包括积极心理暗示法:我能行,下次再努力;注意力转移法:听听音乐、看看电影、看看书、散步;合理宣泄法:向别人倾诉;将心比心,换位思考,等等。我们还可以利用色彩来调节情绪,如红色可以促进血液循环,振奋心情;粉色可以使人变得温柔;当你出现心情灰暗、担心的情绪时可以选择橙色,从而振作精神;黄色可以使人集中精力,提高学习兴

趣；当你出现紧张的情绪时，可以看一看绿色；白色可以激发创意，使人产生积极的想法；当你出现胆怯的情绪时，可以看看黑色。

最后一步，创作格言。引导学生根据活动中的感悟创作格言，以激发学生的内驱力，以格言激励自己与他人。

汤普森（Thompson）指出，情绪调节是一种适应社会现实的活动过程，他要求人们的情绪反应具有灵活性（非呆板）、应变性（非固定不变）和适度性（非唤醒过度或唤醒不足），以使人们以有组织的、建设性的方式，迅速而有效地适应变化的社会情境。因此，引导学生正确地认识情绪，面对不同的情绪，学会合理地控制和调节，对于正处在个性生成的小学高年级学生来说显得尤为重要。这是青春期学生面临的共性问题，可以通过团体辅导，让学生在各种形式的活动、游戏，以及情境中来了解情绪的多样，明确情绪有积极情绪和消极情绪，并结合学生生活实际经验，引导学生运用合理、有效的方法控制和调节情绪。

4. 学会控制自己的行为

控制行为和控制情绪紧密关联，将心理健康课的资源和班队活动整合，可以对学生进行正面的积极引导。上述案例中控制自己的懒惰情绪，带着责任心对待班级工作、对待学习，也是一种积极控制的表现。

建议

1. 自我管理是一个循序渐进的过程，不会一蹴而就

小学生的生理和心理特点都决定了其行为的不确定性和反复性。在小学高年级，学生已有自我管理的意识，初步学会一些自我管理的方法，适当管理自我，可以促进学习效率的提高，帮助学生向青春期平稳过渡。学习自我管理，是一个长期的过程，不可能在短期内完成，许多人一生都在学习自我管理，何况小学生呢？学生行为出现反复，是正常现象，老师、家长要以平常心应对，积极引导。

2. 小学生的自我管理还处于初级水平，不可好高骛远

即使到了五六年级，他们也依然是十几岁的孩子，教育者要明确孩子可能达到的水平有多高，允许有超前发展的孩子，也允许有落后的孩子。应该合理利用差异资源，创建良好的班级氛围，引导学生从初级水平向高级水平发展，尽可能朝向自觉的、高水平的自我管理努力，但也绝不因为孩子达不到而失望，要相信孩子永远会成为现阶段最好的模样。

第四章 班级建设与学科教学整合

3. 引导学生学会疏解压力，自觉形成自我管理意识

疏解压力的方法很多，心理健康辅导课和班队活动相整合，就是一条很有效的途径。

学习压力大多来自家庭，因此疏解家庭亲子关系，是缓解压力的重要途径。随着年龄的增长，学生的自主意识开始觉醒，不再像以前那样对他人言听计从，师长在他们心目中的权威性也逐渐减弱。他们有了很多自己的想法和主意，同时，他们需要被尊重，被肯定，需要通过关系来界定自己，需要在关系中获得提升自我价值的感受。而很多家长还没来得及适应孩子的成长需要，他们认为孩子还小，什么都不懂，教育方式还停留在以前的命令、强迫、说教的状态，没有去倾听孩子的心声，了解孩子真正的需求。当孩子在长辈身上看不到令他们自豪的东西时，就会下意识地疏远甚至排斥家人关系，亲子冲突开始产生。于是，学生有了越来越多的思想包袱，人际交往成为影响他们很重要的一个方面。带给他们烦恼的除了父母，还包括老师和同伴。因此，在五、六年级开展心理健康教育是非常必要的。

每个人面对的压力不同，活动策划应既有面对群体的部分，又有面对个体的部分。除了将心理健康辅导课和班队活动进行整合，还可以将音乐、体育、美术、科技等学生感兴趣的学科引入，将社团活动引入，这些都能为学生创造更广阔的天地，疏解他们的学习压力。

4. 引导学生学会面对挫折与失败，提升自我管理效能

英国哲学家培根说过："超越自然的奇迹多是在对逆境的征服中出现的。"挫折与失败也是造成学生学习压力的重要因素，通过学科和活动的整合，引导学生学会正确看待挫折与失败，培养百折不挠的品质，增强抗压能力，有助于学生应对升学期出现的种种问题。

首先，应引导学生不把跟别人比较作为衡量自己的唯一尺度。使学生努力培养精神上的独立性和自主性，建立自己的标准和原则，跟自己进行比较，时常反思自己的得与失，取长补短。

其次，应引导学生学会自我接纳。活动中应有目的地引导学生进行比较全面客观的自我认识，摆正自己的位置，正视自己的优缺点，接受自我，欣赏自我，并在此基础上发展自我，不断完善自我。

最后，应引导学生树立坚强的信念与理想。信念和理想犹如心理的平衡器，从老师到家长都坚定地相信生命的力量，相信成长的力量，从而引导学生相信自己，给自己积极的心理暗示，帮助学生保持平稳的心态，度过挫折和坎坷。

例如，淮师一附小陈玲老师的"多方聚力，筑梦博睿"系列活动中的第三个活动，通过班级各类竞赛、社团活动的回顾，让学生找到自信心，找到值得骄傲的地方。接着，班级举行了辩论赛，主题为"过程和结果哪个更重要"，孩子们在这个活动中明白，其实有时只是暂时的失败，不能因此一蹶不振。尽力做到自己的最好就可以了，之后不断努力做到自己的极致。然后，他们一起讨论"怎样看待暂时的失败""如何处理学习中暂时的烦躁"等问题。最后，老师鼓励孩子们在最爱的"留言板"日记上写出他们最擅长的某一主题或者项目的学习方法或者步骤。这个系列让学生树立"我能学"的意识，让他们明白，"只要在路上，总会遇到庆典"，不要因为暂时学习落后就自暴自弃。其实，只要找到适合自己的方法，努力去做，就会有进步。

三、如何培养学生综合运用学科资源解决问题的能力

学科资源与班队活动的整合，不是要将学生工作变成学科课程，而是以学科资源来丰富学生的生活，拓宽学生的视野，引导学生吸取各个学科的精华，培养学生的民族与国家意识，以博大精深的人类文明来滋养学生的生命，促进学生个性与社会性的发展，提升学生的综合能力。

对于小学高年级的学生来说，综合能力已有一定的发展，在此基础上，通过整合班队与学科的资源，提供更广阔的天地，让学生得以锻炼，发挥创造性，在活动中领悟合作的技巧，在思辨中探索生命的意义、生活的真谛。

其实，每一项活动中，学生都要运用多种学科知识和多项能力来解决问题，尤其是面对综合性的活动时。以下这个案例就是如此。

案例

十二生肖复轮回，福禄寿喜财相随
淮阴师范学院第一附属小学　五年级班队组

十二生肖，在我国的春节民俗文化中占有重要地位，早在先秦时期即有比较完整的生肖系统存在。十二生肖是十二地支的形象化代表，随着历史的发展逐渐融合到相生相克的民间信仰观念中，每一种生肖都有丰富的传说，并以此形成一种观念阐释系统，成为民间文化中的形象哲学。到了现代，更多人把生肖作为春节的吉祥物。

第四章 班级建设与学科教学整合

生肖，作为悠久的民俗文化符号，古往今来留下了大量描绘生肖形象和象征意义的诗歌、春联、绘画、书画和民间工艺作品。除中国外，世界多国在春节期间发行生肖邮票，以此来表达对中国新年的祝福。

为了揭开生肖文化的神秘面纱，五年级部的学生们假期中就积极投入对生肖文化的自主探究中。现在，在春节的喜庆气氛还没有消散之际，学生们又开展了丰富多彩的探究活动，以"春节闹起来——生肖文化研究"为主题，分班级进行调查研究，具体安排如下：

五（1）班：十二生肖的起源、习俗的形成、相关故事、寓言与趣谈等。

五（2）班：十二生肖的成语、谚语、歇后语、诗词、对联等。

五（3）班：十二生肖与五行、十二地支、十二时辰、图腾崇拜等。

五（4）班：十二生肖剪纸、图画、书法、雕塑、邮票、装饰品等。

五（5）班至五（16）班：按照顺序分别研究一种生肖。

以鼠为例，主要从三方面进行研究：（1）了解鼠的知识；（2）挖掘鼠的精神（与自己的关联，寻找积极的一面）；（3）设计鼠的形象等。

每个班级又分成多个小组，分组进行调查研究。学生广泛搜集资料，利用班队活动和日常课余时间进行交流，筛选重要信息，汇总之后再以手抄报、手工作品、生肖卡片、研究报告等形式呈现出来。这些作品有的图文并茂、生动活泼，有的栩栩如生、妙趣横生，在班级展示中得到同学们的欢迎和赞赏。瞧，我们还选择了部分优秀作品和全校同学交流互动呢！

通过这次活动，学生们对生肖文化有了比较深刻的认识，了解到生肖背后那些神秘而有趣的传说、故事，挖掘每一种生肖中蕴含的积极向上的力量，用传统文化润泽心灵，助力成长。

解读

多学科学习特别需要学生对资源进行梳理、筛选、整合，也最能锻炼学生的资源整合能力。这个案例呈现出这样一些特点：

其一，内容高度融合。紧扣"生肖文化"这一主题，根据生肖文化的几个方面组织了丰富多彩的活动，突出学生与生活的联系，将多种知识与技能的运用与对文化、艺术的探究融合在一起，体现了综合的特点。

其二，一切为了学生的发展。活动中，从学生的兴趣和探究需求出发，组织各种活动，尊重学生的个性和主体地位。各班开展活动时，注意从与学生密切相关的生肖故事、传说、儿歌等引入，再根据高年级特点，激发学生自主进行探究

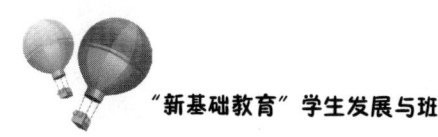

性活动，体现了活动的多元化特点，推动了学生多种能力的发展。

其三，活动过程与方法指向目标的实现。学生通过查阅书籍、网络搜索、实地走访等方式搜集了大量资料，每一种生肖都有海量的资源可供选择，有图片、文字、影像等，怎么从中筛选出需要的资源，需要学生先进行分类。哪些是有用的，哪些是没有用的，哪些要用到文字资料中，哪些要用到小报制作中，哪些要用到汇报展示中，哪些可以借鉴来帮助设计新的生肖形象……都需要思考、实践。在筛选中学会放弃一些看着很精彩的资源，只选取对活动有帮助的材料，这也是整合的一种能力表现。最后，将选好的资料进行汇总，采取合适的方法展示在同学面前，是整合，也是创造。这些过程与方法，都是为了实现整合资源的目标。

通过这样的活动，激发了学生观察生活、发现与探究问题的兴趣，使学生初步学会了观察与发现，发展了探究问题的能力。在探究中，学生形成了合作与分享的意识，在合作中运用合作技巧解决问题，与同伴交流、分享信息、创意与成果。在研究问题中，在整合资源中，形成了不懈的探究精神、克服困难的意志品质，将生肖中蕴含的文化内核和精神力量迁移到自己的成长中，丰富了学生的精神世界，发展了学生的综合能力。

建议

1. 引导学生了解资源的范畴和种类

我们常常说要利用一切可利用的资源为育人服务。学生整合学科和班队活动的资源，是为了完成一定的任务，这些资源包括自然资源和社会资源。自然资源需要学生根据活动的需要进行选择。社会资源包括人力资源、信息资源以及经过劳动创造的各种物质财富，学生应用较多的是人力资源和信息资源，需要老师结合具体活动情境对学生加以指导。学生需要明白，一切资源都是珍贵的，但要选择对自己的活动有帮助的资源进行整合，不要堆砌。

2. 学一学整合资源的方法和途径

能力的提高来自于对方法的掌握和运用。对小学高年级的学生来说，他们需要学会基本的整合资源的方法。

（1）给资料编号，用标号的方法将资源分类，便于后期的筛选和梳理。

（2）建立信息共享系统。小组成员之间、小组与小组之间甚至班级与班级之间，形成信息共享的系统，这样既可以避免重复劳动，又可以增进信息的流

通,提高信息的利用价值。

(3)锻炼开阔的视野和独到的眼光。对资源的利用,需要分析资源的价值所在,并将之运用到合适的位置,通过整合,使之发挥最大的作用。

(4)学习一些现代信息技术。现在的很多信息和资源,需要动用现代化的手段去搜集和整理,基本的技术手段是必不可少的。

(5)锻炼与外界交往的能力。许多资源来自于人,多和外界交往互动,可以增加获得资源的机会,在交流中还能取长补短,提高整合资源的能力。

3. 整合资源是为了创造新的资源

整合资源的目的是发挥其最大的育人价值,为活动服务,为学科学习服务,为学生的成长服务,更是为了创造新的资源。在上述案例中,学生在原有资源的基础上,用绘画、雕塑、摄影、小报等形式呈现出来的是经过创造的新的资源;他们在原有生肖精魂的基础上发掘出生肖新的精神内涵,是学生对自我期许的映照,是成长愿望的映射,这就创造出属于他们自己的新的生肖文化。

4. 在整合资源中培养学生的合作能力

欧洲著名心理学家阿尔弗雷德·阿德勒(Adler Alfred)认为:"假使一个儿童未学会合作之道,他必然走向孤僻之道,并产生牢固的自卑情绪。"现代社会的生活、学习、工作方式决定了,合作能力是人生存的基本技能之一。

对合作能力的培养,一直贯穿于儿童的成长过程中。小学高年级主要通过将学科资源和班队资源进行整合,有针对性地培养学生的团队意识、补位意识。

淮师一附小五(4)班班主任王蕙老师设计的"我们的中秋——分享忆中秋"主题班队活动就是学生运用多种资源合作完成活动的有效实践。具体推进过程如下:

活动环节	教师活动	学生活动	设计意图
热身	组织学生诵诗	配乐朗诵《水调歌头》	创设活动氛围
核心推进	预设提升点: (1)交流沟通的重要性 (2)活动策划的细节	头脑风暴小队 (1)分享灯谜会的组织过程 (2)交流收获和不足 (3)分享放莲花灯祈福活动过程	挖掘传统节日活动,承继传统,体验快乐

活动环节	教师活动	学生活动	设计意图
热身	组织学生诵诗	配乐朗诵《水调歌头》	创设活动氛围
核心推进	预设提升点： （1）合作中的谦让和规则意识，增强团队意识 （2）分享是一种快乐	炫目火花小队 （1）歌唱《爷爷为我打月饼》 （2）分享月饼的制作过程 （3）送月饼 （4）活动经验交流	借助月饼搭建学生和中秋节之间的内在联系
	预设提升点： （1）个人利益服从集体利益 （2）善于利用资源	聪明精灵小队 （1）分享到福利院和孤儿一起过中秋节的过程 （2）交流收获 （3）看家长交流感受的视频	共享团圆，传递快乐，深化学生对"快乐圆满"的进一步认识
核心推进	预设提升点： （1）智慧源自思考和创造 （2）补位意识 （3）只有在实践中不断改进，才能把事情做得更好	艺术创想小队 （1）解释"圆的艺术"主题的内涵 （2）分享组织活动的过程 （3）围绕"圆"这一主题继续开展研究	把思考、创造、实践的科学精神和艺术活动引入中秋活动，扩大中秋活动的外延，给传统节日增添新时代的气息
总结提升	1. 总结提升 2. 组织唱班歌	1. 说说班队活动所得 2. 齐唱班歌《萤火虫》	增强班级凝聚力，回归整体

小学高年级学生合作方面存在的缺点主要包括：

（1）合作意识不强

社会心理学家认为，社会认知是社会行为产生的一个最基本的前提。学生的合作行为与其自我概念和对自我、他人关系的认知密切相关，学生自我中心的认知倾向不仅妨碍其探索世界的活动，而且影响其与同伴的交往和合作。现在的学生绝大多数都是独生子女，在家庭中是核心，习惯以自我为主，缺乏团队意识。经过小学几年的培养，大多数学生合作意识有所增强，但两种倾向还比较明显，一种是"我来负责，你们都要听我的"，另一种是"不关我的事，我不想参与"，还有部分学生会产生"凭什么我要谦让你们"这样的想法，造成团队意识淡薄，合作意识不强。

（2）合作技能不足

当学生能够正确地理解自身行为与他人行为间的因果关系，并自觉地采取与同伴互补的行为时，那些在面对人际交往问题时能够更多地提出问题解决策略或策略的有效性更强的学生，其合作性也更高。而小学生这方面的技能明显不足，容易发生"各人自扫门前雪"的现象，补位意识和补位能力都有所欠缺。

所以，针对以上问题，在活动中可通过以下途径有意识地引导培养：

（1）在活动中明理践行，在整合中锻炼能力

通过具体的活动，以活动为载体，使学生在具体情境中了解为什么要合作，怎样合作。上述案例中，"炫目火花小队"承担组织同学DIY月饼的工作，谁来负责联系时间、地点，谁来负责洽谈制作材料、场地费用，谁来邀请指导老师，怎样组织同学集中，成果怎样展示等需要精细分工，制作中又有分工，分享中还有分工，分工后每个人各自负责自己的工作，出现争执时需要谦让，出现缺岗或工作疏漏现象时，其他成员要主动补位，使得整个小队以团队的形式来完成任务，而不是每人完成自己的任务就可以了。在这样的活动中，学生通过实践学会整合资源，完成活动任务，提升了活动意识和能力。

（2）通过更有针对性的主题活动来培养学生的合作能力

上述案例整合了美术、音乐、语文等学科资源和校内外资源，以小团队建设带动大团队建设，是在活动中潜移默化地培养学生的合作能力。

（3）通过积极评价引导学生提升团结合作能力

上述案例通过积极评价引导学生发现自己小组和别的小组的同学是怎样团结合作的，并且向别人学习合作方法。通过积极评价，树立个人和团队榜样，激励整个团队更具团结精神，既发挥个人在团队中的积极作用，更引导大家在团队需要的时候放弃自己的利益，以团队的胜利为最后的胜利。

（4）将活动中习得的团结合作能力运用到学科学习中

活动中需要团结合作，将之迁移到学科学习中，如课上的小组合作学习、课后的小组互助学习、"学科小老师"岗位的体验等，都将有助于学生在多方面继续锻炼团结合作的能力，提升团结合作的水平。

5. 在整合资源中培养学生的思辨力

什么是思辨力？"中国批判性思维学科"第一人谷振诣认为，思辨力就是思考辨析能力。思考指的是分析、推理、判断等思维活动，辨析指的是对事物的情况、类别、事理等的辨别分析。思辨力首先是一种抽象思维能力。小学高年级学

生已经具备一定的抽象思维能力，思维活跃，具有强烈的探究欲望，不满足于对书本知识简单地死记硬背。随着生活空间的不断扩大和知识、阅历的不断丰富，他们对社会、对自我形成了初步的认识，初步形成了对个体和社会生活方式的思考能力、判断能力。

在小学高年级，可以适度组织主题辩论活动，整合多种资源，培养学生思维能力。比如，随着21世纪的到来，科学技术迅猛发展，手机成为人与人之间联系必不可少的工具。手机一族呈现出低龄化趋势，小学生们带手机上学已变成一件稀松平常的事情。手机，在方便孩子与家长联系的同时，对于孩子也存在着影响学习、危害身体健康、助长攀比之风的隐患。老师可针对这一热点问题开展主题班队活动。

思辨力，可以从两个方面去培养：一是表述和辩论，学科学习中、班队活动中、社会实践中、家庭生活中，给孩子尽量多的表述机会，让他们针对某个问题发表自己的看法、谈谈自己的经历，或者跟别人辩论；二是学会科学研究的方法，通过和科学、阅读等科目的整合，掌握科学方法的实质，为今后的学习、研究以及做一名合格的小公民打好基础。

信息社会资源丰富，许多热点问题和生活现象都可以成为思辨训练的素材。"择校和公平""新年要不要放鞭炮""在家劳动赚钱好不好""小学生参加课外辅导班是否有利于学生的成长"……这些都可以通过学科与班队的整合，引导学生去思考、讨论，形成自己的观点，帮助学生形成自己的价值观与人生观，获得健康自觉的生命成长。

第五章　学校活动参与

学校活动丰富多彩，既有法定节日，如教师节、国庆节、元旦、春节、劳动节、儿童节等，学校可以结合学生实际，挖掘育人内涵，合理配置，使之成为让学生终身受益的成长资源；还有学校自定的节日，如读书节、科技节、艺术节、运动会等，时间为一天至一个月不等，主要由校方动员、班级活动、年级推荐、学校评选、上报参赛等环节组成，既能使学生增强自信心，又能推动学校文化建设，体现本校学生的精神风貌。

高年级是小学生能力得到充分发展的一个阶段，他们更愿意参与学校活动，体现自身的价值。在这一阶段如何指导学生有效体验学校岗位工作，丰富和创新学校节日活动、仪式庆典，高效组织主题活动，就显得尤为重要。高年级岗位可以从班级岗位向校级岗位升级，给予其更多的锻炼机会。

一、如何丰富岗位体验活动

学生进入高年级以后，岗位体验呈现出两个特点：一是班级内部组织建设完善，岗位的认领、实践、轮换、评价等成为常规工作，可以由学生自主操作完成；二是学生的岗位体验热情逐渐退却，需要新的岗位来激发学生的认岗热情。针对这些特点，高年级应更加注重设置联系全校活动的岗位，满足学生成长需要，也赋予岗位更大的育人价值。

案例

岗位大练兵——来吧,来吧,我的快乐运动会

淮阴师范学校第一附属小学　蔡舒

"岗位大练兵——来吧,来吧,我的快乐运动会"主题班队活动具体的推进过程如下:

活动环节	教师活动	学生活动	设计意图
谈话导入	带领学生回顾前期活动,自然过渡到今天的主题	回顾前期活动	引出本次活动主题
岗位组自我介绍	请每个岗位组和大家打个招呼	组长介绍本岗位组名称和职责	让大家对各个岗位组有初步的认识
细化分工,明确到人	1. 给每个岗位组发一张岗位职责表 2. 让每个学生选择一个自己喜欢的岗位,然后向组长申报	1. 组内讨论、交流 2. 组内确定名单	进一步明确岗位职责
模拟运动会	设置运动会情境,考察每个岗位的具体做法	情景演示	模拟运动会,让每个孩子进入运动会现场状态,感受岗位体验的快乐
制作岗位牌	组织学生制作岗位牌	制作岗位牌	充分发挥学生的自主意识,通过组员间的交流、合作完善自己的设计
总结提高	总结并动员参赛选手	倾听	使学生对本次活动有进一步的理解,并为后续活动作准备

解读

1. 参与校级层面活动拓展了学生锻炼的空间

五、六年级学生对于班级岗位的体验有着丰富的经验。从刚开始的认识岗位,到一步步地了解岗位,再到能够初步开展岗位工作,在这个过程中,班级的每个孩子都在成长。大部分学生能够较为出色地完成自己的岗位工作,急需挑战新的岗位,从而激发他们新一轮岗位实践的热情。同时,因为高年级学生处理事

第五章　学校活动参与

务、解决问题的能力更强,所以全校性学生活动的策划组织往往更多地让高年级学生参与,给高年级学生带来了更多岗位锻炼的机会。

例如,在淮师一附小,五(4)班承担接待一年级新生的工作,班级学生在老师的组织下迅速分工,分为礼仪组、引导组、导游组、宣传组。礼仪组成员面带微笑,身披绶带,让初入校门的一年级新生及家长感到校园的温馨;引导组主动上前引导他们走向崭新的班级;导游组则满足一年级新生对校园的好奇心,带领他们参观学校的励志园、求知苑、追梦亭等处,指引洗手间、校医室、图书馆的位置;宣传组则在展板前声情并茂地介绍丰富多彩的校园生活。五(4)班学生各司其职,团结合作,出色地完成了接待任务,赢得了全校师生的好评。

2. 校级层面岗位分为常设岗位和临时岗位

各学校因管理体制不同,设置的学生岗位也有所不同。例如,上海市闵行区汽轮小学有"学校少代会"、与低年级结对的"小精灵管家",闵行区实验小学有"校园小当家"等,都是因学校管理需要而设立的常设岗位。再以淮师一附小为例,学校层面常设岗位有:娃娃校长,升旗仪式主持人,升旗手,礼仪志愿者,鸾娃形象大使,鸾娃电视台小记者、主持人以及广播站播音员等,这些岗位着力提升学生的领导力。

所谓临时岗位,是指随着学校与年级活动的开展,应对某些临时活动而设立的岗位,例如,运动会、校园艺术节等需要设置一系列临时岗位,如运动会志愿者、广播员、计时员等,活动结束后,该岗位就取消。这样的岗位工作,既能提高学生的岗位工作能力,强化其岗位责任意识,又会因活动的密集开展而给学生带来更多新鲜感。

3. 校级岗位在优选班级岗位的基础上选拔产生

无论是学校常设岗位还是临时岗位,都较之班级岗位更丰富,可以让更多的学生参与其中,打开学生视野。因此,校级岗位对学生的能力也有一定的要求,应该在班级岗位体验的基础上择优录取。

建议

1. 价值认同是提高学生参与校园活动的关键

进入高年级,学生课业负担加重,一些学生不再热衷于学校岗位工作;家长与学生一样面临着升学压力,对学生参与学校岗位也不再给予支持。班主任可以从全面发展、提高综合能力的角度,从个人成长、竞争等方面来让学生认识到参

与学校岗位的独特育人功能，使"学生参与学校岗位"成为"我参与、我学习、我锻炼、我成才"的内在发展需求，调动学生自觉参与到学校岗位中来。同时，不断澄清认识上的种种误区，最大限度地使家长、学生达成共识，形成家校教育合力。

2. 班级岗位升级、竞聘选拔，为学校岗位输送优质人才

班级内的岗位轮换要与岗位评价有机结合，达到"设立一个岗位，成熟一个岗位，成就一批孩子"的育人目标。通过自评和他评产生的岗位先进，能在新一轮岗位竞聘中享有优先择岗的权利；班级岗位工作特别出色的，可申请连任，也可以升级到学校层面的岗位。学校层面的岗位还可以通过班级内的竞聘选拔完成，采取"民主选举制"来选举学校岗位人员，并且针对学校的岗位共同制定统一的选拔标准。民主选举之前，可举办"我为学校做点什么"的竞选演讲活动，为学生自荐、互荐、民主选举工作增色。还可以筹备组建选举小组，负责点票、唱票、计票、监票和宣布选举结果等工作。

这些通过班级岗位升级或竞聘选拔上岗的学生，他们有一定的管理经验、管理能力，可以放手让他们独立开展工作、主动参与学校岗位，这是对他们的最高奖赏。因为他们得到了来自老师和学校的最宝贵的信任，这种"他信"更能增强他们的自信心。

3. 实行任期制，进行激励评价，让更多的学生体验成功

对于一些能力强、担任过学校岗位的学生而言，如果他们一直担任之前的岗位工作，容易产生倦怠，也会减少其他孩子锻炼的机会。班主任可以在班级内通过竞争上岗，确定一定的任期，消除"终身制"。应对每一个校级岗位设定一个任期，任期一到，则已参加校园岗位的同学退至指导组，"以老带新""以强带弱"，锻炼更多的学生。

对个体差异极大的学生而言，兴趣、爱好、特长自然千差万别，在引导学生参与学校岗位工作时，应本着量力而行、尽力而为的原则区别对待，不能统一要求、统一指导。对首次参与学校管理的所有学生来说，班主任的帮助指导尤为必要，正所谓好的开头是成功的一半，对树立学生信心、保护学生参与的积极性至关重要。同时一定要注意，帮助、指导绝不能变成包办代替学生动脑、动手，高明的指导者一定是一个幕后的、似乎不比学生高明的助手和参谋，时刻不忘突出学生参与岗位的主体地位和激发其能动性。在整个指导过程中，正面的评价是必不可少的，要多给予学生肯定、欣赏、鼓励。适时、适地、恰如其分地表扬、鼓

励，最能使学生体验到成功的满足感。一点一滴、日积月累的满足感又在无形中不断强化学生的自信心和积极性，使学生参与学校岗位工作长葆热情。

4.参与岗位评比活动，增强学生自信心

学校岗位与班级岗位要对接，担任学校岗位的学生同样要参与班级的"岗位之星"评比活动，将学校岗位评价带入班级，组织自评、互评。在评价中学会认识自己，找到学习榜样，提高自我发展的能力。一名名"岗位之星"的评出，更激发了学生做好校园岗位的自信心，同时还实现了岗位经验的共享。

二、如何丰富校园节日活动

《"新基础教育"学生发展与教育指导纲要》一书中提到："'新基础教育'的学生工作是立足在具体的教育领域，将促进学生主动健康发展，增强学生的生命自觉作为核心追求，综合开发本领域各类教育资源的教育活动。"那么，学生活动也将是学校以学生发展为出发点的、有针对性地开展的、系列的、学生参与的各项工作的总和。既然是有针对性地开展和策划的活动，那么其育人价值就势必应该更加丰富地体现。不能错过和学生每一次交流的机会，更不能错失有利学生发展的每一个生命成长的节点。

不同学校在规划其学期或者学年学生活动的时候都会有其独特而具体的措施，如有的学校结合学校文化开展系列活动，有的学校结合学校艺术特色（书法、戏曲等）开展系列活动，也有的以传统节日为背景开展活动。构建学生活动主要是从两方面入手，一是重大节日（中秋、国庆、元旦等）；二是自身的特色节日，如每学年如期举行的读书节、科技节、英语节、体育节、文化艺术节等。在这样的大背景之下，班主任怎样才能更加有效地开展活动，又如何在班级内丰富校园节日活动呢？

案例

读出个性，秀出风采

常州市花园学校　方东欣

"读出个性，秀出风采"主题班队活动的具体推进过程如下：

活动环节	教师活动	学生活动	设计意图
导入	引导学生关注自我读书方式的总结	1. 主持人介绍社团和读书月活动 2. 个别同学交流读书心得	理清什么是个性化的读书方式，让学生带着明确的指向看待社团活动
交流展示	预设提升点： （1）读书与爱好 （2）选择适合年段特点的读物 （3）把读书当成与人交往的方式 （4）创新	主持人串联，以社团为组织展示个性化读书成果，并交流其中遇到的问题与收获： （1）书海拾贝社团 （2）论者无敌社团 （3）以书会友社团 （4）在线剧场社团	让学生在读书活动中体验多种形式阅读的快乐，并激发他们将读书与兴趣爱好相结合的热情，使其能理智辨别和选择适合自己的读物，并且在读书的过程中敢于加入自己的认识与想法，在创造性的阅读中收获经验与快乐
总结提升	1. 总结 2. 激发学生读书的自我意识	1. 说一说收获与启发，扬长避短，借鉴学习 2. 朗读诗歌	再次明确个性阅读的意义，鼓励学生在学习中善于发现和总结适合自己的方式

解读

1. 基于学生发展需要的主题选择

面对升初中的压力，学生对学习的内化和投入程度明显提高，提高学习效率、改善学习方法成为学生的需求。大部分学生可以积极地进行自我调控，克服困难和不足，但他们希望老师和家长在学习和精神发展上多给予引导，帮助他们找到适合自己的个性化学习方式。在班级生活中，"毕业和升学"成了学生活动的主旋律，老师也充分尊重五、六年级学生以"学习"为重心的生活模式。所以，可以把学生工作和年级发展的重点结合起来，借助逐渐成熟的社团组织，引导学生把活动和学科学习相整合，使学生既不因为学习任务加重而放弃自我发展，也不因投入活动而产生心理负担。当然，也有少数学生由于没有养成良好的学习习惯和方法，学科学习自顾不暇，不能在社团活动中得到充分的锻炼。

五、六年级学生全年的生活都围绕着毕业这个主题。除了在班级生活和文化建设中渗透毕业教育外，花园学校设还计了"我是花园好少年"的毕业生系列主题活动以强化毕业生角色。前期围绕学科学习组织学生交流学习经验，促进学生自我调节能力的发展；后期回顾小学生活，增强服务校园的意识，留下美好的回忆。

2. 基于学生立场的目标设定

上述案例有三个目标：学生能在读书活动中选取适合本年级的书目，体验个性化的阅读方式并与人分享读书的成果；学生在社团中自主参与感兴趣的读书活动，并在活动中拓展人际交往的空间，提高创造力，提高自我修养；在学习与交流的过程中关注自我意识的发展，深化毕业生角色。这样的目标设定基于学生的成长需要，符合毕业班的学生特点，实现了班队活动与学科的整合，发挥了社团的作用。

常州市花园学校4月开展了以"沐浴书香，快乐成长"为主题的读书月活动，鼓励学生通过好书漂流，制作读书小报、书票、课本剧等形式体会读书的快乐，寻找读书的意义。班主任适时抓住契机，将这一校际活动中的各个项目与班级"学科学习"主题活动整合，通过社团活动交流与总结阅读的经验，让学生在个性化读书活动中得到收获与启发。

3. 基于学生视界的活动设计

作为学校的校园节日、仪式庆典这样的大型活动，特别是校园节日理应成为学生的嘉年华。活动的成效既取决于学校的整体设计，更取决于班级的活动开展。没有班级活动的细化落实、丰富性回馈，就不会有孩子的积极参与，也就没有令人满意的活动效果。在将学校节日活动方案具体落实到班级活动中时，设计上要基于学生视界。如案例中班队活动的设计，我们发现这是班级读书月活动的一次检阅，是一次呈现，也是一次学习。读书月活动安排本身就是一个系列活动，这次班队活动的前提就是孩子需要展开个性的阅读。班级开展了好书漂流、制作读书小报、制作书报、课本剧排练等活动，孩子们兴趣盎然。在设计活动时，班主任将各个项目与班级"学科学习"主题活动整合，还注意到读书成果的呈现方式以社团为单位，突显了高年级的特征。书海拾贝社团、论者无敌社团、以书会友社团、在线剧场社团的汇报交流各具特色，互相学习。最后进行的总结反思，使得读书月有始有终，为以后的继续阅读提供了经验支持。

建议

1. 把握学校活动对班级学生成长的价值

作为班主任，即使是参与校园活动也不应该被动地跟随，而应主动将校园活动为我所用，挖掘其对班级学生而言的育人价值。我们看到学校的校园节日或仪式庆典，更多是学校层面，一般到班级层面就是任务分配。如果班级看不到校园节日、仪式庆典在班级建设中的育人价值，仅仅被动地完成任务，这样的校园节日就会成为少数人的狂欢，更多人沦为观众。所以，首先需要清晰校园节日、仪式庆典对班级学生成长的价值。

"腹有诗书气自华，最是书香能致远。"校园读书节是学校普遍设置的校园节日，旨在通过读书节丰富多彩的活动，为校园带来富有"书卷气""书院气"的浓郁氛围，提高师生好读书、读好书的积极性，让师生在阅读中与经典为友，和博览同行，打开一条通往精神世界的通道，为精神打底，为人生奠基，最终实现全面发展。具体到一个班级可能会有所不同，有的人看到它对班级文化建设的价值，促进了书香班级的建设；有的人看到它对班级学科学习品质培养的价值；有的人看到它对班级社团建设的作用，提升了社团建设的水平；有的人看到男生、女生呈现的差别资源，找到了引导学生异性交往的教育契机；有的人从书籍阅读内容中看到其对学生意志品质培养的价值。这就需要我们既看到校园节日、仪式庆典本身的育人价值，又要遵循班级学生的成长需要，并在两者之间找到契合点。

2. 丰富活动内涵，拓展活动外延

第一，细化落实，丰富多彩。同样是读书，假设五年级要求读名著，到了班级就可以细化为中国名著、外国名著，中国名著还可以进一步细化为古代、近代、当代。同时进一步细化读书启动、读书推进、读书总结等活动过程。

第二，穿衣戴帽，资源整合。例如，"香溢校园，书海扬帆"图书漂流活动是以书会友的好契机，除了学校组织的图书漂流市场，还可以组织班级内部的漂流市场，以及班级之间的手拉手图书漂流会；学校可以组织"文墨飘香，一脉相承"知名校友专题讲座，班级可以组织娃娃小讲坛，同样可以带来别样的读书盛宴；学校可以组织"我读我型，我型我秀"文学人物模仿比赛，班级可以根据图书内容进行读书剧场展示活动等。

3. 突出学生参与度，发挥创造性

校园节日，是学生的节日，如果缺少学生的参与，就会失去其应有的育人

价值和教育功能。因此，需要在活动中发挥学生的主动性、积极性，包括积极策划、积极参加、积极评价。首先，从参与数上，应该保证全员参与。其次，要提高参与度，让孩子成为活动的主角，而不是观众，即让学生积极参与活动的调研、策划、实施、反思重建，真正参与活动，成为节日快乐的创造者。

例如，科技节期间，五年级某班开展了"二十四节气我来啦"活动，分为春、夏、秋、冬四个小队，分别搜集资料，然后在班级里进行交流，使学生对二十四节气有了一定的了解。由于该班学生比较优秀，他们想接受更高的挑战，于是决定用儿童剧的形式展示：春之声小队——《春天的歌》，分享竹笋厚积薄发的精神，以及春分的相关知识；夏之曲小队——《出水芙蓉》，分享夏至的相关知识以及与荷叶相关的发明创造；秋之韵小队——《红火的喜悦》，分享霜降的相关知识以及枫树叶变红的科学知识；冬之情小队——《冬日小憩》，分享立冬的相关知识以及冬眠的科学知识。在老师的鼓励和帮助下，他们分工合作，反复修改剧本，最终出色地完成了剧本的创作、排练和展演。

三、如何创新校园节日活动

节日教育、仪式庆典是学生工作中不可或缺的一部分，其丰富的教育资源和潜在的教育价值对学生发展有着特别重要的意义。为此，将从挖掘、创新节日教育资源点出发，立足传统节日、发扬法定节日、辐射西方节日，让节日或纪念日这一独特的育人资源发挥作用，促进学生健康主动发展，增强学生对祖国、对家乡、对自然、对生活的热爱之情，陶冶他们的道德情操。

案例

特别的爱给特别的你——"三八"节活动分享会

淮阴师范学院第一附属小学　戈雯婧

"特别的爱给特别的你——'三八'节活动分享会"的具体推进过程如下：

活动环节	教师活动	学生活动	设计意图
热身	和学生一起唱班歌	齐唱班歌《我的未来式》	营造活动氛围，让队员感受集体的阳光向上、和谐

（续表）

活动环节		教师活动	学生活动	设计意图
核心过程推进	策划篇	1. 适时介入 2. 预设提升点：团队合作的重要性	第一小队：精英小队 1. 通过三句半的形式呈现小队前期所做的事情 2. 分享活动过程中的成长与变化	通过三句半的表演形式，为学生提供展示平台，同时交流活动过程中的成长，感受团队精神
	家庭篇	1. 适时介入 2. 预设提升点：爱需要表达，关注人与人的交往方式	第二小队：活力少年队 1. 通过朗诵一首写给妈妈的诗，呈现"三八"妇女节队员都为妈妈做了些什么 2. 组际互动：分享节日那天为家中女性长辈送的祝福 3. 妈妈代表发言	1. 一首情意绵绵的诗，引出一串串感动的故事，让孩子明白爱需要表达 2. 妈妈代表的发言肯定了孩子的做法，并寄托了深切的期望
核心过程推进	校园篇	1. 适时介入 2. 预设提升点：寻求解决问题的策略	第三小队：奇思妙想队 1. 交流"三八"妇女节为女老师送的节日祝福 2. 与台下老师互动，教做颈椎操 3. 交流收获和不足	通过互动式的交流，针对小队管理进行经验分享，引导学生解决问题
	社区篇	1. 适时介入 2. 预设提升点：智慧、细致地做好事情；大爱无疆，爱需要传递，传递爱心是善举	第四小队：逐梦飞翔队 交流在社区宣传"三八"妇女节手抄报背后的故事 第五小队：七彩梦想队 通过情景剧的表演，交流活动经验，分享活动的喜悦	让孩子明白智慧做事需要周全的考虑，感受参加公益活动的幸福
总结提升		肯定学生收获，明确努力方向，并介绍后续活动	1. 倾听 2. 明确后续活动	为下一系列活动作铺垫

解读

1. 比较中发现节日、庆典独特的育人价值

明晰节日的育人价值，需要我们有一双慧眼。妇女节的确是开展感恩教育的好时机。高年级在策划妇女节活动时对"妇女"的认识、活动指向再局限于母

第五章 学校活动参与

亲、老师这一层面就显得窄化了，需要打开视角，指向所有女性。仅仅满足于感恩教育，同样没有看到开展节日活动的育人效果，因为节日一定是具有家国世界情怀的，是群体性的活动。活动中必然会建立人与世界丰富的联系，这种联系必然产生资源，这类活动对于培养孩子复杂的思维方式、良好的精神品质、健康的行为方式大有裨益。上述案例的活动目标为：在活动中，提高对女性的认识，学会用适当的方式表达对她们的爱和感激之情；在活动中，提高合作、策划、解决问题的能力，总结反思的能力，提升班级的凝聚力。这样的育人目标既看到了"三八"妇女节独特的育人价值，又具有学生立场，看到了高年级孩子的发展需要。活动中这几个细节很能说明问题：

为了能集思广益，他们前期设计了调查问卷：你想给哪位女老师送去节日祝福？怎样祝她节日快乐？根据调查问卷的反馈，以及策划上会学生的投票，大家决定用诚挚的话语、自己做的手工花、教老师做一套颈椎操等方式送去节日祝福。在"三八"妇女节前几天，小队分成三组，积极为女老师送祝福。为能让更多的老师关爱自己的身体，还通过鸾娃电视台教老师做颈椎操。

社区宣传方面，针对年龄偏大的女性，发放的宣传单内容是保健养生；针对年轻女性，发放的宣传单内容是有关健康锻炼的知识；针对男性，发放的是主题为"特别的爱给特别的你"倡议书；针对孩子，则送上亲手制作的爱心卡，请小朋友转送给妈妈，表达节日的祝福。

2. 反思中提升设计系列活动的有效性

上述案例注意到活动中的组织分工。精英小队承担起前期的策划、宣传和后期的报道任务。如前期的"爱在酝酿"——"三八"妇女节策划会，由精英小队总负责。"三八"妇女节前期宣传如下：在队长的带领下设计宣传海报并张贴在校园内，将队员分成两人一组，进入各个班级宣传动员。后期由队长和文笔好的孩子针对活动写通信报道，用于学校网站和新闻报纸的宣传。

活力少年队承担此次活动的家庭篇，组织同学创意性地给家中的女性长辈过节。奇思妙想队承担此次活动的校园篇，主要是代表班级同学对任教过的女老师送上节日的祝福，表达谢意。他们前期设计了调查问卷：以往的"三八"妇女节，你为家中辛勤付出的妈妈、奶奶做过什么吗？今年的"三八"妇女节，你打算为家中的哪位亲属做些什么？为什么这样做？随后进行梳理，在策划会上分享，鼓励同学们有创意、诚挚地给家中女性长辈送节日祝福。逐梦飞翔队和七彩梦想队共同承担此次活动的社区篇，他们合作设计了四份精美的手抄报，并彩印

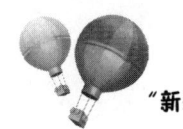

30份，发动班级同学将其贴在小区公告栏里。七彩梦想队负责制作宣传单和折爱心卡，策划组织"把爱传出去""三八"妇女节活动，组织学生进社区将宣传单发放给不同的群体。

3. 实践中培养学生创生性行为方式

每年"三八"妇女节，学校都在提倡为妈妈过这个节日，但由于年年过，形式、内容变化不大，教育效果并不明显。如何把年年都过的节日过得不一样？如何使感恩活动更有价值？如何提升五年级学生的思维能力，拓宽他们的视野？班主任召集各小队队长商议后决定以"特别的爱给特别的你"为主题开展一个系列活动，从家庭、学校、社区三方面入手。在活动初期，五个小队承担起不同的任务，让大家在富有挑战性的行动中体验。通过上述案例，可以推测这次分享会之前要做很多事情，首先要调研，了解以往"三八"妇女节开展活动的成功经验；然后对节日活动进行策划、讨论并形成方案，各小组分领任务；接着开展行动，在实践体验中前行，遇到问题时及时进行调整；最后就是召开活动分享会，分享成功的喜悦，也分享失败的教训，各组互相学习，反思重建。相信以后的活动中，孩子们就会自然而然地形成调查研究——策划形成方案——行动实践——反思重建这样的思维逻辑。

建议

1. 活动资源与成长需要

仅仅选择适合学生的教育主题是不够的，只有将教育主题转化为学生乐意参与的活动之后，主题教育才真正开始。在将教育意图转化为主题活动时，首先要考虑主题与活动的无缝对接，必须有反思批判精神，要判断节日的育人价值；其次要考虑学生的可参与度，所设计的活动也要符合学生的认知特点和年龄特点；最后组织活动时，要将班级组织的力量融合进去，更多以群体活动的方式予以推进。

2. 活动设计与真实体验

学生在参与活动的过程中，会生成许多感悟，有浅显的，有深刻的；有成功的，有失败的；有与主题对应的，也有偏离主题的，这些感悟是学生参与活动后最原生态的认识，是后续主题活动不可多得的教育资源。班主任要及时通过各种方式引导并帮助学生去捕捉和总结这些体验，仔细解读学生的真实体验，并对这些体验进行结构化梳理。

3. 资源开发与活动系列

班级开展系列活动的基本出发点应是"学生需求","学生需求"是班级活动的根本指导思想。做"实"学生成长需求,做"足"活动序列设计。节日资源丰富多彩,可以借鉴的育人资源很多,可以挖掘、开发的资源也很多。"新基础教育"明确指出:当代儿童有着内在的、实践的需要与可能,教育工作者应予以关注与培养。的确,孩子进入高年级,准备从小学走向中学,生理和心理都发生了显著的变化,自主性明显增强。与此同时,自主发展和创造能力也有了一定的积累。这一阶段是培养学生综合能力素养的最佳时期。可以寻找一件让孩子既感兴趣,又有机会证实自己成长实力的事情,富有挑战的事是他们乐见的。用长程的眼光设计主题教育活动,形成活动的系列化,从而更好地促进学生的发展。

4. 育人价值与活动仪式

仪式对于学生的发展由内及外都能产生潜移默化的教育影响。仪式活动是一个内外兼修的过程。内可以养性:给学生带来安全感、秩序感、归属感、神圣感。外可以修行:通过手势(姿势)、模仿、表演,外化为学生具体的行为,提高其分析和处理问题的能力。中央教育科学研究所所长朱小蔓教授认为,对秩序的敏感与依赖实际上是在获得一种"秩序感",秩序感是人的生命对秩序的感受和追求,是人类的文化心理结构的积淀,是人类自然—生物和历史—文化演变的结果。当学校的仪式反复进行的时候,儿童便形成了比较稳定的由内到外的秩序性。从感情层面说,仪式对获得情感体验十分重要。仪式会承载丰富的感情。比如教师节献花、清明节扫墓、升旗仪式敬礼等。节日庆典需要一定的仪式,仪式是一种教育,更是一种文化的传承。学校的校园节日、仪式庆典等活动中如果设置一些合适的仪式,以学生体验为本,注重细节设计,既注重传统,又有现代感,也会促进孩子的直接认知,相信这样的仪式一定具有较高的育人价值。

四、如何组织校级主题活动

主题活动是学校教育活动的形式之一,是围绕一个既定主题由不同主体策划、组织、推进的大型教育活动。一般有两种组织形式:一种是自上而下的,由学校按照教育系列提出主题,学生根据学校活动计划开展活动;另一种是自下而上的,活动主题来自学生,由学生自己策划,班级性的活动逐渐升级推广至校级活动。

> **案例**

为成长点赞！

上海市汽轮小学　蒋燕怡

"为成长点赞！"主题班队活动的具体推进过程如下：

活动环节	教师活动	学生活动	设计意图
活动剪影	播放活动视频	观看视频	唤起学生记忆，为后续活动作铺垫
核心推进	1. 时引导互动 2. 指导活动方法 3. 播放教师采访视频 4. 呈现活动资源 5. 播放采访学弟学妹的视频 6. 提出问题，引起思考，及时提升	1. 小队分享典型案例，交流互动 2. 交流：实验失败时（预设：不怕困难；请教专业人士……） 3. 观看视频一 4. 获得最多点赞的小队分享活动心得，其他小队补充（预设：奖品丰富；实验有趣……） 5. 观看视频二 6. 交流：你们希望学弟、学妹因为什么而点赞？为什么？（预设：为实验的科学性点赞，因为这是我们策划活动的目的；为精心制作的道具点赞，因为前期花了很多心血……）	1. 聚焦科学实验准备过程，通过情景模拟重现小队活动时，队员遇到困难，反复实践，不断改进，最终实验成功的情景，使学生意识到科学实验需要不停探究，反复验证，并通过老师的采访视频肯定学生的付出，激发学生对科学实验的热情，提升其科学素养 2. 捕捉活动中呈现的资源，引发学生对求真务实的科学态度的思考 3. 学生观看采访视频，再次审视本次活动的意义
总结提升	1. 组织讨论，及时指导 2. 总结	1. 小队讨论并完成"活动策划改进建议" 2. 预设：改革奖励制度；制定规则要明确……	使学生不断完善科学思考方式，并形成学长意识
延展	组织延展活动	绘制"成长花园"	使学生在绘制"成长花园"的过程中感受成长，激发今后参与活动的热情

第五章　学校活动参与

> 解读

1. 参与组织校级主题活动是学生发展所需

高年级组织建设的重点在于进一步提升小干部的策划能力，使他们的工作空间进一步拓展，同时让更多学生参与全校性学生活动的策划组织，承担校园文化建设工作。对于学生而言，他们也迫切希望在活动中提升自己。综上所述，学生已经有了充分的准备，乐于且能够承担校级主题活动的组织工作，有能力将活动组织好。

2. 学生参与组织校级主题活动的育人价值

第一，提高学生的责任感。校级活动不是个体的道德行为与班级的群体活动，而是学生作为领导者、组织者、参与者而开展的大型活动。活动通过学生全力以赴的投入与努力，所获得的成功及产生的影响力，会带给学生肯定与鼓励，从而提高学生的责任感。

第二，促进学生创新精神和实践能力的发展。学生在前期班级活动的基础上，锻炼了综合策划的能力，能够面向更多样的群体、更复杂的过程，作出成功的策划，这是对策划能力的自我培养。在活动过程中，极大幅度地锻炼了学生的组织能力、践行能力。学生之间需要分工和合作，并以多元的身份参与其中。

第三，提高学生的思维能力。学生根据每个阶段的实际情况，需要不断改变思维活动的程序，对之前的策划方案进行调整，这样才能达成目标。经过活动，学生能够体会到勇于实践的重要性。

第四，促进学生的成长自觉。对于学生的成长而言，活动的成功也具有极大的鼓舞作用，会产生强烈的成就感。在活动中，来自老师、同学的反馈，也对他们以后学会判断、学会自我构建，有着重要作用。

第五，提高学生的合作能力。活动过程中学生交往的面更广，需要沟通交流的人更多，包括其他学生、老师、家长。如在上述案例中，完成科学实验是整个活动中最难的部分，也是最能体现学生合作能力的。因为合作问题，"柠檬炸气球"实验时而成功，时而失败，"盐水发电"实验失败，"鸡尾酒实验"达不到预期效果……一开始遇到困难时，他们经常指责、埋怨别人。后来，他们发现这样做没有用，于是反复设计实验，提升合作能力，最终获得成功。

3. 班主任在学生参与组织校级主题活动中的作用

班主任的主要工作在于推动学生参与学校层面的活动，帮助学生从学校活动

的组织者角度去考虑。班主任作为校级主题活动的直接承担者和执行者，在开启学生心智、塑造学生心灵、陶冶学生情操等方面，起着十分重要的作用。

班主任是学生行动时的支持者，也是学生前行中的推动者。学生在活动中遇到困难时，班主任要竭尽所能帮助学生达成目标。

建议

1. 充分了解学生，关注学生成长需求

五年级或六年级学生一年的生活都围绕着"毕业"这个主题，开展的各项活动也离不开这个主题，因此应以主题活动的方式进行毕业教育，从而更为集中有效地解决学生在面临毕业时可能出现的问题，满足学生在这一特殊阶段的成长需求。

例如，在策划毕业纪念册活动中，前期通过问卷调查汇总了本次活动开展的必要性：（1）五年级或六年级学生有充分的自主性，对毕业纪念册的版块设立和内容选择有自己独特的见解；（2）家长对毕业纪念册的期望值很高，他们会在学校共性介绍部分提出详细要求；（3）学生对以往毕业纪念册的装订和内容设定了一些具实践性的操作建议。

版块设计	认可度	受访者：六年级学生
封面	98.5%	符合主题、温馨美观
学校简介	96%	展现出校园特色与光辉事迹
序言	97%	富有诗意、贴合实际
校长的寄语	95%	语言亲切
校园风貌	99%	图文并茂，使整个栏目更为生动
校歌	97%	背景五彩缤纷，夺人眼球
流金岁月	99%	保证每位同学都能有自己的照片
教育心语	96.5%	可以收集以前老师的照片
魅力班级	99%	每个班级可以在这一栏目发挥创意，创造一个独一无二的班级小天地，可以有不同板块，并在班级内进行分工
签名墙	98%	有老师与同学的联系方式

2. 参与校级主题活动的形式应具有创造性

参与校级主题活动的形式应多样，可以围绕校园节日开展，可以围绕学校主题教育系列活动开展，可以由班级层面推广到校级层面，也可以以班级为主体，推进校园文化建设活动。

3. 关注学生全体，使每个学生都能在活动中有所成长

通过活动的推进，让更多的学生参与其中。通过分组活动，学生能发挥自己的特长，体现自己的价值。有的学生擅长绘画，可以画宣传画；有的学生擅长写作，可以发出倡议书；有的学生善于交际，可以和其他人员沟通交流。当那些活动参与度不高、做事没有热情的学生，看到同学们都在为班级活动出谋划策时，也会慢慢地参与其中，体会到付出的快乐。

4. 给予学生策划活动的主动权

学生是活动策划的主体，要将主动权还给学生。经过低中年级多次策划、组织活动，学生已具有策划完成校级主题活动的能力。绝大多数学生对活动有着极高的参与热情，尤其进入高年级之后，随着自主意识的增强，他们自己策划活动的愿望也越来越强烈。班主任应该放手让学生发挥主观能动性、创造性，在活动中继续锻炼学生的策划与组织能力，促进他们思维与实践品质的提升。

第六章　自然性与社会性资源开发

陶行知说过，教育是要在儿童自身的基础上，过滤并运用环境的影响，以培养、加强、发挥其创造力，使其长得更有力量，以贡献于民族与人类。教育不能创造什么，但它能启发、解放儿童的创造力，使其从事具创造性之工作。孩子在现实世界中成长，深受这个世界的影响。不管是社会性资源，还是自然性资源，在孩子的成长中都是一个具体的生活的世界，只有与其保持不可中断的联系，学校、班级的生活才会充满生气与活力。通过社会性、自然性资源的开发，班级日常生活的空间、资源、内涵都可以有新的发展，班级成为重建学校、社会、自然的最为核心的微观细胞。学生在与现实世界的互动中锻炼发展主动健康的、真实的生存能力。

在社会性资源开发领域，通过地方文化资源的引入，可以提升班级建设的品位；通过人力资源的引进，可以提高班级社团的品质；让学生参与学校、社区热点、难点问题的解决，可以提高学生的综合能力。纸上得来终觉浅，绝知此事要躬行。走出校门，世界真精彩，可以在实践中践行学做创，在生活中追求真善美。

一、如何利用地方文化资源提升班级文化建设的品位

植根地方文化，滋养快乐生命。将相关社会性资源转化为文化建设资源，特别是地方历史文化资源的开发，可以提升班级文化建设的品位。

社会性资源引入学校生活后，可以转化为学生发展的输入性资源，从而为学校的发展、班级的建设、学生的发展助力。这一类型资源的开发，可以形成文化环境，拓展成长空间，从而促进学生的发展。学校和班级环境的布置、维护、提升，主题活动内容的呈现，地方文化特色的彰显，是可以将地方文化资源有效引入的途径。随着年级的升高，特别是进入高年级，更多的社会性信息应成为班级、学校物理时空与信息时空的重要构成。显然，可以将相关的历史文化资源转

第六章 自然性与社会性资源开发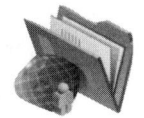

化为班级文化建设的资源。

案例

植根地方文化的"博睿"班级文化建设①

植根地方文化,通过对社会性资源中文化资源的转化创生了淮阴师范学院第一附属小学的翔宇鸾娃文化。"翔宇鸾娃"创生于2010年,名字源于伟人——周恩来。长程构建学生工作整体框架,形成各个年级的鸾娃教育活动系列:一年级,神气小鸾娃;二年级,能干小鸾娃;三年级,聪明小鸾娃;四年级,活力小鸾娃;五年级,阳光鸾娃;六年级,智慧鸾娃。

同样,自然性、社会性资源也可以引入班级日常生活,转化为班级文化建设的资源。对历史伟人周恩来相关资源的开发,使得淮阴师范学院第一附属小学省级"周恩来班"2009级14班博睿文化的建设引人注目,该班是省级"周恩来班",创建助推了班级文化建设。他们认真地思考"周恩来班"应该具有的特质。陈玲老师和孩子们通过了解、学习周恩来,觉得总理的大爱、奉献精神最值得学习,总理的包容天下、上善若水的品质最值得传承。他们应继续秉承总理的"大爱"精神,让爱传出去,永远做总理精神的践行者!这样才会收获超越式的成长。于是,博睿班级的幸福宣言响亮地喊出:帮助别人,让自己更快乐!

班级通过整合社会资源,积极开展爱心鸾娃的慈善活动。在五年级和六年级,先后进行几十次社会爱心活动。在和他人人格平等的前提下,去做一些力所能及的爱心奉献。《把爱传出去》成了活动主题歌,口号是"把爱传出去"。班级在这一口号的引领下,联合淮安网网友、家委会成员、淮安星宇志愿者协会、淮安孤儿网、淮安志愿者协会以及淮阴师范学院结对班级,利用周末时间,组织成员多次开展"把爱传出去"社会实践活动,为敬老院、福利院、特殊教育学校、白血病患者等需要帮助的人群以及自己身边的亲人带去温馨和感动。他们来到沂蒙山献过爱心,去过大别山与当地的孩子结下友谊。自然性、社会性资源成了该班实践活动的资源,为孩子成长提供了广阔的天地。

在一次次的爱心奉献活动中,在一次次的活动反思总结中,班级的文化建设也发生着质的变化。周恩来这一人文资源经过转化、提炼,进一步转化为班级文化建设的资源。一次次的实践活动,让孩子们体会到"博"与"睿"的深邃内涵。博——博爱、博大、博识;睿——睿智、睿识、睿姿。大家通过思考和讨

---

① 本案例由本书作者整理。

论，将班级名称确立为"博睿"班级。班级有了凝聚性的口号——博雅达观，睿智进取；博学广识，睿翔附小。博睿即杰出、光明、美好、博学、智慧，他们将《中国儿童幸福宣言》作为班级的宣言。后又经过学生推荐、投票相继产生班歌《准备好了吗》和《继续努力》。班风是快乐、健康、自信、幸福。班级誓词是《幸福宣言》。班级口号是"胜不骄，败不馁，载着梦想勇敢飞！"班徽寓意是携手实现五彩梦想。班级布置突出博睿特色，"会说话的墙，属于我们的史记"留下的就是孩子们参加慈善实践活动的足迹；"眼中都是美"则是他们在生活中发现的美、探索的美、创造的美。班级积极向上，凝聚力强，生长感明显。

在淮安历史文化背景下，"博睿"班通过开发地方历史文化资源中的周恩来这一人文资源，凝练博睿文化，通过不断的爱心实践活动，挖掘并丰富博睿的内涵。周恩来这一地方资源经过开发，转化为班级文化建设的资源，造就了特色鲜明的班级文化。

解读

1. 地方文化资源的整体关照与选择

在充分发掘地方文化资源时，要研究和分析地方、社区的背景和条件，充分挖掘地方自然性、社会性资源等文化资源，体现地方特色。找到这些文化的"因子"，然后不断聚集，不断挖掘，不断聚焦，不断放大，如"周恩来班"的博睿文化就是如此。其实，每一个地方的自然性资源与社会性资源都是非常丰富的，需要在挖掘中注意选择，为学校和班级的文化建设服务。江苏淮安是很有文化积淀的城市，四水穿城，自然环境优越；是历史文化名城，人杰地灵，走出许多名人；是伟人周恩来总理的故乡，是著名的运河之都与淮扬美食之乡。淮师一附小把握淮安是周恩来的故乡、运河之都、《西游记》作者吴承恩的故乡这一得天独厚的资源，创生了翔宇鸾娃文化。周恩来的睿智、博大，运河的开放，"西游"的创新，就是文化"因子"，而鸾娃就是文化因子的载体，"鸾"在伟人周恩来那里找到了源头，"娃"在孩子那里找到了根本。淮师一附小与时俱进，构建具有地域特征的"鸾娃文化"。该校的求真文化即求真知，做真人，为了让孩子理解，需要将其具体化，孩子需要看得见的榜样，既要是身边的，最好又不是身边的。他们选择家乡的周恩来，化身为亲切的鸾娃，赋予鸾娃志存高远、明理健行的特质。同时又将运河的开放、"西游"的创新融入。这样，"翔宇鸾娃"就鲜活了，不仅有地方特色，更有时代气息，使孩子真正喜欢。

不管是作为一所学校，还是作为一个班级，都应该有一种资源捕捉的敏感

第六章 自然性与社会性资源开发

性，都应对这所学校所在地的自然性资源、社会性资源有一个整体的了解与把握。因为有了整体的关照，才会有恰当的选择。上海市明强小学将江南水乡的自然风光、悠久的人文内涵作为班级文化建设的有效资源；汽轮小学将汽轮厂的历史文化转化为文化建设的资源。常州市龙虎塘实验小学将龙虎塘镇的文化资源作为班级文化建设的有效资源；青岛市崂山区石老人小学使得"海"文化成为班级文化建设得天独厚的资源。

2. 资源开发与利用的核心是突显育人价值

开发绝非是简单的照搬，要深度挖掘，有新的生成，突显育人价值。"博睿"的核心就是志存高远、明理健行，就是要培养志存高远、明理健行的周恩来式的时代新人，本身也体现了学生工作的育人价值与学校的追求。

3. 资源转化中需要学生的积极参与

资源转化为文化建设资源的过程中，孩子的积极参与显得尤为重要。没有孩子的积极参与，就没有真正的文化建设，也就没有真正的教育。我们知道班级文化建设中经常会出现老师包办代替情况，由老师根据自己的喜好，给班级戴上某种文化的帽子，孩子一般是在老师的教育引导下表示认可，孩子的主动性没有调动起来，班级文化变成老师的文化。博睿班名称的由来引起我们思考，班主任陈玲老师同孩子们在讨论班名的时候，给了孩子们极大的空间。她和孩子们一起讨论，一同商量。从周恩来班的角度思考班级文化建设的方向，孩子们分别提出了"博爱""奉献"等关键词，陈老师并没有马上确定，而是在讨论中逐渐缩小范围，前期确定"博爱、奉献、睿智、责任"四个关键词。后来，在班队活动中逐渐明晰，特别是一位老者的题词"博雅达观，睿智进取"让大家有了很大的认同感，最后大家决定各取一个字组成"博睿"，这样就有了博睿班。可见，学校、老师不宜过度干涉和控制，班主任的引导主要是方向上的，不是在文字上过多束缚，而是将班级文化建设的选择权与最终决定权还给孩子。

4. 高年级的文化建设应有一定的高度

高年级文化建设应给予孩子更大的挑战性。在自然性资源与社会性资源的开发与利用中，介入的信息量会更多，关系也将更为丰富。高年级的孩子也乐意接受更大的挑战。陈老师班级的博睿文化，对"光明美好"的认识是，发现美、探索美、留住美，困难挡住了视线，不能视而不见，即使跌倒在地，也要战胜自己。这样的班级文化就有了一定的深度，班级的建设也就具有一定的高度。我们

应切记学生立场,一定要根据高年级学生的发展需要进行班级文化建设,既不曲高和寡,也不低幼化。如蚂蚁中队,低年级时"勤劳"的精神内涵发展到高年级时就显得不够了。要开发利用自然性资源,通过观察、探究、挖掘丰富其内涵,蚂蚁中队的勇敢、协作与奉献精神就成为蚂蚁中队新的精神内涵。如果孩子还是不能满足于蚂蚁作为自己班级的形象,蚂蚁已不能满足班级发展的那股雄心壮志了,那么就需要更新形象了。

建议

1. 教育立场下价值的判定

不管是自然性资源还是社会性资源,要引进并转化为教育资源,先要进行价值的判断。班主任需要思考:一是所带的班集体想建设成一个什么样的集体。二是要有资源意识,身边有哪些历史文化资源是班级建设的资源,必须有整体的关照。三是要考虑两者之间的契合度,即选择的资源与班级文化要相契合,符合班级建设的需要。

2. 聚焦学生成长立场的取舍、转化

面对多元文化资源如何取舍,我们需要关注其存在的合理性,判断它的价值。一旦判定其具有价值,就要引入并将其转化为班级文化建设的资源。

常州第二实验小学的白露老师和她的太阳花中队在选择太阳花构筑班级文化时是作了比较深刻的思考的。首先,必须对太阳花这一植物有全面的了解。太阳花喜欢温暖、阳光充足的环境,极耐瘠薄,一般土壤都能适应,对排水良好的砂质土壤特别钟爱。见阳光花开,早、晚、阴天闭合,故有太阳花、午时花之名。其次,要挖掘太阳花的育人价值。太阳花的花语是沉默的爱、光明、热烈、忠诚、阳光、积极向上。据此不难发现太阳花的育人价值:它对光明的向往、追求;它阳光,积极向上;它合群,忠诚;它很平凡,但生命力强。许多老师都会把其喜欢阳光、积极向上的品质作为班级文化建设的资源。最后,要将其转化。在这里我们看到了育人的高度。白露老师将太阳花"喜欢阳光"转化为"追逐太阳花般的执着",将"太阳花见阳光才开"转化为"时不我待,珍惜时间",将太阳花"阳光愈强,开得愈好"转化为"拥有太阳花般自信",将太阳花"沉默的爱"转化为"太阳花般无私"。这样,太阳花中队"享受阳光、珍惜时间、拥有梦想、创造奇迹"的文化在太阳花那里找到了文化建设的源头。

可以看出,自然性资源、社会性资源一定要根据学生的成长需要进行选择并转化,这样才可能是有效的。首先,要进行全面了解,发现其价值。其次,要在关照班级的实际情况下发现其文化价值挖掘的点。最后，在进一步挖掘中实现有效的转化。

3. 整合融通理念下的综合设计

（1）综合设计注意"长程"和"宽度"

自然性资源与社会性资源转化为班级文化建设的资源，不宜破坏文化建设的延续性，应注意整合融通。不管是学校还是班级文化建设都是一个渐进的过程，既是历史积淀的过程，也是不断发展提升的过程。不管是一位新班主任，还是一位老班主任都希望在班级的发展中打上自己的烙印，但是推倒重来显然不是一个最好的办法。它既需要发展创新，也需要传承。社会性资源对一个学校、一个班级文化建设的影响可谓更加明显，更加显著，如江南的吴文化、淮安的运河文化。在自然性资源与社会性资源转化为班级文化建设资源时一定要加以整合，让班级文化、学校文化、区域文化互相协调，呈现出长程与整体特征。

（2）综合设计关注"深度"与"融合"

资源整合转化中应尽可能关注其深度，尽可能使其具有丰富性与代表性。同时，力求引入性资源与班级建设整合融通。不同班级有不同的特点，不同的发展需要，文化建设中对于自然性资源、社会性资源的开发与转化也是不同的，因此引入资源时要有一定的"匹配度"，整体上相契合。

例如，淮阴师范学院附属小学王冬娣老师六（4）班的阳光班级建设，深谙学校向阳文化的精髓，根据本班孩子活泼、阳光、有担当的特点，充分挖掘、开发地方资源，特别是学校临近游泳馆这一得天独厚的地理优势，还有她本人是体育老师这一专业优势，使得游泳这一资源的开发与转化，成就了班级文化建设的亮点。班级的气质体现为阳光、自信，充满活力。她还即时将省运会的资源引进班集体建设，请运动员走进教室，分享收获的喜悦。走进这个班级，可以感受到孩子身上焕发的那种生命活力。

（3）基于动态生成愿景下的学生参与

资源转化过程中，孩子的积极参与显得尤为重要。没有多方的积极参与，也就没有真正的教育。资源转化过程本身具有复杂性，存在着多种可能，这个转化是一个动态生成的过程，班级的文化精神就在这个过程中得到提炼。

淮师一附小2009级14班组织的主题系列活动 "穿过你的寂寞的我的手——走进特殊教育学校的微尘行动"，使孩子对博睿中的"博"之博爱有了进一步的体悟。

第一阶段：感受帮助别人需要付出，付出后得到的快乐更"甜"。选择走进淮安特殊教育学校，孩子们的考虑是地点与学校临近，便于经常组织活动。班委和淮安市"心星"志愿者协会沟通活动内容，在班队活动中达成共识。班主任和社团骨干成员策划系列活动内容。组织骨干成员学习基础手语，并进行集体节目的排练。在交流中，孩子们明显体会到在帮助别人的过程中付出更多，得到的快乐也更多。孩子们提出应吸引更多人参与，尤其是班级比较自我和内向的同学。

第二阶段：展开过程中感受到帮助别人需要智慧。更多人员，特别是家长、高校大学生志愿者的介入，使活动内容进一步丰富，活动统筹难度进一步增加，与特校孩子的交流也进一步深入。在交流反馈中，孩子们感受到帮助别人，能让自己更快乐，这种付出也需要智慧，否则有可能适得其反。孩子们提出与特校孩子的交流不够深入，需要深度互动。

第三阶段：重建中有了新高度，深刻感受到帮助别人，快乐自己。后来，有了其他班级成员与网友志愿者加入，班级成员开始进行轮换。同时，活动中不断反思重建，不再是简单的赠送礼物、文艺联欢、做游戏，有了写信交流、故事分享、共唱一支歌等深度交流。孩子们深深感受到帮助别人，是分享快乐，更是快乐自己。

整个过程，孩子们参与校外资源的选择，参与活动的总结与反思，这种高质量的参与、动态生成，使孩子们对班级文化"博睿——博雅达观，睿智进取"的认识更深刻。学生真实参与爱的奉献实践中，体会到人与社会的复杂关系，体会到"帮助别人，能让自己更快乐"，体会到自己生命的力量与责任，呈现出真实生动的教育效果，焕发出内在的生命活力。

二、如何通过社会人力资源提升社团建设的品质

学生社团是学校文化的重要组成部分，是开发和培育学生兴趣特长的重要载体，也是实现学校内涵发展、提升办学品位的重要抓手，为孩子的发展提供了更多的可能。近年来，随着教育改革的不断深化，具有自主性、兴趣性、活动性和选择性特点的学生社团日益受到重视。许多学校纷纷行动起来，把学生社团纳入拓展性课程的范畴，进行大胆探索与实践。在实践中，大家八仙过海，各显神通，发现社会人力资源开发可以有效提升社团建设的品质。

第六章 自然性与社会性资源开发

案例

鸾娃航模运动社团的成长回顾[①]

2013年,是鸾娃航模运动社团的诞生年。这个社团缘起于"七色花田"中队的班级社团。

2013年9月,时任班主任许伟老师响应学校号召,引导学生积极开展班级社团活动。在这样的背景下,由侯同学、刘同学创立的航模社团,成员共9人。起初的活动中,大家都是在两位社长的带领下,比试玩具模型飞机的操控。虽然这样的社团活动有时间、有地点、有内容,但对于这群热爱航空模型、拥有航天理想的孩子来说,活动的开展方式远远不能满足大家的需要。

此时,许老师想到了曾在网上看到的一群人:"爱飞一族"——航模运动的高手。几经周折,"七色花田"中队的航模社团终于迎来了这批同样爱好航模运动的校外辅导员老师们。他们来自淮安市航模协会。从那以后,孩子、老师、家长、教练,因为航模运动走到一起。社团成员增加至23人,社长为侯同学和刘同学,成员分为3个小队,选举出3个小队长。

至此,"七色花田"中队的航模社团有了惊天动地的变化:正式更名为"飞虎雄鹰"航模运动社团;社团口号正式诞生:逐梦蓝天,绽放精彩!社团辅导员老师团正式成立;社团活动章程正式起草并试行;社团活动正式拥有授课安排。

不到一个月,航模社团就代表学校走进省级赛场。不久,航模社团成功升级为校级社团,并正式更名为"鸾娃航模运动社团"。

2014年,是成功转型的节点年。2014年9月,又是一个新学年的开始。鸾娃航模运动社团的辅导员老师和团长们吸取以往活动的经验与教训,对社团活动内容及形式进行了大胆改革。鸾娃航模运动社团有近百人报名,经过社团辅导员老师的一再商讨,最后决定将活动范围由五年级一个层面扩大到三、四、五年级;将63位成员分别编入社团三、四、五队,并选定团长、副团长及各队队长,明确各人职责,以确保今后活动的有效开展。原先三个小队长成功晋升为三个二级社团的社长。社团成员人数翻两番;社团课程初具序列化;活动内容逐步拓宽;活动范围由市到省。从校内学习到校外比赛,鸾娃航模运动社团的足迹填补了省级比赛中苏北航模运动的空白……

2015年,是步入正轨的开局年。在全校师生的广泛关注下,社团在全校进行

[①] 本案例由本书作者整理。

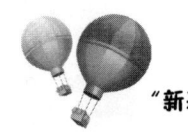

全面招募,课程设置的合理化调整,活动场所的全方位设计,社团成员的层级性考核……都在逐步落实并完善。

健全机构设置,在原有基础上,加强航模科技老师的培养,努力建设有力的航模科技教育教师队伍;成立新一届鸾娃航模运动社团,注重新队员的培养,做好新老队员的交接工作;关注日常航模活动资料的积累和整理,举办丰富新颖的航模运动教育活动,拓宽校园科技教育领域;开展交流活动,组织航模科技辅导员参观科技教育特色单位,以提高工作能力,并推动学校鸾娃航模运动的特色发展……

2015年,鸾娃航模运动社团走的每一步都更加坚实。因为有了实实在在的付出,所以也收获得实实在在:在江苏省"天戈"遥控直升机比赛中,连续两次获得团体第一名;在江苏省"蓝翔"橡皮筋动力模型飞机竞时赛中,荣获一等奖;在江苏省"天鹤"橡皮筋动力模型直升机竞时赛中,荣获团体一等奖;在"飞向北京—飞向太空"全国青少年航空模型教育竞赛中,荣获综合团体二等奖;在淮安市首届中小学科技模型(航空)比赛中,荣获综合团体一等奖;在淮安市"蓝翔"橡皮筋动力模型飞机竞时赛中,荣获单项团体一等奖;在各级各类赛事中,社团成员共有50余人次获奖。

回顾鸾娃航模运动社团走过的点点滴滴,我们发现其发展离不开社会人力资源的介入。淮安市航模协会爱飞一族成员的引入并作为社团教练是社团实现跨越式发展的最大动因。后来,各种科技活动、科技比赛又为社团的发展提供了舞台,进一步促进了社团的发展。引进来,走出去,通过资源的引进转化,也为岗位建设提供了新鲜资源,促进了学生与组织的发展。由一个社团成长为三个社团,小队长成长为社长,骨干成员又成长为小队长就是明证。航模社团直接推动了学校科技教育的发展,成为学校金牌社团、明星社团。

解读

1. 社会人力资源介入社团建设有利于提高社团建设的质量

淮师一附小的鸾娃航模运动社团的发展壮大很具典型性。作为一个班级社团,如果仅仅满足于玩一玩,过把瘾,这个社团就不会有今天的发展。开始阶段,孩子的兴趣的确比较高,但玩着玩着,这批孩子就有黔驴技穷的感觉。这是一个技术含量很高的活动,如果没有外来技术的支持可能就到此为止了。难得的是班主任很有心,她注意到有这么一群人:"爱飞一族"——航模运动高手。几

第六章 自然性与社会性资源开发

经周折,"七色花田"中队的航模社团请来了这批同样爱好航模运动的校外辅导员老师们。他们有兴趣,志在蓝天;他们有技术,是资深的航模爱好者,积累了相当的经验;他们有毅力,坚持了好多年。这一切都变成了班级航模社团建设的有效资源,帮助社团解决了专业问题,提高了社团建设的质量。

2. 社会人力资源介入社团建设有利于保证社团活动的正常运作

在社会性主题活动中,借助自然性资源和社会性资源,可促成学生活动领域的极大丰富与拓展,使孩子逐步进入更复杂的世界。活动中,岗位、组织建设也会有进一步的发展。这类主题活动尤以社团活动更为显著。例如,淮师一附小的爱心鸳娃社团经常联合淮安网网友、家委会成员、淮安星宇志愿者协会、淮安孤儿网、淮安志愿者协会以及淮阴师范学院(以下简称"师院")结对班级开展活动。活动地点、车辆与安全保障由家长负责。他们去过福利院、敬老院、特殊教育学校、医院的病房,去过山东贫困山区、洪泽湖渔船学校、大别山,并且积极参与微尘行动,救助过白血病患者,还坚持周末去医院陪护。没有以家长为主的社会人力资源的全力支持,这一切是无法想象的。因为这个社团经常开展校外活动,学生的安全是家长必须考虑的问题。由于众多家长的介入参与,使得活动得以顺利进行。

建议

1. 以需要为原则,建立社会人才信息库

每所学校、每个班级都需要有一种资源意识。未雨绸缪,提前谋划。作为一个班级,家长资源是班级建设中能够利用的最为直接的校外资源。家长信息库的建设,会在以后班级建设中发挥积极作用。班主任应有资源意识,有意识地根据班级的发展需要建立家长信息库。当然,我们的目光不应局限于班级的家长资源信息库,可以关注学校的家长资源信息库,关注学校友好单位的人才信息库,关注社会上可以为我们所用的人才信息库。

2. 根据社团的发展,需要有针对性地选择人才

社会人力资源、校内老师资源作为社团活动的一部分,在社团建设中发挥了很大作用。在班级社团的建设中,要根据社团的发展需要,有针对性地选择人才,为社团发展助力。

常州市龙虎塘实验小学五(3)班林燕群老师组织开展的"走进社区,关爱老人"活动中,将社区调查任务以社团小队承担的方式开展。第一小队负责社区

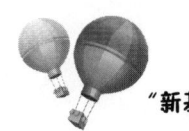

设施调查；第二小队负责社区组织活动调查；第三小队负责关爱老人优秀举措搜集；第四小队负责老人孤独原因调查，组建爱心小队。在分领任务时，充分考虑任务能否完成，能用到哪些社会人力资源。首先在班级人力资源库搜寻，然后再到学校和社区寻找能够提供帮助的人力资源，为此次调研活动助力。第一小队，主要接触社区老人、社区物业管理人员等；第二小队，主要接触社区居委会人员；第三小队，主要接触河海街道燕兴社区工作人员；第四小队，除了接触社区工作人员外，还接触敬老院的工作人员。在此基础上，林老师还注意接触关爱老人方面的法律工作者。

3. 对社会人力资源设置岗位，需要得到行之有效的评价

将社会人力资源引进社团建设中可以提升社团建设的质量。社团建设中，我们将根据社会人力资源的作用设置岗位，但往往会忽视岗位的评价，使育人价值大打折扣。这里的有效评价主要强调评价要及时，形式要多样，评价标准要清晰，具客观性。

对临时性岗位，应及时评价，更多表现为即时评价；对项目性岗位，应进行总结交流，予以主题评价；而对于周期偏长的，一定要做好过程性评价与总结性评价。当然，评价的方式很多，具有相当的灵活性。如果在社团中担任的是临时性岗位，比较适合一事一评，发证书、送锦旗、写感谢信都可以。如果在社团建设中担任的是长期性岗位，就比较适合采取过程性评价与总结性评价相结合的方式。这一类岗位还要进行评比，评选先进人物。例如，鸢娃航模社团，每期除了评选优秀学员之外，还会评选优秀教练员。爱心鸢娃社团，每一次活动都会对家长进行适当的评价。

三、如何在参与解决学校与社区问题的过程中提升学生的综合能力

通过对自然性、社会性资源的聚焦式开发，可以促进班级文化、组织、学生个体、相关生态的综合发展，实现综合效应。

第六章 自然性与社会性资源开发

案例

"缓解拥堵我能行"活动[①]

学校与社区热点、难点问题,可以作为活动的主题,实现对这一类主题的聚焦式开发。学生深入主题,借助多元交往与自我实践,能力往往会获得综合的发展。

入冬后,天气越来越冷,很多家长把孩子送到校门口,导致交通堵塞。2015年11月7日,学校把道路交通堵塞的图片在电子大屏上播放时,引起班长及其他几个孩子的关注。11月8日,班长在晨会课上提及此事,希望班级同学的家长做到文明接送。她还向全班同学提议:"我们班不是正在进行'爱母校,我们在行动'系列活动吗?不如我们一起组织'缓解拥堵'的活动,用实际行动为母校排忧解难。"同学们纷纷响应。于是,在班长的带领下,他们就跟班主任商讨,把这个活动定为"爱母校,我们在行动!"系列活动。

第一阶段,缓解拥堵,我们来分工(11月8—15日)。孩子们开始了为期一周的观察。他们对小队进行重组并分工,由原来的六个小队改为自愿组建成四个小队:梦翼队解决的是学生层面的问题,麦田队解决的是家长层面的问题,圣火队解决的是学校管理层面的问题,星光队解决的是社会层面的问题。

第二阶段,缓解拥堵,我们在调查(11月18—25日)。在班主任的引导下,关注真正原因。小队开始拟定第一份关于调查分析阶段的策划方案,分配调查、分析、拍照等任务。各小队进行分析后,梳理、总结了学生层面、家长层面、学校管理层面各自造成拥堵的主要原因。

第三阶段,缓解拥堵,我们在策划(11月26日—12月2日)。根据第二阶段的分析内容,各小队拟定"行动"策划方案,组织交流并反复修改。

第四阶段,缓解拥堵,我们在行动(12月3—8日)。梦翼队、麦田队解决学生、家长层面的问题,利用红领巾广播站向全校同学发起倡议,并号召同学们在横幅上签字,激发全校同学的参与热情;发给家长《给家长的倡议书》,对仍到校门口接送的家长进行劝阻;制作爱心提醒贴纸。圣火队解决学校管理层面的问题,提议细致划分家长等待区并开启东门,建议学校向全校老师提出准时放学、不拖延的要求,并向校长提议采取分时段放学措施。星光队解决社会层面的问题,通过打电话方式联系住建局领导,请求增加警力疏导。

[①] 本案例由本书作者整理。

第五阶段，缓解拥堵，我们来总结（12月9—12日）。12月12日，他们第一次站在众人面前展示自己，比以前更勇敢、更自信了。

活动中，学生深入主题，我们看到了多元的交往、深度的实践，形成了对学校上学、放学时段拥堵问题的深度理解与体验，实现了学生个体、小队、班级的综合发展。

解读

1. 学校、社区问题作为活动主题本身的综合性

学校上学、放学期间由于家长接送造成的拥堵问题，是一个困扰许多学校的老大难问题。这个问题本身就有其复杂性，原因牵扯到方方面面的关系。六（3）班学生们梳理了来自各个层面造成拥堵的主要原因：

其一，梦翼小队（学生层面）、麦田小队（家长层面）：（1）家长在学校门口守着，路队一出来就把学生带走；（2）家长为了赶时间或者不放心，直接将孩子送到校门口；（3）接送的汽车和电瓶车没有文明停放。

其二，圣火小队（学校管理层面）：（1）学生出门后需过马路；（2）老师拖堂，导致家长着急，涌到校门口；（3）学校东门常年不开，学生都从北门进出；（4）家长等待区规划不够细致。

其三，星光小队（社会层面）：（1）道路窄，社会车辆多；（2）高峰时段，少有交警指挥；（3）从师院进出的车辆也会造成拥堵（备注：师院附属小学对面就是师院）。

正是因为其复杂，才更具挑战性，带给孩子的挑战也就具有相当的吸引力，使得孩子积极参与成为可能。我们注意到他们研究的主题是"缓解拥堵问题"，"缓解"与"解决"虽只有一字之差，但含义差别很大。这一措辞本身就具有教育的价值，立足于调查研究与实践总结，本身就是深度介入与体验的结果，呈现了问题解决本身的复杂性。因此，问题的研究需要一定的周期，需要运用复杂的思维。

2. 资源开发与利用需要突显育人价值

开发和利用自然性资源、社会性资源要具有一定的广度和深度，并关注其育人价值。其综合性带给孩子的挑战本身就具有教育的价值。西方世界当前盛行的21世纪能力研究、核心能力研究等，都在启示我们为学生发展树立新的参照系。李家成教授在《班级日常生活重建中的学生发展》一书中指出儿童发展的预期与理想；所有活动都包含策划—践行—反思—重建这样的结构，形成创生性的行为方式；形成复杂性思维品质，滋养思维的理性；培养生成性精神品质，包括信任、希望、理解、关怀、感恩、开放、进取；培养终身学习力。学校、社区热点与难点问题作为活动的主题，突显了上述育人价值，有利于孩子获得合理、健康、高效的行为方式并发展综合能力。

3. 主题活动中学生是推动问题解决的主角

主题活动中，孩子的积极参与显得尤为重要，参与度的高低直接影响育人价值的实现效果。没有孩子的积极参与，就没有真正的主题活动，也就没有真正的教育。我们看"缓解拥堵我能行"活动第二阶段的主要事件：

（1）决定写策划书人选

三个副队长和一个积极的小队成员主动要求撰写策划书。

（2）深入调查分析

①学会设计调查问卷。梦翼队、麦田队有针对性地对学生和家长进行走访、调查。但是负责家长层面问题的麦田队在走访过程中屡屡碰壁，很多家长只是敷衍了事，并没有说出真心话。再加上他们队大部分孩子缺乏沟通与交流的勇气，沟通能力较弱。所以，大家决定采取调查问卷的形式，这样能够在短时间内完成任务。于是，在班队活动中，他们请班主任教他们设计调查问卷，共同探讨调查问卷设计上存在的问题。

②学会将数学统计应用于实际生活。星光队继续观察了两天，他们觉得上学、放学时段，应该禁止机动车通行。在班主任启发下，他们准备对过往的车辆进行统计。通过三天的抽样统计，他们发现49%是社会上的车辆，38%是进出师院的车辆，还有13%是学校家长的车辆。而上学、放学时间，进出师院的车辆中73.7%是学校新校区校车和学校老师停放在师院的私家车。

③圣火队和麦田队有新收获。通过圣火队的细致观察和"带鱼"组合拍来的照片，他们有了新发现。他们觉得造成拥堵的原因除了班级同学最初提及的两个（东门不开、学生路队出校门过马路时阻断交通）之外，家长等待区划分不够细致也是重要原因之一。另外，麦田队通过调查问卷的回收、统计、分析，发现老师拖堂、放学迟是造成家长拥堵到校门口的主要原因。于是，他们赶快向负责学校管理层面的圣火队反映了这个情况。

④梦翼队队长哭了。梦翼队对调查问卷进行统计、分析时，合作失败。有一位同学在订正作业，一位同学在玩魔尺，还有两位同学在一旁聊电脑游戏，整个

小队如同一盘散沙,在分析的时候,无人主动发言。队长张同学气哭了,班主任安慰她,和她谈心。在交流的过程中,班主任建议她要多赞美队员。队长也反省自己,决定用赞美的方式来调动小队成员的积极性。

⑤梦翼、麦田两队牵手合作了。两队通过深入调查分析,发现学生和家长是紧密联系在一起的,不能割裂开来。于是,在麦田小队队长唐同学的提议下,两队开始合作。

建议

1. 教育立场下的价值判定与选择

就内容而言,学生介入学校、社区热点问题将极大丰富学生的生活世界。每一个学生家长都是一个丰富的世界,其身后的职业生活、社会生活经验与智慧都有可能成为学生成长的资源。然而,将学校、社区的热点问题作为班级学生、社团成长的资源具有不小的挑战性。在问题的调研和解决中,将家长引入班级生活,无论在校内还是在校外,都将带给学生新的机遇。真实的社区资源会转化为学生发展的资源,学生在活动中将与社区共同发展,体验社会的变迁,也将成就其建设、发展的新责任。学生的发展在关系中实现,这种关系的建立、发展、转化将决定发展的过程、空间和质量。

有很多问题与孩子密切相关,时刻影响着孩子的生活,不管你是否在意。对这一类问题进行研究,有利于培养孩子的复杂性思维方式,有利于他们对问题的深入理解,当然也有利于培养他们的社会责任感。例如,学校门口放学、上学期间的拥堵问题,许多学校可能都存在,存在的原因当然也比较复杂,孩子经分析提出解决方案,虽然有可能不会完全解决问题,但提供了一种可能。同时,孩子发现问题、研究问题、解决问题的能力也得到了提升。另外,校区卫生问题、乱停车问题、广场舞扰民问题、校区养狗问题等,这些就发生在孩子身边,都值得研究。

2. 整合融通理念下的整体设计

整个活动的设计,应该具有这样的结构:调查研究—策划—践行—反思与重建。

问题的调查研究,既要求我们对问题有一定的敏感性,还要求我们能够客观分析问题。热点、难点问题的形成本身就具有一定的复杂性,绝非想象的那么简单,所以调查研究显得非常重要。问题的设计体现了大家的智慧,许多设想的原

第六章 自然性与社会性资源开发

因会通过问题呈现出来。如关于学校交通拥堵,有哪些原因?家长是否在指定地点接送?交通设施是否到位?交通设计是否合理?周围商贩是否违规设点?社会治安是否导致父母顾虑?学校放学时间安排是否合理?等等。

应在策划活动中培养学生的整体思维能力与学习能力。策划先于行动,应给出具针对性的建设性意见,整合资源,寻找具针对性的措施。在策划中成人,培养其确定目标的能力,根据目标确定相关组织、程序的能力,组织相关条件的能力,根据复杂情境形成预案的能力。

践行,则是对策划活动的落实与验证。在实践之前,想得再好也未必就是合适的。实践出真知,应在实践中体验学、做、创,体验现实与理想的双向构建。

践行的目的当然是解决问题,而反思重建则是探寻一种更合适的方法。实践也是为了重建,为了更好地解决问题。反思将直接导向重建,即开始新的策划,是新一轮的开始。

四、如何利用家长等社会资源改善亲子关系

高年级的学生,告别儿童期,跨入少年期,生理上开始进入生长发育期,是独立性发展的关键期。他们自我意识明显,易形成逆反心理,师生、亲子交流都容易导致产生矛盾。生活中,我们发现这个阶段孩子与家长的交流更容易出现问题,需要利用好多方资源,尤其是家长资源本身来改善亲子关系。

案例

"重新认识您,我的爸爸妈妈"活动设计
淮阴师范学院第一附属小学　束　彦

班级进行了一份问卷调查,结果显示:学生与家长相处融洽的有9人;与家长发生过激烈冲突的有36人;认为家长教育方式不恰当的有24人。作为班主任的我,感到了问题的严重性,既不能就事论事,也不能单方面地去做说教工作。如果只依赖班主任的权威和被信任优势,让家长和学生改变自己的行为,只是使矛盾潜伏下来,未能从根本上解决,只能愈演愈烈,对孩子成长不利。基于以上考虑,我征求班委会意见,将1月份的主题活动提前至10月份,并结合秋游走进码头,参观漂母祠、韩信故里,策划了"传承母爱 亲情快递"系列活动:

(1)心有灵犀　真情传递——家校联谊活动

(2)走进码头　传承母爱——秋游综合实践

（3）多彩体验　走近父母——实践体验活动
（4）重新认识　我的至亲——体验活动分享
（5）慢慢长大　学会爱您——学会沟通表达
具体的推进过程如下：

活动环节	教师活动	学生活动	设计意图
导入	组织学生表演	1. 岗位1组整体亮相 2. 岗位2组表演小品《我眼中的您》	1. 通过开放性导入激发学生的好奇心，提高学生参与活动的积极性 2. 以小品的形式呈现成长问题，令学生在轻松愉悦的氛围中进入主题活动
体验活动共分享	1. 播放幻灯片 2. 关注活动中的育人点，适时介入	1. 小组分工谈体验 （1）岗位3组用图片解说，交流"反背书包护蛋"体验 （2）岗位7组自创诗歌，交流"小鬼半日当家"感受 （3）岗位6组展示知识问答并交流"生活中的智慧"新发现 （4）岗位4组通过图片、文字记录，交流"工作中的父母"新发现 （5）岗位5组通过录像、十条优点前后对比，交流"他人眼中的您"新发现 （6）组际补充交流体验感受 2. 重新认识赞父母 （1）动笔完善"家长的十条优点" （2）组内交流新发现	1. 通过不同形式、不同内容的体验分享活动，加深学生对父母的了解和认识，这是理解的基础 2. 使学生在谈话逐步深入、环节逐步推进过程中，重新认识父母，并知道应该体谅父母、关心父母、感恩父母 3. 在小组分工展示中，锻炼学生的组内分工、合作和组际协调等基础性能力 4. 通过交流感受，激发学生以父母为骄傲的情感
亲情快递心连心	1. 播放录像 2. 适时介入	1. 观看录像，说说感受 2. 阅读回信 3. 交流读完信的感受、想法：爸爸妈妈，我想…… 4. 共唱一曲《母亲》表情怀	1. 录像中家长复杂的表情，以及寂静的会场，让所有人心灵为之颤动 2. 引导学生将感恩父母、乐于为父母分忧解难的意愿，落实到行动中

第六章　自然性与社会性资源开发

（续表）

活动环节	教师活动	学生活动	设计意图
亲情快递心连心			3.通过歌曲激发学生的情感，更帮助他们表达情感
总结提升	总结	倾听	充分肯定学生，期望并鼓励学生努力担任家庭一份子的职责，并积极投入后续活动，探索与家长沟通的方法

解读

通过上述案例，可以看出束老师对亲子交流中存在的问题作了扎实的调查研究。束老师通过系列活动进行感恩教育，通过体验活动使学生重新认识最近的人、最亲的人。活动的效果是令人高兴的，孩子深受感动，许多孩子看了家长的信后，感动得落泪。但我们也在思考：问题解决了吗？我们要求孩子作出改变，家长是否也在改变？或许家长在亲子交流方面存在的问题不比孩子少，需要作出更多的改变。

1. 调查研究亲子交流存在的障碍

家长存在的问题：（1）家长与孩子在学习与娱乐、亲子沟通方面存在认知差异；（2）对孩子的身心与社会发展特点不甚了解；（3）亲子沟通中存在问题。孩子存在的问题：（1）渴望独立、做主，但力有不逮；（2）渴望被理解、尊重，但往往被忽视；（3）渴望自我规划，但却总是被安排；（4）主动交流往往变成被动询问。

例如，上述案例通过深入调查，发现问题多多：（1）对家长的认识改变了。①外貌方面：有的学生（尤其是女学生）觉得家长身材不好，穿着方面不讲究，举手投足不够优雅，有的甚至不愿让家长送到校门口。②知识与能力方面：20余位家长已经无法辅导孩子，很多学生觉得自己的家长懂的太少。③不理解家长的生活方式……（2）与家长相处矛盾重重：①消费观产生分歧。一部分学生开始崇尚名牌，认为家长吝啬，满足不了自己的购买欲望。②很多学生认为课业负担重，自我空间狭小，兴趣班满满，家长还要布置额外作业甚至不断加压等。③呼吁"人权"。习惯了班级民主协商的管理模式，能够独立思考的他们，已不能接受家长的单方安排，特别希望得到家长的理解和尊重，但自己却缺乏家庭成

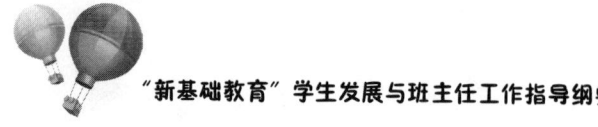

员应有的责任感,以及克服困难的意志力,只考虑自己的需求,难以体谅家长的难处,更不能理解家长的苦心和殷切希望,顶嘴、争吵的现象时有发生。④沟通有障碍。典型事例,如某同学于兴趣班时间逃学去公园玩,放学时正常回家;某同学为了不和爸爸单独相处,谎称周六学校补课,在超市待了一上午。

2. 解决亲子交流中的问题理应从家长、孩子两个方面入手

上述案例中,在活动初始阶段,通过问卷调查、写家长的十条优点、给家长写封信说说心里话等活动,对学生与家长相处的大概状况有了一个大致的了解。活动推进过程中,通过家长沙龙活动,告之学生的年段特点,使家长理解并大力支持和配合后续的活动。要想让学生感恩、理解体谅父母,单纯的说教只能适得其反,必须通过丰富多彩的体验活动使学生切身感受父母的不易,这样才能全面认识父母,如反背书包护蛋,体会十月怀胎的不易;小鬼半日当家,体会家务的辛劳;发现父母生活中的智慧,内心生发敬佩之情;观察工作中的父母,体会繁忙与压力以及挣钱的不易;通过了解他人眼中自己的父母,结合各种体验丰富自己对父母的认识和评价。在充分体验的基础上,聆听父母讲述自己的成长故事,再去读父母的回信,此时想要达到的目的便水到渠成。

(1)家长方面

家长要与孩子一同成长。上述案例主要是从孩子方面进行感恩教育,使得孩子愿意同家长交流。但问题的存在,绝不是孩子一方面导致,家长同样需要学习与提高。家长首先要了解孩子的发展需要,不是想当然地判断;其次需要学会"如何做父母""倾听与尊重"等,主要是针对亲子沟通中的一些不正确的看法和做法进行分享和评析,了解高年级孩子在生理、心理、社会方面的特点,提高亲子沟通的技巧,做与时俱进的家长。对于学校组织的青春期教育,家长应积极参与,班级也应尽可能地组织家长进行培训,培训内容包括怎样了解孩子,怎样与孩子交流。

(2)孩子方面

首先,通过体验教育活动,让孩子理解父母,更多地站在父母的角度看待生活、学习中的问题;其次,让孩子用心真实感受生活中的点滴小事,并且深深体会父母的良苦用心,能够主动和父母交流、沟通;最后,在此基础上,让孩子学会主动向父母表达谢意,大胆说出内心的感受。

3. 搭建交流的舞台与专业介入

搭建交流的舞台,专业介入,可以让家长与时俱进。第一,让家长认识到亲

第六章 自然性与社会性资源开发

子交流的意义；第二，让家长有时间与空间同孩子进行交流；第三，让家长掌握一些交流的技巧。专业介入主要是邀请一些专业人士，特别是有心理学、教育学背景的人士，如心理咨询师等。更为主要的是，要充分利用家长资源，通过家委会、家长会、家长群等平台分享一些亲子交流的经验与教训，这样更具现实指导意义。

建议

1. 直面亲子交流中的问题

孩子进入高年级后，他们的身心都发展到新的阶段，开始具有逆反心理，与家长的矛盾也开始显现，这时家长不应回避问题，而应认真分析。班主任也应在家校方面起到桥梁作用，能有前瞻性地注意到这些问题，并与家长、孩子分析问题的症结，找到解决方法。比如王同学到了六年级后情绪低落，脾气暴躁。开始，班主任以为是青春期问题，后来经了解，原来是家里要为她添一个弟弟或者妹妹，她觉得父母对自己的爱以后要与别人分享，所以不开心。班主任于是为此开展了一次班队活动，主要与学生、家长讨论悦纳家庭新成员的问题，收到了比较好的效果。

2. 了解彼此的需要

以下是周同学的体验日记：

今天阳光灿烂，刚睁开惺忪的眼睛，就见熟悉的留言条躺在我的枕边："伟，对不起，昨天你辛苦准备的饭菜妈妈没法回来品尝。今天即使天塌下来了，我都要回来吃饭。妈妈爱你！"我一跃而起，匆忙洗漱，做点饺子吃。拿起妈妈留下的十元钱直奔星光菜场。我买了四个西红柿、两个土豆、三个辣椒，一算，啊？六元八角，又买了三元的肉丝赶忙回家。我把蔬菜放在淡盐水里泡，把肉丝放在碗里倒上料酒、胡椒、糖、盐。然后叠被、擦桌、拖地。咦？怎么我拖的地干了像地图，妈妈拖过的地像镜子一般？我拿起电话："妈妈，地拖过怎么像地图？"我按妈妈的指导：先涮好拖把，拧干水拖一次，再用干拖把拖一次。耶！我拖的地也成了小镜子。可我的腰好痛，手臂好酸啊……通过这次体验，我越发体会到妈妈的辛苦和伟大。

孩子是这样试着了解家长，但家长了解孩子吗？不要以为自己从孩子时期走过来就以为了解孩子！家长需要了解孩子内心真正的想法。倾听非常重要，切忌主观臆断，不以为然。

3. 引导换位思考，试着让双方改变

班级需要创设平台，让孩子与家长换位思考，真诚沟通。以淮师一附小五（8）班班主任李洪兰老师设计的"用爱沟通，从心开始——五（8）班亲子交流心理疏导活动"为例，具体的推进过程如下：

活动环节（只选取二、三环节，其他环节略）	教师活动	学生（和家长）活动	设计意图
案例分析，探讨方法	引导学生学会换位思考，理解他人	1. 观看情景剧 2. 分享感受	设置情景，由典型案例引发思考，让学生学会换位思考，理解他人，从而主动化解矛盾
	选取典型问题，组织讨论	1. 小组讨论 2. 集体交流，生成方法 3. 智囊团补充	联系实际，拓展延伸，引导学生展开讨论，从而形成更多的沟通技巧
	再现案例，启发诱导	观看情景剧	通过对之前情景剧的再现，让学生明白如果运用正确的沟通方法，是可以避免矛盾和冲突的
现场沟通，运用实践	设置体验环节	1. 感受亲情 2. 畅谈心声，至少解决一个最想沟通的问题	1. 让学生和家长打开心扉，回归亲情，为后面的有爱沟通酝酿充足的情感 2. 方法加情感，此时的沟通是最高效的，亲子双方都能感受到爱，从而达到沟通的最高境界

活动现场，学生、家长共同参与、共同提高，在尊重的前提下至少解决一个最想沟通的问题。现场的支持团队是师院心理学专业的王博士带领的研究团队，能够发现问题，并且比较专业地研究与解决问题。

4. 注意解决问题的逻辑

问题解决的步骤包括：判断问题的症结——分析问题解决的方法——选择一种方法——不断调整。我们的活动设计需要克服版块之间单一的平面化，呈现出纵向化，并层层推进，体现逻辑性。如系列活动的设计中，只有通过丰富的体验才能有感触，才能有认识；有了认识才能有理解和体谅，才有沟通的需求；有了沟通，才有爱的提升。当然，并不能期待在一次活动中解决所有问题，有些尖

第六章 自然性与社会性资源开发

锐、棘手的问题留在后续活动中解决，有些必须请家长一起解决。这就意味着亲子交流活动本身就是系列的、长期的。

解决亲子交流障碍需要多方参与，可让家长、社会专业人士围绕班级形成一个资源场，在共享中学习、反思、提高。可以搭建一个平台让家长与孩子敞开心扉，实现顺畅交流。学校需要从家长这一方着力，让家长不轻视、不回避孩子成长中出现的问题，能够面对这些问题，了解孩子、理解孩子、尊重孩子，倾听孩子的心声，在亲子交流中做一个智慧的父母；班级需要从孩子一方着力，让孩子在实践体验中了解、理解、尊重家长。相信这样的努力，一定会使得亲子交流障碍问题得到一定程度的缓解。

本册后记

在2017年岁末，敲打着键盘完成"后记"的时候，纷杂的情感涌上心头。那是2014年的盛夏，在李家成教授的建议和组织下，我们积极响应本书的编写工作。

在这三年多的时间里，我多次从淮安奔赴华东师范大学，虽然路途遥远、交通不便，时间又紧促，但是内心是充实而愉快的，因为可以向李家成教授面对面请教和学习，可以和一线优秀的学生工作研究者袁文娟、陆燕琴、谢晓冬、郭芳等老师共同探究。在经过多次研讨修改后，我们确定了本书的整体架构。

在这三年多的时间里，我对本书的编写工作是富有信心的，因为有李家成教授和张永副教授以及"新基础教育"专业的学生研究团队做强大的后援团，有我和淮阴师范学院第一附属小学班主任工作室的韦云成、高兴蕾、王蕙、李晓玲、戈雯静老师的"抱团行走"。其间，我们深入研读"新基础教育"理论等方面的教育书籍，广泛阅读"新基础教育"各生态区学校提供的案例，遴选典型素材进行商讨、分析，我们在研学中共学共长。在撰写过程中，我们既有合作也有分工，我负责第一章"概述"的撰写和全书的统稿工作，高兴蕾老师负责第二章"岗位工作与组织建设"的撰写工作，李晓玲老师负责第三章"班级文化建设"的撰写工作，王蕙老师负责第四章"班级建设与学科教学整合"的撰写工作，戈雯静老师负责第五章"学校活动参与"的撰写工作，韦云成老师负责第六章"自然性与社会性资源开发"的撰写工作。此外，陈玲老师参与了前期的研讨，并承担了资料的搜集工作。在大家的共同努力下，于2016年7月完成了本书的初稿。之后，我们不厌其烦几易其稿，秉烛夜谈，乐此不疲。最终，于2018年2月定稿。丛书的编写，让我们加深了对研究学生工作价值和意义的理解，同时也真切地感受到作为一名教育工作者肩负的责任和使命。

在这三年多的时间里，我们得到李家成教授的悉心指导，张永副教授也多次提出修改建议，在此深表感谢。同时也要感谢提供案例的老师们，还要特别感谢淮阴师范学院第一附属小学唐玉辉校长、邱光军副校长为本书编写工作提供的大

本 册 后 记

力支持和帮助。正是因为有了他们的帮助，本书才得以顺利与广大读者见面。

让"新基础教育"实验学校老师的研究成果与广大读者分享，让更多一线老师借助《"新基础教育"学生发展与班主任工作指导纲要》更好地开展工作，让更多的学生享受有品质的校园生活和生命成长的快乐，为自己的幸福人生奠基，这是我们的初衷，也是我们美好的愿景。但因为能力所限，书中可能还存在许多不足，敬请读者批评指正。

展望未来，我们心怀无限憧憬，一群人结伴，让生命远行！

束 彦

2018年3月4日深夜

对班主任工作专业标准研制的建议

华东师范大学 李家成

班主任工作的变革,已经到了非常需要专业标准加以规范、引导和保障的程度。笔者较早于2013年发表的英文论文中,明确提出研制班主任工作专业标准的建议,[①]并曾进一步讨论其必要性、内容构成等。[②]

鉴于当前班主任工作改革的需要,以及班主任与学生健康发展的需要,基于相关理论与实践变革研究,笔者提出如下设计草案,以期引起更多关注与研究。

一、班级的内涵

(1)长久以来,班级被视为服务于教学的组织、管理学生的组织,或是道德教育的组织。这些认识有一定的合理性,但需要进一步提升。

(2)班级是学生与教师的生活世界,其内在的丰富性及发展过程,与师生的生命发展具有同构性,班级生活本身具有重要的教育意义。

二、班主任的角色

(1)班主任是教育工作者。班主任是学生综合素质的培育者;是对全班所有学生负责的教育工作者;班主任的教育内容、过程与方式、方法有不同于学科教师的独特性;班主任通过与学生合作建设班级而承担自己的角色。

(2)班主任是教师团队的领导者。班级是中国教师开展教育教学工作的基本组织平台。班主任是这个教师团队的领导者,要形成领导者的自我意识,开展具体的领导行为。

(3)班主任是学校微观组织的负责人。班级是学校最综合整体的微观"细

---

① Jiacheng Li & Jing Chen, J. Banzhuren and Classrooming: Democracy in the Chinese Classroom[J]. *International Journal of Progressive Education*,2013,9(3),p.104.

② 李家成. 班级日常生活重建中的学生发展[M]. 福州:福建教育出版社,2015:292-296.

对班主任工作专业标准研制的建议

胞"，也是学校最微观的行政单元，班主任是这一微观组织的负责人。

（4）班主任是学校与社会合作的核心组织者。班主任是学校与家长合作的中心点，也是学校与社区互动的重要枢纽，还是促进学生在虚拟世界与现实世界之间转换的关键人之一。

三、班主任工作的价值

（1）班主任工作直接决定学生是否在学校教育中获得了在日常生活中学习与发展的能力，进而影响终身教育体系的建设，以及学生未来的人生发展与生活幸福。

（2）班主任工作对于班主任自身也具有生命价值。

（3）班主任工作质量直接影响学校工作的开展质量。

（4）班主任工作直接与每个学生的家庭相关，也直接影响社区资源开发的质量以及学生参与社区生活的深度与力度。

四、班主任工作的目标

（1）班主任工作的核心目标是育人。建构起合理的育人目标体系，是班主任工作的基本起点。

（2）班主任工作的育人目标要具有合理性和具体性、可评估性与可重建性以及高水平的综合性。

（3）班主任要关注学生健康的行为方式与思维方式的养成，关注学生精神世界的健康发育，关注学生终身学习力的培养。

（4）当前的班主任工作实践需要重点突出学生责任感的形成与发展，学生创造性的培养，学生实践能力的发展，学生复杂性思维品质的培养。

（5）班主任需要在工作中形成适合于本班学生和社会发展需要的、有个性的班级育人目标体系，以直接指导自己的具体工作，并融入学校文化建设和综合改革，进而成为工作评价的核心内容。

五、班主任工作的内容

（1）开展班级岗位建设与培养小干部。班主任要系统地开展岗位启蒙、上岗教育、岗位指导、岗位评价、岗位轮换、岗位升级等工作。班主任要根据需要，设置一系列的临时岗位，并把岗位建设的空间从班级拓展到年级、学校和家庭、社区。班主任要将小干部培养纳入岗位建设体系中，通过科学的设计与组

织、培养、发展学生的领导力，建立班级内的民主生活。

（2）班级文化建设。班主任要领导班级显性文化建设，创生和使用一系列可见、可听、可用、可感的文化符号。班主任要加强班级隐性文化建设，形成良好的师生关系、生生关系。班主任要领导学生建设班级文化，形成班级自我发展的内动力。

（3）主题活动及主题班队活动开展。主题活动要回归教育的具体性，要实现综合建构，要突出长程系列性。主题班队活动是节点性事件，主题可以来自学生日常生活的所有内容，以及可能进入学生日常生活的新资源。主题班队活动的目标设计要基于核心主题，力求清晰、合理；主题班队活动的开展需要精心设计，追求实效。

（4）班级建设与学科教学融通。在班主任主持的活动中，要融入学科学习的内容。班主任要鼓励、帮助学科教师组织相关学科活动，努力融入班级建设的内容。

（5）学校学生工作实践介入。学校学生工作包括各类大型学生活动的开展、学生组织的建设、学生日常生活秩序的形成等。班主任要借助学校活动与组织，开展班级活动，发展班级组织。班主任要组织学生参与学校活动，使其得到锻炼，甚至以项目组的方式，直接承担相关责任。班主任要为学校输送更多优秀的学生领袖，直接促成学校学生工作的变革与本班学生的发展。

（6）自然性与社会性资源开发。班主任要将自然性与社会性资源引入班级生活，拓展班级日常生活的空间和内涵。班主任要将学生引入自然与社会，使学生在与真实世界的互动中，主动、健康地发展。

六、班主任工作的过程

（1）班主任工作的过程是一个研究学生、成就学生的过程，是一个具体实现育人目标的过程，也是一个动态生成的过程。

（2）班主任需要加强工作的自主性、整体性，建立起策划、实施、反思、重建的科学的工作方式。班主任在工作中，要坚持以班级和学生发展为本，实行有针对性的教育，关注综合融通。

七、班主任的专业发展

（1）班主任除需要有相关专业知识、职业道德外，还需要有一系列的专业能力，特别是研究学生的能力、系统建构的能力、动态生成的能力、综合融通的能力和终身学习力。

（2）班主任的专业发展在职前培养中奠基，在工作实践中整体实现，具有长期性。

（3）班主任可采用多种方法以促进发展。以个体为主的自学、体验、实验、反思、案例研究等，在群体内发生的交流、对话、现场研讨、微格分析、群体培训等，都可以作为班主任专业发展的具体方法。

八、班主任工作的支持系统建设

（1）学校需要在制度建设、文化建设、直接的支持与引导等方面，帮助班主任实现工作价值。

（2）相关部门要高度关注班主任队伍的建设和班主任工作的变革，提供专业支持。

（3）通过班主任工作本身和相关部门的协同努力，形成、发展支持班主任工作并促进班主任工作变革的良好的社会支持系统。

（发表于《班主任之友（中学版）》2016年第5期）